RICHARD WADDINGTON

LA
GUERRE DE SEPT ANS

HISTOIRE DIPLOMATIQUE ET MILITAIRE

LES DÉBUTS

LIBRAIRIE DE PARIS

FIRMIN-DIDOT ET CIE, IMPRIMEURS-ÉDITEURS

56, RUE JACOB, PARIS

LA
GUERRE DE SEPT ANS

*Droits de reproduction et de traduction réservés
pour tous les pays,
y compris la Suède et la Norvège.*

TYPOGRAPHIE FIRMIN-DIDOT ET C ie. — MESNIL (EURE).

RICHARD WADDINGTON

LA GUERRE DE SEPT ANS

HISTOIRE DIPLOMATIQUE ET MILITAIRE

*

LES DÉBUTS

LIBRAIRIE DE PARIS

FIRMIN-DIDOT ET CIE, IMPRIMEURS-ÉDITEURS

56, RUE JACOB, PARIS

PRÉFACE

L'accueil bienveillant fait par la critique française et étrangère au volume que j'ai publié (1) sur le renversement des Alliances, m'encourage à poursuivre mon œuvre et à entreprendre le récit de la Guerre de Sept Ans dont les négociations déjà relatées ont été la préface. Sans doute, les ouvrages militaires sur la grande lutte européenne du milieu du dix-huitième siècle ne font pas défaut; nombreux sont les historiens allemands qui ont traité la question; il y a même quelque témérité à marcher sur les pas d'un écrivain aussi distingué que le regretté Chevalier d'Arneth. Cependant, à tort ou à raison, il m'a semblé qu'il y avait une lacune à combler, qu'il ne serait peut-être pas inutile d'étudier les faits à un point de vue plus spécialement national, de retracer, d'après des sources étrangères à la Germanie, des événements qui ont eu un contre-coup si fâcheux sur les destinées de notre pays. Les archives de la Guerre, des Affaires Étrangères, pour ne citer que celles-là, sont si riches qu'il est possible d'y glaner encore des matériaux précieux. Le Musée britannique, le Record Office de Londres, contiennent des documents peu connus parmi

(1) *Louis XV et le Renversement des alliances.* Firmin-Didot et Cie. Paris, 1896.

lesquels figure au premier rang la correspondance inédite du duc de Newcastle. A Vienne, les dépêches de Kaunitz et de l'ambassadeur Stahremberg, dans lesquelles M. d'Arneth a si largement puisé, renferment encore des renseignements détaillés et parfois nouveaux sur la politique de la cour de Louis XV. Enfin les grandes batailles de Frédéric ont été l'objet, de la part de narrateurs locaux, d'ouvrages où se révèlent, à côté de l'enthousiasme patriotique, l'étude consciencieuse et la critique impartiale propres aux érudits allemands. Il nous a paru bon d'en faire profiter le chercheur français.

Le volume livré aujourd'hui à la publicité contient la relation des événements politiques et militaires de la première phase de la Guerre de Sept Ans, peut-être la plus attachante de toutes. Cette alternative de victoires et de défaites se succédant à quelques jours d'intervalle, qui marqua l'année 1757, a été rarement reproduite dans l'histoire; elle donne au récit un cachet dramatique qui en rehausse singulièrement l'intérêt.

Mes travaux n'auraient pu s'accomplir sans l'obligeance des fonctionnaires qui dirigent les Archives de Paris, de Londres et de Vienne; aussi est-ce pour moi un devoir aussi bien qu'un plaisir d'adresser mes remerciements à MM. Deluns Montaud, Farges et Bertrand des Affaires Étrangères, au colonel Krebs, chef de la section historique au ministère de la guerre, à MM. Lesage et Marinier, ses collaborateurs, à M. Delisle, administrateur général de la Bibliothèque nationale, à M. Marchal, conservateur des Imprimés, à M. Louis Favre, bibliothécaire en chef du Sénat, et à ses auxiliaires

MM. Samuel et Piogey. Je dois une mention spéciale au colonel Gaffiot et au personnel du dépôt des cartes. C'est grâce à leur concours que j'ai pu enrichir mon volume de plans reproduisant les champs de bataille les plus importants.

En Angleterre, mes recherches ont été facilitées par les conseils éclairés de Sir H. C. Maxwell Lyte, de MM. Hall et Craib du Record Office, de Sir E. M. Thompson, bibliothécaire du British Museum, de MM. Scott et Bickley du département des manuscrits.

A Vienne, je ne saurais trop me louer de l'accueil bienveillant que j'ai reçu de S. E. le lieutenant général Leander de Wetgner, directeur des Archives de la Guerre, et du conseiller Gustave Winter, directeur des Archives de la cour et de l'État. Je tiens à envoyer un témoignage de reconnaissance amicale à celui qui est devenu pour moi un véritable collaborateur, le D. Hans Schlitter, archiviste au même dépôt.

Enfin, j'accomplis un devoir fort agréable en renouvelant à M. Sorel, de l'Académie française, et à M. Gabriel Monod, l'expression de ma gratitude pour les encouragements et les avis qu'ils ont bien voulu me donner.

Richard Waddington.

Paris, le 1er juin 1899.

LA GUERRE DE SEPT ANS

SES DÉBUTS

CHAPITRE PREMIER

INVASION DE LA SAXE. — CAPITULATION DES SAXONS.
RUPTURE ENTRE LA FRANCE ET LA PRUSSE.

La réponse négative de l'Impératrice Marie-Thérèse à l'ultimatum de Frédéric, fut, comme on le sait, le prétexte immédiat de la rupture définitive entre les deux souverains, et l'occupation de la Saxe par l'armée prussienne fut le premier acte de la guerre de Sept Ans. Mais avant d'aborder les événements militaires et les négociations diplomatiques qui marquèrent la fin de l'année 1756, il convient de passer une revue rapide des ressources et de la puissance relative des divers États qui allaient prendre part à la grande mêlée. Commençons par la Prusse.

Au milieu du dix-huitième siècle, ce royaume se composait de plusieurs tronçons séparés par des territoires étrangers. Tout d'abord, vers l'est, entourée par la Pologne dont elle était pour ainsi dire une enclave, la Prusse ducale avec son chef-lieu Königsberg où les Électeurs de

Brandebourg avaient ceint, il y avait un demi-siècle, la couronne royale. Entre cette province et le reste des possessions de Frédéric, s'intercalaient la Prusse royale ou occidentale et le duché de Posen, appartenant tous les deux à la Pologne. Au centre de la monarchie, le Brandebourg, la Poméranie, moins le département de Stralsund qui, sous la dénomination de Poméranie suédoise, relevait encore de la Suède, les pays de Magdebourg, de Halle et d'Halberstadt, et enfin le beau duché de Silésie récemment arraché à l'Autriche. Du côté du Rhin, le roi de Prusse était maître du duché de Clèves, des principautés de Moers et de l'Ostfrise avec le port d'Embden, du comté de la Marck, et enfin de quelques cantons de Westphalie, y compris la ville de Minden. Ses États, épars sur la carte de l'Allemagne du nord depuis le Rhin jusqu'au Niémen, n'étaient protégés contre une attaque par aucun obstacle naturel, et s'étendaient sur une ligne beaucoup trop longue pour une défensive efficace. Ils comptaient une population de 5 millions d'habitants environ, et produisaient un revenu annuel de 48 millions de livres dont les trois quarts consacrés à l'entretien des troupes. Le trésor royal, épuisé par les premières guerres de Silésie, avait été reconstitué pendant la période de paix, et contenait lors de l'ouverture des hostilités un encaisse de 9 millions d'écus. L'armée prussienne était sans conteste la plus belle et la plus solide de l'Europe. Au mois d'août 1756, elle atteignait un effectif de plus de 155,000 hommes, dont environ 27,000 affectés aux places-fortes. Les troupes de campagne étaient réparties en 126 bataillons d'infanterie, 210 escadrons de cavalerie et 4 bataillons d'artillerie et de génie. A peu près la moitié de ces forces était formée d'étrangers; l'autre moitié était levée dans les anciennes provinces de la monarchie.

Grâce à l'organisation régionale, l'armée prussienne jouissait du double avantage d'une mobilisation rapide et d'un recrutement assuré des bataillons en campagne. Son outillage de guerre était supérieur à celui des autres nations. Des rangs les plus élevés jusqu'au dernier troupier, une discipline de fer étreignait la masse. Habitués à l'obéissance la plus stricte, rompus aux manœuvres et à la marche, stimulés par des méthodes nouvelles, guidés par une direction aussi absolue qu'intelligente, les soldats de Frédéric avaient une foi aveugle dans leur chef et se considéraient à bon droit comme les premiers du monde.

Le principal adversaire de la Prusse, l'Autriche, avait fait au point de vue militaire des progrès sensibles depuis la paix d'Aix-la-Chapelle. Malgré la perte de la Silésie, elle possédait un territoire, une population, des ressources bien supérieurs à ceux de sa rivale. Maîtresse de la Lombardie, des Pays-Bas, de plusieurs districts détachés en Souabe, l'Impératrice Marie-Thérèse exerçait de plus son autorité sur presque toutes les provinces qui constituent l'empire actuel d'Autriche et le royaume de Hongrie. Par contre la Galicie appartenait encore à la Pologne, la Dalmatie dépendait de Venise; la Bosnie, l'Herzégovine, la Bukovine et quelques cantons de l'Esclavonie étaient soumis à la Porte ottomane. Les contrées gouvernées par l'Impératrice-Reine étaient peuplées d'environ 18 millions d'habitants (1) et rapportaient un revenu qui devait s'élever à près de 150 millions de livres. Son armée, d'après les états fournis au comte d'Estrées (2) pendant son séjour à Vienne, atteignait vers la fin de 1756 un total de 220 à 225,000 hommes; elle se décomposait en 220 bataillons de ligne, 44 bataillons d'infanterie légère formée d'Esclavons

---

(1) Voir Comte de Mirabeau. *De la monarchie prussienne sous Frédéric le Grand avec recherches sur les principales contrées de l'Allemagne.* Londres 1788. Les chiffres de Mirabeau sont postérieurs de quelques années à la guerre de Sept Ans.

(2) Tableaux annexés aux dépêches d'Estrées des 20 octobre et 22 décembre 1756. Archives de la Guerre. Les chiffres donnés, bien que différents dans les détails, arrivent à peu près aux mêmes totaux.

et de Croates auxquels on avait donné une organisation régulière, 210 escadrons de cuirassiers et dragons, et 140 escadrons de cavalerie hongroise et esclavonne. A ces 174,000 fantassins et 44,000 cavaliers, venaient s'ajouter 4,000 artilleurs et mineurs. Sur cet effectif considérable 140,000 hommes environ étaient prêts à entrer en campagne ; le reste servait aux dépôts et dans les garnisons.

Depuis l'adoption par les Autrichiens de la baguette en fer, pour le fusil de munition, l'armement des deux infanteries ennemies était à peu près identique. Chaque bataillon traînait à sa suite deux pièces de campagne ; l'artillerie de réserve, sous la sage direction du prince de Lichtenstein, avait réalisé des progrès énormes. C'était dans le commandement et dans le service de l'État-major que se révélait la grande supériorité de l'organisation prussienne. Sous la main du roi, tout pliait ; avec lui l'indécision, la rivalité des généraux s'effaçaient devant des ordres qui n'admettaient ni discussion, ni réplique. Dans les armées de l'Impératrice, la division des conseils, la jalousie des chefs, la morgue des grands seigneurs, exerçaient une influence néfaste et paralysaient souvent l'avantage du nombre et la valeur incontestable des troupes.

Des alliés des belligérants, seuls les Saxons prirent part, bien malgré eux, à la campagne de 1756. Sans l'incapacité de leur roi et de ses ministres, ils eussent pu peser d'un poids décisif dans la mêlée. L'Électorat, dont les limites s'étendaient beaucoup plus au nord qu'aujourd'hui, et qui comprenait alors des villes et des territoires comme ceux de Torgau et Wittemberg actuellement annexés à la Prusse, avait une population de près de 2 millions d'habitants et un revenu de 22 à 23 millions de livres. L'armée, calculée sur le pied du royaume voisin, aurait dû se monter à 50 à 60,000 hommes ; mais les recettes du trésor, gaspillées en folies luxueuses, en largesses ruineuses au profit de quelques courtisans, étaient insuffisantes pour maintenir un pareil effectif. Depuis l'expiration du traité anglais et la cessation du paiement des subsides britanniques, il avait fallu congédier une partie de la troupe et négliger l'entretien des approvisionnements et du matériel. Lors du commencement des hostilités, l'armée saxonne ne comptait guère sous les drapeaux que 23,000 hommes (1), dont 3,000 détachés en Pologne.

Vers la fin d'août 1756, Frédéric, dont les préparatifs étaient faits depuis quatre semaines, avait sur l'adversaire l'avantage que donnent un plan de campagne arrêté et des mesures d'exécution prises à l'avance. L'armée principale, destinée sous les ordres du roi à envahir la Saxe, à se rendre maîtresse des États et des ressources militaires du Roi électeur, puis à pénétrer en Bohême, se composait (2) de 67 bataillons et 101 escadrons, avec un effectif d'environ 70,000 hommes; elle emmenait avec elle 382 canons et mortiers de 3 et de 6, y compris les 134 pièces attachées à l'infanterie à raison de deux par bataillon. Un corps de 27,000 hommes, sous les ordres du maréchal Schwerin, partirait de la Silésie, entrerait en Bohême et seconderait les opérations de la première armée. Ainsi sur les 128,000 soldats dont Frédéric pouvait disposer pour ses opérations de campagne, 100,000 environ étaient affectés à l'attaque dirigée contre l'Impératrice; le reste suffirait à surveiller les Russes dont il n'y avait rien à craindre pour l'année courante, et les Français dont les intentions paraissaient encore incertaines.

A ce formidable assaut Marie-Thérèse ne pouvait opposer que des forces très inférieures. Un état communiqué (3) à la fin d'août par Kaunitz au chargé d'affaires

---

(1) Aster, *Kriegswirren zwischen Preussen und Sachsen*, Dresde, 1848, page 160.
(2) *Geschichte des Siebenjährigen Krieges*, par un officier de l'État-major général prussien. *Journal de Gaudi*, cité par Aster.
(3) Ratte au ministre, 24 août 1756. Affaires Étrangères.

de France, indique un total de 91,000 hommes pour les troupes cantonnées en Bohême et Moravie; mais beaucoup de régiments étaient encore en marche et les cadres étaient loin d'être au complet; le feld-maréchal Browne n'avait encore sous ses ordres au camp de Kolin que 25,000 fantassins et 7,000 cavaliers, et son collègue le comte Piccolomini, en Moravie, ne disposait que de 22,000 soldats. Les Autrichiens n'avaient encore reçu ni leur artillerie, ni leurs munitions de réserve, et leurs convois n'étaient pas organisés. En dépit de toute l'activité du cabinet de Vienne, ce ne fut que vers la mi-septembre que Browne put quitter son camp, et dans les derniers jours de ce mois qu'il se sentit assez fort pour se porter au-devant des Prussiens.

En résumé, pour le moment Marie-Thérèse se trouvait dans un état d'infériorité bien marqué vis-à-vis de son adversaire : Les alliances avec la Russie et la France auxquelles on travaillait depuis longtemps n'étaient pas encore conclues; tout au plus pourrait-on compter sur l'entrée en scène vers la fin de l'automne des quelques auxiliaires promis par les traités existants. Longtemps avant leur arrivée le sort de l'Autriche serait tranché sur les champs de bataille de la Bohême, peut-être même sous les murs de Vienne. De l'Allemagne, malgré les dispositions favorables de la plupart des États de l'Empire, il n'y avait rien à espérer. La Saxe, exposée aux premiers coups de l'ennemi, se résignerait à laisser traverser ses territoires par l'armée prussienne, et accepterait volontiers la neutralité qui lui serait imposée. Il en serait de même de la plupart des princes germaniques; presque tous, sans distinction de culte et de région, tout en manifestant leurs sympathies pour l'un ou l'autre des belligérants, semblaient d'accord pour se désintéresser d'une lutte où leur faiblesse trouverait plus de perte que de gain.

Examinons maintenant le parti que le roi de Prusse tira

des avantages qu'il avait en mains. Frédéric n'attendait que la réponse de la cour de Vienne pour agir; aussitôt qu'elle lui parvint, il donna l'ordre de franchir la frontière saxonne située à quelques lieues de Berlin, et par conséquent beaucoup plus rapprochée qu'aujourd'hui de la capitale prussienne. Le roi dirigea la marche des trois fractions dont se composait son armée sur Pirna, ville qui d'après ses renseignements avait été indiquée pour la concentration des troupes électorales du roi de Pologne. L'aile droite sous le commandement du Prince de Brunswick, dont le point de départ était Halle, reçut l'ordre d'occuper Leipsick et de gagner la vallée de l'Elbe en passant par Chemnitz, Freyberg et Dippoldiswalda. La division centrale, avec laquelle se tenait le roi, dut passer les limites à Jüterbock le 29 août, et après avoir pris possession de Wittemberg et Torgau, marcher par Strehlen et Lommatzch sur Wilsdruf, et se rendre maîtresse de Dresde. L'aile gauche sous le prince de Bevern traverserait la Lusace, et déboucherait sur la rive droite de l'Elbe vers Lohmen, où elle donnerait la main aux autres corps.

Quelque invraisemblable que cela puisse paraître, l'entrée en Saxe des colonnes prussiennes fut presque une surprise pour la cour de Dresde. Auguste III, peu doué de la nature, indolent, incapable de prendre une décision, aussi amateur de fêtes qu'insouciant de la politique et du militaire, se mêlait peu d'affaires et ne les envisageait que par les yeux de son premier ministre, le comte de Brühl. Ce dernier, plus intelligent mais aussi paresseux que son maître dont il partageait les goûts et les plaisirs, se refusait à voir le danger que ses agents lui dénonçaient de toutes parts; il restait sourd aux avertissements qui lui venaient de Berlin et aux conseils des représentants des cours amies, parmi lesquels figurait au premier rang le comte de Broglie, ministre de France à Dresde. Soit par optimisme poussé jusqu'à l'exagération, soit par impossibilité de trouver les ressources financières nécessaires pour la mobilisation de l'armée et la mise en état des forteresses, il négligea les précautions les plus élémentaires. En vain le maréchal de Rutowski, commandant des forces de l'Électorat, et le chevalier de Saxe attirèrent-ils l'attention sur la pénurie des magasins et sur le dénûment des soldats; on se contenta de rappeler de la frontière les détachements les plus exposés, et de décider la réunion de quelques approvisionnements à Dresde et à Pirna. Ces ordres donnés les 23 et 24 août, on ne put trouver dans les caisses du trésor les 4,000 thalers indispensables pour les premiers déboursés, et il fallut avoir recours à la cassette privée du roi (1). Brühl, influencé peut-être par les avis que le comte Fleming, son ministre à Vienne, lui avait rapportés de cette cour, ne croyait pas à un conflit immédiat entre la Prusse et l'Autriche, et craignait par des mouvements de troupes de donner à son dangereux voisin un prétexte d'intervention. Persuadé que les hostilités n'éclateraient pas avant l'année suivante, il s'en remettait au temps et à la Providence du soin de prémunir les États électoraux de son maître contre une attaque éventuelle.

A la date du 28 août, c'est-à-dire le jour même de la mise en marche des Prussiens, le premier ministre écrivait (2) à M. de Bülow, envoyé de Saxe à Berlin : « Au reste, quelque gros et sérieux que soient les préparatifs des deux côtés, nous nous flattons toujours de l'espoir qu'on n'arrivera pas à la rupture, car d'un côté le roi de Prusse assure qu'il ne désire que le maintien de la paix, ses préparatifs ne sont que des mesures de défense; de l'autre, l'Impératrice affirme au comte Fleming qu'elle ne souhai-

---

(1) Vitzthum, *Geheimnisse des Sachsischen Cabinets*, vol. I, p. 385. — Aster, *Kriegswirren zwischen Preussen und Sachsen*, 1756. — Voir dans ces ouvrages le récit détaillé de l'invasion de la Saxe et de la capitulation de l'armée saxonne.

(2) Brühl à Bülow, 28 août 1756, lettre citée par Vitzthum.

terait rien d'autre que le prolongement de la tranquillité, et que tous ses préparatifs n'avaient d'autre but que sa propre protection et sûreté. » Ce même 28 août, Broglie dans une lettre (1) à Durand, chargé d'affaires de France à Varsovie, dépeint l'insouciance de la cour saxonne. Le roi et son ministre avaient passé toute la journée à la chasse et ne devaient rentrer que le soir. Le roi s'attendait au passage de l'armée prussienne; il avait même pris la résolution de se défendre « si outre le passage on voulait imposer des conditions trop dures, et exiger non seulement une déclaration de neutralité, ce qui ne souffrira aucune difficulté, mais demander pour sûreté de cette déclaration, ou une séparation de leurs troupes, ou un désarmement, ou la permission de mettre garnison dans deux ou trois de leurs places. » L'ambassadeur prévoyait si peu des complications sérieuses qu'il ajoutait : « S'il n'y a rien de changé au départ pour la Pologne, je compte partir le 20 septembre et arriver à Varsovie le 24 ou le 25. »

Le réveil fut aussi brusque que douloureux. Dès le 26 août, Frédéric avait chargé son ministre de Dresde, M. de Maltzahn, d'annoncer au roi de Pologne son entrée en Saxe; mais cette communication, d'après les renseignements donnés à Mitchell (2), le représentant anglais à Berlin, par Frédéric lui-même, ne devait pas être faite avant le 29. Le roi parlait (3) des « mauvais procédés et desseins dangereux » de la cour de Vienne, qui l'avaient forcé d'en venir à des extrémités qu'il aurait voulu éviter. « Vous déclarerez à Sa Majesté polonaise, écrivait-il, ou même simplement à son ministre, au cas que l'audience auprès du roi rencontrât des difficultés ou des retarde-

---

(1) Broglie à Durand, 28 août 1756. Affaires Étrangères. Pologne.
(2) Mitchell à Holdernesse, 30 août 1756. Mitchell Papers.
(3) *Correspondance politique*, vol. XIII, p. 279 et Vitzthum, livre I, p. 395.

ments, vous lui déclarerez, dis-je, de ma part, que les brouilleries survenues entre moi et l'Impératrice-Reine me mettaient à mon grand regret dans la fâcheuse nécessité d'entrer avec mon armée en Saxe, pour aller de là en Bohême; que l'on aurait pour les États du roi de Pologne tous les ménagements que les circonstances présentes pourraient comporter; que mes troupes s'y conduiraient avec l'ordre et la discipline la plus exacte, mais que je me voyais forcé de prendre mes précautions, de manière à ne pas retomber dans la situation où la cour de Saxe m'avait mis pendant les années 1744 et 1745; que du reste Sa Majesté polonaise pouvait être persuadée qu'on aurait pour sa personne et pour sa famille toute la considération imaginable. »

Maltzahn devait compléter sa communication en réclamant le libre passage (transitus innoxius) pour l'armée prussienne. De son côté, Podewils remit la même demande au ministre saxon Bülow, avec prière de la faire parvenir à sa cour. Au dire du Saxon (1), Podewils avait déclaré que « comme cette marche involontaire ne devait donner aucunement atteinte à l'amitié et bonne intelligence entre les deux cours, le roi son maître l'avait chargé de lui donner l'assurance qu'il pourrait continuer son ministère en toute tranquillité. »

A la requête prussienne, il était impossible de répondre autrement que par une acceptation conditionnelle; si on ne pouvait repousser l'invasion par les armes, il fallait tout au moins obtenir des garanties de la part de l'envahisseur. C'est ce que tenta la cour de Dresde en envoyant au-devant du roi de Prusse le général O'Meagher, commandant de la garde personnelle d'Auguste III. La lettre (2) dont était porteur cet officier contenait, avec l'as-

---

(1) Bülow à Brühl, 28 août 1756. Lettre citée par Vitzthum.
(2) Pour le texte de la lettre, voir Vitzthum, l. I, p. 403 et *Correspondance politique*, vol. XIII, p. 320.

sentiment au passage demandé, l'expression de la surprise de Sa Majesté polonaise, et son désir d'éclaircissements sur les circonstances de la marche prussienne, et sur « quelques déclarations inattendues et peu conformes au traité de paix et à l'amitié qui subsiste entre nous, que le baron de Maltzahn y a ajoutées au nom de Votre Majesté. » Meagher arriva le 30 août au soir à Leipsick ; il trouva la ville occupée par des détachements appartenant à la colonne du prince Ferdinand de Brunswick ; il fut arrêté d'abord, puis relâché, et envoyé avec escorte à Wittemberg où était le quartier du roi.

Depuis vingt-quatre heures l'invasion de la Saxe était un fait accompli. Le jour même de la remise de la note à Dresde, le 29 août, la frontière avait été franchie sur plusieurs points. Partout les commandants prussiens, sans rencontrer de résistance, avaient pris possession des postes, lancé des réquisitions pour la nourriture des hommes et des chevaux, intimé aux magistrats et fonctionnaires saxons l'ordre de verser à la caisse de l'armée prussienne les impôts et contributions de toute nature. Sans attendre la réponse à sa demande de libre passage, Frédéric mettait à exécution le plan de confisquer à son profit toutes les ressources de l'Électorat.

Après quelques heures employées à courir après le quartier-général, Meagher obtint une audience du roi et reçut pour son souverain (1) une lettre datée du 1ᵉʳ septembre. Frédéric s'efforçait de rejeter sur la cour de Vienne la responsabilité de la rupture et philosophait sur les motifs de sa conduite : « Je ménagerai, continuait-il, ses États autant que ma situation présente le permettra. J'aurai pour Elle et pour sa famille toute l'attention et la considération que je dois avoir pour un grand Prince que j'estime. J'ai fait toute ma vie profession de probité et d'honneur, et sur

(1) Frédéric au roi de Pologne Pretzsch, 1ᵉʳ septembre 1756. *Correspondance politique*, vol. XIII, p. 320-322.

ce caractère qui m'est plus cher que le titre de roi, que je ne tiens que par le hasard de la naissance, j'assure Votre Majesté que quand même dans quelques moments, surtout du commencement, les apparences me seront contraires, Elle verra, en cas qu'il soit impossible de parvenir à une réconciliation, que ses intérêts me seront sacrés, et qu'Elle trouvera dans mes procédés plus de ménagements pour ses intérêts et pour ceux de sa famille que ne le lui veulent insinuer des personnes (1) qui sont trop au-dessous de moi pour que j'en daigne faire mention. »

Pendant que cette épître, aussi énigmatique que menaçante, prenait la route de Dresde, le malheureux roi de Pologne et son ministre, de plus en plus émus des avis qui leur arrivaient de tous côtés, dépêchèrent au quartier général un nouveau messager de paix. Cette fois, M. de Brühl eut recours aux bons offices de Lord Stormont, envoyé britannique à la cour électorale. Comme représentant d'une puissance qui était intervenue dans les négociations du traité de Dresde, et qui passait aujourd'hui pour l'alliée intime de la Prusse, le jeune lord paraissait désigné pour la mission dont on voulait le charger. Il devait offrir à Frédéric la neutralité de la Saxe, et, comme garantie de cette attitude, l'internement dans certaines places à désigner des troupes qui se retireraient en conséquence de la frontière de Bohême. Stormont, accompagné d'un officier saxon, arriva au grand étonnement de tout l'état-major prussien à Torgau, le 2 septembre, mais ne fut reçu du roi que le lendemain; il eut soin (2) prudemment d'expliquer qu'il n'agissait pas comme ministre anglais, mais à titre personnel et pour rendre service au souverain auprès duquel il était accrédité. Cette réserve faite, il aborda les propositions dont il était porteur. Le roi de

(1) Le comte de Brühl.
(2) Stormont à Holdernesse, 6 septembre 1756. Newcastle Papers. British Museum.

Prusse, peu désireux de donner une solution catégorique, renvoya le diplomate anglais au maréchal Keith; puis, sur de nouvelles instances, promit de le revoir à Strehlen où devait se transporter le quartier général. Dans cette seconde entrevue, Frédéric renouvela ses promesses de bien traiter le roi de Pologne, sa famille, et son entourage y compris son ministre; quant aux offres dont Stormont était muni, il refusa de les examiner sous prétexte qu'elles étaient trop vagues; et comme son interlocuteur essayait de préciser les garanties qu'on pourrait exiger, Frédéric, après un moment d'hésitation, répliqua qu'il était difficile de concevoir « telles sûretés » auxquelles il pourrait se fier, qu'il ne pouvait accepter les ouvertures de la cour de Saxe, et qu'il n'avait pas de propositions à lui faire.

D'après une lettre à Mitchell (1), Frédéric, ne se souciant pas d'entamer une négociation avec Auguste III, avant de s'être rendu maître de son armée, considéra la démarche de Stormont « comme une ruse de cette cour pour m'accuser, et pour gagner par là le temps d'appeler à son secours le général Browne (2), ce qui dans le moment présent ne m'aurait pas convenu. »

Entre temps les événements se précipitaient à Dresde. La réponse apportée par le général Meagher fut soumise au conseil privé; sur son avis, on décida que le roi et la garnison de Dresde quitteraient cette ville et se rendraient au camp retranché de Pirna, où était déjà rassemblé le gros des Saxons. En principe, on se déclara favorable à une retraite ultérieure du roi et de ses troupes, mais fort perplexe sur la direction de cette marche. Le 3 septembre le roi de Pologne sortit de sa capitale, laissant derrière lui la reine et une partie de la famille royale;

---

(1) Frédéric à Mitchell, 4 septembre 1756. *Correspondance Politique*, vol. XIII, p. 339.

(2) Commandant l'armée autrichienne de Bohême.

avant de partir il avait dépêché à Vienne une lettre annonçant l'intention de se retirer avec son armée en Pologne par la Bohême et la Moravie, et demandant aide et secours pour lui et ses soldats. Deux jours avant, des courriers avaient été expédiés à Pétersbourg et à Paris pour protester contre les agissements de la Prusse, et pour solliciter l'intervention de la France et de la Russie. Enfin, dans une missive en date du 3 septembre, adressée au roi Frédéric, on se plaignait en termes amers des exactions et des violences de l'armée prussienne; on faisait part de la nécessité dans laquelle on se trouvait d'abandonner la capitale, pour « ne pas voir approcher encore de plus près des troupes qui en quelque sorte agissent en ennemies, et qui font appréhender par là des suites encore plus fâcheuses »; on se disait cependant prêt à accepter une convention de neutralité à laquelle « on donnerait les mains avec une satisfaction parfaite. »

A en croire le comte de Broglie, ce fut sur ses instances que le roi de Pologne se détermina à rejoindre son armée : « Tout ce qui est arrivé ici, mande-t-il à Durand (1), s'est presque décidé par la nécessité; il n'y a que l'assemblée de l'armée et les moyens de ne pas laisser Sa Majesté polonaise entre les mains de ses ennemis qui aient été discutés. J'ose dire que c'est moi qui suis la cause de ces deux résolutions, surtout de la dernière. » On voulait que le roi demeurât dans sa capitale avec la reine et sa famille; « quoique je n'eusse aucun ordre pour me mêler de cette affaire, il m'a paru évident que notre intérêt était de retarder le plus possible le moment où l'Impératrice-Reine serait attaquée, puisque cela nous donne le temps de nous préparer. » Puis, détail caractéristique qui dépeint bien à la fois l'activité d'esprit et le défaut de jugement de notre

(1) Broglie à Durand, 11 septembre 1756. Affaires Étrangères. Retzow. *Nouveaux mémoires sur la guerre de Sept Ans*, vol. I, p. 63, confirme le récit de Broglie au sujet de l'initiative qu'il aurait prise.

homme, il s'inquiète (1) des dangers que ferait courir à la Pologne le passage des Russes appelés au secours de la Saxe, et écrit dans ce sens à Kaunitz sans réfléchir aux préoccupations autrement absorbantes dont le chancelier autrichien devait être assailli. Enfin, du péril présent l'ambassadeur passe à ses conceptions pour l'avenir; il voit, dans l'invasion prussienne et dans la vengeance qu'en tireraient les alliés, le moyen de résoudre le problème de la succession au trône de Pologne qu'il ne perdait jamais de vue. Il esquisse à Tercier, commis aux Affaires Étrangères et directeur de la politique secrète de Louis XV, tout un plan d'une Saxe agrandie aux dépens de la Prusse. « J'en ferai, écrit-il (2), un joli petit royaume héréditaire, pour lequel je ferai renoncer à celui de Pologne que je donnerai à vous ou à moi, ou à un tiers qui conviendrait encore mieux au roi que nous deux. » Mais laissons le bouillant diplomate bâtir ses châteaux en Espagne, et revenons aux Saxons et à leur souverain.

Pourquoi la décision prise par le roi de gagner la Bohême avec son armée ne fut-elle pas exécutée? Pourquoi les troupes saxonnes se laissèrent-elles cerner dans leurs cantonnements sans essayer de s'échapper, alors que la retraite leur était ouverte? Il est difficile de trouver une réponse à ces questions. Le 3 septembre, le roi était au camp, l'escorte commandée, les voitures attelées, tout était prêt pour partir le soir même, quand, d'après Vitzthum, l'apparition de quelques cavaliers prussiens sur les deux rives de l'Elbe aurait fait remettre au lendemain l'exécution d'un projet qui fut bien vite abandonné.

Après des hésitations qui entraînèrent force ordres et contre-ordres, Brühl annonça à ses correspondants (3)

(1) Broglie à Durand, 18 septembre 1756. Affaires Étrangères.
(2) Broglie à Tercier, 18 septembre 1756. Affaires Étrangères. Voir aussi à ce sujet duc de Broglie. *Le secret du roi*.
(3) Brühl à Fleming, 4 et 5 septembre 1756. Brühl à Broglie, 5 septembre 1756. Lettres citées par Vitzthum.

que son maître avait résolu de demeurer à Pirna avec son armée. La crainte de se voir arrêté par des partis prussiens, qu'invoque le premier ministre, n'était pas fondée; au moment où il écrivait, c'est-à-dire le 4 et le 5 septembre, les têtes de colonnes de l'ennemi n'avaient pas atteint les environs de Dresde où elles ne parvinrent que le 6. Il eût été facile de chasser les coureurs qui surveillaient les abords du camp, et de s'ouvrir le passage vers la Bohême par la route de Peterswalde et d'Aussig. Il est probable, à en juger par l'attitude du conseil privé et par les réticences du ministre, que la cour de Dresde se faisait encore des illusions sur les intentions de Frédéric. « Vous croirez à peine, mande Brühl à Fleming (1), que nous sommes toujours dans l'incertitude sur ce que le roi de Prusse exige de nous. » Le parti du gouvernement saxon fut sans doute inspiré par un double motif : on craignait (2) en se retirant en Autriche de provoquer les hostilités et de s'attirer les représailles de son ennemi; d'autre part, on n'osait pas se remettre entre les mains de l'Impératrice-Reine sans avoir stipulé d'avance les conditions de la réunion des deux armées.

Quoi qu'il en fût, le Roi-Électeur se renferma avec les 18,000 hommes qui composaient ses forces dans le camp retranché de Struppen, et tout en appelant les Autrichiens à son aide (3), et en les avertissant de la pénurie de vivres dont il était menacé, attendit les événements. Cette décision prise, les pourparlers continuèrent de plus belle. Jusqu'à l'arrivée du gros de ses troupes, Frédéric se déroba à toute explication. « Je voudrais, écrit-il au roi (4), que le chemin de la Bohême passât par la Thuringe pour que

---

(1) Brühl à Fleming, 5 septembre 1756. Vitzthum, I, p. 431.
(2) Brühl à Loos, 4 septembre 1756. Aster, p. 174 et 175.
(3) Brühl à Browne, 5 septembre 1756. Vitzthum I, p. 433.
(4) Frédéric au roi Auguste, 5 septembre 1756. *Correspondance politique*, vol. XIII, p. 344.

je n'eusse pas besoin de molester les États de V. M. Mais comme des raisons de guerre m'obligent à me servir de la rivière de l'Elbe, je ne puis, à moins que de faire des miracles, choisir d'autres moyens que ceux que j'emploie à présent. » A Maltzahn, il dévoile (1) le fond de ses idées : « Pour vous mettre au fait de mes vraies intentions, sur quoi cependant vous me répondrez du secret, elles sont de désarmer préalablement les troupes saxonnes, avant que de marcher en Bohême. »

Enfin le moment de parler arrive : l'opération militaire est terminée, les divisions prussiennes cernent complètement le corps saxon, les communications avec la Bohême sont coupées, le roi de Pologne et ses soldats sont à la merci de l'envahisseur. Le 14 septembre, à la suite de nombreuses allées et venues entre les deux quartiers généraux, Frédéric, avec l'assentiment d'Auguste, lui envoie son bras droit le général Winterfeldt. Cette entrevue fut bientôt suivie d'une autre qui eut lieu cette fois à Sedlitz, entre le roi de Prusse et le général saxon d'Arnim. Ce dernier a fait des propos échangés pendant l'audience un récit détaillé (2), qui jette un jour des plus vifs sur les desseins de Frédéric et sur l'état des négociations. « Je vois, s'écria le roi, en prenant connaissance de la lettre que lui apportait Arnim, que le roi de Pologne se refuse à réunir son armée à la mienne ; mais je ne puis pas revenir là-dessus, mon cher monsieur ; j'ai de trop bonnes raisons qui m'empêcheraient de le faire ; la raison de guerre le veut, et je ne puis absolument pas changer mon plan là-dessus. »

Arnim répondit que son maître était prêt à donner toutes les garanties qu'on lui demanderait contre un retour

---

(1) Frédéric à Maltzahn. Lommatzsch, 5 septembre 1756. *Correspondance politique*, vol. XIII, p. 345.
(2) Vitzthum. II, p. 93 et suiv. Cette entrevue eut lieu le 15 septembre.

offensif des Saxons en cas d'échec des Prussiens. Malgré son traité avec l'Impératrice-Reine, qui l'obligeait à lui fournir dans l'hypothèse d'invasion un corps auxiliaire de 6,000 hommes, le roi Auguste, étant donnée la difficulté de déterminer l'agresseur dans l'occurrence, resterait neutre, mais son honneur lui défendait d'aller plus loin. Quel prétexte prendre pour colorer une conduite qui serait une tache éternelle pour sa mémoire et lui attirerait le blâme de toute l'Europe? La réplique de Frédéric fut aussi franche que brutale : « Hé! mon cher monsieur, tout ceci est bel et bon, mais sans la jonction des troupes je ne vois aucune sûreté pour l'avenir. Le roi de Pologne n'a qu'à faire un traité en conséquence avec moi, qui nous lie de plus en plus d'intérêt et d'amitié, car il faut que la Saxe coure la même fortune et le même risque que mes États. Si je suis heureux, il sera non seulement amplement dédommagé de tout, mais je songerai aussi à ses intérêts autant qu'aux miens, et pour le qu'en-dira-t-on, nous enjoliverons le traité de quantité de bonbons, et d'ailleurs la meilleure excuse est la nécessité où l'on se trouve de ne pouvoir faire autrement. »

La conversation porta ensuite sur la politique saxonne depuis 1749, et sur les accusations lancées contre le comte de Brühl, accusations que Winterfeldt venait de communiquer au roi de Pologne, et qui furent reproduites et publiées quelques jours plus tard dans le fameux « mémoire raisonné ». Puis on revint à la convention et aux garanties : « Tous ces traités, dit le roi, tous ces accommodements, on les tourne comme on veut; il faut que j'aie nécessairement les derrières libres, comme aussi la libre communication par la Saxe et l'Elbe, et la parole des généraux. »

Arnim proposa de réduire l'effectif des troupes électorales. Frédéric repoussa cette idée et démasqua sa pensée intime : « Il y a un moyen, il faut que l'armée marche avec moi et me prête serment. » Et comme le pauvre Saxon ne put supprimer « un mouvement de saisissement », et fit observer que d'un tel agissement il n'y avait jamais eu d'exemple, soit dans l'histoire ancienne, soit dans l'histoire moderne : « Pourquoi non, Monsieur, continua le roi; si fait il y en a, et quand il n'y en aurait pas, je ne sais si vous savez, Monsieur, que je me pique d'être original. » — « Alors, Sire, si c'est le dernier mot de Votre Majesté, il ne nous reste qu'à nous laisser périr où nous sommes. » Le roi : « Bah! ce sont des contes que cela, le soldat ne pense pas comme les généraux; vous savez cela aussi bien que moi, si on ne lui donne pas la subsistance nécessaire, il déserte et se mutine. »

Ce fut en vain que l'officier saxon rappela, pour faire valoir la bonne foi de son maître, la décision prise de rester à Pirna, alors que l'armée prussienne était encore loin et que rien n'empêchait de rejoindre le corps du maréchal Browne en Bohême. — « Tout ce que vous pourrez me dire, répondit le roi, ne me fera pas changer mon plan; il faut absolument des troupes d'une manière ou autre. Ne soyez pas en peine pour moi; je ne suis point pressé du tout; je puis laisser ici au moins 24,000 hommes dont je n'ai nullement besoin vis-à-vis de M. de Browne; je ne ferai plus la sottise que j'ai faite autrefois de courir le pays sans que mes derrières soient bien assurés. » Frédéric invita Arnim à sa table, le fit assister à une revue de cavalerie et le congédia avec cet ultimatum : « Faites bien mes compliments au roi de Pologne, et dites-lui que je suis bien fâché de ne pouvoir me désister de mes prétentions ainsi que je vous l'ai dit et vous l'ai marqué dans la lettre; mais c'est mon dernier mot, et s'il m'envoyait l'arcanchel (l'archange) je ne pourrais pas y rien changer absolument. Dans la position où je me trouve, et sachant tout ce qu'on a fait et tout ce qu'on a voulu faire contre moi, je pourrais faire l'impertinent, mais j'offre le plus doux (1). »

Malgré ces conclusions qui laissaient fort peu d'espoir d'un accommodement, il y eut encore échange de billets entre les deux souverains et une nouvelle visite du général Winterfeldt au camp saxon. Auguste III, il faut le dire à son honneur, se refusa constamment à prendre les armes contre l'Impératrice, et préféra perdre ses États et son armée plutôt que de manquer à ses engagements. Escomptant la fin qu'il voyait prochaine, il demanda à Frédéric la permission de se retirer en Pologne. L'autorisation lui fut refusée, et il dut se résigner à partager le sort de ses soldats.

La situation du corps saxon (2) devenait de jour en jour plus critique, sinon pour le présent, au moins pour un avenir très rapproché. Leur camp, établi sur le plateau de Struppen, s'appuyait sur les rives escarpées de l'Elbe et sur les forteresses de Kœnigstein et Sonnenstein; le front de la position, couvert par le ruisseau marécageux de Gottleube, n'était abordable que par quelques sentiers qui s'élevaient à travers les rochers et la forêt; tous les points accessibles avaient été protégés par des ouvrages munis d'une artillerie formidable; le pont de Pirna qui reliait les deux bords de l'Elbe était défendu par une redoute construite sur la rive droite. Grâce à la nature, grâce à l'habileté des ingénieurs saxons, le camp de Struppen était devenu presque inexpugnable. Frédéric le comprit; après une reconnaissance faite en personne, il renonça à toute idée de brusquer l'attaque, et résolut de bloquer étroitement et de réduire par la famine un ennemi qu'il ne pouvait vaincre par les armes. Malheureusement pour les troupes du roi de Pologne, les vivres, dont on n'avait pas fait provision en temps utile, allaient faire défaut. Pour

(1) Une partie de cette conversation a été reproduite par le duc de Broglie dans « le Secret du Roi. »
(2) Voir pour le récit détaillé du blocus des Saxons, Colonel Aster, *Kriegswirren zwischen Preussen und Sachsen*, 1756. Dresden, 1848.

échapper à une capitulation dont on pouvait préciser à l'avance la date, il faudrait par une tentative hardie percer les lignes de l'assiégeant et gagner à marches forcées l'aide de l'armée autrichienne. Or le caractère mouvementé du pays, favorable aux Saxons pour leur défensive, se tournerait contre eux quand ils auraient à affronter l'armée de blocus ; de tous les côtés les chemins de la retraite étaient dominés par des hauteurs à pic, ou s'engageaient dans des défilés étroits que les Prussiens avaient pu occuper sans opposition, et où ils s'étaient retranchés à loisir. Sortir par la rive gauche de l'Elbe il ne fallait pas y songer ; la route qui conduit de Saxe en Bohême à travers les montagnes était au pouvoir de l'avant-garde du prince Ferdinand de Brunswick. Arrêtés par ce détachement, poursuivis par l'armée du roi, les Saxons auraient couru à un désastre.

Aussi les généraux du roi Auguste se décidèrent-ils à essayer l'évasion par la rive droite. Là on rencontrerait les difficultés de terrain inhérentes à la nature des lieux ; on se trouverait, en effet, dans un district de la Suisse saxonne dont les falaises pittoresques excitent aujourd'hui l'admiration des nombreux touristes qui visitent cette région ; à la sortie de la vallée de l'Elbe, on aurait à contourner les pentes du Lillienstein, grand rocher boisé qui se dresse vis-à-vis de Kœnigestein, à prendre d'assaut les retranchements ennemis, à franchir des vallées encaissées. Mais de ce côté les bataillons prussiens étaient peu nombreux ; le passage du fleuve lestement enlevé, grâce à un effort vigoureux contre un ennemi inférieur, on pourrait prendre l'avance et donner la main au corps autrichien avant que l'armée du roi, concentrée sur la rive gauche de l'Elbe et ne disposant que d'un seul pont sur le fleuve (1), n'eût le temps d'entraver le mouvement.

(1) Pendant le blocus, les Prussiens n'avaient qu'un seul pont à Pretzschwitz en aval de Pirna.

Chez les Autrichiens on était tout disposé à secourir les Saxons, mais on n'était pas encore en mesure d'aller à leur rencontre. Au moment de l'entrée de Frédéric en Saxe, le maréchal Browne, commandant de l'armée de Bohême, n'avait sous ses ordres que 40,000 hommes environ dont la plus grande partie au camp de Kolin; il attendait encore ses munitions et son artillerie qui n'avaient pas rejoint; aussi dut-il répondre à l'appel que vint lui apporter un messager saxon dépêché de Struppen, en exprimant le regret que l'armée du roi de Pologne n'eût pas poursuivi sa marche vers la Bohême, et en promettant de faire tous ses efforts pour lui venir en aide quand il serait en état de se porter en avant. Pour l'heure, il se borna à envoyer un faible détachement occuper les débouchés des montagnes, et s'établir sur l'Elbe vers Aussig. Le 13 septembre seulement le maréchal arriva à Prague où il trouva deux officiers français, M. de Lameth, beau-frère du comte de Broglie, et M. d'Hautmont, que le ministre de Louis XV avait envoyés en mission au camp autrichien. Le 21 septembre le quartier général était à Budin, à moitié route entre la capitale de la Bohême et la frontière. Les Autrichiens n'avaient devant eux à Aussig, à 8 lieues de distance, que le prince de Brunswick avec une division de 16,000 Prussiens; mais leurs propres effectifs étaient encore incomplets. « On m'avait assuré, écrit Lameth (1), que la force de cette armée était de 75,000 hommes au camp de Kolin; mais il s'en fallait de beaucoup, puisqu'elle ne sera que de 50,000 environ après l'arrivée des Croates et des hussards, dont il n'y a ici encore qu'un régiment. »

D'après l'état envoyé par l'officier français au ministre d'Argenson, le corps de Browne se composait de 56 bataillons d'infanterie, 92 escadrons, 52 compagnies de grenadiers et de carabiniers. Les troupes prussiennes bien supé-

---

(1) Lameth au ministre, 21 septembre 1756. Archives de la Guerre.

rieures comprenaient 70 bataillons et 100 escadrons (1) d'une force de 67,000 hommes, dont 14 bataillons et 7 escadrons en Bohême, le reste autour de la position saxonne.

Malgré le blocus, les communications entre les assiégés et le quartier général impérial se maintinrent relativement faciles et fréquentes. Déjà avant l'investissement, le 8 septembre, le roi de Pologne avait reçu de Vienne une lettre des plus réconfortantes. Marie-Thérèse, dans un billet écrit de sa main (2), félicitait son cher frère et cousin du grand parti qu'il avait pris de mettre ses troupes en sûreté, en les faisant passer en Bohême; elle offrait de prendre leur entretien à sa charge, et mettait à la disposition du roi les avances nécessaires pour couvrir les premiers frais. Auguste III répondit (3) par une longue missive où il se plaignait amèrement des procédés du roi de Prusse, assurait l'Impératrice qu'il endurerait plutôt « la ruine de son pays et toutes les extrémités de la guerre que de se laisser forcer de participer à une guerre injuste contre une si bonne et fidèle alliée »; annonçait l'obligation dans laquelle il se trouvait de rester à Pirna, et priait l'Impératrice de donner l'ordre à ses généraux de venir à son secours.

Dans une dépêche à Kaunitz de la même date (4), Brühl dépeignait les violences exercées par les Prussiens en Saxe, expliquait les circonstances qui avaient empêché la retraite en Bohême, démontrait l'avantage pour la cause commune d'une résistance qui retardait l'invasion des États de l'Impératrice, et réclamait comme son maître l'assistance des armées autrichiennes. Le même courrier emporta une lettre adressée au comte Fleming et un billet du comte Rutow-

---

(1) *Geschichte des siebenjährigen Krieges* par un officier de l'État-major prussien, vol. I, p. 85.
(2) Marie-Thérèse au roi de Pologne, 5 septembre 1756. Vitzthum, vol. II, p. 11.
(3) Auguste à l'Impératrice-Reine, 8 septembre 1756. Vitzthum, vol. II, p. 13 et suivantes.
(4) Lettre citée par Vitzthum, vol. II, p. 15.

ski (1), commandant des troupes électorales, pour le feld-maréchal Browne.

Le lendemain, 9 septembre, on eut des nouvelles directes des Autrichiens. Browne était plein de bonne volonté, mais attendait les ordres de sa cour pour commencer les hostilités ; il avait cependant pris sur lui d'envoyer sur la frontière une avant-garde de 24 compagnies de grenadiers, soutenue par quelques détachements de cavalerie, pour maintenir les communications avec les Saxons. A partir de ce moment, Brühl, dont l'imprévoyance avait été pour beaucoup dans le désastre de son pays, déploya une grande activité ; il prit en mains la direction des affaires militaires, et entretint avec Browne et avec Vienne une correspondance des plus actives.

Entre temps le commandant de l'armée autrichienne reçut de sa souveraine l'autorisation de (2) « faire tout ce que Son Excellence jugera convenable pour faciliter et assurer la retraite en Bohême, en cas que cela soit encore faisable dans les règles de la guerre. » Il put annoncer ce résultat aux Saxons et les prévenir de sa prochaine arrivée à Budin. Bientôt, au quartier général du roi de Pologne arriva un officier saxon, le major de Martanges, avec mission de renseigner ses compatriotes sur la situation en Bohême, et de se concerter avec eux sur les moyens d'opérer une jonction des deux armées. Un conseil de guerre, réuni à cet effet à Struppen, élabora un plan d'évasion. Il paraissait possible de jeter pendant la nuit un pont de bateaux sur l'Elbe en face de Koenigstein, sans attirer l'attention de l'ennemi ; l'armée saxonne défilerait sur la rive droite du fleuve, et déboucherait par le village de Prossen et dans la direction de Schandau, où elle espérait trouver les Autrichiens venus à sa rencontre. Grâce à une démonstration sur la rive gauche et à la destruction au

---

(1) Lettres citées par Vitzthum, vol. II, p. 20-22.
(2) Lettre citée par Vitzthum, vol. II, p. 45.

moyen de brulots du pont de Pretzschwitz, seule communication à la disposition des Prussiens pour relier leurs deux ailes, grâce à une diversion effectuée contre la division chargée du blocus sur la rive droite, on comptait n'avoir devant soi du côté de Schandau que des détachements peu importants, on se faisait fort de leur passer sur le corps et d'effectuer la jonction et la retraite en Bohême. On proposait la nuit du 11 au 12 octobre pour la sortie et la réunion avec l'armée de secours. Le 1er octobre, Brühl reçut la réponse (1) datée du camp de Budin le 28 septembre; Browne lui faisait part de son intention de se porter en avant sur Lowositz et Aussig; il acceptait le rendez-vous sur les hauteurs de Schandau, et s'engageait à s'y trouver le 11 octobre pour couvrir la retraite des Saxons. Le général autrichien tint parole, mais avant d'exécuter la pointe promise, il eut à lutter contre l'armée prussienne commandée par Frédéric en personne.

Ce dernier, déçu dans son espoir de venir à bout des Saxons par une convention ou par un assaut, dut se préoccuper des efforts que tenteraient les Autrichiens pour les dégager. Depuis le 13 septembre, le prince Ferdinand de Brunswick avait occupé les défilés des montagnes qui séparent la Bohême de la Saxe; renforcé à plusieurs reprises, ce général s'était avancé jusqu'à Aussig sur l'Elbe, en poussant l'avant-garde autrichienne devant lui. Le 20 septembre le maréchal Keith alla prendre la direction des troupes prussiennes en Bohême, et s'empara du château de Tetschen qui commandait la navigation de l'Elbe. Le 28, Frédéric, averti de la concentration des forces de Browne à Budin, et inquiet de ses intentions ultérieures, quitta sous l'escorte de quelques escadrons son quartier de Sedlitz en face du camp saxon, pour se mettre à la tête de son armée de Bohême dont l'effectif se trouva porté à 30,000 hommes; le reste de ses forces, 40,000 hommes environ,

(1) Browne à Brühl Budin, 28 septembre 1756. Aster, p. 305.

était chargé de bloquer et de surveiller les Saxons. Le lendemain de son arrivée à Johnsdorf, Frédéric marcha au-devant des Autrichiens; il prit contact avec eux à Lowositz où ils étaient déjà parvenus, et cette rencontre produisit la première bataille de la guerre de Sept Ans, livrée le 1er octobre 1756.

Le maréchal Browne, qui venait enfin de recevoir les renforts de cavalerie légère qu'il attendait depuis longtemps, était résolu à risquer un engagement pour sauver ses alliés. A cet effet, il avait décidé (**1**) de chasser les Prussiens de leurs positions sur la rive gauche de l'Elbe à Aussig, et de détacher une division sur la rive droite de ce fleuve pour protéger la retraite des Saxons. Le 30 septembre, il s'établit sur les hauteurs au sud de Lowositz, sa droite appuyée à l'Elbe et son avant-garde postée dans le village. Le 1er octobre de grand matin, Frédéric, dont les troupes étaient divisées en deux colonnes, couronna deux collines boisées qui s'élèvent au nord de Lowositz; avec son aile gauche il prit position sur le Loboschberg, dont les pentes inférieures plantées de vignobles venaient mourir aux premières maisons du village; l'aile droite occupa la hauteur de Rudostitz, d'où elle se porta sur le mamelon du Homolka. Les deux armées ainsi postées étaient séparées par une plaine large de plus de 3 kilomètres, coupée dans sa longueur par un ruisseau marécageux qui courait vers l'Elbe. Le corps de Browne, à peu près égal en cavalerie et artillerie à son adversaire, lui était supérieur en infanterie dont il comptait 34 bataillons et 34 compagnies de grenadiers, contre 25 bataillons prussiens (**2**).

Le combat s'engagea dans les vignes de Lowositz; bien-

(1) **Lameth au ministre.** Budin, 28 septembre 1756. Archives de la Guerre.
(2) Ces chiffres sont tirés de l'histoire de l'état-major prussien. Lameth dans sa dépêche du 21 septembre écrivait que l'armée de Browne comptait 56 bataillons, 92 escadrons, 52 compagnies de grenadiers et carabiniers. Une partie seulement de ces forces assista à la bataille; il en fut de même du côté des Prussiens dont l'effectif total se montait à 29 bataillons et 71 escadrons.

tôt le roi, incertain s'il avait devant lui le gros des Autrichiens ou une simple avant-garde, et ne pouvant discerner leurs lignes que lui cachait un brouillard épais, poussa en avant une forte reconnaissance de cavalerie; celle-ci vint se heurter à des régiments autrichiens qu'elle refoula, mais recula à son tour devant le feu convergent des batteries et des tirailleurs ennemis. Une seconde charge, à laquelle prit part toute la cavalerie prussienne entraînée par son ardeur, fut encore plus désastreuse; fusillés presque à bout portant, pris en flanc par les cuirassiers autrichiens, empêtrés dans les obstacles du terrain, les escadrons de Frédéric durent se réfugier derrière leur infanterie après une perte d'environ mille hommes, soit le onzième de leur effectif. Le maréchal Browne voulut profiter de ce succès; il renforça son aile droite, occupa fortement Lowositz, et lança ses colonnes, sous les ordres de Lascy à l'assaut du Loboschberg. Cette attaque ne réussit pas; le commandant autrichien fut blessé, ses hommes plièrent et furent rejetés en désordre au bas de la hauteur. Frédéric à son tour, tout en tenant en échec l'aile gauche des Autrichiens, concentra tous ses efforts sur leur droite. Bevern conduisit ses bataillons à l'assaut du village de Lowositz et s'en rendit maître malgré la résistance opiniâtre des défenseurs; les Autrichiens se débandèrent dans leur retraite; ils furent recueillis par le centre de leur armée et par la cavalerie restée intacte.

Il n'y eut pas de poursuite et le combat finit à 2 heures. L'armée de Browne campa sur les positions qu'elle avait occupées la veille et se replia le 2 octobre sur Budin; Frédéric se contenta de l'avantage obtenu et ne dépassa pas Lowositz. La perte de part et d'autre, proportionnellement aux effectifs engagés, fut considérable: les Prussiens (1) accusèrent 3,318 officiers et soldats tués, blessés et prison-

---

(1) *Geschichte des siebenjährigen Krieges,* par un officier de l'état-major prussien, vol. I, p. 109.

niers; les récits autrichiens parlèrent de 2,300 tués et blessés (1), auxquels il faudrait, d'après les rapports prussiens, ajouter 700 prisonniers.

Quoi qu'il en fût, la retraite de Browne permit à Frédéric de s'attribuer la victoire, et fournit un prétexte aux chants de triomphe qu'il eut l'habileté d'entonner à l'occasion d'une rencontre dont il sortait plus éprouvé que son adversaire.

Lameth, qui avec son camarade d'Hautmont était attaché à l'état-major du feld-maréchal, fait de la bataille le récit suivant (2) : « La victoire a été pendant 3 heures de notre côté; la cavalerie autrichienne a battu trois fois celle du roi de Prusse, mais enfin après huit heures du combat le plus opiniâtre la gauche de son infanterie a fait plier notre droite; il s'est rendu maître de Lowositz qu'il n'a pas été possible de reprendre, et nous avons été obligés de nous retirer dans la partie gauche de notre champ de bataille où nous nous sommes retirés en fort bon ordre et où nous avons passé une partie de la nuit, après quoi nous nous sommes repliés dans un camp que nous occupions ci-devant... Cela ne peut s'appeler perdre une bataille, mais seulement manquer de la gagner... M. le feld-maréchal espère encore la réunion avec l'armée saxonne, qui cependant devient plus difficile. »

Frédéric, tout en exagérant son succès (3), fut forcé de reconnaître les progrès accomplis depuis la dernière guerre par l'armée autrichienne. « J'ai vu, écrit-il à Schwerin, que ces gens ne veulent se hasarder qu'à des affaires de perte, et qu'il faut bien se garder de les attaquer à la hussarde. Ils sont plus fins que par le passé, et croyez-m'en sur ma parole que sans beaucoup de ca-

(1) Rapport de Lameth, 4 octobre 1756. Archives de la Guerre.
(2) Lameth au ministre, 2 octobre 1756. Archives de la Guerre.
(3) Frédéric à Schwerin et au prince Maurice d'Anhalt Dessau. *Correspondance politique*, vol. XIII, p. 479 et 482.

nons pour les leur opposer, il en coûterait un monde infini pour les battre. »

L'affaire de Lowositz ne produisit pas le résultat qu'en attendait le roi de Prusse; elle n'empêcha pas le maréchal Browne de tenir les engagements qu'il avait contractés vis-à-vis des Saxons. Dès le 3 octobre (1), c'est-à-dire deux jours après le combat, le général autrichien, du camp de Budin où il était rentré, fit passer au comte de Brühl une dépêche lui confirmant son intention de ne rien changer aux mouvements concertés, quoiqu'il eût préféré un ajournement de deux ou trois jours pour la date du rendez-vous.

On répondit (2) du camp de Struppen qu'il était impossible de retarder la tentative d'évasion; cette opération resterait fixée à la nuit du 11 au 12 octobre; on avait à peine de quoi manger jusqu'alors, et on priait les Autrichiens d'apporter avec eux les vivres et le fourrage dont l'armée saxonne serait absolument dépourvue. En même temps qu'il se mettait en communication avec Brühl, le maréchal écrivait au comte de Broglie (3), resté à Dresde, pour le remercier des renseignements qu'il lui avait fait parvenir sur les forces prussiennes, et l'assurer qu'il n'avait pas perdu de vue le projet de jonction. « Il faut cependant avouer, ajoutait-il, que tous ces jours ces Saxons auraient eu assez beau jeu de se retirer, pendant que nous avions ici la plus grande partie des forces prussiennes sur les bras. »

Le 8 octobre, Browne, laissant le gros de ses troupes sous les ordres du général Lucchesi dans les retranchements de Budin pour tenir en échec l'armée du roi, partit avec

---

(1) Browne à Brühl, 3 octobre 1756. Lettre citée par Vitzthum, vol. II, p. 185.

(2) Dyhern et Brühl à Browne, 5 octobre 1756, Vitzthum, vol. II, p. 186 et 187.

(3) Browne à Broglie, 3 octobre 1756. Archives de la Guerre.

une division de 8,000 hommes et 16 canons, dont il prit la direction en personne, pour aller au secours des assiégés. Il réussit à dérober sa marche à l'ennemi et arriva au rendez-vous le jour fixé. L'officier français Lameth qui l'accompagnait dans cette expédition, raconte ainsi (1) l'aventure : « Malgré la difficulté des chemins qu'on ne saurait se représenter, nous avons en quatre jours traversé plus de 20 lieues (de France) de montagnes dans lesquelles on n'avait pas vu passer des troupes depuis Gustave-Adolphe... En arrivant entre Lichtenhayn et Mitteldorf nous avons rencontré un corps d'environ 3,000 Prussiens... »

L'apparition des troupes de Browne fut une véritable surprise pour les Prussiens qui ne s'attendaient à voir de ce côté que quelques Croates ou hussards envoyés en éclaireurs. Quand le 11 octobre, à 3 heures et demie de l'après-midi, l'avant-garde impériale se montra à Mitteldorf, à 5 kilomètres de Schandau, le colonel Warnery (2) qui commandait les avant-postes eut beaucoup de peine à convaincre ses supérieurs de la réalité de l'approche d'un corps autrichien. Cependant, sur ses instances répétées, le général Meyerink se porta avec les six bataillons dont il pouvait disposer à la rencontre de l'ennemi. Il y eut une escarmouche à la suite de laquelle les Prussiens se retirèrent, laissant Browne maître d'Altendorf. Le général autrichien, soit fatigue des troupes, soit ignorance des lieux, se contenta d'occuper les hauteurs au-dessus de Schandau, et ne profita pas de l'avantage du terrain et de la supériorité du nombre pour écraser le gros des Prussiens, dont la position, entre l'Elbe et les collines qui dominent le fleuve, était des plus dangereuses.

De Lichtenhayn (3) où il avait établi son quartier-géné-

(1) Lameth au ministre, 15 et 16 octobre 1756. Archives de la Guerre.
(2) Warnery, *Feldzuge Friedrich II*, cité par Aster, p. 458.
(3) Lichtenhayn est à 4 kilomètres en arrière d'Altendorf et à 2 kilomètres et demi de Mitteldorf.

ral, Browne expédia le 11 octobre, à 10 heures du soir, un billet à M. de Sternberg (1), ministre autrichien à Dresde. « Je suis arrivé ici, au rendez-vous où messieurs les Saxons m'ont demandé. S'ils avaient été aussi exacts que nous, il y avait le plus beau coup du monde à faire... Mais malheureusement ils m'ont fait savoir qu'ils ne seront prêts avec leurs arrangements que demain au soir. »

Du côté du maréchal, les journées du 12 et du 13 octobre s'écoulèrent sans événement, mais tandis que les Autrichiens restaient inactifs dans l'attente du mouvement des assiégés, le margrave Carl et Winterfeldt qui commandaient en l'absence du roi, avertis par Warnery et Meyerink, firent passer des renforts aux détachements de Schandau et de Rathmannsdorf, dont l'effectif fut bientôt égal à celui de l'adversaire, et dont la direction fut confiée au général Lestwitz, beaucoup plus capable que son subordonné Meyerink. Le 12 octobre à huit heures du soir, le général autrichien reçut (2) un billet que lui apporta un cavalier saxon déguisé en paysan. Cette missive, datée (3) du même jour, 12 octobre, était ainsi conçue : « Toutes mes dispositions sont faites et rien ne nous empêche plus d'exécuter le projet concerté. La juste inquiétude que nous avons pour la couronne du roi, et l'opiniâtreté dont peut être l'abattis de Lillienstein et le village de Walthersdorf, où ils se retranchent depuis hier, nous ferait souhaiter que Votre Excellence voulût bien s'avancer le plus qu'il lui sera possible, attaquer de son côté ledit village et l'abattis. Nous nous mettrons en marche avec la retraite vers les six heures et demie. »

Browne répondit (4) aussitôt : « Je suis depuis hier au

(1) Browne à Sternberg, 11 octobre 1756. Copie adressée à Kaunitz. Archives de Vienne.
(2) Browne à Sternberg. 13 octobre 1756. Archives de Vienne.
(3) Copie du billet envoyé du camp saxon au maréchal Browne, jointe à la lettre du 13 de ce dernier à Sternberg.
(4) Copie de la réponse de Browne, jointe à sa lettre à Sternberg.

rendez-vous où l'on m'a demandé, et dès que l'armée de Saxe débouchera et commencera l'attaque, je ne manquerai pas de seconder de mon côté, toutes les dispositions étant faites à cette fin. Mais il n'y a plus de temps à perdre, m'étant impossible de rester ici plus que dès demain matin 24 heures encore. Je serais même d'avis que cela se fasse ce matin ou à midi, et point de nuit puisqu'on voit moins ce qu'on fait. Plus qu'on tarde, d'autant plus l'affaire devient difficile; hier était l'heure du berger. »

Dans une lettre adressée à Sternberg (1) le 13 octobre à onze heures du soir, Browne rend compte de sa situation et de l'inquiétude qu'elle lui occasionne : « Voilà les onze heures du soir passées que messieurs les Saxons ne donnent pas signe de vie, et je compte leur entreprise manquée : ils s'y sont pris si mal et ont manqué l'heure du berger, de façon qu'ils n'ont qu'à se l'attribuer. Il pleut outre cela à verse depuis ce matin à quatre heures ; ainsi, que Votre Excellence juge de la peine qu'ils auront à franchir l'abattis et monter la montagne avec leur artillerie. »

Il relate l'incident du billet saxon reçu la veille et ajoute : « J'ai répondu assez clairement, et comme depuis ils ne m'ont plus rien fait dire, c'est marque qu'ils trouvent trop d'obstacles pour tenter le passage. Je souhaite que cela arrive demain matin. Je m'y arrêterai entre dix et onze heures; ensuite je reprendrai la route que j'ai faite, en petites marches, pour l'armée; Votre Excellence peut croire que nous sommes tous de très mauvaise humeur. Dieu donne que demain matin nous entendions des coups de fusil, mais je crains qu'il est déjà trop tard pour passer. L'ennemi a découvert le concert et a pu prendre tou-

---

(1) Browne à Sternberg : Lichtenhayn, 13 octobre 1756. Copie adressée à Kaunitz. Archives de Vienne.

tes ses mesures, puisqu'on lui a donné deux jours de temps. »

Lameth, dont le récit est à peu près conforme à celui de son chef, raconte (1) que dans la matinée du 13 il y avait eu une canonnade assez vive du côté des Saxons, puis le silence ne fut interrompu que par quelques coups tirés de la forteresse de Kœnigstein. Enfin le 14, n'entendant plus rien et craignant d'être coupé, le maréchal avait pris le parti de la retraite. « Nous nous repliâmes sur les deux heures avec beaucoup de chagrin de ma part... depuis huit jours sans équipages, presque sans vivres, toujours exposés à la pluie et au froid pour une aussi mauvaise besogne; je suis plus d'à moitié mort, ne m'étant pas déshabillé depuis notre départ; mais je ne sentirais rien de mon mal si nous avions réussi. »

Qu'était-il arrivé dans le camp saxon, et quelles circonstances imprévues avaient empêché la jonction des armées alliées? On se rappelle que d'après le plan concerté avec Brühl, l'armée saxonne, dans la nuit du 11 au 12 octobre, c'est-à-dire le soir de l'arrivée de Browne à Schandau, devait passer sur la rive droite de l'Elbe par un pont construit sous le fort de Kœnigstein, et attaquer le corps de blocus prussien en tête, pendant que les Autrichiens se porteraient sur ses derrières à Schandau; une opération combinée serait dirigée ensuite contre la position de Rathmannsdorf. Ce projet, dont l'exécution présentait des risques sérieux à cause des obstacles du terrain et de la difficulté d'obtenir une action simultanée, aurait pu réussir sans un accident fâcheux auquel les Saxons ne surent pas remédier.

Pour la traversée de l'Elbe il était impossible de se servir du pont de bateaux de Pirna, dont les Prussiens fortement retranchés sur la rive droite occupaient les débouchés; aussi les assiégés avaient-ils choisi un emplacement un

---

(1) Lameth au ministre, 15 et 16 octobre 1756. Archives de la Guerre.

peu en aval de Kœnigstein, où le travail se ferait sous la protection de cette forteresse; pour le nouveau pont, ils avaient l'intention de se servir des bateaux de Pirna qu'on ferait remonter pendant la nuit jusqu'au point désigné. Cette entreprise, tentée dans deux nuits successives, fut interrompue par le canon prussien; les bateliers refusèrent de poursuivre leur route et abandonnèrent leurs embarcations, gagnant la rive à la nage; la plupart des bateaux tombèrent entre les mains de l'ennemi. On dut les remplacer par des pontons en cuivre qui n'étaient pas en état; il fallut les réparer, puis les transporter par terre jusqu'à Thurmsdorf. Le pont ne fut achevé que fort tard dans la journée du 12, et le passage de l'armée par conséquent remis à la nuit du 12 au 13. Les mouvements des Saxons, l'apparition de Browne, averti trop tard pour arrêter sa marche, donnèrent l'éveil dans le camp prussien où jusqu'alors on ne paraissait se douter ni de la direction que les Saxons voulaient prendre pour leur sortie, ni du secours que les Autrichiens allaient leur prêter. Ce fut seulement dans la soirée du 11 que le margrave Carl et le général Winterfeldt eurent connaissance de l'arrivée de Browne; les bataillons envoyés pour renforcer la faible division de la rive droite ne parvinrent à destination que dans la journée du 12. Le rapport de Winterfeldt (1) relatant le danger couru et les mesures prises pour y parer, est daté du même jour. Quant au roi, ce fut également le 12 qu'il eut vent de la marche des Autrichiens et qu'il en prévint ses lieutenants (2). Malgré les avis rassurants qu'on lui fit tenir du camp de Sedlitz, il accourut sur les lieux; quand il rejoignit l'armée de blocus, le 14 octobre, tout était terminé et les Saxons étaient à sa merci.

(1) Winterfeldt à Frédéric, 12 octobre 1756. *Correspondance politique,* vol. XV, p. 529.
(2) Frédéric aux princes de Dessau et de Bevern, 12 octobre 1756. *Correspondance politique,* vol. XV, p. 528.

Le passage avait commencé à onze heures et demie le soir du 12. En dépit des ordres soigneusement rédigés, la confusion se mit dans les colonnes; un temps abominable, des chevaux hors d'état, des hommes sans pain depuis vingt-quatre heures, des chemins impraticables, un seul pont pour le personnel et le matériel : tout contribua à la ruine de l'armée. Le débouché sur la rive droite de l'Elbe présenta des difficultés plus grandes encore; la rivière franchie, on se trouvait sur une berge étroite au pied de l'escarpement qui termine le plateau d'Ebenheit; pour gagner la hauteur il n'existait que des routes mal tracées dans lesquelles vinrent s'engouffrer les canons, les caissons, les voitures du parc, les équipages de l'armée; l'obscurité, le vent, la pluie qui faisait rage vinrent aggraver le désordre. A quatre heures de l'après-midi, le 13 octobre, l'infanterie seule était parvenue au haut de la montée; la cavalerie et presque toute l'artillerie étaient encore au bord de l'eau, exposées au feu des batteries ennemies qui avaient suivi la retraite. Dès le matin, les Prussiens, avertis par leurs patrouilles du départ des Saxons, avaient occupé le camp évacué par ces derniers, et poursuivi leur arrière-garde empêtrée dans les bagages et les convois de munitions dont il fallut abandonner une partie. Pour comble de malheur, la manœuvre de replier le pont fut si mal dirigée que les pontons se détachèrent, allèrent à la dérive et tombèrent entre les mains des Prussiens qui les utilisèrent aussitôt pour établir à Rothen, un peu en aval, la communication entre les deux rives. Pendant le défilé douloureux de son armée, le roi de Pologne, accompagné de son ministre, s'était retiré à Kœnigstein. De la forteresse, Brühl écrivit (1) à Browne pour le mettre au courant de la situation : L'attaque projetée pour le 13 ayant dû être remise à la matinée du

---

(1) Brühl à Browne, 13 octobre 1756. Vitzthum, vol. II, p. 207.

14, les Prussiens avaient eu le temps de transporter la principale partie de leurs troupes sur la rive droite ; et il serait impossible de percer leurs lignes sans le secours des Autrichiens.

Si le découragement se manifestait dans l'entourage du roi de Pologne à Kœnigstein, il était encore plus apparent dans le camp au pied du Lillienstein. Le général en chef Rutowski eut recours à l'échappatoire habituelle des commandants dans l'embarras; il réunit à la hâte un conseil de guerre où tous les chefs présents se basèrent sur le manque de nouvelles du quartier général autrichien, et sur le triste état de leurs soldats, pour déclarer qu'il fallait se résoudre à engager des pourparlers avec l'ennemi. Le corps saxon se trouvait, en effet, dans une impasse. Il ne suffisait pas d'être arrivé au plateau d'Ebenheit, il fallait en sortir, et ce n'était pas chose facile. La plaine dans laquelle se trouvaient les Saxons a une longueur d'environ quatre kilomètres depuis le hameau d'Ebenheit jusqu'au village de Walthersdorf ; très resserrée entre l'Elbe et la masse rocheuse du Lillienstein, elle s'épanouit au-delà de cette montagne dans la direction de Porschdorf où elle est bornée par le vallon encaissé du Sebnitzbach, et dans celle de Prossen où elle rencontre de nouveau la vallée étroite de l'Elbe. Pour donner la main aux Autrichiens postés de l'autre côté du Sebnitzbach, les Saxons avaient à percer les lignes des Prussiens, s'emparer des retranchements et des redoutes qui défendaient les approches de Porschdorf et Prossen, occuper ces villages, descendre par des chemins étroits et mal entretenus dans la vallée du Sebnitz, remonter de l'autre côté, et se rendre maîtres des hauteurs de Rathmannsdorf. Pour une telle entreprise, il eût peut-être été difficile de demander l'effort nécessaire à des troupes fraîches, reposées, animées du meilleur esprit; on ne pouvait l'exiger de malheureux soldats épuisés tant au moral qu'au physique, sans nourriture depuis plus de vingt-quatre heures, sans munitions suffisantes, alors surtout qu'on ne pouvait compter sur l'appui, ni de la cavalerie dont les chevaux ne pouvaient plus se traîner, ni surtout de l'artillerie qu'à l'exception de sept pièces on n'avait pu amener jusqu'au plateau. Seule une vigoureuse attaque des Autrichiens aurait relevé l'énergie de la troupe : or de ces Autrichiens on n'avait aucune nouvelle.

Ce fut seulement le 14 octobre à cinq heures du matin (1) que parvint au camp saxon une dépêche du maréchal Browne; elle était datée du quartier général de Lichtenhayn, la veille (2), à dix heures du soir. Comme elle était chiffrée, il fallut l'envoyer à Kœnigstein où se trouvait Brühl, détenteur du chiffre, et ce ne fut que vers sept heures du matin que le général Rutowski en connut le contenu. Le commandant autrichien accusait réception de la lettre que Brühl lui avait écrite le 11, expliquait qu'il était depuis deux jours au rendez-vous dans l'attente des Saxons, qu'il conserverait sa position jusqu'à neuf heures du matin le 14, que si l'armée assiégée effectuait la traversée de l'Elbe et prononçait son attaque contre les Prussiens, il la seconderait de tous ses moyens; mais que passé le délai indiqué, le manque de vivres et la crainte de voir ses communications coupées le forceraient à se retirer en Bohême. Ces avis n'étaient pas pour donner du cœur aux Saxons.

Pendant la nuit du 13 et la matinée du 14, les messages s'échangèrent entre le camp et le château où étaient réfugiés le roi et son ministre. Auguste III, sous l'inspiration de son favori, écrivit lettre sur lettre à ses généraux; il les adjura de risquer un dernier effort, fit appel à leur dévouement, même à leur courage; il ne pouvait se rési-

---

(1) Voir Vitzthum et Aster pour le récit détaillé de la capitulation.
(2) Cette lettre malgré la confusion des dates doit être celle dont il est fait mention aux pages 31 et 32.

gner à la honte de capituler sans avoir brûlé une cartouche. Tout fut en vain. Peut-être le roi de Pologne eût-il pu entraîner ses troupes en se mettant à leur tête, ou au moins en se rendant au milieu d'elles. Elles restèrent sourdes aux supplications d'un souverain qui leur demandait d'affronter des périls qu'il était bien déterminé à ne pas partager; malgré leur loyauté et leur discipline, elles devaient le rendre responsable d'une situation due à son incapacité et à son imprévoyance.

En réalité, le 14 octobre il n'y avait rien à faire; les Prussiens en force, appuyés par leur artillerie et couverts par leurs tranchées, auraient eu facilement raison d'un adversaire épuisé que les Autrichiens ne seraient plus en mesure de soutenir. Un nouveau conseil de guerre confirma la décision de la veille : les nouvelles de Browne ne changeaient en rien la situation; Lichtenhayn, d'où sa lettre était datée, était éloigné de deux lieues d'Allemagne, et à l'heure où l'on délibérait, la retraite qu'elle annonçait était déjà commencée. L'armée, déclarait-on, était prête à se sacrifier, mais ce serait sans espoir et sans chance de succès. Rutowski, en même temps qu'il informa son maître du résultat du conseil, dépêcha un officier au camp prussien pour proposer un accommodement. A cette invitation, le général Winterfeldt qui avait pris le commandement sur la rive droite, se rendit en personne. On s'entendit pour un armistice provisoire, et on envoya demander les instructions du roi Frédéric, attendu à Sedlitz dans le courant de la journée. Le général saxon essaya vainement d'arracher à son souverain un consentement à la capitulation devenue inévitable. Auguste III refusa jusqu'au bout. « Je vous abandonne à vous, Monsieur, écrivit-il (1), le sort de mon armée. Que votre conseil de guerre décide s'il faut vous rendre prisonnier, ou s'il faut mourir par le fer

---

(1) Auguste III à Rutowski, 14 octobre 1756. Vitzthum, vol. II. Appendice.

ou par la disette. Que l'humanité guide, si cela se peut, vos résolutions. Quelles qu'elles puissent être elles ne me regardent plus, et je vous déclare que je ne vous tiens responsable que d'une seule chose, qui est de porter les armes contre moi et contre mes amis. »

La capitulation fut signée le 15 octobre ; l'armée saxonne se rendit prisonnière de guerre. Un article proposé par Rutowski stipulait que les sous-officiers et soldats ne seraient pas enrôlés dans l'armée prussienne contre leur gré ; quant aux officiers de tout rang, ils ne devaient pas servir pendant la durée de la guerre. Frédéric refusa de ratifier ces deux clauses ; il fit insérer au texte la faculté pour les officiers d'entrer à son service ; en ce qui concerne la troupe, sa réponse à la demande du général saxon fut conçue en termes caractéristiques : « C'est de quoi personne n'a besoin de se mêler ; on ne forcera aucun général de servir malgré lui, cela suffit. »

A peine le défilé achevé, on éloigna les officiers, on fit former le cercle aux soldats, on leur lut des extraits du code de guerre et le serment de fidélité au roi de Prusse, et on leur donna l'ordre de lever la main gauche en signe d'assentiment. Ce commandement, plus ou moins bien exécuté, fut considéré comme l'acceptation du nouveau régime (1), et les Saxons se trouvèrent ainsi transformés en soldats du roi de Prusse. Ce recrutement forcé ne profita pas beaucoup au conquérant, les désertions se firent en masse ; une grande partie des nouveaux engagés passèrent la frontière et vinrent constituer au service autrichien un corps qui, dès le début de 1757 (2), comptait plus de 2,500 hommes.

---

(1) Quelques régiments refusèrent jusqu'au bout le serment ; ils furent dissous et les soldats répartis dans des corps prussiens. Au printemps trois bataillons se révoltèrent et passèrent en Pologne avec armes et bagages. Aster, p. 477, etc.

(2) Devault au ministre, 5 février 1757. Archives de la Guerre.

Une convention spéciale réserva la neutralité de la forteresse de Kœnigstein qui garda sa garnison saxonne.

Avec la reddition de son armée, Auguste recouvra sa liberté. Pendant le blocus, Frédéric avait considéré la présence de l'incapable et luxueux monarque comme un véritable embarras pour ses généraux; aussi tout en subvenant aux besoins de sa table par l'envoi journalier d'un fourgon de vivres, afin de ne pas le soumettre au régime de privations que subissaient ses soldats, lui avait-il refusé l'autorisation de se retirer en Pologne. Après la soumission des Saxons, cette opposition n'avait plus sa raison d'être, et le roi-Électeur qui avait renouvelé sa demande put partir pour Varsovie le 20 octobre. A en juger d'après les chiffres de la suite royale, qui à la sortie de l'Électorat se composait de (1) plus de 500 officiers, cuisiniers, palefreniers, valets et gens de service, et de 488 chevaux, on peut croire que les épreuves de la Saxe n'avaient pas eu leur contre-coup sur le train de vie du souverain. Si les pauvres soldats qui venaient d'être enrégimentés dans l'armée prussienne virent défiler les 31 voitures et les 217 chevaux dont était formé le cortège sorti de Kœnigstein, ils durent faire des réflexions amères sur le contraste entre les souffrances qu'ils avaient eu à supporter et le bien-être réservé à tant de bouches inutiles. La reine de Pologne et une partie de la famille royale restèrent à Dresde.

Avant la fin du drame, Brühl avait eu soin d'avertir le feld-maréchal. L'après-midi du 14, alors que les pourparlers étaient en cours entre Winterfeldt et Rutowski, il écrivit (2) à Browne pour lui annoncer la capitulation probable, dans laquelle on chercherait à insérer une clause permettant aux Autrichiens de se retirer sans être inquiétés; il l'assurait de l'intention du roi-Électeur de rester fidèle à l'alliance de la cour de Vienne, et le priait

---

(1) Aster. Liste des personnes qui accompagnèrent le roi. Annexes, p. 18.
(2) Brühl à Browne, 14 octobre 1756. Vitzthum, vol. II, p. 232.

de porter cette résolution à la connaissance de l'Impératrice. Dans sa réponse, datée du 15 octobre (1), le général autrichien informa le ministre saxon qu'il était resté le 14 en position sur les hauteurs de Schandau, non seulement jusqu'à neuf heures du matin comme il l'avait promis, mais jusqu'à trois heures de l'après-midi. N'entendant aucun bruit de combat, il était parti à cette heure, et avait pu effectuer sa retraite sans autre inconvénient qu'un engagement d'arrière-garde qui lui avait coûté une centaine d'hommes, et à l'ennemi à peu près autant. Il était inutile qu'on parlât de lui dans la convention ; il se tirerait d'affaire tout seul, et se faisait fort dans le pays de montagnes qu'il allait traverser de tenir tête à toute l'armée prussienne. La lettre ne faisait aucune allusion au désastre des Saxons et ne contenait aucune critique de leurs mouvements : silence plus expressif que les plaintes auxquelles il aurait pu, non sans quelque raison, donner libre cours.

Browne rentra au camp de Budin sans être poursuivi. Il avait accompli sa part du programme avec exactitude et énergie; tout au plus aurait-on pu lui reprocher de n'avoir pas poussé son attaque sur Schandau quand ce poste n'était occupé que par trois bataillons prussiens, et de n'avoir pas fait plus d'efforts pour établir des communications avec le camp saxon. Quant aux généraux du roi de Pologne, ils accumulèrent faute sur faute. Rutowski, brave militaire d'ailleurs, céda le commandement effectif au ministre Brühl et ne sortit de son effacement que pour prendre la responsabilité de la reddition. Quel que fût d'ailleurs le chef réel, son incapacité éclate au grand jour. La sortie des Saxons ne pouvait réussir que par surprise; les Prussiens, confiants dans la nature du terrain et convaincus que leur adversaire n'abandonnerait pas à la

---

(1) Browne à Brühl, 15 octobre 1756. Vitzthum, vol. II, p. 234.

légère les hauteurs de Struppen, n'avaient que peu de monde sur la rive droite de l'Elbe; un effort vigoureux des assiégés aurait eu quelque chance d'aboutir; une partie tout au moins de l'armée aurait pu percer les lignes clair-semées de l'ennemi et effectuer sa jonction avec le corps de Browne, mais il fallait agir vite et avec décision. Tout au contraire, on éveilla l'attention des Prussiens par la tentative infructueuse de la nuit du 10 au 11; on perdit vingt-quatre heures à mettre les pontons en état, on se contenta de jeter un seul pont, on ne fit rien pour préparer le débouché sur Ebenheit. Faute de mesures de prévoyance, le passage, qui aurait dû être terminé le matin du 13, traîna jusqu'à l'après-midi de ce jour; aussi quand on se trouva enfin sur le plateau de la rive droite, l'occasion, l'heure du berger selon l'expression de Browne, était passée, et l'ennemi avait eu le temps de réparer sa faute, de renforcer ses troupes et de fortifier sa position sur la rive droite. D'autre part, le camp de Struppen fut évacué trop tôt, alors qu'il aurait été nécessaire d'y laisser une arrière-garde avec mission de couvrir le mouvement et d'arrêter les Prussiens le plus longtemps possible. Ces erreurs de tactique, quelque sérieuses qu'elles fussent, s'effacent d'ailleurs devant l'imprévoyance initiale qui négligea l'approvisionnement du camp, et qui permit à Frédéric de prendre par la famine ce qu'il n'eût pu emporter de vive force.

Il faut reconnaître cependant que les conseillers militaires d'Auguste III rendirent, involontairement il est vrai, un service inappréciable à Marie-Thérèse; le maintien des Saxons dans le camp de Struppen quand ils pouvaient effectuer leur retraite en Bohême, s'il entraîna la perte de l'armée, fit échouer le plan de campagne de Frédéric. Retenu devant les lignes de Pirna, le roi de Prusse ne put dépasser les cantons frontières des États autrichiens; il dut laisser au maréchal Browne le temps de réunir son armée et d'attendre l'arrivée des régiments encore en marche pour le rejoindre. Sans la résistance des Saxons, Frédéric eût pu profiter du désarroi dans lequel l'ouverture des hostilités avait trouvé l'armée de l'Impératrice, se rendre maître de toute la Bohême, et peut-être pousser son avantage jusque sous les murs de Vienne.

On peut ajouter que ce prince, par sa conduite à l'égard de la Saxe, se prêta inconsciemment au jeu de ses adversaires. Au point de vue de l'ensemble des opérations militaires, le refus opposé aux offres du roi de Pologne et l'insistance à exiger la reddition de son armée, furent une erreur capitale. Dès la fin de septembre, Broglie le constatait (1) : « La rapidité de l'invasion est déjà sérieusement ralentie. Nous tenons ce prince en Saxe depuis vingt-six jours ; cela fait à la vérité un hôte un peu cher à héberger, mais ceci sauve selon toute apparence la Bohême. » D'après la même autorité, le roi de Prusse aurait pu arriver à ses fins par d'autres moyens. « C'est (2) pour avoir pris la voie de la violence que le roi de Prusse a gâté une affaire qu'avec de l'argent et de l'adresse il aurait tournée à son avantage ; j'espère que ce prince s'en repentira. »

Quand la capitulation fut signée, il était trop tard pour reprendre l'invasion des États autrichiens. Resserrée dans le district montagneux du nord de la Bohême, l'armée du roi trouvait difficilement des moyens de vivre ; la cavalerie surtout manquait de fourrages. Le 16 octobre, Frédéric annonça (3) au maréchal Schwerin son intention de rentrer en Saxe : « Par les mêmes raisons qui vous obligent de sortir de Bohême, je me vois obligé de faire la même chose ; ce sera le 25 de ce mois que Keith se repliera sur Peterswalde. Vous ferez bien de repasser en Silésie le

---

(1) Broglie à Durand, 22 septembre 1756. Archives Affaires Étrangères.
(2) Broglie à Durand, 27 septembre 1756. Archives Affaires Étrangères.
(3) Frédéric à Schwerin, 16 et 17 octobre 1756. *Correspondance politique*, vol. XIII, p. 551 et suiv.

même jour, mais de bien masquer ce mouvement pour que l'ennemi ne pénètre pas votre dessein ».

En exécution des ordres reçus, Keith évacua la position qu'il occupait à Lowositz et commença la marche sur la Saxe. Cette opération que le roi vint protéger avec une division de 10 bataillons, fut terminée le 28 ; elle ne fut pas troublée par les Autrichiens qui s'attendaient au contraire à un mouvement offensif. Lameth, resté avec le maréchal Browne au camp de Budin, écrit (1) à la date du 23 : « Une nouvelle que nous venons d'apprendre et qui me paraît si singulière que je n'y saurais encore ajouter foi : toute l'armée prussienne est partie ce matin, et par le chemin qu'elle a pris on juge qu'elle retourne en Saxe. » Quelques jours après, Hautmont qui accompagnait l'avant-garde autrichienne confirma ce récit (2) : « Les chemins où ils (les Prussiens) ont passé en se retirant, sont tout remplis de chevaux morts ». La retraite devant une force inférieure ne pouvait, selon l'officier français, être attribuée qu'au défaut de vivres. Le maréchal Schwerin qui à la tête de l'armée de Silésie s'était avancé vers Königgrätz, et qui avait été opposé au corps autrichien de Piccolomini, sans lui avoir livré d'engagement important, se retira de son côté et vint prendre ses quartiers d'hiver dans la Silésie prussienne. Ainsi se termina la campagne. Le roi détacha une division sous les ordres de Winterfeldt pour protéger ses communications avec Schwerin, et établit le reste de ses troupes en Saxe et dans la Lusace ; les Autrichiens se cantonnèrent de l'autre côté de la frontière.

Durant les événements militaires que nous venons de relater, la reine de Pologne et tous les ministres étrangers étaient restés à Dresde. L'occupation de cette ville par les Prussiens et le blocus du roi Auguste à Struppen, don-

(1) Lameth au ministre, 23 octobre 1756. Archives de la Guerre.
(2) Hautmont au ministre, 28 octobre 1756. Archives de la Guerre.

nèrent lieu à des incidents bien connus qui envenimèrent les relations déjà tendues des cours de Versailles et de Berlin, et qui précipitèrent une rupture d'ailleurs inévitable. Frédéric avait à cœur, on le sait, de prouver les accusations qu'il lançait contre le roi de Pologne et contre son ministre, et sur lesquelles il s'appuyait pour motiver aux yeux de l'Europe l'étrange agression dont il était l'auteur. Pour cela il fallait saisir et publier les pièces originales dont il possédait depuis longtemps les copies, grâce à la trahison de l'employé Mentzel. Peut-être la recherche ferait-elle trouver d'autres documents favorables à sa thèse. L'entreprise n'était pas sans rencontrer quelques obstacles, dont le principal était la présence de la reine de Pologne au palais dans lequel se trouvaient les archives de l'Électorat. La violation des appartements de cette princesse, les procédés tout au moins peu courtois dont il faudrait user à son égard, pourraient être fort mal interprétés par les cours d'Europe, et notamment par celle de Versailles que la Prusse avait grand intérêt à ménager. Frédéric ne se laissa pas détourner par ces considérations; il comptait trop sur l'effet de la publication projetée pour s'arrêter devant l'odieux des moyens à employer. Il chercha même à les expliquer par la nécessité dans laquelle il se trouvait de produire des pièces justificatives que le cabinet de Dresde n'eût pas hésité à faire disparaître (1) s'il lui en avait laissé le loisir.

L'historien Vitzthum (2) et le duc de Broglie ont fait un récit détaillé de l'incident, qui est relaté d'autre part dans une lettre du ministre autrichien Sternberg (3) à son beau-frère et collègue Stahremberg. « Lors de son arrivée dans les faubourgs de Dresde, le roi de Prusse, tout en en-

---

(1) Eichel à Podewils, 21 septembre 1756. *Correspondance politique*, vol. XIII, p. 429.

(2) Vitzthum, vol. II, p. 331 et suiv. Broglie. *Secret du roi*.

(3) Sternberg à Stahremberg, Dresde, 10 septembre 1756. Archives de Vienne.

voyant cinq bataillons pour occuper la ville, avait dépêché son aide de camp à la reine, avec un compliment fort poli, pour lui dire qu'elle n'en doit prendre aucun ombrage, vu que ce n'était que pour plus grande sûreté, et pour empêcher qu'il n'arrive aucun désordre dans la ville. On a mis d'abord des sentinelles, non seulement au bas du château, mais sur les corridors et même devant la porte de ce qu'on appelle le cabinet secret, et où est le bureau des affaires étrangères. La reine ayant fait demander au roi de faire ôter les sentinelles, et de permettre que les Cent Suisses continuent comme auparavant à garder le château, au lieu de les retirer il a fait doubler les postes et a donné l'ordre d'enlever tous les papiers. Quand la reine fut avertie de cette nouvelle, et qu'on était sur le point de se porter à cet excès, elle eut la fermeté de se mettre devant la porte pour s'y opposer, disant que le roi de Prusse lui avait donné les plus fortes assurances de son amitié, et qu'il aurait tous les égards et attentions pour elle et la famille royale; ainsi se fiant à sa parole elle ne pouvait pas croire qu'il eût donné de pareils ordres, et dit à l'officier de surseoir jusqu'à ce qu'elle puisse savoir les intentions du roi, chez qui elle a d'abord envoyé un chambellan pour lui faire des représentations. Mais malheureusement elle n'eut pour toute réponse que beaucoup de compliments, que le roi était fâché que les circonstances l'obligaient d'en agir ainsi, qu'il tâcherait d'adoucir son sort et celui de la famille royale autant qu'il dépendrait de lui, et en même temps nouvel ordre d'emporter tout de suite tous les papiers de gré ou de force, ce qui vient d'être exécuté au pied de la lettre; et les clefs n'ayant pas d'abord été à la main, on a fait venir un serrurier pour ouvrir les bureaux et on a pris tout ce qu'il y avait dedans. La reine fit avertir tous les ministres étrangers pour nous donner part de tout ceci, afin d'en pouvoir informer nos cours, et il n'y a aucun qui n'ait été pénétré en entendant ce récit. Je doute qu'il y ait un exemple dans l'histoire qui ressemble à celui-ci. »

D'après Vitzthum, les recherches durèrent plusieurs heures ; le général Wylich et le major Wangenheim, chargés par le roi de Prusse de cette triste besogne, se retirèrent en emportant trois gros sacs de toile remplis de papiers.

Quand on prend connaissance du « mémoire raisonné » (1) à la compilation duquel servirent les pièces dérobées, on se demande si l'effet moral à attendre de cette publication était en rapport avec l'esclandre que causa la violation des archives saxonnes : les documents cités dans la note rédigée par Herschberg, et dont l'authenticité venait d'être constatée, établissaient les inquiétudes et les mauvais sentiments de la cour du roi de Pologne à l'égard de son dangereux voisin, mais ne prouvaient en aucune façon la participation à un complot offensif contre les États de ce prince. Frédéric, s'il eut la satisfaction stérile de gagner le procès de tendance intenté au Roi-Électeur et à son ministre, avait trop justifié par son agression le bien fondé des craintes conçues sur ses projets; il ne réussit qu'à démontrer, ce dont on se doutait déjà, l'imbécillité d'un gouvernement qui n'avait su prendre aucune précaution contre un danger prévu.

Avec sa fougue habituelle, le roi de Prusse, qui désirait encore éviter une rupture avec la France, ne tint aucun compte de l'effet pénible que ne pouvaient manquer de produire sur le souverain de ce pays ses actes arbitraires à l'égard du père de la Dauphine. Il se comporta de même vis-à-vis du représentant de Louis XV à la cour de Dresde, personnage dont le marquis d'Argenson a fait le crayon suivant (2) : « Le comte de Broglie, avec une âme remplie d'ambition, ressemblait à un voleur; ses yeux étincelants

(1) Voir au sujet du « mémoire raisonné » *Renversement des alliances*, p. 523.
(2) Cité par Boutaric. *Correspondance secrète de Louis XV*, vol. I, p. 65.

décelaient l'inquiétude et l'activité de son esprit... Il avait de grands talents pour la politique et pour la guerre, mais le despotisme de ses idées et les calculs d'une ambition démesurée le portaient toujours avec impétuosité au-delà de toutes les bornes. »

Un diplomate de nature aussi autoritaire et de tempérament aussi ardent, était plutôt enclin à attiser le feu qu'à l'éteindre. L'échec répété de ses tentatives pour négocier un traité entre la France et la Saxe, lui avait laissé peu de goût pour la personne de Brühl dont il méprisait le caractère et supportait mal les procédés. Cependant, lors de l'invasion de la Saxe, il épousa avec passion la cause de la cour de Pologne; il se fit l'interprète zélé des lamentations que le roi Auguste transmit à sa fille la Dauphine, et se joignit à lui pour dénoncer la supercherie et la violence des Prussiens. Resté à Dresde après le départ du roi, conformément aux ordres de sa cour, il insista pour obtenir la libre communication avec le camp, se plaignit de l'arrestation d'un de ses courriers, majora cet accident en incident diplomatique, et enfin, ne pouvant obtenir de Frédéric l'autorisation d'aller et venir auprès des assiégés comme il l'entendrait, il essaya de traverser les lignes prussiennes et obligea les officiers du roi à user de force pour l'en empêcher. Les faits furent des plus simples (1) : Broglie en carrosse, avec une escorte de quelques cavaliers, se présenta le 6 octobre aux avant-postes. Averti par Maltzahn de l'équipée projetée, le margrave Carl de Brandebourg, qui commandait en l'absence du roi, avait donné l'ordre de ne laisser passer personne et de ne pas faire d'exception pour le représentant de France. Fidèle à sa consigne, le poste fit arrêter la voiture; Broglie se récria, insista et parlementa d'abord avec l'officier de jour, puis

---

(1) Voir pour le récit détaillé la lettre de Broglie à Valory, 11 octobre 1756 (*Mémoires de Valory*, vol. II, p. 353) et le rapport du margrave Carl au roi de Prusse. *Correspondance politique*, vol. XIII, p. 507, 508 et 514-515.

avec le margrave lui-même. De guerre lasse on convint d'en référer au roi, et l'envoyé fut logé dans un village voisin. Le lendemain, comme il n'y avait pas de réponse de Frédéric, la scène se renouvela, cette fois avec le prince de Wurtemberg; le Français fit mine de passer outre, puis, devant l'impossibilité évidente de violer la consigne, retourna à son logis pour rentrer quelques jours après à Dresde. Le rapport qu'il adressa à sa cour fut la cause ou plutôt le prétexte du rappel du marquis de Valory, et partant de la rupture définitive entre la Prusse et la France. De son côté, Frédéric avait formulé une plainte sur les agissements de Broglie qui lui paraissaient inspirés par un sentiment personnel à son égard, auquel d'anciens démêlés avec le père du comte, le maréchal de Broglie, n'auraient pas été étrangers.

Sans s'arrêter aux motifs qui influèrent sur la conduite du représentant de Louis XV, il faut avouer que l'action du roi de Prusse fut justifiée par la situation militaire dans laquelle on se trouvait. Certes on ne saurait trop blâmer au point de vue moral l'agression inqualifiable de Frédéric contre le roi Auguste; l'invasion de la Saxe, la confiscation des ressources de l'Électorat, l'embrigadement de ses troupes au service du vainqueur, dans les circonstances où ces actes se consommaient, c'est-à-dire en pleine paix, furent autant d'attentats au droit des gens qu'on ne saurait trop flétrir, quoiqu'ils aient été reproduits récemment dans des conditions presque analogues (1). Ces réserves faites, nous devons reconnaître qu'au moment de la tentative de Broglie, les hostilités étaient ouvertes depuis plusieurs semaines, la bataille de Lowositz avait été livrée, le camp saxon

(1) En 1866, la Prusse, à la suite du vote de la diète favorable à l'Autriche qui eut lieu le 14 Juin à Francfort, adressa une sommation aux États de Hanovre et de Saxe et à l'Électeur de Hesse-Cassel. La déclaration de guerre fut faite le 15 au soir, et dès le lendemain matin les troupes prussiennes franchissaient les frontières. Cette fois l'armée saxonne, profitant de l'expérience, n'attendit pas l'envahisseur et se retira en Bohême.

était bloqué depuis longtemps, l'armée du roi de Pologne réduite aux dernières extrémités; il était donc élémentaire au point de vue militaire d'intercepter toute communication avec le dehors, et surtout d'empêcher l'entrée dans les lignes ennemies d'un homme dont il était impossible d'ignorer les sympathies et les desseins. En [fait, depuis les premiers jours de septembre, Broglie était en correspondance suivie avec le commandant de l'armée autrichienne. « J'ai reçu, lui écrivait Browne (1), le 3 octobre, la lettre dont Votre Excellence m'a honoré le 29 du mois passé, avec l'état des troupes du roi de Prusse, dont je lui ai toutes les obligations du monde. » Depuis le commencement du blocus, l'envoyé français avait fait parvenir à Brühl plusieurs dépêches où il l'exhortait à la résistance, et lui donnait sur la conduite des opérations des conseils dont il était d'ailleurs fort prodigue. Frédéric, en sa qualité de général en chef, avait donc raison de mettre sur les rapports de l'ambassadeur avec le roi de Pologne un interdit qu'il s'empressa de lever aussitôt la capitulation conclue.

En Saxe, la conduite des Prussiens, si elle fut arbitraire au suprême degré, ne fut pas cruelle. Ils accaparèrent pour l'entretien de leurs soldats toutes les ressources locales; ils firent verser tous les impôts dans la caisse de l'armée; ils frappèrent des contributions de guerre; avec la méthode et l'ordre qui caractérisaient dès cette époque l'administration prussienne, ils mirent le pays en coupe réglée; mais dans leur propre intérêt, et en gens qui pensent à l'avenir, ils maintinrent dans leurs troupes une discipline exacte, et réprimèrent dans la mesure du possible les excès et le pillage.

Un mémoire de Dresde (2) fournit des détails curieux

---

(1) Browne à Broglie, 3 octobre 1756. Archives de la Guerre.
(2) Rapport de Dresde (traduit de l'allemand), 10 septembre 1756. Archives de la Guerre.

sur l'occupation de la ville. « Soldats et officiers subalternes ont eu une demi-livre de viande avec des légumes, deux livres de pain et deux canes de bière... il y a devant la porte blanche plus de 2,000 chariots appartenant aux Prussiens, qui sont chargés de farines, de fourrages et de toutes sortes de munitions...; la cavalerie a plus de 3,000 bœufs de Pologne; ils ont aussi environ 100 boulangers qui doivent cuire chez les boulangers de la ville tout le pain de munition de l'armée. Au surplus, ils paient tout comptant et ils observent une grande discipline. »

Sternberg, dans sa correspondance, tient à peu près le même langage (1) : « Le pays a été obligé de fournir en général les vivres, fourrages, équipages, gratis; 500 personnes sont employées à démolir les fortifications de Wittemberg; en revanche, on fait augmenter celles de Torgau. On a séquestré partout les caisses du roi; on a défendu à tous les magistrats de payer dorénavant les impôts à leur souverain. A Leipsick, on a pris deux magistrats et deux bourgeois pour otages. On ne permet pas à la reine d'écrire au roi qui est à son armée, à moins que les lettres ne passent par les mains du roi de Prusse. On a démis tous les ministres et conseillers de leurs emplois, en leur enjoignant de ne plus se mêler d'aucune affaire. »

Dans une seconde lettre (2) le ministre autrichien fait une triste peinture de la situation : « Nos maux ne paraissent pas vouloir encore finir de sitôt, ils augmentent au contraire de jour en jour. On ne se contente pas de s'être saisi de toutes les caisses du roi; à présent tous ceux qui ont eu le maniement des argents, comme ceux de la chambre, de la Steuer (3), de l'accise, des mines, enfin tous généralement ont eu ordre de liquider devant la commission établie de la part du roi de Prusse, et de

(1) Sternberg à Stahremberg, 10 septembre 1756. Archives de Vienne.
(2) Sternberg à Stahremberg, 14 septembre 1756. Archives de Vienne.
(3) Impôt direct.

rendre compte de l'usage qui a été fait de l'argent qui est entré depuis le commencement de cette année. On a envoyé ordre dans tous les cercles d'envoyer des députés pour faire des arrangements avec eux touchant les contributions... Les livraisons qu'on demande pour la subsistance des troupes sont si exorbitantes qu'elles surpassent de beaucoup les facultés des particuliers. Enfin ce pauvre pays est abîmé de fond en comble ; aussi vous ne sauriez assez vous figurer la désolation générale. Si le bon Dieu ne nous assiste pas bientôt, nous sommes perdus. »

Nous retrouvons les mêmes détails dans les lettres de la reine de Pologne à sa fille la Dauphine (1).

Frédéric entendait s'emparer de la Saxe, tout au moins pour la durée des hostilités, en retirer toutes les ressources en hommes, vivres et argent qu'il pourrait y puiser; il accomplit sa besogne avec l'esprit d'exactitude méthodique dont il avait pénétré l'administration de ses propres États, et à cette tâche il appliqua la rigueur, la brutalité de procédés dont ne s'écarte guère le vainqueur en pareille occurrence. Nous ne sachons pas que le progrès des mœurs ait fait adopter au dix-neuvième siècle des errements bien différents de ceux en vogue pendant la guerre de Sept Ans.

Ce furent les incidents de Dresde qui fournirent, sinon le motif, du moins le prétexte de la rupture définitive entre les cours de Berlin et de Versailles. Nous avons constaté, d'après les dépêches de Knyphausen (2) de fin d'août et des premiers jours de septembre, une légère amélioration dans les rapports des deux gouvernements. A Paris on ne s'attendait pas à des hostilités prochaines; on croyait à une réponse conciliante de l'Impératrice à l'ultimatum

---

(1) Reine de Pologne à la Dauphine, septembre 1756. Lettres citées par le duc de Luynes, vol. XV, p. 231 et 237.

(2) Knyphausen à Frédéric, 12 août-13 septembre 1756. Archives des Affaires Étrangères. Voir *Renversement des alliances*, p. 516, etc.

présenté par Klinggræffen, et on espérait du temps et de l'imprévu un remède aux difficultés du présent. Dans ce ciel à moitié serein la nouvelle de l'invasion de la Saxe éclata comme un coup de tonnerre; ce fut pis encore quand parvinrent à la cour les avis de Broglie et les lettres éplorées du roi et de la reine de Pologne. Laissons la parole au représentant de Frédéric (1) : « Le tableau que Leurs Majestés ont fait à cette princesse (la Dauphine) a tellement ému sa compassion, qu'on assure qu'elle est allée se jeter aux pieds du roi pour implorer sa protection et le supplier de vouloir bien ne pas abandonner ses parents dans des conjonctures aussi affligeantes. Il m'est revenu que Sa Majesté Très Chrétienne avait été vivement touchée du récit dont je viens de faire mention, et qu'Elle avait promis à Madame la Dauphine de ne rien négliger de ce qui pourrait dépendre d'Elle pour tarir le sujet de ses larmes, et venger Sa Majesté polonaise de l'insulte qu'Elle avait reçue. »

Sur la demande de la Dauphine, Rouillé fit engager Knyphausen à ne pas se montrer chez elle, et le mardi suivant, à la réception des ambassadeurs étrangers, il lui... « répéta le même compliment;... connaissant comme il le faisait ma prudence et ma circonspection, il croyait me rendre service en me prévenant que si je suivais MM. les ministres à leur audience chez Madame la Dauphine, je lui ferais une peine extrême. » Le Prussien se le tint pour dit et se dispensa de paraître au dîner hebdomadaire que donnait le ministre des Affaires Étrangères, « non seulement parce qu'on ne m'avait point invité, mais aussi afin d'éviter de me trouver avec MM. de Stahremderg et de Vitzthum (2), et d'épargner à M. Rouillé l'embarras dans lequel ma présence aurait pu le jeter ».

(1) Knyphausen à Frédéric, 10 septembre 1756. Archives des Affaires Étrangères et *Correspondance politique*, vol. XIII, p. 424.
(2) **Ministre de Saxe à Paris.**

Dans sa conversation avec Knyphausen le ministre français se plaignit amèrement des actes du roi de Prusse. « Depuis la guerre présente le droit des gens paraissait être entièrement anéanti en Europe, et les Princes ne semblaient prendre conseil que de leurs convenances et leurs passions. » Il observa « qu'il pourrait bien arriver qu'on prît ici la résolution de rappeler le marquis de Valory. » Enfin « il m'a réitéré plusieurs fois : Le but que nous avions en faisant le traité de Versailles était certainement de borner notre vengeance à la Grande-Bretagne, et d'éviter que la guerre ne se communiquât au continent ; mais nous voilà forcés de la faire sur terre, par l'obligation dans laquelle nous sommes de remplir les engagements qui subsistent entre nous et la cour de Vienne. » Knyphausen cite les propos tenus par des membres du cabinet : « que l'esprit anglais paraissait avoir passé à Berlin ; qu'on y avait le même mépris qu'à Londres pour tout ce que le droit des gens avait de plus sacré ; qu'en un mot Votre Majesté pratiquait les mêmes violences sur le continent que l'Angleterre avait exercées sur mer. » Il résume ses appréciations dans les termes suivants : « L'aigreur qui règne à Versailles contre Votre Majesté est non seulement causée par son invasion en Saxe, mais par les procédés dont le roi de Pologne se plaint que cet événement est accompagné, et qui ont jeté Madame la Dauphine dans le plus grand désespoir ; car sans cet accessoire, le parti qu'a pris Votre Majesté aurait certainement fait des impressions plus lentes et moins vives. »

Deux jours plus tard (1), l'envoyé prussien insiste de nouveau sur le revirement produit dans l'opinion par les événements de Saxe. Il raconte de nouvelles démarches de la Dauphine auprès du roi, l'émotion de ce dernier et les promesses qu'il a faites pour consoler sa belle-fille. « Je ne

---

(1) Knyphausen à Frédéric, 12 septembre 1756. Affaires Étrangères et *Correspondance politique*, vol. XIII, p. 433.

saurais exprimer, ajoute-t-il, la révolution subite que la douleur de la famille royale a occasionnée dans l'esprit de tous les courtisans, et même de toute la nation, et la rapidité avec laquelle elle a soulevé contre Votre Majesté ceux même qui paraissaient être le plus favorablement disposés pour Elle, et auxquels la réunion des maisons de Bourbon et d'Autriche répugnait le plus. »

Aux dépêches de son représentant, Frédéric, malgré ses occupations militaires, trouva le temps de répondre de son camp de Sedlitz (1), par l'apologie de sa conduite à l'égard de la cour de Dresde et par la dénonciation des trames perfides qu'on avait ourdies contre lui. Cet exposé, et probablement aussi le mécontentement auquel donnèrent lieu les hésitations du roi Auguste et sa négociation avec Frédéric, produisirent une accalmie à la cour française et quelque réaction contre les exigences du nouvel allié. « La nation, pouvait écrire Knyphausen (2), commence à ouvrir les yeux sur les inconvénients du traité de Versailles, et on réclame avec chaleur sur la disproportion qu'il y a dans le cas de l'alliance, où l'on a excepté en faveur de la cour de Vienne la guerre présente entre la France et l'Angleterre, sans avoir excepté aucun cas en faveur de la France, ni compensé cette inégalité par aucun autre avantage... On ajoute à cette critique... que les troupes qu'on veut envoyer en Allemagne sont autant de victimes qu'on va immoler à la maison d'Autriche, et qu'il ne saurait jamais être conforme aux intérêts de la France de travailler à l'agrandissement d'une puissance formidable qui a été de tout temps sa rivale, et qui tôt ou tard tournera ses forces contre elle. On s'avance même jusqu'à convenir qu'il est de l'intérêt de la France de ne pas souffrir que Votre Majesté reçoive le moindre échec, et qu'on ne saurait diminuer sa

(1) Frédéric à Knyphausen, 30 septembre 1756. *Correspondance politique*, vol. XIII.
(2) Knyphausen à Frédéric, 8 octobre 1756. Affaires Étrangères.

puissance sans déranger l'équilibre de l'Europe. Sans les clameurs qu'occasionnent ici les violences qu'on accuse Votre Majesté d'exercer en Saxe, et qui ont déchiré le cœur du roi et de la famille royale plus que je ne saurais l'exprimer, le bandeau de l'illusion serait tombé il y a longtemps, et les yeux du ministère seraient peut-être entièrement dessillés à l'heure qu'il est. »

Les fluctuations de l'opinion en France sur les résultats de l'alliance autrichienne, alors qu'il s'agissait de passer des paroles aux actes, se trouvent reflétées dans les mémoires du temps (1), mais étaient trop tardives pour arrêter le cours des événements. L'incident survenu aux avant-postes du camp prussien les 6 et 7 octobre, dont le comte de Broglie fut le héros ou la victime, détermina la rupture des rapports diplomatiques entre la Prusse et la France. Par dépêche du 19 octobre (2) Rouillé notifia son rappel au marquis de Valory ; le lendemain, le ministre fit part à Knyphausen (3) de cette décision qu'il motiva par la violation « de tout ce que le droit des gens avait de plus sacré, tant par ce qui venait d'arriver en dernier lieu au comte de Broglie que par ce qui s'était passé précédemment touchant le courrier de cet ambassadeur. » Après avoir relaté les compliments personnels dont Rouillé avait accompagné cette communication, le Prussien ajoute : « Il m'a été confié de fort bon lieu, et de plus d'un endroit, que ce qui est arrivé à l'égard de M. de Broglie n'est qu'un prétexte qu'on a saisi avec avidité, afin d'exécuter le projet de rappeler le marquis de Valory qu'on a formé depuis l'entrée de Votre Majesté en Saxe, et sur lequel Madame la Dauphine a insisté sans cesse et avec la plus grande vivacité. »

---

(1) Voir *Mémoires du duc de Luynes,* et aussi certains passages des *Mémoires de Bernis.*
(2) Rouillé à Valory, 19 octobre 1756. Affaires Étrangères.
(3) Knyphausen à Frédéric, 21 octobre 1756. *Correspondance politique,* vol. XIII, p. 581.

D'après Knyphausen, il fallait attribuer la brouille au dépit qu'avait occasionné à Louis XV l'échec de la mission de Nivernais, et aux efforts de Mme de Pompadour et de l'abbé de Bernis. Aux noms de ces adversaires persistants, il aurait pu ajouter celui de Stahremberg. Ce dernier, en annonçant le rappel de Valory et la défense faite à Knyphausen de paraître à la cour, écrivait à Kaunitz (1) : « C'était là un point bien important à obtenir pour nous. Je l'ai amené de loin, et n'ai cessé d'y travailler, sans qu'il y ait beaucoup paru, depuis la levée de boucliers du roi de Prusse. »

Knyphausen ne reçut l'ordre de quitter son poste que dans les premiers jours de novembre; il mit à profit ce répit pour transmettre à son souverain des renseignements précis et exacts sur les projets militaires, d'ailleurs fort contradictoires, du gouvernement français.

Le dernier acte du programme tracé par le chancelier de l'Impératrice en août 1755 était accompli; la rupture définitive et complète entre la France et la Prusse avait eu lieu. A ce résultat négatif, devaient succéder les conséquences positives que les nouveaux alliés attendaient de leur accord. De part et d'autre il restait fort à faire pour établir sur des bases solides la confiance mutuelle, et pour déterminer les avantages réciproques à tirer de l'action commune.

(1) Stahremberg à Kaunitz, 23 octobre 1756. Archives de Vienne.

CHAPITRE II

NÉGOCIATIONS A PARIS ET A VIENNE.

La brusque agression de Frédéric contre la Saxe fut une surprise pour la cour de Versailles tout autant que pour celles de Dresde et de Vienne. Dans les conseils du Roi Très Chrétien, ou tout au moins dans l'esprit de certain de ses membres, il y avait eu un léger revirement favorable au roi de Prusse; les communications de Berlin, habilement commentées par Knyphausen, avaient engendré des doutes sur la franchise de l'attitude de l'Autriche. On se demandait s'il n'y avait pas quelque vérité dans l'accusation si hardiment lancée dans l'ultimatum prussien, à propos de l'alliance de la cour de Vienne avec celles de Pétersbourg et de Dresde. Que signifiait cet accord si soigneusement dissimulé? Que devait-on penser du souci évident de l'Impératrice de maintenir la France en dehors de ses pourparlers intimes avec la Tzarine? D'autre part, les difficultés sans cesse renaissantes que rencontrait la conclusion du grand projet de traité offensif, la lenteur, la tenacité même des négociateurs autrichiens, n'indiquaient-elles pas de l'hésitation à contracter des liens plus étroits avec le cabinet de Versailles? L'Impératrice, satisfaite d'avoir brisé l'union de la France et de la Prusse, se croyait peut-être en état de recouvrer la Silésie avec le seul appui de la Russie, et espérait échapper aux remaniements de territoires que la France comptait obtenir pour prix de son concours. Frédéric et son représentant avaient très adroitement exploité à leur avantage les obscurités de la situation; en dénonçant les projets belliqueux de la cour de Vienne, la diplomatie prussienne avait assumé (1) qu'ils étaient inconnus à Versailles; aussi la couleur de loyauté et de confiance dont l'ancien allié avait su décorer son langage, n'avait pas été sans exercer de l'effet sur des esprits à peine ralliés à la nouvelle politique. Mais l'impression ainsi produite ne fut qu'éphémère, et l'échaffaudage à peine relevé s'écroula à la nouvelle de l'invasion de la Saxe. Les procédés de l'armée prussienne, le manque d'égards dont on usa vis-à-vis du roi de Pologne, père de la Dauphine, le peu de compte qu'on avait tenu à Berlin des avertissements solennels venus de Versailles, réveillèrent l'amour-propre de Louis XV et amenèrent une réaction violente contre le roi de Prusse.

« C'a été samedi passé le 4 de ce mois, écrit Stahremberg (2), que l'on a reçu ici, par un courrier que M. de Valory a expédié, la première nouvelle de la marche des troupes prussiennes. Elles avaient déjà occupé Leipsick et tous les environs lorsque le courrier y passa. Le lendemain, 5 du mois, il arriva deux courriers de Dresde, l'un expédié par le comte de Broglie, et l'autre adressé au comte de Vitzdom (3) par sa cour. Ces deux courriers portèrent les détails de tout ce qui s'est passé en Saxe depuis la réquisition faite par le ministre de Prusse... Tout le public s'intéresse à nous et regarde le roi de Prusse comme l'ennemi déclaré de la France; l'animosité contre le roi de Prusse est présentement telle que nous le puissions désirer; les dispositions des esprits sont tout à faits favorables..... Madame la Dauphine est dans la plus grande désolation

---

(1) Stahremberg à Kaunitz, 29 août 1756. Archives de Vienne.
(2) Stahremberg à Kaunitz, 9 septembre 1756. Archives de Vienne.
(3) Ministre du roi de Pologne à Paris.

de tout ce qui se passe en Saxe. Le roi en est attendri, mais les secours n'en sont pas plus prompts pour cela. »

L'ambassadeur autrichien n'avait pas attendu les ordres de sa cour pour agir; aussitôt les nouvelles de Saxe reçues, il fit, « tant près de M. Rouillé qu'auprès de l'abbé de Bernis, la réquisition en bonne forme des secours que nous attendions de Sa Majesté Très Chrétienne, les priant de vouloir bien lui apprendre à combien l'on comptait porter ce secours, en quel temps il serait en état de marcher, et où l'on croyait qu'il serait de l'intérêt de la cause commune de diriger sa marche ».

Le lendemain même (1), Bernis lui apporta la réponse : Le roi de Prusse étant en route pour attaquer les États de l'Impératrice, le roi de France était prêt à fournir le secours stipulé par le traité de Versailles; on laissait à l'Impératrice le soin de choisir entre un subside à verser immédiatement, ou l'envoi d'un corps de 24,000 hommes qui serait porté sur le point qu'elle indiquerait; pour économiser le délai que prendrait la consultation, l'armée auxiliaire serait réunie sans retard à Metz. Ces avis favorables étaient toutefois accompagnés de réserves; les ministres français, et en particulier les conseillers militaires de Sa Majesté Très Chrétienne, émettaient la crainte que les troupes désignées ne pussent être rendues en Bohême en temps utile pour la campagne actuelle; leur éloignement de France faisait prévoir des difficultés de subsistance et de recrutement; par contre « on avait beaucoup goûté l'idée de la diversion projetée dans les pays de Clèves et de la Marche »; on se préoccupait surtout de la défense des Pays-Bas et de la protection des ports d'Ostende et de Nieuport contre un coup de main des Anglais. Pour parer à ce danger, et pour tenir en respect les divisions hanovriennes, hessoises et prussiennes que l'ennemi pourrait rassembler sur la rive droite du Rhin, il serait peut-être préférable de

(1) Probablement, le 8 septembre.

joindre aux Français destinés à opérer de ce côté les 24,000 auxiliaires et les contingents des princes allemands dont la France pouvait disposer. Cependant, et tout en attirant l'attention de l'Impératrice sur les objections soulevées, si Sa Majesté le désirait, le corps promis en vertu du traité de Versailles « irait, et même dès l'année présente, en Bohême ou toute autre part où Elle croirait pouvoir s'en servir utilement. »

Sur un point fort important, Stahremberg ne dissimulait pas sa déception : « On m'a fait sentir assez clairement que, tant que le traité secret ne serait pas conclu, on s'en tiendrait uniquement au secours stipulé de 24,000 hommes, et ne ferait rien de plus... En un mot tout se rapporte ici à l'idée de notre traité secret, et tout s'accroche à la crainte que l'on a que, d'après l'invasion du roi de Prusse, nous ne changions peut-être de vue à cet égard, et ne nous flattions de pouvoir reconquérir la Silésie et affaiblir le roi de Prusse sans être obligés de céder les Pays-Bas; tant que cette crainte subsistera, il n'y a guère lieu de se promettre que nous réussissions à porter cette cour à des résolutions bien vigoureuses. »

Dans un second post-scriptum, l'ambassadeur, en accusant réception du courrier expédié de Vienne le 2 septembre, prévint son chef qu'il avait prévu et exécuté ses instructions au sujet de la réquisition à adresser à la cour de Versailles.

A Vienne, l'on ne perdit pas de temps pour exprimer la joie que causaient les nouvelles de France. Le 18 septembre Kaunitz écrivait (1) à l'envoyé : « Sa Majesté vous ordonne de porter incessamment à la connaissance du ministre de Sa Majesté Très Chrétienne qu'Elle est très sensible à la promptitude avec laquelle le roi se dispose à la secourir; qu'Elle préfère les troupes à l'argent, parce qu'il lui faut

---

(1) Kaunitz à Stahremberg, le 18 septembre 1756. Archives de Vienne.

promptement des secours effectifs pour repousser les efforts du roi de Prusse ; que le corps de 24,000 hommes que le roi lui donne sera plus tôt prêt à marcher que toutes autres troupes qu'Elle pourrait se procurer, et que d'ailleurs Elle fait beaucoup de cas des troupes françaises. » On était peu partisan de l'expédition de Clèves à laquelle on découvrait le grave inconvénient d'inquiéter les Hollandais, le Hanovre et les autres cours protestantes du nord de l'Allemage. « Sa Majesté désire donc, au lieu de cela, et demande instamment au roi qu'il veuille bien encore cette année, et le plus tôt possible, faire passer jusque dans ses États héréditaires d'Allemagne le secours qu'il lui envoie. Des raisons bien pressantes la déterminent à lui demander ce témoignage de son amitié, et les voici : Le roi de Prusse emploie actuellement la plus grande partie de ses forces contre nous. Il est déterminé à ne plus rien ménager, et hasarde les opérations les plus hardies. Il s'attachera constamment à nous, et il n'est aucun remède qui puisse diminuer nos dangers et l'effet de ses efforts que celui de l'attaquer dans le cœur de ses États. »

On espérait avoir vers la Toussaint une nouvelle armée de 30,000 hommes en Moravie, que viendraient renforcer le corps auxiliaire français et 14,000 Autrichiens rappelés des Pays-Bas. Ces troupes réunies étaient destinées à pénétrer en Silésie « encore cet hiver, pendant qu'avec 80,000 hommes au moins, nous occuperons les forces du roi de Prusse en Bohême. Les Russes pourront déjà être avancés vers ce temps par la Prusse ou par la Pologne, et d'ici là, notre traité avec la France devant vraisemblablement être fait, le roi ne peut jamais rien risquer en se prêtant à ce que l'Impératrice lui demande, supposé même qu'il pût y avoir quelques doutes sur nos intentions, que néanmoins on aurait tort de soupçonner, comme je vous le répète encore une fois ».

A Versailles, les affaires ne devaient pas recevoir la

prompte solution que désiraient Marie-Thérèse et son ministre. Le premier feu de l'indignation passé, on était revenu dans le conseil à l'hésitation et à l'indécision ordinaires. « Depuis mes dernières dépêches, écrit Stahremberg (1), l'on n'a fait ici guère de chemin dans le concert sur les différentes mesures à prendre, ni dans l'exécution de celles qui avaient été prises. L'abbé de Bernis est malade, le maréchal de Belleisle absent (2), et toutes les affaires roulent sur M. Rouillé qui, toujours irrésolu, toujours timide et toujours soupçonneux..., jaloux de son autorité, et empressé de saisir toutes les occasions qu'il peut trouver pour agir de son propre chef, entrave toutes les affaires et n'en achève aucune. » C'est en vain que l'ambassadeur veut presser le départ du chevalier de Folard (3) et de Blondel auxquels on avait confié une mission auprès des cours allemandes, c'est en vain qu'il insiste « pour qu'on sonnât le tocsin dans toute l'Europe ». Les instructions de Folard ne sont pas prêtes ; Blondel (4) a des prétentions inadmissibles et « se conduit fort mal. » En un mot, on ne fait presque rien, et le peu qui se fait ne se fait que très imparfaitement. L'autrichien a cependant obtenu de Rouillé l'envoi à Varsovie d'instructions pour faciliter la marche des Russes en Pologne. « Votre Excellence verra quels sont à cet égard ses sentiments, ou plutôt ceux de son commis M. Tercier (5) qui probablement a rédigé ce

(1) Stahremberg à Kaunitz, 22 septembre 1756. Archives de Vienne.
(2) Belleisle était parti dès le commencement du mois pour faire une tournée des côtes dont il avait le commandement.
(3) Ministre de France en résidence à Munich, accrédité auprès des princes du sud de l'Allemagne.
(4) Blondel, après avoir occupé des postes secondaires en Allemagne, avait été chargé d'affaires à Vienne en 1749 et 1750 ; tombé en disgrâce comme trop favorable à l'Autriche, il venait d'être nommé conseiller d'État sur la recommandation de Stahremberg. Mécontent de n'être pas envoyé à Vienne, il refusa la mission qui lui avait été proposée dans l'Allemagne du sud.
(5) Tercier, commis aux Affaires Étrangères, était initié à la diplomatie secrète de Louis XV. Ses vues sur la politique française en Pologne étaient fort différentes de celles de Stahremberg.

mémoire. Il suffit d'y donner un coup d'œil pour voir que celui qui l'a rédigé n'est pas au fait du système général des affaires et des mesures qui ont déjà été prises par rapport à la Russie. »

En parlant ainsi, Stahremberg faisait allusion à un arrangement conclu avec le ministère français vers la fin d'août (1), et d'après lequel celui-ci s'était engagé à rembourser les avances que l'Impératrice aurait jugé nécessaire de faire à Pétersbourg pour activer la mobilisation de l'armée russe. Le gouvernement de Louis XV, en acceptant cette charge, avait cédé à la crainte de voir la Tzarine se joindre à l'Angleterre et à la Prusse; mais en se rapprochant de la Russie, et en renouant avec cette puissance les relations diplomatiques si longtemps interrompues, il n'entendait aucunement renoncer en Pologne à sa politique traditionnelle dont la caractéristique était précisément l'antagonisme à l'influence moscovite. De cette contradiction, entretenue par les instructions du département, naissaient des conflits incessants; le langage de la diplomatie française à Varsovie, comme nous le verrons souvent dans le cours de ce récit, n'était pas d'accord avec celui que l'on tenait à Paris, à Vienne et à Pétersbourg; nous entendrons de la part des ministres de l'Impératrice des plaintes répétées à ce sujet.

De ses déboires avec Rouillé, Stahremberg se console en confiant ses doléances à Mme de Pompadour avec laquelle il avait eu une longue conversation (2), la première depuis les événements de Saxe. « Les dispositions dans lesquelles je l'ai trouvée sont plus favorables que jamais »; la marquise reconnaissait l'insuffisance du ministre des Affaires Étrangères; « malheureusement, l'abbé de La Ville à qui il se fiait entièrement était gagné, et pour me servir de ses

---

(1) Stahremberg à Kaunitz. Annexe à la dépêche du 29 août 1756. Archives de Vienne.

(2) Stahremberg à Kaunitz, 22 septembre 1756. Archives de Vienne.

expressions, corrompu par quelqu'un dont les mauvaises intentions étaient connues, et qu'elle nomma un fourbe (1) et un malhonnête homme. » Rouillé ainsi influencé, « sans le savoir, et avec les meilleures intentions du monde, rendait de très mauvais services au Roi;... il n'y avait nul moyen de l'engager à céder la place et à se démettre de son emploi; le Roi ne se porterait pas aisément à l'en priver, et pour plusieurs raisons il serait dangereux de vouloir entreprendre de le lui conseiller. » Mme de Pompadour se prononçait pour la prompte conclusion du traité secret; elle était sûre de Belleisle et Machault, et était convaincue que la signature de la convention assurerait la haute main à Bernis, et déterminerait sa nomination à la direction officielle des affaires extérieures.

Comme il fallait s'y attendre d'après le langage de la marquise, Bernis insistait également pour l'achèvement du grand œuvre : « Tant qu'il ne s'agit que de remplir les engagements du traité de Versailles, il faut que nous fassions pour votre défense plus que le traité nous impose; quand il s'agira d'exécuter le traité secret, il faut faire, pour parvenir au but que nous nous proposons, tout ce que nous sommes en état de faire. »

Pour ceux qui, comme Kaunitz, connaissaient à fond les ressorts secrets de la politique française, ces paroles n'étaient guère encourageantes. Tout au plus pouvait-on considérer comme un symptôme plus favorable la mission annoncée du comte d'Estrées, lieutenant-général des armées du Roi. Cet officier, qui passait pour l'un des meilleurs élèves du maréchal de Saxe, devait aller à Vienne conférer avec les ministres de l'Impératrice sur les opérations militaires de la campagne prochaine.

Vers la fin de septembre, les nouvelles de Paris sont

---

(1) Mme de Pompadour visait évidemment son adversaire habituel, le comte d'Argenson, ministre de la Guerre.

meilleures. Dans son rapport du 29 de ce mois (1), Stahremberg croit pouvoir garantir l'envoi en Bohême des troupes de secours. D'après une note que lui avait communiquée le ministre de la Guerre, d'Argenson, le corps auxiliaire, déjà en marche, serait assemblé à Strasbourg le 24 octobre. L'envoyé prend aussitôt les devants : « J'ai dit par manière de discours que nous avions déjà fait les réquisitions aux différents princes » dont il faudrait traverser le territoire; et comme cette « précaution » n'avait pas été mentionnée dans les dépêches de Vienne, il prie sa cour de s'en occuper sans retard, ainsi que de la réunion des bateaux nécessaires pour le transport du matériel et du bagage. « Je ne vois nul risque, ajoute-t-il, à faire ces dispositions même avant que d'avoir reçu une réponse formelle et affirmative, car je dois répéter encore que je ne puis avoir aucun doute à cet égard. »

Néanmoins tous les obstacles ne sont pas encore surmontés; Bernis et d'Argenson se plaignent de la méfiance manifestée par l'Impératrice, qui se refuse à confier la garde d'Ostende et de Nieuport aux soldats du Roi; ils reviennent sur la nécessité de conclure le traité secret. « Après tout ce que l'on avait déjà fait pour nous, sans nul engagement pris de votre part, il était impossible de faire présentement encore davantage; la France s'épuisait sans être sûre de rien. » Bernis remettait sur le tapis la question d'une diversion contre le Hanovre. Indice encore plus grave, Rouillé, au courant d'une conversation, s'était écrié que le nouveau système reposait sur Kaunitz seul, et que ses collègues du conseil de l'Empire n'étaient pas d'accord avec lui sur l'alliance française.

Avec le commencement d'octobre survient un changement complet de scène. Stahremberg est obligé (2) de confesser qu'il s'est trompé sur les intentions du gouver-

(1) Stahremberg à Kaunitz, 29 septembre 1756. Archives de Vienne.
(2) Stahremberg à Kaunitz, le 5 octobre 1756. Archives de Vienne.

nement de Louis XV : « Après tout ce que j'ai eu l'honneur de marquer à Votre Excellence, il est bien fâcheux pour moi de devoir aujourd'hui lui apprendre que la cour d'ici a changé tout à coup de résolution, et que d'après le comité tenu samedi passé, 2 de ce mois, l'abbé de Bernis m'a rapporté hier matin, pour toute réponse, un mémoire dont la copie est ci-jointe, et qui contient les raisons pour lesquelles on croit pouvoir refuser, ou du moins différer, de faire passer en Moravie le secours de 24,000 hommes que l'on nous avait déjà accordé. » Les objections qu'on formule contre l'envoi du corps auxiliaire ne diffèrent pas de celles qu'on avait déjà indiquées à titre de réserves ; « mais soit qu'elles aient été mises dans un plus grand jour par le maréchal de Belleisle qui était absent alors, et qui depuis son retour s'est déclaré ouvertement contre notre demande (parce que, dit-il, elle est absolument contraire aux propres intérêts de Sa Majesté l'Impératrice), soit que la malheureuse défiance qui s'est emparée de la plupart des esprits à cause du retard de la conclusion du traité secret, ait fait soupçonner que nous nous flattons, en obtenant notre demande, de pouvoir parvenir à reconquérir la Silésie, sans avoir besoin d'accorder aucun avantage à la France, ces raisons ont prévalu sur toutes mes représentations pour le contraire, quoique très fortes, et faites avec toute la vivacité et la chaleur que le cas exigeait. »

L'Autrichien eut beau insister sur « l'étonnement, les déplaisirs et le chagrin » que causerait le nouveau parti à l'Impératrice qui avait absolument compté sur la prompte expédition des secours; en vain s'étendit-il sur « le mauvais effet que produirait une conduite si inégale et si contraire aux engagements contractés », en vain mit-il en jeu sa propre responsabilité : « J'ai fait sentir combien il était désolant pour moi de devoir apprendre à ma cour une résolution diamétralement opposée à celle dont je l'avais positivement assurée par ma dernière dépêche; j'ai fait paraître beaucoup de crainte que l'on me soupçonnerait de beaucoup de légèreté et d'étourderie, d'avoir avancé si précisément une chose dont je n'étais pas sûr, et que j'étais dans le cas de devoir contredire six jours après. »

On sut trouver une réplique à toutes ces considérations, qu'elles fussent d'ordre politique ou moral, et Stahremberg dut s'avouer que le parti de la cour de Versailles était bien pris, et qu'il serait inutile d'essayer de la faire revenir. Changeant son terrain de discussion, il insinua que si l'on « comptait de parvenir à tous les grands avantages... du traité secret, en ne faisant nul autre effort que celui de faire passer dans le pays de Clèves un corps de 24,000 hommes, on aurait ces avantages à bon marché, mais que ce n'était pas là le compte de ma cour qui exigerait bien autre chose. On a répondu qu'on était prêt à tout faire... quand notre traité serait conclu, que c'était là ce qui arrêtait tout; que ce n'était pas à nous de nous plaindre de la France, mais bien à la France de se plaindre de nous... » L'ambassadeur se résume en ces termes : « Les choses ne prendront ici la tournure que nous désirons que quand le traité sera conclu, et l'abbé de Bernis mis en place. L'une de ces deux choses ne suffirait pas, il nous les faut toutes deux. »

Dans le malencontreux mémoire remis par Bernis, se trouvaient énumérées les raisons militaires qui s'opposaient à l'envoi des auxiliaires en Autriche : retard de la saison qui empêcherait d'arriver en temps utile, difficulté de recrutement d'un détachement aussi éloigné, nécessité de conserver des troupes sur les côtes de l'Océan et de la Manche, dans le Dauphiné et les Cévennes, en Corse et à Minorque; obligation de former une armée sur le Bas-Rhin, pour surveiller la Hollande et protéger les princes allemands alliés du Roi. « Il ne serait pas raisonnable, disait-on, que la France, sans un grand motif d'intérêt, prodiguât toutes ses ressources, perdît de vue ses propres ennemis pour aller combattre ceux de ses alliés, et sacrifiât tout à l'amitié et au hasard des événements, sans écouter la prudence et la saine politique. »

Comme conclusion, on annonçait la mission du comte d'Estrées « à Vienne, pour entrer dans de plus grands détails, ainsi que dans plusieurs autres réflexions également importantes. Si l'Impératrice persistait dans son projet de Moravie, (ce que l'on n'ose croire ici), le comte d'Estrées réglera avec les ministres de Sa Majesté l'Impératrice tout ce qui concerne la marche, le logement et la subsistance de nos troupes auxiliaires. Dans ce cas, le roi fera le plus grand sacrifice qu'il puisse faire à l'amitié qu'il a pour Sa Majesté l'Impératrice, et à la fidélité à ses engagements. » Puis obéissant à la maxime d'après laquelle, pour se tirer d'un mauvais pas, il n'y a rien de tel que de s'en prendre à celui vis-à-vis duquel on a des torts, on insistait pour l'accession la plus prompte possible de l'Empereur, en sa qualité de Grand-duc de Toscane, au traité de Versailles. Cette demande visait la conduite des autorités grand-ducales, et notamment de Livourne, dont la partialité évidente pour la marine anglaise avait donné lieu à des récriminations, et motivé une correspondance qui traînait en longueur.

En faisant part à sa cour de sa déconvenue, Stahremberg eut à cœur de défendre sa réputation de diplomate et d'homme bien renseigné : S'il avait prédit (1) le départ prochain des troupes de secours, c'était parce qu'il s'était fié aux assurances de Soubise, de Bernis et d'Argenson ; il avait même pris la précaution de rendre visite à Brunoy à M. de Montmartel (2) pour le faire agir sur Belleisle ; c'était ce dernier seul qui, malgré sa bonne volonté pour l'alliance autrichienne, avait fait changer la résolution déjà prise. Du reste, il ne saurait trop l'affirmer, le véritable obs-

(1) Stahremberg à Kaunitz. Compiègne, le 12 octobre 1756. Archives de Vienne.
(2) Paris de Montmartel, le célèbre banquier, frère de Paris Duverney.

tacle à l'accord sur les opérations militaires était le retard apporté à la conclusion du traité secret; Mme de Pompadour, avec laquelle il avait eu un long entretien, venait de le lui répéter.

Ce compte-rendu interprétait avec fidélité les sentiments dont s'inspiraient les conseils de Louis XV. La majorité, tout au moins, des ministres étaient parfaitement ralliés à la cause autrichienne; en différant l'envoi du corps auxiliaire, ils cédaient à la méfiance naturelle à l'égard d'une puissance dont on s'était trop récemment rapproché pour s'en rapporter sans réserves à sa bonne foi, et au désir légitime de s'assurer la rançon des sacrifices qu'on aurait à s'imposer. Nous trouvons dans les lettres intimes de Bernis la trace de ces préoccupations. « Nous sommes, écrivait-il (1) à son ami Paris Duverney, dans la crise de la grande décision; nous en viendrons à bout, quoique la Marine s'y oppose, et un peu la Finance; la Guerre m'a trouvé assez courageux. Je voudrais bien après tant d'épreuves qu'elle me connût tel que je suis, mais il ne faut pas s'en flatter... La Russie est décidée; tout va bien, si nous savons seconder la fortune. » Un second billet (2) au même correspondant (3) est plus explicite : « On a commencé par se lier vis-à-vis de l'Impératrice, et puis l'on examine s'il faut exécuter ce qu'on lui a annoncé. Rien ne nous aurait plus mis dans la dépendance que notre corps de troupes dans la Bohême ou en Moravie; c'était lui donner 24,000 otages qui restaient à sa disposition, au lieu que sur le Rhin nous sommes nos maîtres; nous agirons selon qu'Elle se conduira. Ce seul mot éclaircit bien des choses. »

(1) Bernis à Paris Duverney. Fontainebleau, 13 octobre 1756. *Correspondance du Cardinal de Bernis avec M. Paris Duverney*. Londres et Paris 1790.
(2) Bernis à Paris Duverney. Fontainebleau, 18 octobre 1756.
(3) Nous aurons à revenir sur le rôle prépondérant joué par Paris Duverney dans la préparation des plans de campagne et dans les intrigues militaires de l'époque.

La diversion sur le Rhin, l'invasion du Hanovre, étaient en effet le projet favori de la cour de France qui se souciait fort peu de détacher une partie de ses forces au fin fond de l'Autriche. Cette dernière, au contraire, très encline à ménager les princes protestants du nord de l'Allemagne, était contraire à toute opération militaire qui les obligerait à sortir de la neutralité. Ce dissentiment radical entre les vues des deux alliés, latent encore, devait s'accuser de plus en plus au fur et à mesure de la discussion. Cependant il fallait bien expliquer à Vienne les motifs qui avaient fait ajourner la marche de la division auxiliaire, et combiner avec les conseillers de l'Impératrice les mouvements des armées pour la saison prochaine.

Comme nous l'avons vu, le comte d'Estrées, lieutenant général sur le point de passer maréchal de France, fut chargé de cette tâche épineuse; il ne devait aborder que les questions d'ordre militaire, et n'avait pas été initié aux négociations en cours pour le traité secret, qui se poursuivraient en France. Malheureusement, les plans de campagne avaient une connexité si intime avec les conditions de la convention pendante, qu'il devint fort délicat de respecter la distinction qu'on avait voulu établir entre les pourparlers à Vienne et ceux de Versailles. C'est ainsi que sans attendre le résultat de la mission de d'Estrées, Stahremberg attaqua le chapitre du Hanovre. Déjà, dans une dépêche du 27 septembre (1), Kaunitz lui avait fait part d'une démarche importante de M. de Steinberg, ministre du Hanovre à Vienne. A en croire ce diplomate, le roi Georges regrettait les troubles survenus entre le Roi de Prusse et l'Impératrice-Reine. Désireux, en sa qualité d'Électeur, de travailler au maintien de la paix de l'Empire, il était fermement résolu à ne pas s'engager dans la guerre, mais inquiet des projets d'agression que l'on pré-

(1) Kaunitz à Stahremberg, 27 septembre 1756. Archives de Vienne.

tait à la France, il serait heureux d'être rassuré à cet égard. « J'ai cherché, écrivait Kaunitz, à entretenir la peur du ministre du Hanovre, et je lui ai laissé entrevoir cependant quelque espérance de pouvoir se garantir du mal qu'il craint, s'il veut cheminer droit et prendre des mesures telles que nous pouvions le désirer... Cette réponse nous met à même de voir venir les Hanovriens, et il ne serait peut-être pas impossible d'en tirer parti un jour; mais nous ne ferons absolument rien sans avoir le concours et le consentement de la France. »

Stahremberg qui ne se dissimulait pas les côtés scabreux de la question soulevée, commença par communiquer la dépêche de Vienne, et chercha à deviner les intentions du ministre français. « On a paru être content (1), mais je n'oserai pas assurer que cela soit effectivement ainsi... car je le répète, la matière est extrêmement délicate, et ce point m'a toujours paru, depuis le commencement de la négociation avec cette cour, un des plus épineux à traiter. »

Pendant qu'à Paris on se dérobait aux engagements pris et confirmés par des promesses récentes, à Vienne on était encore à la joie et à la reconnaissance occasionnées par les premiers avis de France. Kaunitz, en faisant part de l'envoi (2) des commissaires munis des lettres réquisitoriales pour faciliter la marche des troupes françaises, promettait à celles-ci le meilleur accueil. « On les traitera, en tout et pour tout, d'une façon conforme aux principes qui nous guident en tout ce qui peut intéresser le Roi, et faire voir à toute l'Europe les attentions particulières qu'a l'Impératrice pour tout ce qui lui appartient. Nous aurons, j'espère, 24,000 témoins de ce que je vous annonce. » Par le même courrier parvinrent à l'ambassade un rescrit avec instructions détaillées, des pleins pouvoirs pour la con-

(1) Stahremberg à Kaunitz, 12 octobre 1756. Archives de Vienne.
(2) Kaunitz à Stahremberg, 10 octobre 1756. Archives de Vienne.

clusion du traité secret, et enfin un billet en français (1) de la propre main du chancelier, destiné à être mis sous les yeux de Belleisle. « Nous comptons absolument sur lui, disait Kaunitz, il est plus capable que qui que ce soit de voir les choses dans le grand ; nous regardons un grand homme comme lui comme le don le plus précieux que la Providence pouvait faire à la cause commune, dans la circonstance présente. » Sans nier la valeur de Belleisle, il semble que Kaunitz ait quelque peu dépassé la mesure, cependant bien large, des flatteries épistolaires en usage au dix-huitième siècle.

Comme specimen du même genre, nous ne devons pas omettre une lettre à Mme de Pompadour (2) : « Elle (l'Impératrice) a été extrêmement sensible à tout ce qu'il (le Roi) a bien voulu faire jusqu'ici pour Elle, en conséquence du traité de Versailles, avec cette exactitude, et s'il m'est permis de me servir de cette expression, cette noblesse et bonne grâce qu'il n'appartient qu'à lui de savoir mettre dans ses procédés. Les effets dans tous les temps et dans toutes les occasions prouveront sa gratitude ; c'est de quoi je puis vous assurer... Les instructions du comte de Stahremberg, l'équité et le discernement supérieur que je connais au Roi, et votre zèle infatigable pour ses vrais intérêts vus dans le grand, me font espérer que nous sommes bien près de la consommation du plus grand ouvrage qui soit jamais sorti d'aucun cabinet de l'Europe. Je vous prie d'être persuadée que je le souhaite de tout mon cœur, comme citoyen de l'univers, par l'intérêt que je prends à la gloire de nos maîtres vis-à-vis de la postérité, et par le plaisir que je me fais d'avance de pouvoir vous en faire mon compliment. »

(1) La correspondance de Kaunitz avec l'ambassadeur est rédigée tantôt en français tantôt en allemand ; les billets confidentiels sont pour la plupart en français.
(2) Kaunitz à Mme de Pompadour, 10 octobre 1756. Archives de Vienne.

Dans un post-scriptum, le galant ministre renouvelait une requête dont la favorite ne pouvait qu'être flattée : « Vous ne doutez pas sans doute, Madame, que ce ne soit avec la plus grande impatience que j'attends ce charmant portrait pour lequel ce cruel M. de la Tour me fait languir depuis si longtemps; tirez-moi donc de peine, je vous en supplie, et faites-moi la grâce de me l'envoyer au plus tôt. »

Ainsi qu'il fallait s'y attendre, quand on sut le revirement du gouvernement français, le ton changea du tout au tout à Vienne : « Rien dans le monde, écrit Kaunitz (1), ne devait faire imaginer à Sa Majesté l'Impératrice que vous pourriez être dans le cas de devoir vous rétracter sur ce que vous aviez mandé successivement, au sujet de la marche prochaine du corps auxiliaire français. » Il rappelle les promesses du Roi, les termes formels du traité de Versailles, s'étend sur l'effet déplorable du contre-ordre, sur la consistance qu'il donnera à « mille propos fondés sur le passé, odieux et peu conformes au vif et sincère intérêt que nous prenons à la gloire du Roi. Vous pouvez penser, par conséquent, Monsieur, combien il doit nous être désagréable de devoir, non seulement nous rétracter vis-à-vis de toute l'Europe, mais de voir en même temps que la France fournit par là des armes contre elle-même aux malintentionnés. On s'explique d'ailleurs, dans la réponse qui vous a été remise, d'une façon qui s'accorde si peu avec ce qui est déjà fait depuis le premier de mai, et ce qui reste à faire, que nous ne saurions nous dispenser de vous charger de parler clair et sans détour sur l'état des choses, en réponse au papier que vous nous avez envoyé. Le Roi n'a rien fait, et l'Impératrice ne lui a rien demandé jusqu'à présent, de relatif au traité à faire. On ne demande jusqu'ici que l'accomplissement des enga-

---

(1) Kaunitz à Stahremberg, 18 octobre 1756. Archives de Vienne.

gements du traité de Versailles. L'obligation qu'il contient de nous fournir un corps de 24,000 hommes est absolue, et n'a rien de commun avec le traité secret. L'Impératrice est en droit de déterminer la destination de ce secours, et nulle raison domestique ne peut autoriser la France à s'en dispenser. Qui pourra croire d'ailleurs qu'une puissance comme elle, qu'une guerre de mer n'a pas empêchée il y a peu d'années d'avoir de grosses armées en Allemagne, en Italie et aux Pays-Bas, puisse être embarrassée lorsqu'il s'agit d'envoyer 24,000 hommes au secours d'un allié dont les succès doivent lui valoir des acquisitions et des avantages inestimables? »

Le chancelier réfute un à un les arguments mis en avant dans le mémoire de Versailles, puis : « Je veux bien me flatter encore que l'on pensera et agira d'une façon plus conforme aux règles de l'équité et à l'intérêt commun; mais je ne vous cacherai pas, Monsieur, que nous ne saurions prendre, pour ce que nous croyons être en droit d'attendre des sentiments du Roi et de la pénétration de son ministère, les expressions obligeantes dont on couvre un refus. On nous connaît bien peu en France, si peut-être on a cru qu'en nous faisant des difficultés on accélérerait la conclusion de notre grande affaire. Les bons procédés seuls peuvent faire cet effet, et des procédés contraires l'effet opposé. »

Malgré ce fier langage, il était évident qu'on ne pouvait plus compter sur l'entrée en ligne, en temps utile, du corps auxiliaire; il fallait bien subir l'inévitable, aussi consentait-on, par complaisance pour Sa Majesté Très Chrétienne, à renoncer pour le moment à l'envoi des 24,000 hommes, « bien entendu néanmoins, que comme il convient de sauver les apparences de ce changement vis-à-vis de toute l'Europe qui ne s'y attend pas, on donnera la chose pour la suite d'un concert entre les deux cours à ce sujet ».

Kaunitz tenait à ce que l'expression du dépit de sa souveraine parvint jusqu'aux ministres de Louis XV : « J'ai lieu de croire, mande-t-il à Stahremberg par un billet personnel (1), que vous êtes sur le pied de confiance avec M. l'abbé de Bernis, et peut-être même avec M. le maréchal de Belleisle. Si cela est, il conviendra qu'à l'arrivée de votre courrier, vous approchiez au plus tôt l'un ou l'autre, ou même tous les deux, et que vous leur disiez que vous venez d'avoir un courrier, et que vous voyez, comme vous vous y étiez attendu, et même plus encore, votre cour dans la situation d'esprit la plus fâcheuse sur la réponse que l'on vous a remise en dernier lieu; en un mot, que vous tâchiez de les alarmer autant qu'il vous paraîtra convenir, et qu'alors, si vous le jugez à propos, vous leur laissiez lire, comme par une suite de votre confiance en eux, ma lettre française ostensible, en observant soigneusement, pour m'en rendre compte par la suite, l'effet qu'elle aura fait sur ces messieurs dont je ne vous cacherai pas que je suis extrêmement scandalisé. Je ne vous précise cependant rien là-dessus, et vous ferez ce que vous jugerez être à propos. » Il va sans dire que l'ambassadeur s'acquitta avec empressement de la commission qui lui avait été donnée. Dans sa relation (2) il a soin de se porter garant des bons sentiments et des excellentes intentions de Bernis et de Belleisle qui, avec Mme de Pompadour, ont été les promoteurs de l'alliance; il leur a fait la communication indiquée : « Le contenu les a frappés et a fait beaucoup d'impression sur eux, au point que l'abbé de Bernis m'a demandé le même soir de lui permettre de la lire à Mme de Pompadour et au Roi. » L'Autrichien donne un résumé de l'apologie que font les deux ministres de la politique de leur cour; puis, repris d'un regain de méfiance, il ajoute : « Il se pourrait bien que tout le but du ministère

---

(1) Kaunitz à Stahremberg, 18 octobre 1756. Archives de Vienne.
(2) Stahremberg à Kaunitz, 2 novembre 1756. Archives de Vienne.

d'ici ne fût autre que de se rendre maître de la guerre et de la paix ; mais c'est à quoi présentement nous devons tâcher d'obvier en concluant au plus tôt notre traité secret, et en convenant si bien de nos faits qu'il soit impossible à la France d'obtenir, au moyen d'une paix à conclure, les grands avantages qu'elle se propose... à moins que de nous procurer préalablement ceux auxquels nous aspirons. »

C'était, en effet, du traité secret qu'il était de nouveau question. En vertu des instructions reçues de Vienne, Stahremberg avait rédigé avec le plus grand soin un projet qu'il remit à Bernis le 31 octobre. Quelques expressions de son rapport indiquent bien la ligne de conduite qu'il comptait adopter dans la négociation, et qui lui avait valu ses succès antérieurs. « J'ai cru devoir accorder tout de suite les points de moindre importance afin de pouvoir tenir bon sur les objets principaux, en même temps que j'ai pris toutes les précautions possibles pour lier la France et rendre tous les engagements à prendre de sa part bien obligatoires ; j'ai eu soin de garder les mains libres sur différents points au sujet desquels il n'eût pas été de notre intérêt de nous lier avant le temps. »

Les articles essentiels sur lesquels l'Autrichien n'entendait céder que le plus tard possible, étaient les suivants : affectation au service de l'Impératrice, en plus des 24,000 auxiliaires du traité défensif, d'un corps de 25 à 40,000 hommes des troupes de l'Empire à la solde française ; échéance très rapprochée pour le paiement du subside de douze millions de florins ; abandon total des avances en cas de non succès de l'entreprise contre le roi de Prusse ; subordination de la cession des Pays-Bas à l'occupation par l'Impératrice, non seulement de la Silésie et Glatz, mais encore d'autres territoires à déterminer ; affaiblissement ultérieur du roi de Prusse « dont, quels que soient le mécontentement et l'aigreur que l'on a actuellement contre lui, on ne voudrait pas néanmoins voir la puissance totalement anéantie. »

Sur deux autres objets, l'envoyé impérial pensait rencontrer une vive opposition. Dans leur part des Pays-Bas, les Français désireraient que Nieuport, Ostende et la côte maritime fussent compris; quoique autorisé par sa cour à cet abandon, Stahremberg entendait résister jusqu'au bout, « offrir comme compromis le pays rétrocédé, se retrancher derrière des ordres qu'il serait censé avoir reçus de Vienne, et ne signer qu'avec la réserve « sub spe rati ». Il se montrerait intraitable sur « la renonciation de notre cour à l'alliance de l'Angleterre, chose que l'on nous a constamment demandée depuis le commencement de la négociation. De mon côté, je suis décidé à ne consentir, sans un ordre exprès de Leurs Majestés, à aucune clause dont l'Angleterre pût avoir lieu de se plaindre, et j'ai évité à cet effet de faire à mon projet la moindre mention de la Grande-Bretagne. Le cas de la réciprocité n'existe plus actuellement; notre position à l'égard de l'Angleterre est bien différente de celle de la France à l'égard de la cour de Berlin; aussi est-ce principalement dans cette vue que je me suis donné tant de mouvement pour obtenir le rappel de M. de Valory et le renvoi du baron de Knyphausen, ce qui dénote publiquement une rupture faite entre les deux cours; nous ne sommes pas dans ces termes-là avec l'Angleterre. »

En attendant l'examen du projet de traité sur lequel Bernis va préparer son rapport, Stahremberg dépeint l'état des esprits à la cour comme excellent : « Le mécontentement et l'animosité contre le roi de Prusse augmentent ici d'un jour à l'autre, et j'ose assurer que nous n'avons rien à désirer sur ce point. Il reste encore à ce prince beaucoup de partisans en France, et même à la cour, mais ils n'osent plus élever la voix. Le Roi tient publiquement des propos qui ferment la bouche à tout le monde. Il a chargé Monsieur le comte de Migazzi (1), à son passage ici, de dire de sa part à Sa Majesté l'Impératrice qu'il l'assurait de sa plus parfaite amitié, et que cette amitié serait indissoluble à jamais. Ce propos, tenu fort haut et en présence de toute la cour, a passé de bouche en bouche et a fait un effet merveilleux. Toutes les fois que je parais à la cour, soit au lever, soit au grand couvert, il ne manque jamais de me parler sur les affaires du temps, et en des termes qui prouvent au public l'intérêt qu'il y prend. Il ne ménage pas le roi de Prusse, et quand il parle des armées de Sa Majesté l'Impératrice, il se sert presque toujours de l'expression « nous ». Votre Excellence qui connaît ce pays-ci jugera aisément de l'impression que ces choses doivent faire. J'ai eu l'occasion de le voir, depuis quelque temps plus particulièrement, chez Mme de Pompadour, qui me reçoit présentement à toute heure et sans que j'aie besoin de l'en prévenir (chose qui n'a jamais été faite pour aucun ministre étranger); et il y parle toujours d'une façon qui confirme bien tout ce que m'avaient dit jusqu'ici ses ministres et Mme de Pompadour, de la sincérité des dispositions personnelles dans lesquelles il est à l'égard de Sa Majesté l'Impératrice. Il a été indigné et outré de la mauvaise conduite des Saxons, et n'a pas caché son étonnement du parti qu'a pris le roi de Pologne de se retirer à Kœnigstein, au lieu de se mettre à la tête de son armée pour se faire jour au travers de l'ennemi. Il m'a demandé quatre ou cinq fois dans la même soirée pourquoi le roi de Pologne avait donc pris ce parti. Mme de Pompadour marque un intérêt à nos succès qui est au-delà de toute expression. Le maréchal de Browne fait la matière de toutes les conversations; les militaires, les politiques, les courtisans, les femmes, tout le monde ne parle que de lui. On admire

(1) L'abbé comte de Migazzi, ambassadeur d'Autriche à Madrid, venait de quitter son poste et était passé par Paris en rentrant.

sa conduite, on craint qu'il n'expose trop sa personne; tout le monde désire de le savoir heureusement rentré dans son camp. En un mot, dans le temps qu'il y avait une armée française en Bohême, on ne pouvait pas être plus inquiet de son sort qu'on l'est aujourd'hui pour le nôtre. »

Quelques jours après, la cour quittait Fontainebleau, et Stahremberg avec elle. D'après ses conversations avec Bernis (1), il prévoyait un débat des plus vifs sur la cession d'Ostende, la réciprocité à l'égard de l'Angleterre, et l'extension de la clause des territoires à assurer à l'Autriche avant l'échange des Pays-Bas. Entre temps, les ministres français en Allemagne et en Suède avaient reçu leurs instructions; le chevalier Folard, en résidence à Munich, devait entraîner les cours voisines, et le marquis d'Havrincour devait engager la Suède, comme garante du traité de Westphalie, à appuyer la réquisition que la Saxe et l'Autriche avaient formulée devant la Diète de l'Empire. Dans l'entourage de Louis XV les symptômes étaient de plus en plus favorables; l'abbé de Bernis entrerait prochainement au conseil; Mme de Pompadour jouissait d'une autorité plus grande encore que par le passé. « Personne n'est plus à portée d'en juger que moi, qui pendant le dernier séjour à Fontainebleau me suis trouvé plusieurs fois chez elle pendant que le Roi y était, et qui vois d'ailleurs que rien ne se fait que par son consentement et d'après sa volonté. » Cependant, malgré ces heureux pronostics, il y avait une ombre au tableau : « L'ardeur du public commence un peu à se ralentir, les partisans du roi de Prusse reparaissent sur la scène, et bien des gens s'étonnent qu'on prenne si vivement parti pour notre guerre avec le roi de Prusse, tandis que la France a elle-même une guerre particulière à soutenir avec l'Angleterre. Le dernier manifeste du roi de Prusse, muni de

---

(1) Stahremberg à Kaunitz, 16 novembre 1756. Archives de Vienne.

pièces justificatives, tout dépourvu de fondement qu'il est, n'a pas laissé que de faire impression. »

Du côté de la Russie, il y avait aussi un point noir à l'horizon. A Pétersbourg, on récriminait contre l'attitude du comte de Broglie et de M. Durand (1) qui suscitaient des obstacles au passage des troupes russes en Pologne. Le renversement des alliances commençait à produire son effet, et ce n'était pas sans secousse que le système d'entente avec la Russie et l'Autriche, pouvait se substituer à Varsovie aux errements traditionnels de la politique française. Il était fort délicat de faire apprécier la nouvelle orientation par les partis polonais qu'on avait secondés jusqu'alors dans leur résistance à l'influence russe, et appuyés contre les empiètements des rois de la maison de Saxe. Les diplomates français eux-mêmes réussissaient mal à concilier les instructions récentes du département, avec la ligne de conduite qui leur avait été si longtemps dictée par le souverain en personne (2).

De cette situation découlaient des malentendus et des incohérences dont se plaignaient avec quelque raison les nouveaux amis de la France. Le chargé d'affaires russe, M. de Becktieff, sur le conseil de Stahremberg, alla porter ses griefs, de Rouillé, qui ne l'écoutait pas, à Bernis et à Belleisle, beaucoup plus convaincus que leur collègue des obligations qui incombaient au gouvernement français. Belleisle prit la chose en mains et obtint, malgré les objections de Rouillé, qu'on donnerait des ordres à Varsovie pour faciliter la marche de l'armée russe, et que ces ordres seraient lus et approuvés en conseil.

A cette occasion, Stahremberg se livre à une véritable explosion de colère contre l'ambassadeur accrédité auprès

---

(1) Chargé d'affaires de France à Varsovie.
(2) Le comte de Broglie était en correspondance directe avec le roi. Voir Boutaric : *Correspondance secrète du roi Louis XV*, et le duc de Broglie : *Le secret du Roi*.

du roi de Pologne : « Je m'aperçois de plus en plus que c'est le comte de Broglie qui nous cause, lui seul, toutes ces confusions. Il est, comme Votre Excellence le sait, entièrement livré au prince de Conti, occupé depuis longtemps à s'assurer d'un parti considérable pour faire élire ce prince roi de Pologne, d'ailleurs jaloux de l'ascendant qu'il voit prendre ici à l'abbé de Bernis, mécontent de s'apercevoir qu'il y a des choses dont sa cour lui fait mystère, avide de jouer un grand rôle dans le monde et d'être pour ainsi dire le ministre en chef de la France, en Allemagne et dans toutes les cours éloignées, de pouvoir diriger la conduite des autres ministres, de devenir, en certaine façon, le maître de toutes les négociations à faire de ce côté-là, et par conséquent de la plus grande partie du système politique de la France. Il aurait beaucoup de peine à se voir frustré de toutes ces belles espérances et de se conformer à un nouveau plan de conduite; et c'est dans ces vues qu'il a toujours parlé à M. Rouillé du danger qu'il y aurait à tenir en Pologne un langage différent et une conduite opposée à tout ce qui s'y était fait jusqu'ici, ainsi que la nécessité de s'y ménager un parti, de ne pas laisser prendre trop d'ascendant à la Russie, de conserver les libertés de la république, de se maintenir dans le droit de protection qui appartenait à la France, de ne pas donner d'ombrage à la Porte... »

Ce fut sans doute à la suite des observations de Stahremberg que Broglie reçut du Roi en personne le billet suivant (1) : « J'ai très bien vu dans toutes vos lettres, comte de Broglie, que vous aviez de la peine à adopter le système nouveau que j'ai pris; vous n'étiez pas le seul, mais telle est ma volonté, il faut que vous y concouriez. »

Laissons maintenant la cour de Versailles aux prises avec les embarras qui se révélaient chaque jour, et repor-

(1) Louis XV au comte de Broglie, 24 décembre 1756. Boutaric : *Correspondance secrète de Louis XV*, vol. I, p. 214.

tons-nous à Vienne où Kaunitz essayait de se mettre d'accord avec d'Estrées sur les opérations de la campagne prochaine. L'envoyé choisi par la cour française, brave, méticuleux, consciencieux jusqu'à l'exagération, trop amateur de minuties, n'avait ni le doigté, ni le liant nécessaires pour réussir dans la mission diplomatique qui lui avait été confiée. Stahremberg le dépeint comme « homme d'esprit, réputé pour le premier militaire que l'on ait ici. Il passe pour fort vif, mais Mme de Pompadour m'a dit que c'était une vivacité dont on n'avait rien à craindre ». Il était admis dans l'intimité du Roi; ses lettres de créance (1) le présentent comme « un ministre instruit à fond, et depuis longtemps, du caractère, des sentiments et des principes de Sa Majesté, qui par la longue habitude d'approcher le Roi familièrement et de le voir dans les moments où le monarque disparaît et où l'homme se fait connaître, puisse se montrer tel qu'il est à Leurs Majestés Impériales. » Après cette introduction, si flatteuse pour le négociateur, les instructions s'étendaient sur la tournure amicale que devaient prendre les pourparlers, sur les grâces et le charme de l'Impératrice dont il aurait fallu se défendre, si on n'était pas persuadé que « la séduction qu'Elle voudra bien employer avec lui n'aura pour objet que le plus grand avantage des deux cours. » Puis ces généralités épuisées, le document officiel traitait en détail la question des secours; tout le passage relatif au corps des 24,000 hommes n'était que la paraphrase du mémoire remis à Stahremberg à la suite du comité du 2 octobre. Les considérations stratégiques faisaient l'objet d'un rapport spécial, préparé sous la surveillance du maréchal de Belleisle.

D'Estrées fut reçu par le Roi en congé le 20 octobre, alla prendre langue à Brunoy auprès des frères Paris, MM. de

(1) Mémoire pour servir d'instruction au comte d'Estrées, signé Louis, 19 octobre 1756. Affaires Étrangères. Autriche.

Montmartel et Duverney (1), et arriva à Vienne le 10 novembre. Il eut aussitôt de Kaunitz deux audiences dont il adressa (2) un compte rendu détaillé et pittoresque. Dès la première entrevue, le général français fut frappé de l'accueil glacial que son interlocuteur avait fait au projet d'agir sur le Bas-Rhin et dans le nord de l'Allemagne; il n'avait pas été initié aux dernières discussions du traité secret, et ne savait rien des communications de Stahremberg à Bernis au sujet de la neutralité du Hanovre; cependant il ne fut pas longtemps à deviner la cause de la réserve de Kaunitz. « Je vous avoue, Monsieur, écrit-il, que j'avais un furieux penchant à croire que le froid pour les propositions que j'avais faites, venait de quelque envie de ménager l'Électorat de Hanovre. » Il consulta le chargé d'affaires, Ratte, et apprit de ce dernier les bruits qui couraient sur les démarches de Steinberg, représentant du Hanovre à Vienne.

Dans une nouvelle conversation avec le chancelier, d'Estrées prit le taureau par les cornes et fit part de ses soupçons à propos de l'Électorat. « Il faut donc, me dit M. le comte de Kaunitz, parler franchement puisque votre cour ne vous a pas informé de ce qui s'est passé à ce sujet. » Le ministre de Marie-Thérèse raconte les propos de l'envoyé hanovrien qui avaient été aussitôt transmis à Paris; puis, envisageant l'éventualité d'une invasion du Hanovre par les Français, il affirme que l'Impératrice ne s'y opposerait pas; « mais il faut choisir le temps, et si vous prenez le moment présent, cela va former une armée considérable pour défendre cet Électorat, ce qui retardera nos autres opérations qui doivent être surtout dirigées contre le roi de Prusse. » — « Tant mieux, répond d'Estrées, que nous ayons à portée de nous les Hanovriens; nous les

---

(1) Bernis à Paris Duverney, 18 octobre 1756. *Correspondance du Cardinal de Bernis avec M. Paris Duverney.*

(2) Estrées à Rouillé, 13 novembre 1756. Affaires Étrangères. Autriche.

attaquerons et nous les battrons. Ils seront de moins en Angleterre et nous y tenterons une descente. Vous convenez que les Anglais en ont peur : c'est donc les jeter dans de grandes dépenses que de les obliger à renvoyer les Hanovriens et les Hessois, et à lever des troupes nationales pour se défendre eux-mêmes, ce qui lui ôtera les moyens de secourir aussi fortement leurs possessions aux Indes et du côté du Canada... » Sur la possibilité d'une descente en Angleterre, s'engage un dialogue auquel Kaunitz met fin en s'écriant : « Vous savez qu'aux termes du traité de Versailles nous ne devons prendre aucune part à la présente guerre de la France avec l'Angleterre, que nous ne vous appellerons que comme auxiliaires à l'Empire, et que par conséquent nous ne devons pas nous servir de nos troupes auxiliaires pour attaquer Hanovre, ce qui ferait un mauvais effet dans l'Empire. » — « A la bonne heure, répliquai-je, que les troupes de Leurs Majestés Impériales ne s'en mêlent pas; mais personne ne peut trouver à redire dans l'Empire que nous attaquions l'auteur de la présente guerre, et celui qui la soutient par l'argent qu'il donne au roi de Prusse; que l'ennemi le plus dangereux est un ennemi caché, et que celui qui a donné un million de livres sterling au roi de Prusse, à mon avis doit être regardé comme un ennemi aussi dangereux que Sa Majesté Prussienne. » M. le comte de Kaunitz prenant alors la parole me dit : « Mais nous n'avons pas de connaissance que l'Électorat d'Hanovre ait donné ce million sterling. » — « Cela est dit dans la *Gazette de France*, riposte d'Estrées, et j'ai lieu de croire que puisque le ministère a permis que cela y fût inséré, il croit que cela est vrai. Je n'ai pas eu occasion de demander si cela est ou non; mais jusqu'à ce que j'aie des preuves du contraire, je me crois autorisé à regarder cette nouvelle comme vraie. »

Kaunitz ne chercha pas à ébranler la foi aveugle du

brave général dans les avis des gazettes officielles, mais il le pria de ne pas donner l'alarme mal à propos sur une négociation en cours, et passa à un autre sujet. « Après cinq quarts d'heure de conversation qui n'a pas langui, conclut d'Estrées, nous nous sommes séparés en amitié et confiance, car je crois qu'il m'a parlé vrai ; en sortant de son cabinet il m'embrassa me disant : On n'en dit pas ordinairement autant en trois semaines. »

Si, à la suite de cette entrevue, comme il faut le supposer d'après le compte-rendu, l'impression du Français fut favorable, il n'en fut pas tout à fait de même dans l'esprit du chancelier dont la susceptibilité avait été éveillée par la franchise trop militaire de son interlocuteur. « Il a exposé son plan, écrit Kaunitz à Stahremberg (1), dans des termes cependant qui m'ont engagé à lui faire observer que nous comptions qu'il venait, non pas pour prescrire, mais pour concerter. » Dûment averti par les boutades de d'Estrées, et sans attendre le mémoire que ce dernier lui avait promis, le ministre de Marie-Thérèse prit ses mesures pour combattre à Paris (2) les projets de campagne du gouvernement français.

Peu de temps après son escarmouche avec Kaunitz, l'envoyé de Louis XV eut une audience (3) de Marie-Thérèse. Tout d'abord, la souveraine fit porter l'entretien sur les bonnes relations des deux cours et sur la part que son chancelier avait prise à la fondation de l'alliance : « Le traité de Versailles, me dit l'Impératrice, est son ouvrage ; ce qui lui fait d'autant plus d'honneur que tout le monde croyait cette réconciliation impossible, et malgré le désir égal que nous en avions, l'Empereur et moi, nous n'osions nous en flatter. » Je répondis : « Le Roi désirait cette union

---

(1) Kaunitz à Stahremberg, 13 novembre 1756. Archives de Vienne.
(2) Kaunitz à Stahremberg, 14 novembre 1756. Archives de Vienne.
(3) Estrées à Rouillé, 16 novembre 1756. Archives des Affaires Étrangères.

avec autant de sincérité et de vivacité que Votre Majesté ; mais il était retenu par la fidélité qu'il a toujours voulu garder à ses alliés, et celle qu'il a eue pour le roi de Prusse jusqu'à ce qu'il lui ait manqué essentiellement. Cela doit prouver à Votre Majesté combien Elle doit compter sur le Roi, dont le caractère vertueux et vrai le rend incapable de manquer jamais à ses engagements. » A quoi l'Impératrice répondit : « Quand vous nous connaîtrez, vous verrez que nous sommes de bonnes gens et que l'on peut compter sur ce que nous disons. Je m'en rapporte à d'Hautefort (1) et à d'Aubeterre (2); nous n'aimons pas à nous servir de mauvaises finesses. »

D'Estrées, préoccupé à bon droit de la question du Hanovre, fit allusion à la confidence qui lui avait été faite par le chancelier. « L'Impératrice m'a dit : « Cet arrangement a été proposé, mais je vois qu'il est bien difficile, s'il n'est pas impossible; » et souriant agréablement, elle me dit : « Tout ira bien; pour me dédommager des peines que j'ai eues, il est juste que je me fasse un peu prier. » A quoi je répondis : « Mais le temps presse, et il faut prendre un parti! » — « Cela est vrai, répondit l'Impératrice », et tout de suite : « Comment se porte Belleisle; ne commence-t-il pas à vieillir? » Je l'assurai que non, et qu'il avait autant de force et de courage d'esprit qu'à quarante ans, et qu'il suivait avec la même vivacité tout ce qu'il croyait être de la gloire du Roi. » Puis l'entretien roula sur les dispositions des ministres français, sur l'attitude du Wurtemberg, de la Suède et des autres puissances. « Sa Majesté me fit alors une révérence qui annonça le moment de se retirer; cette audience a duré environ une demi-heure. »

Pour résumer les vues de son gouvernement sur les opé-

---

(1) Ambassadeur de France à Vienne après la paix d'Aix-la-Chapelle.
(2) Ministre plénipotentiaire de France à Vienne, d'octobre 1753 à juillet 1756.

rations de la campagne prochaine, le général français remit un mémoire (1) à Kaunitz le 16 novembre. « Le Roi, y était-il dit, se propose d'envoyer, aussitôt que l'époque en sera connue, une armée de 85,000 hommes de ses propres troupes, composée de 105 bataillons et de 142 escadrons, non compris le corps des troupes légères; de faire joindre à cette armée, suivant les circonstances, un corps auxiliaire de troupes des Princes de l'Empire, dont 18,000 hommes sont déjà à sa solde, lequel nombre sera encore augmenté. »

Sous l'intitulé « Vues politiques », le document exprimait le désir de voir une division autrichienne adjointe à l'armée française, et exposait les résultats à viser successivement. Protéger les Pays-Bas, obliger la Hollande à conserver la neutralité promise, s'emparer des districts prussiens avoisinant le Rhin, et notamment de Wesel et de Gueldre, forcer le landgrave de Hesse-Cassel à abandonner la cause anglaise, franchir le Weser et se porter sur l'Elbe pour menacer la Prusse : tel était le programme politique et stratégique de l'année 1757. Les places et territoires appartenant au roi Frédéric seraient livrés à l'Impératrice; les terres du Hanovre, et en particulier la forteresse de Hameln, où il serait nécessaire de mettre garnison, seraient occupées par la France.

Quelques jours après la remise du mémoire, eut lieu une nouvelle entrevue (2) entre d'Estrées et Kaunitz. Le chancelier se déclara partisan de la marche directe de l'armée française sur la Saxe et opposé à l'invasion du Hanovre; en adoptant le premier parti, on éviterait de jeter l'alarme dans le nord de l'Allemagne et dans le Danemark qui avait accordé à l'Électeur de Hanovre la garantie

---

(1) Mémoire sur les opérations des armées auxiliaires de France qui doivent agir sur le Bas-Rhin pour le service de l'Impératrice-Reine. Vienne, 15 novembre 1756. Archives des Affaires Étrangères.

(2) Estrées au ministre, 24 novembre 1756. Affaires Étrangères.

de ses États. Cependant, tout en marquant ses préférences, il ne se montrerait pas intransigeant ; s'il était impossible « de prendre un arrangement pour la neutralité du Hanovre qui convînt au Roi, il fallait que l'Impératrice se déterminât à attaquer aussi cet Électorat ; le refus de secours qu'Elle lui avait fait servirait de prétexte. » Kaunitz mit fin à la conversation en annonçant un contre-projet de sa cour.

La réponse autrichienne (1) reproduisait les raisonnements suggérés à Stahremberg (2), ou employés par Kaunitz dans son premier dialogue avec d'Estrées : L'Impératrice, partie principale dans la guerre actuelle, n'avait aucune querelle avec le Hanovre ou la Hesse ; la France n'intervenant qu'à titre d'auxiliaire, il ne pouvait être question de voies de fait de sa part contre ces deux États. Ces prémisses posés, on passait à l'examen de l'opération proposée sur le Weser et de la marche éventuelle sur Magdebourg. On y trouvait le grave inconvénient de traverser l'Allemagne du Nord, d'effrayer les cours protestantes, et de leur fournir des arguments pour une ligue des princes luthériens ou réformés. Sans le vouloir, on arriverait à substituer une guerre générale à l'attaque spéciale et particulière qu'on voulait diriger contre le roi de Prusse. On se flattait que « moyennant toutes ces observations, Sa Majesté Très Chrétienne conviendra qu'il faudra se décider pour un autre plan, ou au moins modifier celui dont il s'agit. »

A la critique du projet français succédait l'exposé du contre-projet de la cour de Vienne : Comme mesure préliminaire, on demandait à la France de déclarer qu'elle agissait comme garante du traité de Westphalie, et qu'elle intervenait pour assurer contre le perturba-

---

(1) Mémoire en réponse à celui du comte d'Estrées, 27 novembre 1756. Affaires Étrangères.
(2) Kaunitz à Stahremberg, 14 novembre 1756. Archives de Vienne.

teur la tranquillité de l'Allemagne. On exigerait « en même temps un engagement formel de neutralité de l'Électeur de Hanovre, ainsi que de tous les princes dont les troupes sont subsidiaires, parce que la sûreté nécessaire ne peut se trouver que dans la neutralité accordée et bien cimentée, ou bien dans le cas de la neutralité refusée, qui mettrait les deux cours en droit de ne plus garder aucun ménagement vis-à-vis de l'Électeur de Hanovre. Il faudra donc que Sa Majesté Très Chrétienne se décide avant tout sur ce point ». Si la France, tout en acceptant le principe de la neutralité, ne voulait pas traiter directement avec l'Électeur, l'Impératrice se chargerait d'être l'intermédiaire.

Dans l'hypothèse du rejet de la première solution, la France réunirait sur le Rhin une armée d'observation prête à surveiller la Hollande et les princes d'Allemagne « dont les intentions peuvent être douteuses », et ferait marcher « 40,000 hommes, dès le mois de février par la Souabe, le Haut-Palatinat et le Voigtland. » Ces troupes, appuyées par 10,000 Impériaux, se dirigeraient sur la Saxe et donneraient la main aux forces de l'Impératrice en Bohême. De cette façon, l'armée d'observation tiendrait en respect les Hanovriens et leurs alliés, et « ferait l'effet de la neutralité. Celle de 40,000 hommes, passant par la partie de l'Allemagne indiquée, n'alarmerait personne, serait certaine de ne rencontrer ni obstacles, ni dangers sur cette route, et arrivée au lieu de sa destination, serait si parfaitement à portée d'être soutenue et secondée par les armées de l'Impératrice, que, les Russes s'avançant en même temps par la Prusse et la Pologne, il paraît que le roi de Prusse se trouverait serré de si près, que vraisemblablement les choses finiraient ainsi promptement et à souhait. » Le contre-projet concluait par une revue de tous les avantages qui découleraient de l'adoption du plan élaboré à Vienne.

On peut se demander si l'argumentation indigeste et les développements enchevêtrés du document autrichien dont nous venons de donner quelques courts extraits, eussent influé sur la manière de voir du cabinet français. La pièce fut d'ailleurs consciencieusement transmise par d'Estrées; mais la véritable scène des négociations était à Paris; aussi Kaunitz eut-il soin de mettre Stahremberg au courant dans une dépêche où il énumère (1) toutes les objections qu'il aurait à présenter contre l'entreprise du Hanovre. Parmi les conséquences fâcheuses à prévoir, il est curieux de voir figurer le retour des troupes hanovriennes en garnison en Angleterre (2). Avec l'appoint des Hessois et des autres alliés, « il s'ensuivrait au moins une armée de 50,000 hommes, vis-à-vis de laquelle l'armée française se trouverait d'autant plus exposée qu'on ne serait pas dans la possibilité de pouvoir la secourir... Le ministère anglais verrait avec indifférence les pertes que pourrait faire l'Électorat du Hanovre; mais le roi d'Angleterre, réduit au désespoir, ouvrirait même ses trésors de Hanovre pour opposer une armée formidable à la France. Il répandrait de l'argent à pleines mains en Russie et en Turquie pour exciter des cabales, des troubles et des révolutions qui pourraient rendre l'issue de la guerre fatale au nouveau système. » Si l'on rapproche ce langage de celui que d'Estrées avait tenu à Kaunitz, on sera édifié sur l'antagonisme des vues politiques des nouveaux alliés. Pour la France, le véritable ennemi était encore l'Angleterre; à Vienne, au contraire, on ne songeait, et on n'avait jamais songé, qu'au roi de Prusse.

Toutefois, il eût été dangereux de trop montrer son

(1) Kaunitz à Stahremberg, 14 novembre 1756. Post-scriptum. Archives de Vienne.

(2) Des troupes hanovriennes et hessoises, au nombre de 24,000 hommes, avaient été appelées en Angleterre au printemps de 1756 pour parer à l'éventualité d'un débarquement des Français.

jeu; aussi, à sa lettre officielle, le chancelier ajouta-t-il un billet particulier (1), dans lequel il s'efforçait par avance de dissiper les inquiétudes et les soupçons que ferait naître, à la cour de Versailles, la fin de non-recevoir opposée au projet apporté par d'Estrées. « Le zèle le plus pur me dicte, mon cher comte, tout ce que je vous communique aujourd'hui. Tâchez que l'on ne donne point dans l'idée qu'il y a des vues secondes et de la prédilection pour Hanovre. Dans notre fait, rien ne serait plus faux. Mon opinion me paraît, de bonne foi, appuyée sur des arguments invincibles; je vous proteste devant Dieu que je penserais comme je pense si j'avais l'honneur d'être du conseil du Roi. Les affaires de la France vis-à-vis de l'Angleterre sont heureusement dans la plus belle passe du monde; il n'est guère possible que la chance puisse tourner à l'avantage de ses ennemis que par le moyen d'une guerre générale. Serait-il naturel de vouloir se précipiter soi-même dans cet abîme que la France sait bien que ses ennemis lui creusent depuis longtemps? Et pourrait-on ne pas sentir que ce serait le vrai moyen de tout perdre, soit à l'égard de la guerre vis-à-vis de l'Angleterre, soit à l'égard du grand objet commun qui doit mettre la France au faîte de sa grandeur? Je vous avoue que je ne saurais l'imaginer de la part d'un ministère aussi éclairé, du moment qu'il voudra y repenser sans prévention. »

D'Estrées, qui s'écoutait volontiers et qui se faisait illusion sur les effets de son éloquence, fut désappointé par la réponse de la cour de Vienne (2). Il ne repoussa pas cependant d'une façon absolue l'idée de la neutralité du Hanovre, et déclara s'en référer sur ce point aux lumières supérieures du Roi. En revanche il est foncièrement

(1) Kaunitz à Stahremberg, dernier Post-scriptum, 14 novembre 1756. Archives de Vienne.
(2) Estrées au ministre, 28 novembre 1756. Affaires Étrangères.

hostile à l'envoi d'un corps français en Saxe. « Voulez-vous que je vous parle franchement, dit-il à Kaunitz, voilà un mauvais projet, et je vous avoue que je n'en ai guère vu qui soit moins de mon goût; mais comme je ne puis rien décider sur cela, le Roi m'enverra ses ordres. » M. de Kaunitz, reprenant la parole, me dit : « On pourra peut-être vous fournir quelque autre projet. » A quoi j'ai répondu : « Je ne vois plus que celui des 24,000 hommes, et il ne vaut mieux que celui des 40,000 que parce qu'il mettra notre honneur à couvert, et que si nous n'agissons pas aussi vite et aussi loin que vous le désirez, vous n'aurez pas à vous en prendre à nos généraux et à notre mauvaise volonté, mais seulement à l'impossibilité qui alors vous sera mieux connue qu'elle ne vous l'est à présent. » M. de Kaunitz m'a dit alors : « Mais le traité de Versailles et les 24,000 hommes sont une chose, et les traités à faire sont une autre; » et comme il voulait continuer de me dire le reste, ce dont je me doute un peu, je l'ai interrompu en lui disant : « Je ne veux rien faire de plus, et alors comme alors, ce que le Roi jugera à propos de faire sera exécuté avec diligence et exactitude, vous pouvez y compter... » — « Je l'ai quitté en lui disant : « Monsieur, je puis aller écrire à présent; je trouve que j'en ai assez dit, et peut-être trop. »

Ce fut sans doute au sujet du contre-projet de Vienne qu'eurent lieu au sein du cabinet français les discussions dont Bernis donne un aperçu (1) dans ses mémoires. Préoccupé de sa justification devant l'histoire, l'écrivain s'attribue le mérite de toutes les solutions heureuses, ou qui auraient pu l'être, et rejette sur les ministres la responsabilité de la plupart des décisions qui entraînèrent par la suite des résultats désastreux. Mais tout en allouant une large part à l'exagération dans le brevet de clair-

(1) *Mémoires de Bernis*, vol. I, chapitre XXVII.

voyance que l'auteur se décerne, et en faisant abstraction des mobiles de jalousie qui, d'après lui, auraient inspiré le langage et le vote de ses collaborateurs, nous devons reconnaître que la version de l'abbé se trouve dans une certaine mesure confirmée par sa correspondance avec Duverney, et par les dépêches de Stahremberg.

A en croire Bernis, le ministre de la guerre, le maréchal de Belleisle, leurs amis, et parmi eux le plus avisé, Paris Duverney, se seraient refusés à jouer en Allemagne un rôle secondaire; ils se seraient prononcés pour une large participation à la guerre continentale, et pour l'entrée en campagne d'une armée imposante prête à opérer contre le Hanovre, et éventuellement contre la Prusse. Grâce à cet effort, on espérait garder à la France son ascendant séculaire en Allemagne, terrasser l'ennemi par un déploiement de forces considérables, et finir promptement les hostilités. Seul le ministre de la marine, M. de Machault, aurait protesté contre l'affectation à la guerre de terre des ressources indispensables pour les armements maritimes. On lui répondit en citant la politique de Mazarin et de Richelieu et en invoquant le traité de Westphalie. Appelé devant le comité, Bernis, tout en s'inclinant devant la nécessité d'intervenir dans les affaires d'Allemagne, aurait voulu restreindre l'action de la France dans ce pays à l'emploi des contingents des princes de l'Empire à la solde française, et au paiement des subsides destinés à assurer la coopération de la Russie et de la Suède; les troupes nationales auraient été réservées pour la défense du territoire et pour la surveillance de la Hollande et des États protestants. Ces vues furent combattues par d'Argenson et Belleisle qui représentèrent (1) « qu'on ruinerait la France en éternisant la guerre... que le Roi n'aurait aucune influence en Allemagne, ou du moins qu'il

---

(1) *Mémoires de Bernis,* vol. I, p. 307.

serait privé du premier crédit s'il n'agissait pas avec ses propres troupes...; qu'il fallait, ou ne pas nous mêler du tout de la guerre d'Allemagne, ou la terminer au bout d'une campagne, ou deux au plus, en y employant 150,000 hommes; qu'une si grande masse écraserait par son poids l'Électeur du Hanovre et ses alliés, et que cet Électorat nous servirait de dédommagement vis-à-vis de l'Angleterre, dans le cas où nous aurions perdu quelqu'une de nos colonies... M. de Machault espéra encore écarter la guerre de terre en demandant soixante-six millions de fonds par an pour le seul maintien de la marine tant que la guerre durerait; ils lui furent accordés, comme si le Roi avait eu la baguette des fées pour créer de l'or. »

Bernis qui écrivait longtemps après les événements et qui sentait le fardeau de la responsabilité, met en avant pour excuse l'ignorance dans laquelle il se trouvait de la situation financière du pays. Il est difficile de concilier cette échappatoire avec le billet qu'il adressait (1) vers cette époque à Paris Duverney : « M. de Moras (2), mon cher ami, revient de Brunoy (3), tout armé de difficultés qui paraissent insurmontables. Il avait confondu Mme de Pompadour; je la rassurai en présence de M. de Moras, à qui je fis sentir qu'il n'était pas possible de faire jouer au Roi toutes les semaines un personnage ridicule; que le Roi avait pris son parti, que ce parti était déjà annoncé à Vienne, et qu'il n'y avait qu'à retrancher d'un côté pour ajouter de l'autre, que ceci était forcé, et que si nous commencions par des partis faibles nous n'en ferions par

---

(1) Bernis à Paris-Duverney, 23 octobre 1765. *Correspondance du Cardinal de Bernis avec M. Paris-Duverney.*

(2) M. de Moras, contrôleur général des finances, depuis le 24 avril 1756 jusqu'au 3 septembre 1757. Il ne paraît pas avoir assisté au comité dont Bernis fait le récit.

(3) Résidence de M. de Montmartel, banquier de la cour, frère de Paris-Duverney.

la suite que plus de dépenses, et qu'il était inutile de chagriner le Roi en lui prouvant qu'il n'était pas en état de soutenir ce à quoi il s'était engagé. Depuis cette conversation, tout est rentré dans le calme. Je crois que M. de Moras, fort sagement, a voulu qu'on sentît tout le poids de sa charge, et qu'on ne le rendît responsable de rien. C'est un honnête homme et qui a du courage. »

D'après l'abbé diplomate, « les malheurs du roi de Pologne, les pleurs de Mme la Dauphine,... la générosité du Roi, son amour pour sa famille, la chaleur qu'on a toujours pour de nouveaux alliés, les avantages qu'on espérait tirer des conventions avec la cour de Vienne, furent les causes déterminantes de la résolution qu'on prit de participer en grand à la guerre de terre; » à ces raisons, dont une seule avait quelque valeur, Bernis aurait pu ajouter la légèreté et l'imprévoyance des hommes qui composaient le conseil de Sa Majesté Très Chrétienne.

S'il faut s'en rapporter aux délibérations du comité dont nous venons de faire l'esquisse, et aux arguments que notre abbé met dans la bouche des ministres dont l'opinion avait triomphé, le projet de ménager le Hanovre, suggéré par la cour de Vienne, devait rencontrer une vive résistance à Paris. S'il en fut ainsi tout d'abord (1), l'opposition ne dura guère. Avant même la réception du contre-projet autrichien, et probablement sur la communication de la lettre de Kaunitz (2), le négociateur français avait pris parti. « J'ai lu votre dernier mémoire, écrit-il à Duverney (3); il contient de fort bonnes objections contre toute idée de neutralité avec Hanovre, et toute marche

---

(1) *Mémoires de Bernis*, vol. I, p. 302.

(2) Kaunitz à Stahremberg, 14 novembre 1756, déjà citée.

(3) Paris à Duverney, « ce dimanche ». Au début de son billet, Bernis parle de la « réponse de Vienne au plan du comte d'Estrées » comme n'étant pas arrivée. Cette pièce datée du 27 novembre ayant dû parvenir à Paris vers le 6 ou 7 décembre, le billet cité est donc antérieur de quelques jours.

dirigée contre la Bohême, la Saxe ou la Moravie. Mais à l'égard de la neutralité du Hanovre, c'est une grande question de savoir si, avec certaines conditions indispensables à demander, il faudrait la rejeter. Vous comprenez bien qu'en ce cas il n'y aurait plus à craindre la ligue protestante; la neutralité de la Hollande et du Danemark serait assurée solidement. Si, au contraire, Hanovre est attaqué, le roi de Prusse sera assisté puissamment par le parti protestant, et si ceci tourne en guerre de religion, nous en avons pour dix ans au moins. »

Quel que fût le motif de ce revirement d'opinion, Bernis put notifier le consentement officiel de sa cour au principe de la neutralité du Hanovre. « La France, était-il dit (1), n'avait proposé de passer en ennemie sur le territoire de Hanovre que parce qu'elle supposait avec raison que le roi d'Angleterre, en vertu de ses liaisons et de ses traités avec la cour de Berlin, prendrait directement ou indirectement le parti de l'agresseur, et cette opinion paraît de plus en plus confirmée par les faits. »

A l'appui, on citait la rentrée annoncée des Hanovriens et Hessois qui étaient cantonnés en Angleterre, la réponse du roi George à la demande de secours formulée par l'Autriche, enfin le langage tenu par ce souverain dans son dernier message au Parlement. « Toutes ces circonstances ne pouvaient que fortifier le plan de guerre proposé à Leurs Majestés Impériales par le comte d'Estrées, et le Roi ne saurait dissimuler à ces dites Majestés qu'il est bien à craindre que leur ménagement en faveur de l'Électeur de Hanovre et de ses alliés, ne tourne tôt ou tard au désavantage de la cause commune... Cependant le Roi, se souvenant de sa double qualité d'auxiliaire de l'Impératrice et de garant des traités de Westphalie, tenant d'ailleurs

---

(1) Note remise à Stahremberg. Annexe à sa dépêche du 14 décembre 1756. Archives de Vienne.

compte des objections développées par la cour de Vienne, consentait à sacrifier le droit qu'il a d'exercer une juste vengeance contre les États du roi d'Angleterre, Électeur de Hanovre. » On était donc prêt à faire à la diète de l'Empire la déclaration que sollicitait la cour de Vienne, et à admettre la neutralité du Hanovre, sous la réserve que la France resterait officiellement étrangère aux pourparlers engagés dans ce but. « Si cette proposition est acceptée, le roi de Prusse est le seul ennemi qui nous reste à combattre; si, au contraire, elle est refusée, il n'y aura plus désormais de ménagement à garder avec l'Électeur de Hanovre et ses alliés. Ainsi, des deux plans proposés dans le mémoire remis à Vienne au comte d'Estrées, le Roi adopte sans difficulté celui qui concerne la neutralité de Hanovre et de ses alliés, aux conditions ci-dessus établies. »

Quant à la seconde partie du contre-projet autrichien, c'est-à-dire l'envoi de 40,000 Français en Saxe par le Voigtland, on le repoussait pour des raisons d'ordre militaire. Par contre, la cour de Versailles offrait : 1° de faire marcher sur la Bohême, vers le milieu de mars, le corps de 24,000 hommes promis par le traité de Versailles; 2° d'assembler sur le Bas-Rhin une armée de 66,000 hommes qui agirait d'après les stipulations de la convention secrète à signer; 3° de joindre à l'armée principale 20,000 hommes des troupes subsidiaires de l'Empire.

Le mémoire français se terminait en exprimant l'espoir que Leurs Majestés Impériales seraient satisfaites d'un « arrangement, dans lequel le Roi n'a consulté que ce qui pouvait être le plus agréable et le plus utile à Leurs Majestés. La confiance qu'il a en leurs lumières l'empêche de faire aucune réflexion, sur les inconvénients et les délais que des ménagements déplacés, pour l'Électeur de Hanovre et ses alliés, peuvent apporter au succès et à la suite des opérations militaires de la guerre présente. »

En lisant ces lignes, on doit reconnaître que si le gouvernement de Louis XV se laissait imposer la majeure partie du plan de Vienne, il soulignait cette concession de commentaires peu aimables à l'adresse de l'Impératrice. Stahremberg, en homme pratique, ne s'arrêta pas aux difficultés de la forme; il avait obtenu le fond, et cela lui suffisait; aussi conseilla-t-il d'accepter les propositions françaises.

Dans ces conditions, il semblait que l'accord dût s'établir sans autre retard entre les deux cours; il n'en fut rien. La pièce semi politique, semi militaire que Bernis avait remise à l'ambassadeur, fut doublée d'une annexe où dominait cette fois la note militaire, et dont la rédaction avait été confiée au maréchal de Belleisle (1). Ce second document, qui parvint aux mains de Kaunitz par l'entremise de d'Estrées, s'écartait dans quelques-uns de ses développements de celui que le chancelier venait de recevoir directement. Il en exprima son étonnement au général : « Je ne comprends pas (2) pourquoi ni comment on a donné à M. de Stahremberg un mémoire si différent de celui que vous avez remis ici; quoique dans le fond ce soit la même chose, il y a des phrases contournées qui sembleraient laisser des équivoques; ce sont des plaintes sur notre amitié pour les Anglais, comme si elle était réelle ». D'Estrées de répondre qu'il ignorait le contenu de la pièce incriminée. Kaunitz qui tenait à ménager George II, aussi bien comme roi de la Grande-Bretagne que comme Électeur du Hanovre, était cependant très sensible aux reproches qu'on lui adressait de Paris à ce sujet, en termes plus ou moins voilés, et dont le Français, avec sa franchise de soldat, s'était fait l'interprète à

---

(1) Mémoire et observations en réponse à celui remis par le comte de Kaunitz au comte d'Estrées. Versailles, 12 décembre 1756. Archives des Affaires Étrangères.

(2) Estrées au ministre, 25 décembre 1756. Affaires Étrangères.

Vienne. Déjà, dans une conversation antérieure (1), il avait expliqué à d'Estrées que la demande au roi George de fournir les secours stipulés par les traités, « avait plutôt pour objet de parvenir à une rupture honnête avec l'Angleterre, que celui de se procurer des secours desquels on n'avait jamais pu se flatter. Il avait le cœur serré de ces tracasseries qui lui faisaient toute la peine imaginable, et qui le mettaient dans le plus grand embarras. »

A l'occasion, le ministre de Marie-Thérèse savait reprendre l'offensive, en se plaignant du langage des agents français à Dresde et à Varsovie. Il profita d'une soirée de réception chez lui pour attirer d'Estrées dans un coin et lui confier ses doléances. « M. Douglas (2), dit-il (3), presse d'un côté avec la plus grande vivacité pour la marche des troupes russiennes, et le général Apraxine est déjà arrivé à Riga, et, d'un autre côté, M. Durand y met toutes les oppositions possibles, et M. le comte de Broglie a dit au ministre de Russie à Dresde : « Si vous entreprenez de passer par la Pologne, je protesterai contre. » Une telle contradiction dans les affaires est bien fâcheuse et met de grandes défiances. »

Pendant tout le mois de décembre, le général français continua avec le chancelier ses discussions sur les plans de campagne, malgré « une fluxion dans la tête » qu'il attribua « au chaud des poêles et au froid de la cour. J'espère qu'elle se passera promptement, ajoute-t-il gaiement, je n'ai pas le temps d'être malade. » Il profite de ses loisirs pour s'occuper de l'armée autrichienne : « Je vous avoue, écrit-il (4), que j'ai été surpris du bon état,

---

(1) Estrées au ministre, 8 décembre 1756. Affaires Étrangères.
(2) Douglas, chargé d'affaires de France à Pétersbourg.
(3) Estrées au ministre, 8 décembre 1756. Affaires Étrangères.
(4) Estrées au Ministre de la Guerre, 17 novembre 1756. Archives de la Guerre.

propreté et discipline de toutes les troupes que j'ai vues, et qui ne sont cependant composées que de recrues et de bataillons de garnison. »

Enfin dans les derniers jours de l'année 1756, les pourparlers reprirent de plus belle. On échangea mémoire sur mémoire; non content de la note du maréchal de Belleisle, d'Estrées, après deux entrevues avec Kaunitz, rédigea un second projet dont il fit lui-même la critique dans un troisième exposé, et reçut à la date du 4 janvier un nouveau contre-projet autrichien. La pierre d'achoppement était toujours le corps auxiliaire des 24,000 hommes promis par le traité de Versailles, dont l'Impératrice voulait l'emploi en Saxe ou en Bohême, tandis que d'Estrées, malgré le consentement venu de Paris, opposait à ce désir une résistance des plus tenaces. « M. le comte de Kaunitz, écrit-il (1), se croit fondé à demander ces 24,000 hommes que le Roi a proposé lui-même d'envoyer, et après lesquels on soupire ici avec empressement... J'ai combattu longtemps cette opinion... Toutes ces raisons ont été inutiles; on veut des troupes, on croit n'en avoir jamais assez, et l'on insiste sur la parole formelle du Roi énoncée dans le mémoire remis par moi, et dans celui remis à M. le comte de Stahremberg; l'argument est assez difficile à répondre, et on persuade difficilement des gens prévenus par leurs propres intérêts. Il a donc fallu se retourner. » D'Estrées commence par suggérer la fusion ultérieure des 24,000 hommes avec l'armée principale française, si la neutralité du Hanovre permettait à celle-ci d'opérer sur l'Elbe; mais après réflexion il est ébranlé (2) par les inconvénients du double commandement. Sans doute on pouvait compter sur le désintéressement du prince de Soubise, désigné pour la direction du corps détaché. « Il est donc à

---

(1) Estrées à Rouillé, 29 décembre 1756. Affaires Étrangères.

(2) Mémoire annexé à la dépêche d'Estrées du 6 janvier 1757. Archives de la Guerre.

croire qu'il préférera le bien du service du Roi à toute autre considération, mais il ne saurait être trop en garde contre les insinuations, les pièges qu'on lui tendra pour lui montrer combien cette jonction lui sera désavantageuse, et à ceux qui seront sous ses ordres. »

Après avoir ainsi démoli son propre amendement, d'Estrées se vit amené à remettre sur le tapis la demande primitive du cabinet de Marie-Thérèse, que celui-ci renouvelait « dans les termes les plus onctueux et les plus dignes du Roi... mais dont le fond n'était pas aussi satisfaisant. » Selon lui (1), les Autrichiens craignaient que dans le cas assez probable de l'échec des négociations pour la neutralité du Hanovre, ils ne reçussent aucun secours direct de la France, « car son ministre regarde comme rien les 100,000 Français qui agiront contre le Hanovre... Il faut que la cour de Vienne ait quelque intérêt secret et bien pressant d'attirer en Bohême les 24,000 hommes, car à en juger par les apparences elle ne doit pas en avoir un besoin réel. » Pour appuyer son argumentation, il cite les effectifs de l'armée autrichienne, qu'il a appris par des voies indirectes mais sûres, et d'après lesquels l'Impératrice pouvait rassembler 177,000 combattants. Kaunitz lui réplique avec vivacité : « Qui vous a fait ces détails?... d'où les savez-vous ? » — « Ce sont des ouï-dire, répond le Français... mais je vous demande la vérité. » Le chancelier lui donne des chiffres inférieurs, et d'Estrées de conclure : « L'affectation de M. de Kaunitz à diminuer les forces de l'Impératrice... semble un peu éloignée de cette candeur qui lui est propre, et ne pas s'accorder totalement avec l'entière confiance qui doit régner entre les deux cours; si ce n'est pas une finesse de sa part, au moins on peut la juger telle; je ne m'aviserai pas de décider ni pour ni contre. »

(1) Estrées à Rouillé, 6 janvier 1757. Archives de la Guerre.

Quelques jours après, nouvel échange de documents (1). A Kaunitz qui s'écrie : « Mais si nous nous jetons dans une guerre d'écritures nous ne finirons plus », le Français riposte : « Ce n'est pas ma faute, vous avez pris ce chemin où j'ai sûrement un grand désavantage, mais il faut bien le suivre malgré moi. » Enfin, voulant aboutir, le chancelier fait une concession importante : « Si le Roi voulait soudoyer les 4,000 Bavarois, et nous donner 6,000 Wurtembourgeois dont 3,000 sont déjà à sa solde, nous ne demanderons plus les 24,000, et dans ce cas le Roi ferait marcher les 70,000 sur l'Elbe. » D'Estrées qui était décidément d'humeur belliqueuse, et qui paraît avoir pris goût à cette bataille de notes, hésite à accepter l'offre, et conseillerait volontiers de gagner du temps avant de donner une solution définitive. « On garde ici les mémoires des 15 jours; on peut fort bien sans mériter des reproches en faire autant à Versailles... Cette cour-ci a perdu tant de temps inutilement à délibérer, que peut-être sera-t-il préférable de ne plus penser à marcher sur l'Elbe. En ce cas, on pourrait répondre que les 24,000 hommes seront prêts, et que le reste des armées du roi agira offensivement contre les possessions du roi de Prusse, vers le Bas-Rhin et vers le Weser, suivant les circonstances, et le plus tôt possible. »

Enfin, et en dépit des tergiversations du général français, on parvint à s'entendre. Dans sa dépêche du 14 janvier (2) d'Estrées annonce son succès : « Me voilà venu au point de finir à peu près comme le Roi l'a désiré. Dans un cas (si la neutralité est refusée), il marchera 10,000 Bavarois et Wurtembourgeois; dans l'autre, seulement 3,000. » Un mémoire de la cour de Vienne, reproduisant l'accord intervenu, fut transmis à Versailles et donna lieu à une

---

(1) Estrées à Rouillé, 12 janvier 1757. Archives de la Guerre.
(2) Estrées à Rouillé, 14 janvier 1757. Archives de la Guerre.

réponse rédigée par Belleisle. « Après une très longue conférence avec M. d'Argenson et l'abbé de Bernis, écrit le maréchal (1), je me suis chargé de faire un rapport qui en constate le résultat. » Dans cette pièce, on examine compendieusement, cela va sans dire, la question générale sous tous ses aspects, puis on étudie successivement les hypothèses du rejet ou de l'acceptation du projet de neutralité du Hanovre. Sur un seul point une modification à l'accord de Vienne avait été introduite à la demande de Stahremberg; dans l'un et l'autre cas, le contingent fourni à l'Autriche serait porté à 10,000 hommes.

En attendant le retour de d'Estrées qui venait d'être promu maréchal de France, le commandement provisoire de l'armée du Rhin avait été donné au prince de Soubise. Les réquisitions nécessaires avaient été adressées aux princes allemands dont le territoire devait être traversé; la première moitié des troupes devait laisser ses garnisons dans le courant de mars, et la marche serait réglée de manière à faire arriver 52 à 53,000 hommes à Dusseldorf du 25 au 30 avril. La seconde moitié atteindrait le Rhin peu de temps après; l'arrière-garde y serait vers le 15 mai; on pourrait ouvrir les tranchées devant Wesel (2) vers le 10 de ce mois, « l'artillerie devant être prête plus tôt que les troupes. » Belleisle terminait ces renseignements par les mots suivants : « J'ai tâché de tout prévoir avec la même affection que si je devais moi-même commander l'armée... tout ce que je désire est que vous puissiez incessamment quitter Vienne et vous rendre ici. »

Malgré cet appel pressant, d'Estrées ne partit de la résidence impériale que le 1er mars; il consacra les dernières semaines de son séjour à négocier de concert avec ses collaborateurs, le brigadier de Vault et le commissaire

---

(1) Belleisle à Estrées, 2 février 1757. Archives de la Guerre.
(2) Place fortifiée sur le Rhin appartenant à la Prusse.

Gayot, des conventions relatives à l'emploi de l'artillerie de siège, au service des subsistances, à la préséance des officiers généraux et des corps de troupes, au commandement, et à toutes les questions que soulevait l'action commune des forces alliées.

A en juger par sa correspondance avec Stahremberg, Kaunitz ne conçut pas une haute opinion du diplomate militaire qu'on lui avait envoyé : « Vous verrez, Monsieur le comte, écrit-il (1), par tout ce qui vous parvient aujourd'hui, que nous avons porté vis-à-vis de M. d'Estrées le flegme et la condescendance jusqu'où il est possible, ce me semble, d'aller. Je ne vous cacherai pas que j'ai déjà été plus d'une fois sur le point de perdre patience et de jeter comme on dit le manche après la cognée, voyant que du jour au lendemain, et très souvent même dans la journée, il m'embrouillait si bien la matière qu'après avoir beaucoup travaillé je me trouvais n'avoir rien fait. Heureusement je retrouvais encore en moi-même assez de raison et de sang-froid pour ne pas me laisser aller à mes justes impatiences, car je puis vous assurer que s'il avait eu à traiter avec tout autre que moi, les deux cours se seraient brouillées infailliblement. Cela n'empêche pas cependant que nous ne soyons fort bons amis. »

A Versailles on se montra satisfait des résultats obtenus par le maréchal. « On lui sait, à ce qu'il me paraît, écrit Stahremberg (2), bien bon gré d'avoir su effectuer par ses représentations, comme il le prétend, des résolutions aussi conformes aux désirs de cette cour. » En effet l'Impératrice, en renonçant à la jonction à ses propres armées des 24.000 auxiliaires français, et en acceptant leur remplacement par 10.000 Allemands à la solde française, avait donné gain de cause aux conseillers militaires de Louis XV

(1) Kaunitz à Stahremberg, 14 janvier 1757. Archives de Vienne.
(2) Stahremberg à Kaunitz, 31 janvier 1757. Archives de Vienne.

qui s'étaient toujours montrés très opposés à la réunion des soldats des deux nations. Leur succès, comme nous le verrons, ne fut pas de longue durée; à la suite de la défaite des Autrichiens devant Prague, il fallut revenir au plan écarté, et s'exposer à des inconvénients dont les événements démontrèrent la gravité.

CHAPITRE III

NÉGOCIATIONS AVEC L'AUTRICHE ET LA RUSSIE. — CONFLIT AVEC LE PARLEMENT. — CONCLUSION DU TRAITÉ OFFENSIF DE VERSAILLES.

Pendant qu'on cherchait péniblement à se mettre d'accord à Vienne sur les opérations de la prochaine campagne, Stahremberg poursuivait à Versailles la négociation du traité secret qui devait cimenter et développer l'alliance déjà existant entre les deux cours.

Le projet rédigé avec tant de soin par l'envoyé de Marie-Thérèse, et remis par lui à Bernis après le retour de la cour de Fontainebleau, fut discuté longuement par le ministère français. Comme conclusion d'un examen qui avait duré six semaines, Bernis prépara une réponse en forme de contre-projet, qu'il accompagna d'un billet à Stahremberg. « Nous disons, lui écrivait-il (1), notre dernier mot sur les objets essentiels; nous avons cédé tout ce que la prudence et la justice nous permettent de céder... j'ai l'honneur de vous parler, non en négociateur, mais en homme de bon sens qui tâche de voir et de prévoir les événements possibles; mandez-moi de vos nouvelles; je ne veux point vous faire parler, je veux vous laisser le temps de réfléchir. »

De telles précautions de langage devaient cacher des

(1) Bernis à Stahremberg. Lettre jointe à la dépêche de ce dernier en date du 21 décembre 1756. Archives de Vienne.

divergences sérieuses dans les vues des deux gouvernements, aussi Stahremberg ne cherche-t-il pas à dissimuler le désappointement que lui cause le document français (1) : « Je m'étais attendu à la vérité que l'on ferait de grands changements au projet que j'ai remis... mais je n'aurais, je l'avoue, jamais imaginé qu'on nous ferait des propositions si peu convenables. » Son dépit se traduit même par la critique de la rédaction de la pièce : « On ne reconnaît pas dans cet ouvrage l'esprit de son auteur; il est vrai qu'à le bien prendre ce n'est pas l'ouvrage de l'abbé de Bernis (2), mais celui de tous les ministres ensemble. On y a travaillé dans les fréquents comités qui ont été tenus à ce sujet; chacun y a voulu ajouter quelque chose, suggérer quelque expédient, trouver quelque expression plus significative; et c'est de là qu'il est arrivé qu'on nous présente un amas de conditions sans ordre, sans tournure, contraires à ce qui avait été convenu jusqu'à présent, ainsi qu'au principe de réciprocité établi, à la justice et même au bon sens. »

C'était l'égalité de traitement de la Prusse et de l'Angleterre par les deux contractants, qui était comme par le passé le principal obstacle. Avec toute apparence de logique, les négociateurs français demandaient à l'Impératrice d'agir à l'égard du royaume insulaire comme leur cour agissait vis-à-vis de la Prusse. On avait rompu avec le roi Frédéric : que la cour de Vienne en fît autant avec le roi George. A cet effet, ils avaient introduit dans le préambule du projet des passages où l'on accusait l'Angleterre « d'être une des causes principales de la guerre qui vient de s'allumer dans l'Empire » ; on affirmait qu'il était de notoriété publique « que le roi de Prusse n'aurait osé commettre une agression si manifeste sans l'aveu et le con-

(1) Stahremberg à Kaunitz, 21 décembre 1756. Archives de Vienne.
(2) Bernis s'attribue la préparation et la rédaction de ce contre-projet. *Mémoires*, vol. I, p. 310.

sentement de l'Angleterre, ni sans être assuré des secours les plus efficaces de cette puissance »; on faisait déclarer à la cour de Vienne qu'elle ne pouvait « garder avec le seul ennemi de la France des ménagements qui seraient dans le fond contraires à ses intérêts actuels », et qu'en conséquence « le sacrifice des ennemis respectifs des deux cours est également juste et nécessaire ». De plus, ce qui était plus grave, on voulait que le dépouillement du roi d'Angleterre marchât de pair avec celui du roi de Prusse, et on avait même inséré un article attribuant à la France et à ses alliés les îles de la Manche, la forteresse de Gibraltar et les duchés de Brême et Verden. Une condition pareille était trop contraire aux vues de Stahremberg pour ne pas exciter son indignation. « Il n'est pas étonnant, s'écrie-t-il, que la France fasse l'impossible pour nous brouiller avec l'Angleterre, et qu'elle désire fort, à cet effet, de voir insérer quelque clause dans notre traité qui doive déplaire à la cour de Londres; mais il n'est pas convenable qu'elle puisse prétendre tout de bon de faire consentir la réciprocité dans une chose à laquelle nous ne pouvons jamais nous prêter, c'est-à-dire dans le consentement et la garantie formelle qu'elle nous demande pour le démembrement des différents États appartenant à l'Angleterre. » Tout au plus l'Autriche pourrait-elle promettre de ne pas contracter de nouvel engagement avec son ancienne alliée; « mais il ne me paraît pas que nous puissions en faire davantage, et je crois que, malgré ce que me dit aujourd'hui l'abbé de Bernis, sa cour se contenterait d'en obtenir autant. »

A cette question de réciprocité se liait celle du « plus grand affaiblissement du roi de Prusse, » qui tenait tant à cœur au gouvernement de l'Impératrice. La diplomatie française avait accepté depuis longtemps, on le sait, le recouvrement de la Silésie et du comté de Glatz, mais elle refusait d'aller au-delà, et quand on la pressait, elle se dérobait et parlait de l'Angleterre. « Il est certain, écrit Stahremberg, que la France, malgré tous les sujets de mécontentement que le roi de Prusse lui a donnés, ne verrait qu'avec peine que le démembrement de ses États fût poussé aussi loin que nous le projetons. L'abbé de Bernis me dit toujours que c'est là la partie chimérique de notre projet. » Mais à aucun prix il ne fallait céder sur ce point capital : « La France fera plutôt ses derniers efforts que de nous laisser possesseurs d'un reste des Pays-Bas; au lieu que si la simple conquête de la Silésie et du comté de Glatz doit lui valoir tous les avantages qu'elle attend, il n'est pas à douter que dès que cette conquête sera effectuée, elle n'aura rien de si pressé que d'accélérer la paix, de laisser le roi de Prusse en forces, et de nous frustrer des avantages ultérieurs qu'elle devrait nous procurer. Je crois donc qu'il est de nécessité indispensable de prendre tellement ses précautions, qu'il ne puisse être libre à la France de tirer son épingle du jeu, lorsqu'elle croira qu'il n'y a plus rien à gagner pour elle. » En outre de ces articles essentiels, le contre-projet formulait sur des objets de moindre importance, tels que la durée des subsides, leur remboursement éventuel, la fermeture des ports de l'Adriatique et de la Toscane à la marine britannique, des exigences que l'Autrichien trouvait excessives.

Décidément, à Paris l'opinion commençait à se retourner contre l'alliance dont on sentait les charges sans en entrevoir les bénéfices; ceux qui avaient été les plus chauds partisans du nouveau système étaient les premiers à critiquer le traité de Versailles, à répandre le bruit que la cour de Vienne s'opposait à l'attaque de l'Électorat du Hanovre. « L'abbé de Bernis s'est mal conduit dans cette occasion ici... Il craint pour sa fortune, il ne veut pas avoir l'air de soutenir notre cause, et c'est pourquoi sans doute il s'est prêté à tout ce que les ministres (et surtout

M. Rouillé que je reconnais dans une grande partie de cet ouvrage) ont voulu faire insérer dans le projet. »

Lesté du commentaire que nous venons d'analyser, le document français fut expédié à Vienne où il ne fut pas aussi mal reçu qu'à l'ambassade. « Je ne vous dirai rien encore du contre-projet que vous nous avez envoyé, écrit Kaunitz (1), il ne paraît pas être fort propre à abréger la besogne; nous l'examinerons cependant dans un esprit conciliateur. »

La mauvaise humeur dont Stahremberg fait preuve dans la dépêche que nous venons de citer, avait été accrue par les embarras que lui créaient les affaires de Russie. Depuis le printemps de 1756, la cour de Vienne était en négociation avec la puissance du nord; les pourparlers, très avancés au moment du premier traité de Versailles, interrompus pendant l'été, avaient été repris à l'occasion de l'agression de Frédéric. La Tzarine, pleine de zèle pour la guerre contre un souverain qu'elle détestait cordialement, se déclarait prête à fournir à l'Impératrice les secours stipulés par la convention de 1746 (2), et tenait un langage des plus belliqueux que les faits ne venaient malheureusement pas confirmer. Soit mauvaise volonté du Grand chancelier Bestushew, vendu aux Anglais et aux Prussiens, soit incapacité et inexpérience des autorités militaires, soit manque de ressources ou état avancé de la saison, les troupes moscovites ne furent pas en mesure de participer aux opérations de 1756.

Tout en essayant de presser la mobilisation de l'armée russe, Esterhazy, l'ambassadeur de Marie-Thérèse à Pétersbourg, poursuivait deux objets : la conclusion d'un nouveau traité d'alliance entre l'Autriche et la Russie sur les bases élargies et précisées de l'instrument de 1746, et

---

(1) Kaunitz à Stahremberg, 6 janvier 1757. Archives de Vienne.
(2) Voir *Louis XV et le renversement des alliances*, pages 513 et 514.

l'accession de cette dernière au traité de Versailles du 1ᵉʳ mai 1756. Ces deux questions, si simples en apparence, devaient donner lieu, entre les cabinets de Louis XV et de Marie-Thérèse, à des divergences de vues, et même à des conflits sérieux. A la convention sur le tapis entre Vienne et Pétersbourg, se rattachait l'accord sur les mouvements de la campagne future; or les soldats de la Tzarine ne pouvaient poser le pied sur le sol prussien sans traverser le territoire de la Pologne. Obtenir ce passage sans l'assentiment de la France n'était ni convenable, ni possible; il fallait donc mettre en branle les diplomates français, et faire appel à leur concours pour une autorisation contre laquelle protestaient les errements du passé. Sur cette première difficulté venait se greffer une autre. Sans doute l'accession de la Russie au traité de Versailles découlait nécessairement de la nouvelle orientation, mais il fallait concilier l'entente cordiale à Pétersbourg avec le respect des traditions de la politique française à Varsovie et à Constantinople; il était surtout indispensable de laisser la Porte en dehors des engagements réciproques d'aide et d'assistance, par lesquels les cours de France et de Russie allaient se lier. Enfin cette dernière, dans ses pourparlers avec l'Impératrice, montrait des exigences inattendues; elle paraissait ne pas vouloir se contenter de subsides en argent, mais mettait en avant des prétentions d'accroissement territorial qui ne laissaient pas d'être embarrassantes, et qui seraient fort mal accueillies à Versailles. Jusqu'à présent les détails de la négociation confiée à Esterhazy, et conduite par lui à Pétersbourg, étaient restés secrets. Le chargé d'affaires de France, le chevalier Douglas, pendant longtemps sans caractère officiel, avait peu d'expérience et encore moins de crédit; il avait reçu des ordres du département (1) de seconder le

(1) Rouillé à Douglas, 14 août, 4 septembre 1756. Affaires Étrangères Russie, 1755-1756. Supplément 8.

représentant de Marie-Thérèse ; mais dans le principe celui-ci avait seul (1) qualité pour signer, et avait été investi à cet effet des pleins pouvoirs du Roi Très Chrétien.

Dans les dépêches de Rouillé à Douglas, si on ne parlait pas encore de la Porte que le ministre paraît avoir tout d'abord oubliée, il était par contre question de ménagements à l'égard de la Pologne (2). De son côté, le comte de Broglie ne s'était pas contenté de donner des conseils par lettre à Douglas (3), mais avec son exubérance ordinaire, avait tenu à ses collègues russe et autrichien, Messieurs de Gross et Sternberg, des propos imprudents aussitôt reportés à Pétersbourg et à Vienne. L'ambassadeur, écrivait Gross (4), avait « fait comprendre assez clairement à M. de Sternberg que sa couronne ne pourrait renverser son ancien système en Pologne, et se rétracter sur les assurances qu'elle avait données à ses amis dans cette république. » Il avait même été jusqu'à dire que le passage des Russes en Pologne le mettrait « hors d'état de cultiver avec moi (Gross) la présente bonne intelligence. » Un tel langage, que venaient confirmer les remontrances de Rouillé, dont Douglas avait été obligé de se faire le timide interprète, devait donner à penser à la cour de Russie. Celle-ci se décida à formuler une plainte officielle (5) sur l'attitude du comte de Broglie et de son collaborateur Durand ; mais avant que le rescrit impérial ne parvînt à Paris, Stahremberg, stylé par les instructions de Kaunitz et par les confidences de son beau-frère Sternberg à Dresde, avait agi auprès des ministres.

(1) Douglas ne fut accrédité officiellement qu'en août 1756.
(2) Rouillé à Douglas, 23 septembre, 11 octobre 1756. Affaires Étrangères. Russie 1755-1756. Supplément 8.
(3) Broglie à Douglas, 9 novembre 1756. Affaires Étrangères. Russie 1756-1757. Supplément 9.
(4) Relation de Gross. Dresde, 22 et 11 octobre 1756. Affaires Étrangères. Russie 1755-1756. Supplément 9.
(5) Rescrit impérial, 16 novembre 1756. Affaires Étrangères. Russie.

Rouillé fut contraint de mettre une sourdine à sa politique trop polonaise, et dut écrire (1) à Douglas, Durand, Broglie et Vergennes (2), que « malgré les précédents le Roi ne s'opposerait pas au passage des Russes en Pologne, à cause de la nécessité de l'Impératrice, et pour ne pas entraver son action. »

S'il céda sur la Pologne, Rouillé prit sa revanche du côté de la Porte Ottomane. Dans le nouvel arrangement projeté entre la Russie, l'Autriche et la France, les mandataires de la Tzarine demandaient l'insertion d'une clause garantissant les possessions de leur souveraine contre tout adversaire. Signer un article pareil, c'était prendre parti pour la Russie contre le vieil allié de la France, la Porte. Averti par les avis de Constantinople du mauvais effet que produirait une stipulation de ce genre, le ministre des Affaires Étrangères donna l'ordre (3) à Douglas d'exiger une réserve explicite à l'égard de la Porte : « La France ne veut pas s'engager à fournir des secours contre elle. » Quant au traité que l'Autriche négociait à Pétersbourg, on entendait s'en désintéresser. « Sa Majesté n'étant point en guerre contre le roi de Prusse, et ne devant agir que comme auxiliaire et comme garante du traité de Westphalie », c'était « aux ministres des deux Impératrices à faire leur convention dont ils voudront bien nous faire part quand elle sera finie. »

Il est probable que le ministère français n'eût pas montré la même insouciance s'il eût été au courant des propositions russes et de la réponse de l'Autriche. Les chanceliers moscovites réclamaient pour leur pays, comme part des dépouilles communes, la Courlande et la Samogitie;

---

(1) Rouillé à Douglas, 20 novembre 1756. Affaires Étrangères.
(2) Ministre de France à Constantinople.
(3) Rouillé à Douglas, 20 novembre 1756. 23 novembre 1756. Affaires Étrangères.

ces provinces seraient détachées de la Pologne qui recevrait en échange la Prusse ducale.

Kaunitz (1), peu désireux d'accroître la puissance de l'empire du nord, inquiet de l'accueil que réserverait le gouvernement de Louis XV à l'échange indiqué, chercha à se tirer d'affaire en offrant d'inscrire dans le traité la promesse d'appuyer, lors de la paix prochaine, la revendication de la Russie; puis il mit en avant l'idée bizarre de constituer la Prusse ducale en fief pour le second fils de l'Impératrice, sous la suzeraineté du roi de Pologne. Fort heureusement pour l'entente générale, Esterhazy prit sur lui de ne pas sonder la Russie sur le projet relatif à l'établissement de l'Archiduc Charles.

Mais entre temps, Stahremberg était sur les épines. Bernis, s'appuyant sur l'article secret du traité de Versailles, lui avait demandé communication du projet sur le tapis à Pétersbourg. L'Autrichien s'était excusé de son mieux : il ne s'agissait que de renouveler le traité de 1746; on devait attendre la réponse russe. « Tout cela, convient-il (2), n'a guère fait d'impression... Je me sais bon gré d'avoir pris le parti de donner au ministère d'ici quelques éclaircissements sur ce qui se passe entre la Russie et nous, car s'il était arrivé que M. le comte Esterhazy fût parvenu à conclure la convention projetée, sans que la France en eût été prévenue, ou que la cour d'ici ait appris d'autre part qu'il était question de telle chose sans en avoir été préalablement informée par nous, je ne serais jamais plus parvenu à apaiser son mécontentement... Je ne saurais assez représenter à Votre Excellence toute l'importance dont il est de cacher soigneusement à la France les vues d'agrandissement et de conquête de la Russie, qui, si elles étaient connues de

(1) Voir pour toute cette négociation Arneth, vol. V, chapitre III.
(2) Stahremberg à Kaunitz, 21 décembre 1756. Archives de Vienne.

la cour d'ici, gâteraient certainement toutes nos affaires. »

Pour conjurer un tel danger, Stahremberg prend ses précautions; il s'entend d'abord avec le chargé d'affaires russe Becktieff, puis il obtient la permission de catéchiser le marquis de Lhopital, nommé à l'ambassade de Pétersbourg, et qui vient de recevoir ses instructions. Il lui confie (1) ce qu'il croit indispensable des objectifs poursuivis dans les pourparlers entre la France et l'Autriche; mais il ne s'en est tenu absolument qu' « à l'écorce, et ne lui a dit que ce qu'il était nécessaire qu'il sût pour que son langage fût conforme à celui de M. le comte Esterhazy. » Avec les mêmes restrictions, il met le diplomate français au courant de la négociation en cours à Pétersbourg. Cependant, malgré toute sa vigilance, le représentant de Marie-Thérèse demeure inquiet; on vient de lui montrer un mémoire de M. Rouillé, demandant à la cour de Russie de tranquilliser les Polonais du parti français sur les suites de la traversée du pays par les armées moscovites. Cette pièce ne lui plaît guère; elle « est de la façon du comte de Broglie. Je suis parvenu à y faire par trois fois des changements si considérables, que je puis assurer que si on l'avait laissée dans la première forme que le comte de Broglie lui avait donnée, il en serait résulté certainement les inconvénients les plus fâcheux. Il y régnait d'un bout à l'autre un ton impératif tel qu'on pourrait l'employer vis-à-vis d'une puissance entièrement dépendante de la France, et on finissait par la menace que M. de Broglie avait déjà faite à M. de Gross, qui est qu'au cas de refus de la déclaration qu'on demande à la Russie, la France ne pourrait se dispenser d'aviser, de concert avec la Porte, aux moyens de pourvoir à la tranquillité, et d'assurer les libertés de la Pologne. J'ai eu toute la peine du monde à faire retrancher ces ex-

---

(1) Stahremberg à Kaunitz, 31 décembre 1756. Archives de Vienne.

pressions si indécentes, et sans le maréchal de Belleisle que j'ai encore mis en jeu dans cette occasion, je n'y aurais peut-être pas réussi. M. Rouillé est si entiché des idées que le comte de Broglie est parvenu à lui inspirer au sujet de la Pologne, que rien ne peut l'en détourner. Je suis néanmoins parvenu, malgré ces deux messieurs, à faire changer par trois fois le mémoire en question, mais tel qu'il est, il est encore très mal et déplaira certainement en Russie. J'ai fait l'impossible pour empêcher qu'on ne l'envoyât, mais je n'ai obtenu que des changements. »

C'était à bon droit que le délégué de Marie-Thérèse se défiait de l'influence que le comte de Broglie exerçait sur les conseils du Roi. Ce ministre, à qui la capitulation de l'armée saxonne et le départ du roi de Pologne avaient donné des loisirs, ne se résigna pas longtemps au rôle de consolateur de la Reine auquel il se trouvait réduit, et chercha à quitter sa résidence de Dresde pour un centre d'action où il pût déployer ses talents diplomatiques et satisfaire ses besoins d'activité incessante. Les instructions timides et banales qu'il recevait de Rouillé ne faisaient qu'accroître son désir de se rapprocher de la cour, où, grâce au prestige acquis pendant l'invasion de Saxe, il espérait bien avoir voix au chapitre. « Il n'y a jamais eu de ministre, écrit-il à propos de son chef (1), qui eût les intentions plus droites et plus de zèle pour le service du roi; mais comment pourrait-on à 500 lieues se former une idée de ce qui a trait à notre mission, d'autant que nos principes, presque invariables dans le fond, admettent actuellement dans la forme une modification bien embarrassante... Je sens que c'est à Paris qu'il faut décider le plan général. »

Le congé, que l'ambassadeur avait en vain sollicité du cabinet français, lui vint du roi de Prusse qui ne se rendit guère compte de la satisfaction ainsi donnée à celui contre

(1) Broglie à Durand, 15 novembre 1756. Affaires Étrangères. Pologne 1756-1758.

lequel il sévissait. Au retour de Frédéric à Dresde, le 14 novembre, le colonel de Cocceji vint apporter à Broglie les ordres de son souverain (1). « Le Roi le regardait comme un particulier et lui défendait de paraître devant lui. » Broglie répondit avec esprit : « Je vous prie de dire au Roi votre maître que je ne me suis jamais proposé l'honneur de lui faire ma cour, que je ne sais pas en quoi j'aurais pu mettre à l'épreuve l'indulgence ou la complaisance de Sa Majesté prussienne, puisque je n'ai jamais été chargé d'aucun ordre qui me mit à même de l'importuner le moins du monde. » Éconduit une première fois, Cocceji revint à la charge, et « l'engagea très sérieusement à quitter Dresde. » Broglie, qui au fond ne demandait pas mieux, et qui dut remercier le roi de Prusse de lui préparer en France une réception d'autant plus chaleureuse que les procédés à son égard auraient été plus mauvais, protesta, parut céder à la violence, et partit pour Prague où il reçut la permission de se rendre à Versailles.

A la cour de France, Broglie fut reçu comme le héros du jour : on lui donna le cordon bleu, on lui fit espérer l'ambassade de Vienne (2) devenue vacante par l'entrée de Bernis au conseil; on le sonda sur le choix de son successeur en Pologne ; on écouta son avis sur le parti à prendre dans ce pays relativement au passage des armées russes ; on le consulta sur les instructions qu'on devait envoyer à ce sujet aux représentants français dans l'Europe orientale. Son attitude dans ces questions lui attira, comme on l'a vu, l'inimitié de Stahremberg et de ses amis, et lui coûta probablement le poste qu'il ambitionnait. Broglie en effet, quoique rallié à l'alliance autrichienne, était resté partisan convaincu de la politique traditionnelle de la France

---

(1) Broglie à Durand. Récit de la mission du Lieutenant-colonel Cocceji, 19 novembre 1756. Affaires Étrangères, Pologne.

(2) Broglie à Durand, 6 janvier 1757. Affaires Étrangères. Pologne 1756-1758.

en Pologne, craignait avec raison l'immixtion des Russes dans le gouvernement de ce pays, et voulait donner au parti français un appui sérieux contre un danger de cette nature. Il rédigea sur les affaires de Pologne trois longs rapports dont la conclusion était de s'opposer au passage des Russes sur le territoire de la République, et subsidiairement, si cette opposition était insoutenable, de réclamer à l'Autriche et à la Porte Ottomane des garanties contre l'intervention de la puissance du nord. La situation était délicate : Les amis de la France, qui s'intitulaient patriotes et qui étaient dirigés par le prince Potocki, étaient disposés à se constituer en confédération pour résister aux agissements de la Russie. Or, comme le disait Rouillé (1), « une confédération occasionne une reconfédération, ce qui produit une guerre civile », et dans le cas présent, « même sous le nom de neutralité, elle aurait l'air de s'opposer aux secours dont le roi de Pologne a besoin. » On se mit donc d'accord sur la nécessité de calmer l'effervescence des Polonais, mais on se divisa sur les moyens d'agir sur la Russie. « Je vous confierai, écrit Broglie à Durand (2), que... j'étais d'avis que nous exigeassions des déclarations de la part de la Turquie, qui auraient annoncé qu'au cas que la Russie ne se conformât pas à ce que nous lui demandions, les Turcs prendraient les mesures convenables pour l'y obliger. Cette tournure a paru trop ferme, et on a craint qu'on la regardât comme une marque de méfiance qui aurait pu choquer dans un commencement d'union. Cette réflexion ne m'aurait pas persuadé, si j'avais été le maître de décider la question. »

Comme on l'a vu, les passages incriminés disparurent à la demande de Stahremberg, et le mémoire, adouci et

---

(1) Rouillé à Durand, 21 janvier 1757. Affaires Étrangères. Pologne.
(2) Broglie à Durand, 19 janvier 1757. Pologne 1756-1758.

amendé (1), fut expédié à Pétersbourg, Varsovie et Constantinople. Dans ce document, Rouillé demandait aux ministres de la Tzarine l'affirmation qu'elle ne se mêlerait pas des affaires intérieures de la Pologne, et qu'elle empêcherait toute initiative de ses partisans dans la République. En échange de ces assurances, le gouvernement français promettait de décourager toute tentative de confédération de la part de ses amis polonais, et de les engager à n'apporter aucune entrave à la marche de l'armée russe.

Le courrier porteur de la note de Rouillé se croisa avec le commerçant français Michel, diplomate amateur, ayant déjà joué un rôle lors du premier voyage de Douglas, qui rapportait l'acte d'accession de la Tzarine au traité de Versailles. Ainsi que nous l'avons dit, la haute direction de cette négociation spéciale avait été confiée à l'ambassadeur autrichien Esterhazy, sauf pour Douglas à surveiller les intérêts français. Notre chargé d'affaires, un peu grisé par le succès de sa mission, préoccupé avant tout du rétablissement de la bonne entente entre sa cour et celle du nord, très reconnaissant pour l'appui que l'envoyé de Marie-Thérèse lui avait prêté, ne sut pas résister à la pression de son collègue, et malgré les ordres formels de Paris, céda sur le point capital de la Turquie. La convention qu'on avait signée à Pétersbourg, le 11 janvier 1757, excluait bien la Porte ottomane de la réciprocité défensive à laquelle s'étaient liées les puissances contractantes; mais par une déclaration secrétissime, le cabinet français s'engageait, en cas de guerre entre la Turquie et la Russie, à fournir des secours en argent à cette dernière. Douglas, dans la dépêche (2) qui accompagnait l'envoi de la pièce diplomatique, expliquait qu'il avait consenti à cette clause

---

(1) Rouillé à Douglas, Durand, Vergennes, 27 janvier 1757. Affaires Étrangères.

(2) Douglas à Rouillé, 15 janvier 1757. Affaires Étrangères. Russie 1757.

« pour céder à la nécessité des circonstances, pour complaire au souhait de l'Impératrice qui le désirait, et pour ne pas compromettre ni désavouer l'ambassadeur de Vienne qui avait proposé cette même déclaration secrète par ordre de sa cour, en assurant positivement qu'elle était de concert avec vous et que la déclaration agréait au Roi. »

Stahremberg, admirablement renseigné par sa cour, avait prévu l'effet que produirait l'article secret ajouté par Esterhazy : « Je m'attends présentement, écrit-il (1), à de nouvelles scènes par rapport à l'accession de la Russie au traité de Versailles, au cas que cette accession ait été faite dans la forme que l'annonçait M. le comte Esterhazy. Je crains fort qu'on refusera ici de ratifier l'article séparé par lequel la France devait s'engager de donner à la Russie, dans le cas d'une guerre contre la Porte, des secours en argent; on insistera toujours ici sur l'exception pure et simple de la Porte, telle qu'on a fait promettre à la cour ottomane qu'elle se ferait. C'est encore une faute impardonnable à M. Rouillé, et à laquelle il était impossible de s'attendre, que d'avoir négligé de donner au ministre chargé de négocier l'accession, des instructions sur un point qui tient si fort à cœur à sa cour. Il tâchera sans doute de rejeter la faute sur M. Douglas, mais elle est certainement tout entière à lui. »

Le 7 février, Michel arriva a Paris apportant la clause secrète avec les explications de Douglas. Elles n'eurent aucun succès. « Je ne puis vous dire, Monsieur, écrit Rouillé (2), quelle a été ma surprise en voyant la déclaration dite secrétissime que vous avez pris sur vous de signer en même temps que l'acte d'accession. Votre lettre du 27 décembre annonçait le contraire si positivement, que Sa Majesté ne pouvait pas douter que cette affaire ne

(1) Stahremberg à Kaunitz, 31 janvier 1757, Archives de Vienne.
(2) Rouillé à Douglas 16 février 1757. Affaires Étrangères. Russie 1757.

se terminât d'une façon convenable, et vous avez détruit toutes les espérances d'un seul trait de plume... Tout ce que vous alléguez ne peut justifier une démarche que vous avez bien prévu devoir être désagréable à Sa Majesté, et je ne puis vous dissimuler qu'Elle est extrêmement mécontente. Le Roi, invariable dans ses principes, a ratifié l'acte d'accession, mais Sa Majesté ne peut pas se prêter à ratifier la déclaration secrète que vous avez signée sans ordres et sans pouvoirs, et même contre ce que vous saviez de ses intentions, puisque vous aviez reçu alors ma lettre du 20 novembre... En désirant cette accession, Sa Majesté n'avait donc d'autre objet que de s'unir d'autant plus avec les deux Impératrices, et de prendre de concert des mesures pour venger le roi de Pologne et tirer ce prince de l'oppression où il est; mais ce ne pouvait jamais être aux dépens de l'ancienne amitié qu'Elle a pour la Porte ottomane, encore moins de son honneur. »

Le gouvernement de l'Impératrice eut sa part dans les reproches que Rouillé distribuait au nom du Roi, avec d'autant plus de libéralité qu'il était responsable du retard apporté dans les instructions de Douglas. Le ministre des Affaires Étrangères dit sans ménagements à Stahremberg (1) « que nous avions abusé de la confiance que la France avait mise en nous, et que M. Douglas n'aurait jamais consenti à signer la déclaration, si M. le comte Esterhazy ne le lui avait même conseillé en l'assurant que c'était un point convenu entre les deux cours. » L'ambassadeur s'ingénia à calmer l'irritation des ministres de Louis XV, et ce fut probablement sur sa suggestion qu'on prit le parti d'atténuer le refus de l'article secret, par une lettre de la main du Roi à la Tzarine, expliquant le malentendu et faisant appel à l'amitié de la souveraine pour sortir d'embarras. Ce procédé réussit à merveille.

---

(1) Stahremberg à Kaunitz, 10 février 1857. Archives de Vienne.

Élisabeth, qui avait toujours eu beaucoup de goût pour la personne de Louis XV, se montra très touchée de la déférence dont on usait à son égard, répondit par un billet fort gracieux (1), retira la clause malencontreuse, et ratifia l'acte d'accession.

Peu de jours après le traité qui avait valu à Douglas et à Stahremberg une si verte mercuriale, les chanceliers russes et l'ambassadeur Esterhazy conclurent à Pétersbourg, le 2 février 1757, une convention confirmant le pacte de 1746, et réglant les conditions de l'alliance offensive des deux Impératrices contre le roi de Prusse. Les puissances contractantes s'engageaient à ne poser les armes qu'après la reprise de la Silésie, du comté de Glatz, et un affaiblissement ultérieur de la Prusse; chaque gouvernement mettrait en campagne une armée de 80.000 hommes que la Russie appuierait d'une flotte de 20 vaisseaux de guerre et de 40 galères. La Suède serait invitée à se joindre aux alliés. A la paix, la Saxe obtiendrait comme indemnité, pour le préjudice subi, la ville de Magdebourg et un territoire adjoint. Pendant la durée de la guerre l'Impératrice-Reine verserait à la Tzarine un subside annuel d'un million de roubles, moyennant le paiement duquel elle serait libérée des deux millions de florins promis par le traité de 1746.

Il avait été question (2), entre les négociateurs, d'une déclaration par laquelle l'Autriche s'engagerait à soutenir les échanges de provinces mis en avant par la Russie; Marie-Thérèse avait même signé une pièce à cet effet, mais à la dernière heure Élisabeth consentit à abandonner ses prétentions, et l'Impératrice rentra en possession d'un papier qui eût pu devenir fort compromettant. Ainsi revu et corrigé, le traité de Pétersbourg put être commu-

(1) Élisabeth au Roi, 14 mars, Douglas à Rouillé, 29 mars 1757. Affaires Étrangères.
(2) Voir Arneth. Vol. V, au sujet de cette négociation.

niqué sans inconvénient au ministre français accrédité à la cour de Russie, et au gouvernement de Versailles.

De cette façon se trouva terminée la partie russe du grand programme tracé par Kaunitz. Le traité offensif avec la France, que nous avons laissé en suspens à la fin de 1756, au moment de la remise du contre-projet Bernis, fut ajourné à la suite des événements intérieurs survenus en France, et ne fut définitivement arrêté que plusieurs mois plus tard.

Dans les derniers jours de 1756, les rapports du gouvernement de Louis XV avec le Parlement, depuis longtemps tendus, aboutirent à une rupture presque complète et à une véritable grève des autorités judiciaires. A défaut d'assemblée représentative, en l'absence des États-Généraux qui n'avaient pas été réunis depuis plus d'un siècle, le Parlement de Paris avait pris dans les rouages politiques du royaume une place des plus importantes. Fort d'une origine qui remontait au Moyen âge, animé d'un esprit de corps admirable, très jaloux de prérogatives et d'attributions qu'il tenait des traditions plutôt que de la réalité, il se considérait comme le champion des libertés publiques, ambitionnait un rôle constitutionnel, et, pour peu qu'il se sentît appuyé par l'opinion, n'hésitait pas à affronter la lutte contre le pouvoir exécutif.

Très effacé à la suite des guerres de la Fronde et pendant le long règne de Louis XIV, le Parlement sut prendre sa revanche en annulant le testament du grand Roi, et en contribuant à l'établissement de la régence du duc d'Orléans. Depuis lors, l'opposition aux mesures financières du contrôleur général Law, les débats continuels au sujet de la bulle Unigenitus, donnèrent lieu à de nombreux incidents; nous voyons les magistrats pousser la résistance jusqu'au refus de siéger, le ministère répondre par les lettres de cachet et par l'éloignement des Chambres; puis, après des essais inutiles d'instituer une nouvelle cour de justice, le gouvernement cède, on se réconcilie, on rentre à Paris pour recommencer dans quelques mois les démêlés anciens. Le dernier épisode de cette petite guerre avait été le retour triomphal du Parlement en août 1754, après un exil de plus de 15 mois à Pontoise. L'année 1755 fut marquée par des discussions avec l'autorité ecclésiastique. Celle-ci refusait les sacrements aux malades qui ne voulaient pas adhérer aux dogmes de la bulle. Le Parlement prit fait et cause pour ces derniers qu'il considérait comme les victimes de leur attachement aux libertés gallicanes; il obtint l'internement à Conflans de l'archevêque de Paris, et il instrumenta à cœur joie contre les habitués, vicaires, curés, « porte-Dieu », qui ne consentaient pas à administrer les récalcitrants. Au commencement de 1756, la lutte prit une tournure plus grave. A propos d'un conflit d'attributions avec le grand conseil, les chambres réunies du Parlement convoquèrent pour une séance spéciale les princes du sang et les ducs investis de la pairie. Une initiative aussi audacieuse, qui coïncidait avec des tentatives d'entente et d'union entre les différentes compagnies du royaume, inquiéta les ministres de Louis XV. On intima aux pairs l'ordre de ne pas se rendre à l'invitation; mais s'il était facile de peser sur les grands seigneurs dépendant de la cour, il n'en fut pas de même quand il s'agit de vaincre la résistance des magistrats sur un objet beaucoup plus important.

Pour la guerre contre l'Angleterre, il fallait créer des ressources et instituer ou rétablir des impôts. A l'occasion de l'enregistrement, simple formalité au début (1), l'assemblée avait pris peu à peu l'habitude de soumettre au Roi, en langage à formules très humbles, il est vrai, des observations qui se transformèrent bientôt en critiques et en demandes de modifications. Le pouvoir royal s'évertua

---

(1) Voir Voltaire, *Histoire du Parlement de Paris*.

en vain à interdire, puis à réglementer une procédure qui devenait peu à peu un contrôle; le Parlement, à chaque présentation d'édit bursal, renouvelait ses remontrances et ne cédait qu'*in extremis* et la main forcée.

Il en fut ainsi des taxes que le Roi réclama pour faire face aux frais de la guerre navale, et que la compagnie ne voulut enregistrer que sous certaines conditions. Le ministre proposait l'institution d'un nouveau vingtième et la prorogation d'un autre vingtième, sans fixer la date à laquelle ils expireraient; le caractère indéfini de ces impôts causa une émotion dont le Parlement se fit l'écho. Les Chambres, assemblées le 30 juillet (1), arrêtèrent qu'il serait fait au Roi de très respectueuses représentations, à l'effet de le supplier de « cesser la perception du nouveau vingtième trois mois après la fin des hostilités, de limiter au 31 décembre 1761 le vingtième imposé en 1749, ainsi que les deux sols pour la levée du dixième supplémentaire »; enfin, étant donné l'heureux début de la guerre, de « n'avoir pas recours à des impôts plus onéreux à ses peuples qu'utiles à ses finances. » Les gens du Roi (2), accompagnés d'une députation, furent chargés de porter au monarque les délibérations adoptées, et, comme on prévoyait que la délégation ne serait pas entendue, ils devaient déclarer (3) « audit seigneur Roi, après la députation, que son Parlement ne pouvait être qu'alarmé d'un refus, quoique indirect, de laisser parvenir toute vérité jusqu'au trône; que refuser de recevoir les remontrances ce serait anéantir de fait l'une des fonctions les plus essentielles de son Parlement, et mettre la cour dans l'impossibilité de s'occuper d'aucun autre objet. »

La réponse du monarque fut aussi sèche (4) dans la

---

(1) *Mémoires de Luynes*, vol. XV, page 180.
(2) Les gens du roi correspondaient aux magistrats du parquet d'aujourd'hui.
(3) *Mémoires de Luynes*, vol. XV, page 185.
(4) *Mémoires de Luynes*, vol. XV, page 187.

forme qu'autoritaire dans le fond : « Je dois me procurer les secours qu'exigent le bien et les besoins de mon État; je peux seul connaître l'étendue et l'objet des dépenses que les circonstances rendent indispensables. Forcé d'avoir recours à des impositions que j'aurais désiré pouvoir éviter à mes peuples, les déclarations qui les rétablissent ou les continuent contiennent de nouvelles preuves de ma tendre affection pour mes sujets. Leur enregistrement n'a déjà été que trop différé ; j'ordonne à mon Parlement d'y procéder dès demain, et vous m'en informerez dès le jour. » Au premier Président, M. de Maupeou, qui lui demandait une copie de sa réponse, Louis XV répliqua : « Elle est assez courte pour que vous puissiez la retenir. » L'audience n'avait duré que cinq minutes.

En dépit de la parole royale, le Parlement ne se tint pas pour battu, persista dans ses remontrances et refusa d'enregistrer. Il fallut avoir recours à un lit de justice qui eut lieu à Versailles le 21 août. Le duc de Luynes s'étend longuement sur le cérémonial et la procédure de cette assemblée. Le Parlement, représenté par son premier Président, par huit présidents à mortier et plus de 160 conseillers, prit séance vers onze heures et demie; il fut rejoint par les pairs ecclésiastiques (1) et laïques (2). A midi vingt, le Roi fit son entrée, accompagné du dauphin, des princes du sang, des chanceliers et de ses principaux officiers les quatre secrétaires d'État avaient pris place un moment avant. S'il est curieux de lire dans la chronique du duc de Luynes (3) tous les détails d'étiquette, tous les incidents de préséance et de tenue qu'il a décrits avec un soin religieux, il est surtout intéressant de relever l'allure in-

---

(1) Six évêchés parmi lesquels Châlons, Noyon, Laon, etc., donnaient droit à la pairie.

(2) Les ducs et pairs dans l'ordre de la création de la pairie. En 1756 la pairie du duc d'Uzès était la plus ancienne, celle du duc de Duras la plus récente.

(3) *Mémoires de Luynes*, vol. XV, page 196.

dépendante du discours prononcé par le premier Président. Ce dernier, au chancelier qui venait de lire le message royal, répondit « que le Parlement, plein de respect pour Sa Majesté, ne pouvait, au milieu de l'appareil de sa souveraine puissance, faire aucune délibération », que cependant il était essentiel, pour l'intérêt du Roi et de l'État, que le Parlement pût examiner librement les actes et les lois émanant du souverain, avant de les promulguer; qu'une conduite différente pourrait avoir des conséquences les plus dangereuses, et entraîner « des malheurs dont la vue lui coupait la parole ». Il termina en suppliant le Roi de modifier ses déclarations dans le sens indiqué par la remontrance. M. Joly de Fleury, premier avocat général, parla au nom des gens du roi, et conclut à « l'enregistrement en lit de justice et par exprès commandement du Roi. »

Toutes ces harangues, dont la dernière fut de beaucoup la plus longue, durèrent à peine une heure ; puis le chancelier alla recueillir les voix, qui d'ailleurs, en la présence royale, n'avaient qu'une valeur consultative. A en juger par l'arrêté pris la veille, par les réserves formulées par M. de Maupeou, les magistrats durent s'abstenir dans ce vote, qui dans l'espèce, n'était qu'une pure formalité.

Quelques jours après le lit de justice de Versailles, le Parlement de Paris fit parvenir au roi ses remontrances sur les nouveaux impôts; son exemple fut suivi par la plupart des assemblées de province, dont quelques-unes, celle de Besançon par exemple, allèrent très loin dans la voie de la protestation.

D'autre part, la lutte avec l'archevêque de Paris, à propos de la bulle Unigenitus et ses suites, continua de plus belle; le Châtelet fit lacérer et brûler par la main du bourreau une instruction pastorale de ce prélat (1), « comme renfer-

(1) *Mémoires de Luynes*, vol. XV, page 261.

mant des instructions dangereuses et des conséquences fausses, et contenant des propositions attentatoires à l'autorité sur tous les sujets, tant ecclésiastiques que laïques. » Puis ce fut l'interdit d'une église d'Orléans par l'évêque de cette ville qui motiva un appel comme d'abus. Incidents succédèrent à incidents. Enfin le 2 décembre 1756, les Chambres réunies décidèrent d'envoyer au roi une députation à l'effet de lui représenter que le Parlement ne pouvait pas rester inactif, qu'il serait « à jamais coupable envers le seigneur Roi, envers les rois ses successeurs, envers la nation entière, s'il ne portait au pied du trône ses craintes respectueuses et ses protestations sur le renouvellement des troubles qui depuis quarante ans agitent l'Église et l'État. »

Cette série d'arrêtés, de remontrances, de démarches, aboutit à un second lit de justice, tenu cette fois à Paris le 13 décembre 1756. Trois édits ou déclarations furent lus au Parlement (1) : Le premier, relatif aux débats religieux, donnait gain de cause au clergé. Le second restreignait les pouvoirs du Parlement, déclarait obligatoire l'enregistrement des édits après la réponse du roi aux remontrances, et enfin défendait sous peine de désobéissance toute suspension du fonctionnement judiciaire. Le troisième supprimait deux chambres d'enquête (2) sur cinq dont se composait cette fraction du corps. Ces innovations, qui portaient atteinte à la fois aux attributions et aux intérêts matériels de la compagnie, soulevèrent une véritable tempête. A peine le Roi eut-il quitté le palais, que les conseillers des Enquêtes et des Requêtes se réunirent dans leur salle et remirent en masse la démission de leurs charges. La plu-

---

(1) Voltaire, *Histoire des Parlements de Paris*, page 319.
(2) Le Parlement de Paris était composé : 1° de la Grande Chambre formée de huit présidents à mortier, y compris le premier Président, et de 33 conseillers; 2° de cinq Chambres d'Enquête; 3° de deux Chambres de Requête ayant un personnel beaucoup plus nombreux que les autres.

part des membres de la Grande Chambre suivirent cet exemple, et le lendemain du lit de justice il ne resta en exercice que les dix présidents et douze conseillers de Grande Chambre; d'après Voltaire le nombre des démissions monta à 180. Les avocats et les procureurs refusèrent de plaider ou de remplir leurs offices; la vie judiciaire se trouva subitement suspendue et l'on se trouva en face d'une grève complète des tribunaux.

De part et d'autre les têtes s'échauffèrent; le public épousa la cause du Parlement, et les ministres de Louis XV se demandèrent comment sortir de l'impasse dans laquelle ils avaient engagé leur souverain. On pouvait invoquer l'ordonnance de 1667 d'après laquelle, faute d'enregistrement le lendemain de la réponse royale, les édits et déclarations étaient promulgués sans autre formalité; mais on n'osait trop se baser sur un précédent emprunté au règne d'un prince qui avait poussé l'abus du pouvoir absolu jusqu'à abolir même le droit de remontrance. Dans le monde de la magistrature et dans la ville, on soutenait au contraire que sans enregistrement, c'est-à-dire sans inscription sur les registres du Parlement, un acte du pouvoir exécutif n'avait pas force de loi. Le premier Président Maupeou et les conseillers de la Grande Chambre encore en fonctions, jouèrent le rôle d'intermédiaires entre les deux partis; ils rencontrèrent d'abord de la part du Roi une résistance obstinée. Au Président qui lui citait les amendements acceptés pendant son règne sur la prière de la compagnie, il répliqua (1) : « Je n'avais pas vingt-deux ans; présentement je gouverne par moi-même; j'ai près de quarante-deux ans; il y en a quatre que ceci m'ennuie. Je ne changerai rien à mes édits et déclarations. »

Les incidents qui suivirent le coup d'état du lit de justice étaient trop graves pour que Stahremberg n'en entretînt

---

(1) *Mémoires de Luynes*, vol. XV, page 309.

pas sa cour. Selon lui (1), l'attitude du Roi avait produit « dans tout le pays un mécontentement presque général ». La manifestation de la puissance souveraine avait été trop brusque et mal préparée; on aurait dû « avoir égard à l'affection du public, ou pour mieux dire de la nation, pour un corps qu'elle regarde comme son protecteur et l'unique médiateur entre elle et l'autorité royale; » il aurait surtout fallu examiner si les moyens employés « quelque justes qu'ils puissent être,... étaient applicables à la circonstance présente des affaires politiques, tant au dedans qu'au dehors du royaume. »

Quoique, dans son exposé, l'ambassadeur se montre beaucoup trop respectueux des prérogatives de la royauté pour prendre le parti de la magistrature, il partage au fond du cœur les sympathies qui se déclarent en sa faveur. « Le Parlement, quoique en effet depuis quelque temps trop peu mesuré dans sa conduite vis-à-vis de la cour, et coupable par son manque de déférence et de respect pour les volontés du Roi, contre lesquelles il paraît n'être en droit d'opposer que des représentations et des remontrances, ce Parlement, dis-je, ne laisse pas que d'être dans le bon droit sur ce qui est la première cause de tous les troubles existants, savoir : les démarches peu mesurées du clergé à l'occasion de la bulle Unigenitus; en cherchant à empêcher les refus de sacrements, le Parlement a embrassé une cause qui paraît juste, qui certainement est populaire... Les démarches extérieures faites à l'occasion de l'enregistrement des édits bursaux, quoique en partie irrégulières et attentatoires à l'autorité royale, ne pouvaient néanmoins qu'augmenter l'affection du peuple pour le Parlement, dans un temps où le Roi a un besoin indispensable du concours volontaire de la nation aux frais immenses que les circonstances publiques exigent de lui.

---

(1) Stahremberg à Kaunitz, 31 janvier 1757. Archives de Vienne.

C'est pourtant précisément ce temps qu'on a choisi pour procéder à un acte d'autorité aussi important et aussi décisif que l'était la tenue du lit de justice du 13 de décembre. »

Suit la constatation du mauvais effet produit. « On a vu une première preuve (du mécontentement général) le jour même, par le silence qu'a gardé tout le peuple qui se trouvait rangé en foule dans les rues de Paris, par où le Roi passait pour se rendre au Parlement. Personne ne donna la moindre des marques de joie accoutumées dans toutes les occasions où le Roi traverse la ville, et le lendemain tout le monde blâmait hautement la conduite de la cour, et en augurait les suites les plus fâcheuses. La démarche que firent la plus grande partie des conseillers, en se démettant de leurs emplois, quoiqu'elle eût en effet un air de complot et de sédition qu'on ne pouvait guère se dissimuler, fut néanmoins presque généralement applaudie. Il n'y eut dans tout Paris qu'un cri contre M. de Machault et Mme de Pompadour, qu'on regarda comme les auteurs de ce qui venait de se passer, et qui l'étaient en effet. »

Ici Stahremberg donne des détails curieux sur les conciliabules qui avaient précédé le lit de justice. Le comte d'Argenson, chargé jusqu'alors des affaires du Parlement, avait été mis de côté à la suite de l'insuccès des mesures dont il avait pris l'initiative. Les partisans d'une action plus énergique eurent le dessus dans le conseil. Le contrôleur-général et M. de Montmartel, très préoccupés de la résistance à l'enregistrement des édits bursaux, affirmèrent « qu'ils étaient hors d'état de remplir leurs engagements, si l'on n'apaisait pas les troubles intérieurs qui rendaient impossible ou du moins impraticable la levée de ces sommes. » Le Roi, « excédé et impatienté », fit connaître qu'il voulait à tout prix faire cesser ces conflits; le maréchal de Belleisle « conseilla très fort de prendre un parti de vigueur ; » Mme de Pompadour « s'en rapporta à ce que lui dirent Messieurs Machault, Belleisle et de Moras en qui elle a confiance, et chargea le premier des trois, homme de loi de sa profession, de trouver et de proposer des expédients pour mettre fin à toutes ces matières. On convint qu'il n'y fallait laisser prendre aucune part à M. d'Argenson. »

Après avoir expliqué que l'abbé de Bernis, qui d'ailleurs ne fut appelé au conseil que le 2 janvier 1757, et Rouillé, restèrent étrangers à la pression exercée sur le Parlement, Stahremberg s'étend sur les précautions dont on aurait dû s'entourer pour s'assurer le concours d'un certain nombre de magistrats, et pour éviter la démission presque générale. « On n'en fit rien, aussi... le cours de la justice fut entièrement suspendu, les avocats s'abstinrent de plaider devant ce qui restait de la Grande Chambre ; il y en eut un seul qui se présenta, ses confrères ne le laissèrent pas parler, il fut hué et maltraité en sortant du palais, et aucun autre n'osa plus essayer de s'y présenter. Toutes les actions publiques baissèrent tout à coup et le crédit diminua considérablement. Les cours subalternes cessèrent leurs fonctions, une partie des Parlements du royaume firent connaître qu'ils allaient embrasser la cause du Parlement de Paris. »

Pour amener une détente et pour permettre à leurs collègues de revenir sur leur coup de tête, les présidents et les quelques conseillers de la Grande Chambre restés en fonctions firent des démarches auprès du Roi pour obtenir la convocation de toutes les chambres, malgré les démissions données, à l'effet de travailler en commun aux remontrances sur les édits du 13 décembre. Louis XV, sur l'avis de ses ministres, ne voulut pas céder. « Il dit des choses très gracieuses au corps en général et adressa le propos à chacun des membres en particulier ; mais il refusa leur demande, déclara qu'il recevrait les représentations de la Grande Chambre, mais non celles des autres chambres qui depuis les démissions données n'existaient plus. »

Ce fut à cette époque, c'est-à-dire au moment où le conflit s'envenimait de plus en plus, qu'eut lieu l'attentat de Damiens contre la personne du Roi. Pour Louis XV la tentative d'assassinat fut un événement heureux ; le danger couru lui ramena une partie de l'affection perdue, et détermina en sa faveur un regain de popularité dont profita l'autorité royale dans sa lutte contre le Parlement. Les faits sont bien connus : Le 5 janvier, à six heures du soir, le Roi, accompagné des principaux officiers de service, escorté par ses gardes, allait monter en voiture pour se rendre de Versailles à Trianon quand il fut frappé d'un coup de canif par un homme qui se glissa dans la foule, et qui ne fut saisi que parce qu'il s'était distingué de ses voisins en gardant, sans doute par oubli, son chapeau sur la tête. L'émotion fut beaucoup plus grande que le mal. A Versailles il n'y avait ni linge, ni draps de lit, ni valet de chambre, ni confesseur. Sans souci de l'étiquette on coucha le blessé sur ses matelas ; il fut déshabillé par ceux qui l'entouraient. On le saigna deux fois, et bientôt son chirurgien, M. de la Martinière, put le rassurer sur les suites de la blessure. « Il lui a dit (1) que, s'il était un simple particulier, il aurait pu se lever en robe de chambre dès aujourd'hui ; l'on regarde la guérison de cette plaie comme une affaire de 2 ou 3 fois vingt-quatre heures. » Louis XV montra beaucoup plus de sang-froid que les courtisans, dont plusieurs voulurent signaler leur dévouement par des cruautés inutiles à l'égard de l'assassin. Stahremberg raconte la scène comme suit (2) : « Le scélérat fut conduit d'abord dans la salle des gardes où, dans la vue de lui

(1) *Mémoires de Luynes*, t. XV, p. 357.
(2) Voir aussi Voltaire, *Histoire des Parlements de Paris*, p. 324. Duc de Croy, *Revue rétrospective*, tome I, p. 357.

faire avouer le motif et les complices de son crime, on commença par le beaucoup tourmenter; on lui brûla les plantes des pieds, on lui serra les jambes avec des pincettes ardentes; il cria beaucoup, mais il n'avoua rien. C'étaient M. de Machault, le ministre, et M. le duc d'Ayen, capitaine des gardes, qui, par un zèle indiscret et hors de saison, avaient imaginé et fait exécuter en leur présence, par les gardes du corps et devant un grand nombre d'assistants, cette torture si irrégulière et si peu propre à faire avouer au criminel ce qu'ils voulaient savoir. Le misérable manqua d'en périr; pour peu que l'on eût continué, il serait mort sur-le-champ; il en a eu la fièvre pendant plusieurs jours, et est encore assez mal et hors d'état de marcher. »

Damiens, après une détention de quelques jours à Versailles, fut remis entre les mains du Parlement, ou plutôt de la fraction de la Grande Chambre qui n'avait pas démissionné. L'instruction rapidement menée ne donna pas grand résultat. Damiens assura qu'il n'avait jamais eu l'intention de tuer le roi, mais seulement de l'avertir en l'effrayant. Dans les réponses qui lui furent arrachées par la torture, il mêla les noms de certains conseillers avec celui de l'archevêque de Paris; mais il fut démontré qu'il n'avait pas de complices. C'était un cerveau faible, dont l'équilibre avait été dérangé par le conflit religieux entre le clergé et le Parlement. L'assassin fut exécuté le 28 mars 1757 avec un raffinement de supplices (1) digne du moyen âge.

Partout en Europe, la nouvelle de l'attentat fut accueillie avec horreur et donna lieu à des manifestations de sympathie pour la personne du monarque. Tous les souverains, le roi d'Angleterre tout le premier, firent parvenir leurs condoléances, leurs vœux de prompt rétablissement; seul,

---

(1) Voir le récit dans Voltaire, *Histoire des Parlements de Paris*, p. 331.

Frédéric, en négligeant cette formalité de politesse, commit un péché d'omission que Louis ne lui pardonna pas. En France, les démonstrations d'attachement furent aussi chaleureuses que nombreuses. Plusieurs États provinciaux envoyèrent des députations; quelques conseillers du Parlement de Paris retirèrent leur démission; la Grande Chambre réclama avec énergie le droit de juger l'assassin et de rechercher ses complices. Dans les classes inférieures les témoignages d'affection furent plus rares. « Le bas peuple, écrit Stahremberg, a paru plus indifférent qu'on ne devait s'y attendre; il n'a point donné de marques publiques de douleur, de consternation et d'inquiétude; les églises, dans lesquelles on avait exposé le Saint-Sacrement, restèrent presque désertes; on trouva quelques jours après des placards affichés en différents endroits, qui indiquaient que quoique ce premier coup fût manqué, le second ne le serait pas; et la seule chose qui pût faire croire que cet horrible attentat avait fait quelque impression sur le public, fut que le peuple poursuivit et maltraita à différentes reprises quelques prêtres, des religieux, et surtout des Jésuites qui parurent dans les rues. Il y eut même un prêtre séculier de tué. »

L'appréciation du duc de Luynes (1), il faut le reconnaître, ne fut pas conforme à celle de l'Autrichien; le méticuleux chroniqueur dépeint les émotions du peuple comme aussi vives qu'en 1744, lors de la maladie du Roi à Metz. Comme preuve de ces sentiments, il relate (1) « que malgré l'usage des soupers la veille des Rois et de tirer les gâteaux en criant : « Le Roi boit », il n'y a pas eu un cabaret dans Paris où l'on ait entendu ces cris... les rôtisseurs qui vendent ordinairement beaucoup de dindons dans ces temps-ci, ont été fort étonnés de voir qu'on ne leur en demandait pas. »

---

(1) *Mémoires de Luynes*, vol. XV, p. 361.

Sans contester la sincérité d'un royalisme dont on donnait des témoignages aussi matériels, il est évident que ce fut à la cour et parmi les courtisans de Versailles que l'attentat produisit le plus d'effet. « Tout a été pendant plusieurs jours, écrit Stahremberg, dans la plus terrible consternation, dans le plus grand désordre et dans la plus vive agitation. A la première crainte et douleur pour la personne du Roi, qui certainement est aimé autant qu'il le mérite par tous ceux qui l'approchent et le connaissent, ont succédé des mouvements, des cabales et des intrigues, tels qu'on peut se les figurer. »

En cas de mort du Roi, quelle serait la conduite suivie par le Dauphin? Ce prince, écarté avec soin des affaires, passait pour être hostile à l'alliance autrichienne; quant à ses dispositions envers la Pompadour il ne pouvait y avoir doute, son avènement au trône serait le signal du départ de la favorite. D'ailleurs pour un tel résultat le décès de Louis XV n'était pas indispensable. Le danger récent, les angoisses de la maladie, les exhortations des confesseurs pouvaient réveiller les remords du souverain, et rompre une liaison d'autant plus facile à abandonner qu'elle ne reposait plus que sur l'habitude. Pour ces raisons diverses, « il se forma tout de suite un parti très considérable qui travailla contre Mme de Pompadour, et qui blâma toutes les choses qui avaient été faites ou par elle ou par sa participation... Quoique depuis près de cinq années Mme de Pompadour ne soit plus que l'amie, le conseiller, ou pour mieux dire le premier ministre du Roi, quoique depuis près d'un an elle ne demeure plus à la cour à aucun autre titre qu'à celui de dame de palais de la Reine, et quoique enfin pour mettre les choses plus en règle, elle ait proposé à son mari, il y a déjà du temps, de retourner s'il le désirait auprès de lui, il ne laisse pas néanmoins que d'y avoir des gens qui pensent que tout cela n'est pas suffisant pour réparer le scandale que le premier motif de sa venue à la cour a causé, et qu'il n'y a, pour l'acquit de la conscience du Roi, d'autre parti à prendre que l'éloigner de sa présence et la renvoyer de la cour. C'est une question qu'il appartient aux théologiens de décider, et sur laquelle, pour autant que l'on peut juger, ils ne sont pas même tout à fait d'accord entre eux. Ce qu'il y a de certain, c'est que les premiers jours de la maladie du Roi, presque tout le monde a jugé qu'elle allait être renvoyée; un grand nombre de ses amis et même de ses protégés l'ont abandonnée; les gens qui lui étaient contraires ont parlé et agi ouvertement contre elle, et elle est demeurée avec un très petit cercle d'amis dont les principaux étaient le prince de Soubise, le maréchal de Belleisle, M. de Machault, M. de Moras, l'abbé de Bernis, M. d'Armentières et quelques autres. »

Cet isolement ne dura pas : « Elle n'a été, à ce que m'a dit l'abbé de Bernis, que quatre ou cinq jours sans entendre parler du Roi; dès le cinquième ou sixième il lui écrivit, et aussitôt qu'il se trouva en état de sortir de sa chambre il alla chez elle comme à l'ordinaire. Son crédit reste et restera probablement toujours le même; comme il n'est pas fondé sur un sentiment passager et criminel, mais qu'il a sa source dans l'estime, l'amitié et la confiance que le Roi a pour elle, et dans la persuasion où il est qu'il ne saurait avoir de confident plus discret, plus zélé pour ses véritables intérêts, et plus porté au bien qu'elle, il est apparent qu'elle se soutiendra toujours. D'ailleurs outre l'avantage qu'elle a d'être au fait de toutes les affaires d'État, et l'habitude que le Roi a prise de lui confier tout ce qui l'intéresse, elle a encore gagné considérablement par l'entrée de l'abbé de Bernis dans le conseil. Ce dernier a bien des ennemis, des adversaires et des jaloux, mais il est dans le bon chemin, et son crédit paraît augmenter d'un jour à l'autre. Le Roi lui a donné pendant sa maladie beaucoup de marques de confiance et de bonté, lui a parlé à deux reprises assez longuement, et l'appela un jour au chevet de son lit pour lui dire ce peu de mots que l'abbé de Bernis m'a redit lui-même : « L'abbé, je sais que vous êtes honnête homme et je compte sur vous. »

Stahremberg se livre à des conjectures sur la tournure qu'auraient prise les événements extérieurs dans le cas de la mort du Roi. D'après lui le Dauphin, peu ou pas initié à la politique étrangère, guidé par les ennemis de la marquise, « se serait laissé persuader que pour rétablir la tranquillité dans l'intérieur, il fallait prévenir ou terminer une guerre de terre ruineuse, et en obtenant du roi de Prusse la restitution de la Saxe avec quelque dédommagement en argent pour le roi de Pologne, choses auxquelles le roi de Prusse n'aurait pas eu de peine à consentir, il se serait sans doute déterminé à changer sa qualité d'auxiliaire de notre cour en celle de médiateur entre les parties belligérantes. Qui sait même s'il ne serait pas arrivé pis que cela? »

A cette occasion, l'Autrichien passe en revue le personnel ministériel, analyse leurs opinions et pèse leur crédit au point de vue de l'alliance. Si Mme de Pompadour avait été disgraciée, on pourrait se fier au sentiment du Roi « qui est certainement tel que Leurs Majestés peuvent le désirer. » D'Argenson serait redevenu hostile ; Machault, quoique attaché à la favorite, n'avait jamais été partisan des opérations de terre ; Saint-Florentin et Rouillé se seraient conformés aux idées du ministre de la Guerre ; on aurait pu compter sur Belleisle et Bernis ; « mais outre que le dernier aurait eu beaucoup de peine à se soutenir lui-même, le premier aurait de son côté perdu presque toute l'influence qu'il a présentement, en perdant par la disgrâce de Mme de Pompadour... l'occasion de parler fréquemment et familièrement au Roi, qui ordinairement ne parle d'affaires à aucun ministre que dans le temps du travail particulier qu'il fait avec ceux qui ont des départements. »

Aux développements de l'ambassadeur on voit que l'alerte avait été chaude. Rassuré sur le sort de la marquise, il revient au Parlement. Dans les deux camps, on s'était trop avancé pour pouvoir facilement reculer. L'auteur responsable des déclarations dont on subissait les conséquences désastreuses, était M. de Machault qui cumulait les fonctions de garde des Sceaux avec celles de ministre de la Marine. « La plus grande partie du public s'en prend à son ignorance, à son humeur haute et impérieuse, et à son inimitié pour M. d'Argenson. »

Quel parti suivre maintenant? Stahremberg qui ne perd pas de vue son traité prêche la conciliation; il espère que le Roi consentira à suspendre l'exécution des injonctions du lit de justice, relatives à la discipline intérieure du Parlement; grâce à cette concession on amènerait quelques magistrats à retirer leur démission. Au lieu de ces mesures de pacification, le cabinet de Versailles adopta une politique de combat. Le 24 janvier, un président des Requêtes et quinze conseillers furent exilés comme « les boutefeux et les auteurs de la désobéissance et de la mutinerie de tout le Parlement. » Cet acte de rigueur fut presque universellement blâmé. « Après tout ce qui s'est passé au moment où l'on pouvait tout accommoder par la douceur, il était certainement le plus fâcheux, le plus dangereux de tous ceux qu'il eût été possible de prendre. »

« Depuis cette malheureuse démarche, écrit notre ambassadeur (1), le mécontentement du public est général; l'éloignement et l'opiniâtreté du Parlement est devenu plus fort que jamais; ceux qui étaient les plus disposés à se soumettre se sont rétractés; on ne parle que de mort et de poison. On a affiché, dans la galerie même de Versailles, des placards affreux et menaçants pour la vie du roi; le duc d'Ayen a reçu il y a quelques jours une lettre dans

(1) **Stahremberg à Kaunitz**, 31 janvier 1757. Archives de Vienne.

laquelle on l'avertissait que le roi serait assassiné dans la journée; on a écrit au premier valet de chambre de M. le Dauphin, en lui envoyant un paquet de poison, qu'on lui envoyait de quoi sauver son maître d'un coup de poignard. Enfin il n'est question que de plaintes, de murmures et de cris contre le ministère. C'est à Mme de Pompadour qu'on s'en prend encore, » à tort, paraît-il, car l'abbé de Bernis affirme à Stahremberg que la marquise n'est pour rien dans la décision du conseil, contre laquelle il a été seul à se prononcer. D'Argenson et Belleisle auraient enlevé le vote, en disant « qu'il s'agissait de la gloire et de l'honneur du Roi, argument sans réplique et auquel il était difficile de s'opposer... Malgré le mécontentement public il n'y a pas eu encore d'émeute ou de tumulte dans Paris; on a doublé toutes les gardes; il y a beaucoup de patrouilles pendant la nuit et on a mis tout ce qui était suspect en prison... J'ai demandé à l'abbé de Bernis quel parti on allait prendre; il m'a dit qu'il n'en savait encore rien, qu'on travaillait toujours à gagner une partie du Parlement, mais qu'il était douteux si on réussirait. Voilà les termes où les choses en sont. »

L'exil des conseillers fut bientôt suivi de la disgrâce des deux ministres qui avaient été le plus mêlés aux conflits. Le 1er février 1757 le Roi fit signifier au comte d'Argenson, ministre de la Guerre, et à M. de Machault, garde des Sceaux et ministre de la Marine, qu'il les relevait de leurs charges et qu'ils eussent à se retirer dans leurs terres, l'un en Touraine, l'autre à Arnouville à cinq heures de Paris. L'éloignement du lieu d'exil et le ton de la missive royale marquaient une différence d'égards pour les personnages congédiés. D'Argenson était traité en criminel qui reçoit une punition, Machault en ami dont les circonstances obligent à se séparer et dont on est prêt à récompenser les services. Ce fut un véritable coup de foudre pour tout le monde, pour Stahremberg tout le premier;

aussi cherche-t-il (1) à défendre sa réputation d'homme bien informé, et à expliquer le caractère imprévu de la décision royale. Belleisle qui avait travaillé la veille pendant quatre heures avec d'Argenson, Rouillé et Saint-Florentin qui avaient été les porteurs des lettres d'exil, étaient restés dans l'ignorance jusqu'au dernier moment; seul Bernis avait été au courant, mais ne croyait pas à un dénouement si prompt. Laissons la parole à Stahremberg :
« L'affaire a été résolue dans le plus grand secret, et sans que personne que Mme de Pompadour, l'abbé de Bernis, M. le Dauphin, et peut-être M. de Soubise, en aient eu connaissance. Il est étonnant que l'abbé de Bernis en ait fait mystère au maréchal de Belleisle; apparemment que le Roi le lui avait expressément enjoint, à cause de l'amitié qui subsiste depuis longtemps entre ce dernier et M. d'Argenson. »

Comme motifs apparents de l'action de Louis XV, notre diplomate allègue la nécessité de mettre fin à la vieille rivalité des deux collègues, et de donner satisfaction à l'opinion en congédiant les ministres chargés des rapports avec le Parlement, responsables par conséquent des conflits survenus entre la compagnie et la monarchie. A l'en croire, Mme de Pompadour et l'abbé de Bernis auraient largement contribué au renvoi. La marquise avait toujours regardé M. d'Argenson, non seulement « comme son ennemi déclaré, mais aussi comme un fourbe et un malhonnête homme; mais le Roi accoutumé à son travail et faisant d'ailleurs beaucoup de cas de lui, n'avait jamais paru disposé à s'en défaire et semblait se reposer entièrement sur lui dans toutes les choses qui étaient de son département. La circonstance présente a enfin produit l'occasion si longtemps désirée, et Mme de Pompadour a eu l'adresse de s'en prévaloir. Il a fallu se déterminer à sa-

---

(1) Stahremberg à Kaunitz, 3 février 1757. M. d'Arneth a cité de nombreux extraits de cette dépêche.

crifier en même temps son ami, M. de Machault, puisque les mêmes raisons qui conseillaient l'éloignement de l'un parlaient aussi contre l'autre, d'autant plus que celui-ci, par l'imprudence de ses dernières démarches et des conseils peu sages qu'il avait donnés de son chef, et sans consulter personne, était encore plus haï par le public que son adversaire. »

Après avoir constaté que « les deux ministres disgraciés ne sont regrettés de personne, et que tout le monde approuve le parti que le Roi a pris », Stahremberg est obligé d'avouer « que le Roi ne laisse pas de perdre beaucoup en eux. Ils étaient certainement l'un et l'autre gens d'esprit et de mérite. M. de Machault, quoique très froid et parlant peu, passait néanmoins pour un homme de fort bon sens;... il n'a mérité que des éloges par tout ce qu'il a fait dans le département de la marine qui était en bien mauvais état lorsqu'il lui a été confié. Quant à M. d'Argenson, que j'ai eu occasion de voir plus particulièrement et de lui parler même très souvent d'affaires, je lui ai trouvé beaucoup d'esprit, de finesse, d'adresse, de connaissance des affaires et d'habileté dans la manière de les traiter; il avait le ton qu'un ministre doit avoir, comprenant tout, répondant à tout, ne faisant que des objections sensées et raisonnées, ne disait pas plus qu'il ne fallait et n'affectait point de réserve mal à propos. Avec cela il était très laborieux, et porté tant qu'il le pouvait à rendre service. En un mot il était ministre et avait de bonnes et grandes qualités. On l'accusait d'être intrigant, intéressé et fourbe. Il haïssait Mme de Pompadour et tout ce qui avait rapport à elle; il était ennemi du nouveau système, mais il affectait de faire paraître le contraire, et en raisonnait comme s'il en eût été le partisan le plus zélé. » Tout en faisant un éloge désintéressé de l'ex-ministre, l'ambassadeur se félicite du départ d'un homme qu'il regarde comme un adversaire de son pays, et dont les talents rendaient l'opposition plus dangereuse.

D'Argenson fut remplacé par son neveu, le marquis de Paulmy « dont l'extérieur ne prévient pas beaucoup en sa faveur ; l'abbé de Bernis dit cependant qu'il est homme d'esprit, très actif, honnête homme et son ami personnel. » Après un intérim de quelques jours, M. de Moras, contrôleur général, fut chargé de la Marine. Grâce à ces modifications dans le cabinet, Bernis, qui avait été appelé au conseil le 2 janvier 1757, vit grandir sa situation ; confident de Mme de Pompadour, très lié avec Belleisle, il n'avait pas à compter avec ses autres collègues, trop fatigués ou trop nouveaux pour lui porter ombrage. Stahremberg, très sympathique comme on le sait à celui qui avait été son coadjuteur en tant d'occasions, croit que « ses vues sont pures et tendantes principalement au bien de l'État ; » mais il ne peut s'empêcher d'ajouter « que la personnalité s'en est un peu mêlée dans ces derniers temps. » Un propos tenu par son ami l'avait impressionné. A l'occasion du renvoi du garde des Sceaux, il s'était écrié : « Voilà ce que M. de Machault a gagné en retardant de quelques mois mon entrée au conseil. »

Bernis n'eut aucune part dans les dépouilles des disgraciés ; il se réservait pour le portefeuille des Affaires Étrangères que détenaient encore les mains débiles de Rouillé, et en attendant collaborait au traité dont on allait reprendre la discussion interrompue par les événements intérieurs.

Le changement ministériel si soudainement accompli ne mit pas fin à la crise dont le lit de justice du 13 décembre avait été la cause. Plusieurs parlements de province, et notamment ceux de Rouen, de Besançon, et de Bordeaux, s'associèrent aux réclamations de la capitale et refusèrent l'enregistrement des Édits. Peu à peu cependant cette résistance s'effaça devant les lettres d'exil et les pensions que la cour distribua avec une libéralité presque égale; la Grande Chambre ne soutint que mollement les revendications de ses collègues des Enquêtes et des Requêtes; elle abandonna l'attitude si résolue du début pour se consacrer au procès du régicide Damiens; plusieurs démissionnaires firent leur soumission et reprirent leurs fonctions. Bref, l'attentat sur la personne du Roi fut une diversion opportune, et suspendit pour le moment la tentative des parlements de s'attribuer un droit de contrôle et d'examen sur les mesures financières et sur les rapports entre l'Église et l'État.

Revenons à l'acte diplomatique destiné à resserrer les liens des cours alliées. Pendant les premiers mois de l'année, les incidents que nous venons de raconter furent un motif de retards. A Vienne les affaires n'avançaient guère plus vite qu'à Versailles; les plans stratégiques qu'il fallait concerter avec le maréchal d'Estrées, étaient subordonnés au rôle que prendrait Louis XV, et ce rôle ne pouvait être défini que par le traité. La France agirait-elle avec toutes ses forces contre le roi de Prusse, sauf à se faire payer sa coopération, ou se restreindrait-elle à l'emploi de simple auxiliaire de l'Impératrice, et bornerait-elle son intervention à fournir les secours stipulés par le traité du 1er mai 1756? Les instructions du maréchal lui enjoignaient, il est vrai, de se placer uniquement au point de vue militaire, mais la réserve ainsi imposée était loin (1) de rendre les solutions plus faciles et plus rapides.

D'autre part, la chancellerie impériale poursuivait activement à Londres l'obtention de la neutralité du Hanovre. Du résultat de cette négociation dépendraient les projets de campagne, qu'il était presque impossible d'arrêter avant d'être fixé sur les intentions du roi George en sa qualité d'Électeur. Ces pourparlers en cours à Vienne,

(1) Kaunitz à Stahremberg, 27 février 1757. Archives de Vienne.

à Londres, à Versailles, sur des questions d'une connexité étroite, entre des diplomates dont plusieurs ne possédaient que des informations très incomplètes, ne laissaient pas d'embrouiller et d'entraver l'affaire principale.

Dans ses dépêches de février et du commencement de mars, Stahremberg se plaint amèrement de ne pas progresser; Bernis s'occupe du Parlement; Rouillé, avec lequel il est obligé de discuter (1), se répète à tout propos, ressasse raisonnement sur raisonnement, cite des rapports des agents français en Allemagne sur les dangers de la prépondérance autrichienne, intrigue avec les ministres saxons Vitzthum et Martanges, et néglige l'essentiel. L'ambassadeur de Marie-Thérèse, on a pu le voir par sa correspondance, tenait à ce que tous les fils de la toile qu'il était en train de tisser lui passassent par les mains. Sa thèse était des plus simples : La France avait pour devoir de s'unir à l'Autriche et de joindre son action à celle de ce pays; mais il n'admettait pas qu'elle traitât avec d'autres puissances, surtout à son insu et à celui de son gouvernement. Obéissant à ces principes, il se montra jaloux des tentatives du roi de Pologne pour négocier directement avec la France.

Depuis l'invasion de Saxe, Louis XV, très sensible aux pleurs de la Dauphine, avait montré la plus grande sympathie pour le roi de Pologne, et surtout pour la Reine dont la conduite dans ces tristes circonstances n'avait manqué ni de dignité ni de courage. Il avait poussé la générosité jusqu'à lui promettre, tant que durerait l'occupation prussienne, une pension de 100,000 livres par mois. Encouragé par ces symptômes favorables, le roi Auguste avait fait proposer à la France par l'entremise de son représentant, le comte de Vitzthum, de prendre à sa solde 3,000 déserteurs réfugiés en Autriche, puis de régler (2),

---

(1) Stahremberg à Kaunitz, 10 février et 4 mars 1757. Archives de Vienne.
(2) Mémoire présenté par Vitzthum, 10 février 1757. Affaires Étrangères. Saxe.

par une convention, les indemnités territoriales et financières qu'il y aurait à réclamer de l'agresseur, lors de la pacification générale.

Ces ouvertures avaient donné lieu, de la part du département, à un mémoire rédigé par le comte de Broglie (1), et dont le contenu, si Stahremberg l'avait connu, aurait porté le comble à son mécontentement; on accueillait les avances saxonnes, et on s'étendait avec complaisance sur les avantages d'une liaison intime avec la Saxe, même sans participation de l'Autriche. L'auteur, il est vrai, en terminant, et pour se justifier sans doute du reproche d'opposition au nouveau système qui lui aurait été adressé, se proclamait partisan de l'alliance autrichienne et revendiquait l'honneur de l'avoir conseillée dès le commencement de 1756. Sur ces entrefaites, Vitzthum vint un peu naïvement faire ses confidences à Stahremberg. Ce dernier le reçut assez froidement (2), lui fit observer avec raison que son projet était prématuré, puisqu'on n'était pas encore d'accord sur le but de la guerre et sur le degré d'affaiblissement qu'on chercherait à imposer au roi de Prusse. Mais ce qu'il retint surtout de la conversation, fut le secret gardé vis-à-vis de lui et de sa cour. « Martanges, écrit-il, se cache toujours de moi, et quoique le comte Vitzthum se pose comme seul chargé de cette affaire, je sais que Martanges en a parlé avec Rouillé et l'abbé de Bernis. »

De leur collègue Belleisle il n'y avait pas de cachotterie à craindre, mais en revanche il se montrait le plus mal disposé de tous (3). On n'en pouvait tirer que le dilemme suivant : « Finissons notre traité secret, ou renonçons à toute la besogne. » Du reste, tous les membres du conseil

(1) Mémoire sur les propositions de Saxe, 19 février 1757. Affaires Étrangères. Saxe.
(2) Stahremberg à Kaunitz, 4 mars 1757. Archives de Vienne.
(3) Stahremberg à Kaunitz, 15 mars 1757. Archives de Vienne.

s'accordaient pour protester contre les délais de la cour impériale, et pour incriminer ses intentions. A Vienne, en effet, les lenteurs habituelles de la chancellerie avaient été aggravées par une circonstance fortuite; l'examen du contre-projet français avait été interrompu par les inquiétudes que causait l'état de santé de l'archiduc Joseph. Une attaque de la petite vérole, qui avait déjà fait des victimes dans la maison impériale, avait mis le prince héritier dans le plus grand danger et avait plongé ses parents dans une angoisse extrême. Fort heureusement la convalescence survint bientôt, et on put reprendre le travail qui aboutit à un rescrit impérial (1) en date du 21 février.

Dans cette pièce, le cabinet autrichien s'attachait à écarter du texte définitif les stipulations que le ministère français avait voulu y introduire, relativement à l'Angleterre et la Russie. Si probable que fût une rupture avec la puissance insulaire, il semblait prématuré de s'engager dès à présent dans un conflit auquel on n'avait aucun intérêt à se mêler; tout au plus pouvait-on admettre dans le préambule une déclaration blâmant la conduite de l'Angleterre, mais il fallait repousser toute mention de la fermeture des ports à la marine anglaise et de la garantie des acquisitions que la France espérait faire aux dépens de sa rivale. Quant à la Russie, la politique extérieure de cet empire dépendait trop d'une maladie d'Élisabeth ou d'une fantaisie de son successeur, pour qu'il fût prudent de lier la promesse des subsides français au maintien de l'alliance moscovite. Tout au moins, si la Russie figurait dans la convention, fallait-il prévoir l'hypothèse de sa retraite de la ligue, et prendre des précautions en conséquence pour la continuation des paiements. En ce qui concernait la durée des secours financiers, l'Impératrice ne s'op-

---

(1) Arneth, vol. V, chapitre VI, donne une analyse détaillée de cette pièce.

posait pas à la restriction de l'engagement à quatre ans.

Sur la date de la cession des Pays-Bas on se montrait inflexible; l'entrée en possession de Sa Majesté Très Chrétienne et de l'Infant n'aurait lieu qu'à la suite du traité de paix sanctionnant les nouveaux arrangements territoriaux, et après un délai qu'on essaierait de prolonger le plus possible, mais qui ne serait pas inférieur à deux mois. On ne consentirait à laisser Ostende et Nieuport entre les mains de la France que jusqu'à la pacification générale, mais on subirait à la rigueur le remboursement de la moitié des subventions en cas de non réussite, et on se résignerait à laisser Luxembourg comme gage de la dette.

Ces concessions ne furent pas les dernières. Quelques jours après l'envoi du rescrit impérial, Marie-Thérèse autorisa son ambassadeur à se contenter de l'acquisition de la Silésie et de Glatz comme condition préalable de la cession des Pays-Bas, et à abandonner par conséquent les revendications ultérieures sur lesquelles Stahremberg avait eu ordre d'insister.

L'attitude conciliante de l'Autriche s'expliquait par l'impression qu'avaient produite à Vienne des bruits de tentatives pacifiques, faites auprès du cabinet de Saint-James.

A ce moment, la confiance mutuelle des alliés était des plus limitée; car si les conseillers de Sa Majesté Très Chrétienne, à propos du traité de l'accession de la Russie, accusaient l'Impératrice d'avoir voulu jouer leur maître, Marie-Thérèse et son représentant s'émotionnaient d'un essai de rapprochement entre l'Angleterre et la France (1),

---

(1) Par l'entremise d'un homme d'État hollandais, M. de Slingelandt, des pourparlers eurent lieu à La Haye en février 1757 entre M. d'Affry et le ministre anglais le colonel Yorke; elles n'eurent aucun résultat pratique et se bornèrent à un échange de déclarations pacifiques d'un caractère des plus vagues. — Holdernesse à Yorke, 8 février 1757. — Yorke à Holdernesse, 18 février 1757. Newcastle Papers.

dont M. d'Affry, ministre français à La Haye, aurait été l'intermédiaire. Stahremberg avait, il est vrai, pris sur lui de démentir ce racontar venu par la voie de l'Espagne. L'abbé de Bernis à qui il en avait parlé lui avait tenu un langage des plus nets (1) : « Je vous assure que cela n'est pas. L'Angleterre elle-même ne veut point la paix cette année-ci ; elle se promet de grands succès en Amérique et espère se procurer par là une paix plus avantageuse que celle qu'elle pourrait obtenir à présent. »

Rassuré par cette déclaration dont la franchise contrastait avec les réticences de Rouillé, l'ambassadeur reprit confiance en une prompte conclusion du traité, en dépit des troubles intérieurs du royaume et des embarras financiers qui en étaient le contre-coup.

Vers le milieu de mars, et après la réception du rescrit impérial, les conférences sur les articles de la convention secrète recommencèrent avec Bernis. A en croire Stahremberg, redevenu optimiste, il ne faudrait pas plus de quinze jours à trois semaines (2) pour mettre sur pied le grand ouvrage. En attendant, les mouvements de troupes et les préparatifs militaires étaient conduits avec une activité qui n'eût pu être dépassée après l'achèvement de l'acte diplomatique. Ces heureux résultats étaient dus sans doute à l'arrivée de d'Estrées, revenu depuis peu de Vienne, et à la reprise par Bernis de son rôle de négociateur.

On consacra le mois d'avril aux dernières discussions. Seul Rouillé, peu édifié sur les avantages du nouveau système, et toujours méfiant à l'égard des vues secrètes de l'Impératrice, souleva des objections de fond et de forme. Belleisle était plus que jamais chaud partisan de l'alliance ; Saint Florentin continuait à se désintéresser ; quant aux nouveaux ministres, Paulmy et Moras, ils étaient trop disposés à s'en rapporter à Bernis qu'ils savaient in-

(1) Stahremberg à Kaunitz, 15 mars 1757. Archives de Vienne.
(2) Stahremberg à Kaunitz, 29 mars 1757. Archives de Vienne.

vesti de la confiance du roi, pour critiquer le travail si péniblement terminé. Le texte définitif accepté sans difficulté au conseil fut signé le 1ᵉʳ mai 1757, une année jour pour jour après la convention défensive de 1756; il porte comme celle-ci la désignation de Versailles.

Le traité d'union et d'amitié dont l'élaboration avait demandé 18 mois de notes, de rapports et de conférences, se composait (1) d'un préambule, de 32 articles principaux, et de 10 articles séparés. Dans les considérants introductoires, le passage du contre-projet français si flétrissant pour la politique britannique, avait fait place à un paragraphe où les contractants déclaraient n'avoir « pu voir qu'avec une douleur extrême que les vues si salutaires (objectif du premier traité de Versailles) aient été renversées par l'invasion injuste de la Saxe et ensuite de la Bohême par le roi de Prusse; et que l'Angleterre, au lieu de s'opposer à cette violence en offrant ou accordant à Sa Majesté l'Impératrice-Reine les secours qu'elle lui doit, non seulement comme alliée mais aussi comme garante de la Pragmatique Sanction et des derniers traités d'Aix-la-Chapelle, ait sacrifié ses anciennes alliances et les garanties les plus solennelles à de nouveaux engagements, en accordant des secours effectifs à l'injuste agresseur. » Le préambule concluait à la nécessité de réduire la puissance du roi de Prusse, « dans de telles bornes qu'il ne soit plus en son pouvoir de troubler à l'avenir la tranquillité publique. » De l'Angleterre il n'était plus question que dans l'article XXIX, par lequel l'Impératrice promettait d'employer ses bons offices pour qu'à la paix l'île de Minorque fût conservée à la France, et pour que les stipulations relatives aux fortifications de Dunkerque fussent abolies. Dans un des articles séparés, les deux parties renonçaient « à tous traités, conventions ou actes offensifs

(1) Les Archives de Vienne contiennent un extrait sommaire du traité. Voir aussi *Mémoires du Cardinal de Bernis*. Vol. I appendice VII.

ou défensifs, qu'elles ont conclus antérieurement avec les rois d'Angleterre et de Prusse. »

Comme on le voit, la fameuse réciprocité, dont Bernis avait si souvent fait son cheval de bataille, était à peu près écartée. « Je me suis efforcé, écrit à ce sujet Stahremberg (1), de ne parler que des avantages qui, selon toute probabilité, ne pourront échapper à la France. Quant à la demande dont il avait été fait mention à l'article 7 du contre-projet, des îles de Jersey, Guernesey, Aurigny, de la forteresse de Gibraltar et des comtés de Brême (2) et de Verden, comme aussi en ce qui concerne l'injuste requête des articles 14 et 15 du même contre-projet d'avoir à fermer tous les ports et rades, et notamment ceux de Trieste et Fiume, à tous vaisseaux et bâtiments anglais, j'ai obtenu le désistement de ces prétentions, que cette cour-ci avait mises en avant comme fondées sur le principe de la réciprocité absolue. » On passa sous silence la coopération de la Russie, à laquelle les ministres français avaient voulu subordonner le paiement des subsides; sur ce point ceux-ci s'étaient inclinés devant les observations d'ailleurs fort sensées venues de Vienne.

Si, contre l'Angleterre, le gouvernement de Louis XV ne pouvait enregistrer que des déclarations vagues et des assurances de concours moral, en revanche, il accordait à l'Impératrice des secours effectifs en hommes et en argent. En outre des 24,000 auxiliaires du traité défensif, la France devait fournir aux armées autrichiennes, et entretenir à ses frais, 10,000 soldats allemands. Elle prenait l'engagement de mettre en ligne 105,000 hommes de ses propres troupes. Elle verserait à l'Impératrice, à partir du 1er mars 1757, à fonds perdus, et pendant toute la durée de la guerre, un subside annuel de 12 millions de florins.

---

(1) Stahremberg à Kaunitz, 3 mai 1757. Archives de Vienne.

(2) Dans le contre-projet français il avait été question de céder ces districts au Danemark dans le cas de sa coopération.

Cette coopération militaire et financière serait continuée jusqu'à ce que l'Autriche eût été mise par un traité de paix en jouissance de la Silésie et du comté de Glatz. En plus, cette dernière puissance devait acquérir « la principauté de Crossen avec une étendue de pays à sa convenance. » Les parties contractantes promettaient de ne mettre bas les armes que lorsque « le roi de Prusse aura été forcé de céder, en outre des provinces déjà désignées, » Magdebourg et Halberstadt à la Saxe, la Poméranie antérieure à la Suède, Clèves et Gueldre à l'Électeur palatin et à la Hollande, dans le cas où ces États se joindraient à la ligue. Enfin la France prenait à sa charge la moitié des subsides à verser à la Suède et à la Saxe.

A titre de compensation pour ces sacrifices, Louis XV obtenait l'annexion au domaine français des pays de Chimay et de Beaumont, des villes de Mons, Ypres, Furnes, Ostende, Nieuport et du fort de la Knocque avec une lieue de territoire à l'entour ; les ports d'Ostende et Nieuport lui seraient remis aussitôt après la ratification ; mais la prise de possession des autres villes et districts cédés, était subordonnée et devait être postérieure à l'occupation des provinces attribuées à Marie-Thérèse. Le reste des Pays-Bas, y compris le Luxembourg, était attribué à l'infant don Philippe, gendre du Roi Très Chrétien, en échange de ses duchés italiens qui faisaient retour à l'Impératrice, et de certains droits en Toscane abandonnés à l'Empereur.

Les derniers articles avaient trait à l'accession à l'alliance de l'Empereur, en sa double qualité de souverain de l'Allemagne et de Grand-Duc de Toscane, de la Russie, de la Saxe, de la Suède, des Électeurs Palatin et de Bavière, d'autres puissances de l'Empire et si possible des rois d'Espagne et de Naples, — au règlement de la succession de la couronne d'Espagne, — à l'élection du roi des Romains, — à la désignation du fils du roi Auguste pour la nomination au trône de Pologne, — à la mise des dettes des Pays-Bas au compte des nouveaux possesseurs, — enfin au secret à garder sur les termes de la convention.

Il suffit de parcourir les stipulations dont nous venons de faire l'analyse pour constater l'éclatant succès de la diplomatie autrichienne. Sans doute la main mise sur les ports de la Belgique, l'acquisition de quelques cantons des Flandres, l'éloignement de la frontière française d'un puissant voisin, et son remplacement par un prince que sa faiblesse plus encore que sa parenté réduirait au rôle de vassal, tout cela constituait des avantages qui n'étaient pas à dédaigner. Mais en acceptant un rôle principal dans la guerre continentale, en y participant, non seulement avec les troupes nationales mais avec des corps étrangers à la solde française, en contribuant largement aux dépenses des souverains ligués, n'assumait-on pas un fardeau au-delà de ses forces? Serait-il possible de soutenir un pareil effort, alors qu'on était déjà engagé sur mer et aux colonies contre l'ennemi héréditaire, l'Angleterre, alors que la caisse royale ne pouvait faire face aux demandes courantes, et que les impôts auxquels on avait été obligé de recourir rencontraient auprès du Parlement une opposition appuyée par l'opinion?

Le principe de l'alliance offensive une fois concédé, les plénipotentiaires français avaient-ils obtenu, dans le détail des articles, tous les bénéfices que méritaient les gros sacrifices consentis? Il est difficile de l'admettre quand on compare le texte du traité avec les dernières instructions de Stahremberg. Ce dernier put se vanter avec raison (1) d'avoir dépassé ses propres espérances et celles de sa cour. Sur la question délicate des subsides, il avait victoire complète : Les versements du trésor français, qu'on

---

(1) Stahremberg à Kaunitz, 3 mai 1757. Jointe à sa dépêche est une comparaison du texte signé avec ceux des projets et contre-projets des deux cours. Archives de Vienne.

SUCCÈS DIPLOMATIQUE DE STAHREMBERG.

avait voulu limiter à une période de quatre ans, devaient durer jusqu'à la fin des hostilités; il n'était plus prévu de remboursement quelconque; enfin, grâce au report de la première échéance au 1ᵉʳ mars, l'Autriche gagnait presque 3 millions de florins. D'autre part les cessions de territoires accordés au Roi Très Chrétien et à l'Infant son gendre, étaient subordonnées, non au recouvrement de la Silésie et du comté de Glatz, comme l'avait accepté en dernier lieu l'Impératrice, mais bien à l'entrée en jouissance de toutes les conquêtes que revendiquait l'Autriche.

A la cour de France, trop disposée à oublier les dangers de l'avenir pour les satisfactions du présent, on se montra enchanté de la conclusion de la négociation; ce sentiment, très manifeste chez Louis XV, se traduisit par l'octroi à Stahremberg, dès le lendemain de l'échange des signatures, d'une tabatière ornée de diamants avec portrait du monarque, que l'heureux donataire estima (1) à une valeur de 1,000 louis.

Certes, le diplomate habile auquel Marie-Thérèse avait confié la défense de ses intérêts, avait droit à tous les éloges; il avait acquis pour sa souveraine, au prix d'un minimum de concessions, le concours militaire et financier de la puissance qui passait pour la plus grande de l'Europe. La France, retenue dans les mailles d'un traité dont elle ne pourrait plus se dépêtrer, jetait, dans une querelle à laquelle elle n'était que très indirectement mêlée, le poids des forces vives de la nation; elle échangeait les avantages que lui auraient valus sa position de spectatrice bienveillante, de simple auxiliaire, contre les risques qu'entraîne le rôle de belligérant actif.

Que dire des hommes d'État, de l'abbé de Bernis, éditeur attitré de l'alliance offensive, du maréchal de Belleisle son collaborateur dévoué, des financiers, Moras et

---

(1) Stahremberg à Kaunitz, 3 mai 1757. Archives de Vienne.

Montmartel qui donnèrent leur assentiment aux arrangements consentis? On ne saurait invoquer en leur faveur l'ignorance et l'inexpérience des affaires dont pourrait se couvrir la mémoire de Louis XV et de sa favorite. Ils crurent sans doute à des succès dont la rapidité atténuerait le coût; mais la légèreté avec laquelle ils mirent en jeu toutes les ressources de la France, ne peut qu'aggraver leur part de responsabilité dans les événements de cette époque néfaste.

Une courte expérience vint bientôt démontrer que les charges assumées dépassaient l'effort dont le pays était capable; les promesses faites avec tant d'insouciance ne purent être tenues. Louis XV donna à l'Europe le triste spectacle d'un gouvernement réduit à plaider l'excuse de son impuissance pour justifier le manquement à sa parole, à dévoiler sa propre décadence pour obtenir la remise des engagements contractés.

CHAPITRE IV

NÉGOCIATIONS ENTRE L'ANGLETERRE ET LA PRUSSE. — NEUTRALITÉ DU HANOVRE. — ATTITUDE DES PUISSANCES EUROPÉENNES.

Nous venons d'assister à toutes les péripéties que traversa, avant d'être scellée par un acte officiel, l'entente de fait qui existait entre l'Autriche et la France. Malgré la bonne volonté des deux souverains et de leurs conseillers les plus autorisés, il fallut surmonter bien des résistances, dissiper bien des malentendus, effacer bien des méfiances, avant d'arriver à l'accord souhaité. Il en fut de même pour l'Angleterre et la Prusse.

Contrairement à l'opinion répandue à Versailles, qui persistait à considérer le cabinet britannique comme instigateur du conflit européen, bailleur de fonds de Frédéric, promoteur de l'attaque contre l'Impératrice, le gouvernement insulaire, peu soucieux d'une guerre continentale dont le Hanovre serait la première victime, avait fait tous ses efforts pour empêcher, pour ajourner tout au moins, l'agression méditée par son allié. L'invasion de la Saxe, si elle ne fut pas une surprise pour la cour de Saint-James prévenue par son représentant à Berlin, ne laissa pas de lui causer quelques embarras.

Le roi George se demandait avec inquiétude (1) quelles

(1) Newcastle à Hardwicke, 28 août 1756. Newcastle Papers, British Museum.

seraient les conséquences du coup de tête de son neveu ; son principal but, en se liant avec lui par le traité de Westminster, avait été de trouver un défenseur pour le Hanovre. Or ce prince, aux prises avec l'Autriche, bientôt en guerre avec la Russie, pourrait-il détacher une partie de ses forces pour couvrir l'Électorat contre une attaque de la France? A défaut d'une armée prussienne, sur qui pouvait-on compter? L'Angleterre voulait consacrer toutes ses ressources à la guerre maritime et coloniale ; n'ayant à sa disposition pour la protection de ses côtes que quelques bataillons indigènes, elle avait appelé à son secours et pris à sa solde le gros des troupes hanovriennes et hessoises. En place de soldats dont il ne pouvait se passer, le Parlement consentirait-il à voter des crédits qui permettraient de recruter et d'entretenir un corps allemand? Cela était douteux. Nonobstant le bon vouloir de Newcastle et de la plupart de ses collègues, il était manifeste qu'il leur manquerait l'autorité nécessaire pour arracher aux représentants du pays un vote aussi contraire à l'opinion générale. Pour consolider le ministère ébranlé par les insuccès d'Amérique et par la perte de Minorque, il faudrait chercher l'appui d'hommes d'État qui jusqu'à ce jour s'étaient prononcés contre toute immixtion de l'Angleterre dans les démêlés du continent. Une crise s'annonçait imminente ; elle aurait son contre-coup sur la politique étrangère, et c'était à ce moment que le roi de Prusse se lançait dans une aventure dans laquelle on était exposé à sombrer avec lui.

Quels que fussent les regrets pour le passé, les craintes pour l'avenir, il fallait cependant adopter une ligne de conduite. C'est ce que fit la cour de Londres en se conformant au sentiment populaire, et en transmettant à Frédéric des vœux pour le triomphe de ses armes.

Le 4 septembre, aussitôt l'avis de l'entrée en campagne des Prussiens parvenu à Londres, Holdernesse écrit à Newcastle (1) : « Enfin la bombe a éclaté; il ne nous reste plus qu'à souhaiter des succès à notre allié. » Quatre jours plus tard c'est à Mitchell, l'envoyé accrédité auprès de Frédéric, qu'il s'adresse : « Je reçois l'ordre (2) de vous informer, puisque le roi de Prusse a pris son parti de marcher contre l'Impératrice-Reine, que Sa Majesté lui souhaite très sincèrement le succès dans l'entreprise ardue qu'il a commencée. » Dans un billet à Newcastle (3), le ministre des Affaires Étrangères (4) fait l'exposé de la situation : « Tout le monde reconnaît la nécessité de couvrir le Hanovre et de maintenir notre alliance avec le roi de Prusse; mais on n'a pas esquissé les moyens d'atteindre ce double but. L'idée de lord Granville de donner de l'argent au roi de Prusse, à charge pour lui de fournir le militaire, ne me paraît pas pratique pour le moment... et quant à celle de laisser le Roi négocier comme Électeur, sauf à l'Angleterre de lui fournir les fonds, l'expérience démontre que cela ne réussira pas. Les puissances étrangères, si elles épousent la politique anglaise, tiendront à traiter avec l'Angleterre. » Holdernesse n'est pas encore convaincu de la brouille entre les anciens alliés; aussi veut-il travailler à la rupture entre la France et Frédéric : « Si le roi de Prusse est battu et si nous ne sommes pas en forces, les affaires du roi (George) sont ruinées en Allemagne; si au contraire il est victorieux et force l'Impératrice à faire la paix, en quoi cela nous servira-t-il, à moins que nous l'engagions dans quelque entreprise contre la France? » A cet effet le ministre propose de mener de front la défense du Hanovre avec celle des possessions rhénanes de la Prusse, et d'agir sur la Hollande pour obtenir son concours.

(1) Holdernesse à Newcastle, 4 septembre 1756. Newcastle Papers.
(2) Holdernesse à Mitchell, 8 septembre 1756. Mitchell Papers.
(3) Holdernesse à Newcastle, 9 septembre 1756. Newcastle Papers.
(4) Holdernesse était chargé du département du nord et par conséquent des affaires d'Allemagne.

A la suite de cet échange de vues, le cabinet anglais (1) résolut de conseiller au Roi de ne se prêter, ni à Vienne, ni à Ratisbonne (2), à aucun désaveu de la conduite de la Prusse vis-à-vis de l'Autriche ou de la Saxe; de former une armée de 30,000 Hanovriens, Hessois et Brunswickois, complétée par une division prussienne de 11,000 hommes; de négocier au nom du Roi comme Électeur, et avec l'argent anglais, des traités avec la Bavière, la Hollande, les margraves d'Anspach et de Darmstadt; de confirmer au roi de Prusse l'amitié du Roi, et de lui faire part du désir d'agir de concert pour rétablir la tranquillité en Allemagne, et pour empêcher les mauvais effets d'une entente des maisons de Bourbon et d'Autriche.

Peu de jours après cette détermination, Holdernesse écrivit (3) au prince Louis de Brunswick, général en chef de l'armée hollandaise, pour lui offrir le commandement du corps d'observation dont il énumérait avec soin les éléments; il ajouta toutefois un post-scriptum qui enlevait toute valeur à la décision énergique qu'on semblait prendre : « Mais elle (l'armée) ne doit s'assembler que dans le cas où les mouvements de la France le rendraient nécessaire. » Il n'est pas surprenant que dans de telles conditions, le prince Louis, sous prétexte des obligations qui le retenaient en Hollande, refusât l'honneur qui lui était offert. Son remplaçant ne fut désigné que longtemps après.

Pour être conséquent avec la ligne politique adoptée, le gouvernement anglais dut fermer l'oreille aux plaintes du roi de Pologne; aussi son représentant, le pauvre Wiedmarckter, fut-il impitoyablement éconduit. En vain s'a-

---

(1) Mémorandum pour le roi, 12 septembre 1756. Newcastle Papers.
(2) La diète était réunie dans cette ville.
(3) Holdernesse au prince Louis de Brunswick, 14 septembre 1756. Newcastle Papers.

dressa-t-il (**1**) à son vieil ami Münchhausen qui ne lui donna que de l'eau bénite. Chez Holdernesse ce fut bien pis : « Je m'y suis arrêté au delà de deux heures ; mais ce secrétaire d'État, après avoir fait entrer successivement tous les ministres étrangers et autres qui s'y trouvaient, et moi seul étant resté, m'a fait faire des excuses de ce que ses affaires l'empêchaient de me voir, en me priant, si j'avais quelque chose à lui dire, de revenir demain ou un autre jour. J'en ai été un peu surpris, et je ne puis que croire que le comte de Holdernesse a évité de me voir, ne sachant pas trop bien quoi me dire. J'apprends de toutes parts que les ministres d'ici disent que la présente démarche du roi de Prusse n'a pas été concertée avec l'Angleterre, qu'elle en est fâchée, et qu'elle aurait souhaité avoir pu retenir encore ce monarque. De tous les ministres étrangers qui se trouvent encore ici, il n'y a que M. de Viri (**2**) et M. Colloredo qui semblent ajouter foi à ces belles paroles. »

Newcastle fut plus courtois que son collègue ; mais le Saxon ne se fit aucune illusion sur l'appui qu'il pouvait en espérer : « Le duc de Newcastle ne me donna pas le temps de parler davantage, et m'ayant interrompu, il me dit assez confusément, qu'il en était fâché, mais que cependant le roi de Prusse avait fait des déclarations qu'il n'intentionnait point de mal à la Saxe ; et il me quitta après avoir ajouté que le tout était de la faute de la cour de Vienne, et une suite de son alliance avec la France. »

Dans les instructions envoyées à Lord Stormont, qui allait accepter un peu étourdiment le rôle d'intermédiaire entre la cour de Dresde et le roi Frédéric, Holdernesse fut beaucoup plus explicite (**3**) : « Veuillez dire au comte

---

(1) Wiedmarckter à Brühl, 7 septembre 1756. Confidential Miscellaneous. Record Office. Londres.
(2) Viri, ministre du roi de Sardaigne.
(3) Holdernesse à Stormont, 10 septembre 1756. Newcastle Papers.

Brühl combien le roi George II est fâché de l'obligation où s'est trouvé le roi de Prusse de prendre l'offensive contre l'Impératrice-Reine; mais en même temps le Roi considère comme si justes les raisons qui ont amené Sa Majesté prussienne à agir ainsi, qu'il ne peut les désapprouver. Sa Majesté voit avec peine que le roi de Pologne est entraîné dans un malheur créé par la nécessité; Sa Majesté conseille très sérieusement à la cour de Saxe de tenir une conduite qui engagera le roi de Prusse à continuer à son égard la modération dont il a fait profession jusqu'à présent. Elle, de son côté, ne manquera pas de faire des représentations à la cour de Berlin, en vue d'engager le roi de Prusse à apprécier à sa juste valeur l'amitié du roi de Pologne, et à prouver au monde que son action n'est pas inspirée par l'ambition, et que sa prise d'armes lui a été imposée par la nécessité. » Il était difficile de sermonner plus sèchement un solliciteur dont on ne pouvait nier les griefs, mais dont les plaintes devenaient importunes.

Le baron de Münchhausen, représentant à Londres du ministère hanovrien, fut le seul qui montra quelque sympathie pour la cour de Saxe; il conçut l'idée ingénieuse de réconcilier les rois de Prusse et de Pologne, en prenant à la solde anglaise et en affectant à la défense du Hanovre les troupes saxonnes enfermées dans le camp de Pirna. Newcastle goûta fort la proposition (1), la soumit à son ami le chancelier Hardwicke, puis avec sa légèreté habituelle n'y pensa plus.

Pendant qu'on hésitait à Londres, les événements marchaient en Saxe et en Bohême. On reçut bientôt à la cour anglaise le récit de la bataille de Lowositz, dans lequel Frédéric avait fort exagéré l'importance de son succès. A cette occasion, Newcastle rend compte de ses propres

---

(1) Newcastle à Hardwicke, 21 septembre 1756. Newcastle Papers.

impressions et d'une conversation qu'il vient d'avoir avec son monarque. Il estime que la France interviendra comme médiatrice entre la Prusse et l'Autriche et que la paix s'ensuivra ; l'Angleterre doit y participer ; dans ce but, il faut dès à présent resserrer les liens de l'alliance avec Frédéric et lui promettre un concours efficace pour le cas où les hostilités continueraient. « J'ai trouvé le Roi (1) tout d'abord enchanté de la victoire, mais en causant il a tenu des propos qui ne me plaisent guère : forte crainte des agrandissements probables de la puissance du roi de Prusse, désir d'obtenir des avantages équivalents aux acquisitions de territoires que la guerre pourrait procurer à ce monarque ; en résumé on a été jusqu'à dire que les affaires pourraient se gâter, au point qu'il (George) serait amené à solliciter le secours de la France contre le roi de Prusse dans les affaires de l'Empire. » Le duc de Cumberland, au contraire se déclare partisan convaincu de l'entente : « Si le roi de Prusse est avec nous, il est bien plus capable de nous aider que la maison d'Autriche ; avec Sa Majesté prussienne nous pourrons lutter contre la reine de Hongrie, la France, la Russie, et avec le temps nous arriverons à nos fins en Amérique. » Le lendemain, c'est Mitchell (2) que le premier ministre entretient de ses idées sur la conduite à tenir avec Frédéric. Après les lieux communs sur la nécessité de l'union entre alliés, il aborde les plans d'avenir : « Je vous prie de découvrir les vues et les tendances du roi de Prusse. Qu'attend-il du Roi, et que veut-il et peut-il faire de son côté ? Car il ne suffira pas à Sa Majesté prussienne de prétendre que tout son temps est occupé à combattre la reine de Hongrie ; c'est lui qui l'a voulu ainsi et qui a agi en conséquence. L'obligation d'aider le Roi à empêcher l'entrée d'une armée française en Allemagne

---

(1) Newcastle à Hardwicke, 11 octobre 1756. Newcastle Papers.
(2) Newcastle à Mitchell, 12 octobre 1756. Newcastle Papers.

tient toujours, et on ne peut pas admettre que tout le poids de l'effort à faire retombe sur notre Roi tout seul.... La France prendra certainement l'un des partis suivants : ou elle négociera la paix pour le roi de Prusse avec la reine de Hongrie, ou elle soutiendra cette dernière « totis viribus ». La première hypothèse serait la bienvenue si nous pouvions y être compris. Ce devra être l'affaire du roi de Prusse, et vous aurez soin de le lui insinuer au moment opportun. Si c'est la seconde alternative qui se réalise, nous aurons à supporter notre part du fardeau avec vigueur et avec entrain. »

Un post-scriptum nous montre le ministre anglais, conformément à ses traditions, en échange de bons procédés avec Frédéric : « Veuillez me mettre aux pieds de Sa Majesté prussienne, et à l'occasion la remercier de son cadeau de graines de melon. »

Cette lettre et une dépêche sans importance de Holdernesse (1), postérieure de quelques jours, furent les dernières que reçut Mitchell du cabinet Newcastle. Pendant plus d'un mois il resta sans instructions du Foreign Office, au grand mécontentement de Frédéric qui se plaignit amèrement de l'instabilité ministérielle et de son contre-coup sur les relations extérieures. La crise si longtemps menaçante venait d'éclater : Fox, l'un des secrétaires d'État pour les Affaires Étrangères, et principal organe du gouvernement à la Chambre des Communes, annonça brusquement son intention de se démettre de ses fonctions. Il fit part de sa retraite par écrit au Président du conseil, et alla l'annoncer en personne à Lady Yarmouth, qui, en sa qualité de maîtresse attitrée, exerçait une grande influence sur le vieux roi. Newcastle n'aimait pas Fox à cause du peu d'égards que ce dernier lui témoignait, et se souciait médiocrement de le conserver dans le cabinet, mais était fort

---

(1) Holdernesse à Mitchell, 19 octobre 1756. Mitchell Papers.

embarrassé pour le remplacer. Avant tout il fallait s'assurer le concours de la favorite auprès de George; il écrivit (1), sans perdre un instant, à la dame pour se justifier contre les attaques dont il prévoyait qu'il serait l'objet, et pour la mettre en garde contre les intrigues de son ancien collègue.

Lady Yarmouth, ainsi stylée, eut deux longues entrevues avec Fox; ce fut en vain qu'elle invoqua les circonstances difficiles du pays et le service du Roi, pour le faire revenir sur sa décision. Elle en fut pour ses frais de persuasion, et ne put l'empêcher de porter sa démission en haut lieu. Newcastle, appelé aussitôt, eut avec son souverain une entrevue dont il rendit compte (2) à son ami le chancelier. « Le Roi s'est exprimé avec beaucoup d'amertume à l'égard de M. Fox; il n'avait jamais été tranquille depuis son entrée dans le cabinet. » George II écouta les raisonnements de son premier ministre, puis : « Que faut-il faire? » Je lui répondis : « Sire, Milord Président (3) affirme qu'il n'y a que deux partis à choisir : ou donner satisfaction à Fox (ce qui serait peut-être, ajoutai-je, lui donner plus de pouvoir que Votre Majesté le croirait bon), ou nous adjoindre M. Pitt ». — « Mais, répliqua le Roi d'un air de mauvaise humeur, M. Pitt n'entrera pas... M. Pitt ne se chargera pas de mes affaires d'Allemagne... je n'aime pas Pitt, il ne fera pas ma besogne. » Le Roi termina la conversation en déclarant qu'il causerait avec Fox. « Mon opinion, conclut Newcastle, est que Sa Majesté voudrait éviter Pitt et est prête à faire beaucoup pour garder Fox. Cependant si on pouvait garantir à Sa Majesté que Pitt se chargerait de ses affaires, je crois qu'on pourrait la décider à le prendre dans le ministère. »

(1) Newcastle à Lady Yarmouth, 13 octobre 1756. Newcastle Papers.
(2) Newcastle à Hardwicke, 14 octobre 1756. Newcastle Papers.
(3) Lord Granville.

Nouvelle audience le 15 octobre (1). Le roi George interroge le Président du conseil : « Et si Pitt ne veut pas être votre collègue ? » — « Alors, Sire, il faudra que je m'en aille. » A cela il me dit avec beaucoup d'amabilité et de rondeur : « Milord, je connais vos défauts, mais je connais aussi votre intégrité et votre zèle pour mon service »... Holdernesse et moi sommes allés ensemble chez Lady Yarmouth; nous l'avons trouvée tout à fait retournée; elle dit du bien de Pitt. »

Il fallait évidemment s'adjoindre cet homme d'État, ou céder le pouvoir. Newcastle dépêcha son collègue Hardwicke auprès du chef de l'opposition. « La conférence dura trois heures et demie, écrit le chancelier (2); sa réponse (de Pitt) est un refus absolu et définitif. » A la suite de cet échec les deux amis se concertèrent, et après de vains efforts pour reconstituer le cabinet, offrirent leur démission, le 26 octobre. Newcastle fit savoir au roi qu'il ne voulait pas, en détenant le pouvoir, « empêcher M. Fox de rester aux affaires, ou M. Pitt d'y arriver. » Le roi appela Fox et l'engagea à s'entendre avec Pitt; mais ce dernier déclina nettement tout accord. Après un interrègne (3) pendant lequel tous les intrigants (et ils étaient nombreux) s'en donnèrent à cœur joie, un ministère fut formé sous la présidence du duc de Devonshire; Pitt y entra avec plusieurs de ses amis et prit la place de Fox aux Affaires Étrangères, à la tête du département du sud; Holdernesse conserva celui du nord dont il était titulaire depuis longtemps.

Composé d'éléments disparates, le cabinet ne devait pas avoir plus d'autorité à l'intérieur que de prestige à l'extérieur. Pitt, malgré ses moyens oratoires, ne pouvait comp-

---

(1) Newcastle à Hardwicke, 15 octobre 1756. Newcastle Papers.
(2) Hardwicke à Newcastle, 19 octobre 1756. Newcastle Papers.
(3) Voir pour les détails de cette crise : Walpole, *Mémoirs of the reign of George* II, vol. II, chap. VIII.

ter sur la Chambre des Communes dont la majorité, élue sous le patronage de Newcastle, restait dévouée à son ancien chef; il ne possédait pas la confiance du monarque qui ne lui avait pas pardonné son attitude passée dans les questions du Hanovre. Il ne put donc, ni déployer l'énergie et la décision dont il fit preuve plus tard, ni exercer sur la direction générale des affaires l'influence qu'on était en droit d'attendre de ses talents et de sa popularité. D'ailleurs l'opinion, peu favorable à une guerre continentale, était beaucoup plus attentive aux conflits locaux soulevés à propos du cantonnement des troupes allemandes (1) en Angleterre, et au procès de l'amiral Byng (2) à la suite de sa défaite devant Minorque, qu'aux événements qui s'annonçaient en Europe. Le désaccord entre le Roi et ses conseillers officiels, la faiblesse du ministère, l'indifférence du Parlement, eurent leur répercussion sur la politique étrangère de la Grande-Bretagne. Elle devint de plus en plus effacée, comme le constate avec tristesse Holdernesse (3) dans un billet à Newcastle : « Il est trop vrai, mon cher Lord, que rien ne se fait et qu'on perd un temps précieux; c'est ce motif qui m'a décidé à aller voir le Roi hier... J'ai trouvé Sa Majesté plus embarrassée et moins ferme que la dernière fois que je l'ai vue. Elle est moins disposée que jamais à entamer résolument une action commune avec le roi de Prusse. Mes difficultés sont inimaginables; je n'ai pas l'appui personnel du Roi (in the closet); je n'ai pas un ami dans son entourage que je puisse consulter, et la pusillanimité de la régence du

---

(1) L'arrestation par les autorités civiles d'un soldat hanovrien, à propos d'un délit de peu d'importance, donna lieu à un conflit entre les pouvoirs civils et militaires et provoqua une agitation pour le renvoi des troupes étrangères.

(2) Le conseil de guerre siégea depuis la fin de décembre jusqu'à la fin de janvier. La sentence et le recours en grâce, formulé par les juges, furent l'objet de longs débats au Parlement.

(3) Holdernesse à Newcastle, 29 décembre 1756. Newcastle Papers.

Hanovre a fait grande impression depuis la dernière quinzaine. »

Comme bien on pense, l'inertie du gouvernement anglais lui avait valu les remontrances et les critiques les plus vives de la part de Frédéric. Ce prince, après le retour de son armée en Saxe, était venu s'établir à Dresde; il reprit aussitôt sa correspondance et ses entretiens diplomatiques. D'après les lettres de Mitchell, devenu de plus en plus le confident intime, Frédéric à cette époque, c'est-à-dire vers la fin d'octobre 1756, ne comptait pas que la France entrerait en lutte directe avec lui, et espérait que la Russie ne s'engagerait pas à fond dans la mêlée. A l'occasion du rappel de Valory, dont l'avis lui parvint le 30 octobre, il tient, dans sa dépêche à Podewils, le langage de celui qui prévoyait la rupture tout en la regrettant; mais à en croire Mitchell le coup était inattendu.

« Le roi certainement (1), n'a pas pensé que la France se brouillerait avec lui sur la question (2) dont elle s'est servie comme prétexte; bien plus, j'estime que le prince lui-même, et je suis sûr que ses ministres s'étaient flattés de l'espoir qu'on n'arriverait pas aux extrémités avec la France, car ils ne pouvaient se persuader de la possibilité de rapports amicaux entre la France et la maison d'Autriche. » Mais Frédéric n'était pas homme à perdre son temps en réflexions rétrospectives et en regrets stériles; il s'occupe de suite du nouvel adversaire auquel il faudra faire face. « Dans les circonstances actuelles, le roi de Prusse, continue Mitchell, se voit exposé aux attaques que l'Autriche, la France, et peut-être la Russie, soutiendront de toutes leurs forces. Si nous pouvons faire quelque chose à Pétersbourg ou auprès de la Porte pour opérer une diversion, je suis convaincu que Sa Majesté prussienne donnera

(1) Mitchell à Newcastle, 4 novembre 1756. Newcastle Papers.
(2) Le prétexte de la rupture était comme on le sait la défense faite au comte de Broglie de se rendre au camp saxon.

toute aide au Roi, car il s'aperçoit bien maintenant que le Roi est le seul allié auquel il puisse se fier, et qu'une union complète avec l'Angleterre est de tous les systèmes le meilleur et le plus sûr pour lui. »

Frédéric partageait à coup sûr cette opinion, car il écrivit (1) à son oncle une lettre personnelle où il témoignait le désir de lui faire part de ses vues sur la situation européenne, et où il demandait à qui cette communication pouvait être faite. Sans attendre la réponse, et sur les assurances rapportées par le colonel Lentulus qu'il avait envoyé à Londres avec les détails de la bataille de Lowositz, Frédéric remit à Mitchell un mémoire sur les affaires du continent, et un projet d'opérations pour l'année 1757. Dans la première de ces pièces (2), l'auteur passait en revue les échecs essuyés par les Anglais dans la Méditerranée et au Canada, les attribuait à l'attitude timide et au manque d'initiative du gouvernement britannique, déplorait les dissentiments ministériels, et signalait l'impression fâcheuse produite à l'étranger. Pour conjurer les menaces du duumvirat franco-autrichien, il fallait chercher de nouvelles alliances. A cet effet on engageait la cour de Londres à sacrifier les intérêts secondaires aux considérations internationales, à « captiver le Danemark », à conclure sans retard des traités de subsides avec « les princes mercenaires d'Allemagne qui veulent fournir des troupes, » à essayer de faire un accord avec les Hollandais, à maintenir la Russie dans l'inaction, à devancer les Français dans les préparatifs de la campagne prochaine, à adopter un parti vigoureux, enfin à transporter la guerre chez l'ennemi.

C'était de ce dernier principe que s'inspirait le plan

---

(1) Frédéric à George II, 7 novembre 1756. *Correspondance politique*, vol. XIV, p. 20.
(2) *Correspondance politique*, vol. XIV, p. 56.

stratégique (1). On conseillait d'assembler sur le Weser, vers Hameln, 35,000 Hanovriens et Hessois auxquels viendraient se joindre 5,000 Brunswickois et 4,000 Saxons des petits duchés, et « si les Français ne marchent pas en Bohême, et surtout si les Russes n'entrent pas en jeu », 8 à 10,000 Prussiens. On créerait des magasins à Wesel, Dortmund et Hameln, et au premier mouvement des Français on porterait l'armée sur le Rhin, pour couvrir le nord de l'Allemagne et la forteresse de Wesel qu'il serait dangereux de laisser tomber aux mains de l'ennemi, et qui, abandonnée à elle-même, n'était pas susceptible d'une résistance de plus d'un mois. « Cette guerre, arguait-on, ne doit être que défensive de la part des alliés. Ce serait trop risquer que de hasarder une bataille. Si elle était perdue, les possessions des rois d'Angleterre et de Prusse courraient un grand risque, et par la défensive que l'on propose on ruine les projets de nos ennemis, on leur rend leur campagne inutile, et l'on gagne du temps, ce qui est tout dire. Si nous faisons bien cette campagne, il y a tout à espérer que les Provinces Unies se déclareront, et alors le cas de la question sera bien changé. »

Quelques jours à peine s'étaient écoulés que Frédéric s'inquiète d'être sans nouvelles de Londres. « Le roi de Prusse, mande Mitchell (2), devient impatient et défiant; il craint que les changements qui viennent d'avoir lieu en Angleterre n'entraînent la perte de la campagne prochaine. J'ai dit tout ce que je pouvais pour le rassurer. Si Sa Majesté approuve le projet du roi de Prusse que je vous ai envoyé, j'espère qu'on donnera des ordres directement aux ministres de Hanovre de commencer la formation des magasins. Sa Majesté prussienne y tient beaucoup, et considère que c'est le point de départ de toute l'affaire. Il m'a

---

(1) *Correspondance politique*, vol. XIV, p. 63. Les deux pièces remises à Mitchell, le 20 novembre, furent expédiées à Holdernesse, le 24.
(2) Mitchell à Holdernesse, 5 décembre 1756. Mitchell papers.

demandé aussi si j'avais reçu des instructions au sujet des troupes des ducs de Brunswick et Gotha; je lui ai répondu que je les attendais par le premier courrier. »

A l'appui des observations royales, Mitchell reçut une note (1) sur « les opérations projetées par la cour de France pour la prochaine campagne », et un résumé (2) « des moyens dont la Grande-Bretagne pourrait se servir pour ruiner les projets de ses ennemis. » Sauf une invitation à s'emparer de la Corse et quelques suggestions sur le langage à tenir à Constantinople et à Copenhague, cette dernière pièce ne fait que reproduire les conseils déjà donnés.

Enfin, après un silence de plus de cinq semaines, parvint à Dresde une dépêche de Holdernesse (3), affirmant que le cabinet nouveau ne modifierait en rien la politique étrangère de ses prédécesseurs. Puis le ministre anglais accusa réception (4) du mémoire et du plan d'opérations du 20 novembre, et comme preuve de bonne volonté, annonça le renvoi à bref délai, sur le continent, des Hanovriens et Hessois qui tenaient garnison dans le royaume insulaire, depuis le printemps de 1756.

De son côté, le roi George adressa à son neveu un billet où il le remerciait de ses offres d'entente (5). « Puisque Votre Majesté veut bien s'ouvrir envers moi des avantages qu'on pourrait retirer de cette guerre si elle tourne avantageusement, je souhaite que Votre Majesté m'en fasse part à moi-même, et pour sauver du temps à cause de l'éloignement et des hasards des vents contraires, en fasse part, par un de ses ministres, à mon Président des finances de Münchhausen que j'instruis là-dessus. »

Quoique le ton de cette épître ne fût ni empressé, ni en-

---

(1) *Correspondance politique*, vol. XIV, p. 119.
(2) *Correspondance politique*, vol. XIV, p. 121.
(3) Holdernesse à Mitchell, 26 novembre 1756. Mitchell papers.
(4) Holdernesse à Mitchell, 7 décembre 1756. Mitchell papers.
(5) George II à Frédéric, 7 décembre 1756. *Correspondance politique*, vol. XIV, p. 167.

courageant, et que le choix du ministre hanovrien comme intermédiaire ne fût pas pour plaire à Frédéric qui se méfiait du personnage, il fit à son oncle une réponse gracieuse, et s'emparant du mot « avantages » sur lequel son correspondant avait appuyé, insinua l'idée d'un agrandissement pour la maison de Hanovre aux dépens des évêchés d'Osnabruck et de Paderborn.

Laissons Münchhausen et Podewils converser à loisir et échanger des dépêches qui d'ailleurs n'aboutirent à rien, et revenons avec Frédéric à la question bien autrement importante de l'armée d'observation. C'est en vain que le roi de Prusse avait envoyé auprès de la régence du Hanovre le général de Schmettau pour presser l'établissement des magasins; le président de Münchhausen (qu'il ne faut pas confondre avec son frère de Londres), ne voulait, ou ne pouvait prendre de décision sans en référer à Sa Majesté britannique. C'est en vain que le duc de Brunswick écrivait lettre sur lettre à son beau-frère pour activer la conclusion de son traité de subsides, en suspens pour une « douceur » de 50,000 thalers que lui refusait le ministre hanovrien; rien n'avançait, et cependant le temps passait. De Londres, Michel, le chargé d'affaires prussien, dépeignait la situation sous de tristes couleurs (1). Holdernesse était découragé; la nouvelle administration, bien qu'animée de bonnes intentions, n'avait pas encore pris de détermination pour l'Allemagne. « On n'était convenu de rien de précis à cet égard, tant à cause de l'incommodité du sieur Pitt qui n'avait vu le roi qu'une seule fois depuis qu'il était secrétaire d'État, que parce que le reste de ses collègues étaient encore trop occupés des arrangements qui regardaient l'Angleterre en propre, pour songer, comme il serait à souhaiter, à ceux du dehors, et de l'Allemagne en particulier. »

(1) Michel à Frédéric, 14 décembre 1756. *Correspondance politique*, vol. XIV, p. 176.

Frédéric ne compte plus sur le cabinet de Londres. « Il m'a dit, écrit Mitchell (1), qu'il craignait bien ne devoir attendre aucun secours de ses alliés, qu'il ferait de son mieux à lui tout seul. Il retirerait ses troupes et son artillerie de Wesel, et concentrerait ses efforts sur les points où ils pourraient réellement servir. » Ce propos n'était pas une menace en l'air, car huit jours après cette conversation le Roi adressa (2) au gouverneur de Wesel, le général de la Motte, des ordres confidentiels pour le désarmement de la place et pour la destruction éventuelle d'une partie des ouvrages. Cependant, au moment même où il semblait qu'il n'y eût plus rien à espérer de l'Angleterre, le ministère britannique, se réveillant de sa longue torpeur, reprit l'examen des projets soumis par Frédéric. « Sa Majesté, mande Holdernesse (3), a jugé bon d'assembler ses forces sur la Lippe, où elles seront prêtes à agir selon les circonstances. » On offrit au Danemark un traité d'alliance (4) et de subsides, par lequel cette puissance, moyennant le paiement annuel de 200,000 livres sterling, tiendrait à la disposition de l'Angleterre un corps de 8,000 hommes et une flotte de 12 vaisseaux de ligne. Enfin Mitchell reçut l'ordre de se rendre à Brunswick pour conclure l'accord en suspens depuis si longtemps, et sans doute de se montrer coulant sur la « douceur » des 50,000 écus.

On songeait aussi aux voies et moyens : Le nouveau ministre, Pitt, rétabli d'un accès de goutte qui l'avait éloigné des affaires, avait entamé avec le roi George, par l'entremise de Münchhausen, une négociation financière. Il lui proposait un crédit de 300,000 livres sterling, à la con-

---

(1) Mitchell à Holdernesse 2 janvier 1757. Mitchell Papers.
(2) Frédéric à La Motte, 12 janvier 1757. *Correspondance politique*, vol. XIV, p. 201.
(3) Holdernesse à Mitchell, 31 décembre 1756. Mitchell Papers.
(4) Holdernesse à Titley, 18 janvier 1757. Copie annexée et destinée à être communiquée au roi de Prusse. Mitchell Papers.

dition de prendre à la charge du Hanovre le contingent hessois. Le vieux souverain, qui avait fait son calcul, se contenterait de 200,000 livres, mais insistait pour laisser les Hessois au compte du budget anglais. Ces détails, donnés par Newcastle à Hardwicke, furent l'occasion d'appréciations peu flatteuses pour le monarque dont ils venaient de quitter le service. « Les passions, écrit Hardwicke (1), acquièrent de la force au fur et à mesure que les autres facultés s'affaiblissent;.. dans le cas présent c'est l'argent qui est en jeu. Cette disposition d'esprit est si étrange et cependant si enracinée que je n'en parlerai plus, excepté pour répéter les mots de Ciceron dans son traité sur la vieillesse : « Potest quiquam esse absurdius quam quominus vitæ restat, eo plus viatici quœrere? » Je crois en vérité que Lady Yarmouth a raison, qu'il n'y a pas d'autre cause de la mauvaise humeur, dans le cas présent, que le désappointement au sujet de l'argent. »

Il est indéniable que la personnalité très développée du roi George, et peut-être l'esprit d'avarice qui grandissait avec l'âge, exercèrent une action incontestable sur la politique étrangère de l'Angleterre pendant la période que nous passons en revue. Préoccupé avant tout de la sûreté de ses États électoraux, plein de méfiance à l'égard du cabinet qu'il venait de subir, réfractaire à l'idée de dépenser le trésor accumulé pendant son long règne, soupçonneux des desseins de son entreprenant allié auquel il gardait rancune de sa conduite passée, George se laissait influencer, sinon diriger, par ses ministres hanovriens, pour lesquels il avait des sentiments d'affection et de confiance que ne surent jamais lui inspirer leurs collègues anglais. Or le conseil de régence à Hanovre et son délégué à Londres n'avaient suivi qu'à regret l'évolution de leur maître; ils avaient conservé au fond du cœur leurs sympathies

---

(1) Hardwicke à Newcastle, 4 janvier 1757. Newcastle Papers.

pour la vieille alliance avec la maison d'Autriche, et étaient tout disposés à écouter les avances conciliantes qui leur viendraient de Vienne. De là cette contradiction constante entre le ton de Londres et celui de Hanovre, entre les promesses officielles du roi, soufflées par ses conseillers britanniques, et les procédés dilatoires des autorités électorales.

Le conflit qui devait résulter de cette dualité dans la direction, surgit à propos du traité avec le Brunswick. Déjà le général de Schmettau s'était plaint en termes vifs de la nonchalance et de l'inertie du cabinet hanovrien. Ce fut pis encore quand Mitchell, envoyé par le gouvernement anglais pour faire aboutir la convention, s'aboucha avec le Président et ses collègues. « Je suis obligé, mande-t-il (1), de faire remarquer à Votre Seigneurie que j'ai trouvé de la part des ministres à Hanovre une réserve qui m'a fort découragé, et que je ne savais à quelle cause attribuer. J'ai pensé en conséquence qu'elle provenait du mécontentement qu'ils avaient éprouvé d'une mission qui leur enlevait la conduite de la négociation. Mais je crains qu'il n'y ait un autre motif d'une nature bien différente. Je reçois des lettres de Dresde, de Pétersbourg et de Varsovie, où on me cite des racontars autrichiens, d'après lesquels l'Impératrice-Reine aurait imaginé de détacher le Roi de son alliance avec la Prusse, en lui offrant la neutralité pour le Hanovre... Je ne veux pas me permettre de croire que les ministres hanovriens de Sa Majesté aient fourni matière à ces récits, quoiqu'on n'en ait pas fait secret dans plusieurs des cours catholiques de l'Allemagne. Mais cette affaire exige une explication immédiate, faute de quoi elle pourrait entraîner les conséquences les plus graves. C'est pourquoi j'ai cru de mon devoir d'en parler à Votre Seigneurie pour qu'un démenti authentique

(1) Mitchell à Holdernesse. Brunswick, le 8 février 1757. Mitchell Papers.

vienne sans retard effacer jusqu'au soupçon de tels pourparlers. »

Malheureusement, le démenti que Mitchell sollicitait avec tant d'énergie était impossible, pour l'excellente raison que des ouvertures avaient été faites à Vienne, à Paris et à Londres, au sujet de la neutralité du Hanovre, et qu'elles venaient de se traduire à la cour de Saint-James par une proposition directe du gouvernement autrichien. Cette question était pendante depuis longtemps; elle avait fait l'objet d'entretiens entre Kaunitz et Steinberg, le ministre hanovrien accrédité à la cour de Vienne; elle avait joué un rôle important dans les discussions militaires sur les projets de campagne des armées de France et d'Autriche; elle avait été soulevée à plusieurs reprises entre Stahremberg et les membres du cabinet de Louis XV; elle mérite donc des développements, d'autant plus nécessaires qu'ils jetteront quelque jour sur les vues intimes de l'Impératrice et sur la politique vacillante du Roi-Électeur George II.

Dès ses premiers entretiens avec Kaunitz, nous avons vu le comte d'Estrées se heurter au désir manifeste de ménager le Hanovre. On craignait à Vienne une action commune des princes protestants du nord de l'Allemagne, action qu'on espérait éviter en les désintéressant du conflit; d'autre part, on n'entendait pas laisser la France se dégager de la lutte contre la Prusse pour courir sus à des adversaires qu'on n'avait aucun motif de se mettre sur les bras. A Versailles les desseins étaient tout autres; on ne voulait pas distinguer entre Sa Majesté britannique et Son Altesse électorale; le pays de Hanovre, dont la conquête était relativement facile, semblait tout indiqué comme gage pour les avantages à tirer de la paix prochaine, comme garantie contre les pertes que l'on pourrait essuyer sur mer et en Amérique.

Si entre les nouveaux alliés il y avait désaccord, le dissentiment était encore plus marqué entre les autorités de Hanovre et celles de Londres. Tandis que le ministère électoral, très ému des dangers de l'invasion et peu confiant dans l'issue de la lutte, se déclarait pour la neutralité, les ministres anglais étaient partagés entre la crainte de froisser le sentiment public favorable au monarque prussien qu'il faudrait abandonner, et les difficultés parlementaires que soulèverait la demande des subsides nécessaires pour défendre les possessions continentales de leur maître. L'initiative des premiers pourparlers revenait au gouvernement du Hanovre : Vers la fin de septembre, M. de Steinberg avait été chargé de sonder la cour impériale sur les mesures qu'elle entendait prendre pour assurer la tranquillité de l'Allemagne, et pour préserver l'Électorat contre la menace d'une invasion française. Une première démarche auprès de Kaunitz avait été suivie d'une audience de l'Empereur; de ce souverain, Steinberg ne put tirer que des déclarations énigmatiques (1) : On n'avait aucun avis de la marche d'une armée française, et on la croyait improbable; d'ailleurs on donnerait volontiers satisfaction aux vœux du roi George, et le cas échéant on examinerait ses propositions.

Cette réponse évasive et la mission du comte d'Estrées enlevèrent à la régence du Hanovre les illusions qu'elle avait conservées jusqu'alors sur les bonnes dispositions de la cour de Vienne. Malgré l'éloignement qu'on éprouvait pour l'alliance prussienne, il faudrait bien s'y résigner comme à un mal inévitable. L'avènement du ministère Pitt ne fit que confirmer ces tendances; on connaissait les sympathies de cet homme d'État pour la cause de Frédéric, et on sentait fort bien que les secours financiers que l'Angleterre accorderait à l'Électorat, dépendraient

---

(1) Steinberg aux ministres du Hanovre, 18 octobre 1756. Dépêche citée par Hassel. *Die Schlesischen Kriege und das Kurfürstenthum Hannover*, p. 265.

de l'attitude de la régence vis-à-vis de la Prusse. Aussi se montra-t-on prodigue de promesses à l'égard de Schmettau, lors de son premier voyage à Hanovre, vers la fin de 1756; mais à peine le général venait-il de repartir pour Dresde, qu'on reçut à Hanovre une dépêche de Steinberg (1), annonçant un revirement de la politique autrichienne. L'envoyé, tenu à l'écart depuis plusieurs mois, avait été appelé par Kaunitz, et avait eu communication d'un mémoire sur la neutralité de l'Électorat. Malgré leur silence prolongé, les ministres de Marie-Thérèse étaient demeurés partisans d'un arrangement qui, en écartant la prévision d'hostilités dans le nord de l'Allemagne, faciliterait l'emploi contre le roi de Prusse de toutes les forces auxiliaires de la France. La cour de Versailles, longtemps hostile, avait enfin cédé sur le principe de la neutralité; il restait à en régler les conditions, et c'était à cette fin que le chancelier avait fait rédiger la pièce montrée à Steinberg.

Un courrier de Kaunitz à Colloredo, ambassadeur à la cour de Saint-James, emporta le rescrit impérial accompagné d'instructions complètes. Le document principal, en date du 4 janvier 1757 (2), rappelait, sur un ton plutôt triste qu'indigné, qu'on n'avait pas encore eu de réponse écrite à la réquisition remise après l'agression du roi de Prusse. « Sa Majesté britannique avait cependant trouvé bon de s'expliquer elle-même de bouche envers le comte de Colloredo, son ministre auprès d'Elle, dans des termes qui ne permettent plus à l'Impératrice de compter sur l'accomplissement des engagements qu'elle réclame, et qui lui donnent même de justes appréhensions, tant en qualité de Roi qu'en celle d'Électeur, Sa Majesté britannique pouvant n'être pas éloignée de donner des secours à

---

(1) La dépêche de Steinberg datée du 5 janvier 1757, parvint à Hanovre le 11 du même mois. Hassel, p. 270.

(2) Rescrit impérial adressé à Colloredo, par dépêche du 9 janvier 1757. Archives de Vienne.

son ennemi. » Malgré la mauvaise impression ainsi produite, l'Impératrice, « mue par l'intérêt qu'elle prend à la tranquillité de l'Allemagne et le désir sincère de ne point étendre la guerre », proposait au roi George « de s'engager par une convention formelle de neutralité, et de la manière la plus obligatoire, à ne donner en qualité d'Électeur aucun secours quelconque, ni en argent, ni en troupes, ni directement, ni indirectement ou de quelque manière que ce soit, ni au roi de Prusse ni à ses adhérents contre Sa Majesté l'Impératrice et contre ses alliés, pendant tout le cours de la guerre qui existe actuellement;... d'accorder à l'Impératrice et à ses alliés toutes les sûretés, facilités, ou conditions justes et raisonnables qui doivent être une suite de cet engagement; et de consentir qu'il soit garanti par les puissances que l'on jugera à propos de requérir pour cet effet, l'Impératrice s'offrant en ce cas à un engagement réciproque et à répondre de ses alliés. »

Au sein de la régence du Hanovre, l'ouverture de la cour de Vienne reçut un excellent accueil; quelque vague que fût le langage tenu, on se félicita de l'initiative prise, on se reprit à espérer, on crut à la possibilité d'éviter l'invasion, et on ajourna les préparatifs militaires promis à Schmettau. A Londres l'affaire prit une tournure bien moins favorable. Aussitôt muni de ses instructions, Colloredo se mit en rapport avec Münchhausen; tant qu'on s'en tint aux généralités, tout alla pour le mieux, mais il n'en fut pas de même quand il fallut préciser les conditions de la neutralité. L'Autrichien dut mettre sur le tapis le droit de passage qui serait invoqué pour le corps français destiné à renforcer les armées de Marie-Thérèse. Cette demande, qui rappelait le « transitus innoxius » réclamé par Frédéric lors de son entrée en Saxe, ne laissait pas de réveiller le souvenir du traitement infligé à ce pays par les Prussiens, et de suggérer des vexations pareilles de la part des

Français aux dépens du Hanovre. Aussi Münchhausen répliqua-t-il (1) qu'une exigence de ce genre, dont il n'avait pas été question entre Kaunitz et Steinberg, était inacceptable; les Français, une fois établis dans l'Électorat, inventeraient bien une excuse pour y rester, et quelle que fût la bonne volonté de la cour de Vienne, elle aurait beaucoup de peine à les en faire sortir. Lors d'une entrevue ultérieure, le ministre hanovrien lut à son interlocuteur la réponse de son souverain : Le roi George signalait les périls d'une intervention de Louis XV en Allemagne, et sous couleur de pourvoir à la sécurité de ses États, repoussait toute convention qui ne contiendrait pas des garanties contre la marche d'une armée française à travers, ou à proximité de son Électorat. D'après Colloredo, le ministre hanovrien et même ses collègues anglais penchaient pour le principe de la neutralité; mais il serait presque impossible de trouver des conditions présentant à leurs yeux des sauvegardes suffisantes contre les procédés à craindre de la France.

Dans une seconde dépêche (2), écrite en français et datée également du 4 février, l'ambassadeur de Marie-Thérèse avoue que le refus de livrer passage « ressemble, en partie du moins, au prétexte pour rendre la chose difficile à la France, l'en dégoûter, et sauver le roi de Prusse d'un côté, quoique je ne doute nullement qu'on ne préfère l'intérêt de l'Électeur de Hanovre à celui de l'Électeur de Brandebourg. » Il ajoute : « Le ministère anglais a certainement eu part dans la réponse prompte qu'on m'a donnée, et il ne paraît pas qu'il soit porté à la modération. Depuis ma dernière dépêche je n'en ai vu aucun; il est inutile d'aller chez M. Holdernesse qui fait toujours le fier et le fin. J'irai cependant demain chez M. Granville pour voir s'il m'en dira quelque chose. »

(1) Colloredo à Kaunitz, 4 février 1757. Archives de Vienne.
(2) Colloredo à Kaunitz, 4 février 1757. Archives de Vienne.

Ainsi que le pensait Colloredo, le cabinet britannique, ou tout au moins Holdernesse qui avait dans son département les affaires d'Allemagne, avait été informé de la proposition autrichienne. Le 4 février, il en parle au colonel Yorke (1) à La Haye; d'après lui, le projet exposé à Münchhausen faisait partie du plan imaginé par l'Autriche pour détourner l'Angleterre de l'alliance prussienne; au même ordre d'idées se rattachaient des propos du comte de Rosenberg, représentant de l'Impératrice à Madrid, conseillant une médiation de l'Espagne pour rétablir l'entente entre les cours de Vienne et de Londres, et une note du grand chancelier Bestushew à Williams visant la neutralité du Hanovre, qu'on croyait avoir été inspirée par Esterhazy. Enfin il y avait une coïncidence étrange entre ce langage pacifique et les avances que le ministre français, M. d'Affry, paraissait vouloir faire à son collègue anglais de La Haye. Quoi qu'il en fût, le roi George se décida à mettre son neveu au courant de la négociation au sujet du Hanovre, et donna des ordres en conséquence à la régence. Se conformant à cette injonction, le Président Münchhausen (2) transmit à Berlin la pièce apportée par Colloredo et la réponse qui lui avait été faite. De son côté Holdernesse écrivit à Mitchell (3) : « Vous déclarerez au roi de Prusse que la ferme résolution de Sa Majesté est de n'accepter aucunes mesures d'accommodement, à moins que Sa Majesté prussienne n'y soit comprise. Le Roi en outre est bien déterminé à ne pas se laisser amuser par des propositions insidieuses, ou de permettre qu'on le détourne de la poursuite vigoureuse de la guerre par des offres séduisantes quelconques. Sa Majesté communiquera sans retard et fidèlement au roi de Prusse

---

(1) Holdernesse à Yorke, 4 février 1757. Mitchell Papers. British Museum.
(2) Président Münchhausen à Podewils, 13 février 1757. *Correspondance politique*, vol. XIV, p. 278.
(3) Holdernesse à Mitchell, 8 février 1757. Mitchell Papers.

toute mesure prise dans une affaire de si grande importance pour la cause commune. »

Ce fier langage arrivait à point pour rassurer Frédéric et l'envoyé Mitchell, aussi émus l'un que l'autre de la résistance des autorités hanovriennes aux mesures militaires recommandées par le général Schmettau, et de l'opposition latente que rencontrait la conclusion de la convention avec le duc de Brunswick.

Sur ces entrefaites, les avis de Londres vinrent confirmer les déclarations de loyauté à l'alliance dont les ministres anglais avaient été jusqu'alors si prodigues, sans y ajouter toutefois les sanctions pratiques que réclamait leur allié. Dès le commencement des hostilités, et à plusieurs reprises depuis la fin de la campagne d'automne, Frédéric avait insisté pour la prompte concentration, dans le nord de l'Allemagne, de l'armée d'observation. A cet effet il avait demandé à son oncle de rapatrier les Hanovriens et Hessois à la solde anglaise, et de passer des traités de subsides avec les princes protestants de l'Allemagne. Jusqu'alors le roi George, influencé par les craintes de ses ministres électoraux, leurré de l'espoir d'obtenir un traité avantageux pour ses possessions continentales, n'avait pris aucune disposition pour le rassemblement de ses forces. Les préparatifs français pour envahir l'Empire, les conditions auxquelles l'Autriche entendait subordonner la garantie de neutralité, les instances du roi de Prusse, déterminèrent Sa Majesté britannique à prendre parti.

On résolut, tout en continuant à Vienne les pourparlers entamés, de réunir un corps de 40,000 hommes, destiné à protéger le Hanovre et les États voisins contre une agression française. Dans une conversation relatée par M. de Zöhrern (1), représentant de l'Empereur à Londres, Münchhausen n'avait pas dissimulé les réserves catégo-

---

(1) Zöhrern à Kaunitz, 14 février 1757. Archives de Vienne.

riques de son souverain : « Ayant eu l'honneur de me trouver, avant-hier samedi, à la toilette de Mme de Münchhausen, parmi des ministres étrangers, et l'un d'eux ayant avancé que les 24,000 hommes de troupes françaises, stipulées par le traité de Versailles, passeraient par les États d'Allemagne du roi de la Grande-Bretagne, M. le baron de Münchhausen prit la parole, disant qu'il lui restait encore de l'espérance « sur la conservation de la tranquillité en ce quartier-là; que l'armée d'observation se trouverait formée dans les États de Hanovre au commencement du mois d'avril; qu'elle ne sortirait pas des frontières; qu'elle ne laisserait cependant passer ni dans ces États, ni près de ces États, des troupes de France; qu'en tous cas ces troupes trouveraient à qui parler; qu'enfin, si elles passaient ailleurs, il n'y avait rien à dire. »

Pour l'organisation et l'entretien de l'armée, il fallait de l'argent. George II, fidèle à ses traditions économiques, s'adressa à ses sujets britanniques. Dans un message présenté au Parlement le 18 février (1), Sa Majesté, tout en parlant de sa « répugnance » à demander des subsides extraordinaires, citait « l'union des conseils et les préparatifs de la France et de ses alliés » comme constituant une menace pour toute l'Europe. « Ces très injustes et vindicatifs desseins, ajoutait-Elle, sont particulièrement et immédiatement dirigés contre les États de l'Électorat de Sa Majesté, et contre ceux du roi de Prusse, son bon allié. Sa Majesté se confie au zèle expérimenté et à l'affection de ses fidèles communes; Elle espère qu'elles l'assisteront cordialement à former et maintenir une armée d'observation pour la défense juste et nécessaire de ses États, et qu'elles la mettront en état de remplir ses engagements avec le roi de Prusse, pour protéger l'Empire contre les incursions d'armées étrangères, et pour soutenir la cause commune. »

(1) Message du Roi au Parlement, 18 février 1757.

En réponse à cet appel, les Chambres s'empressèrent d'accorder un crédit de 200,000 livres sterling, somme qui parut bien modique, s'il faut en croire l'appréciation de l'un des intéressés, le duc de Brunswick (1).

Malgré ce vote, et en dépit de la confidence faite à Berlin par la régence de Hanovre, le bruit courait avec persistance que les négociations continuaient entre Londres et Vienne, et qu'elles étaient appuyées par le Danemark et la Russie. Les reporters diplomatiques du dix-huitième siècle ne se trompaient pas. Sans doute le ton du message n'était guère conciliant à l'égard de l'Autriche, mais on l'expliquait (2) par la nécessité pour le Roi de flatter l'opinion anglaise, très favorable à la Prusse. Entre temps, Colloredo avait envoyé à Kaunitz, et transmis à son collègue Stahremberg, le résumé de ses entretiens avec Münchhausen. L'ambassadeur à la cour de Louis XV, selon ses habitudes d'initiative intelligente, ne perdit pas de temps à attendre des instructions, mais rédigea (3), pour l'édification du cabinet français, une analyse des conversations de Londres et des suites importantes qu'elles venaient d'avoir à Vienne.

La cour d'Autriche avait en effet reçu communication, par l'entremise de Steinberg, de la note dont Münchhausen avait donné lecture à Colloredo. Ce document (4) n'était qu'une longue diatribe contre les agissements de la France. « Des exemples, y était-il dit, récents et connus de toute la terre, doivent rappeler au souvenir de Sa Majesté impériale-royale qu'on ne peut mettre aucune confiance dans les promesses les plus sacrées de la couronne de France,

---

(1) Brunswick à Frédéric, 28 février 1757. *Correspondance politique*, vol. XIV, p. 338.
(2) Colloredo à Kaunitz, 22 février 1757. Archives de Vienne.
(3) Note confidentielle remise par Stahremberg à Rouillé, le 9 mars 1757, Archives de Vienne.
(4) Mémoire de l'Électeur de Hanovre remis par Steinberg, le 20 février 1757. *Parallèle de la conduite du roi*. Paris 1758.

quand on aurait même sacrifié des provinces considérables pour obtenir ces promesses... Sa Majesté (britannique) craint que, malgré la parole que lui aurait donnée la France de ne point inquiéter les possessions de Sa Majesté en Allemagne, cette couronne, aussitôt qu'elle se verra tout pouvoir dans l'Empire, et qu'elle sera établie dans le voisinage des possessions de Sa Majesté, ne retire sa promesse et n'entre en ennemie sur les terres en question ; et cela dans un temps où il serait impossible à Sa Majesté l'Impératrice-Reine de s'y opposer, quelque envie qu'elle en pût avoir. » Le roi George demandait en conséquence les détails les plus précis sur l'interprétation de la neutralité ; et « quelle sûreté on a intention de donner en pareil cas. »

Le chancelier, un peu blasé sur les procédés et sur le langage de la diplomatie anglaise, ne s'était attaché qu'aux conclusions de la pièce qui laissaient encore la porte ouverte à de nouveaux pourparlers ; il avait arraché à Steinberg (1) l'aveu « qu'il avait ordre de sa cour de déclarer que le Roi son maître était prêt à accepter une convention de neutralité aux trois conditions suivantes : 1° L'on n'insisterait pas sur le passage des troupes de Sa Majesté Très Chrétienne par le territoire de l'Électorat de Hanovre. 2° L'Électeur ne serait point obligé de prendre aucune part à la guerre contre le roi de Prusse. 3° La cour impériale lui donnerait les sûretés suffisantes de l'exacte observation de tous les articles à stipuler par le traité. »

On se trouvait ainsi saisi de propositions fermes de la part du gouvernement hanovrien. Ce renseignement était des plus importants ; en le transmettant au cabinet français, Stahremberg crut devoir le compléter par ses propres déductions : il fit observer que la négociation n'avait été

(1) L'entrevue entre Kaunitz et Steinberg eut lieu le 20 février 1757. Hassell, p. 280.

communiquée qu'à deux des ministres anglais, et à titre confidentiel ; de ce fait, et des divergences relevées entre les dires de Münchhausen et ceux de Steinberg, il conjecturait « que le ministère hanovrien désire la neutralité, au lieu que le ministère britannique souhaiterait que la guerre pût s'étendre davantage sur le continent... Si cette conjecture est fondée, concluait-il, il s'ensuivrait que la neutralité pourrait encore avoir lieu dès que le ministère de Hanovre, délivré d'ailleurs de la crainte du passage des troupes françaises, croirait en avoir assez fait pour sauver les apparences, et se mettre à l'abri des reproches de l'Angleterre et du ressentiment de la Prusse. »

La perspicacité de l'envoyé de Marie-Thérèse n'était pas en défaut. Pendant qu'on discutait à Paris, on élaborait à Hanovre un projet de convention dont le résumé fut transmis sur l'ordre du roi George à Berlin, où il est presque superflu d'ajouter qu'il excita l'indignation la plus vive de Frédéric. Dans ce projet, expédié par le président Münchhausen (1) à la date du 23 mars, on proposait d'étendre la neutralité à la Hesse, au Brunswick et à tous les États allemands qui avaient refusé de se prononcer contre la Prusse ; on invitait l'Empereur à se désister de la demande du contingent qu'on était en droit de leur faire, à renoncer aux garanties et facilités de ravitaillement dont il avait été question à Londres, enfin à s'entendre sur une ligne de démarcation au-delà de laquelle les troupes françaises et autrichiennes ne pourraient pas pénétrer.

Il est présumable que sur ces bases, qui se rapprochaient des idées soutenues par Steinberg, le roi George et l'Impératrice se seraient mis d'accord ; mais la cour de Vienne ne pouvait agir sans l'assentiment de la France, et ce fut de ce côté que vinrent les objections.

---

(1) *Correspondance politique*, XIV, 433.

Si George II était absolument opposé au « transitus innoxius » et à ses conséquences, Louis XV et ses conseillers étaient aussi fermement décidés à n'accorder la neutralité qu'à la condition de l'établissement d'une ligne d'étapes dans l'Électorat, et de l'utilisation des ressources locales pour les besoins de l'armée française. En vain Stahremberg essaya, la carte à la main (1), de démontrer que le chemin le plus court, pour arriver à Magdebourg et au territoire prussien, ne passait pas par le Hanovre; le maréchal de Belleisle répliqua en rééditant les considérations militaires déjà développées dans les mémoires produits à Vienne, au moment de la discussion des opérations. Enfin, tout ce que l'Autrichien put obtenir fut qu'avant d'adopter un parti définitif, on consulterait le maréchal d'Estrées qui revenait de sa mission près de l'Impératrice.

Ainsi qu'il était à prévoir, d'Estrées ne fit que confirmer le cabinet de Louis XV dans la résolution qu'il avait prise. Cette conduite, très logique au point de vue stratégique, s'expliquait par la confiance dans la supériorité des armées alliées, comme l'indique un propos de Belleisle (2). A Stahremberg qui insistait sur le danger d'augmenter le nombre des ennemis des deux cours, et de rendre ainsi plus difficile la réalisation des projets communs, le maréchal riposta : « Qu'il était prêt à parier avec moi telle somme que je voudrais qu'il ne pouvait manquer d'arriver de deux choses l'une : ou que lorsque les troupes françaises seraient à portée d'entrer dans l'Électorat de Hanovre, le roi d'Angleterre consentirait à la neutralité de cet Électorat à tout prix, et même en accordant le passage; ou que s'il opposait une armée à celle de France, le roi de Prusse serait obligé d'envoyer à cette armée un corps de 40,000 hommes au moins de ses pro-

(1) Stahremberg à Kaunitz, 17 mars 1757. Archives de Vienne.
(2) Stahremberg à Kaunitz, 21 mars 1757. Archives de Vienne.

pres troupes; que, dans le premier cas, rien n'empêcherait d'aller tout droit contre le roi de Prusse, et d'accomplir par conséquent l'engagement qu'on allait prendre; et que dans le second, on occuperait une partie considérable de ses forces et agirait tout aussi directement contre lui que si on l'attaquait dans ses propres États. »

Cependant, malgré les observations de ses conseillers militaires, la cour de Versailles, par égard pour son allié, ne repoussa pas la neutralité. « Si le roi d'Angleterre, avait déclaré Bernis, accordait le passage et s'engageait à ne pas employer ses troupes hanovriennes, ni directement, ni indirectement contre la France et nous, soit en Allemagne, soit autre part; à fournir, pour le temps du passage de l'armée française par l'Électorat, les subsistances aux temps, prix et lieux dont on conviendrait, on serait toutefois disposé ici à se prêter encore à la neutralité;.. l'armée française ne commettrait aucun désordre et se conduirait en tout comme dans un pays neutre. » Il fut entendu qu'une convention établie sur ces bases, et contenant « les clauses les plus propres à rendre la neutralité sûre et bien cimentée, serait préparée par la chancellerie autrichienne, et soumise au roi George qui aurait à répondre par un oui ou un non. » Stahremberg en terminant son exposé ne dissimule pas ses préférences; l'arrangement conclu, l'armée française déjà en marche sur le Rhin pourrait passer le Weser dès le mois de mai; dans le cas contraire, « elle perdra probablement ou toute la campagne, ou du moins la plus grande partie, à conquérir et dévaster le pays de Hanovre, chose dont le maréchal d'Estrées me paraît beaucoup plus occupé que du but principal pour lequel la France entreprend la guerre de terre, et auquel naturellement devraient tendre toutes les démarches qui se font. »

Conformément au désir manifesté par le cabinet de Louis XV, le projet de traité fut expédié à Versailles pour avoir son avis. Il donna lieu à de longues discussions entre Stahremberg et Rouillé (1). Celui-ci se déclara adversaire de tout accord avec le Hanovre, et dans un accès de mauvaise humeur ne cacha pas son sentiment sur les périls de la nouvelle politique... Enfin, après maintes difficultés soulevées par Belleisle, Paulmy et d'Estrées, on confectionna une édition revue et corrigée du document autrichien, et on la fit parvenir directement à Londres. Le texte définitif (2), en plus des facilités de passage et d'approvisionnement exigées par la France, stipulait la remise de la place de Hameln à l'Impératrice, l'entretien aux frais de l'Électeur des ponts et des routes entre le Weser et l'Elbe, le cantonnement des troupes hanovriennes dans des positions qui ne pourraient être changées sans le consentement des parties, enfin la garantie de la convention par la Russie et le Danemark. Déjà ces deux puissances avaient fait agir leurs représentants à la cour de Saint-James (3) dans un sens favorable à l'arrangement; le langage tenu à ces intermédiaires officieux laissait prévoir la réponse officielle du roi George.

Aussitôt armé de la pièce arrêtée à Paris, Colloredo fit visite à Münchhausen. Dans la dépêche (4) qui rend compte de sa conférence, le diplomate autrichien relate avec complaisance les arguments qu'il fit valoir en faveur de la neutralité. Münchhausen écouta cet exorde sans broncher, et pour se mettre au même diapason, protesta comme à son ordinaire « que la guerre présente ne touchait aucunement l'Électeur de Hanovre, qu'il n'y avait pas part, et qu'il n'y en voulait pas prendre, hormis qu'on le forçât de chercher sa sûreté où il pouvait la trouver; qu'il n'était plus question d'examiner si l'alliance avec le roi de

---

(1) Stahremberg à Kaunitz, 23 avril 1757. Archives de Vienne.
(2) Projet annexé à la dépêche de Stahremberg à Colloredo, 21 avril 1757.
(3) Colloredo à Kaunitz, 15 et 19 avril 1757. Archives de Vienne.
(4) Colloredo à Stahremberg, 29 avril 1757. Archives de Vienne.

Prusse avait été avantageuse à son maître, ou non; mais que, de quelque façon que ce fût, il fallait pourvoir à la sûreté de ses États en Allemagne. Là-dessus, raconte Colloredo, je lui lus le précis... Les premiers articles relatifs à la neutralité passèrent assez facilement; mais dès que je vins à l'article 5 où il est parlé du « transitus innoxius », ce n'était plus la même chose; ni vos remarques judicieuses, ni celles que je pouvais y ajouter, et qui dans le fond étaient presque les mêmes que les vôtres, n'ont pu le persuader de croire que le Roi son maître y consentirait jamais. »

Parmi les autres stipulations, la clause relative à l'entretien des ponts et des routes d'étapes souleva une vive opposition; le ministre hanovrien s'écria « que ce seul article était capable d'occasionner une émeute en Angleterre, si l'on savait que l'Électeur avait facilité la marche des ennemis de cette nation contre le seul de ses alliés. » Quant au cantonnement des forces électorales, il lui parut inadmissible; « par ce moyen les troupes hanovriennes étaient mises en prison. » Münchhausen rompit alors l'entretien, et tout en laissant peu d'espoir de succès, promit de soumettre l'affaire au Roi dès le lendemain. « En rentrant chez moi, continue Colloredo, je pensais que M. de Münchhausen, à cause de son âge et de sa caducité, pouvait bien avoir oublié les choses principales que je lui avais dites; quoique j'eusse bien prévu qu'elles n'aboutiraient à rien, je jugeai à propos de lui écrire la lettre dont j'ai l'honneur de vous envoyer ci-joint copie... Le lendemain, savoir hier vers le soir, je me rendis chez lui; il me dit qu'il avait fait son rapport au Roi son maître, et que par son ordre il devait me dire que Sa Majesté avait trouvé les conditions qu'on voulait lui imposer d'une nature à ne pouvoir pas absolument les accepter; qu'elles n'étaient point combinables avec sa dignité; qu'il aimait mieux être forcé que de consentir à des propositions qui dégradaient si visiblement son honneur et sa gloire; que la France ne pouvait les avoir faites que dans la persuasion qu'elles fussent refusées, et qu'elle en voulait absolument aux États du Roi en Allemagne; mais qu'il mettait toute sa confiance dans sa bonne cause et dans la fidélité de ses sujets, et que certainement les troupes françaises trouveraient plus de résistance et plus d'obstacles qu'ils ne pensent. »

L'ambassadeur conclut en donnant à son collègue ses appréciations personnelles : « Excusez, Monsieur; je parle en militaire, et je pense que 100,000 hommes au bord du Weser seront plus en état de persuader l'Électeur de Hanovre dans la crise où en sont les choses, que si Démosthène même ressuscitait. Sachez en même temps, Monsieur, qu'on ne se croit pas encore tant en danger pour accepter des conditions qu'on accorderait encore dans l'avenir. J'ai tâché de les détromper, mais je ne me flatte point de les avoir persuadés... Il est cependant vrai aussi que le ministre hanovrien a les mains liées, et qu'il ne peut pas suivre ses inclinations; c'est le ministère anglais qui le conduit, et qui fait du roi de Prusse une idole parce qu'il a donné comme le défi à la France. Ce n'est pas qu'on ne convienne qu'on a perdu au change; il n'y a pas longtemps qu'un ministre de la plus grande considération a dit à un autre, lorsqu'il courait un bruit que le roi de Prusse avait fait des propositions en France : « Tant mieux! La cour de Vienne reviendra à nous. » Mais on veut savoir gré au roi de Prusse des engagements qu'il a pris avec l'Angleterre. »

Ainsi se termina cette longue négociation. Les parties furent-elles sincères en l'engageant? On ne saurait douter des sentiments de l'Autriche; cette puissance avait toujours refusé de tenir vis-à-vis du roi George la conduite qu'elle essayait d'imposer à la France à l'égard du roi de Prusse; elle avait un intérêt évident à ménager son ancien allié en sa qualité de prince allemand. Aux yeux de l'Impératrice, toute hostilité contre le Hanovre et ses alliés était une diversion inutile et fâcheuse, dont l'effet immédiat serait d'accroître la force de résistance de l'ennemi principal, et d'introduire la guerre civile en Allemagne. Ce furent les mêmes préoccupations, d'ailleurs légitimes, qui avaient inspiré l'attitude et le langage de la diplomatie autrichienne dans les débats au sujet des traités de Versailles et de la convention militaire.

Quant à George II, dont il ne faut pas confondre le rôle d'Électeur avec celui de Roi, ses préférences, ses préjugés allemands, étaient notoires; on le savait plus soucieux du sort de son pays de Hanovre que de celui de la Grande-Bretagne; son désir le plus cher était d'épargner à l'Électorat le fléau de la guerre; c'était ce but qu'il avait cru atteindre en traitant avec le roi de Prusse, malgré le peu de goût qu'il eût pour son parent. Quoi de plus naturel que de continuer l'ouvrage commencé, en assurant la neutralité visée par un accord avec l'Impératrice? Sans doute cette princesse était l'ennemie du roi Frédéric, et on ne pouvait se faire illusion sur les motifs qui dictaient ses avances, ni sur son désir de porter atteinte à l'alliance anglo-prussienne. Mais, répondait-on, le conflit sur le continent avait été provoqué par Frédéric contre l'avis de la cour de Londres; on n'était tenu ni par les traités, ni par l'intérêt, à le suivre jusqu'au bout de l'aventure dans laquelle il s'était précipité.

C'est par des raisonnements de ce genre que le vieux roi George dut justifier, à ses propres yeux, des conversations à Vienne et à Londres, dont il eût été difficile de concilier le mystère avec la notion de la loyauté que l'on doit à une puissance amie. Il est probable, d'ailleurs, que ces considérations morales ne pesèrent pas d'un poids plus lourd au dix-huitième siècle qu'elles ne paraissent peser aujourd'hui; aussi serions-nous enclins à attribuer l'échec de la négociation à la crainte de l'opinion anglaise. Si les ministres hanovriens étaient partisans de la neutralité, il s'en fallait de beaucoup que leurs collègues britanniques partageassent leurs idées. Le cabinet anglais, la majorité du Parlement et la nation tout entière, étaient aussi favorables au roi de Prusse qu'ils étaient jaloux de la préférence de leur souverain pour ses sujets allemands. Il aurait été fort difficile de faire admettre par le public un arrangement séparant le sort de Hanovre de celui de l'Angleterre, et entraînant forcément des résultats fâcheux pour le seul allié de cette dernière. George II avait conservé trop vivace le souvenir des dangers que son trône avait courus pendant la rébellion de 1745, pour braver le sentiment général. Il désira la neutralité; peut-être à certaines conditions l'eût-il acceptée; aggravée par les exigences de la France, elle eût semblé une insulte à l'Angleterre et eût été une menace pour l'avenir de la dynastie hanovrienne dans ce pays; il fit preuve de bon sens en la repoussant.

Quoi qu'il en fût des motifs qui dictèrent la réponse négative de Sa Majesté britannique, nous ne croyons pas que les égards dus à son neveu et allié le roi Frédéric y eussent grande part. Pendant le cours des pourparlers ce prince demeura fort inquiet; il n'avait été qu'à moitié rassuré par la communication que la régence du Hanovre lui avait faite sur les ordres venus de Londres; il n'avait d'ailleurs qu'à puiser dans ses souvenirs personnels pour se convaincre qu'il faut attacher une valeur très relative aux documents de ce genre, même quand ils émanent d'une plume princière. Les avis de l'Électorat étaient mauvais; on y opposait des procédés dilatoires aux instances du général Schmettau (1), chargé de surveiller la mobilisation de l'armée d'observation. Frédéric se fâche;

---

(1) Schmettau avait été envoyé une seconde fois à Hanovre en février 1757.

il fait appeler Mitchell qui l'avait suivi à Dresde; il lui fait part (1) du rapport reçu de Hanovre : « Les ministres là-bas ne se conforment pas aux instructions du Roi; ils se refusent à préparer l'entrée en campagne de leurs troupes et continuent à négocier la neutralité. S'il n'avait pas la plus haute opinion de l'honneur et de la bonne foi du Roi, il aurait lieu d'avoir des soupçons. » A l'Anglais qui, au fond les partage et s'excuse par d'assez piètres arguments, Frédéric réplique : « Il faut que cette affaire soit éclaircie de suite; elle est de première importance et je désire savoir le fond du sac; je vais écrire directement au Roi. » Dans un billet particulier (2) à Holdernesse, Mitchell donne d'autres détails : « La bombe a éclaté, je suis surpris que cela ait duré si longtemps; nous sommes tous déshonorés... on s'est servi d'expressions vives que j'ai jugé prudent d'omettre (dans ma dépêche officielle), comme celle-ci : Il est dur d'être trahi, juste par les gens que j'ai sauvés, et grâce auxquels je me suis mis les Français sur les bras... je me fie à la bonne foi de la nation anglaise, mais jamais je ne pourrai avoir confiance dans les Hanovriens. » Le même jour, dans une lettre personnelle (3) à son oncle, le roi de Prusse dénonce la conduite du ministère électoral, se plaint amèrement, et conclut dans les termes suivants : « Je ne dois pas dissimuler à Votre Majesté qu'en combinant tous ces faits, j'aurais lieu d'entrer dans les plus grandes défiances; mais ce qui me rassure, c'est le caractère de Votre Majesté. Elle sait que je ne suis engagé dans cette guerre que pour avoir pris des mesures avec Elle pour la sûreté de ses États, et je suis sûr que, bien loin de m'abandonner dans la crise présente, Elle remplira ses engagements avec la bonne foi dont Elle

---

(1) Mitchell à Holdernesse (secret), 12 mars 1757. Mitchell Papers.
(2) Mitchell à Holdernesse (most private), 12 mars 1757. Mitchell Papers.
(3) Frédéric à George II, 11 mars 1757. *Correspondance politique*, vol. XIV, p. 363.

a donné tant de marques éclatantes pendant son règne glorieux. »

Nouvelles récriminations adressées à Mitchell le 16 mars : Frédéric souhaite la nomination du duc de Cumberland au commandement de l'armée d'observation, et estime que ce prince seul peut en imposer aux autorités électorales. Enfin, le 29 mars, on reçut au quartier-général la communication que le président Münchhausen venait de faire, par ordre de son souverain, de la négociation en cours à Vienne au sujet de la neutralité du Hanovre, et des bases sur lesquelles on croyait possible de traiter (1). Le texte du projet était accompagné d'un long exposé des motifs qui militaient en faveur d'une solution de ce genre.

Le commentaire que fit Frédéric de (2) cette étrange consultation est caractéristique. Au sentiment de colère qu'il éprouve à la pensée de la désertion dont il peut être victime, se mêle une note de mépris pour les pauvres gens qui se laissent jouer. « Une telle démarche, de la part du Hanovre ou de l'Angleterre, serait la plus grande trahison d'un allié », s'écrie-t-il tout d'abord; mais il abandonne bien vite le point de vue moral pour démontrer les dangers de la mesure. « Je ne serais jamais contraire à des propositions raisonnables pour convenir d'une paix honorable pour l'Angleterre et pour moi, mais qu'une neutralité pour l'Hanovre et les princes allemands qui s'y étaient attachés, n'était rien autre au fond que de prêter librement le col au joug et à l'esclavage que les ennemis voudraient imposer à l'Angleterre et à tout l'Empire; qu'on n'en obtiendrait plus que le bénéfice momentané de Polyphème... Mais le grand mal qui arriverait de tout ce chipotage, serait que le ministère d'Hanovre se laisse-

(1) Voir plus haut le résumé de ce projet.
(2) Frédéric à Podewils, 29 mars 1757. *Correspondance politique*, vol. XIV, p. 433.

rait amuser par ces faux-fuyants, pour perdre le précieux temps de faire de bons préparatifs pour sa défense et pour montrer les dents à ses ennemis qui en voulaient à l'Hanovre ».

Malgré le souci que lui donnaient en ce moment ses préparatifs pour l'invasion de la Bohême, Frédéric trouva le loisir d'écrire à Mitchell une lettre (1) qui troubla profondément ce dernier. Dans l'audience qui suivit, Frédéric se montra très affecté des affaires du Hanovre, et déclara qu'il ne reprendrait confiance dans leur direction que quand il verrait le duc de Cumberland à la tête de l'armée d'observation. Fort heureusement pour le maintien des bons rapports, la nouvelle officielle de la nomination de ce prince, et peu de jours après son arrivée (2) dans la capitale de l'Électorat, vinrent dissiper les soupçons que le roi de Prusse avait conçus sur la loyauté de son oncle.

L'entrée en scène de Cumberland, dont les sentiments hostiles à l'égard de la France étaient notoires, ne précéda que de quelques jours le rejet définitif des propositions de neutralité élaborées à Vienne et à Paris. D'ailleurs l'hiver prenait fin, et avec lui l'espèce d'armistice que les mœurs militaires d'alors imposaient aux belligérants pendant la mauvaise saison ; la parole était rendue au militaire, et la campagne de 1757, pour laquelle on avait de part et d'autre noirci tant de papier, allait commencer sur le terrain.

Mais avant d'entamer le récit des opérations de guerre, il nous faut, pour compléter le tableau de la situation générale de l'Europe au début du printemps de 1757, passer en revue les événements qui s'étaient déroulés en Russie, en Suède, en Espagne, et dans les petites cours de l'Empire.

(1) Frédéric à Mitchell, 29 mars 1757. *Correspondance politique*, vol. XIV, p. 436.
(2) Le duc de Cumberland arriva à Hanovre le 16 avril 1757.

Nous avons déjà vu la Tzarine Élizabeth se ranger complètement du côté de l'Autriche et de la France, en signant avec ces deux cours des traités par lesquels, moyennant des subsides déterminés, elle s'engageait à coopérer d'une façon active, et en apparence décisive, à la ligue contre la Prusse. Ce résultat ne fut pas acquis sans une résistance des plus vives de Williams et des partisans de l'alliance anglaise, encore fort influents à Pétersbourg.

L'agression de Frédéric et sa conduite à l'égard du roi de Pologne, avaient produit les effets prédits par l'ambassadeur britannique. Aussitôt informée des incidents de Saxe, la cour de Pétersbourg avait pris l'initiative d'une promesse d'assistance à l'Impératrice, et repoussé dédaigneusement l'offre venue de Berlin d'assumer le rôle de médiatrice dans le conflit naissant. Officiellement, il n'y avait rien à espérer pour le roi de Prusse et son allié ; peut-être serait-il possible d'arriver à quelque chose par la voie de l'intrigue. Williams s'y employa de son mieux. Il s'entretint avec le Grand chancelier, et lui offrit, assez crûment paraît-il, le cadeau qu'il était autorisé à lui faire de la part de Frédéric. « Je l'ai trouvé intraitable les deux ou trois premières fois (1) ; mais il a rendu la main au fur et à mesure que mes insinuations à propos de la somme à verser devenaient plus transparentes... il m'a dit alors : « Je ne puis rien refuser au roi d'Angleterre et je servirai le roi de Prusse ; dites-moi ce que je dois faire, car malgré ma bonne volonté la tâche est ardue. » Je répondis : « Vous allez commencer par affirmer que vous n'êtes plus l'ennemi du roi de Prusse. » Il m'a alors donné la main et s'est écrié : « A partir de cette heure je suis son ami, mais je ne vois pas comment je pourrai le servir en ce moment. » Ces protestations ne parurent pas sans doute de bon aloi au méfiant Anglais, car il ajoute : « Je ne me suis pas en-

---

(1) Williams à Mitchell, 28 septembre 1756. Mitchell Papers.

core expliqué avec lui sur le montant de la somme (1); je crois qu'elle est largement suffisante. »

Avant la conversation particulière que nous venons de relater, Williams avait eu un entretien intéressant (2) avec les deux chanceliers. La cour de Saint-James, qui ne voulait pas se brouiller avec la Russie et qui se berçait encore de l'illusion de réconcilier cette puissance avec la Prusse, était fort inquiète de voir la Tzarine décliner les versements qui lui étaient dus en vertu du traité anglo-russe, ratifié en février 1756. Ce désintéressement de la part d'une cour jusqu'alors considérée comme besogneuse, était un indice peu rassurant. Pour éclairer le terrain, l'ambassadeur britannique avait été chargé de sonder les chanceliers sur l'attitude de la Russie en cas d'attaque du Hanovre par les Français. Viendrait-elle au secours de l'Angleterre? Exigerait-elle pour cet objet une augmentation de la subvention convenue? Les ministres d'Élisabeth ne voulurent pas répondre catégoriquement à ces questions insidieuses. Ils reconnaissaient volontiers que le refus de recevoir le paiement des subsides anglais, pouvait être interprété comme la rupture de l'accord; mais ils rejetaient sur le roi de Prusse la responsabilité de ce qui s'était passé. C'étaient les méfaits de ce prince qui avaient décidé leur souveraine à offrir son aide à l'Impératrice-Reine; on ne demandait qu'à rester en termes d'amitié avec le roi George; quant à la France on n'avait contracté aucune alliance avec elle, et on s'était contenté de renouer les rapports diplomatiques naguère interrompus. De ce langage énigmatique, on pouvait déduire que tout espoir d'un revirement n'était pas encore perdu.

D'autre part, en dépit des bonnes intentions de la Tzarine, les promesses faites à Vienne ne se réalisaient pas; les préparatifs militaires traînaient en longueur; le géné-

---

(1) Il s'agissait de 100,000 écus offerts par Frédéric.
(2) Williams à Holdernesse, 28 septembre 1756. Mitchell Papers.

ral en chef, le comte Apraxine, s'oubliait à Pétersbourg et paraissait disposé à retarder son départ le plus possible. Williams affirmait que la campagne ne commencerait pas avant le printemps. C'était aux intrigues de cour et surtout à la maladie d'Élisabeth qu'il fallait attribuer ces délais. « L'Impératrice est dans un très mauvais état de santé, mande l'Anglais (1); sa mort mettrait tout sur le pied que nous pouvons désirer; le Grand-Duc et la Grande-Duchesse sont dévoués aux intérêts du Roi, et aujourd'hui tout autant à ceux du roi de Prusse; vous pouvez assurer Sa Majesté prussienne que je suis autorisé à le dire. La Grande-Duchesse se conduit en tout comme nous le voudrions; c'est par elle et par ses amis que le Grand chancelier est dirigé; malheureusement le crédit de ce dernier à la cour n'est plus ce qu'il était jadis. » Suit un paragraphe consacré au jeune favori Schouwalow, acquis à la cause française et trop riche pour qu'on puisse essayer de le gagner. Cependant même de ce côté il y a des symptômes favorables. « Depuis la maladie de l'Impératrice, lui et toute sa famille ont fait des avances sous main à la Grande-Duchesse, et ont imploré sa protection pour l'avenir, en échange de leur coopération pour le présent. » Sur le conseil de Williams, la princesse avait répondu qu'elle les savait partisans de la France, que le Grand-Duc et elle au contraire avaient toutes leurs sympathies du côté de l'Angleterre, qu'à ses yeux tous ceux qui cherchaient une entente avec la France étaient des ennemis de la Russie. Pour prouver la sincérité de leurs ouvertures, Schouwalow et ses amis auraient à empêcher l'installation à Pétersbourg de l'ambassadeur français. « J'ai eu de la Grande-Duchesse, conclut Williams, tous ces détails hier soir à la cour, de sa propre bouche. »

Les illusions de l'envoyé de George II furent prompte-

---

(1) Williams à Mitchell, 11 novembre 1756. Mitchell Papers.

ment dissipées. La nouvelle de l'évacuation de la Bohême par les Prussiens, et plus encore le rétablissement de la santé de la Tzarine, ranimèrent le courage des amis de l'Autriche. Bestushew reçut l'ordre de préparer l'accession de la Russie au traité de Versailles, et on profita de quelques propos (1) imprudents jetés dans la conversation par l'Anglais pour lui infliger une rebuffade des plus humiliantes. Au moment de l'indisposition d'Élisabeth, Williams avait, dans un entretien avec les chanceliers et avec Schouwalow, remis sur le tapis le projet d'intervention, et parlé, sur le ton de hauteur qui lui était familier, de l'augmentation de l'armée prussienne et du danger d'une agression contre la Russie. A ce langage officieux on répliqua par une note officielle (2). Après avoir rappelé le refus récemment opposé à une offre du même genre, on exprimait l'étonnement que l'ambassadeur fût revenu sur ce sujet. « L'Impératrice ordonne donc de faire connaître à Son Excellence que comme les intentions de Sa Majesté, énoncées dans la première réponse, restent toujours invariables, de même on n'écoutera non plus nulle proposition ultérieure de médiation. Pour ce qui regarde les menaces dont Votre Excellence s'est servie, et nommément « que le roi de Prusse attaquera bientôt lui-même les troupes de Sa Majesté impériale », elles ne servent qu'à affaiblir les propositions de M. l'ambassadeur, qu'à fortifier Sa Majesté impériale encore plus s'il était possible dans ses résolutions, qu'à les justifier devant tout le monde et qu'à faire condamner à ses yeux le roi de Prusse. »

C'est à bon droit que Williams écrivait (3) : « En résumé je n'ai plus le moindre espoir de ramener cette cour à leur vieux système; ils sont aujourd'hui entre les

(1) Williams à Holdernesse, 9 décembre 1756. Mitchell Papers.
(2) Note pour Son Excellence l'ambassadeur chevalier de Williams. Pétersbourg, 23 novembre 1756. V S.
(3) Williams à Holdernesse, 9 décembre 1756. Mitchell Papers.

mains de la maison d'Autriche, et bientôt ils seront entre celles de la France. » A partir de ce moment, l'influence anglaise ne compta plus à Pétersbourg. Williams malade, découragé, sans instructions de Londres, se borne à enregistrer les événements qu'il ne peut empêcher. Considéré comme « un espion du roi de Prusse », il ne rend plus service (1) à son gouvernement et demande son rappel. La Tzarine, relevée de la maladie qui avait donné tant d'espérances à la jeune cour, s'était engagée résolument dans la lutte, en adhérant, comme nous l'avons déjà dit, au traité de Versailles, et en signant une nouvelle convention avec l'Autriche. Si l'effort militaire qu'elle avait promis fut retardé, si l'armée d'Apraxine n'entra en campagne qu'au mois de juin, ces lenteurs ne sauraient être attribuées à la souveraine qui fit son possible pour les atténuer.

Quant au Grand chancelier, convaincu qu'il courrait de trop gros risques en restant fidèle à la cause de l'Angleterre et de la Prusse, il se rappocha de ses anciens ennemis, et s'employa utilement (2) à lever les derniers obstacles à la ratification du traité avec la France. Dans une lettre à Brühl (3), évidemment destinée à être mise sous les yeux du cabinet de Versailles, il ne craint pas d'écrire : « Mon système a toujours été de cimenter la plus étroite union entre la cour de Vienne et celle de ma souveraine, et de mettre des bornes à la trop grande puissance du roi de Prusse. » S'il s'était opposé à la réconciliation avec la France, c'était qu'attaqué par les amis de cette puissance et surtout par son envoyé, Douglas, il avait été obligé de se défendre. Bestushew expose les services qu'il peut rendre dans la question de la ratification, et ajoute :

---

(1) Williams à Mitchell, 1er mars 1757. Williams à Holdernesse, 29 mars 1757. Mitchell Papers.
(2) Douglas à Rouillé, 29 mars 1757. Russie. Affaires Étrangères.
(3) Bestushew à Brühl, 8 mars 1757. Russie. Affaires Étrangères.

« Il paraît que la cour de France veuille m'honorer de sa confiance... Cette facilité de ma part à répondre au désir de la cour de France se fonde uniquement sur l'utilité, l'avantage que les deux cours, aussi bien que nos alliés, et particulièrement celle de Pologne, en peuvent attendre; et comme je suis éloigné de tout intérêt particulier, je ne demande aussi aucune autre marque de reconnaissance, sinon qu'après l'arrivée de M. l'ambassadeur marquis de Lhopital, on veuille rappeler le chevalier Douglas dont les procédés sont d'une nature à ne me point permettre d'avoir jamais aucune confiance en lui, et que l'on instruise M. l'ambassadeur de ne point travailler contre ma personne, mais conjointement avec moi. »

Cette lettre produisit son effet, et une invitation dans le sens de l'entente avec le Grand chancelier fut donnée à Lhopital; mais ce dernier, parti de Paris au mois de janvier, ne devait être rendu à Pétersbourg que le 2 juillet, après un long voyage coupé par des séjours à Vienne, à Varsovie et dans le camp de l'armée russe.

Dès le commencement des pourparlers entre les cours de Vienne et de Versailles, il avait été question de faire entrer la Suède dans la ligue. Le résultat était d'autant plus aisé que ce royaume était lié à la France par d'anciens traités de subsides, et que le parti du Sénat, maître du pouvoir, était très animé contre le roi de Prusse qu'il accusait d'appuyer les efforts de la Reine pour rétablir les prérogatives royales. Les dispositions étaient donc excellentes à Stockholm; il ne s'agissait que de les mettre à profit. On y travailla activement dans les gouvernements alliés. Tout d'abord on demanda à la Suède de répondre à l'appel que lui avaient adressé, comme garants du traité de Westphalie, l'Électeur de Saxe et l'Impératrice-Reine, par une déclaration identique à celle que la France se proposait de faire. A cette coopération on trouvait, à côté de l'avantage d'une diversion militaire, le bénéfice moral qu'apporterait le concours d'une puissance protestante ; la participation de la Suède rassurerait les États du nord de l'Allemagne, et serait une réfutation péremptoire des bruits calomnieux qu'on faisait circuler sur les intentions malveillantes des maisons d'Autriche et de Bourbon, à l'égard des confessions luthérienne et réformée.

Mais, avant tout, il fallait protéger la Suède contre les dangers auxquels elle s'exposerait en prenant parti contre la Prusse. La Poméranie suédoise, seul reste de ses anciennes possessions continentales, était ouverte à une attaque de son voisin, et l'expérience récente de ce qui s'était passé en Saxe donnait le droit de supposer qu'il agirait au nord comme il l'avait fait au sud, s'il y trouvait son compte. Aussi le cabinet français, tout en invitant (1) le gouvernement scandinave à une démarche commune, lui avait laissé le soin d'indiquer « les moyens qu'il aurait à choisir pour mesurer sa résolution au véritable état de ses affaires. » La négociation ainsi entamée était délicate parce que le Sénat était en froid avec le Roi, du consentement officiel duquel il ne pouvait se passer, et en brouille ouverte avec la Reine (2), dévouée aux intérêts de son frère le roi Frédéric. Elle aboutit néanmoins, grâce au bon vouloir du baron d'Höpken, directeur de la chancellerie et délégué du Sénat aux Affaires Étrangères, et à l'influence prépondérante du marquis d'Havrincour, ambassadeur de Louis XV à Stockholm. Après quelques difficultés de la part du roi Frédéric-Adolphe, qui se résigna cependant à accorder les pleins pouvoirs, on signa dans cette capitale une convention (3) en date du 21 mars 1757. La Suède s'engageait à faire à la diète de l'Empire une déclaration analogue à celle de la France, et à se

(1) Rouillé à Havrincour, 10 novembre 1756. Affaires Étrangères. Suède.
(2) Louise Ulrique de Prusse.
(3) Voir pour le texte de la convention. Affaires Étrangères. Suède, 1757.

joindre à celle-ci « pour arrêter les maux qui désolent l'Allemagne, pour maintenir les droits des trois religions, enfin pour assurer les fondements de la liberté germanique, établie dans les traités de Westphalie, contre toutes les atteintes que quelque puissance que ce soit aura entrepris ou entreprendra d'y porter. » En vue de couvrir la Suède des risques de son intervention, la France et l'Autriche lui garantissaient, dans le cas où elle ne serait pas attaquée, ses possessions actuelles, et dans le cas de guerre, une extension de territoire qui ramènerait la Poméranie suédoise aux limites de 1679, fixées par le traité de Saint-Germain en Laye.

Cet accord ne constituait pas encore une union offensive, mais il y conduisait en droite ligne. Il fallut d'abord renforcer la garnison de Stralsund pour mettre cette place à l'abri d'un coup de main, puis fournir le contingent à l'appel de l'Empereur. Peu à peu les esprits s'enflammèrent. Höpken qui, soit double jeu, soit timidité (1), promettait à l'envoyé prussien de traîner les choses en longueur, fut obligé de suivre le courant. Les patriotes (2) proclamèrent les bénéfices que l'on pouvait tirer de l'alliance, et rêvèrent le rétablissement de l'ancien prestige perdu lors des aventures de Charles XII. Havrincour s'empressa de signaler (3) ce mouvement d'opinion qu'il avait probablement encouragé. La cour de Versailles ne demandait pas mieux que de répondre à l'invite. Bernis fut chargé de préparer les bases d'une nouvelle convention; dans un mémoire expédié à Stockholm (4), il énuméra tous les profits que la Suède obtiendrait de son entrée

(1) Solms à Frédéric, 4 mars 1757. *Correspondance politique*, vol. XIV, p. 384.
(2) Appellation des partisans du Sénat en opposition à ceux du roi et de la reine.
(3) Havrincour à Rouillé, 22 avril 1757. Affaires Étrangères. Suède. 1757.
(4) Rouillé à Havrincour, 12 mai 1757. Mémoire annexé. Affaires Étrangères. Suède. 1757.

dans la ligue, lui proposa d'intervenir avec un corps de 30,000 hommes et lui offrit un subside annuel de 4 millions de livres, dont moitié à la charge de l'Autriche et moitié à la charge de la France. Ces ouvertures furent bien accueillies; pour le moment il était impossible de conclure, les engagements de la Suède avec la Prusse n'expirant qu'au mois de mai 1757 ; mais à partir de cette date on pouvait prévoir la coopération active du royaume scandinave.

Cet exemple ne fut pas suivi de l'autre côté du Sund ; le Danemark resta neutre en dépit de tous les efforts faits de part et d'autre pour l'entraîner dans la lutte. Cette puissance, en signant avec la Suède la convention d'union maritime, et en armant une escadre destinée à protéger sa marine marchande, avait pris position vis-à-vis de l'Angleterre ; mais elle résista à toutes les tentatives de sa voisine pour l'amener à une action plus énergique. Ménagée par la cour de Saint-James qui accordait à ses navires un régime de faveur, elle persista jusqu'au bout dans son rôle de spectateur impartial. Le premier ministre de Copenhague, M. de Bernstorff, fut assez habile pour ne pas se brouiller avec la Grande-Bretagne, malgré le refus des subsides que nous avons vu Holdernesse lui proposer, et pour conserver avec la France d'excellents rapports qui lui permirent d'appuyer chaleureusement à Versailles la neutralité du Hanovre.

Il en fut de même des Provinces-Unies qui persévérèrent dans la ligne de conduite qu'elles avaient adoptée à la suite du premier traité de Versailles. La Régente et tous les adhérents de la maison d'Orange ne dissimulèrent pas leurs sympathies pour le roi de Prusse, et firent passer à celui-ci des avis qui, en mainte circonstance lui furent précieux ; mais ils n'essayèrent pas de faire sortir les États-Généraux de la réserve prudente que leur imposait la proximité de la France. Il faut ajouter que les procédés du gouvernement britannique à l'égard de la marine de commerce des Pays-Bas, firent surgir de nombreuses réclamations, et créèrent, dans le monde des armateurs et des négociants, un courant d'opinion hostile à l'alliance anglaise. Ce fut en vain que Frédéric chercha à réagir contre les exigences du cabinet de Saint-James, qu'il considérait à bon droit comme nuisibles à la cause commune. En matière de navigation on était intraitable à Londres, et les conseils avisés de leur allié ne furent pas écoutés.

De l'Espagne, peu de chose à dire, sinon qu'elle resta fidèle à sa politique d'inaction nuancée de bienveillance pour la Grande-Bretagne. Depuis le rappel du duc de Duras à la suite de sa tentative malheureuse pour entraîner le roi d'Espagne du côté de la France, Sa Majesté Très Chrétienne n'avait été représentée à Madrid que par un chargé d'affaires, l'abbé Frischman, qui borna son rôle à celui d'agent de renseignements. Pendant presque toute l'année 1756, son action, d'ailleurs fort limitée, fut contrecarrée par celle de son collègue d'Autriche, l'abbé Migazzi. Ce diplomate, habitué à lutter contre l'influence de Versailles, ne sut pas modifier son attitude avec les événements; il était d'ailleurs inféodé à l'ambassadeur anglais Keene (1), à la bourse duquel sa passion pour le jeu l'avait obligé de recourir, et qui « la lui ayant ouverte, lui a fait payer un service qu'il est toujours prêt à rendre. » A la demande du cabinet français, Migazzi fut remplacé par le comte de Rosenberg, qui s'employa loyalement de concert avec Frischman pour la nouvelle ligue. Leurs efforts ne réussirent qu'à tirer de Sa Majesté catholique des condoléances platoniques pour le roi de Pologne, et des professions d'amitié pour l'Impératrice-Reine.

A Madrid on avait peu de goût pour le roi de Prusse, mais on n'entendait, sous aucun prétexte, prendre parti

---

(1) Frischman à Rouillé, 22 janvier 1757. Affaires Étrangères. Espagne.

contre l'Angleterre. De gouvernement, à proprement parler, il n'en existait pas; les quatre ministres chargés de départements travaillaient isolément avec le Roi, mais ne se réunissaient jamais pour se concerter sur la politique générale; le conseil d'État ne fonctionnait que dans la personne du duc d'Albe, son président. Tout dépendait du monarque, peu intelligent, maladif; « le moindre dérangement dans sa santé, écrit Frischman (1) l'inquiète à un point qui le rend incapable de toute réflexion, et insupportable à ceux qui l'approchent. » La seule manière de conserver la faveur d'un pareil souverain était de ne lui susciter aucun embarras, et de lui parler le moins possible d'affaires. Autour du Roi, ne le quittant jamais, même à la chasse, la Reine, princesse portugaise dévouée à l'Angleterre « qu'elle regarde comme le dieu tutélaire de sa patrie, » le ministre des Affaires Étrangères Wall, plus anglais que sa souveraine, et enfin, dans les coulisses, l'ambassadeur Keene. Ce dernier, dans ses rapports avec le personnel de la cour, savait unir l'entregent à la finesse, et grâce à l'expérience des hommes et des choses acquise par un séjour de trente ans dans le pays, exerçait sur les conseils et les résolutions du gouvernement espagnol une autorité presque absolue.

En dépit de cet ensemble de dispositions malveillantes, Rosenberg, à l'occasion de l'agression de Frédéric, sollicita (2) pour l'Impératrice les secours de Sa Majesté catholique. On ajourna de jour en jour la réponse, puis on lui parla de pacification, du désir de servir d'intermédiaire entre les puissances belligérantes. L'Autrichien, dans un entretien avec Wall, répliqua à ces défaites en essayant de séparer la cause de la Prusse de celle de l'Angleterre, et en insinuant que celle-ci pourrait bien déserter son

---

(1) Frischman à Rouillé, 17 novembre 1756. Affaires Étrangères. Espagne.
(2) Frischman à Rouillé, 5 décembre 1756. Affaires Étrangères. Espagne.

allié : « Je ne crois pas que les Anglais soient si délicats sur le point d'honneur envers le roi de Prusse; la paix peut se faire à ses dépens seuls; il ne nous faut que la Silésie... l'Électeur du Hanovre peut avoir part au gâteau en réduisant le roi de Prusse à son marquisat de Brandebourg, tout le monde sera content... La paix se fera entre la France et l'Angleterre, en dédommageant la première de la guerre injuste qu'on lui a faite. » Malgré une note officielle, dont le ton vague et le fond rempli de variations banales sur le rétablissement de la concorde, n'étaient guère encourageants, Rosenberg ne désespéra pas d'aboutir. S'il faut en croire Keene, mis au courant par le ministre espagnol, l'envoyé de Marie-Thérèse aurait tenu des propos étranges; après s'être plaint des tentatives que faisait l'Angleterre pour soulever le roi de Sardaigne et la Porte ottomane contre l'Autriche, il aurait fait valoir les efforts de l'Impératrice pour obtenir le consentement de la France à la neutralité du Hanovre, et aurait ajouté qu'une fois la lutte contre le roi Frédéric terminée à son avantage, Elle reviendrait avec bonheur à l'alliance anglaise. « Je ne peux pas m'empêcher, écrit Keene (1), de tressauter en vous relatant les expressions dont on s'est servi; mais pour continuer, M. Wall, qui savait que Rosenberg avait pour habitude de communiquer ses idées visionnaires à l'abbé français (2), resta prudemment sur sa garde; il regarde tout cela comme un complot imaginé par la France, avec l'assentiment de la cour impériale, pour lui créer des difficultés et pour le ruiner dans l'esprit de son maître. » L'Espagnol se contenta de répondre que « Sa Majesté catholique n'oublierait jamais son amitié pour son cousin le roi de France, au point de se mê-

---

(1) Keene à Pitt, 11 janvier 1757. Mitchell Papers.
(2) Dans les dépêches de Frischman, il n'y a, comme on pense, aucune trace de propos de ce genre.

ler à des affaires si importantes pour ce dernier, sans son consentement et sans demande de sa part... Si les deux cours de France et de Vienne voulaient le prier de concert de transmettre à Sa Majesté britannique une proposition raisonnable, elle ne s'y refuserait pas. »

Le gouvernement de Madrid s'en tint à cette déclaration peu compromettante et ne sortit pas de sa réserve. De son côté, le cabinet de Versailles, convaincu de l'inutilité de ses démarches, n'essaya pas de faire modifier la politique étrangère de la monarchie péninsulaire. « Le concours de l'Espagne, écrivait Rouillé (1), n'est pas absolument nécessaire à notre défense, et si contre toute attente nous éprouvions quelque fâcheux revers, soit sur mer, soit en Amérique, elle s'apercevrait peut-être trop tard qu'elle était aussi intéressée que nous à prévenir les projets dangereux de nos ennemis naturels dans le Nouveau-Monde. »

Nonobstant ses sympathies anglaises, Wall ne méconnaissait pas le péril qu'entraînerait la prépondérance de l'Angleterre en Amérique. Lors d'une conversation avec Frischman qui lui faisait entrevoir l'hypothèse d'un échec de la France dans ce continent, il s'écria (2) avec sa vivacité habituelle : « Si ce malheur vous fût arrivé, nous vous aurions secourus; nous ne sommes pas si pauvres que nous le paraissons..... le roi d'Espagne peut mettre en mer 30 vaisseaux quand il le voudra. » A ces craintes que devait trop justifier l'expérience de l'histoire, s'ajoutaient les blessures faites à l'amour-propre castillan par les procédés de la marine anglaise, dont les croiseurs venaient enlever des bâtiments français dans les eaux, et même dans les ports espagnols (3). Ces incidents répétés eussent cer-

---

(1) Rouillé à Frischman, 10 février 1757. Affaires Étrangères. Espagne.
(2) Frischman à Rouillé, 28 février 1757. Affaires Étrangère. Espagne.
(3) Il y eut même des coups de feu échangés entre les croiseurs anglais et les troupes espagnoles, notamment à Algesiras et dans la baie de Muros.

tainement amené une brèche entre les deux nations sans l'habileté de Keene qui sut arracher quelques satisfactions à son gouvernement. L'arrivée du marquis d'Aubeterre (1) qui vint enfin prendre possession de son poste le 14 avril 1757, ne changea rien à l'état de choses. Un mot de lui (2) dépeint bien l'effacement de l'ambassade française : « Depuis que je suis en cette cour, qui que ce soit ne m'a encore parlé d'affaires; de mon côté je me tiens dans le silence et ne me jette à la tête de personne. »

Pour achever la revue de la situation de l'Europe, il nous reste à dire quelques mots des événements intérieurs de l'Allemagne, des agissements du corps fédéral, et du parti qu'avaient dû prendre les différents princes de l'Empire. S'ils avaient pu écouter leurs inclinations réelles, il est probable que la plupart, sinon l'unanimité de ces petits potentats, se seraient abstenus de toute participation au conflit naissant; dans la mêlée qui allait s'engager ils n'avaient rien à gagner; pour eux-mêmes et pour leurs États ils ne désiraient que la tranquillité; ils craignaient à bon droit de voir leurs territoires devenir le théâtre des hostilités, et redoutaient presque autant le passage des armées amies que l'incursion des forces ennemies. Par contre, ils étaient tout disposés à louer, moyennant finances, leurs soldats au plus offrant; tout au plus donneraient-ils la préférence à celui des belligérants pour lequel ils professaient le plus de sympathie. Malheureusement pour le repos des princes et pour la bourse de leurs sujets, l'attitude de leur choix ne leur fut pas permise.

Dès le mois de septembre, l'empereur François, à la requête du roi de Pologne en sa qualité d'Électeur, lança contre le roi de Prusse un « dehortatorium » dans lequel il ordonnait à ce prince de se désister de son entreprise et

(1) D'Aubeterre avait été nommé ambassadeur en Espagne en septembre 1756.
(2) D'Aubeterre à Rouillé, 2 mai 1757. Affaires Étrangères. Espagne.

d'évacuer la Saxe. Cet édit fut suivi de près par un « avocatorium » relâchant « les officiers et les gens de pied et de cheval au service de l'Électeur de Brandebourg », de leurs devoirs et serments vis-à-vis de leur seigneur, et les sommant de quitter ses drapeaux. Il est presque superflu d'ajouter que les décrets impériaux furent l'objet de vives protestations de la part du principal intéressé, qui formula devant la Diète objection sur objection, et entama une discussion de procédure que les historiens allemands ont fait durer jusqu'à nos jours. La marche adoptée par l'Empereur était-elle régulière et conforme aux précédents? Nous n'oserions nous prononcer sur ce point délicat de droit, qui soulève encore des controverses (1) passionnées. En fait la grande majorité de l'assemblée lui donna raison. La proposition d'inviter les Cercles à fournir leurs contingents en hommes et en argent contre le perturbateur, fut portée devant la Diète réunie à Ratisbonne, et acceptée par 60 voix contre 26. Parmi les Électeurs, le représentant du Hanovre seul se prononça pour la négative et pour une médiation pacifique; les délégués de la Prusse, de l'Autriche et de la Saxe, avaient dû s'abstenir comme affectés par la décision. Dans les rangs des princes d'ordre inférieur composant la majorité, se trouvaient, à coté de l'unanimité des catholiques, quelques protestants, le duc de Mecklembourg, le duc de Deux Ponts, le landgrave de Hesse-Darmstadt et l'un des beaux-frères de Frédéric, le margrave d'Anspach. Dans l'autre camp figuraient Hesse-Cassel, Brunswick, Würtemberg, Baireuth, les petits duchés saxons. A la suite de ce vote, l'intervention armée de l'Empire contre le roi de Prusse fut proclamée, à la date du 29 janvier 1757.

(1) Voir Huscherg, *Les trois années* 1756-1757-1758. Thudichum, *Der Achts-process gegen Friedrich den Grossen* 1757-1758. Tubingen, 1892. Hermann Mayer, *Der plan eines evangelischen Furstenbundes im siebenjährigen Kriege.* Celle, 1893.

Cependant, et en dépit de cette manifestation, les hésitations durèrent encore longtemps. La Prusse, secondée par le landgrave de Hesse-Cassel, fit de son mieux pour provoquer une protestation de la part de la minorité, et pour constituer l'union des États protestants. Le baron de Plotho, représentant de Frédéric à Ratisbonne, ne put entraîner ses collègues; Eickstedt, envoyé en mission spéciale, ne recueillit à Stuttgart, à Carlsruhe, à Erlangen et à Anspach que de bonnes paroles qui ne furent pas suivies d'effet. Le duc de Wurtemberg, catholique de naissance mais indifférent en matière religieuse, commença par invoquer l'influence prépondérante de la France, pour ne pas épouser ouvertement la cause de Frédéric; puis peu de temps après le passage de l'émissaire prussien, il signa un traité de subsides (1) avec la cour de Versailles. Le margrave de Baden-Durlach s'abrita derrière les mêmes excuses et prit fait et cause pour l'Autriche. Des deux beaux-frères de Frédéric, l'un, le margrave d'Anspach, s'était, après quelques vacillations, rangé du côté de Marie-Thérèse; il persévéra dans cette attitude malgré une lettre fulminante de son parent. L'autre, le margrave de Baireuth, mari de la sœur favorite du roi de Prusse, garda à ce dernier toutes ses sympathies mais n'osa pas prendre son parti. Les princes catholiques, comme on l'a vu, avaient ratifié de leurs suffrages les mesures dont l'Empereur avait pris l'initiative; l'Électeur de Bavière et l'Électeur Palatin (2) conclurent des traités de subsides (3) moyennant lesquels ils mirent à la disposition de la France, le premier 4,000 et le second 6,000 soldats; quant aux archevêques de Mayence, de Cologne et de Trèves, ils étaient trop attachés à la maison de

---

(1) 30 mars 1757.
(2) L'Électeur Palatin, Charles Théodore, catholique lui-même, avait de sujets en majorité protestants.
(3) Bavière, le 29 mars 1757. — Palatin, 17 janvier 1757.

Bourbon par des liens multiples de voisinage, d'intérêt et de religion, pour ne pas appuyer chaleureusement la nouvelle alliance.

Restaient les États protestants du Nord, le Brunswick, le Hanovre, la Hesse-Cassel et les petits duchés saxons. Plus éloignés du danger, plus dominés par le prestige de Frédéric, ils restèrent fidèles à sa cause. Ce fut en vain que le chevalier de Folard fut dépêché à deux reprises (1) à Cassel avec l'offre d'un traité de neutralité ou de subsides; le vieux landgrave refusa tout compromis, et s'efforça même de former une ligue pour défendre la religion protestante contre les empiétements et les attaques de la maison d'Autriche (2).

Cette tentative vint échouer contre l'inertie de la régence du Hanovre, qui, très partisane comme on le sait de la vieille politique, n'avait pas perdu l'espoir d'un revirement, et ne se souciait pas de mécontenter la cour de Vienne. Cependant, après le rejet définitif du projet de neutralité présenté par Colloredo au mois d'avril 1757, les pourparlers furent renoués et, en attendant leur issue, les contingents de la Hesse, du Brunswick et de Saxe-Weimar, vinrent se joindre aux troupes rentrées d'Angleterre, et constituer l'armée d'observation sous les ordres du duc de Cumberland.

A l'encontre de ces princes, le duc de Mecklembourg, qui avait eu fort à se plaindre des procédés de Frédéric et qui avait adressé à ce sujet une plainte à la Diète, demeura l'adversaire de la Prusse et accepta les subsides de la France (3).

En résumé, au printemps de 1757, à l'exception des quelques États du nord de l'Allemagne que nous venons

---

(1) En février et avril 1757. *Correspondance Politique*, vol. XIV, pages 267 et 517.
(2) Voir Hermann Mayer. Ouvrage déjà cité.
(3) Il signa avec la France un traité qui porte la date du 1er avril 1757.

de citer, tout l'Empire avait répondu à l'appel de son chef, et se préparait, lentement, lourdement il est vrai, à entrer en ligne contre le roi de Prusse.

La vieille lutte entre Marie-Thérèse et Frédéric, dont la conquête de la Saxe et la bataille de Lowositz avaient été le premier acte, allait reprendre avec un acharnement nouveau; mais les chances de succès se dessinaient tout autres pour la cause impériale. En septembre 1756, l'Autriche n'avait pu opposer à une attaque longuement et méthodiquement préparée, que ses propres forces, incomplètes et mal organisées. Les traités sur lesquels elle comptait n'étaient pas encore signés, ou tout au moins n'étaient pas entrés dans la période d'exécution. Au printemps de 1757, il n'en était plus de même; l'armée impériale recrutée pendant l'hiver, munie de son artillerie, de ses magasins, de ses moyens de transport, semblait en état de protéger la Bohême et de tenir tête aux Prussiens en attendant les diversions des autres confédérés. A l'est, les Russes, enfin mobilisés, étaient concentrés sur la frontière de la Prusse ducale dont ils annonçaient l'invasion. Ils n'avaient en face d'eux que le corps relativement faible de Lehwaldt dont ils devaient avoir facilement raison. Au nord de l'Allemagne, la grande armée française avait déjà franchi le Rhin et occupé une partie de la Westphalie; l'infériorité des forces du duc de Cumberland, leur peu d'homogénéité, l'irrésolution de la régence du Hanovre, faisaient prévoir une victoire des Français, qui, débarrassés de leurs premiers adversaires, seraient libres de se porter sur l'Elbe et de menacer Magdebourg. Plus au sud, vers Erfurt, se réunissait l'armée des Cercles composée des contingents des princes et États de l'Empire. Renforcées d'une division auxiliaire française et de quelques Autrichiens, ces troupes étaient destinées à pénétrer en Saxe. Enfin, du côté de la Poméranie, on pouvait escompter une incursion suédoise, dangereuse plus encore par sa proximité de la capitale prussienne que par le nombre de soldats qui y seraient employés.

En butte à ces attaques concentriques, étouffé dans un cercle de fer qui irait toujours en se rétrécissant, privé, au fur et à mesure qu'il perdrait du terrain, de ses ressources en hommes et en argent, Frédéric devrait succomber devant le nombre et subir la dure loi du vainqueur. A la ligue formée contre lui, que pouvait-il opposer? Son unique allié, l'Électeur-Roi George II, à en juger d'après les pourparlers pour la neutralité du Hanovre, n'avait que peu de foi dans la cause; l'Angleterre, disposée à de gros sacrifices pour la lutte contre la France, ne se souciait pas d'intervenir sur le continent. Elle avait refusé jusqu'alors d'engager ses nationaux et s'était contentée de prendre à sa solde quelques bataillons allemands. Un concours aussi parcimonieux ne pèserait guère sur le sort des batailles. Sans doute Frédéric avait profité, lui aussi, de la trêve d'hiver pour recruter ses forces et en augmenter les cadres; mais quelles que pussent être la valeur de ses soldats, l'excellence de leur organisation, l'habileté de ses généraux, leur serait-il possible de lutter victorieusement contre des adversaires trois fois plus nombreux? Cela paraissait peu probable. Aussi comprend-on les illusions des nouveaux confédérés, et excuse-t-on la confiance superbe avec laquelle ils se partageaient les dépouilles d'un ennemi encore debout.

Marie-Thérèse et Kaunitz avaient, il faut le reconnaître, le droit de se féliciter des résultats acquis. L'entreprise rêvée depuis tant d'années, abandonnée naguère, tant le succès semblait invraisemblable, avait réussi : La France, de rivale était devenue amie; bien plus, lâchant la proie pour l'ombre, elle avait négligé son premier et véritable adversaire, l'Angleterre, pour se mettre aux trousses de l'Impératrice et courir sus avec elle à son ancien allié. Ce revirement en avait entraîné d'autres; avec la France étaient venus ses satellites. Grâce à l'appui de la cour de Versailles, grâce à celui de la grande puissance du nord, on avait pu enrégimenter contre l'ennemi détesté, contre le spoliateur de la Silésie, la moitié de l'Europe. La tâche de la diplomatie était terminée, et bien terminée; aux armes maintenant d'achever l'œuvre commencée.

CHAPITRE V

ÉVÉNEMENTS D'AMÉRIQUE EN 1756-1757.
PRISE D'OSWEGO ET DE WILLIAM HENRI PAR MONTCALM.

Avant d'entamer le récit des grands événements militaires qui eurent l'Allemagne pour théâtre en 1757, il conviendra de jeter un coup d'œil sur les incidents de la guerre coloniale dans l'Amérique du nord, qui avait été le point de départ du conflit européen. Pour ne pas grossir outre mesure l'importance relative de faits qui de principaux étaient devenus accessoires, nous serons obligés de nous contenter d'un résumé succinct, et de renvoyer nos lecteurs, pour maints détails intéressants, aux ouvrages nombreux (1) qui ont raconté à des points de vue divers

---

(1) Consulter au sujet de la guerre du Canada : *Documents relatifs à l'histoire de la Nouvelle-France publiés sous la surveillance de Faucher de Saint-Maurice.* — *Collection des manuscrits du maréchal de Lévis* (dont plusieurs volumes ont paru au Canada). — Pouchot, *Mémoires de la dernière guerre de l'Amérique septentrionale.* Yverdun, 1781. — *Extraits des Mémoires de Desandrouins publiés par l'abbé Gabriel.* Verdun, 1887. — *Journal des campagnes du comte de Malartic.* Dijon, 1890. — Kerallain, *Jeunesse de Bougainville.* Paris, 1896. — Knox, *Historical journal of the campaign in N. America.* London, 1769. — Mante, *History of late War in N. America.* London, 1772. — Garneau, *Histoire du Canada.* — L'abbé Ferland. *Cours d'histoire du Canada.* — Kingsford, *History of Canada.* — Parkman, *Montcalm and Wolfe. A half century of conflict.* — R. P. Martin, *Montcalm et les dernières années de la colonie française au Canada.* — L'abbé Casgrain, *Montcalm et Lévis.* — Dussieux, *Canada français,* etc.

les péripéties de la lutte héroïque dont le Canada fut la scène pendant les premières années de la guerre de Sept Ans.

Tout d'abord comparons les ressources financières des deux belligérants. Au milieu du dix-huitième siècle, la France présentait un territoire presque aussi étendu qu'à notre époque. Sans doute elle n'avait pas acquis le Comtat Venaissin, la Savoie, le comté de Nice, le comté de Montbéliard, ni la Corse; elle ne jouissait pas encore pleinement de la Lorraine dont la souveraineté ne lui écherrait qu'à la mort du roi Stanislas; mais elle possédait le pays de Metz, l'Alsace et quelques cantons annexés aujourd'hui au Palatinat, à la Prusse rhénane et à la Belgique. La population du royaume était évaluée à 20 millions d'habitants. Les recouvrements prévus pour le budget de 1757 se totalisaient (1) à 283,560,000 francs, sur lesquels 31 millions environ étaient le produit des vingtièmes dont la prorogation et le rétablissement avaient rencontré tant de résistance de la part du Parlement, et 100 millions provenaient des fermes dont les baux avaient été renouvelés à la fin de 1755. Ces recettes, très élevées si on les compare à celles des États voisins, étaient loin d'être suffisantes pour couvrir les dépenses. Seuls les départements de la marine et des colonies absorbaient une centaine de millions; l'entretien d'une armée de plus de 250,000 soldats et de 20,000 auxiliaires étrangers, le paiement des subsides si libéralement promis aux souverains alliés, les intérêts d'une dette toujours croissante, les prodigalités de la cour, créaient des besoins auxquels il fallait faire face au moyen d'emprunts. Pendant les quinze mois que durèrent ses fonctions, le contrôleur général Moras (2) s'était procuré ainsi 112 millions de livres, et malgré ces

---

(1) Luynes, vol. XVI, p. 49-53.
(2) Bresson, *Histoire financière de la France*. Moras fut contrôleur général d'avril 1756 à août 1757.

rentrées extraordinaires les services restaient en souffrance et la pénurie d'espèces disponibles se faisait de plus en plus sentir. Une administration énergique eût permis de réprimer les abus et d'affecter à la guerre les trésors gaspillés par le monarque et son entourage. Mieux gouvernée, la France de Louis XV eût été en fait ce qu'elle était encore en théorie, la puissance la plus forte de l'Europe.

Le royaume britannique, dont le territoire métropolitain était identique à celui d'aujourd'hui, comptait une population de 8 à 9 millions, très inférieure par conséquent à celle de la France qu'elle égale aujourd'hui. Le budget de la Grande-Bretagne (1), indépendant de celui de l'Irlande, prévoyait pour l'année 1757 un effectif de 55,000 matelots et soldats de marine, de 45,000 troupes de terre auxquelles viendrait s'ajouter le contingent payé par l'Irlande. Pour le maintien de ces forces, pour l'entretien des Hanovriens et Hessois à la solde anglaise, pour les subsides aux coloniaux d'Amérique, et pour les charges d'une dette de 4 milliards $^1/_2$, le Parlement avait voté 207,500,000 francs, dont la moitié environ demandée à l'emprunt ou détournée de la caisse d'amortissement.

Ces appels à la fortune privée, qui se reproduisirent en progression ascendante pendant la durée de la guerre, étaient facilités par les richesses mobilières déjà considérables des banquiers et négociants anglais, et il faut le dire, par les mesures adoptées sous le ministère Pelham pour la conversion et la réduction de la dette. La bonne gestion des finances britanniques et le développement des relations commerciales sous l'égide des escadres anglaises, assurèrent à la puissance insulaire, au point de vue du crédit, et partant des ressources en argent, une

(1) Lord Mahon. *History of England*, vol. IV.

supériorité qui ne fit que grandir au cours de la lutte et qui contribua beaucoup à la victoire définitive. En échange des sacrifices consentis, le monde des affaires réclamait des efforts correspondants sur mer et aux colonies, tandis qu'il se montrait encore indifférent, sinon hostile, à une participation directe à la guerre du continent. Ce fut pour répondre à ce sentiment que le cabinet de Saint-James se décida peu à peu à frapper en Amérique des coups décisifs, à y renforcer ses flottes, et à mettre en ligne, à côté de ses sujets provinciaux, un fort contingent de ses troupes nationales.

De son côté, la cour de Versailles dut songer, au printemps de 1756, à augmenter les effectifs trop réduits des garnisons du Canada, et à remplacer par un nouvel officier général le baron de Dieskau, tombé entre les mains des Anglais à la suite du combat malheureux du lac Saint-Sacrement. Le choix du ministère s'arrêta sur le marquis de Montcalm que recommandaient à la faveur royale des services brillants pendant la guerre de succession; avec lui devaient partir le chevalier de Lévis désigné pour le commandement en second, le colonel Bourlamaque, et quelques officiers d'État-major, parmi lesquels le jeune Bougainville, déjà distingué dans la science (1), et que devaient illustrer plus tard comme navigateur ses voyages d'exploration.

Une escadre mit à la voile de Brest le 3 avril; elle se composait de trois vaisseaux de ligne et de trois frégates, et avait à son bord, outre les officiers dont nous venons de parler, deux bataillons des régiments de la Sarre et de Royal Roussillon. Ces troupes, d'un effectif de 1,100 offi-

---

(1) Bougainville, avant de partir pour le Canada, avait publié un ouvrage sur le calcul intégral et avait été nommé membre de la Société royale de Londres. Pierre de Kerallain. *La jeunesse de Bougainville*. Dans ce livre, l'auteur, descendant du célèbre navigateur, a publié des extraits fort intéressants de la correspondance du jeune aide de camp.

ciers et soldats, devaient se joindre aux quatre bataillons envoyés en 1755, et fourniraient, avec les compagnies de la marine déjà au Canada, un total de 3,800 soldats français.

Après une traversée heureuse de trente-huit jours, Montcalm débarqua à Québec le 12 mai, et arriva vers la fin du mois à Montréal où se trouvait le gouverneur général, le marquis de Vaudreuil. Les instructions de la cour, très précises, définissaient ses attributions; chargé uniquement du commandement militaire, il devait se considérer comme sous les ordres du gouverneur; à ce dernier appartenaient l'initiative, et dans une certaine mesure la direction des opérations. Une situation semblable ne tarda pas à engendrer des malentendus qu'envenimèrent peu à peu le tempérament des personnages et la jalousie coloniale. Montcalm, soldat de profession, méridional, généreux, vif, spirituel, instruit, s'accommoda mal de la position subordonnée dans laquelle il était placé vis-à-vis de Vaudreuil dont il n'estimait pas le caractère, et de la capacité duquel il faisait peu de cas. Ce dernier, honnête et travailleur, mais petit esprit, sans pratique de la guerre, imbu des préjugés locaux, voyait d'un œil méfiant et les Français et leur général, ne cachait pas ses préférences pour ses compatriotes canadiens, et fermait bénévolement les yeux sur des procédés qui révoltaient la droiture de Montcalm et de ses officiers. Peu à peu, à l'union si indispensable pour la défense du pays, se substitua un désaccord de plus en plus accusé; chacun des rivaux eut ses partisans qui entamèrent une polémique dont les traces se retrouvent jusque dans des ouvrages récents.

Pendant l'hiver de 1756, aucun événement important ne s'était produit; les Français avaient profité de leur victoire de la Monanghahela pour gagner à leur cause les sauvages de la région de l'Ohio, et pour porter le fer et le feu dans les districts avancés des provinces anglaises de la Virginie et de la Pensylvanie. Du côté des lacs Champlain et Ontario, les belligérants avaient conservé leurs positions; les Anglais s'étaient bornés à renforcer et à ravitailler leurs garnisons d'Oswego et de l'Hudson, les Français à réparer leur fort de Niagara. Sauf quelques détachements laissés dans les postes de la frontière, les bataillons de Dieskau avaient été cantonnés pendant la mauvaise saison chez l'habitant, et avaient fait bon ménage avec lui, à en juger d'après les nombreux mariages (1) contractés par les officiers et soldats de la mère-patrie.

Cependant, malgré cette accalmie, les deux gouverneurs généraux rivaux, Shirley et Vaudreuil, ne perdaient pas de vue leurs objectifs respectifs. L'Anglais, devenu après la mort de Braddock, malgré son inexpérience absolue du métier, commandant en chef des troupes métropolitaines et provinciales, n'avait pas oublié ses projets contre les forts français au Niagara et sur le lac Champlain. Pour poursuivre avec chances de succès cette entreprise, il était indispensable de mettre Oswego à l'abri d'un coup de main et de s'assurer la suprématie sur le lac Ontario. A cet effet, ordre fut donné de pousser la construction des nouvelles fortifications et des bâtiments destinés à augmenter la flottille; malheureusement l'exécution de ces instructions fut entravée par le scorbut qui décima soldats et ouvriers. Au printemps la santé s'améliora, les recrues arrivèrent, et les travaux sur terre et sur mer reprirent leur activité.

Au Canada, on ne pouvait voir d'un œil indifférent les Anglais maîtres des lacs intérieurs, et libres d'intercepter les communications entre la colonie et les postes français de l'ouest. Déjà au cours de l'hiver, Vaudreuil, très porté pour la guerre de partisans, seule pratiquée jusque-là, avait cherché à inquiéter la ligne d'étapes qui servait aux

(1) Doreil au ministre, Québec, 12 février 1756. Archives de la Guerre.

transports sur Oswego. Un officier de la marine, M. de Lery, parti de Montréal le 24 février, avec 300 Canadiens et sauvages et 60 volontaires français, parvint, au prix de fatigues et de privations de toutes sortes, au chemin qu'utilisait l'ennemi pour son ravitaillement, surprit un convoi, enleva un ouvrage en pieux appelé le fort Bull, en tua les défenseurs et rapporta en guise de trophées 80 prisonniers ou chevelures. Quelques mois plus tard, ce fut M. de Villiers, frère de Jumonville dont la mort avait été la cause immédiate des hostilités, qui livra un combat indécis (1) à une colonne commandée par l'Américain Bradstreet.

Mais ces escarmouches n'étaient que la préface d'une entreprise plus sérieuse. Il fut convenu que Montcalm irait inspecter les forts du lac Champlain, y laisserait Lévis avec trois bataillons de terre et le complément habituel de soldats de marine et de miliciens. Pendant ce temps les ingénieurs venus de France et le bataillon de la Sarre iraient rejoindre à Frontenac, sur le lac Ontario, les bataillons de Béarn et de Guyenne qui y étaient déjà; ce poste servirait de rendez-vous pour l'expédition contre les forts de Chouaguen (2).

Dans la correspondance des officiers nouvellement débarqués, nous trouvons les impressions que faisaient naître chez eux l'aspect des sites et le contact des habitants de la Nouvelle-France. Citons entre autres une description (3) du voyage sur le Saint-Laurent : « Nous partîmes de Québec sur des canots le 6 juin, pour aller à Montréal prendre les ordres de M. le marquis de Vaudreuil. Nous avions deux Canadiens pour gouverner, et 10 de nos sol-

---

(1) Les récits français et anglais s'attribuèrent la victoire; cependant les pertes furent plus considérables du côté des Anglais.

(2) Nom donné par les Français à Oswego.

(3) Correspondance particulière. Chouaguen, 22 août 1756. Archives des Colonies.

dats attachés aux avirons nous conduisant. Nous ne campâmes jamais, et dans les moments de repos que nous donnions à la troupe pour faire la soupe, nous étions dévorés par des maraingoins; nous en avons eu plusieurs hommes à l'hôpital, et trois ou quatre officiers du régiment en ont eu des grosseurs épouvantables sur tout le corps. Nous n'avons point cessé dans toute la traversée d'admirer les bords du fleuve; un bois extrêmement joli, un terrain propre à tout, une situation des plus charmantes, l'abondance de poisson et une quantité singulière de gibier nous faisaient former des vœux pour les voir peuplés. Des petits lacs coupent le courant de la rivière, nombre d'habitations qu'on trouve de deux en deux arpents vous amusent. Le gouvernement des Trois-Rivières, formé par des villages sauvages, est au milieu de la course. Ils sont bâtis en écorce d'arbre qu'ils changent selon le vent, et qu'ils opposent à l'orage qui les menace. Nous arrivâmes à Montréal le 17. »

Notre correspondant n'y séjourne pas longtemps, mais il relève en passant les profits illicites que procure le commandement des postes éloignés. « Montréal est une ville fort grande et fort sujette à l'incendie, toutes les maisons étant bâties de bois. Le ton français y règne, la vocation pour le mariage y domine, de très jolies personnes vous y engagent, nous y avons déjà cinq officiers de mariés; on y est orgueilleux quoique pauvre, et il n'y a que le particulier qui a régi des postes qui soit en état de suffire au train qu'il mène. Nous partîmes par terre le 20 pour aller former la tête du corps d'armée de Frontenac, et pour reprendre à la Chine nos bateaux et des canotiers en état de nous tirer des mauvais chemins que nous devions passer. A peine eûmes-nous fait six lieues qu'il nous fallut monter trois rapides montagnes, pour être rendus au camp qu'on nous avait marqué. Nous avions marché continuellement dans l'eau jusqu'à la ceinture. Nous avions une trentaine de lieues à faire pour être à moitié chemin. Le soldat, de qui nous avons tout lieu d'être content, ne se rebutait point, son ardeur augmentait à chaque coup de collier, et il nous rendit, quoique forcé plusieurs fois à porter nos canots, à la Présentation où le fleuve reprend son cours ordinaire. »

Dans les lettres de M. Duchat (1), capitaine au régiment de Languedoc, arrivé au Canada en 1755, se rencontrent des appréciations intéressantes sur le pays : « On nomme côtes les seigneuries dont les habitations sont écartées de deux ou trois cents pas, situées au bord du fleuve Saint-Laurent ou sur d'autres rivières. Les habitants sont fort à leur aise ; ils ne paient ni tailles, ni autres impôts ; ils chassent et pêchent librement, en un mot on peut les regarder comme riches ; les plus pauvres ont trois arpents de front et quarante de profondeur. La navigation de Québec à Montréal est charmante ; ce ne sont que des îles contiguës, et comme les deux bords sont habités on a le plaisir de faire soixante lieues entre deux villages. »

Notre officier s'étend sur les ressources qu'offrent la pêche et la chasse : « Tous les lacs et rivières fournissent quantité de poissons ; outre les espèces que l'on trouve en Europe, il y en a une infinité d'autres très bons ; aussi les voyageurs, officiers et soldats, ont soin de se munir d'hameçons pour leur faire la guerre. C'est à quoi nous nous amusons pendant nos campagnes, et nous pouvons dire que la vertu de patience est bannie de la pêche tant elle est abondante... Toutes ces forêts sont remplies de gibier ; la tourterelle est l'espèce la plus féconde en Canada ; elles y fourmillent et ressemblent beaucoup au pigeon ramier de France, à la réserve qu'elle est un peu plus petite... L'on en tue jusqu'à 150 d'un coup de fusil ; c'est sur le témoignage des Canadiens ; pour nous je n'altère point la

---

(1) Duchat à Lamy de Châtel. Carillon, 15 juillet 1756. Archives de la Guerre.

vérité en assurant que plusieurs soldats de nos régiments en ont abattu jusqu'à 80, et en mon particulier 40 ; il semble que ce soit une manne que Dieu envoie puisqu'elle nourrit pendant quatre mois tous les habitants de Canada... Les oies, outardes, canards de dix espèces, et d'autres inconnues en Europe, abondent aussi dans ce pays. La perdrix qui, à bien prendre, est une gelinotte grosse comme une petite poule, se tient continuellement dans les bois, se perche attroupée sur les arbres et se laisse tuer les unes après les autres à coups de fusil, sans branler. »

Sur le compte des indigènes de ce pays enchanteur, le capitaine est beaucoup moins élogieux : « Les Canadiens ou créoles sont grands, robustes, et infatigables surtout pour les marches, fort ignorants, n'ayant aucune idée de science, ne s'attachant qu'à leur commerce ; cela n'empêche pas qu'ils soient présomptueux et remplis d'eux-mêmes, s'estimant au-dessus de bien des nations, grands menteurs. Le sang du Canada est assez beau ; les femmes y sont généralement jolies, grandes, bien faites, spirituelles, babillardes, maniant la parole avec aisance, paresseuses en tout, et pour le luxe au dernier point. »

Des sauvages, il fait un portrait peu flatteur : « Les femmes sont de taille qui passe la médiocre, laides et crasseuses, elles ne peuvent tenter que des sauvages ; elles portent leurs cheveux roulés derrière le dos avec un cordon, ou mis dans une poche de fer blanc ; elles sont couvertes depuis les épaules jusqu'au genou. Les hommes portent une couverture de laine ou de peau sur le dos, et des capotes, selon la saison, lorsqu'ils vont à la guerre ou à la chasse, pour se parer du froid pendant l'hiver, et l'été, nus, à l'exception d'un brayet pour cacher leur nudité, qui est un morceau de drap qui leur passe entre les cuisses, attaché par devant et par derrière à une ceinture ; des mittasses, espèces de guêtres sans boutons, et des souliers de peau de cerf ou de chevreuil qui leur montent jusqu'à mi-jambes. »

Pour le militaire français, le service en Amérique présentait des avantages : « Il y a plaisir de faire la guerre dans le Canada, on n'est inquiété ni de chevaux, ni d'équipages d'aucune façon, le Roi pourvoit à tout... Il faut aussi convenir que, s'il n'en coûte rien, on le rachète d'autre façon en ne voyant à chaque repas que du lard et des pois; heureusement que les lacs fournissent beaucoup de poisson, l'officier ainsi que le soldat est obligé de faire le métier de pêcheur. » Il est vrai qu'il y a le revers de la médaille : « Si nous n'avions pas la campagne gratis, il serait presque impossible de se tirer d'affaire pendant son quartier d'hiver, les denrées y étant hors de prix. Je suis persuadé que le renfort arrivé nouvellement de France va augmenter considérablement les auberges, et qu'elles iront à 200 francs par mois. »

En campagne l'ordinaire du soldat n'était pas luxueux (1); il touchait par mois 60 livres de pain, 15 livres de lard, 7 livres et demie de pois, un pot d'eau-de-vie et une livre de tabac; l'officier, en plus des mêmes rations, avait droit à 15 pots de vin, 10 livres d'oreilles de cochon, un jambon, du riz, des prunes, de la cassonnade, du fromage, et enfin à 2 livres de poudre et 4 de plomb.

Aussitôt rendus à Montréal, Montcalm et ses compagnons firent la connaissance des Indiens qui, comme auxiliaires, avaient joué jusqu'alors un rôle important dans les luttes du Nouveau-Monde. « Les sauvages, écrit-il (2) à sa mère, paraissent assez bien disposés pour nous; ce sont de vilains messieurs, même en sortant de leur toilette où ils passent leur vie. Vous ne le croiriez pas, mais les hom-

---

(1) Règlement des vivres et rafraîchissements de campagne aux officiers et soldats des bataillons de la colonie. Archives de la Guerre. Canada. 1756.

(2) Montcalm à Madame de Saint-Veran. Montréal, 16 juin 1756. Collection particulière.

mes portent toujours, avec le casse-tête et le fusil, un miroir à la guerre, pour se bien barbouiller de diverses couleurs, arranger leurs plumes sur la tête... Il faut avoir avec eux une patience d'ange. Depuis que je suis ici, ce ne sont que visites, harangues et députations de ces messieurs. Les dames des Iroquois, qui ont toujours part chez eux au gouvernement, en ont été aussi, et ils m'ont fait l'honneur de m'apporter un collier, ce qui m'engagea à les aller voir et chanter la guerre chez eux avant que d'y aller. Ils ne sont qu'à six lieues d'ici. Hier nous en avions 83 qui sont partis pour la guerre. Au reste, ces messieurs font la guerre avec une cruauté étonnante. Ils enlèvent tout, femmes, enfants, et vous enlèvent la chevelure, opération dont on meurt pour l'ordinaire, très proprement... Ce que dit Charlevoix (1) est vrai, à l'exception de brûler les prisonniers. Cela a quasi passé de mode. Cette année-ci ils en ont encore brûlé un vers la Belle-Rivière, pour n'en pas perdre l'habitude, et ils allaient brûler une femme anglaise avec son fils sans la générosité d'un soldat qui leur a donné 500 francs pour les racheter. Ils sont ici. Nous leur rachetons de temps en temps des prisonniers qui, passant dans nos mains, sont traités suivant les lois de la guerre. »

Après un court séjour à Montréal, Montcalm gagna Carillon, poste avancé des Français sur le lac Champlain. Il y imprima une vigoureuse impulsion aux travaux de fortification qui s'y faisaient depuis le printemps, mais, à en juger par le rapport adressé au ministre, il n'avait pas grande confiance dans la résistance qu'on pourrait opposer à une attaque sérieuse de l'ennemi. « Le fort, commencé (2) l'année dernière, ne peut être en état d'y hasarder une garnison, en cas d'un événement malheureux, qu'au plus tôt dans un mois. Encore faut-il que l'on con-

---

(1) Charlevoix, *Histoire de la Nouvelle-France*. Paris, 1744.
(2) Montcalm à d'Argenson. Montréal, 20 juillet 1756. Archives de la Guerre.

tinue à y travailler avec l'activité que j'y ai fait apporter pendant mes quinze jours. Ce fort est de pièces de bois sur pièces liées avec des traverses, et dont les intervalles sont remplis de terre. Cette construction est à l'épreuve du canon, et vaut à cet égard la maçonnerie et beaucoup mieux que la fortification en terre, mais n'est pas de durée. La position du fort est très bien pour être en première ligne à la tête du lac Champlain. Je l'aurais voulu un peu plus grand, capable de contenir 500 hommes, au lieu qu'il n'en peut contenir au plus que 300. Pour la connaissance du local j'ai fait deux longues courses à pied avec M. le chevalier de Lévis; je lui ai l'obligation d'une troisième, nécessaire pour connaître une partie appelée le chemin des Agniers, dont tout le monde parle sans la connaître. Il a été trois jours dehors, a couché dans les bois au bivouac. Je ne crois pas qu'il y ait beaucoup d'officiers supérieurs en Europe qui soient dans le cas de faire de pareilles courses à pied. Je ne saurais, Monseigneur, vous dire trop de bien de lui; sans être homme de beaucoup d'esprit, il a une bonne pratique, du bon sens, du coup d'œil, et quoique j'eusse servi avec lui je ne lui aurais pas cru tant d'acquis. Il a mis à profit ses campagnes. »

Montcalm quitta Carillon, laissant le chevalier de Lévis avec trois bataillons de troupes de ligne, des détachements de marine, des miliciens et quelques sauvages, en tout 2,300 hommes, pour tenir tête aux Anglais du fort George (1). Le 21 juillet le général en chef s'embarqua pour le lac Ontario. « L'objet qui me fait passer à Frontenac est un projet qui m'a paru assez militaire, si toutes les parties du détail sont combinées, et je pars sans m'en être assuré ni convaincu. Il s'agit d'aller avec les trois bataillons de la Sarre, Guyenne et Béarn, placés à Frontenac et à Niagara, et quelques Canadiens débarqués près de

(1) Ou William Henri, sur le lac George.

Chouaguen, pour en tenter le siège ou tout au moins faire une diversion. M. le marquis de Vaudreuil, pendant mon absence, a donné beaucoup d'ordres relatifs à cette entreprise dont le succès est de la plus grande importance... Je n'ai pas besoin de m'étendre sur toutes les difficultés de cette entreprise, qui n'est dans le fond entreprise que parce que l'on compte que l'ennemi n'a que 1,000 hommes dans cette partie, et que ce mouvement doit rappeler une partie des forces qui menacent Carillon. Je ne puis être que le 1er août à Frontenac qui est à 80 lieues d'ici. Il faudrait pour la réussite un secret et une célérité qui ne sont pas les vertus de la colonie. Vous pouvez être assuré, Monseigneur, que je me livre à ce projet de bonne grâce... Plus de diligence de la part des ennemis peut, à mon arrivée à Frontenac, me forcer à manquer à ce grand projet, mais nous aurons fait une diversion. »

Le 29 juillet, Montcalm, qui n'avait mis que huit jours à remonter le Saint-Laurent en canot, parvint à Frontenac; il y trouva les bataillons de ligne et l'ingénieur Des Combles de retour d'une reconnaissance du fort anglais. Après un délai indispensable pour les derniers préparatifs, l'expédition mit à la voile; la traversée du lac Ontario fut heureuse, et les troupes de Frontenac rejoignirent sans accident les contingents réunis à Niaouré sous les ordres de M. de Rigaud, frère du gouverneur. La petite armée française atteignait un effectif de 3,200 hommes, dont 2,000 réguliers, 1,000 Canadiens et 200 sauvages; le parc de siège se composait de 51 canons, obusiers et mortiers, y compris 4 pièces de campagne prises à la Monanghahela. On choisit pour point de débarquement une anse à une demi-lieue des postes britanniques.

Le vieux Chouaguen, ou Oswego, comme l'appelaient les Anglais, n'avait été primitivement qu'un comptoir pour les échanges avec les tribus indiennes; depuis peu l'édifice principal, espèce de château féodal à deux étages, avait été crénelé, pourvu d'une enceinte extérieure, et protégé par des retranchements armés de 18 canons et de 15 mortiers. En face de cette construction, de l'autre côté de la rivière d'Oswego, sur une hauteur boisée dominant le lac et la baie, les Anglais avaient établi le fort Ontario. Les remparts de cet ouvrage, en forme d'étoile, étaient bâtis en troncs d'arbres de 18 pouces de diamètre, solidement joints, et sortant de terre d'environ 9 pieds; un fossé de 18 pieds de large sur 8 de profondeur entourait le fortin qui avait été muni de 8 pièces de canon et de 4 mortiers. La garnison d'Oswego se composait de 2 bataillons de ligne de levée récente, de quelques compagnies coloniales, d'ouvriers et de matelots de la flottille et d'un détachement d'artilleurs, en tout 15 à 1,600 combattants dont un peu plus de 300 dans le fort Ontario, le reste au vieux Chouaguen.

Malgré la présence, à l'embouchure de la rivière, de bâtiments de guerre de force au moins égale à celle des Français, les défenseurs d'Oswego paraissent s'être fort mal gardés; ce ne fut que dans la nuit du 11 août qu'ils furent avertis de l'imminence de l'attaque par des coups de fusil que tirèrent des sauvages pendant une reconnaissance. Dans cette bagarre, le commandant du génie Des Combles fut tué par un Indien qui, trompé par son uniforme, le prit pour un Anglais. Desandrouins, capitaine en second du corps royal, le remplaça, et se vit adjoindre, comme aide, le capitaine d'infanterie Pouchot (1) qui venait de remettre en état le fort Niagara. On ouvrit la tranchée dans la nuit du 12 au 13, à 90 toises du fort Ontario. L'ennemi ne sut pas profiter d'un magnifique clair de lune qui favorisa les travailleurs fournis par les régiments de Sarre et de Guyenne, et ne fit rien pour troubler l'opération. Il n'en fut pas de même la journée du 13, pendant laquelle le feu fut d'autant plus

(1) Auteur de l'ouvrage *Mémoires de la dernière guerre dans l'Amérique*.

vif qu'on n'y pouvait répondre que par la mousqueterie. Il cessa comme par enchantement à quatre heures. D'abord « on crut (1) à une feinte pour nous engager à quelque étourderie »; après un intervalle de deux heures un sauvage s'offrit pour aller à la découverte, se glissa jusqu'au pied du rempart, puis dans le fort où l'on n'entendait rien, et revint aussitôt prévenir le commandant de tranchée qui fit occuper l'ouvrage par une compagnie de grenadiers de Guyenne. Les Anglais s'étaient retirés après avoir encloué leurs canons et noyé leurs poudres. Cette retraite prématurée, car les assiégeants n'avaient pas encore armé leurs batteries et les murs de pieux du fort étaient par conséquent intacts, fut attribuée à la manœuvre des batteurs d'estrade canadiens et indiens, qui, se faufilant dans le bois, s'étaient rapprochés de la rivière et menaçaient les communications de la garnison avec le vieux Chouaguen.

Les Français tirèrent parti de l'avantage gagné; dans la nuit du 13 au 14 on établit une voie d'accès permettant de descendre dans le fossé, et sur la crête des hauteurs de la rive droite de l'Oswego on construisit une batterie de 9 pièces de canon, reliée au fort par un chemin couvert. Grâce au zèle des travailleurs, auxquels durent se joindre les piquets de garde, tout fut prêt de grand matin le 14 août. Rigaud et Villiers, avec leurs Canadiens et sauvages, franchirent la rivière, qui à gué, qui à la nage, entourèrent les positions anglaises d'une ligne de tirailleurs, et coupèrent la retraite sur le lac des Onoyottes et sur le Mohawk. Entre temps la batterie avait commencé son feu; « elle donnait avec beaucoup de supériorité et prenait de revers tous les retranchements que les ennemis avaient autour de Chouaguen; ils n'avaient pas imaginé qu'on vînt les prendre ainsi par derrière, et n'avaient songé

---

(1) Recueil et Journal de Desandrouins.

ni à se traverser, ni à changer leurs plates-formes qui étaient tournées en sens inverse. » Cependant (1) les Anglais ripostèrent vigoureusement; un canon français fut démonté, les munitions qu'il fallait transporter du bord du lac n'arrivaient pas en quantité suffisante, l'État-major s'impatientait; aussi fut-on heureux d'accueillir les parlementaires qui venaient traiter de la reddition. Les pertes des défenseurs avaient été en effet plus sensibles qu'on ne le croyait; le commandant, le colonel Mercer, avait été tué par un boulet dès neuf heures du matin. La mort de cet officier énergique démoralisa les assiégés; son successeur, le lieutenant-colonel Littlehales, convoqua un conseil de guerre auquel le directeur du génie, Mackeller, déclara qu'on ne pourrait prolonger la résistance plus d'une heure. La capitulation fut promptement signée; la garnison resta prisonnière; malgré un déchet de 120 hommes pendant le siège, elle était encore forte de 1,658 hommes, y compris les ouvriers et les équipages des bateaux. La flottille anglaise n'avait rendu aucun service, et s'était bornée à échanger quelques coups de canon avec la batterie qui protégeait la plage de débarquement. En plus de 5 drapeaux emportés comme trophées, Montcalm trouva à Chouaguen 55 canons, 14 mortiers, 5 obusiers, quantité de munitions de guerre, des vivres pour deux ou trois ans, et dans le port une barque inachevée percée pour 18 canons, un brigantin de 14, une goëlette de 8 et quelques embarcations légères. Les Français ne payèrent leur succès que de 30 à 40 tués ou blessés.

Un incident des plus fâcheux vint ternir la victoire, et démontrer la difficulté d'empêcher les atrocités dont les auxiliaires sauvages étaient coutumiers. Sous prétexte qu'ils n'avaient pas été liés par le cérémonial spécial d'une remise de colliers, les Indiens se ruèrent sur les prison-

---

(1) Rapport de Desandrouins, 28 août 1756. Archives de la Guerre.

niers anglais et en tuèrent une trentaine (1), tant à l'hôpital (2) qu'au lieu d'embarquement. « Je ne vous parle point, écrit Desandrouins, des horreurs et des cruautés des sauvages; l'idée que l'on en a en France est très juste à cet égard; il est malheureux de faire la guerre avec de pareilles gens, surtout quand ils sont ivres. »

Il eût été imprudent, avec les faibles effectifs dont on pouvait disposer, de conserver le poste de Chouaguen; aussi fut-il décidé d'en détruire les ouvrages; l'opération fut lestement accomplie. La dislocation eut lieu le 21 août : Guyenne et Béarn partirent pour le lac Champlain, la Sarre resta au camp de Niaouré pour évacuer les approvisionnements et munitions dont on venait de s'emparer; les Canadiens allèrent rentrer leur moisson, les sauvages retournèrent dans leurs villages, « comme c'est leur coutume quand ils ont fait coup. »

Ainsi que le reconnurent les officiers français, la prise de Chouaguen fut grandement facilitée par l'imprévoyance et la démoralisation des défenseurs. Ceux-ci ne surent pas utiliser leur flottille pour entraver la traversée du lac par les troupes de Montcalm; ils laissèrent ce dernier débarquer à son aise et ouvrir ses parallèles sans être interrompu. Le siège commencé, leur conduite n'avait pas été brillante. « Les Anglais, il faut l'avouer, observe Desandrouins (3), sont des gens qui entendent bien peu la guerre; ils se sont rendus prisonniers au moment qu'ils nous assommaient de leur artillerie; ils n'ont pas seule-

---

(1) Le commandant anglais Littlehales, probablement habitué à ce genre d'accidents, ne semble pas y avoir prêté grande importance : « Quelques soldats, écrit-il dans son rapport, s'étant enivrés, se prirent de querelle avec les Indiens; plusieurs d'entre eux furent tués, mais je n'en connais pas le nombre exact. » Loudoun à Fox, 8 octobre 1756. Record Office. Londres.

(2) Le lieutenant anglais Delacour, qui avait été blessé aurait été massacré dans sa tente. Mante. *Late war in America*. London 1772.

(3) Rapport de Desandrouins. Montréal, 28 août 1756. Archives de la Guerre.

ment fait semblant de s'opposer au passage de la rivière par M. de Rigaud; ils n'ont même pris aucune précaution pour se traverser dans leur camp retranché... Ils étaient découverts jusqu'aux pieds; ils n'ont pour eux que de bien ajuster boulets et bombes et de soutenir un feu vif. »

A la décharge du colonel Mercer et de ses officiers, il est juste de dire que la garnison avait été très éprouvée par les maladies pendant l'hiver (1), et que les hommes, sans solde depuis huit mois, montraient un fort mauvais esprit; Mercer n'avait pu les apaiser qu'en s'engageant personnellement pour l'arriéré, et en achetant du rhum pour leur faire des distributions.

L'entreprise de Chouaguen fit honneur au général et à tout le corps expéditionnaire. Montcalm déploya son entrain et sa bravoure habituels; hésitant avant le départ de Frontenac, il ne le fut plus devant Oswego; il fut admirablement secondé par Bourlamaque qui commanda la tranchée, par Desandrouins qui dirigea la partie technique du siège, et par les officiers, tant canadiens que français. « Nous avons beaucoup souffert, écrit notre ingénieur, durant cette expédition, depuis le 12 à quatre heures et demie du matin jusqu'au 14 à sept heures du soir, toujours dans des mouvements si vifs et ayant fait tant de besogne que les ennemis nous ont jugés 6,000 effectif de troupes réglées, et nous n'étions pas 1,300. » Montcalm, aussitôt de retour à Montréal, fit son rapport au ministre de la guerre; il ne tarit pas en éloges sur la conduite de ses soldats : « Cette lettre est uniquement (2) pour vous rendre compte du zèle avec lequel les troupes françaises se sont portées à l'expédition de Chouaguen, quoique la faible résistance des ennemis ne leur ait pas fait essuyer

(1) Mercer à Shirley, 2 et 22 juillet 1756. Record Office. Londres. A la première de ces dates les trois bataillons à Oswego n'avaient que 923 hommes en état de porter les armes. Ils furent renforcés avant le siège.

(2) Montcalm au ministre. Montréal, 30 août 1756. Archives de la Guerre.

autant de coups de fusil qu'ils devaient s'y attendre. Elles ont soutenu le peu qu'il y a eu avec une bonne grâce qui a été applaudie du Canadien, et c'est tout dire. Et du côté des fatigues et des travaux, c'est avec la plus grande ardeur que l'officier et le soldat ont concouru à diligenter tout ce qui avait rapport au siège, à la démolition et à l'évacuation; ils ont été animés à ce dernier travail par l'espérance d'arriver à temps sur le lac Saint-Sacrement, pour y repousser l'ennemi qui veut, dit-on, mesurer ses forces. D'avoir 150 lieues à faire, de marcher sans équipages, de camper plusieurs officiers dans une canonnière de soldat, de vivre de lard et de pois, comme je leur en donne l'exemple, tout cela ne les arrête pas. La dangereuse navigation des lacs dans de petits bateaux comme ceux de Saint-Cloud, est méprisée du soldat qui rame et conduit aujourd'hui un bateau comme un Canadien. »

On n'eut pas à défendre Carillon contre l'attaque prévue; en effet, la chute d'Oswego avait porté la consternation dans le camp anglais. Shirley, dont le ministère britannique était mécontent au point de vue militaire, et qu'on accusait ouvertement (1) de connivence avec les fournisseurs de son armée, avait été remplacé par Lord Loudoun; l'arrivée de ce dernier avait été précédée par celle du général Abercromby avec deux bataillons de ligne. Le nouveau gouverneur général, débarqué le 23 juillet 1756, trouva les affaires dans un état déplorable (2); la caisse était vide, le trésor très engagé; les rapports d'Oswego fort inquiétants réclamaient des renforts qu'on ne pouvait faire partir faute de moyens de transport. Du côté du lac Saint-Sacrement, rien n'était prêt pour l'expédition contre les forts français de Carillon et de Saint-Frédéric (3); à la vérité les contingents colo-

---

(1) Correspondance de Loudoun avec le ministère anglais. Record Office.
(2) Loudoun à Fox, 19 août 1756. Record Office.
(3) Les Anglais avaient donné au lac Saint-Sacrement le nom de lac

niaux s'assemblaient au fort Lydius, sur le cours supérieur de l'Hudson ; mais ils n'entendaient relever que des autorités de leurs provinces, et répugnaient à servir sous les ordres d'officiers anglais et avec les troupes de la métropole. Enfin l'agent général des affaires indiennes, le colonel Sir William Johnson, déplorait son peu de succès auprès des cinq Nations (1), et désespérait de les entraîner à la guerre contre les Français.

Quelques heures après avoir expédié la dépêche qui rendait compte de ses embarras, Loudoun apprit la capitulation d'Oswego ; il écrivit aussitôt (2) au colonel Webb, qui à la tête d'un bataillon de ligne était depuis le 12 août en route pour renforcer la garnison, de se maintenir si possible au portage important du faîte des terres, entre la rivière Mohawk, affluent de l'Hudson, et la Crique des Bois dont les eaux coulent vers le lac Ontario ; en cas d'impossiblité, il devait se retirer en brûlant les forts de pieux qui gardaient le chemin. Webb crut prudent de prendre ce dernier parti et se replia sur le bas Mohawk. Par le même courrier, Loudoun (3) donna ordre à Winslow de rester dans ses positions et de renoncer à l'attaque projetée contre Carillon. Cet officier, qui avait pris une part considérable aux incidents d'Acadie en 1755, avait sous ses ordres environ 7,000 provinciaux. A en juger par les démêlés avec le gouverneur (4), par le refus assez peu déguisé de marcher avec les troupes de ligne, et par le rapport des officiers chargés d'inspecter les forts anglais,

George qui lui est resté, et aux forts français du lac Champlain les appellations de Ticonderaga et de Crown point.

(1) Confédération des cinq ou six tribus iroquoises qui jusqu'alors avaient penché du côté anglais.
(2) Loudoun à Webb, 26 août 1756. Record Office.
(3) Loudoun à Winslow, 26 août 1756. Record Office.
(4) Voir la correspondance entre Shirley, Loudoun et Winslow, Record Office. Ce dernier alléguait les conditions de recrutement votées par les États provinciaux pour demander que les troupes américaines servissent à part et sous leurs propres officiers.

ce corps mal encadré et peu discipliné n'était guère en état de prendre l'offensive. « Au fort William Henri (1), mande le colonel Burton (2), il y a environ 2,500 hommes, dont 500 malades, presque tous en mauvaise santé; ils enterrent 5 à 8 hommes par jour, et des officiers en proportion; tout ce monde est bien paresseux et d'une saleté impossible; dans le fort il règne une puanteur à engendrer des épidémies; tous les malades sont à l'intérieur. Le camp est d'un négligé inconcevable; les commodités, les cuisines, le cimetière, tout mélangé ensemble. Beaucoup de coulage pour les provisions, les hommes prenant ce qui leur plaît, un commandement peu organisé. On se garde mal, un seul poste avancé d'un officier et 30 hommes; pas de piquets en avant du camp; quand je suis arrivé il n'y avait aucun parti d'éclaireurs au-dehors, et pendant les six jours que je suis resté on n'en a pas expédié. »

Quant aux fortifications, elles étaient incomplètes, et le terrain autour n'avait pas été déboisé à distance. Au fort Édouard (3) l'artillerie était insuffisante, les munitions faisaient défaut, il était urgent de faire des travaux complémentaires pour mettre la place en état. A la suite d'un tel rapport, il n'est pas surprenant de voir Loudoun envoyer des détachements de réguliers relever l'avantgarde de Winslow. Malgré les renforts venus d'Angleterre et l'envoi par la métropole de 115,000 livres sterling à titre de subside, les Anglais ne bougèrent pas de leurs positions sur le lac George et sur l'Hudson. Le gouverneur général chercha à rejeter la responsabilité de la perte d'Oswego sur son prédécesseur, échangea avec lui une correspondance des plus aigres, le dénonça au

---

(1) Ce fort était aussi appelé fort George, il était situé sur le lac de ce nom.
(2) Burton à Loudoun. Fort Edward, le 27 août 1756. Record Office.
(3) Le fort Édouard bâti sur le bord de l'Hudson avait été primitivement appelé Lydius.

ministère britannique comme intéressé dans certaines opérations louches de fournisseurs véreux, et finit par lui donner ordre de s'embarquer au plus vite pour l'Angleterre.

Entre temps, Montcalm était de retour à Carillon où il fut rejoint par une partie des troupes revenues de Chouaguen; il y resta jusqu'à la fin d'octobre. Pendant l'automne, rien à signaler que des rencontres de partisans d'où l'on rapportait des chevelures et quelques prisonniers qu'il était souvent impossible de sauver des mains des sauvages. Bougainville, qui était allé reconnaître les environs du fort William Henri, termine son récit (1) par cette douloureuse constatation : « Les sauvages ont avec eux 17 prisonniers; un seul avait pu être racheté par Montcalm; ils en ont déjà assommé quelques-uns... Les cruautés et l'insolence de ces barbares font horreur et répandent du noir. C'est une abominable façon de faire la guerre, la représaille est effrayante et l'air qu'on respire ici est contagieux pour l'accoutumance à l'insensibilité. »

C'était profondément vrai. Chacun des belligérants, tout en s'efforçant de recouvrer le plus possible des malheureux capturés par leurs auxiliaires sauvages, faisait la part du feu en laissant ceux-ci en emmener quelques-uns pour les torturer à loisir et les tenir en esclavage. Shirley, écrivant à son ministre (2), annonce que Johnson, le vainqueur de Dieskau, lui envoie le général; « quant aux autres prisonniers, une vingtaine environ, la plupart ont été pris par les Indiens qui, si je comprends bien Johnson, les ont réclamés pour en disposer entre eux. » Le trafic des chevelures était tarifé dans les deux armées; les rangers, ou chasseurs américains, avaient droit à une prime de cinq livres sterling par chevelure rap-

(1) Journal de Bougainville cité par l'abbé Casgrain. *Montcalm et Lévis*.
(2) Shirley à Robinson, 12 janvier 1756. Record Office.

portée; au Canada la rétribution payée ne se montait qu'à 10 écus (1). De part et d'autre la pratique était parfaitement acceptée, et il n'était pas rare de voir les chefs indigènes paraître aux cérémonies publiques et aux réceptions officielles avec ces horribles trophées pendus à leurs ceintures.

Au cours de l'automne de 1756, se révélèrent les premiers indices de mésintelligence entre Vaudreuil et Montcalm, à propos de la prise de Chouaguen dont chacun s'attribuait le mérite exclusif. Le gouverneur revendiquait avec quelque raison l'initiative d'une entreprise qu'il avait méditée et préparée de longue main; mais vaniteux et jaloux à l'excès, il oubliait qu'elle n'aurait pu aboutir sans l'activité et la capacité militaires déployées par le général.

Dans une longue dépêche (2) au ministre de la Marine, Vaudreuil se plaint de l'irrésolution de Montcalm, qui sans l'insistance de Rigaud et des officiers coloniaux aurait renoncé à l'expédition; après la capitulation, les Canadiens et les sauvages auraient été privés de leur part du butin. « Dès que les troupes de terre eurent pris possession des deux forts, il ne fut pas possible aux Canadiens d'en approcher, et ceux qui se mirent dans ce cas furent bourrés par les grenadiers. Les sauvages furent encore plus mécontents que les Canadiens; ceux de la Baye sont retournés à leur village sans avoir la liberté d'emporter la moindre chose; on leur ôta des mains ce qu'ils avaient pris... Cependant il est certain qu'il y avait prodigieusement des effets, des marchandises, du sucre, café, chocolat, thé, et autres provisions, et même de l'argent, et le tout a été généralement pillé. De dire où ont passé tous ces effets je l'ignore, et je ne suis pas même curieux de le savoir...

---

(1) Duchat à Lamy du Châtel. Lettre déjà citée.
(2) Vaudreuil à Moras. Montréal, 1er septembre 1756. Collection Moreau. Archives des Colonies.

Voilà, Monseigneur, des faits réels que tout le monde sait; je feins de les ignorer et je n'en donne connaissance qu'à vous seul. » La lettre se termine par son propre éloge et par celui de son frère : « Si j'eusse été moins vigilant, et que je n'eusse soutenu avec fermeté les ordres que j'avais donnés, Chouaguen serait encore non seulement au pouvoir des Anglais, mais même, si M. le marquis de Montcalm avait tardé de quatre jours à exécuter mes ordres, l'ennemi s'y serait maintenu et s'en serait assuré la possession, quelques efforts que j'eusse pu faire désormais. Je ne puis assez me louer du zèle que mon frère, les Canadiens et les sauvages ont marqué en cette occasion; car sans eux mes précautions et mes ordres n'auraient abouti qu'à une pauvre démarche, sans qu'il eût été possible de réparer une semblable faute. »

L'intendant Bigot, mieux placé pour être impartial, rend hommage (1) à la persévérance de Vaudreuil : « Les troupes de terre ne s'attendaient pas à l'avoir à si bon marché; on s'était fait de ce fort une idée tout autre qu'il n'était, et si M. de Vaudreuil n'eût pas été ferme dans l'ordre qu'il avait donné d'en faire le siège, il serait encore aux Anglais. On a aussi obligation en partie de son entreprise à M. le chevalier Lemercier qui levait toutes les objections qu'on lui faisait au fort Frontenac, au moment de s'embarquer, lesquelles ne tendaient qu'à ne pas entreprendre cette expédition. » Quant aux désordres, il les attribue aux Indiens : « Il y a eu un grand pillage de la part des Indiens sauvages, malgré les ordres de M. le marquis de Montcalm... Je viens d'apprendre qu'on avait brûlé à Chouaguen 4 ou 500 quarts de farine et autant de lard, faute de voitures pour les emporter. »

D'après le ton des dépêches officielles, on peut s'imaginer celui des conversations particulières. Une note en

---

(1) Bigot à Moras. Québec, 3 septembre 1756. Collection Moreau. Archives des Colonies.

abrégé de Bougainville, glanée dans les feuillets de son journal, donne une idée des propos qui circulaient, et des critiques qui se formulaient dans les cercles de l'état-major de Montcalm : « Les sauvages et les Canadiens (1) seuls ayant pris Chouaguen. Facilité de cette expédition, suivant le peuple, le marquis de Vaudreuil et l'évêque, qui l'eût repris, disait-il, avec son clergé, sans doute comme Josué prit Jéricho en faisant deux fois le tour des murs. Empressement des Canadiens pour partir sitôt l'expédition faite. Avec d'autres troupes et d'autres ordres de la cour, garnison laissée à Chouaguen, marche subite de l'armée au fort de Bull, qui en est à douze lieues, et au corps du colonel Bradstreet, qu'on eût peut-être rencontré en chemin. Mauvaise administration pour les vivres; en donner au rabais l'entreprise à des compagnies ou particuliers qui se chargeront et des fournitures et du transport. Canadiens glorieux comme s'ils étaient gueux et désintéressés. V. quand il a conçu une idée, en devient amoureux, comme Pygmalion de sa statue ; je le pardonne à ce dernier, car elle était un chef-d'œuvre. »

En dehors du Canada, le second semestre de 1756 ne fut marqué par aucun événement important. Dans ce qui était alors le « Far West », ou le pays d'En Haut, les Français étaient complètement maîtres; les sauvages ralliés à leur cause pillaient les établissements anglais et commettaient leurs atrocités habituelles. « M. Dumas m'écrit, rapportait le gouverneur (2), que depuis plus de 8 jours il n'est occupé qu'à recevoir des chevelures. » Cet officier qui commandait au fort Duquesne estimait les partis en campagne à plus de 3,000 sauvages, Canadiens et réguliers.

Cette guerre de partisans, sans résultat décisif sur les opérations, était ruineuse pour les finances de la colonie.

(1) Kerallain, *Jeunesse de Bougainville*, p. 48.
(2) Vaudreuil à Moras, 8 août 1756. Archives des Colonies.

Vaudreuil est obligé (1) d'en convenir : « M. Bigot m'a mandé dernièrement que le papier qui avait rentré à la caisse du trésorier montait à 8 millions... Je ne suis point surpris que les dépenses montent si haut, les sauvages en occasionnent d'immenses, et elles forment la plus grande partie de celles que le roi fait dans la colonie. Il faut être sur les lieux pour juger à quel point ces gens-là consomment et sont incommodes. Je leur refuse et diminue à Montréal, autant que je peux, leurs demandes; mais malgré cela ils réussissent à se faire équiper plusieurs fois dans la même campagne... Ils prétextent qu'on leur a refusé quelque chose à l'armée, ou qu'ayant fait coup ils doivent retourner chez eux, ou qu'ils ont rêvé qu'il fallait qu'ils s'en retournassent... Lorsqu'ils vont en partie, on leur fait prendre pour 10, 12 ou 15 jours de vivres, suivant l'éloignement. Au bout de deux jours ils reviennent sans vivres et sans équipement, et disent avoir tout perdu, et il faut leur en faire délivrer d'autres. Ils font d'ailleurs une consommation d'eau-de-vie extraordinaire, et un commandant serait fort embarrassé s'il leur en refusait, ainsi que le reste de leurs demandes. Outre la consommation occasionnée par les sauvages, il y en a une grande par les dissipations et les vols qui se font dans les transports; les boissons arrivent à leur destination à demi-bues ou volées, les lards et les farines gâtés par le peu d'attention que l'on a eu, en les laissant sur les grèves à l'ardeur du soleil dans tous les différents entrepôts; et ce qui est gâté coûte au Roi, rendu, comme le bon. » Vaudreuil conclut en proposant, pour diminuer le coulage, de donner la fourniture générale des vivres au sieur Cadet. Comme le démontrera la suite, le remède était pire que le mal.

En Acadie rien d'insolite; des escarmouches entre les

(1) **Vaudreuil à Moras, 13 octobre 1756. Archives des Colonies.**

garnisons anglaises et les détachements de Boishébert, une dépense considérable pour l'entretien des troupes, et pour la subsistance des réfugiés acadiens qui mouraient de faim dans les établissements de la côte et dans l'île Saint-Jean (1). Au commencement de l'hiver, on comptait dans cette île (2) 1,400 personnes sans autres ressources que les vivres qu'on leur distribuait au nom du Roi, et les secours en vêtements trouvés dans les prises que faisaient les corsaires de Louisbourg. A l'île Royale (3), le calme n'avait été troublé que par un combat naval livré à quelques lieues du rivage. Le chef d'escadre Beaussier, qui avait transporté au Canada le marquis de Montcalm et ses deux bataillons, avant de rentrer en France fit escale à Louisbourg ; il eut dans les parages de ce port une rencontre indécise avec une division anglaise d'égale force ; seuls le vaisseau de Beaussier, *le Héros*, et le vaisseau anglais *le Grafton*, furent engagés de près et firent des pertes sérieuses. Le vaisseau *l'Illustre* et la frégate *la Sirène* furent empêchés par le manque de vent de prendre part à la bataille ; cette inaction, attribuée à tort ou à raison à la jalousie du commandant de *l'Illustre* pour son chef qui ne sortait pas comme lui de la marine royale, donna lieu à une enquête dont les résultats furent négatifs (4).

Pour la campagne qui allait s'ouvrir en 1757, le gouvernement britannique, résolu à prendre sa revanche des échecs subis en 1756, fit de grands préparatifs en Angleterre et en Amérique. De la métropole, on promit d'expédier une forte escadre et 8,000 hommes de débarquement ; de son côté, Loudoun s'employa à obtenir des États et des gouverneurs des subsides en hommes et en argent. La

(1) Aujourd'hui île du Prince Édouard.
(2) Villejouin à Drucour et Prévost, 3 novembre 1756. Archives des Colonies.
(3) Aujourd'hui île du Cap Breton, dépendance de la Nouvelle-Écosse.
(4) Journal de bord du vaisseau *le Héros*, et Enquête sur l'engagement du 27 juillet 1756. Archives de la Marine.

tâche était ardue : les colonies du sud, la Georgie, les Carolines pourraient tout au plus suffire à leur propre défense; le New Jersey, le Maryland et la Pensylvanie, dominés par les Quakers dont les principes religieux s'opposaient à toute action belliqueuse, se dérobaient aux demandes de concours. Par contre, de la Virginie, de New-York, et de la plupart des États de la puritaine Nouvelle-Angleterre, on pouvait espérer un effort considérable. Mais Loudoun se plaint amèrement (1) des retards apportés à la réalisation des promesses. « Il faut un temps infini pour négocier avec tous ces États; cela tient aux distances, à la forme diverse des gouvernements, aux jalousies qu'ils ont les uns des autres, et enfin à la lenteur infinie qu'ils mettent à remplir leurs engagements. J'avais fini mes pourparlers avec les gouvernements du nord, l'hiver dernier, au commencement de février; ils devaient marcher le 25 mars, mais je n'ai pu les mettre en route avant mai. Quant aux provinces du sud, il n'y a pas encore eu un commencement d'exécution. » Loudoun critiquait beaucoup la composition des troupes américaines, très mal recrutées, et leur préférait, malgré leur inexpérience, les milices dont il vantait le physique et le moral.

En attendant l'arrivée des renforts dirigés sur Halifax, il pouvait disposer pour ses opérations du printemps d'environ 8,000 hommes de troupes de ligne dont 3,000 dans la Nouvelle-Écosse. A ce contingent de réguliers, viendraient s'adjoindre à peu près autant de coloniaux, et les milices du pays dont le service était à la vérité des plus intermittents. D'après les projets de campagne soumis à Pitt (2), il laisserait 3 bataillons de ligne et les provinciaux dans les forts de l'Hudson et du lac George; avec le reste de ses forces, il irait rallier les garnisons de l'Acadie et la

(1) Loudoun à Holdernesse, 16 août 1757. Record Office.
(2) Loudoun à Pitt, 10 mars 1757. Record Office.

division annoncée d'Angleterre. Le tout formerait un corps de 15 à 16,000 hommes de bonnes troupes, suffisantes avec l'appui de l'escadre pour entreprendre avec des chances de réussite une expédition contre Québec ou Louisbourg.

Reportons-nous au Canada et voyons sur quelles forces la défense pouvait compter pour repousser l'attaque projetée. Les 6 bataillons de ligne atteignaient à la fin de 1756 (1) un effectif de 2900 hommes; les troupes de la colonie, tant infanterie qu'artillerie, se montaient à 2,000, soit en tout 4,900 réguliers. A ces soldats, dispersés depuis l'Acadie jusqu'à l'Ohio, s'ajoutaient les contingents de la milice canadienne, beaucoup plus mobilisable et plus aguerrie que celle des possessions anglaises. La garnison de Louisbourg, tout à fait indépendante du Canada, se composait de 2 bataillons de l'armée de terre et de 25 compagnies coloniales, soit un peu plus de 2,100 combattants.

Pour rétablir la balance il eût été désirable d'augmenter ces chiffres trop inférieurs; mais ce n'était pas tout d'avoir des soldats, il fallait les nourrir; or le gros souci des gouverneurs, et surtout des intendants de la Nouvelle-France, était la question des subsistances. Le Canada produisait à peine, bon an mal an, de quoi alimenter ses propres habitants; la récolte présentait-elle un déficit, la moisson avait-elle souffert du maintien prolongé des adultes sous les drapeaux, il en résultait un vide qu'on devait combler par des importations de France. Depuis l'ouverture des hostilités, la situation s'était aggravée. D'une part le nombre des consommateurs s'était accru des militaires, des Acadiens réfugiés et des Indiens; d'autre part

---

(1) Doreil au ministre, 1er novembre 1756. Depuis leur départ de France les 6 bataillons avaient perdu 6 officiers et 230 soldats, tués ou morts de maladie; 2 officiers et 14 soldats avaient été renvoyés en France. Ces pertes avaient été compensées en partie par l'incorporation de 144 volontaires ou recrues.

beaucoup de cargaisons interceptées par les Anglais n'étaient pas parvenues à destination. Au Cap Breton c'était bien pire, car à part la morue en abondance et quelques bœufs de l'île voisine de Saint-Jean, la colonie devait tout tirer du dehors. Durant l'hiver de 1756-1757, quoiqu'il y eût des privations, la disette ne sévit réellement que dans l'Acadie française et dans l'île Saint-Jean. « Il est mort beaucoup d'Acadiens, écrit Vaudreuil (1); le nombre des malades est considérable, et ceux qui sont convalescents ne peuvent se rétablir par la mauvaise qualité des aliments qu'ils prennent, étant souvent dans la nécessité de manger des chevaux extrêmement maigres, de la vache marine et de la peau de bœuf... M. Bigot va faire partir un bâtiment qui suivra les glaces pour porter les secours. »

Au Canada, sans être aussi critique, la situation était difficile; Montcalm, qui avait passé un mois à Québec, signalait la cherté des vivres. Malgré ces préoccupations la mauvaise saison se passait gaiement. « Tout est hors de prix; écrit-il (2), il faut vivre honorablement et je le fais. Tous les jours seize personnes, une fois tous les quinze jours chez M. le gouverneur général et chez M. le chevalier de Lévis qui vit aussi très bien. Il a donné trois beaux grands bals. Pour moi, jusqu'au carême, outre les dîners, de grands soupers de dames trois fois la semaine, le jour des diverses prudes des concerts, les jours de jeûne des violons de hasard parce qu'on me les demandait. Cela ne menait que jusqu'à deux heures après minuit, et il se joignait après souper compagnie dansante, sans être priée mais sûre d'être bien reçue, à celle qui avait soupé. Fort cher, peu amusant, et souvent ennuyeux. »

De la description de la vie mondaine de Québec, Mont-

---

(1) Vaudreuil au ministre, 19 avril 1757. Archives des Colonies.
(2) Montcalm à la marquise, 16 avril 1757. Collection particulière. Lettre citée par l'abbé Casgrain.

calm passe à l'appréciation de ses camarades : Il crayonne leurs portraits à grands traits dans le style heurté et incisif qui lui est habituel : « J'aime beaucoup mon galant chevalier de Lévis; le choix de Bourlamaque est bon ; homme froid, de l'esprit. Bougainville, du talent, la tête et le cœur chauds : cela mûrira. Je suis bien avec les troupes de terre et de la colonie que je traite également par les politesses. »

Puis il revient au Canada et à ses habitants des deux sexes : « Je ne vis que par l'espoir de vous rejoindre tous. Cependant Montréal vaut Alais dans les temps de paix, et mieux pour le séjour de la généralité, car le marquis de Vaudreuil n'a aussi passé qu'un mois à Québec. Pour Québec, comme les meilleures villes du royaume, quand on en a ôté une dizaine, moins que Montpellier, mieux que Béziers, Nîmes, etc., etc.; le climat sain, le ciel pur, un beau soleil; ni printemps ni automne, hiver ou été. Juillet, août et septembre comme en Languedoc, et au camp de Carillon où l'on est plus vers le sud, comme à Naples. Des jours de poudrerie, l'hiver, insupportables où il faut rester renfermé; les dames spirituelles, galantes, diverses, à Québec joueuses; à Montréal conversation et danses, et mes amis les sauvages souvent insupportables, et avec qui j'ai autant de patience que de flegme. »

Durant la mauvaise saison eurent lieu les courses accoutumées, à la recherche de prisonniers et de chevelures. Celle dont fut chargé Rigaud eut quelque importance; le détachement fort de 1,400 hommes (500 réguliers, 600 Canadiens et 300 sauvages) partit de Montréal en plein hiver et parvint aux abords du fort William Henri le 18 mars. Il lui fallut accomplir cette marche de 60 lieues « la raquette au pied (1), ayant ses vivres sur des trains que l'on peut, dans les beaux chemins, faire tirer par des chiens, cou-

---

(1) Montcalm au ministre. Montréal, 24 avril 1757. Archives de la Guerre.

chant au milieu de la neige sur la peau d'ours avec une simple voile qui sert d'abri contre le vent. » Rigaud incendia tous les magasins extérieurs des Anglais, 4 barques et 300 bateaux, des approvisionnements de bois; mais, dépourvu d'artillerie, il ne produisit aucune impression sur le fort dont il fit sommer inutilement la garnison. Le major anglais Eyres (1) qui avait sous ses ordres 474 hommes, dont 128 malades, ne se laissa pas intimider; cependant il ne put empêcher quelques volontaires, conduits par l'officier français Wolf, de mettre le feu à une barque sur le chantier, prête à être lancée. Rigaud rentra sans encombre à Carillon avec ses contingents Ce n'est pas sans légitime orgueil que Montcalm parle de la part que les soldats de ligne avaient prise à l'expédition : « Comme nous n'avons point usage de pareilles marches en Europe, et que les Canadiens, accoutumés à se vanter, assuraient que nos troupes ne pourraient soutenir ces fatigues, je m'étais attaché à bien choisir à tous égards les officiers et les soldats. Aussi ils ont été forcés de convenir que nous ne leur avons cédé en rien. D'être six semaines marchant et couchant quasi toujours sur la neige ou sur la glace, réduits au pain et au lard, et à souvent traîner ou porter des vivres pour quinze jours, vous présentera l'idée d'une fatigue inconnue en Europe; on l'a soutenue avec beaucoup de gaieté et pas le moindre murmure... Parmi les diverses souffrances que l'on a eues dans ce détachement, l'on a éprouvé un accident singulier; c'est celui de perdre la vue totalement par la réflexion du soleil sur la glace. Il y a eu au retour un tiers du détachement aveugle, tant des Canadiens et sauvages que des nôtres, que leurs camarades étaient obligés de mener comme des Quinze-Vingts; mais au bout de deux fois vingt-quatre heures on recouvre la vue avec des remèdes faciles. »

(1) Rapport du major Eyres, 24 mars 1757. Record Office.

Cette pointe hardie sur la frontière anglaise fut le prélude d'une opération plus importante. Il s'agissait de s'emparer des forts ennemis du lac George et de l'Hudson. A cette fin, Vaudreuil avait profité du prestige gagné à Chouaguen pour enrôler au service de la France un grand nombre de sauvages restés jusqu'alors neutres ou hostiles. Pendant le printemps il y eut à Montréal force cérémonies, remises de colliers et de porcelaines, harangues célébrant les vertus du père Onontio et flétrissant les méfaits des frères anglais, distributions de cadeaux et rasades d'eau-de-vie. Parmi les ambassadeurs des tribus indiennes, on se félicita de compter ceux de la puissante confédération des Cinq Nations iroquoises, jusqu'alors inféodées à la Grande-Bretagne. Le terrain ainsi préparé du côté des auxiliaires, il fallut penser à l'alimentation de l'armée qu'on allait mettre en campagne; le gouverneur y pourvut par un prélèvement sur les réserves des habitants. « Ils vivent actuellement, écrit Vaudreuil (1), de blé d'Inde, de laitage et de légumes; on ne trouverait chez eux ni farine ni lard; ils se sont exécutés avec autant de générosité que de zèle pour le service du Roi. »

Enfin, on sut à la fois la concentration des forces anglaises à Halifax, et la réunion à Louisbourg de la grande escadre française. « Nous avons appris, écrit Montcalm (2), que l'ennemi, qui avait reçu des forces considérables, méditait une entreprise maritime que nous avons cru menacer Louisbourg. Les nouvelles que nous venons d'en recevoir nous rassurent, attendu l'arrivée de nos escadres; mais la situation de cette colonie est toujours très critique. Il ne nous est arrivé jusqu'à présent que fort peu des vivres qui ont été demandés en France. Cependant il nous est nécessaire d'en avoir en abondance. Il nous est ar-

---

(1) Vaudreuil au ministre, 12 juillet 1757. Archives des Colonies.
(2) Montcalm au ministre Montréal 11 juillet 1757. Canada. Archives des Colonies.

rivé le mois dernier un millier de sauvages des pays d'En Haut dont plusieurs viennent de 4 ou 500 lieues. Il faut tâcher de mettre à profit le séjour onéreux de pareilles troupes. Nous croyons Milord Loudoun à Halifax. Nous rassemblerons vers le 20 environ 7,000 hommes. »

Les circonstances étaient en effet propices pour le coup de main projeté. Loudoun, fidèle au programme arrêté avec le gouvernement de la métropole, s'était embarqué à New-York avec 3 bataillons; bravant le risque de rencontrer la division de M. de Beauffremont qui avait précédé de plusieurs jours au Cap Breton la flotte anglaise, il mit à la voile pour Halifax, y parvint le 30 juin, et neuf jours après fut rejoint par l'amiral Holborne avec son escadre, escortant le corps expéditionnaire venu d'Irlande. Y compris les 3 régiments déjà dans la Nouvelle-Écosse, Loudoun se vit à la tête de 16 bataillons de ligne, soit, en y comprenant l'artillerie et quelques compagnies de chasseurs, 14 à 15,000 combattants. Holborne avait sous ses ordres 16 vaisseaux de ligne et 4 frégates. Malgré la confiance que devait leur inspirer la présence de forces aussi imposantes, le général et l'amiral tombèrent bientôt d'accord sur l'impossibilité de rien tenter contre Louisbourg qui leur avait été désigné comme objectif de l'entreprise commune.

Grâce à un effort énergique de la cour de France qui ne se renouvela pas durant la guerre, on avait pu réunir à l'Ile Royale une flotte aussi puissante que celle de l'ennemi. Le comte de Beauffremont, avec cinq vaisseaux et une frégate, était arrivé le 28 mai de Saint-Domingue après une croisière heureuse au cours de laquelle il avait capturé le vaisseau anglais *le Greenwich;* il y fut rallié le 5 juin par l'escadre de Toulon forte de quatre vaisseaux, et le 20 par celle de Brest qui se composait de neuf vaisseaux et de trois frégates. Vers la fin de juin, l'amiral Dubois de la Motte commandait à 18 bâtiments de haut bord et cinq frégates; ses instructions (1), rédigées avec la prudence du temps, lui enjoignaient, « comme premier projet, de garantir les places que les ennemis voudront attaquer ou menacer. » A cet effet il aurait à se concerter avec les gouverneurs du Canada et de l'Ile Royale; si l'occasion s'en présentait, il saurait profiter de la supériorité numérique qu'on lui supposait sur les Anglais pour attaquer et détruire leur flotte; mais sur ce point le Roi s'en rapporterait « à ce qu'il croira devoir faire sans compromettre les forces qui lui sont confiées et dont la conservation intéresse si essentiellement celle de la marine. »

Dubois de la Motte, qui avait pris part aux belles campagnes de Duguay Trouin, n'avait pas oublié les traditions glorieuses de cette époque; mais l'ardeur qu'il empruntait à ces souvenirs de jeunesse était forcément attiédie par son grand âge et par ses cinquante-neuf ans de service. Cependant la fortune paraissait sourire à la France; l'escadre anglaise attendue journellement à Halifax n'avait pas encore paru; elle arriverait probablement par divisions et serait embarrassée des transports chargés de troupes. N'y avait-il pas là une de ces chances qu'un capitaine entreprenant doit savoir mettre à profit, et que l'illustre prédécesseur de Dubois n'eût pas laissée échapper? L'amiral en eut certainement la pensée; il donna ordre « à toute son escadre de faire de l'eau et du bois avec la plus grande célérité pour être en état de sortir sans retard »; mais ce bon mouvement n'eut pas de suite. D'ailleurs les prétextes, les raisons (2) ne manquaient pas pour justifier le maintien de la flotte dans la baie de Louisbourg. La maladie et la mortalité, dues à la mauvaise installation à bord et à la nourriture défectueuse des matelots, avaient déjà fait de

---

(1) Instructions à Dubois de la Motte, 9 avril 1757. Archives de la Marine.

(2) Correspondance de la flotte. En rade de Louisbourg, 19 juin 1757. Archives de la Marine.

tels ravages que certains vaisseaux n'auraient pu naviguer sans compléter leurs équipages. On était à même de le faire il est vrai en prélevant du monde sur le régiment de Berry qu'on avait amené de France ; mais à en croire les avis du Canada, ce renfort était indispensable à la défense de la colonie. De plus, et c'était là l'argument décisif, les instructions de la cour parlaient surtout de la conservation de Louisbourg, et pour y pourvoir « il fallait la présence du général, ainsi que les bras qu'il pourrait journellement fournir de son escadre, pour accélérer la construction des batteries et retranchements qu'il jugeait absolument nécessaires dans les différentes anses où l'ennemi était à même de tenter une descente. »

Les conseils timides prévalurent. Dubois se borna à faire croiser deux frégates en reconnaissance, expédia à Québec deux vaisseaux de ligne et deux transports avec les bataillons de Berry, et en attendant la venue des Anglais, employa ses matelots aux travaux de fortification, organisa des compagnies pour le service à terre, et fit tous ses préparatifs pour repousser une attaque dont l'ennemi avait déjà abandonné l'idée.

Après avoir passé à Halifax une partie du mois de juillet à des simulacres de débarquements qui lui valurent les critiques et les moqueries de ses lieutenants (1), Loudoun s'était décidé à renoncer à l'entreprise contre Louisbourg. « Avec les forces que l'ennemi a dans la place, écrit-il à Pitt (2), il peut sortir et livrer bataille à notre flotte, et quand même nous aurions raison de ses gros vaisseaux, nos transports courront les plus grands dangers de la part des frégates dont ils ont plus que nous. » A l'appui de sa résolution, le gouverneur joignit une lettre de l'amiral anglais conçue dans le même sens.

(1) Le major général Lord Ch. Hay fut à ce sujet mis aux arrêts et renvoyé en Angleterre.
(2) Loudoun à Pitt. Halifax, 5 août 1757. Record Office. Londres.

Cependant, au reçu d'ordres formels de sa cour, Holborne dut établir la croisière au large de l'Ile Royale. Ses équipages avaient souffert presque autant que ceux de Dubois; il remplaça les 200 morts et les 1,000 malades qu'il avait dû débarquer, par 700 grenadiers empruntés à l'armée de terre, et parut devant Louisbourg avec seize vaisseaux, une frégate, deux sloops et un brulot. Il put compter dans la baie l'escadre française, qui depuis le départ du détachement pour Québec était égale à la sienne. « J'aurai soin, écrit-il (1), de rester dans l'ouest afin qu'ils n'arrivent pas à Halifax, s'ils en ont l'intention, sans me rencontrer sur leur route. »

Dubois, fort préoccupé de la santé de ses hommes, songeait beaucoup plus aux moyens de rentrer en France qu'à une tentative contre la Nouvelle-Écosse. Vers le milieu de septembre, Holborne, qui dans l'intervalle s'était renforcé de quatre vaisseaux et avait complété son personnel, vint reprendre le blocus; fort de sa supériorité, il annonce l'intention « de poursuivre la flotte française, si elle s'échappe de la baie, jusque sur les côtes de France. » Cette menace ne put se réaliser; le 24 septembre une tempête épouvantable vint disperser ses vaisseaux et en mettre plusieurs hors de service. « Si le vent avait soufflé à la côte une heure de plus (2), tous les bâtiments de l'escadre auraient été perdus... le 26 au matin j'en avais seize en vue dont six démâtés. » Un navire anglais, *le Tilbury*, se perdit sur les rochers de l'Ile Royale avec une partie de son équipage; les survivants, au nombre de 230, furent recueillis par les Français. Quant à Holborne, il dut s'estimer heureux de rallier à Halifax le reste de ses vaisseaux dont la plupart en mauvais état; puis il regagna l'Angleterre sans pouvoir exécuter les ins-

---

(1) Holborne à Holdernesse. En rade de Louisbourg, 20 août 1757. Record Office.

(2) Holborne à Pitt. En mer, 29 septembre 1757, Record Office.

tructions énergiques que venait de lui apporter une dépêche de Pitt (1).

Bien qu'abritée dans la rade de Louisbourg, l'escadre de Dubois avait aussi souffert de la tempête; *le Tonnant*, vaisseau de 80 canons, et la frégate *l'Abekanise* furent jetés à la côte; il fallut les relever et les réparer; le seul carénage (2) que possédait le port ayant été rendu inaccessible par les Anglais lors de leur occupation avant 1748, et n'ayant pas été remis en service depuis, ce travail présenta des difficultés et demanda du temps. Enfin, le 20 octobre les ordres furent donnés de se tenir prêt à appareiller. Pendant l'été, le scorbut et les fièvres putrides avaient décimé le personnel; les matelots, privés de pain, de viande et de légumes frais, mal vêtus, entassés dans des pêcheries qui servaient d'hôpitaux, n'ayant d'autre nourriture que du biscuit, du lard, de la morue, mouraient comme des mouches; sans l'arrivée du navire *l'Apollon* avec des vivres, on aurait été réduit aux dernières extrémités; en quatre mois on avait perdu 1,400 hommes. Il fallut laisser à terre la plus grande partie des malades, et malgré l'embarquement d'un millier de prisonniers anglais provenant des prises de la saison, mettre à la voile avec des effectifs très insuffisants. La navigation de retour fut heureuse; l'escadre se retrouva à Brest le 23 novembre au complet, à l'exception de deux frégates qui, séparées en route, tombèrent aux mains des Anglais.

L'épidémie qui avait sévi durant la traversée continua ses ravages à Brest. « Notre situation est toujours à peu près la même, écrit l'intendant Hocquart (3), j'en ai fait dresser le triste tableau;.. depuis l'arrivée de l'escadre il est entré dans nos hôpitaux ou resté malade en ville, tous à la charge du Roi, 7,184 malades, dont 4,280 actuel-

(1) Pitt à Holborne, 17 juillet 1757. Record Office.
(2) Beauffrement au ministre. En rade de Louisbourg. Archives de la Marine.
(3) Hocquart au ministre. Brest, 19 décembre 1757. Archives de la Marine.

lement attaqués, 1,068 morts et 1,836 convalescents congédiés ; tout cela compose la plus grande partie de l'équipage... Nombre de bourgeois de la ville qui ont des malades chez eux ne résistent pas au virus ; peu de personnes se présentent pour soigner les malades ; j'en fais engager le plus qu'il est possible pour ce service et à haut prix... je continue à demander à M. Le Bret des chirurgiens (1) ; nous épuisons la province ; dans le nombre de ceux qui sont employés, étrangers ou des nôtres, nous en avons 75 hors de combat, dont 20 convalescents incapables de service. »

Sous le règne de Louis XV, on n'était pas plus exigeant à l'égard des commandants des forces navales que pour les généraux de terre ; aussi en dépit du peu d'initiative montré pendant la campagne de 1757, sut-on gré à Dubois de la Motte d'avoir empêché l'attaque projetée contre Louisbourg et d'avoir ramené ses vaisseaux en France ; il fut bien accueilli par le Roi, et obtint (2) les honneurs et les appointements de vice-amiral en attendant une vacance.

Revenons maintenant au Canada, et voyons le parti que tirèrent les Français de l'absence de Loudoun et de ses régiments. Nous avons laissé Montcalm à Montréal, très occupé des pourparlers avec les auxiliaires sauvages, et surveillant le départ des troupes, des approvisionnements et du train d'artillerie pour le lac Champlain. Il se mit en route le 12 juillet et arriva six jours après à Carillon ; il y trouva Lévis et Bourlamaque avec toute l'armée, forte d'environ 8,000 hommes, et composée d'éléments des plus hétérogènes (3). Les 6 bataillons de ligne et les compagnies de la marine, les détachements d'artillerie et du

---

(1) Voir sur les détails de l'épidémie, qui fit plus de 7,000 victimes, Luynes, vol. XVI, p. 476.
(2) Lettre du Roi, 20 mars 1758. Archives de la Marine.
(3) Rapport des opérations rédigé par Bougainville. Archives de la Guerre.

génie présentaient un effectif de 3,300 hommes d'excellentes troupes; à côté d'eux servaient environ 3,000 miliciens du Canada organisés en 7 bataillons, et 1,800 sauvages. Ceux-ci se divisaient en 800 domiciliés, Hurons, Iroquois et Abenakis pour la plupart, et 1,000 appartenant au pays d'En Haut, les uns et les autres accompagnés de leurs interprètes et dirigés par quelques officiers de la colonie. Les premiers, chrétiens de nom sinon de mœurs, avaient été tirés des villages indiens du Canada. Malgré le léger vernis de civilisation inculqué par les missionnaires qui les suivirent pendant l'expédition, ils étaient tout prêts à imiter l'exemple d'indiscipline et de cruauté que leurs compatriotes des pays d'En Haut ne manqueraient pas de leur donner. Ces derniers, recrutés dans les tribus païennes (1) du Détroit et des districts limitrophes des grands lacs, étaient de véritables sauvages dans toute l'acception du mot. Insubordonnés, vaniteux, ne se battant qu'à leur heure et selon leur fantaisie, avec cela braves, endurants, marcheurs émérites, c'étaient de bons éclaireurs, mais des soldats détestables. Brutaux par nature et par habitude, l'ivresse les transformait en fous furieux, capables de toutes les atrocités.

Ce n'était pas sans appréhension que l'état-major français envisageait l'obligation de faire campagne avec des alliés de cet acabit. « Nous aurons, écrit Bougainville à son frère (2), près de 8,000 hommes, dont 1,800 sauvages, nus, noirs, rouges, rugissant, mugissant, dansant, chantant la guerre, s'enivrant, demandant du bouillon c'est-à-dire du sang, attirés de 500 lieues par l'odeur de la chair fraîche et l'occasion d'apprendre à leur jeunesse comment on découpe un humain destiné à la chaudière. Voilà nos

(1) Parmi ces sauvages d'En Haut les groupes principaux se composaient d'Outaouais du Détroit, de Sauteux, de Mississagues de Toronto, de Folles Avoines, de Miamis, de Puants, de Renards, etc.
(2) 30 juin 1757. *Jeunesse de Bougainville*, p. 72.

camarades qui jour et nuit sont notre ombre. Je frémis des spectacles affreux qu'ils nous préparent. » Le jeune aide-de-camp ne croyait pas être si bon prophète.

Le début de l'expédition fut signalé par une reconnaissance audacieuse de l'officier colonial Marin qui poussa jusque sous les murs du Fort Lydius (Édouard), et par un combat heureux sur le lac Saint-Sacrement (George). Montcalm en rend compte au gouverneur (1) : « Les Outaouais, qui étaient arrivés avec moi, et que j'avais déterminés pour aller en découverte du côté du lac, avaient renoué le projet de donner une correction aux berges anglaises, et vous allez voir, monsieur, qu'elle a été étoffée. C'est avant-hier que monsieur votre frère forma un détachement, ainsi que nous en étions convenus, pour aller avec eux... Ils ont resté embusqués toute la journée d'hier et la nuit. Les Anglais ont paru à la pointe du jour sur le lac, au nombre de 22 berges, y compris 2 esquifs. Leur détachement était de 350 hommes, commandés par le sieur Parker, colonel... Les cris de nos sauvages leur ont imprimé une telle frayeur qu'ils n'ont fait qu'une faible résistance; deux seules berges se sont sauvées; toutes les autres prises ou coulées à fond; les sauvages en ont ramené six qui nous seront fort utiles. J'ai ici 151 prisonniers dont 13 à l'hôpital, et 5 officiers. Je ne vous avance pas trop de vous assurer qu'il y a eu environ 160 hommes tués, noyés ou mis à la chaudière. M. de Corbière commandait le détachement. »

Au dire des prisonniers, les garnisons des forts anglais ne se doutaient pas de l'approche des Français : « Cependant le général Webb, suivant eux, arrive demain ou après-demain au fort George. N'importe, je vous en rendrai bon compte avant douze jours d'ici. Vous voyez, monsieur, que la fortune se déclare dès mon arrivée, et ces deux évène-

---

(1) Montcalm à Vaudreuil. Carillon, 25 juillet 1757. Archives des Colonies. Canada.

ments-ci donnent la plus grande confiance aux sauvages avec qui j'ai été en conseil toute la journée... Je serai demain, à la petite pointe du jour, à la Chute, et à six heures au camp de monsieur votre frère pour passer en revue le bataillon de la marine, voir la composition de nos brigades de milices, tenir conseil avec les Nations, et indiquer le grand conseil où je dois leur présenter au nom du Roi le grand collier que vous m'avez remis. »

Le lac George, au fond duquel était situé le fort anglais de William Henri, but de l'entreprise, communique avec le lac Champlain, sur les bords duquel s'élevait Carillon, point de concentration de l'armée de Montcalm; mais la rivière qui sert de trait d'union n'est qu'une succession de rapides qu'aucun bateau n'eût pu remonter. Pour franchir ce défilé, il fallut transporter à bras tout le matériel. Stimulés par l'exemple de leur général, les soldats s'attelèrent à cette besogne avec un entrain admirable. « Avec toute l'activité imaginable de la part des chefs, raconte Bougainville (1), le plus grand zèle de la part des troupes, ce portage d'une artillerie considérable, de munitions de guerre de toutes espèces, de vivres pour nourrir l'armée pendant près d'un mois, de 250 bateaux, de 200 canots, ne put être achevé que dans la nuit du 31 juillet au 1er août. Nous n'avions ni bœufs, ni chevaux. Tout se faisait à bras d'hommes, et dans les derniers jours des brigades entières, leurs lieutenants-colonels à la tête, se relevaient pour cet ouvrage aussi long que pénible. »

Aussitôt le portage de la Chute dépassé, on se trouvait sur les rives du lac George, et à même d'employer la voie d'eau; mais le nombre d'embarcations était insuffisant pour tout le corps expéditionnaire. Le chevalier de Lévis, avec un détachement de 2,000 hommes, dut se frayer un chemin à travers les bois; le rendez-vous fut fixé à la baie

(1) Rapport des opérations rédigé par Bougainville. Archives de la Guerre.

de Ganaouska, à quatre lieues de la position anglaise. Ces mesures prises, il fallut les faire agréer par les sauvages. A cet effet Montcalm convoqua une assemblée générale. « Dans ce conseil, auquel les Nations se placèrent suivant les rangs établis par elles, il leur présenta, au nom du Roi, un collier de 6,000 grains pour lier tous ces peuples différents entre eux et avec lui, en sorte qu'ils agissent de concert, et qu'ils ne pussent se séparer ni le quitter avant la fin de l'expédition. Cet acte solennel d'usage était dans la circonstance présente plus important que jamais, car depuis plusieurs jours, à peine pouvait-on retenir ceux qui avaient eu part au combat sur le lac Saint-Sacrement, ces peuples se faisant un scrupule de courir encore les hasards de la guerre après un succès, prétendant que c'est tenter le maître de la vie et s'attirer de mauvais présages... Dans ce même conseil, le marquis de Montcalm demanda aux Nations la réponse aux propositions que la veille il avait faites à leurs chefs, au sujet de la marche de l'armée, de la route à tenir dans les bois, du jour du départ et de ses autres dispositions : car ces peuples indépendants, dont le secours est purement volontaire, exigent qu'on les consulte, qu'on leur fasse part de tout, et souvent leur opinion ou leurs caprices sont une loi pour nous. »

Avec de tels auxiliaires le commandement n'était pas une sinécure; pendant les opérations du portage, auxquelles il eut été inutile sinon dangereux de les employer, ils « s'ennuyaient (1) de leur oisiveté dans un camp où il n'y avait à boire ni eau-de-vie, ni vin. Nos domiciliés à la vérité, enfants de la prière, y donnaient de l'occupation aux missionnaires auxquels la journée suffisait à peine pour les confesser; mais cet exercice pieux n'était pas pour les nations des pays d'En Haut dont l'esprit, superstitieux et inquiet à l'excès, jonglait, rêvait et se fi-

---

(1) Rapport des opérations. Archives de la Guerre.

gurait que tout délai pouvait leur porter malheur. En partant, ces Nations laissèrent suspendu un équipement complet en sacrifice au Manitou, pour se le rendre favorable. »

Enfin le 2 août, à trois heures du matin, après une navigation heureuse sur le beau lac, la flottille sur laquelle s'était embarqué le gros de l'armée rejoignit le corps de Lévis à Ganaouska (North West Bay). Le lendemain, on couronna les hauteurs qui avoisinent William Henri, et on débuta par une reconnaissance qui fut confiée à Bourlamaque et à l'ingénieur Desandrouins. Ce dernier, qui dirigea les travaux du siège, fait des fortifications anglaises la description suivante (1) : « Le fort forme un carré irrégulier dont le plus large côté est de 60 toises. Le lac aboutit au pied du front nord-est. Le front sud-est est bordé par un marais impraticable; et les deux autres fronts sont entourés d'un bon fossé palissadé. On avait pratiqué, à 400 ou 500 toises de distance, un désert dont les arbres, à demi-brûlés et couchés l'un sur l'autre, offraient, ainsi que leurs souches, un obstacle presque inconnu dans les approches des places d'Europe. Le camp retranché, séparé du fort par le grand marais dont nous avons parlé, était placé sur une hauteur très avantageuse qui domine le fort et qui est encore bordée par un marais du côté de l'est. Les retranchements en étaient faits de troncs d'arbres posés les uns sur les autres. »

La garnison, commandée par le colonel Munroe, se composait de 2,500 hommes, dont 850 du 35ᵉ de ligne anglais, 100 rangers, 40 artilleurs et le reste provinciaux. L'État-major français se prononça pour l'attaque du front nord-ouest, à cause de la proximité d'une petite anse sur le lac, où l'on put débarquer l'artillerie et établir le dépôt de munitions.

Après une sommation inutile, les opérations commencè-

(1) Desandrouins, p. 87.

rent dans la nuit du 4 au 5 août; elles furent menées avec beaucoup d'entrain. Le 6 une première batterie de sept canons, un obusier et un mortier, ouvrit son feu, à la grande joie des sauvages qui secondèrent l'effet des « gros fusils » en tirant dans les embrasures du fort et en gênant la manœuvre des servants ennemis. Le 9 au matin, en sus de deux batteries déjà en activité, deux autres étaient prêtes à faire brèche, les tranchées très avancées, la troisième parallèle à 70 toises du chemin couvert; tout promettait une prompte solution; quand l'assiégé vers neuf heures du matin hissa le drapeau blanc et envoya un parlementaire dans les lignes françaises. On se mit bien vite d'accord sur les termes de la capitulation. La garnison obtint de sortir avec les honneurs de la guerre et de se rendre en liberté au fort Édouard, sous réserve de ne pas servir pendant une période de dix-huit mois. Tous Français, Canadiens ou Indiens faits prisonniers dans l'Amérique depuis le début des hostilités, devaient être restitués dans un délai de trois mois. Ces conditions étaient douces; Montcalm, qui savait par une dépêche interceptée que le fort ne serait pas secouru de suite, aurait pu exiger la reddition des Anglais; s'il ne le fit pas, c'est que le transport et la subsistance au Canada de plus de 2,000 étrangers auraient été un embarras des plus sérieux, au moment où la pénurie des vivres dans la colonie devenait de plus en plus menaçante. Les vainqueurs se rendirent maîtres d'un matériel important : 44 pièces de canon dont 17 pierriers, plus de 3,000 boulets et bombes, 36,000 livres de poudre, 3,000 quintaux de farine et de lard, enfin un certain nombre de bateaux de diverses dimensions. Le succès avait coûté à l'assaillant 17 tués et 40 blessés dont 23 sauvages; les Anglais accusèrent une perte [1] d'environ 120 hommes mis hors de combat.

---

[1] Relation des événements. Archives de la Guerre.

Malheureusement pour la renommée de Montcalm et de son armée, ce beau fait d'armes fut terni par l'horrible massacre qui suivit l'évacuation de la place. Le général s'était cependant entouré de garanties qui devaient paraître suffisantes; avant de signer la convention, il avait eu soin de réunir les principaux des sauvages, de leur exposer les conditions qu'il se proposait d'accepter, d'obtenir leur assentiment et la promesse qu'il n'y serait pas fait d'infraction. « Les chefs (1) l'assurèrent unanimement qu'ils approuvaient tout ce qu'il ferait, et qu'ils empêcheraient leurs jeunes gens de commettre aucun désordre. » Bougainville qui, sans doute, à cause de sa connaissance de la langue anglaise, avait été choisi pour rédiger et négocier la capitulation, fit preuve de prévoyance. « Avant que de retourner à la tranchée (2), j'eus, suivant les instructions que j'avais reçues, la plus grande attention à faire jeter le vin, l'eau-de-vie, toutes les liqueurs enivrantes; et les Anglais sentirent aisément de quelle conséquence il était pour eux de prendre cette précaution. A midi la garnison sortit du fort avec ses effets et se retira, ainsi qu'on en était convenu, dans le camp retranché dans lequel on fit passer un détachement de nos troupes, demandé par les Anglais mêmes. M. de Montcalm ordonna aussi aux officiers et interprètes attachés aux sauvages d'y demeurer jusqu'au départ des Anglais; M. de Bourlamaque prit possession du fort avec les troupes de la tranchée; il se contenta de placer des gardes à la poudrière et au magasin des vivres. Le reste fut abandonné au pillage; il eût été impossible de l'empêcher. Malgré toutes les précautions qu'on avait prises, les sauvages, entrés dans les retranchements des Anglais, voulaient piller leurs coffres; ceux-ci s'y opposant, il était à craindre qu'il ne s'ensuivît quelque grand désordre. M. le marquis de

---

(1) Relation déjà citée. Archives de la Guerre.
(2) Rapport des opérations. Archives de la Guerre.

Montcalm y accourut sur-le-champ; prières, menaces, caresses, conseils avec les chefs, entremise des officiers et interprètes qui ont sur ces barbares quelque autorité : il employa tout pour les arrêter et les contenir. Enfin à neuf heures du soir il parut en être venu à bout; il obtint même qu'outre le détachement de 300 hommes, les officiers et interprètes stipulés par la capitulation, il marcherait avec les Anglais, pour les escorter jusqu'au présent fort Édouard, deux chefs par Nation. »

Il semblerait que l'expérience de Chouaguen, la conduite des sauvages dans le camp retranché, le pillage du fort après l'évacuation, le massacre de quelques malades et blessés restés dans les casemates (1), eussent suffi pour convaincre l'État-major français de la nécessité de redoubler de surveillance. Il n'en fut rien : Le détachement commandé pour la protection de la garnison, ne fut composé que de 200 hommes des bataillons de la Reine et du Languedoc, sous les ordres d'un capitaine; l'heure du défilé, fixée d'abord à minuit, fut remise à six heures du matin; les officiers supérieurs se fiant à la parole des chefs indiens, abîmés de fatigue à la suite des travaux du siège, n'assistèrent pas au départ. La colonne se mit en marche, précédée d'un peloton français et flanquée d'une foule de femmes et d'enfants attachés aux soldats britanniques. « M. de Laas, commandant de l'escorte, recommanda aux Anglais de se tenir toujours serrés et de suivre sans intervalles. Lui-même se tint à la porte du camp pour faire filer... Toutes ces précautions, continue Desandrouins (2) dont le récit très circonstancié est empreint de l'accent de la vérité et de la loyauté, ces variations dans les arrangements du départ, ces faux avis, et les cérémonies que nous observions pour traiter avec des sauvages, et surtout cette manière timide et circonspecte

---

(1) Récit du Père Roubaud cité par Casgrain. *Montcalm et Lévis.*
(2) **Desandrouins**, p. 105 et suivantes.

d'agir avec eux, avaient tout naturellement inspiré aux Anglais une grande appréhension de ces barbares pour le moment où ils se trouveraient en rase campagne, exposés à leurs insultes. Aussi se troublèrent-ils dès qu'ils aperçurent quelques-uns de ces sauvages, au nombre peut-être d'une cinquantaine, que la curiosité encore plus que l'envie de butiner avait attirés dans ce moment-là aux retranchements. Ils étaient même sans armes. Voyant la colonne qui commençait à défiler, ils coururent pour la voir. La tête se serra rapidement sur le petit détachement qui la précédait. Ceux des Anglais qui n'étaient pas sortis se retinrent et parurent balancer; il se fit une éclaircie dans l'intervalle. On envoya ordre à la tête de ralentir sa marche. Les sauvages s'approchèrent : le trouble augmenta, et le flottement qui s'ensuivit les enhardit jusqu'à faire quelques gestes menaçants. Les soldats anglais un peu écartés se crurent trop heureux de livrer leurs sacs ou leurs armes, pour rejoindre le gros de la troupe. D'autres sauvages pillèrent dans le camp quelques effets abandonnés. Les nègres qu'ils purent saisir furent enlevés sans scrupules, et peut-être aussi quelques blancs à la suite de l'armée, dans ce premier moment de confusion. Il était encore possible de rétablir l'ordre, et les officiers de l'escorte s'y employèrent de leur mieux. » Leurs efforts ne furent pas couronnés de succès. Les pillards coururent au camp montrer leurs trophées et appeler leurs camarades. Un officier anglais crut apaiser l'affolement en faisant mettre la crosse en l'air; quelques hommes démoralisés rendirent leurs fusils, d'autres se les virent arracher par les sauvages. Ces derniers s'excitèrent de plus en plus en buvant le rhum et l'eau-de-vie qu'ils trouvèrent dans les sacs. « Alors (1) ce fut de véritables tigres en fureur. Le casse-tête à la main, ils tombèrent impitoyablement sur

---

(1) Desandrouins, p. 107.

les Anglais qui, remplis d'effroi, achevèrent de se disperser »; ils se ruèrent sur les femmes et les enfants, tuèrent quelques-uns des soldats, en dépouillèrent d'autres et les emmenèrent captifs. L'escorte, complètement débordée, essaya vainement de protéger les fuyards, surtout les officiers; elle fut assaillie à son tour, et dans la bagarre perdit (1) un homme tué et plusieurs blessés.

« Il ne se trouva pas malheureusement, raconte Desandrouins (2), pendant tout ce désordre, aucun officier canadien, ni interprètes qui ont généralement du pouvoir sur l'esprit des sauvages. On avait essuyé beaucoup de fatigues durant le siège; tout le monde reposait tranquillement. A la fin, M. de Montcalm, M. de Lévis, M. de Bourlamaque sont avertis. Ils accourent et donnent ordre d'employer la vive force s'il le faut. Interprètes, officiers, missionnaires, Canadiens, tous sont mis en œuvre, et chacun s'efforce de son mieux à sauver les malheureux Anglais en les arrachant à leurs bourreaux. Ceux-ci, enivrés de sang et de carnage, n'étaient plus capables d'écouter personne. Plusieurs assomment leurs prisonniers plutôt que de les abandonner; un grand nombre les entraînent dans leurs canots et s'échappent. M. de Montcalm, au désespoir de ne plus faire aucune impression sur les sauvages, s'écria en se découvrant la poitrine : « Puisque vous êtes des enfants rebelles, qui manquez à la promesse que vous avez faite à votre Père et qui ne voulez plus écouter sa voix, tuez-le le premier. » Cette véhémence extraordinaire du général parut en imposer un peu. Grâce aux efforts des officiers, des interprètes, et « surtout des missionnaires, » on parvint à retirer 3 à 400 malheureux des mains des sauvages. « Mange, mon père, de cette mauvaise viande à qui tu donnes la vie, » criaient-ils (3) au général. Plus de

---

(1) Journal de M. de Malartic capitaine de Bearn. Archives de la Guerre.
(2) Desandrouins, p. 108 et suivantes.
(3) Relation des événements. Archives de la Guerre.

400 furent emmenés par les gens du pays d'En Haut, qui abandonnant l'armée, selon leur coutume, retournèrent à Montréal. D'autres Anglais, en assez grand nombre, qui se trouvaient en tête de la colonne, purent gagner le fort Édouard où ils arrivèrent en très piteux état. Les prisonniers recouvrés par Montcalm, au nombre desquels était le colonel Munroe, réunis à ceux qui s'étaient réfugiés dans le camp dès le début de l'affaire, furent placés sous bonne garde ; parmi eux il y avait beaucoup de gradés qui furent recueillis par les officiers français. Après un repos de quelques jours, ils se rendirent sous escorte au fort Édouard, traînant avec eux la pièce de canon que leur avait allouée la capitulation.

Desandrouins, qui prit une part active au sauvetage, s'attacha surtout à tirer du péril des officiers anglais de l'artillerie et du génie avec lesquels il avait fait connaissance la veille. « J'eus l'obligation (1) à l'abbé Piquet du salut de M. Williamson qui m'arriva nud comme un ver et dans un pitoyable état. Par la suite, le même abbé parvint encore à arracher aux sauvages son uniforme galonné. J'emmenai ces pauvres infortunés dans ma tente ; je les habillai tant bien que mal, en quoi je fus aidé par les officiers d'artillerie français. Je ne pus d'ailleurs les traiter que bien tristement avec des viandes salées, et nous eussions été réduits à ne boire que de l'eau, si M. de Montcalm n'avait eu l'attention de m'envoyer un bon baril de vin. »

Quant aux malheureux que les sauvages avaient entraînés à Montréal, quelques-uns furent massacrés en route ; Vaudreuil s'efforça de racheter les autres. Bougainville, qui avait quitté William Henri avec les dépêches pour le gouverneur, aussitôt après la capitulation, et qui était à Montréal, fut témoin de scènes épouvantables : « On leur

---

(1) Desandrouins, p. 113.

annonce (1) (aux sauvages) qu'il faut qu'ils rendent ces Anglais pris injustement, et qu'on les paiera deux barils d'eau-de-vie pièce. Mais ce rachat se fait nonchalamment; les Canadiens leur achètent des dépouilles des Anglais pour de l'eau-de-vie; ils font de très bons marchés; et cette liqueur, le dieu des sauvages, abonde dans leur camp. Ils se saoulent, et les Anglais restés dans les cabanes meurent cent fois chaque jour. Le 15 à deux heures après midi, en présence de toute la ville, ils en tuent un, le mettent à la chaudière, et forcent ses malheureux compatriotes à en manger. » Le gouverneur général fut accusé, avec quelque raison ce semble, d'avoir manqué d'énergie; mais il est juste de reconnaître que, loin de l'armée, il était absolument dépourvu de moyens de coercition sur ses cruels auxiliaires. En fin de compte, Vaudreuil réussit à recouvrer, non seulement les survivants de la garnison de William Henri, mais aussi les prisonniers du combat du lac George; les premiers furent renvoyés à Boston, les seconds expédiés en Angleterre et échangés.

Il est difficile d'évaluer le nombre des victimes; Vaudreuil parle de 5 ou 6 Anglais tués, Bigot de 20; Lévis et le Père Roubaud sont d'accord pour le chiffre de 50, auxquels sans doute il convient d'ajouter les captifs massacrés dans les bois et pendant le retour à Montréal.

L'affaire de William Henri donna lieu à une longue correspondance entre les généraux des deux nations. Vaudreuil et Montcalm (2) s'efforcèrent d'atténuer l'importance du malheur en rejetant la responsabilité sur les soldats anglais, dont la désobéissance et l'affolement (3) au-

---

(1) Relation de Bougainville, *Jeunesse de Bougainville*, p. 83.

(2) Montcalm à Webb et à Loudoun, 14 août 1757. Archives de la Guerre Vaudreuil à Loudoun, 22 octobre 1757. Record Office.

(3) L'historien anglais Mante qui avait servi pendant la guerre d'Amérique, n'hésite pas à blâmer la conduite des soldats anglais et à absoudre Montcalm qui les aurait engagés à tirer sur les sauvages pour se défendre. *History of the late War*, vol. I, p. 95 et suivantes.

raient encouragé l'agression des sauvages; ils réclamèrent énergiquement l'exécution de la convention. Le général Webb et Lord Loudoun (1) invoquèrent au contraire, pour s'y dérober, l'infraction flagrante aux conditions signées; le débat se termina par une proclamation où le général Abercromby déclarait (2) la capitulation nulle et non avenue, et autorisait les soldats qui y avaient été compris à reprendre les armes contre la France.

La nouvelle victoire de Montcalm ne fit qu'envenimer les dissentiments qui existaient entre lui et le gouverneur. A en croire celui-ci (3), les illusions du général auraient été la cause initiale du massacre : « Peut-être cela ne serait point arrivé s'il avait voulu charger M. de Rigaud, les missionnaires, les officiers et les interprètes, du soin de contenir les sauvages; mais il était si prévenu qu'ils n'avaient confiance qu'en lui, qu'il m'écrivait dès le 6 de ce mois : « Les officiers, les interprètes, les missionnaires, sont en général des esprits de républicains, et j'ai le malheur que les sauvages paraissent n'avoir confiance qu'en moi. »

Vaudreuil en voulut à Montcalm de ne pas avoir suivi son invitation d'attaquer le fort Édouard (Lydius), après la prise du fort William Henri : « Je n'ai aucun reproche à me faire à cet égard; j'écrivis même à M. le marquis de Montcalm le 7 de ce mois, pour lui donner encore plus d'aisance et lui faire sentir encore plus l'importance de cette seconde expédition. Vous verrez, Monseigneur, que je m'attachais politiquement à le rassurer par rapport aux vivres; il n'avait qu'environ six heures de très beau chemin pour se porter au fort Lydius, et je suis dans la confiance que la reddition du premier fort aurait infaillible-

---

(1) Loudoun à Vaudreuil. Fort Édouard, 8 novembre 1757. Record Office.
(2) Proclamation du général Abercromby. Fort Édouard, 25 juin 1758. Record Office.
(3) Vaudreuil à Moras, 18 août 1757. Canada. Archives des Colonies.

ment opéré celle du second. J'aurais seulement souhaité que M. le marquis de Montcalm s'y fût présenté. »

Dans l'espèce il est probable que Vaudreuil avait raison. Sans doute le général avait d'excellents motifs à faire valoir pour son inaction : le départ des sauvages, qui, à l'exception de quelques domiciliés, étaient retournés chez eux pour célébrer leur victoire et pleurer leurs morts; la nécessité de renvoyer ses Canadiens aux travaux de la moisson; la difficulté, pour ne pas dire l'impossibilité, de transporter par terre, sans chevaux et sans bœufs, le parc de siège et les approvisionnements de l'armée; enfin la crainte de trouver au fort Édouard des forces dépassant les siennes. Certes, au point de vue strictement militaire, ces considérations devaient peser sur la résolution du chef responsable, mais celui-ci ne sut pas faire entrer en ligne les influences morales qui jouent à la guerre un si grand rôle.

A en juger par le ton des dépêches du général Webb, il y a tout lieu de croire que l'approche de l'armée française eût été le signal de la retraite des Anglais. Dans une lettre du 5 août, où il fait part de l'investissement du fort William Henri, le commandant du fort Édouard mande (1) qu'il n'a sous ses ordres que 1,600 combattants, qu'il est hors d'état de secourir le colonel Munroe dont la résistance ne pourra se prolonger longtemps : « Si je ne reçois pas, ajoute-t-il, un renfort suffisant de milices pour sauver la place avant qu'elle ne tombe entre les mains de l'ennemi, je m'estimerai heureux de ne pas être obligé d'évacuer ce poste, pour en occuper un autre en meilleure condition où je pourrai tenir tête et protéger la province, car si j'étais assiégé avec le peu de troupes que j'ai ici, et si mes communications avec Albany étaient coupées, tout serait à la merci des forces supérieures de l'ennemi. » Le 11 août, Webb rend compte de l'arrivée d'une partie de la garnison

(1) Webb à Loudoun. Fort Édouard, 5 août 1757. Record Office.

de William Henri ; il est déjà (1) un peu rassuré sur les intentions des Français. « D'après les dires des déserteurs et d'autres avis, nous avons quelque raison de croire que l'ennemi n'avancera pas plus loin. Ce sera heureux pour la province s'il ne le fait pas, car d'après le rapport de sir William Johnson je n'ai guère avec moi plus de 2,000 miliciens des différents États, et il n'est pas probable que leur nombre augmente; en effet depuis deux jours il y en a plus de repartis pour Albany qu'il n'en est venu de cette ville. » Le 17 août, le général anglais annonce (2) un renfort de quelques milices et de 150 sauvages; il vient d'apprendre le départ de Montcalm, s'excuse de n'avoir pu inquiéter sa retraite et se vante d'avoir conservé le fort Édouard, « quoique, si l'ennemi avait voulu l'attaquer, je ne sais pas ce qui l'aurait empêché de tomber en son pouvoir. »

Dès le lendemain de la reddition de William Henri, les Français s'employèrent activement à enlever les canons, munitions et approvisionnements conquis, et à raser les fortifications; la tâche fut rapidement accomplie, et le 16 août Montcalm put s'embarquer pour le retour à Carillon, laissant derrière lui un monceau de ruines fumantes.

L'automne se passa sans incident; les bataillons que Loudoun avait ramenés de son inutile démonstration contre Louisbourg, reprirent leurs anciens quartiers où ils restèrent inactifs, tandis que les Français profitèrent du répit pour achever et améliorer les forts de Carillon, de Saint-Frédéric, et de la rivière de Richelieu. Montcalm alla à Québec inspecter les détachements expédiés de France, dont le principal appoint était formé par les deux bataillons de Berry. Ce régiment, débarqué vers la fin de juillet, avait beaucoup souffert pendant la traversée; les soldats, entassés dans des transports de tonnage insuffisant, apportèrent avec eux les germes d'une fièvre maligne

---

(1) Webb à Loudoun, 11 août 1757. Record Office.
(2) Webb à Loudoun, 17 août 1757. Record Office.

qui fit de nombreuses victimes dans la population tant militaire que civile. Sur un effectif de 1,054 sous-officiers et soldats présents à Brest au moment du départ, le régiment en avait perdu 197 dans une période de six mois. « La maladie se communique de plus en plus, écrit le commissaire des guerres Doreil (1); un des aumôniers de l'hôpital général et trois religieuses ont déjà payé le tribut; plusieurs autres, et trois prêtres de la ville qui y aidaient à administrer les malades, sont attaqués et en danger. Plusieurs chirurgiens des vaisseaux du Roi et des marchands sont également morts, ainsi que quelques officiers de ces derniers... Les choses sont au point que personne de la ville, à l'exception des chirurgiens et de quelques prêtres et religieux zélés, n'ose approcher de cet hôpital. Il est si surchargé que M. l'Intendant a été forcé d'en établir un autre à la hâte pour les matelots, également hors de la ville. »

Doreil en terminant parle de Louisbourg qu'on croyait très menacé, et ajoute fort sagement : « N'eût-on pas mieux fait d'y garder les deux bataillons de Berry, et les deux vaisseaux de guerre *le Bizarre* et *le Célèbre*, de soixante-quatre canons, qui ont été ici fort inutiles? On mande que M. Dubois de la Motte était dès lors fort fâché de les avoir envoyés. »

En dépit du succès de William Henri, l'avenir s'annonçait menaçant pour la colonie. Sans doute, grâce aux recrues arrivées pendant l'année, les troupes de ligne se montaient à 8 bataillons avec un effectif (2) de 4,200 officiers et soldats. Les 40 compagnies d'infanterie et les 2 compagnies d'artillerie de marine pouvaient atteindre (3) 2,500 à 2,600 hommes; mais à ces 6,800 réguliers, éparpillés sur la frontière depuis le lac Supérieur jusqu'à la baie

(1) Doreil au ministre. Québec, 16 septembre 1757. Archives de la Guerre.
(2) Situation fournie par Doreil au 1ᵉʳ octobre 1757. Archives de la Guerre.
(3) Résumé soumis au Roi. Archives des Colonies.

des Chaleurs, aux 2,200 soldats de la garnison de Louisbourg, les Anglais pouvaient opposer vers la fin de 1757 23 à 24,000 troupes de ligne (1), que viendraient seconder un millier de rangers et de nombreux contingents fournis par les différents États de l'Amérique du Nord. Cependant, au commencement de l'hiver 1757-1758, ce n'était pas tant l'infériorité de leur armée qui inquiétait les autorités du Canada, que la pénurie des vivres dont le déficit croissant faisait craindre une véritable disette.

Dès la fin d'août, un fonctionnaire dont les dilapidations restent tristement associées aux souvenirs des dernières années de la domination française, mais dont la capacité administrative ne peut être contestée, l'intendant Bigot, fait part (2) au ministre de ses pronostics. Il regrette le pillage de William Henri qui a privé le service du Roi de provisions qui auraient été fort utiles; il n'a en magasin à Québec que 1,000 quarts de farine tout à fait insuffisants pour la subsistance de la ville et les besoins des forts de Frontenac, de Niagara et de la Belle Rivière. « Le Canada est fort heureux; ses projets réussissent tous et il bat les Anglais de tous côtés; mais il est malheureux dans ses récoltes. En voici une qui nous avait donné de grandes espérances et qui sera mauvaise; il gèle et il pleut depuis quinze jours ou trois semaines; les blés sont rouillés et échaudés... Si vous ne preniez pas, Monseigneur, des précautions pour assurer le départ des bâtiments chargés de vivres que le munitionnaire demande en France, la famine serait plus affreuse l'année prochaine à Québec qu'elle ne l'a été cette année. »

Dans un billet confidentiel, Montcalm (3) résume en

---

(1) État des troupes anglaises en Amérique, 24 juillet 1757. North America Various. Record Office.
(2) Bigot au ministre. Québec, août 1757. Canada. Archives des Colonies.
(3) Montcalm au ministre. Québec, 18 septembre 1757. Archives de la Guerre.

termes énergiques les difficultés de la situation : « Manque de vivres, le peuple réduit à un quarteron de pain. Il faudra peut-être réduire encore la ration du soldat. Peu de poudre, point de souliers; on a pris ceux qui venaient. Nous sommes inquiets pour Louisbourg... Vivres, poudre, balles et souliers de bonne heure. » La diminution prévue ne tarda pas à être réalisée; à partir du 1ᵉʳ novembre les troupiers logés dans les villes ne touchèrent plus qu'une demi-livre de pain et un quarteron de pois par jour, plus six livres de bœuf et deux livres de morue pour huit jours; quant aux bataillons cantonnés dans les paroisses rurales, ils partagèrent le sort des habitants; à la fin de l'année il fallut modifier la proportion de bœuf et lui substituer du cheval. A cette occasion il y eut, surtout à Montréal, des mutineries que Lévis apaisa par un mélange de tact, de bonne humeur et d'énergie. Les officiers supérieurs, Montcalm, Lévis, Bourlamaque, prirent les devants en faisant servir du cheval à leur table. « On mange chez moi, écrit Montcalm (1), du cheval de toutes façons, hors à la soupe. » Il donne son menu : « Petits pâtés de cheval à l'espagnole, escalopes de cheval, semelles de cheval au gratin, langue de cheval au miroton. »

Dans la société militaire et civile, à Québec et à Montréal, on se consolait de cette maigre chère par des réunions fréquentes et surtout par un jeu effréné (2), auquel, en dépit des ordonnances, beaucoup d'officiers, tant de France que de la colonie, prenaient part, suivant en cela le mauvais exemple de Bigot et de ses intimes. « L'intendant, relate Desandrouins, (3) a perdu pendant l'hiver 240,000 livres; plusieurs officiers ont gagné prodigieusement;

---

(1) Journal de Montcalm cité par l'abbé Casgrain. *Montcalm et Lévis*. Vol. I, p. 332.
(2) Voir pour la description de la société canadienne à cette époque l'abbé Casgrain. *Montcalm et Lévis* et Kerallain, *Jeunesse de Bougainville*.
(3) Journal de Desandrouins cité par l'abbé Gabriel.

d'autres ont perdu et se sont ruinés de fond en comble. »

Au printemps, la disette s'accrut, les vaisseaux de France n'étaient pas encore signalés, les soldats avaient dû remplacer le bœuf par la morue; les Acadiens réfugiés mouraient de faim et de faiblesse; la plupart des Canadiens se nourrissaient de pain d'avoine et même d'avoine bouillie. Enfin arrivèrent les secours si impatiemment attendus : « Il nous est entré, écrit Montcalm (1), dans la rade de Québec, depuis le 19 mai, une frégate, une prise anglaise que la frégate a faite chemin faisant, dix navires chargés, partis de Bordeaux, portant des vivres... le peuple commençant à brouter, la subsistance du soldat réduite à 1/2 livre de pain environ encore pour un mois. »

Au milieu d'épreuves aussi cruelles, le général français avait quelque raison d'être fier des résultats obtenus : « Il me semble qu'on est bien content (en France) de ma dernière campagne; avec plus de moyens, surtout en vivres, je ferais mieux. Imaginez que je ne puis être en campagne avec des forces médiocres avant six semaines, e toujours obligé de licencier moitié de mon armée pour la récolte. Ne serai-je jamais en Europe à la tête d'une armée où ces obstacles ne se rencontrent pas? » L'ombre au tableau est la mauvaise intelligence qui existe entre lui et Vaudreuil; il ne cherche pas à la dissimuler : « Je n'influe en rien sur le choix des officiers des troupes canadiennes, je me suis fait une loi de n'y jamais demander d'emploi. Vous n'aurez pas besoin d'être OEdipe pour deviner cette énigme. En tous cas voici les vers de Corneille :

> « Mon crime véritable est d'avoir aujourd'hui
> Plus de nom que... plus de vertu que lui.
> Et c'est de là que part cette secrète haine
> Que le temps ne rendra que plus forte et plus pleine »...

Je vis cependant très bien ici avec tout le monde, et

(1) Lettre de Montcalm, 2 juin 1758. Correspondance particulière.

sers de mon mieux le Roi. Si l'on pouvait se passer de moi, me faire tomber dans quelque panneau, et s'il m'arrivait un échec! Je suis bien tranquille. »

En résumé, au printemps de 1758 les Français avaient non seulement conservé leurs positions en Amérique, mais malgré leur infériorité en soldats et ressources, avaient refoulé les Anglais en leur infligeant des échecs décisifs. Malheureusement ces succès furent acquis au prix de sacrifices exorbitants. Pour l'année 1757, le ministre de la Marine avait dû prendre note de lettres de change jusqu'à concurrence de 12,338,000 francs, et d'après l'expérience du passé il était à prévoir que ces chiffres seraient considérablement majorés en fin d'exercice. Bigot donnait (1) comme causes de l'accroissement des dépenses : les « bâtisses des forts et des ouvrages, tant à la Belle Rivière que dans les autres postes, qui coûtent plusieurs millions au Roi, sans que je puisse savoir s'ils sont employés avec équité; ils le sont par les ordres des commandants auxquels il faut s'en rapporter; » la nécessité d'acheter sur les lieux, à prix très élevés, des marchandises en remplacement de celles prises par les Anglais dans les bâtiments capturés; le nombre toujours croissant des rationnaires évalués en moyenne à 14 ou 15,000 par jour, « y compris les postes, eu égard à la dernière augmentation de troupes et à celle des sauvages qui ont pris notre parti »; les exigences de ces auxiliaires qui réclamaient pour chaque expédition un nouvel équipement; enfin les frais énormes de transport qui sextuplaient quelquefois le coût primitif. A ces raisons valables, l'intendant aurait pu en ajouter une autre beaucoup moins légitime : les dilapidations et les fraudes commises aux dépens du trésor par un grand nombre de fonctionnaires civils et militaires de la colonie. Déjà

(1) Bigot au ministre, Québec, 3 novembre 1757. Archives des Colonies. Voir aussi les mémoires imprimés à l'occasion du procès fait à Bigot et à ses coaccusés.

en 1756 et 1757, Bigot lui-même et plusieurs de ses subordonnés, tant fournisseurs que comptables et administrateurs, avaient inauguré un système de bénéfices illégaux, de détournements, de faux en écritures, qui ne firent que se développer avec les embarras financiers.

Mais sans essayer d'atténuer les agissements scandaleux et les procédés malhonnêtes qui signalèrent la fin de la domination française au Canada, il convient de reconnaître la véritable cause de la perte de ce pays. Pour assurer la défense de la colonie, pour lui faire parvenir les secours indispensables à son existence, il fallait être maître de la mer, ou tout au moins pouvoir en disputer la suprématie à l'ennemi. En 1757, malgré la supériorité des flottes anglaises, la question n'était pas encore tranchée à l'avantage de la puissance insulaire; sans doute le bilan des prises isolées faites par les deux marines penchait en sa faveur; mais les escadres de France avaient tenu la mer sans essuyer d'échec, et assuré une communication constante entre les deux continents. Le gouvernement de Louis XV pourrait-il maintenir cette sorte d'égalité? Serait-il à même de rivaliser avec l'Angleterre en sacrifices pour ses vaisseaux, tout en prodiguant des millions pour l'entretien de ses armées en Europe et pour le paiement des subsides promis à ses nouveaux alliés? A en juger par ce qui se passait en Amérique, un tel effort semblait bien lourd; l'expérience des événements d'Allemagne devait prouver qu'il était au-dessus des forces de la nation.

CHAPITRE VI

CAMPAGNE DE BOHÊME. — BATAILLE DE PRAGUE.

En Europe, l'hiver de 1756-1757 ne fut troublé par aucun événement militaire autre que des affaires d'avant-postes. Les Prussiens en Saxe et en Silésie, les Autrichiens en Bohême et en Moravie, attendirent, selon les habitudes de l'époque, le retour de la belle saison pour reprendre les hostilités. Frédéric, tout en s'employant activement aux préparatifs de la campagne prochaine, ne crut pendant longtemps à l'intervention active ni des Russes, ni des Français. Trompé par des avis qui relataient avec complaisance les indispositions de la Tzarine et qui prédisaient sa mort prochaine, escomptant le retour de l'influence anglaise que produirait l'avènement du grand-duc héritier, il raya de ses calculs stratégiques l'élément moscovite; il poussa même la confiance au point de rédiger les instructions de l'envoyé spécial (1) qui se rendrait en Russie aussitôt que le décès d'Élisabeth serait connu. Sur les intentions de la France il conserva ses illusions jusqu'à la rentrée de Knyphausen au commencement de décembre; le rapport que lui fit ce diplomate lui ouvrit les yeux sur le péril grandissant qui le menaçait de ce côté; mais l'attentat de

(1) Volz, dans son ouvrage *Kriegsführung und Politik König Friedrichs des Grossen*, Berlin 1896, cite une dépêche inédite d'Eichel à Podewils du 9 mars 1757 relative à ces instructions.

Damiens, ses suites probables, les embarras intérieurs de la France, les ouvertures pacifiques transmises de Ratisbonne et de Baireuth (1), contribuèrent à faire renaître l'impression que le danger était encore lointain. Tout au plus faudrait-il tenir compte des 24,000 auxiliaires dont l'envoi avait été stipulé par le traité du 1er mai 1756. Au début de la campagne qui allait s'ouvrir, il n'aurait à s'occuper que de son principal adversaire, l'Impératrice-Reine. Tandis que Lehwaldt, avec ses 20,000 hommes, suffirait pour observer les Russes et serait à l'occasion disponible pour une diversion en Moravie, tandis que les 10,000 hommes de la garnison de Wesel, joints aux Hanovriens et Hessois surveilleraient les Français sur le Rhin et retarderaient leurs progrès en Allemagne, le reste des forces de la monarchie, rassemblé en Saxe et en Silésie, ferait tête aux Autrichiens.

Les belligérants avaient profité du répit de l'hiver pour recruter et augmenter leurs forces; le roi de Prusse forma avec l'armée saxonne qui avait capitulé à Pirna, et avec les conscrits qu'il leva dans l'Électorat, dix régiments d'infanterie et cinq bataillons de grenadiers, sans compter un certain nombre d'escadrons qui furent ajoutés aux formations de cavalerie existantes. Il espérait que ces soldats bien nourris et payés, commandés par des officiers et sous-officiers prussiens, soumis à la discipline prussienne, se plieraient au service et s'amalgameraient avec les troupes nationales. Cette attente fut déçue; les Saxons, tant vieux soldats que recrues, désertèrent en masse; des bataillons entiers se révoltèrent, et drapeaux en tête prirent le chemin de la Pologne. Après la campagne de Bohème, on fut obligé de dissoudre la plupart des nouveaux corps et d'en répar-

(1) Voir la correspondance de Frédéric, avec Plotho et la Margrave en décembre 1756 et janvier 1757, relative aux ouvertures du chevalier de Vathan, qui prirent fin avec la mort de ce personnage au commencement de 1757. Ces lettres sont citées par Volz.

tir les débris dans les régiments prussiens. Au printemps de 1757 ces faits ne s'étaient pas encore produits, et les incorporés de force étaient encore dans les rangs. Si aux 22,000 Saxons on ajoute les additions aux anciens cadres et quelques bataillons d'infanterie légère de création récente, on trouve que l'armée prussienne s'était renforcée de près de 50,000 hommes; les situations de cette époque indiquent un chiffre de 211,000 (1) dont 152,000 prêts à entrer en campagne. Sur ce dernier total, 117,000 cantonnés en Saxe et en Silésie étaient destinés à opérer contre les Autrichiens.

De son côté, Marie-Thérèse avait augmenté ses armées de Bohême et de Moravie de détachements tirés de l'Italie et des Pays-Bas, et avait pris à sa solde quatre régiments de cavalerie saxonne envoyés de Pologne par le roi Auguste. En outre, les bataillons et escadrons avaient été portés au plein de leurs effectifs et quelques unités nouvelles organisées. L'Impératrice pouvait opposer à Frédéric des forces à peu près égales à celles de ce prince, 118,000 sabres et baïonnettes et 226 canons.

Le premier choc de la campagne aurait lieu entre les Prussiens et les Autrichiens; cela ne faisait doute pour personne. L'armée française, d'après les calculs les plus optimistes, ne pourrait être sur le Weser avant la fin de mai, et suivant les renseignements de Pétersbourg il était peu probable que les Russes entrassent en campagne avant le mois de juin. Avec une semblable perspective, autant son intérêt devait engager l'Impératrice à retarder toute rencontre décisive jusqu'à l'entrée en ligne de ses alliés, autant il était de celui du Roi de chercher à frapper ses adversaires les uns après les autres, et sans qu'ils pussent se prêter assistance.

Frédéric cependant paraît avoir hésité longtemps sur

---

(1) *Geschichte des Siebenjährigen Krieges*, par un officier de l'état-major prussien, vol. I, p. 147.

le parti à choisir (1) ; soit manque d'informations sur les intentions des Français dont le corps auxiliaire de 24,000 hommes était annoncé comme devant arriver en Bohême, soit attachement aux règles de la vieille stratégie, le roi de Prusse, durant les mois d'hiver, dans sa correspondance avec Schwerin et Winterfeldt, penche pour la défensive. Il attendra l'attaque des Autrichiens qu'il prévoit devoir être dirigée sur Dresde ; il s'efforcera de les battre, il les poursuivra en cas de succès jusqu'au fond de la Moravie, mais il ne prendra pas l'initiative contre eux. Ce ne fut qu'au commencement de mars que, probablement sur les conseils de Winterfeldt, son homme de confiance, il se décida pour l'offensive. Par lettre du 16 mars, il consulta ce dernier, ainsi que le maréchal Schwerin, sur les projets d'entrée en campagne ; le 20 mars il leur transmit une note où il examinait successivement les mouvements possibles de l'armée de l'Impératrice, et discutait les opérations applicables à chaque hypothèse.

Winterfeldt et Schwerin se prononcèrent pour une agression vigoureuse, qui aurait le double avantage de surprendre l'ennemi et de lui enlever ses magasins formés à peu de distance de la frontière. A la suite de cet échange de vues (2) et d'une étude comparative des chances que pouvait présenter l'exécution du programme, le Roi adopta un plan définitif et lança ses ordres en conséquence. L'armée prussienne fut divisée en quatre

---

(1) Voir sur le plan de campagne de 1757 Bernhardi, Cämmerer, Zimmermann, Delbrück et Naudé. L'ouvrage de ce dernier, *Der Feldzug von* 1757, publié en 1893 résume la controverse. Le colonel français Bonnal a également traité cette question dans ses conférences à l'École de Guerre.

(2) Frédéric à Schwerin, 16-20 et 26 mars 1757.
Frédéric à Winterfeldt, 16-21-25 et 26 mars.
Schwerin à Frédéric, 24 mars.
Winterfeldt à Frédéric, 19-22 et 24 mars.
Conférence entre Schwerin, Winterfeldt et von der Goltz envoyé de Frédéric, 30 mars. *Correspondance politique*, vol. XIV.

corps : Schwerin, à la tête de 41,000 hommes, secondé par les généraux Manteuffel et Winterfeldt, devait déboucher de la Silésie, franchir la chaîne des Riesengebirge, se porter sur l'Iser et effectuer sur les bords de cette rivière sa jonction avec le duc de Bevern. Ce dernier, avec la seconde colonne, forte de 18,000 hommes, avait pour mission de pénétrer en Bohême par la vallée supérieure de la Neisse. Frédéric, avec les 39,000 hommes qui composaient la troisième division, marcherait directement sur Aussig et Lowositz parallèlement au cours de l'Elbe vers Prague; enfin le prince Maurice d'Anhalt avec 19,000 hommes était chargé d'une feinte dans la direction d'Egra, et devait, après avoir attiré l'adversaire de ce côté, se rabattre sur l'armée du Roi. Les deux ailes, sous le commandement de Frédéric et du maréchal Schwerin, se donneraient la main dans les environs de Leitmeritz au confluent de l'Elbe et de l'Eger.

Tandis que chez les Prussiens l'unité de direction avait abouti après étude à un projet incontesté, les plans autrichiens avaient été remaniés et modifiés à plusieurs reprises. Tout d'abord le maréchal Browne, désigné par l'opinion pour continuer la tâche commencée en 1756, fit prévaloir l'idée d'une double agression en Silésie et en Saxe. A cet effet des préparatifs furent faits et des approvisionnements considérables constitués à faible distance de la frontière. Mais après la nomination du prince Charles au commandement supérieur, et d'accord avec les conseils réunis à Vienne, on revint à une politique défensive. Cette attitude était peut-être plus logique, mais il aurait fallu conformer au nouveau système la distribution des troupes, et surtout reporter en arrière les magasins, dont l'emplacement présentait un danger réel que ne compensait plus aucun avantage. Ces précautions furent omises et les Impériaux maintinrent les mesures adoptées dans la prévision de l'offensive. Comme leurs adversaires, ils étaient répartis en quatre groupes. Le général Serbelloni avait sous ses ordres 27,000 soldats autour de la position bien connue de Kœniggratz; Königsegg, opposé à Bevern, observait les débouchés de la Lusace avec une force de 23,000 hommes; Browne, provisoirement général en chef, commandait les 39,000 hommes dispersés sur l'Eger et dans la région de Prague; l'aile gauche sous la direction du duc d'Arenberg était cantonnée entre Egra et Pilsen. Profiter de l'éparpillement des Autrichiens et du désarroi que causerait une attaque imprévue, amuser Browne et le retenir inactif sur l'Eger, tandis que Schwerin et Bevern écraseraient l'ennemi inférieur en nombre et s'empareraient de ses dépôts de vivres et de fourrages, tel était le projet du Roi.

L'armée de Silésie, la plus éloignée du théâtre des opérations, devait se mettre en mouvement le 15 avril; aussi fut-ce avec un vif déplaisir que le Roi apprit de Schwerin qu'il ne serait prêt à agir que le 18. « Nous avions (1) tout arrangé pour votre entrée en Bohême le 15 de ce mois; tout est réglé de ce côté-ci en conséquence. Il y a onze personnes qui savent notre secret. Pour Dieu ne différez pas au 18... Tout dépend à présent du temps... chaque moment de plus est un hasard de plus. L'ennemi a ses magasins principaux à Budin, Leitmeritz et Schlan; vous pouvez lui prendre celui de Leitmeritz. Si je passe l'Eger entre Laun et Postelberg, vous sachant à Leitmeritz, ce serait bien le diable si je ne lui prends le magasin de Schlan, ou si je ne le force à une retraite honteuse dont on pourra profiter, ou à une bataille à laquelle il n'est pas préparé et que son projet de campagne est d'éviter. Marchez donc et ne vous embarrassez pas de misères. » Trois jours après nouvelle instance (2) : « Vous

---

(1) Frédéric à Schwerin, 8 avril 1757. *Correspondance politique*, vol. XIV.
(2) Frédéric à Schwerin, 11 avril 1757, *Correspondance politique*, vol. XIV.

m'avez fixé au 15. J'ai pris sur cela tous mes arrangements ; ces arrangements mêmes trahiront mon secret si vous différez de quelques jours. » Le temps s'écoule, Frédéric s'impatiente de plus en plus et tance sévèrement son vieux serviteur (1) : « Que vous battiez l'ennemi ou que vous ne le battiez pas, je vous ordonne de marcher sur l'Elbe vers Leitmeritz ou Melnick, ce qui est le coup décisif. C'est là la force de notre plan, et vous en serez responsable si en cela vous n'exécutez pas mes ordres au pied de la lettre. Si vous ne marchez pas sur l'Elbe à Leitmeritz, ou que vous alliez ou vers Kœniggratz ou Kolin, je serai obligé de me retirer en Saxe, faute de vivres, et ce sera vous qui m'aurez fait faire cette sottise. Or de votre expédition dépend le salut de l'État ; si vous ne la dirigez pas selon ma volonté, votre tête en sera responsable. »

Pendant les derniers jours de son séjour au camp de Lockwitz, près de Dresde, Frédéric confia à Mitchell (2) son intention de frapper un grand coup en Bohême, et écrivit au roi George une lettre personnelle dans laquelle (3) il lui faisait part de son entrée en campagne, et de son espoir de surprendre les Autrichiens ; enfin il prit des mesures à l'égard de la reine de Pologne et des personnages de la cour restés à Dresde. Au quartier-général prussien, on n'était pas content des Saxons qu'on avait embrigadés de force après la capitulation de Pirna ; deux régiments, ceux de Lœn et de Jung Bevern s'étaient révoltés, et, conduits par leurs sous-officiers, s'étaient réfugiés en Pologne. Sur la frontière les désertions étaient nombreuses (4) ; des escadrons entiers passaient à l'ennemi avec armes et bagages ; Schwerin craignait presque

---

(1) Frédéric à Schwerin, 14 avril 1757. *Correspondance politique*, vol. XIV.
(2) Mitchell à Holdernesse, 7 avril 1757. Record Office.
(3) Frédéric à George, 10 avril 1757. *Correspondance politique*, vol. XIV.
(4) Hautmont au ministre, 3 et 20 février-8 avril 1757. Ministère de la Guerre.

autant de laisser les bataillons saxons dans les forteresses de la Silésie que de les emmener avec lui en Bohême. A tort ou à raison, on crut devoir attribuer les mauvaises dispositions des nouvelles recrues aux menées de la Reine et des employés militaires et civils encore en fonctions auprès d'elle. Déjà la comtesse de Brühl avait été expulsée ; il en fut de même du secrétaire Hennin (1), resté à Dresde comme représentant de Louis XV après le départ du comte de Broglie. Cette mesure fut étendue à deux généraux saxons attachés à la cour; puis Frédéric fit arrêter et conduire dans la forteresse de Custrin le comte de Wackerbarth (2) et interdit toute communication entre le dehors et le palais royal où étaient internés les membres de la famille de Saxe. Ces précautions prises, Frédéric attendit les nouvelles de Schwerin et Bevern avant de se mettre lui-même en mouvement.

Dans le camp de Lockwitz on ne se doutait pas des conceptions stratégiques adoptées. « Le roi a ajouté, écrit Mitchell (3), qu'il s'était donné beaucoup de mal pour cacher à ses officiers ses projets réels. Il y a réussi, car je crois vraiment qu'hier matin il n'y avait dans toute l'armée que deux personnes, sans le compter lui-même, qui eussent connaissance de son plan; le secret a été si bien gardé qu'aujourd'hui même les officiers ne savaient pas qu'il eût l'intention de quitter Lockwitz, mais disaient que s'il faisait beau l'armée irait probablement camper d'ici à quelques jours. »

---

(1) Hennin au ministre, 25 mars 1757. Affaires Étrangères Saxe.
(2) Durand à Rouillé Varsovie, 1 avril 1757. Affaires Étrangères. Allemagne Mémoires et Documents 109. Dans cette dépêche Durand raconte des propositions relatives à un arrangement entre la Prusse, la Saxe et la France qui auraient été faites à Wackerbarth par un général prussien, et que Brühl avait communiquées à Sternberg et à lui. Ce récit fut répété à Londres par Colloredo. Mitchell eut ordre de demander des explications à Frédéric qui prit la chose en riant et se justifia en invoquant l'incarcération du Saxon.
(3) Mitchell à Cumberland, 19 avril 1757.

A l'état-major autrichien la sécurité était complète. L'officier français Hautmont (1), attaché au quartier-général de Browne, dans son rapport du 8 avril, parlait, il est vrai, d'un mouvement offensif des Prussiens qui aurait eu lieu le 5 de ce mois; mais quelques jours plus tard, le 14, il mande de Prague qu'il n'y avait rien de nouveau sur la frontière. Il faut rappeler pour l'exonération du maréchal qu'il n'exerçait le commandement qu'à titre provisoire, et en attendant l'arrivée du prince Charles de Lorraine, retenu à Vienne par une indisposition.

Les opérations des Prussiens commencèrent par leur aile gauche (2). Le 18 avril les troupes de Schwerin franchirent les défilés des Riesengebirge par les chemins dont devait se servir, plus d'un siècle plus tard, l'armée du prince héritier à la veille de Sadowa; elles débouchèrent à Trautenau, Eipel et Politz, et chassant devant elles les avant-postes autrichiens, se réunirent le 22 avril à Milletin; le 24 le maréchal était à Gitschin et le 25 à Sobotka. Il n'avait pas rencontré de résistance; Serbelloni, qui commandait l'aile droite des Autrichiens, à la nouvelle de l'irruption des Prussiens, s'était replié avec précipitation dans les lignes de Kœniggratz.

Pendant ce temps, le duc de Bevern avait eu affaire au corps de Königsegg; parti de Zittau le 20 avril, il se heurta le lendemain, dans les environs de Reichenberg, à une division autrichienne qui lui barrait la route. Après un essai malheureux d'entamer avec sa cavalerie le centre de l'adversaire, Bevern réussit à refouler et tourner

---

(1) Hautmont au ministre, 8 et 14 avril 1757, Ministère de la Guerre.

(2) Voir pour cette campagne *Geschichte des siebenjährigen Krieges bearbeitet von den Offizieren des grossen Generalstabs.* Berlin, 1824. — Lloyd, *History of the late war in Germany*, traduit et commenté par Tempelhoff et Roux Fazillac. — Cogniazo, *Geständnisse eines österreichischen Veterans.* — Breslau, 1788 — Retzow. *Nouveaux mémoires historiques.* — Frédéric. *Histoire de la guerre de Sept Ans.* — Preusz, *Friedrich der Grosse.* — Iomini, *Guerres de Frédéric II*, etc., etc.

sa gauche. Königsegg se retira en assez bon ordre sur Liebenau ; il avait perdu un millier d'hommes et quelques pièces de canon ; les Prussiens accusèrent environ 700 hommes tués et blessés. Jusqu'au 25 avril, le général impérial, renforcé du reste de ses troupes dont une partie seulement avait donné à Reichenberg, tint tête à Bevern et resta en position à Liebenau ; mais ce jour-là il eut connaissance des progrès de Schwerin, et apprit, « par un bonheur extraordinaire (1) et grâce à un officier d'économie », que l'avant-garde de la division Winterfeldt appartenant au corps du maréchal, avait pris possession de Turnau sur la rive gauche de l'Iser. La nouvelle était grave ; l'ennemi était sur ses derrières, et plus rapproché que lui de ses magasins et de sa ligne de retraite. Cependant, conservant son sang-froid, et voulant en imposer au duc de Bevern qu'il avait devant lui, Königsegg resta toute la journée du 25 à Liebenau et ne commença sa retraite qu'à la nuit tombante. Par une marche forcée de vingt heures, le long de la rive gauche de l'Iser, il fut assez heureux, en se glissant presque sous le canon de Schwerin, pour gagner Brandeis et se dérober à la poursuite ; mais il ne put sauver son dépôt de Jung-Bunzlaw qui tomba entre les mains de la cavalerie de l'adversaire. Les Prussiens y trouvèrent des vivres, du fourrage, de quoi nourrir 40,000 hommes pendant une période de trois semaines.

Bevern, quoique averti le 24 avril de l'approche de Schwerin, ne bougea pas et ne s'aperçut du départ de Königsegg que le 26 ; il effectua sa jonction avec l'aile gauche des Prussiens à Münchengratz le même jour. Le vieux maréchal, maintenant à la tête de 50,000 combattants, aurait dû fondre l'épée dans les reins sur les Autrichiens très inférieurs en nombre ; il n'en fit rien, se borna à jeter des ponts sur l'Iser, s'occupa de sa ligne de communica-

(1) Kaunitz à Stahremberg. Relation des affaires de Bohême, 24 mai 1757. Archives de Vienne.

tion qu'inquiétaient les coureurs de Serbelloni toujours immobile à Kœniggratz, et ne parvint que le 1er mai à Benatek où il séjourna jusqu'au 3 de ce mois. Königsegg avait pris position à Brandeis, au confluent de l'Elbe et de l'Iser.

Reportons-nous maintenant à l'aile droite des envahisseurs. Le 21 avril, fidèle au programme concerté, le Roi réunit son infanterie à Oltendorf sur la frontière; le lendemain, le duc Ferdinand de Brunswick, à la tête de l'avant-garde, franchit les défilés et rencontra vers Linay une division autrichienne sous les ordres du général Hadik qu'il ne put déloger; à sa gauche une avant-garde prussienne occupa Aussig que la garnison avait évacué après avoir brûlé les magasins. Le 24 avril Hadik battit en retraite, et alla rallier le maréchal Browne qui s'était établi avec le gros de son corps dans son ancien camp de Budin, sur l'Eger.

Ce même jour Frédéric s'installa à Hlinay, où il fut rejoint par sa cavalerie et son artillerie restées en arrière, et par le prince Maurice de Dessau revenu de sa pointe sur Commotau. De son quartier-général il adressa ses félicitations à Bevern et Schwerin sur l'heureuse issue de leurs opérations, et un bulletin de victoire à Podewils. Dès le 22 il avait écrit un billet triomphant (1) à sa sœur, la margrave de Baireuth : « Dans 10 jours il n'y aura presque plus d'Autrichiens en Bohême. Cela fera changer la face des affaires d'Allemagne et celles d'Europe. » C'était aller un peu trop vite en besogne.

Cependant la marche victorieuse s'accentua; le 27 l'armée du Roi passa l'Eger à quelque distance en amont de Budin; elle trouva celle de Browne en pleine retraite et s'empara d'approvisionnements importants qu'il n'avait pas eu le loisir d'évacuer. Le 30 avril Browne, con-

(1) Frédéric à la Margrave, 22 avril 1757. *Correspondance politique*, vol. XIV.

tinuant son mouvement rétrograde, et renforcé dans l'intervalle par le corps du duc d'Arenberg rappelé des environs d'Egra, était à Tuchomersitz ; il y rencontra le prince Charles de Lorraine venu en droite ligne de Vienne, et lui remit les fonctions de généralissime de l'armée de Bohême.

Après quelques hésitations inspirées par les souvenirs de la campagne désastreuse de 1745, Marie-Thérèse s'était déterminée à confier à son beau-frère la direction des opérations ; ce choix, dû à l'affection et au désir de complaire à l'Empereur, ne fut pas heureux. Le prince Charles, malgré son courage et son expérience de la guerre, n'était pas de taille à lutter contre un tacticien aussi hardi et aussi entreprenant que le roi de Prusse. Consciencieux jusqu'à la timidité, pliant sous le fardeau du commandement, incapable d'initiative, il se laissait guider par les conseils de son entourage et par les instructions reçues de Vienne. La copieuse correspondance échangée avec l'empereur François son frère, nous dévoile un général plus soucieux des difficultés qu'ambitieux du succès, craintif à l'excès des desseins de son adversaire dont il exagère presque toujours la puissance, aimant à abriter sa responsabilité derrière celle de ses subordonnés, brave homme au demeurant, mais l'indécision incarnée. Un chef de cette trempe ne pouvait prendre sur ses lieutenants et sur ses troupes l'ascendant nécessaire pour rétablir une situation fort compromise.

Lors de l'entrevue des deux généraux au camp de Tuchomersitz, le Prince Charles aurait trouvé Browne tout à fait démoralisé. « J'avoue, écrivit-il plus tard (1), que je fus surpris en le voyant, et j'ose dire qu'il était dans un triste état, quelque chose d'égaré. Le premier mot qu'il me dit fut qu'il était bien malheureux et qu'il voudrait

(1) Relation de ma campagne de 1757, par le Prince Charles. Arneth, vol. V, notes.

être mort, et se mit à pleurer. » Sans attacher trop de valeur à ce récit rédigé après la campagne en guise de mémoire justificatif, il faut avouer que le maréchal, soit trouble d'une invasion qu'il n'avait pas prévue, soit dépit d'être réduit au second rôle, ne montra pas en 1757 les qualités qu'il avait déployées à Lowositz et dans son expédition au secours des Saxons. Résolu d'abord à livrer bataille aux Prussiens (1), il aurait cédé à l'avis contraire de ses divisionnaires qui voulaient la retraite. Au conseil de guerre que le nouveau commandant en chef s'empressa de réunir, la majorité des assistants, persistant dans son avis malgré l'opinion de Browne, insista pour la continuation de la marche rétrograde sur Prague. Le prince Charles se prononça dans le même sens, et ramena son armée le 2 mai sous les murs de la capitale de la Bohême et sur la rive droite de la Moldau. Le même jour, le roi de Prusse, qui le suivait de près, établit son quartier-général en face des Autrichiens, sur la rive gauche de la rivière.

A Vienne, l'irruption des Prussiens avait jeté le désarroi le plus complet; on avait appris l'échec de Königsegg, mais on était sans dépêche de Browne et fort inquiet de sa réunion avec le duc d'Arenberg. « Ce matin, écrit l'Empereur (2), on a reçu ici par Nataliski la nouvelle que le Roi avait passé l'Eger et que nous étions retirés à Welwara, et peut-être irait-on à Prague; que Arenberg n'avait pas pu joindre l'ennemi et devait faire un grand détour, que Königsegg était ou à, ou devant Brandeis, s'étant retiré avec précipitation; que le Roi voulait atta-

---

(1) Relation de ma campagne de 1757, par le Prince Charles. Lettres de Browne au Prince, 24 et 26 avril 1757. Arneth, vol. V, notes.

(2) l'Empereur au prince Charles, 29 avril 1757. Archives de la Guerre. Vienne. L'Empereur dont l'éducation avait été fort négligée écrit dans un français des plus singuliers et ne tient aucun compte des règles les plus élémentaires de la grammaire et de l'orthographe.

quer, qu'une grande partie des magasins était perdue. Voilà en substance toute la lettre, car de Browne il n'est rien venu. » Le 30 avril, autre billet (1); l'Empereur conseille la concentration et une vigoureuse offensive; « pour de Browne nous ne savons rien du tout depuis la lettre du 26 qu'il vous a écrite, ce qui n'est pas trop bien. » Dans un post-scriptum, le correspondant du prince Charles oublie ses soucis pour transmettre son appréciation sur la meute de ce dernier qu'il venait d'inspecter : « Vos chiens sont arrivés, il y en a quarante-huit; ils sont d'espèce de chiens du nord et je crois horriblement lestes. »

Le 1er mai on apprend que le Prince est à Prague : « Je ne vous saurais dire le plaisir que j'ai de vous savoir à l'armée, car il me semble que jusqu'à ce jour elle ne savait ce qu'elle faisait, mais il est vrai que toutes les lettres de l'armée soupiraient après votre arrivée; mais vous ne trouvez pas les choses dans un trop bel aspect ou situation, mais Dieu peut tout, et il n'y a qu'à le prier de bon cœur pour son assistance et ses grâces, et j'espère qu'il nous les donnera. » Le pieux Empereur revient à sa tactique énergique : « Il est sûr qu'un ennemi qui depuis huit jours voit toujours reculer devant lui, doit être surpris de se voir attaquer, surtout si sa situation n'est pas inattaquable, car je crois toujours à l'avantage de celui qui attaque; mais il faut toujours tout bien discuter avec les généraux. » Ces recommandations, quelque peu naïves, ne produisirent pas grand effet à l'état-major du Prince, où les esprits étaient démoralisés par la rapidité de la retraite et la division de plus en plus apparente dans le commandement. Dans une lettre écrite après la levée du siège de Prague (2), le

(1) l'Empereur au Prince Charles, 30 avril et 1er mai 1757. Archives de la Guerre. Vienne.

(2) Prince Charles à l'Empereur, 29 juin 1757. Archives de la Guerre Vienne. Cogniazo, l'auteur des *Souvenirs d'un Vétéran autrichien* s'inscrit

prince Charles raconte les conciliabules qui précédèrent la bataille : « Deux jours avant l'affaire, j'ai proposé au feld-maréchal Browne de prendre une autre position pour nous rapprocher de l'armée du général Daun; mais il m'a dit que nous ne pouvions pas abandonner Prague sans que toute la monarchie coure risque, et que nous perdrions aussi notre magasin. J'avouerai à Votre Majesté que ce propos m'a un peu fâché, mais Lucchesi était témoin lorsque je lui ai répondu que notre position ne me plaisait pas. »

Quelle que fût la pensée personnelle du général en chef sur les avantages d'un mouvement qui eût eu pour conséquence de découvrir presque toute la Bohême, il se rangea à l'opinion de la majorité du conseil de guerre qui, cette fois, appuya les conclusions de Browne. L'armée de l'Impératrice s'établit aux environs de Prague sur un terrain qui, n'en déplaise au prince Charles, présentait pour la défense des avantages sérieux, et attendit de pied ferme l'assaut des Prussiens.

En résumé, le début de la campagne avait été désastreux pour les Autrichiens; presque sans coup férir, car à l'exception du combat de Reichenberg il n'y eut que des escarmouches insignifiantes, ils avaient évacué la moitié de la Bohême, sacrifié leurs dépôts de vivres et ébranlé le moral de leurs soldats. Dans les explications qu'elle jugea bon de fournir à Versailles, la cour de Vienne rejeta (1) la responsabilité de ces tristes résultats sur Browne. Ce général, convaincu que son adversaire ne bougerait pas de la Saxe, aurait trop dispersé ses divisions et n'aurait tenu aucun compte des avis qu'on lui envoyait de la capitale; de re-

---

en faux contre l'opinion attribuée à Browne; au moment où le prince Charles faisait son rapport, le maréchal était mort depuis peu des suites de sa blessure.

(1) Kaunitz à Stahremberg. Relation des affaires de Bohême, 24 mai 1757, Archives de Vienne.

tour à Prague après une visite d'inspection des postes de Reichenberg et Gabel, il aurait été surpris par une invasion à laquelle il était loin de s'attendre, et n'aurait pu rallier son monde en temps utile. D'autre part l'inaction de Serbelloni, qui « ayant trop éparpillé ses troupes ne put les rassembler à Iaromirz, ne sut ou ne voulut suivre Schwerin d'assez près pour le gêner dans ses opérations », aurait privé le prince Charles d'un appoint important au moment décisif.

Dès son arrivée à l'armée, le 29 avril, le nouveau généralissime avait fait de son mieux pour concentrer ses forces, en ordonnant à Königsegg et à Serbelloni de rejoindre la fraction principale. Le premier de ces généraux effectua sa jonction sans être inquiété; il laissa à Brandeis une arrière-garde qui disputa vigoureusement aux Prussiens le passage de l'Elbe, et ne se retira qu'après avoir brûlé le pont sur ce fleuve. Son adversaire Schwerin, sans communication avec le Roi et incertain sur la direction à prendre, s'était attardé à Brandeis; il ne quitta cette ville que dans la nuit du 5 au 6 mai, sur les ordres formels de Frédéric, et, après une marche de quelques heures, réunit ses régiments à ceux de son souverain le matin même de la grande bataille qui allait s'engager sous les murs de Prague.

Quant à Serbelloni, malgré l'invitation du prince de Lorraine il ne fit aucune diligence pour se rapprocher de lui; il fallut l'arrivée du feld-maréchal Daun, appelé à le remplacer, pour mettre en mouvement l'aile droite des Autrichiens. Le 5 mai, le général de Puebla qui dirigeait l'avant-garde était encore à Bömisch Brod; il y reçut l'avis de se porter sur Prague, mais ne put y parvenir et ne prit aucune part au combat.

Au matin du 6 mai les deux armées étaient en face l'une de l'autre. Le roi de Prusse avait sous son commandement immédiat les 46 bataillons et 75 escadrons de Schwerin, et

20 bataillons et 38 escadrons avec lesquels il avait passé la Moldau la veille. Ces troupes, seules présentes sur le champ de bataille, donnaient un effectif de 46,000 fantassins et 18,000 cavaliers. Le reste des forces du Roi, sous le maréchal Keith, avait été laissé sur la rive gauche de la Moldau avec mission de surveiller la garnison de Prague.

Aux Prussiens de Schwerin et de Frédéric, les Autrichiens pouvaient opposer 61,000 hommes, sans compter un détachement de 13,000 affecté à la garde de la ville. Le nombre de part et d'autre était à peu près égal, mais la nature du terrain qu'occupait l'armée du prince Charles assurait à la défensive un avantage considérable.

Si l'on jette les yeux sur une carte (1) des environs de Prague, on y verra que la Moldau forme une vallée encaissée qui, sur la rive droite, s'élargit pour recevoir les constructions du chef-lieu et de ses faubourgs; la rive gauche est par contre très resserrée par les hauteurs environnantes. De ce côté, le quartier dit de la petite ville s'étage sur les flancs du Weiseberg, duquel, à mi-côte, se détache le vieux château de Hradschin, tandis que la ville principale est dominée par le Ziskaberg et le Weinberg; la première de ces éminences, très proche de la rivière, rachète une différence d'altitude de 90 mètres par des pentes abruptes; l'autre, plus éloignée, est reliée au fleuve par des déclivités plus douces. Dans la traversée de Prague, la Moldau coule du sud au nord; à l'extrémité septentrionale de l'enceinte au pied du Ziskaberg, elle s'infléchit par une courbe des plus prononcées vers l'est, pour reprendre ensuite son cours en droite ligne vers l'Elbe. A la pointe la plus orientale du rayon ainsi décrit, elle reçoit du levant le ruisseau de Roketnitz dont la direction générale est à peu près perpendiculaire à la sienne.

(1) Voir le plan à la fin du chapitre. L'orthographe des noms dans le récit est celle des cartes modernes, tandis que celle du plan est empruntée à Jomini.

Au nord de la vallée dans laquelle serpente cet affluent, sont les hauteurs de Prosek, occupées dans la matinée du 6 mai par l'avant-garde prussienne; en face, au sud, le Ziskaberg aux portes de la ville, le Schanzenberg qui lui fait suite, et une ligne de collines qui court vers la gorge de Hrtlorzes; sur cette croupe et en arrière de la crête les Impériaux étaient campés. La pente, qui de la position autrichienne dévale vers le fond intermédiaire, très accusée sur la gauche, c'est-à-dire du côté du Ziskaberg, s'atténue à mesure que l'on gagne dans la direction de l'est; à Hrtlorzes, où la croupe est coupée par une brèche dont nous parlerons tout à l'heure, le terrain, léché par le lit resserré du Roketnitz, redevient difficile d'accès. Ici les hauteurs se continuent, de l'autre côté du ravin, par une chaîne de buttes, jusqu'au petit col où passe la route de Hlaupetin à Chwala. Ces buttes, assez escarpées, font saillie dans le paysage; elles sont contournées par le ruisseau qui s'est frayé un passage étroit à travers le massif. En amont de Hrtlorzes et dans son thalweg supérieur, jusqu'aux villages de Bechowitz et Pocernitz qui marquent l'extrémité est du champ de bataille, notre cours d'eau se répand dans un chapelet de petits étangs, où se déversent, par une multitude de canaux, les eaux de la région.

Tout ce fouillis de pièces d'eau, de pêcheries, de prés mouillés, sert de fossé extérieur au plateau formé par le versant oriental des collines qui couronnent la ville de Prague. Sensibles du côté de la Moldau, ces élévations se prolongent au levant par une sorte de plaine ondulée d'où émergent quelques mamelons d'un relief médiocre. Un ravin encaissé qui débouche dans le vallon de Roketnitz, près de Hrtlorzes, constitue la brèche dont il a été question plus haut et donne accès à l'intérieur du plateau près du village de Maleschitz. Au sortir du défilé ainsi créé, le terrain s'épanouit en amphithéâtre; il est commandé par un renflement sur le sommet duquel se détache le hameau de Sterbohol. De ce point culminant, on descend par une pente presque imperceptible jusqu'aux berges du ruisseau et jusqu'aux étangs qui se trouvent dans le voisinage des villages de Kej, Hostawitz et Pocernitz. Au moment de la bataille, ces étangs, beaucoup plus étendus qu'aujourd'hui, étaient entourés de marais à moitié desséchés qui avaient été semés en avoine; l'herbe qui recouvrait le sol empêcha les Prussiens d'en reconnaître l'état bourbeux, et de se rendre compte des obstacles que présenterait la traversée de la plaine entre Pocernitz et Sterbohol.

L'armée autrichienne campa pendant la nuit du 5 au 6 mai sur deux lignes parallèles au Roketnitz, et un peu en arrière des hauteurs, depuis la gorge de Hrtlorzes jusqu'au Ziskaberg; un rideau de cavalerie sur les collines de Prosek, de l'autre côté de la vallée, surveillait les Prussiens de l'armée du Roi. Vers quatre heures du matin (1), les avant-postes autrichiens se replièrent devant les éclaireurs ennemis. Environ deux heures plus tard, les têtes de colonnes prussiennes commencèrent à déboucher sur Prosek; c'est à ce moment que le Roi se rencontra avec le maréchal Schwerin et le général Winterfeldt; tous trois, avec quelques officiers de leur état-major, se portèrent en avant pour reconnaître les lieux (2). « De cette hauteur, écrit un témoin (3), nous découvrîmes très distinctement tout le camp de l'ennemi, la première et la seconde ligne dans toute leur étendue. » On tira sur le groupe quelques

(1) Voir au sujet de la bataille Ammann *Die Schlacht bei Prag*. Heidelberg 1887. Cette brochure est un résumé critique des récits de l'affaire.

(2) De Prosek, où se trouvait Frédéric, on ne peut pas apercevoir Pocernitz ni le cours supérieur du ruisseau qui sont masqués par les mamelons près de Hrtlorzes. Ainsi que nous l'avons dit, les pentes du Schanzenberg qui est exactement en face de Prosek ne sont pas escarpées.

(3) Récit du comte de Schwerin, neveu du maréchal, cité par Lloyd et Roux Fazillac.

coups de canon; « cependant Sa Majesté y resta encore plus d'une heure pour examiner leur position et pour voir de quelle manière ils pourraient être attaqués. Le Roi inclinait à attaquer l'ennemi de front (1). Le maréchal au contraire lui présenta la difficulté du terrain, la grande marche que les troupes auraient à faire, et la position redoutable des ennemis qui avaient couvert d'une quantité prodigieuse de grosse artillerie les hauteurs qui étaient devant leur front. Sa Majesté, convaincue par ces raisons, laissa au maréchal le soin de chercher un point d'attaque plus convenable. Aussitôt Son Excellence se porta au galop devant la droite des ennemis, où le terrain allait en diminuant des deux côtés; il trouva devant leur droite une plaine, près du village de Miesiz (2), où l'infanterie pouvait passer dans les prairies, et le cavalerie et la grosse artillerie sur des écluses. Aussitôt que le maréchal eut reconnu (3) le terrain et qu'il en eut rendu compte au Roi, les ordres furent donnés aux trois corps de se mettre en mouvement sur leur gauche. Ces ordres furent exécutés avec tant de célérité que l'armée qui les avait reçus environ à neuf heures, après avoir marché près de quatre milles dans des chemins très difficiles, était formée à dix heures et demie, et qu'à onze heures la bataille commença à notre gauche ». Le plan concerté entre Frédéric et Schwerin, à peu près similaire à ceux que nous verrons appliquer à Kolin et à Leuthen, consista à déborder et à prendre en flanc la droite ennemie, puis, ce résultat obtenu, à se rabattre sur le corps de bataille, le replier et le rejeter dans Prague. A cet effet les colonnes de Schwerin, agissant comme aile marchante, gagneraient par

---

(1) Cette assertion est contestée par Ammann p. 105 et suivantes, qui établit que le Roi et Schwerin furent d'accord sur le plan d'attaque.
(2) Probablement Pocernitz.
(3) Cette reconnaissance faite de loin ne paraît avoir donné aucune idée des difficultés réelles du terrain.

une manœuvre latérale les abords d'Unter Pocerniz, se déploieraient en avant de ce village et enlèveraient les hauteurs de Sterbohol, de manière à prendre en écharpe les Autrichiens. L'attaque de l'infanterie serait flanquée et appuyée à sa gauche par un gros de cavalerie. La droite prussienne se bornerait au rôle d'observateur et formerait la réserve.

A en croire certains historiens, le vieux Schwerin n'était pas partisan (1) d'une action immédiate, et n'aurait cédé qu'aux ordres du Roi en s'écriant : « Soit, s'il faut se battre il n'y a pas de temps à perdre ; plus les œufs sont frais et meilleurs ils sont. »

Pendant les premières heures de la matinée, le prince Charles et le maréchal Browne ne se rendirent pas compte des intentions agressives de Frédéric; les tentes étaient debout, les hommes aux corvées ou à faire la soupe, la cavalerie au fourrage. On ne commença à s'inquiéter qu'au spectacle de la manœuvre de Schwerin. « Les généraux autrichiens, écrit un officier (2) français présent à l'affaire, ayant cru, en voyant les premiers mouvements de l'armée prussienne, qu'elle n'avait d'autre dessein ce jour-là que de camper devant eux et de leur couper la communication avec l'armée du maréchal de Daun, ordonnèrent de mettre leur armée en bataille à la tête de son camp sans le détendre; ils renvoyèrent en même temps le gros bagage à Beneschau, au delà de la Sassava; ils ordonnèrent aussi de faire passer à l'aile droite la plus grande partie de la cavalerie qui était à l'aile gauche, où on n'en laissa que trois régiments. »

Aussitôt que l'attaque projetée des Prussiens se dessina avec plus de précision, Browne, pour ne pas se laisser dé-

---

(1) D'après Ammann le débat n'aurait porté que sur le moment de l'attaque de l'aile gauche.

(2) Rapport sur la bataille de Maleschitz (Prague). Archives de la Guerre. Allemagne, mai 1757.

border, prolongea son aile droite avec des troupes tirées de la réserve. Au début de l'affaire, cette aile qui avait exécuté une marche parallèle à celle de l'ennemi, occupait une ligne presque perpendiculaire au reste de l'armée; sa gauche s'appuyait sur le Taborberg près du village de Maleschitz, et sa droite s'étendait au delà de Sterbohol. Une nombreuse artillerie, admirablement servie, vint se poster sur la crête et put couvrir de ses feux le glacis naturel qui s'étend entre Sterbohol et Pocernitz, et par lequel les Prussiens auraient à déboucher. Cette position avait cependant un défaut : Par suite de la hâte apportée à l'envoi des renforts, l'angle saillant de la ligne autrichienne ne fut pas suffisamment garni; la batterie et les troupes de soutien établies sur les mamelons au-dessus de Hlaupetin protégeaient il est vrai le point faible; mais séparées du gros par le ruisseau qu'elles avaient à dos, elles étaient nécessairement en l'air et fort exposées à un coup de main de la part d'un ennemi entreprenant.

Ces explications fournies, rendons la parole à notre narrateur français : « Au signal que fit donner le roi de Prusse, qui était de cinq coups de canon et qu'on distingua dans l'armée autrichienne, le maréchal Schwerin qui était à la tête de son armée entre Schwala et la gauche des troupes du roi de Prusse, s'ébranla pour pénétrer à travers les étangs avec sa cavalerie qui laissa Unter-Potschwernitz à sa gauche. Le mouvement fut remarqué par le maréchal de Browne qui était sur la hauteur de Kyge (1), et par le comte de Luquesi qui était alors à la tête de l'aile qu'il commandait. Celui-ci n'hésita pas à s'étendre sur sa droite afin de n'être pas débordé, et se trouva en très peu de temps en état de déborder et d'accabler la cavalerie du maréchal Schwerin qui, malgré la vivacité de ses mouvements, ne put former un front égal au sien que

---

(1) Kej, village sur le Roketnitz entre Hrtlorzes et Pocernitz.

vers dix heures et demie. Le marquis Spada, lieutenant-feldmaréchal, insista auprès du général Luquesi pour faire charger la cavalerie prussienne à demi-formée ; mais il y résista sans qu'on puisse imaginer quels étaient les motifs d'une pareille conduite. Le maréchal Browne qui était à la hauteur de Kyge, en avant des troupes qui l'occupaient, envoya l'un des princes de Saxe au prince Charles de Lorraine qui était à la gauche, pour qu'il fût informé que le combat allait commencer à la droite, l'autre à la réserve pour faire remplir par elle le terrain que quittait la cavalerie du comte de Luquesi, entre Kyge et la tombe de Sterboholi. Vingt-deux compagnies de grenadiers de 100 hommes chacune, qui étaient de cette réserve, eurent la droite de la ligne et joignaient la gauche de la cavalerie. » Ces grenadiers, quoique renforcés par d'autres détachements, ne suffirent pas à garnir l'angle saillant près du village de Kej ; il resta un vide qui par suite d'oubli ou d'erreur ne fut pas rempli, et qui permit, dans le cours de la journée, aux Prussiens du prince Henri, de pénétrer dans le centre de la position autrichienne.

Vers dix heures, Schwerin, après un dernier entretien avec le Roi, donna les ordres d'attaque. La cavalerie prussienne, à son extrême gauche, conduite par le prince Schönaich, devait enfoncer les escadrons de Lucchesi et Spada qui couvraient la droite de leur armée, puis se rabattre sur l'infanterie autrichienne ; pendant ce temps cette dernière serait entamée par l'artillerie, et enfin abordée de front par l'infanterie. Ce programme ne fut pas exécuté dans son entier. Les cuirassiers et dragons de Schönaich, repoussés à deux reprises, furent en définitive victorieux, grâce à une diversion opportune de Ziethen qui, à la tête de ses hussards, prit en flanc les impériaux. Le gros de la cavalerie autrichienne s'enfuit du champ de bataille et n'y reparut plus de la journée ; mais les vainqueurs, au lieu de tourner leurs efforts contre les fantassins ennemis, s'acharnèrent à la poursuite, s'emparèrent du camp impérial et se livrèrent au pillage dont il fut impossible de les arracher; leurs chefs ne purent les rallier et les ramener au combat. Ce fut en cherchant à arrêter la débandade des fuyards que le prince Charles de Lorraine fut saisi d'étouffements et perdit connaissance; on l'emporta à Nusle où il faillit tomber entre les mains des hussards prussiens; on le saigna deux fois avant qu'il ne recouvrât ses sens. Aussitôt remis il remonta à cheval et se reporta sur le théâtre de l'action; il y trouva la débâcle complète et fut obligé de rentrer à Prague avec le flot des vaincus.

Pendant que la cavalerie était aux prises, il s'engagea entre les deux infanteries, autour de la position de Sterbohol, une lutte qui traversa plusieurs vicissitudes avant d'aboutir. Schwerin dirigea contre l'adversaire deux attaques; les bataillons de la première débouchèrent non sans peine des digues et des écluses de Pocernitz, mais avant d'avoir pu reprendre leur formation, ils se trouvèrent exposés au feu meurtrier des Autrichiens qui de leur côté marchaient sur Sterbohol. Winterfeldt [1] qui commandait devança les troupes de Browne, et dépassant de 200 pas le hameau, put arriver à faible distance de la ligne ennemie; mais il fut blessé et renversé de cheval; ses soldats, impressionnés par cet accident et accablés par les boulets et les balles, fléchirent et se réfugièrent derrière les digues qu'ils venaient de franchir. Le vieux Schwerin accourut pour rétablir l'ordre, et pour enlever les bataillons de la seconde ligne qui tourbillonnaient sur place. Voici en quels termes le comte Schwerin, neveu et adjudant du maréchal, décrit la scène [2] :

« Le maréchal, qui avait été continuellement de l'autre

---

[1] Récit de Winterfeldt. Varnhagen. *Leben des Generals v. Winterfeldt*, p. 165. Preuss, *Friedrich der Grosse* II, p. 46.
[2] Récit du comte Schwerin. Lloyd, vol. I, p. 43.

côté du défilé, prit l'étendard des mains de l'officier qui le portait, marcha à cheval à la tête du régiment (de Schwerin), et fit tout ce qui était possible pour le faire avancer. Il entraîna les troupes comme il put hors du défilé, et les ayant de nouveau mises en ordre il marcha précipitamment à l'ennemi. A peine eut-il fait douze pas qu'il reçut plusieurs coups, un à l'oreille, un autre au cœur, et trois autres dans le corps : il tomba aussitôt de cheval sans aucun signe de vie (1). Le général Manteuffel prit l'étendard et le donna à l'enseigne ; à peine celui-ci l'eut-il reçu qu'il fut tué par un boulet de canon. »

Découragés par la mort de leur chef, les Prussiens se replièrent en désordre, poursuivis par les grenadiers autrichiens ; ils perdirent des drapeaux et 12 pièces de canon dont 5 furent définitivement emmenées par l'ennemi. Mais le succès fut chèrement acheté par la blessure du maréchal Browne qu'il fallut emporter du champ de bataille. Par ce fait et par l'accident arrivé au Prince Charles, l'armée impériale se trouva, au moment le plus critique de la journée, privée de toute direction d'ensemble. L'absence de commandement fut d'autant plus fâcheuse que la nature du terrain où l'on se battait et la poussière intense que soulevaient les mouvements des troupes, empêchaient de se voir et de se reconnaître. Chaque divisionnaire autrichien agit pour son propre compte, sans se préoccuper du voisin ; la lutte dégénéra en une série de combats isolés, fort difficiles à démêler et encore plus à raconter.

Nous avons laissé l'extrême gauche des Prussiens en pleine déroute devant les grenadiers du maréchal Browne. Le feu d'une batterie postée près de Pocernitz et l'entrée en scène des réserves de Schwerin, rétablirent les affaires du Roi. Les Autrichiens, revenus de leur poursuite, voulurent reprendre leur première position ; mais décou-

(1) Un monument a été élevé à la mémoire de Schwerin et marque la place de sa mort ; il est à peu de distance du hameau de Sterbohol.

verts à droite par la disparition de leur cavalerie, ils trouvèrent sur leur flanc gauche les derniers bataillons du corps de Schwerin; cette infanterie tout à fait inconsciente de l'échec de leurs camarades que le terrain empêchait de voir, s'avançait en bon ordre à l'assaut. Le duc de Bevern débouchant de Hostawitz avec la brigade Tresckow vint seconder ces efforts; et enfin l'armée du Roi jusqu'alors inactive s'ébranla à son tour de Hlaupetin, enleva les hauteurs au sud de ce village, et pénétra dans la trouée que laissait le ravin d'Hrtlozes entre les deux ailes des Autrichiens.

Retzow attribue l'initiative de cette heureuse intervention à Mannstein (1). Ce général, avec trois bataillons, se serait emparé d'une batterie qui couvrait le point de jonction du centre autrichien avec son aile droite, repliée en potence pour s'opposer au mouvement tournant de Schwerin. Les princes Henri de Prusse et Ferdinand de Brunswick auraient été entraînés par l'action de Mannstein. Quel qu'en fût l'auteur, l'attaque réussit. Ferdinand, suivant la pointe de son subordonné, établit son artillerie sur le mamelon de Hlaupetin dont on venait de chasser les Autrichiens, franchit à son tour les bas-fonds marécageux du Roketnitz, et, parvenu sur le versant opposé, repoussa un retour offensif du général Clerici. Pendant ce temps, son collègue, le Prince Henri de Prusse, passa le vallon de Kej et refoula, non sans avoir essuyé des pertes lourdes, les Impériaux de la division Durlach. Les deux princes, soutenus par le canon de Hlaupetin, prirent possession du Taborberg par un assaut convergent, et vinrent donner la main au duc de Bevern qui avait grand besoin de leur aide.

Depuis quelque temps, ce général avait engagé une lutte acharnée autour du village de Maleschitz. Les Autri-

(1) Frédéric blâma l'action de Mannstein qui aurait fait engager inutilement la droite de l'armée.

chiens, renforcés par leurs réserves et par les fractions qui arrivaient de leur gauche, résistaient énergiquement; ils avaient même réussi à reprendre une batterie dont les Prussiens s'étaient rendus maîtres dans un premier élan.

Ce fut sur ces entrefaites que la droite prussienne entra en ligne et unit ses efforts à ceux du duc de Bevern. Grâce à ce secours des plus opportuns, les troupes royales purent emporter et conserver la batterie de Maleschitz. Malgré des résistances partielles sur divers points du champ de bataille, la droite et le centre de l'armée de Marie-Thérèse étaient battus, et en fuite sur Prague ou vers le sud. Restait la gauche, diminuée des détachements envoyés à l'appel du maréchal Browne, mais dont la partie principale n'avait pas encore tiré un coup de fusil. La crainte de se voir couper de Prague fit sortir les Autrichiens de leur inaction; ils eurent affaire aux vainqueurs de Maleschitz et aux Prussiens du corps du Roi. Les cuirassiers impériaux se dévouèrent; leur charge, vigoureusement conduite, coûta cher en hommes et en chevaux sans entamer l'adversaire; mais elle donna le temps à l'infanterie de se retirer. Assaillie à son tour par des escadrons que Frédéric avait lancés à l'appui de ses fantassins, elle les repoussa et effectua en bon ordre sa retraite sur la ville. Ce combat de cavalerie fut le dernier événement important de la journée; à trois heures, les Autrichiens, à l'exception de 15,000 hommes appartenant pour la plupart à la cavalerie de Lucchesi qui coururent jusqu'à Beneschau, étaient enfermés dans les murs de Prague. Le roi de Prusse, avec ses troupes victorieuses, compléta son succès en couronnant les hauteurs depuis le Schanzenberg jusqu'à Branik, sur la Moldau au sud de la ville, et en formant dès le soir même le blocus de la capitale de la Bohême. Sur la rive gauche de la Moldau, le corps de Keith n'avait pu s'engager. Le prince Maurice qui, avec une division, devait passer la rivière et tomber sur les derrière des Autrichiens, ne put remplir sa mission; les pontons sur lesquels on comptait n'arrivèrent pas; une tentative de traverser à gué échoua complètement et faillit coûter la vie au colonel Seydlitz.

Quoique la bataille de Prague fût une défaite complète pour les armes impériales, le succès fut chèrement acheté par le vainqueur; les pertes peuvent être évaluées à 13,000 hommes environ du côté des Prussiens (1), à 18,000 pour les Autrichiens (2). Dans le compte des vaincus figurèrent quelques milliers de prisonniers, 33 pièces d'artillerie, 71 drapeaux, les bagages et les tentes d'une partie de leurs troupes.

Pour expliquer son échec, le prince Charles allégua la défectuosité de la position de son armée et la supériorité numérique de l'ennemi. Le récit que nous venons de faire démontre que la première excuse n'a pas plus de valeur que la seconde. Il blâme avec raison la mauvaise conduite des escadrons autrichiens. « En vérité (3), l'infanterie en général a bien fait son devoir, et si la cavalerie avait fait le sien, quoiqu'ils fussent plus du double de nous, nous aurions remporté la victoire, mais le bon Dieu n'a pas voulu... L'infanterie a fait des merveilles, à l'exception du régiment de Mayence qui s'est sauvé et a été cause que l'ennemi a percé; de l'autre côté la cavalerie, qui non seulement n'a pas tenu mais qu'on n'a jamais pu rallier; pourquoi, je n'en sais pas la cause et je crois que les généraux mêmes ne le savent pas, comme Lucchesi le dira lui-même à Votre Majesté. »

Du côté prussien, le rôle de la cavalerie laissa également

---

(1) D'après une liste publiée par les *Danziger Beiträge* et citée par Ammann les pertes des Prussiens se seraient montées à 12,857; Frédéric parla de 14,000 et même de 18,000.

(2) Le rapport officiel autrichien donne 1,417 tués, 3,693 blessés et 6,472 manquants; mais ces chiffres sont évidemment inférieurs à la vérité.

(3) Prince Charles à l'Empereur, 28 juin 1757. Archives de la Guerre. Vienne.

fort à désirer; au lieu de seconder la manœuvre des bataillons de Schwerin, elle s'acharna à la poursuite des fuyards, s'amusa à piller le camp autrichien, et resta absente du champ de bataille pendant le reste de la journée. D'après Frédéric, les pertes cruelles dont il fallut payer la victoire furent dues à la précipitation de Schwerin, qui commença l'attaque sans attendre l'arrivée et la formation des bataillons de la seconde ligne, à l'impétuosité de Mannstein qui s'engagea mal à propos et qui entraîna à sa suite l'aile droite prussienne dont l'intervention, grâce au mouvement tournant de la gauche, était inutile. Malgré ces fautes, sans lesquelles on aurait pu ramasser quelques prisonniers et trophées de plus, et en dépit de la mort de son principal lieutenant et des sacrifices qu'avait coûtés le succès, Frédéric avait le droit d'être fier de son triomphe.

Dans une campagne de quinze jours, quels résultats obtenus! L'ennemi surpris, ses magasins enlevés, la moitié de la Bohême conquise, les forces de l'Impératrice battues et divisées en deux tronçons; le premier, l'armée du prince Charles, emprisonné dans une mauvaise place, sans vivres ou munitions pour résister longtemps; le second moins important, composé de quelques échappés de la déroute et du corps du maréchal Daun, à peine organisé, hors d'état d'entreprendre quelque chose de sérieux. Le gros effort était fait, il ne restait plus qu'à porter les derniers coups à l'Impératrice avant qu'il fût possible à ses alliés d'accourir à son aide. « Browne, le prince Charles et leur armée sont enfermés à ne pouvoir sortir de là, écrivait Frédéric (1) à Keith le lendemain de l'affaire; nous les obligerons à se rendre, et alors je crois que la guerre sera finie. » Frédéric arrêta de suite ses projets. Tout d'abord, il fallait profiter du gain matériel et du prestige

---

(1) Frédéric à Keith, 7 mai 1757. *Correspondance politique*, vol. XV, p. 9.

moral acquis, pour retenir l'ennemi dans Prague et le réduire à capituler, soit par l'intimidation, soit par la famine. L'opération principale serait accomplie par le gros des forces prussiennes, tandis qu'un détachement suffirait pour surveiller et peut-être dissiper le rassemblement de Daun. Une succession ininterrompue de victoires, une confiance absolue dans ses talents militaires et dans la supériorité de son personnel, justifiaient aux yeux du Roi l'adoption d'un plan qui, en d'autres circonstances, eût paru téméraire. Bloquer 50,000 hommes de la trempe de ceux qu'on venait de combattre, munis d'une artillerie considérable et abrités derrière des fortifications, avec une armée à peine plus nombreuse divisée en deux fractions inégales dont la communication était à la merci d'une crue de la Moldau, une pareille entreprise paraîtrait vouée à un échec certain, si des souvenirs récents et poignants n'étaient pas là pour nous rappeler que contre un chef démoralisé, incapable ou traître, on peut tout oser.

Frédéric venait d'éprouver le courage et la ténacité des soldats de Marie-Thérèse, mais il faisait peu de cas des généraux de l'Impératrice. Le meilleur, Browne, grièvement blessé, ne pourrait veiller à la défense; restait le prince Charles dont il connaissait le caractère timide et le peu d'initiative. Sous un commandant de cette étoffe, l'armée assiégée demeurerait immobile et attendrait derrière ses remparts les secours du dehors; l'agonie durerait plus ou moins longtemps, mais la résistance finirait avec les provisions de la garnison. Pour hâter les événements, on essayerait les moyens violents; s'ils étaient inefficaces, la famine aurait raison de Prague et des troupes qui y étaient enfermées. Quant à l'armée de Daun, peu redoutable encore, formée en grande partie de fuyards et de recrues, il serait facile de la maintenir à distance, peut-être même possible de l'écraser avant qu'elle pût agir.

En exécution de ce plan, dès le soir de la bataille, le roi

Frédéric fit sommer (1) la ville de se rendre. Le maréchal Browne à qui on avait amené l'émissaire prussien, déclara, selon le style de l'époque, qu'on mériterait l'estime du Roi par la défense qu'on y ferait. Les faits ne répondirent guère à ce beau langage. Mais laissons la parole (2) à un officier français attaché à l'État-major impérial : « Il était évident que l'armée autrichienne aurait pu s'échapper le lendemain 7 à la pointe du jour, par le petit côté de Prague, sur la rive gauche... Cet avis fut proposé entre six et sept heures du soir à M. le maréchal de Browne, chez qui se trouvait alors le prince de Saxe; le maréchal avait toute la présence d'esprit possible, et plus de force que sa blessure et une chute n'eussent dû lui laisser. » Browne approuva l'idée de la sortie, mais il se prononça pour une retraite par la rive droite; on lui objecta qu'elle se heurterait au gros des vainqueurs. Pour trancher la question, Charles convoqua un conseil de guerre qui ajourna l'opération, sous prétexte de la nécessité pour les soldats de quelque temps de repos. Les Prussiens profitèrent de ce répit pour jeter un pont sur la rivière et pour compléter l'investissement. Le désarroi parmi les Autrichiens, s'il faut en croire le journal déjà cité, était au comble. Pendant plusieurs jours, on ne donna aucun ordre pour loger les troupes « qui étaient depuis deux fois vingt-quatre heures au bivouac dans les rues, dans les places et au rempart. Le prince de Deux-Ponts, lieutenant-général au service de France, qui faisait la campagne en qualité de volontaire, donna un fort mauvais exemple; il obtint la permission de faire demander par

(1) Ce fut par ce parlementaire que Frédéric apprit la présence à Prague du gros de l'armée autrichienne, qu'il croyait en fuite vers le sud. Voir à ce sujet Ammann.

(2) Journal du siège depuis le 6 mai jusqu'au 20 juin 1757 rédigé par un officier français, probablement M. de Boisgelin ou M. d'Hautmont. Archives de la Guerre.

un trompette, au roi de Prusse, pour se rendre à Munich, un passe-port qui lui fut d'ailleurs refusé (1). »

Tandis que les assiégés restaient inertes, les Prussiens s'emparèrent le 9 mai, presque sans coup férir, du Ziskaberg, et rapprochèrent de plus en plus leurs parallèles de l'enceinte. Après de nouvelles tergiversations et de nouveaux conseils de guerre, les Autrichiens renoncèrent à percer les lignes ennemies et décidèrent de se renfermer dans la ville. « Comme chaque membre du conseil convenait de son incapacité dans l'attaque et la défense des places, et comme on n'avait qu'un seul ingénieur qui n'avait aucune connaissance ni le moindre usage de son métier », on eut recours aux lumières d'un Saxon, M. d'Hallot qui avait appris sa profession en France. Cet officier, quoique en butte à la jalousie des nationaux, fit adopter quelques mesures énergiques. On répara les murs, on ouvrit le chemin couvert, on reprit des postes extérieurs qui avaient été évacués, on établit des traverses pour se défiler du feu de l'attaque, on fit le recensement des provisions. Grâce à une sortie exécutée dans la nuit du 23 au 24 mai, et malgré un échec partiel, les Impériaux réussirent à s'établir dans un bâtiment nommé l'Angelica, situé sur les hauteurs voisines de la porte la Weisthor. Enfin, après vingt jours de blocus, le 26, on eut des avis du dehors. « Un capitaine (2) du régiment du prince Charles, qui avait été envoyé à Vienne depuis la bataille, traversa l'armée prussienne et rentra dans la ville avec des dé-

---

(1) Le prince Charles, dans sa correspondance avec l'Empereur, défend ses officiers : « J'avouerai à Votre Majesté que tout le temps que nous avons été à Prague, je n'ai vu aucune discussion, surtout entre les généraux, bien qu'au commencement les officiers commencèrent à beaucoup raisonner; mais on les a fait taire. Je ne comprends pas comment on a pu dire cela, car j'ose assurer que cela n'est pas, mais qu'au commencement l'on était fort triste de se voir enfermer. » Prince Charles à l'Empereur, 29 juin 1757. Archives de la Guerre. Vienne.

(2) Journal du siège déjà cité.

pêches de l'Impératrice. » La souveraine « recommandait (au prince Charles) de se défendre dans Prague jusqu'à l'extrémité, l'assurant qu'il serait secouru, et lui alléguant pour modèle la défense que les Français y avaient faite en moindre nombre, et ajoutant qu'ils s'y étaient couverts de gloire et qu'elle en attendait autant de l'armée qui s'y était retirée, puisque la sûreté et l'honneur de sa couronne en dépendaient. » L'approbation octroyée au maintien du prince Charles à Prague n'était pas de nature à lui inspirer des résolutions plus viriles que celles du passé.

Par contre, dans le camp de l'assiégeant on ne restait pas inactif; le 29 mai à onze heures du soir, les Prussiens commencèrent des deux côtés de la Moldau à tirer sur la ville à boulets rouges. Un gros orage qui éclata pendant la nuit aurait pu donner un retour de fortune aux Autrichiens; non seulement il facilita l'extinction des incendies occasionnés par le feu ennemi, mais il produisit une crue rapide de la Moldau et entraîna la rupture des ponts de communication entre les deux divisions de l'armée royale. Cet accident qui isolait le corps du maréchal Keith, et qui l'exposait à une attaque où l'assaillant aurait eu l'avantage du nombre, ne fut pas exploité. Pendant quarante-huit heures, du 30 mai au 1er juin, les 15,000 hommes de Keith furent séparés de l'armée du Roi; durant tout ce temps, les Impériaux, dont l'effectif dépassait 40,000 combattants, ne firent pas un mouvement. Tout se borna de leur côté à des conciliabules, à des reconnaissances, à des projets aussitôt abandonnés que proposés. Le 1er juin, la canonnade reprit de plus belle sans provoquer une réponse de l'artillerie de la place. A partir de ce moment, la monotonie du siège ne fut interrompue que par une sortie où l'on encloua une des batteries de siège du maréchal Keith, et par une nouvelle crue de la Moldau dont on ne profita pas plus que de la première.

Cependant les souffrances de la population civile étaient de plus en plus cruelles (1); neuf cents maisons, tout le quartier de la Neustadt furent détruits par le bombardement dont la cathédrale conserve encore les traces; les vivres devinrent rares; le 9 juin il fallut réduire la ration de pain aux trois quarts de la quotité habituelle, et faire des distributions de viande de cheval. Malgré ces privations, et sans souci de l'épuisement des subsistances qui serait le terme fatal de la résistance, le prince Charles resta inerte jusqu'au bout. Il assista impassible au départ des détachements que l'armée d'investissement ne cessait de faire, pour renforcer le corps d'observation opposé au maréchal Daun. Heureusement pour l'Impératrice le sort de l'armée de Prague, fort en péril ce semble s'il n'eût dépendu que de l'initiative de son chef, fut tranché sur le champ de bataille de Kolin.

Pour ne pas interrompre le fil du récit, nous avons dû anticiper sur les événements; il nous faut maintenant remonter aux approches de la grande affaire de Prague, et nous rendre compte de l'impression produite à la cour autrichienne par les premiers échecs de la campagne.

La nouvelle de l'entrée des Prussiens en Bohême parvint à Vienne le 23 avril, et fut aussitôt transmise à Paris par le chargé d'affaires Ratte. A ce moment si critique pour l'avenir de l'alliance, Louis XV n'avait pas auprès de l'Impératrice de représentant attitré; l'ambassadeur désigné, le comte de Stainville Choiseul, était encore en France; il ne devait prendre possession de son poste qu'au mois de juillet suivant. Il s'écoulait en effet, à cette époque, entre la nomination d'un agent diplomatique et son installation, un intervalle de temps dont le moindre inconvénient était de remettre la sauvegarde d'intérêts importants entre des mains inexpérimentées, et en tout cas

(1) Cogniazo, vol. II, p. 322. Preuss, vol. II, p. 50.

peu autorisées. Ce fut encore une dépêche de Ratte qui apprit à sa cour le départ du comte de Kaunitz pour la Bohême.

Ainsi que l'indique la correspondance de l'Empereur avec son frère, l'inquiétude augmentait de jour en jour à Vienne; on connaissait l'échec de Königsegg et son recul devant l'envahisseur, on blâmait l'inaction de Serbelloni et on l'avait remplacé par le maréchal Daun; mais de l'armée principale sous les ordres de Browne, on n'avait pas de nouvelles; et quoique réconforté par l'avis de l'arrivée à Prague du prince Charles, on se demandait avec anxiété si sa présence suffirait pour obtenir dans le commandement l'unité de direction indispensable dans des cironstances aussi critiques. Ce fut dans ces conditions que le voyage de Kaunitz pour le théâtre des hostilités fut décidé. Laissons ce ministre en expliquer lui-même la raison : « Il m'a dit, raconte Ratte (1), que Leurs Majestés impériales avaient jugé à propos de lui ordonner de se rendre à l'armée pour remettre la tête aux généraux et rassurer les esprits.... » Puis prévoyant les commentaires auxquels pourrait donner lieu une démarche aussi inattendue, « je me flatte, m'a-t-il assuré en riant, qu'on n'imaginera pas en France que je vais en Bohême pour entrer en négociation avec le roi de Prusse. »

Quelques heures après cette conversation, Kaunitz était en route pour Prague. Mais entre temps, les événements s'étaient précipités : la bataille du 6 avait été livrée, il était impossible de rejoindre le prince Charles, et ce fut de Böhmisch Brod, petite ville à quatre lieues de la capitale de la province, que le chancelier écrivit à ses souverains pour les informer du désastre. Après quelques précautions oratoires (2), il entame le récit des péripéties de l'affaire

---

(1) Ratte à Rouillé, 6 mai 1757. Affaires Étrangères. Autriche.
(2) Arneth, vol. V, reproduit dans une note le texte du 1er paragraphe de la lettre de Kaunitz du 8 mai.

du 6; il décrit (1) les premiers revers des Autrichiens, la percée de leurs lignes par les troupes du Roi, la débâcle finale, la division de l'armée impériale en deux tronçons. « Tous les corps furent renversés les uns sur les autres, coupés, séparés, dispersés ou environnés, enfin dans une déroute totale; les régiments d'infanterie, 12 régiments de cavalerie de cette aile, ainsi que tous les hussards de l'armée, se replièrent sur Beneschau, où ils sont actuellement faisant un corps de 15,000 hommes tout au plus, délabrés, sans tentes, sans équipages, plusieurs sans armes, sans habits, sans chapeaux, enfin, indépendamment de leur consternation, entièrement hors d'état de service. Le reste de l'infanterie, avec le seul régiment de Lichtenstein, nous le croyons dans Prague, n'ayant jusqu'à ce moment aucune nouvelle de Son Altesse Royale que nous croyons cependant s'y être jetée aussi pour sa personne, ainsi que le maréchal de Browne dangereusement blessé à la cuisse... Nous ne savons rien de certain du nombre des prisonniers, et ce qui est presque pis que tout cela, c'est que nous ignorons entièrement ce que peut avoir fait, ou compte faire, Son Altesse Royale des débris de cette malheureuse armée... J'ai passé depuis une partie de la nuit avec le maréchal (Daun) pour voir ce qu'il peut y avoir à faire. Je dois des éloges à son zèle et à sa prudence; je l'assiste et l'assisterai de mes faibles avis autant que je le pourrai et qu'il le trouvera bon. » Suit le détail des mesures arrêtées avec Daun pour la réorganisation des troupes, pour la retraite éventuelle de son corps d'armée, et pour l'évacuation des magasins.

Kaunitz rentra à Vienne le 11 mai. Le surlendemain il écrit à Stahremberg; en dépit des angoisses du moment il n'oublie pas de le féliciter de sa part dans le nouveau traité d'alliance, dont la conclusion était venue fort à

(1) Kaunitz à l'Empereur, 9 mai 1757. Copie de cette dépêche fut envoyée à Stahremberg. Archives de Vienne.

propos relever le courage de la cour impériale. « Quoique le temps (1) ne m'ait pas permis de tout lire avec l'attention convenable, je puis me rendre compte que vous avez accompli un chef-d'œuvre de négociation habile, et que sur plusieurs points vous avez obtenu plus que nous ne pouvions espérer. » Il assure son correspondant que « la grandeur d'âme de l'Empereur et l'Impératrice ne laissera aucune prise à des ouvertures de la part de l'ennemi, et qu'ils ne seront pas influencés par des craintes qui ne seraient pas de circonstance, » et termine en le priant de ne rien cacher au gouvernement français.

Sur ces entrefaites, le comte de Broglie qui regagnait son poste en Pologne, et qui pour aller à Varsovie était obligé de passer par Vienne, arriva dans cette capitale le 13 mai. Pour ce diplomate remuant, constamment à la piste d'affaires en lesquelles il pût jouer un rôle ou donner un avis, les embarras de l'Autriche furent une véritable aubaine. Pendant deux mois, il se transforma en ambassadeur de Louis XV auprès de Marie-Thérèse, devint le conseiller de la souveraine, le confident de son ministre, prodigua ses idées sur la politique extérieure, sur les opérations de guerre, dressa des plans de campagne, se mêla de tout, contrecarra les vues de sa cour, essaya de faire prévaloir les siennes, et déploya cette activité dévorante, cette agitation fébrile qui étaient la caractéristique de son esprit et de son tempérament. Les dépêches qu'il envoie à Versailles sont pleines de vie et de mouvement.

« J'ai été enthousiasmé, écrit-il (2) à la suite d'une audience, de la fermeté et de la dignité avec lesquelles l'Impératrice-Reine s'est exprimée sur les événements actuels : Il ne lui est pas échappé une plainte contre ses généraux ni contre ses ministres, quoiqu'elle n'ignore

(1) Kaunitz à Stahremberg, 13 mai 1757. Archives de Vienne.
(2) Broglie à Rouillé, 21 mai 1757. Affaires Étrangères.

certainement pas combien elle a lieu d'en être mécontente; elle a même ajouté avec une bonté inconcevable, en parlant de la journée du 6 et de celles qui l'ont précédée : « Je ne veux blâmer personne de tous les malheurs qui arrivent : il serait trop dur pour des sujets qui sacrifient leur vie pour moi de les juger sur les événements; ils peuvent s'être trompés, mais je suis sûre qu'ils ont fait de leur mieux. » La confiance entière que l'Impératrice-Reine a dans l'amitié du Roi, a éclaté de sa part avec une simplicité et une sincérité admirables : Elle m'a dit en propres termes qu'elle n'espérait de secours réels que de sa part, qu'elle connaissait sa générosité, et qu'elle ne craignait pas que Sa Majesté, instruite du mauvais début de la campagne, en fût moins disposée pour cela à la soutenir. J'ai lieu de désirer ensuite, a ajouté cette princesse, que le Roi juge à propos d'envoyer directement en Bohême ou sur la Saxe un corps considérable de troupes, et je pense que ce serait le seul moyen de venir à bout de notre ennemi commun ; mais je ne le demande qu'autant que cela convienne aux intérêts de Sa Majesté; ils ont trop de relation avec les miens pour que rien ne puisse les séparer. Je gagnerais cependant beaucoup à voir arriver à côté de mon armée des troupes françaises capables de lui donner un bon exemple, dont il faut avouer que les miennes ont un peu besoin. »

De la souveraine, Broglie passe aux ministres; il a déjà traité la question stratégique avec Kaunitz, il lui a remis un mémoire sur la défense de Prague et sur les instructions pour Daun. Ses appréciations sont des plus sombres : Parmi l'entourage de l'Impératrice, Kaunitz seul est à la hauteur; « le maréchal Neuperg, sur qui roulait tout ce qui a rapport au militaire, est accablé des reproches et de la haine de toute la nation... L'Impératrice, qui connaît son opposition constante à tout ce qu'il n'a pas proposé lui-même, sa lenteur à exécuter les résolutions qu'on parvient à lui faire prendre... et qui ne le souffre que par condescendance pour l'Empereur dont il a été le gouverneur,... a chargé M. le comte de Kaunitz de veiller à l'exécution de tout ce qui serait décidé, et l'a autorisé à se mêler même du département du maréchal Neuperg. Mais quoique le chancelier de Leurs Majestés impériales, par l'étendue de son génie et la force de son esprit, soit plus capable qu'un autre de suppléer au défaut des connaissances de détail qu'il ne saurait avoir sur cette partie, je crains fort qu'il ne puisse pas suffire au travail immense dont il est surchargé. Il faut convenir que c'est le seul homme qu'il y ait dans cette cour; ses ennemis mêmes en conviennent. »

Puis abordant le chapitre des plans de campagne, Broglie revient sur les vues qu'il avait esquissées à Dresde et pendant son séjour à Paris, « avec la réserve que doit employer tout homme à qui on ne demande pas son avis. » Selon lui, il fallait rester sur la défensive du côté du Hanovre, et porter l'effort principal des armes françaises contre le roi de Prusse. « Je suis totalement de l'opinion où on est ici, et je pense que les circonstances présentes rendent ce parti indispensable. A toutes les raisons qu'on peut alléguer, j'en ajouterai une qui me paraît décisive, c'est la nécessité de remettre par notre exemple le courage dans les troupes autrichiennes, et ce qui est également important, d'envoyer, avec un gros corps de troupes, un général capable de diriger même les armées impériales. Quoique la modestie ne soit pas ordinairement fort en usage dans ce pays, vous pouvez compter qu'aujourd'hui on nous regarde comme les sauveurs de la monarchie autrichienne; tout le monde, depuis les maîtres jusqu'au dernier des sujets, crie hautement après nous, et on se soumettra volontiers à obéir à nos généraux et à suivre notre direction. »

En attendant l'aide de France et une diversion sur l'Elbe

inférieur qui, grâce à la lenteur des opérations de l'époque, ne pouvaient se produire qu'à la longue, il fallait s'occuper des armées de Bohême, renforcer le corps de Daun, préparer la marche sur Prague, dresser des projets d'exécution. Broglie se consacra à cette tâche avec son ardeur, nous pourrions dire, avec son exubérance ordinaire. Il n'a aucune confiance dans les talents militaires du général autrichien; il critique le projet que ce dernier a soumis à la cour de Vienne et qu'il communique à Paris. « Je ne doute pas (1) que vous ne trouviez qu'il n'y a pas de sous-lieutenant à notre service qui ne pût en envoyer un aussi satisfaisant... Presque tout le monde convient (2) que le maréchal Daun est incapable du commandement; malgré cela on le lui laisse et on le lui laissera, parce que sa femme est favorite de l'Impératrice et qu'il est personnellement protégé par l'Empereur. J'ai proposé hier à M. le comte de Kaunitz d'envoyer à l'armée M. le Prince de Saxe Hildburghausen que bien des gens regardent comme un très bon homme de guerre, et M. le maréchal Bathyany, pour y tenir avec connaissance de cause un conseil de guerre sur le parti qu'il y avait à prendre. »

Par bonheur pour l'Impératrice, l'idée de choisir le futur commandant en chef de l'armée des Cercles pour rétablir la fortune de ses armes, ne semble pas avoir rencontré beaucoup de partisans. A défaut d'un sujet national, Broglie serait prêt à accepter la place. Kaunitz, non content de lui demander son avis sur les mouvements de l'armée de Daun, lui a offert de se rendre auprès de ce général; il consent, mais sous la réserve que le chancelier l'accompagnera.

Entre temps, les nouvelles de Prague deviennent de plus en plus alarmantes; il n'y a pas un moment à perdre. A la suite d'un comité tenu à Vienne, ordre est donné à Daun

(1) Broglie à Rouillé, 1 juin 1757. Affaires Étrangères.
(2) Broglie à Rouillé, 3 juin 1757. Affaires Étrangères.

de prendre l'offensive et de marcher, coûte que coûte, au secours du prince Charles.

La hardiesse de ce mouvement inquiète l'envoyé français. « J'en ai fait la réflexion à M. le comte de Kaunitz, écrit-il (1), en lui disant que je m'en tiendrais au moins à l'attaque du prince de Bevern, et que si elle ne réussissait pas, ou s'il évitait une action, je n'en chercherais pas une avec le roi de Prusse. Il m'a répondu à cela qu'avec 60,000 hommes il fallait savoir le battre ou renoncer à faire la guerre. Une pareille réponse annonçant un parti pris, je n'ai pas cru devoir insister davantage. »

Cependant l'activité tant soit peu brouillonne de Broglie, le ton personnel et autoritaire des avis qu'il faisait passer à Paris, le rôle prépondérant qu'il assumait dans la direction des affaires militaires, la prise de possession du poste de représentant du Roi à Vienne, qu'il avait sollicité naguère et qui lui avait été refusé, ne furent pas goûtés dans le cercle intime de Louis XV. Stahremberg crut devoir mettre le chancelier en garde contre ce donneur de conseils, et contre les rapports qu'il pourrait faire de l'état des esprits à la cour française : « Le comte de Broglie (2) paraît désapprouver dans sa dernière dépêche le parti auquel on s'est déterminé à Vienne, et le trouve beaucoup hasardeux; il dit l'avoir déconseillé. J'ai fait apercevoir par ses propres réflexions qu'il l'avait lui-même suggéré. J'espère que Votre Excellence ne jugera pas de ce pays-ci par le tableau qu'il peut lui en avoir fait; j'ose dire qu'il connaît mal sa propre cour; la conduite qu'il a tenue en dernier lieu et les suites qu'elle a eues en sont la preuve. Il a certainement de l'esprit, mais on peut dire qu'il est lui-même un mauvais esprit, et qu'il juge faux sur la plupart des choses. Il a déplu pendant son séjour ici à toutes les personnes qui ont le plus de

(1) Broglie à Rouillé, 8 juin 1757, Autriche. Affaires Étrangères.
(2) Stahremberg à Kaunitz, 19 juin 1757. Archives de Vienne.

crédit, et surtout à Mme de Pompadour. Il a su ne se ménager d'autre appui que M. Rouillé qui avait dès lors beaucoup de peine à se soutenir lui-même. »

Malgré de bonnes relations personnelles, et sans doute à la suite d'une décision du cabinet, le ministre des Affaires Étrangères engagea le comte de Broglie à continuer sa route sur Varsovie et à reprendre auprès de Sa Majesté polonaise ses fonctions officielles. Cet ordre déguisé était adouci par les remerciements que méritaient le zèle et l'intelligence déployés pendant le séjour à la cour d'Autriche.

Notre diplomate n'entend pas de cette oreille; il ne se rendra pas à une invitation qu'il trouve inopportune; il se croit utile à Vienne, il y restera, qu'on le veuille à Paris ou qu'on ne le veuille pas; il s'en rapportera (1) là-dessus à l'opinion de Kaunitz. « Si sur cette consultation il ne me témoigne pas lui-même beaucoup de désir que je prolongeasse ici mon séjour, ce serait une raison pour moi de le raccourcir plus que je me le propose. » Quelques jours après, il a le plaisir d'annoncer que l'Impératrice lui a accordé une audience et le retient jusqu'à la fin de la crise, fort prochaine évidemment d'après les avis de Bohême.

Enfin le 20 juin au matin, parvient la nouvelle de la bataille de Kolin. On peut s'imaginer l'enthousiasme avec lequel la victoire du maréchal Daun fut saluée par le public de la cour et de la ville. La joie fut d'autant plus grande que le succès, ou tout au moins l'étendue de ce succès était inespérée. Broglie, en dépit de la satisfaction d'amour-propre que lui cause la réussite d'opérations dont il se croit l'inspirateur, ne dissimule (2) pas sa surprise : « Je vous avouerai que j'avais bien de la peine à me promettre pareil événement. »

Les témoignages de reconnaissance que Marie-Thérèse et ses sujets adressèrent à Daun et à ses troupes, étaient

---
(1) Broglie à Rouillé, 11 juin 1757. Affaires Étrangères, Autriche.
(2) Broglie à Rouillé, 21 juin 1757. Affaires Étrangères, Autriche.

amplement mérités; car le talent du général et la bravoure des soldats avaient tiré l'Autriche d'une passe où auraient pu sombrer l'honneur de la souveraine et l'avenir de l'État. Une seconde défaite en Bohême eût été un véritable désastre; sans armée, sans ressources, l'Impératrice-Reine n'aurait sauvé sa capitale qu'au prix d'une paix humiliante. Pour faire face au danger, l'Autriche n'avait eu à compter que sur elle-même; de ses alliés, le temps n'avait pas permis un secours immédiat. L'armée russe, déjà concentrée sur la frontière, aurait pu opérer une diversion décisive et obliger le roi de Prusse à abandonner la Bohême pour courir à la défense de ses propres États; mais de ce côté la bonne volonté de la Tzarine était paralysée par les mauvaises dispositions de son entourage, plus soucieux de ménager les héritiers du trône que de servir les vues de leur maîtresse. La grande-duchesse Catherine, son faible époux, le Grand chancelier Bestushew, le général en chef, Apraxine, étaient tous d'accord pour retarder l'entrée en campagne.

A Versailles on pouvait espérer un meilleur résultat, mais la France était bien loin; il faudrait compter de longs mois avant que les têtes de colonne du Roi Très Chrétien pussent paraître sur le théâtre de la guerre. Au moment de la bataille de Prague, c'est-à-dire dans les premiers jours de mai, le maréchal d'Estrées avait encore la plus grande partie de ses forces sur le Rhin; seules quelques fractions d'avant-garde avaient pénétré en Westphalie; l'armée du duc de Cumberland se rassemblait sur le Wéser dont elle disputerait probablement le passage. Changer les projets militaires de la cour de Versailles, revenir au plan si souvent discuté de la marche directe sur Magdebourg et la Saxe, n'était guère possible : L'échec des négociations pour la neutralité du Hanovre ne permettait pas de négliger le nord de l'Allemagne pour porter l'effort de l'attaque contre la Prusse. Tout au plus

ÉMOTION CAUSÉE A VERSAILLES PAR LA DÉFAITE DE PRAGUE.

pouvait-on insister auprès de Louis XV pour la formation d'une seconde armée, composée d'éléments nouveaux et de contingents empruntés à d'Estrées, qui viendrait à l'aide des Autrichiens, soit en se joignant à eux, soit en opérant sur la frontière de la Saxe. C'est dans ce sens que furent formulées les demandes d'assistance de l'Impératrice.

Au sein du ministère français et dans les cercles de la cour, l'émotion produite par les événements de Bohême fut indicible. On venait à peine de signer le traité secret dont on se plaisait à escompter les conséquences heureuses; on se flattait, au moyen d'une coalition savamment combinée, de réduire l'ennemi aux abois, de faire cruellement expier à l'allié infidèle la folle aventure dans laquelle il s'était laissé entraîner; et voilà que contre toute prévision, au lieu d'attendre l'assaut concerté, Frédéric fond sur son principal adversaire, le bat et va sans doute l'obliger à renoncer à la lutte. Que deviendra le système de politique récemment inauguré? Quel rôle ridicule sera celui de la France, mise en échec par la faute d'autrui sans avoir pu combattre elle-même?

Le 18 mai, quelques heures après la connaissance à Paris de la défaite de Prague, Stahremberg présenta sa requête (1) : Il rend compte de ses démarches et des premières impressions recueillies. Les militaires, et à leur tête le maréchal de Belleisle, à qui, il faut en convenir, l'expérience glorieuse acquise à Prague donnait quelque droit de critique, se répandirent en réflexions acerbes sur la conduite des généraux autrichiens. Le Roi lui-même, que l'ambassadeur vit chez la favorite et à qui il communiqua les dépêches de Vienne, porta un jugement sévère sur la retraite précipitée des Autrichiens et sur la dispersion de leurs forces. Cependant Sa Majesté Chrétienne, le Dauphin et tous les ministres, « avaient pris au désastre du 6 mai

---

(1) Stahremberg à Kaunitz, 21 mai 1757. Archives de Vienne.

autant de part que s'il fût agi d'un échec de leurs propres armes; l'abbé de Bernis, sur l'ordre du Roi, avait donné les assurances les plus positives et les plus chaleureuses d'amitié et de loyauté. »

Ces sentiments, dont la sincérité n'était pas douteuse, se traduiraient-ils par un surcroît d'efforts de la part de la cour de Versailles? L'Autrichien se garde d'être affirmatif à ce sujet : Le mauvais état des finances, les embarras intérieurs, les retours de l'opinion, assez mal disposée pour des liens dont on commençait à sentir les charges sans en apercevoir les avantages, le doute sur les ressources qui restaient encore à l'Impératrice, l'inquiétude sur la possibilité d'une entente entre elle et le roi de Prusse, étaient autant de raisons qu'on faisait valoir contre l'envoi de nouvelles troupes. Seul un appel direct de Leurs Majestés impériales au cœur et à la générosité de Louis XV, pourrait, avec le concours certain de Mme de Pompadour et de M. de Stainville, entraîner une action immédiate. Après cet exposé, Stahremberg ouvrait une parenthèse pour se féliciter que les signatures du traité secret eussent été échangées avant les événements de Bohême, et pour se demander quel aurait été le sort des négociations si elles avaient été encore en suspens. En dépit de ces sombres réflexions, la dépêche se termine par l'espoir d'une décision favorable à la cause.

Pour fortifier les bonnes volontés, Stahremberg écrivit à Bernis (1) un billet, où il faisait intervenir sa souveraine en lui prêtant des propos qu'il avait très habilement tirés de son imagination (2) : « On me marque que l'Impératrice avait dit en présence de plusieurs personnes : « Le roi de France sera bien touché des malheurs qui m'arrivent; il me donnera certainement du secours, et je prévois que Stahremberg nous apprendra bientôt

(1) Stahremberg à Bernis, 25 mai 1757. Archives de Vienne.
(2) Stahremberg à Kaunitz, 25 mai 1757. Archives de Vienne.

des nouvelles consolantes. » J'ai lieu d'espérer qu'elle ne se sera pas trompée, et je me flatte, Monsieur le comte, que vous m'en direz assez demain matin, pour que je puisse faire partir le courrier que je mènerai avec moi à Versailles. »

Malgré le succès qu'il se promettait de la prière mise dans la bouche de Marie-Thérèse, Stahremberg n'était qu'à moitié rassuré. Sans doute, il savait par ses amis qu'on parlait de former un corps de 25,000 hommes, dont la première moitié serait assemblée à Strasbourg en juin, et dont la seconde suivrait en juillet, de compléter ce contingent par des détachements de l'armée de d'Estrées et de celle des côtes de l'océan ; mais ce projet, tout imparfait qu'il fût, rencontrait de l'opposition au sein du cabinet. Dans une conversation (1) à laquelle avait assisté le comte de Stainville, le ministre des Affaires Étrangères s'était exprimé en termes qui indiquaient un parti pris absolu. Fort heureusement, ce langage, trouvé indiscret par ses collègues, était en contradiction avec celui du Roi et de ses conseillers les plus intimes. Mme de Pompadour et Bernis avaient comme toujours prêté leur concours ; mais en réalité c'était le Roi lui-même qui avait tranché la question. A la favorite qui émettait quelque inquiétude sur la résistance du ministère, il avait répliqué : « Qui est-ce qui osera s'opposer à la résolution que j'ai prise de secourir l'Impératrice ? » En ouvrant la séance, il s'était servi des mots péremptoires : « Je ne crois pas, Messieurs, qu'aucun de vous désapprouve le parti que j'ai pris d'envoyer de nouveaux secours à l'Impératrice. » Puis se tournant vers M. de Moras et le marquis de Paulmy, il les avait chargés de tout préparer pour la prompte exécution de sa décision. Devant une volonté si clairement manifestée, toute objection avait dis-

(1) Stahremberg à Kaunitz, 26 mai 1757. Archives de Vienne.

paru. Le 27 mai, Louis XV donna à ses dispositions la sanction d'une lettre personnelle (1) à Marie-Thérèse, dans laquelle il assurait « Madame sa sœur et cousine » de la part qu'il prenait à ses revers, et lui promettait un solide appui. Mais ce n'était pas assez d'avoir obtenu le vote de principe, il fallait en hâter la réalisation en organisant la nouvelle armée. A la vérité, stimulés par le langage du Roi, les ministres se montraient prodigues de bonnes paroles : Paulmy, faisant allusion à l'opposition de Belleisle à toute diminution des effectifs placés sous ses ordres, s'était fait fort « d'arracher au maréchal quelques parties de ses côtes ». Mais avant que les régiments fussent mis en marche, on devait consulter les gouverneurs, recevoir leurs réponses, perdre au moins quatorze jours, et enfin donner aux troupes le temps de rejoindre. En attendant, on pouvait compter sur une vingtaine de mille hommes déjà cantonnés en Alsace et dans le pays Messin, et sur un détachement probablement faible de la grande armée de d'Estrées; mais ces contingents seraient insuffisants sans les renforts de l'intérieur. Quant à l'augmentation de 18 à 20,000 soldats décidée en principe, il s'écoulerait des mois avant de les avoir sous les drapeaux.

Toute la première quinzaine de juin se passa en pourparlers et en discussions stratégiques. Le défaut d'avis du théâtre de la guerre n'était pas sans inquiéter les esprits en France. Bernis se fit l'écho de ces impressions : « Je crois, écrit-il à Stahremberg (2), devoir vous avertir que le peu de nouvelles que vous recevez de Vienne touchant la véritable situation des armées impériales à Prague et en Bohême, produit un mauvais effet à la cour et à Paris; on s'imagine que vos affaires sont désespérées, puisqu'on craint de vous en instruire. Les personnes les mieux intentionnées pour le système pensent ainsi, et celles qui y sont

(1) Louis XV à l'Impératrice. Lettre citée par Arneth.
(2) Bernis à Stahremberg, 29 mai 1757. Archives de Vienne.

contraires répandent partout qu'il est clair que le ministère de Vienne prête l'oreille aux propositions qui suivent ordinairement le succès du roi de Prusse. Quelque absurde que soit cette opinion quand on connaît le courage et les sentiments de l'Impératrice, elle ne laisse pas de s'accréditer jusqu'à un certain point, et vous savez que les opinions font plus de chemin ici que partout ailleurs. » Enfin on trouvait une confirmation de ces soupçons dans le retard apporté à la ratification du traité du 1er mai. La confiance du Roi lui-même semblait ébranlée, car il avait donné ordre (1) de provoquer des explications à ce sujet.

Heureusement pour la bonne entente, le chancelier, prévenu par son perspicace envoyé, avait pris les devants; dans une dépêche du 24 mai (2) il fournit des renseignements précis et confidentiels sur les causes des défaites de Bohême; et un peu plus tard, suivant l'invite venue de Paris, il adressa à Mme de Pompadour un billet (3) plein d'effusions, qui se terminait par l'annonce des ratifications réclamées. « Le comte de Stahremberg nous a informé, Madame, de l'intérêt que vous avez témoigné dans toutes les occasions à ce qui nous regarde. Leurs Majestés y ont toujours été sensibles, et Elles le sont à tel point sur cette marque récente d'affection que vous venez de leur donner, qu'Elles me chargent de vous en témoigner leur reconnaissance, qui serait même augmentée, si elle pouvait l'être, par la considération qu'Elles ne le doivent qu'à votre inviolable attachement pour la personne sacrée de ce prince respectable. Notre courrier est porteur de la ratification de ce grand et fameux traité, qui est son ouvrage et qui sera illustre dans tous les siècles à venir. » En même temps arrivait la réponse de Marie-Thérèse au

(1) Stahremberg à Kaunitz, 8 juin 1757. Archives de Vienne.
(2) Kaunitz à Stahremberg, 24 mai 1757. Archives de Vienne.
(3) Kaunitz à Mme de Pompadour, 14 juin 1757. Archives de Vienne.

Roi; (1) l'Impératrice témoignait sa gratitude à « son frère et cousin », lui parlait des événements qui se préparaient en Bohême et terminait en ces mots : « Quoi qu'il puisse arriver cependant, que Votre Majesté se tienne assurée de ma fidélité, de ma constance, de mon courage et de mes soins. En un mot qu'Elle mette autant de confiance en moi que j'en ai en Elle. »

En dépit de la lenteur de leurs procédés, les ministres français continuèrent à donner des preuves de leurs dispositions favorables. On dépêcha à Vienne M. de Montazet, brigadier des armées du Roi, officier de mérite qui avait servi sous les ordres de Belleisle au siège de Prague, avec mission d'offrir à l'Impératrice « des ingénieurs (2), artilleurs, et autant d'officiers et gens de talent » qu'on en voudra. D'autre part, le lieutenant-général du Mesnil alla à Munich préparer la marche de l'armée auxiliaire, et ramener dans le droit chemin l'Électeur de Bavière, fort ému des victoires de Frédéric et de l'irruption (3) dans l'Allemagne centrale du partisan prussien Meyer.

Enfin, le 16 juin Stahremberg put transmettre à sa cour deux excellentes nouvelles : la nomination du maréchal de Richelieu au commandement de l'armée de secours qui se concentrait à Strasbourg, et le remplacement aux Affaires Étrangères du ministre Rouillé par l'abbé de Bernis. Le choix du vainqueur de Mahon était de bon augure; sa réputation militaire, ses relations à la cour et dans la finance, sa réconciliation avec Mme de Pompadour, lui constituaient un crédit qu'on serait d'autant plus heureux d'utiliser que, jusqu'alors, il n'avait pas fait mystère d'opinions sinon hostiles, tout au moins fort tièdes à l'égard du nouveau système. Quant à la mutation

---

(1) Marie-Thérèse à Louis XV, 14 juin 1757. Cité par Arneth, vol. V, p. 500.
(2) Stahremberg à Kaunitz, 3 juin 1757. Archives de Vienne.
(3) Meyer avec quelques troupes légères avait été envoyé dans l'Allemagne du Sud après la bataille de Prague.

ministérielle, la cour de Vienne devait se féliciter de l'éloignement d'un homme dont on ne pouvait suspecter l'honnêteté, mais dont l'humeur susceptible et hargneuse avait retardé à maintes reprises les pourparlers en cours, et dont les sentiments intimes à l'égard de l'Autriche étaient sujets à caution. S'il faut s'en rapporter à Stahremberg (1), Rouillé, au moment même où, sur les ordres formels de Louis XV, il se plaignait de la lenteur apportée par la cour de Vienne à la ratification du traité secret, ne cachait pas son espoir que les difficultés soulevées sur certaines clauses de l'acte feraient ajourner l'accord définitif; il ne craignait même pas de déclarer que la France aurait tout avantage à s'en tenir au traité défensif du 1er mai 1756. C'était donc une véritable victoire pour la diplomatie autrichienne de voir écarter un ministre si mal disposé, et confier la direction des affaires extérieures au collaborateur de la première heure, au principal architecte de l'alliance, au négociateur des deux conventions, à l'ami qui avait donné tant de preuves de dévouement à la cause commune.

Dans sa dépêche, l'Autrichien put enregistrer un autre succès : Le cabinet français avait adopté un plan stratégique conforme au désir si souvent exprimé de la cour de Vienne. L'armée auxiliaire devait se diviser en deux corps; le premier, sous les ordres de Richelieu, se dirigerait sur Egra en Bohême; le second, commandé par le prince de Soubise, marcherait sur le Danube et se réunirait aux armées impériales. Cette solution avait prévalu en dépit de Belleisle, et malgré la présentation d'un gros mémoire où le maréchal avait développé tous les arguments en faveur de l'action indépendante des armées du Roi au centre de l'Allemagne.

L'arrivée de Vienne de la ratification du traité secret (2)

---

(1) Stahremberg à Kaunitz, 30 juin 1757. Archives de Vienne.
(2) Kaunitz à Stahremberg, 14 juin 1757. Archives de Vienne.

et la rupture des relations diplomatiques entre l'Autriche et l'Angleterre (1), vinrent confirmer la bonne impression qu'on avait à Paris. Cette dernière décision devait produire le meilleur effet. L'Impératrice-Reine, en épousant la querelle à laquelle elle était restée si longtemps indifférente, proclamait aux yeux du monde la solidarité absolue d'intérêts qui existerait à l'avenir entre les deux puissances.

Aux lettres officielles qui annonçaient ces heureux résultats, Kaunitz, obéissant aux suggestions de son envoyé, avait ajouté (2), pour les négociateurs, des félicitations où une part libérale était réservée aux hommes d'État français : « Ce serait déprécier le mérite de ce grand ouvrage que de vous en faire des compliments; les applaudissements de l'Europe sont ce que vous méritez, et ce que vous aurez avoué cependant est que la fortune vous a mieux servis que moi. Il fallait trouver en place et en crédit les grands hommes que vous y avez trouvés. Sans MM. de Belleisle et de Bernis, qu'auriez-vous pu faire? Je me flatte qu'ils ont la bonté d'avoir une assez bonne opinion de moi, pour ne pas douter que je ne rende à leurs talents et à leur féconde pensée toute la justice qui leur est due, de la part de tous ceux qui s'y connaissent un peu. Ils ont beaucoup fait assurément jusqu'ici; mais il s'agit de consommer l'œuvre pour qu'ils méritent l'immortalité, et ce sont les obstacles qui paraissent se multiplier aujourd'hui qui leur en fourniront l'occasion. » Ces éloges, quelque peu dithyrambiques, étaient complétés par un message de Leurs Majestés impériales à l'adresse du maréchal et du nouveau ministre.

La cour de Vienne avait d'autant plus raison de faire appel au dévouement de ses amis français, que les nouvelles de Bohême, fort inquiétantes, laissaient prévoir des

---

(1) Kaunitz à Stahremberg, 16 juin 1757. Archives de Vienne.
(2) Kaunitz à Stahremberg, 14 juin 1757. Archives de Vienne.

incidents de la plus haute portée. Dès le 9 juin (1), le chancelier écrivait que l'armée enfermée dans Prague n'avait des vivres que jusqu'au 20 ou 25; le prince Charles devait, par une action isolée, essayer de percer les lignes de l'assiégeant le 20 juin, s'il n'était pas secouru à cette date. Le maréchal Daun avait ordre de marcher à sa rencontre; à cet effet l'Impératrice lui avait donné « entière faculté de faire ce qu'il jugerait être de son service et du bien de la cause commune, sans craindre de se rendre responsable de l'événement. » En exécution de ces instructions, Daun avait commencé le 12 juin ses opérations pour dégager la capitale de la Bohême. « L'entreprise, mandait Kaunitz (2), est par sa nature très hasardeuse, mais enfin elle est nécessaire et tout est dit après cela. » A en juger par une dépêche à l'Empereur (3) dont copie était envoyée à Paris, le général autrichien ne se faisait aucune illusion sur les dangers de l'offensive : « Je ne pourrai être dans le voisinage de Prague avant le 18, jusqu'où il ne faut pas douter que le Roi ne vienne à moi avec d'autant de forces qu'il pourra. De battre auparavant l'un ou l'autre (Bevern ou le Roi) aurait sans doute beaucoup convenu; mais si l'ennemi ne tient pas, il n'y a pas moyen de le battre, et voilà ce que j'ai toujours prévu de ce voisin qui était toujours pied en l'air. » L'attente ne fut pas longue : Le 20 juin (4) Kaunitz annonça la victoire de Kolin, et deux jours après (5) la levée du siège de Prague et la retraite des Prussiens.

Pour rendre compte du bonheur avec lequel la cour de Versailles accueillit le triomphe des armes autrichiennes, nous ne pouvons mieux faire que de citer les pa-

---

(1) Kaunitz à Stahremberg, 9 juin 1757. Archives de Vienne.
(2) Kaunitz à Stahremberg, 14 juin 1757. Archives de Vienne.
(3) Daun à l'Empereur, 13 juin 1757. Archives de Vienne.
(4) Kaunitz à Stahremberg, 20 juin 1757. Archives de Vienne.
(5) Kaunitz à Stahremberg, 22 juin 1757. Archives de Vienne.

roles de l'ambassadeur de Marie-Thérèse : « J'ai appris hier (1) à six heures du soir, par le courrier Bennschutz, l'heureuse nouvelle. Je n'ai pas tardé un instant à me rendre à Versailles pour remettre à Sa Majesté Très Chrétienne la lettre de Sa Majesté, et l'informer de tous les détails que Votre Excellence m'a fait l'honneur de me communiquer. La joie qu'Elle en a marquée a été bien vive et bien sincère. Le ministère et tout le public en sont transportés, et j'ose dire que si les armées françaises avaient remporté la victoire, on ne saurait ici donner des plus grandes marques de joie que celles dont j'ai été témoin hier. Je ne suis revenu de Versailles qu'à deux heures après minuit, ayant été retenu à souper chez Mme de Pompadour, où l'on a bu de bien bon cœur à la santé de Sa Majesté l'Impératrice. Mme de Pompadour est transportée de joie, et se propose d'écrire elle-même par le courrier à Votre Excellence. »

(1) Stahremberg à Kaunitz, 28 juin 1757. Archives de Vienne.

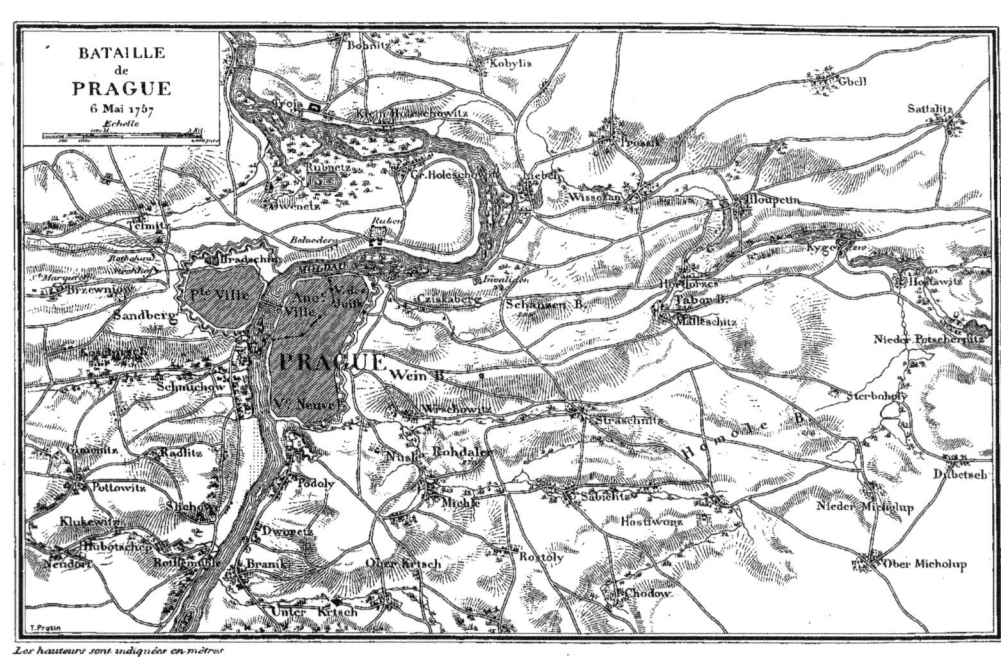

CHAPITRE VII

BATAILLE DE KOLIN. — ÉVACUATION DE LA BOHÊME PAR LES PRUSSIENS.

Pour la clarté du récit, nous avons dû laisser de côté les opérations militaires qui précédèrent la bataille de Kolin, ainsi que les incidents de cette rencontre. Il nous faut donc remonter au lendemain de l'affaire de Prague et reprendre le cours des événements de la campagne. Le soir du 6 mai, le gros de l'armée battue s'était réfugié dans l'enceinte; les vainqueurs établis sur les deux rives de la Moldau s'apprêtaient à faire le siège de la ville. Une quinzaine de mille Autrichiens fuyaient en désordre vers Beneschau et la vallée de la Sazawa, petit affluent de la Moldau. L'avant-garde de Daun, forte de 9,000 hommes, sous les ordres du général de Puebla, était à Auwal sur la route de Kolin et de Vienne, à 13 kilomètres environ de Pocernitz et à 15 kilomètres de Sterbohol. Le maréchal lui-même, un peu plus en arrière, s'avançait sur Bömisch-Brod; à la suite de sa conférence avec Kaunitz il rappela Puebla, concentra ses divisions, et prit une position d'attente d'où il put menacer le ravitaillement des Prussiens. Le jour même de la grande bataille, un détachement de son armée, dirigé par le général Beck, avait eu un engagement heureux à Brandeis; les Impériaux avaient enlevé la ville d'assaut, pris des canons, des prisonniers, et brûlé le pont sur l'Elbe.

Pendant les premiers jours de l'investissement, Frédéric, qui avait besoin de toute son infanterie pour travailler au cercle de batteries et de tranchées dont il allait entourer la place, ne put disposer que de quelque cavalerie pour la poursuite des Autrichiens. Ces démonstrations et l'apparition de quelques partis prussiens sur la Sazawa, déterminèrent Daun à se retirer jusqu'à Planian. Bientôt la nécessité de rétablir le pont de Brandeis, essentiel pour les communications avec la Lusace, et les rapports des éclaireurs sur les mouvements de Daun, décidèrent le Roi à détacher le duc de Bevern avec 5,000 fantassins et 12,000 cavaliers pour surveiller les Autrichiens. A l'approche de ces troupes, le prudent maréchal, quoique dans l'intervalle il eût été rejoint par la plupart des fugitifs de Prague et par quelques renforts, et qu'il comptât déjà 40,000 combattants, se replia à Kuttemberg laissant une forte arrière-garde pour défendre ses magasins de Kolin. La timidité de l'ennemi et les ordres positifs de Frédéric enhardirent Bevern à pousser ses avantages; le 19 mai il s'empara des dépôts de Kolin, pour ainsi dire à la barbe des Autrichiens, et sans que ceux-ci, malgré leur supériorité numérique, eussent fait un effort sérieux pour les préserver. A partir de ce moment et jusque dans les premiers jours de juin, la situation ne se modifia guère. Daun, à qui on avait signifié de rester sur la défensive, rétrograda à Goltz-Juckau et Czaslaw, suivi à distance par Bevern dont l'effectif, malgré la jonction de quelques nouvelles fractions de l'armée du Roi, était très inférieur à celui des Impériaux.

A en croire les rapports des officiers français attachés à l'état-major autrichien, le moral des soldats était encore bien ébranlé. « Les bataillons wallons qui ont été coupés à la bataille de Prague, écrit Champeaux (1),

---

(1) Champeaux au ministre, Czaslaw, 1ᵉʳ juin 1757. Archives de la Guerre.

sont arrivés ici hier au soir. Ils sont des plus maltraités ; de 1,400 hommes dont étaient composés les deux bataillons du régiment de Lorrios, il n'en reste que 600 ;.. le premier bataillon d'Arberg est dans l'état le plus déplorable, il ne reste que vingt grenadiers. On continue à transporter en arrière le reste des magasins qu'il a été possible de sauver des Prussiens ; le magasin général est à Iglau ; il y en a un à Teutschbrod ; on estime à près de cinq millions de florins la perte de ceux que le roi de Prusse a enlevés depuis qu'il est entré en Bohême. »

Durant tout le mois de mai et le commencement de juin, Frédéric, tout au siège de Prague, se fit illusion sur le nombre et la valeur des troupes de Daun ; sourd aux avertissements de son lieutenant, il persista à affirmer (1) que ce dernier n'avait en face de lui qu'une armée démoralisée d'une trentaine de mille hommes, qu'il serait facile de faire reculer, en menaçant sa ligne de ravitaillement. Un combat heureux livré au général Nadasdy confirma ces impressions optimistes ; aussi quand le Roi quitta son camp devant Prague avec un renfort de 4 bataillons, 6 escadrons et 15 canons pour prendre la direction des opérations contre Daun, était-il convaincu que sa présence seule suffirait pour décider ce dernier à la retraite. Quant à la nécessité de le pousser vigoureusement, il n'y avait pas de doute dans son esprit. « Il faut (2) que Daun soit expédié en Moravie, qu'il soit fort ou qu'il soit faible, autrement nous ne prendrons pas Prague ; nous ne pourrons pas résister aux autres ennemis qui se rapprochent ;

Champeaux, jeune officier, fils du ministre français à Hambourg, était muni d'un chiffre pour sa correspondance ; ses appréciations sur l'armée autrichienne et sur ses chefs sont beaucoup plus libres que celles de ses camarades.

(1) Correspondance de Frédéric avec Bevern et notamment ses lettres du 26 et 29 mai 1757. *Correspondance politique*, vol. XV.

(2) Frédéric à Bevern, 12 juin 1757.

la campagne, quelque bien commencée qu'elle ait été, sera perdue ».

Au moment même où le Roi lançait cette dépêche, le général de Marie-Thérèse prenait l'offensive. Après avoir prêché pendant longtemps la circonspection, la cour de Vienne, sous le coup des nouvelles alarmantes de Prague, avait intimé à Daun de faire tous ses efforts pour dégager le prince Charles, et comme nous l'avons dit, avait relevé le maréchal de toute responsabilité dans le cas d'un événement malheureux.

L'armée de secours atteignait un effectif d'environ 54,000 hommes dont plus de 18,000 cavaliers. Parmi ces derniers figurait une division de 4 régiments saxons que le roi de Pologne avait mis à la solde de l'Impératrice. Les forces prussiennes ne se montaient qu'à 18,000 fantassins et 16,000 cavaliers, soit en tout 34,000 combattants. Du côté des Autrichiens, l'avantage du nombre était presque annulé par le manque d'expérience militaire, par l'infériorité du commandement, et par la crainte qu'inspiraient la renommée et le passé victorieux de leur adversaire. « Il serait peut-être à désirer, écrit Champeaux (1), un peu moins de timidité à M. le maréchal; mais cela est assez difficile à espérer. Il y a si peu de distance d'elle à la prudence avec laquelle on doit toujours se conduire vis-à-vis le roi de Prusse, qu'un homme naturellement timide les confond aisément. D'ailleurs il a sous lui peu de généraux capables de remédier à ce défaut; généralement ils ont peu de mérite, et il n'en est point d'une réputation brillante parmi eux, et même on en trouve assez peu d'une bravoure à toute épreuve. M. le maréchal le sait et trop, ce qui n'augmente pas sa confiance. Généralement on ne s'applique pas; on regarde l'étude comme un aveu tacite d'incapacité...

---

(1) Champeaux au ministre. Krickenau, 17 juin 1757. Archives de la Guerre.

M. le maréchal Daun est sans contredit ce qu'il y a de mieux ici. »

Après trois jours de manœuvres et de contre-manœuvres, pendant lesquels Frédéric se refusa à admettre que son adversaire aurait l'audace d'accepter une bataille, les deux armées se trouvèrent en présence le 18 juin.

Essayons de décrire le théâtre (1) de la lutte. De Kolin, petite ville sur l'Elbe, la route de Prague court en ligne droite de 13 à 14 kilomètres vers le bourg de Planian. Le pays traversé est ondulé, sans grands accidents de terrain; sur la chaussée, pas de villages, deux auberges dont l'une à l'enseigne du Soleil d'Or, ou Slati Slunze en langue czecke, aura quelque importance dans le récit de l'action. Au sud, et dans une direction à peu près parallèle, se dressent quelques hauteurs de faible élévation. Ce relèvement, d'abord imperceptible, s'accentue vers le hameau de Kamhajck, à l'ouest de Kutlir et à environ 4 kilomètres de Kolin; très rapproché de la route à cet endroit, il s'en éloigne graduellement pour se rattacher aux collines de Winshrad, laissant entre ses dernières pentes et la chaussée une plaine à peu près unie où se détachent, au milieu de vergers, de champs de blé et de seigle, les villages de Chocenitz et de Brézan. Comme points culminants, le spectateur placé sur la route remarque, du côté sud, le mamelon derrière Kamhajck et le village voisin de Krechor; puis en arrière de Chocenitz la butte de Mokryles couronnée de sapins (2). Au nord, la vue est attirée par la colline de Friedrichsberg d'où l'on jouit d'un panorama étendu, et où, d'après la tradition locale, Frédéric se tint pendant une partie de la bataille. La rencontre du 18 juin eut pour scène un rectangle dont les longs côtés

(1) Voir la carte à la fin du chapitre; empruntée à l'atlas de Jomini, elle reproduit pour les noms l'orthographe de cet historien; dans le récit nous avons adopté l'orthographe des cartes modernes.
(2) Le nom czecke de cette hauteur signifie « bois humide ».

sont constitués par la grande route, et au sud par la croupe que nous venons de décrire; le village de Brézan, situé dans la plaine, en marque l'extrémité au couchant, tandis que les pentes douces qui descendent vers Kolin, du chemin de Krechor à Radowesnitz, en forment la limite au levant. Entre ces deux derniers villages, il y avait à l'époque de l'action un bois de chênes (1) qui, quoique plus élevé de quelques mètres que Krechor, était masqué par les maisons et l'église de cette localité. Dans son ensemble le terrain n'offre aucune difficulté sérieuse; les défilés et les escarpements dont parlent certains historiens n'ont jamais existé que dans leur imagination.

Le maréchal Daun, mis sur ses gardes par l'arrivée du Roi, avait interrompu sa marche sur Prague pour prendre une position défensive sur le flanc des Prussiens; tout en maintenant sa gauche sur les collines qui font face à Kaurim, il était venu dans la soirée du 17 juin, avec le reste de ses forces, camper sur l'emplacement que nous avons dépeint. Cette marche de nuit et l'absence de feux dans le camp impérial, firent perdre aux Prussiens, pendant quelques heures, le contact avec le gros de l'adversaire; dans l'incertitude, le Roi donna à ses colonnes qui débouchaient de Planian la direction de Kolin comme objectif. Bientôt il aperçut à sa droite l'armée de Daun rangée en bataille sur la ligne des hauteurs; à 10 heures il arriva de sa personne à l'auberge de Slati Slunze (2), située sur la grande route, à peu près à moitié chemin entre Planian et Kolin.

De l'étage supérieur de ce bâtiment, Frédéric put recon-

(1) Ce bois a été défriché au milieu du siècle.
(2) L'auberge a été partiellement détruite par un incendie, et le second étage qui existait au moment de la bataille a été remplacé par un grenier; de ce grenier, malgré les bâtiments de ferme récemment construits qui obstruent aujourd'hui la vue, on découvre très bien les hauteurs qu'occupait la première ligne des Autrichiens, mais le renflement plus en arrière où était le bois de chênes est caché par les maisons de Krechor.

naître (1) l'ennemi. L'extrême droite des Autrichiens s'étendait au delà de Krechor; elle était couverte par des avant-postes de Croates installés dans les vergers et les cimetières de ce village (2), et s'appuyait sur le petit bois de chênes en arrière de Krechor, que les Prussiens ne pouvaient découvrir de Slati Slunze, et qui fut d'une grande utilité pour la défense. Une nombreuse cavalerie, sous les ordres de Nadasdy, était à cheval sur la chaussée et barrait les abords de Kolin. L'aile droite et le centre de l'armée de Daun s'alignaient sur la crête qui court de Krechor jusqu'à la butte de Mokryles; la gauche atteignait les villages de Hradenin et de Pobor; un gros de cavalerie se tenait dans la plaine de Chocenitz, et des batteries puissantes sur les hauteurs balayaient les approches. Dans son ensemble, la position paraissait admirablement choisie pour faire valoir les qualités de résistance des soldats de Marie-Thérèse. Un assaut direct contre un adversaire supérieur, muni d'une forte artillerie et protégé par la nature du terrain, n'offrait pas de chances de succès. A gauche au contraire, une attaque de flanc, secondée par la cavalerie qui pouvait manœuvrer de ce côté, devait réussir. Fondre sur les escadrons ennemis qu'on voyait sur la route, les rejeter au loin, lancer la gauche prussienne sur Krechor, puis, ce point emporté, déboucher en avant de manière à tourner la droite des Autrichiens, les refouler sur le corps de bataille, compenser l'infériorité numérique par la concentration des forces disponibles sur un seul point de la ligne opposée, était une opération qui devait entraîner le gain de la journée, et provoquer, sinon la déroute, tout au moins la retraite du maréchal Daun. Le mouvement de la gauche

---

(1) Voir pour le récit de la bataille Kutzen, *Der Tag von Kolin*. Breslau 1860. C'est un résumé impartial de tous les ouvrages militaires sur l'action.

(2) Krechor possède deux cimetières, l'un catholique autour de l'église, l'autre protestant à faible distance du premier.

étant le pivot de l'action, la droite prussienne serait refusée et se bornerait à observer, et au besoin à contenir la gauche des Autrichiens. Tel fut le projet arrêté par le Roi et aussitôt transmis à ses généraux avec les détails d'exécution.

Ziethen avec 100 escadrons se porterait en avant, à gauche; la moitié de ce corps suffirait pour chasser Nadasdy de la route; l'autre moitié restée en réserve appuierait l'infanterie. Hulsen, avec 7 bataillons de l'avant-garde et 4 canons flanqués de 5 escadrons de dragons, devait se rendre maître de Krechor. Aussitôt cette position conquise, Ziethen, rassemblant toute sa cavalerie à l'abri du village, s'attaquerait au gros des cavaliers autrichiens et en aurait sans doute raison. La gauche de l'armée royale, sous les ordres du prince Maurice de Dessau, suivrait le mouvement de Hulsen à une distance de 1,000 pas, soutiendrait ce général et ne s'engagerait que quand elle se trouverait à sa hauteur et derrière lui. Quant au centre et à la droite, ils se maintiendraient au delà de la chaussée et ne prendraient part au combat que sur un ordre formel du Roi.

Pour ouvrir le feu, il fallut attendre l'arrivée des colonnes en marche; pendant cette halte qui coïncidait avec les moments les plus chauds d'une journée torride, il y eut une sorte de trêve d'armes; séparés à peine de 1,300 mètres, les soldats des deux nations passèrent plus de deux heures au repos, s'envisageant les uns les autres sans échanger un coup de fusil. Daun, qui des hauteurs derrière Chocenitz ne perdait pas un mouvement des Prussiens, tout en prenant quelques précautions pour renforcer sa droite, crut d'abord à une attaque de son centre; et puis de l'inaction de son adversaire conclut à une remise de l'affaire. D'après quelques récits (1) ce fut un offi-

---

(1) Cogniazo, *Geständnisse eines oestreichischen Veterans*, vol. II, p. 348.

cier hongrois, le major de Vettesz qui attira l'attention du maréchal sur les dangers qui menaçaient son aile droite. Quel que fût l'inspirateur de ces mesures, le général Wied, déjà en route avec sa division, eut ordre d'accélérer le pas, et de se diriger au sud-ouest de Krechor en ayant pour objectif le bois de chênes mentionné plus haut. Une batterie de douze canons vint se placer à gauche (1) du village; les avant-postes de Nadasdy furent renforcés, et la cavalerie de ce général fut ramenée de la chaussée vers Radowesnitz. Enfin quand il vit l'armée royale rompre dans la direction de Kolin, et par conséquent de la droite impériale, Daun fit faire aux régiments qui formaient les deux lignes du centre et la réserve une manœuvre analogue, presque parallèle à celle de l'ennemi. Vers une heure, les têtes de colonnes prussiennes s'ébranlèrent de Slati Slunze; bientôt après l'action commença. Hulsen, dans un vigoureux assaut, enleva Krechor et une batterie de soutien que les Autrichiens paraissent avoir assez mollement défendue; mais malgré l'appui de trois bataillons que lui envoya le Roi, pendant longtemps il ne put déboucher du village. Durant ce combat, Ziethen, laissant en observation 20 escadrons de grosse cavalerie sous le général Pennavaire, se porta en avant avec le gros, refoula les hussards de Nadasdy vers le fond de Radowesnitz, mais arrêté par le feu de l'infanterie qui tenait dans le bois, dut reculer jusqu'à Kutlir, hameau un peu en arrière de Krechor.

Entre temps, il se passait dans l'armée royale une scène étrange (2). Frédéric qui accompagnait la colonne du prince Maurice de Dessau, commanda d'abord de faire

---

(1) L'emplacement de cette batterie doit être celui du monument en construction.

(2) Voir, pour le récit de cet incident, Retzow, *Mémoires historiques sur la Guerre de Sept Ans*, vol. I, p. 161. Carlyle donne également un résumé tiré des récits de Berenhorst et Kutzen.

halte, puis conversion à droite, et de marcher directement sur l'ennemi, vers Bristwi. C'était apporter une modification profonde au plan arrêté le matin. Le prince Maurice fit observer que ce mouvement était prématuré, l'aile gauche n'étant pas encore arrivée à la hauteur de l'avant-garde de Hulsen; au lieu de s'en prendre à l'extrême droite de Daun, point faible désigné pour l'effort offensif, on allait se heurter au centre des Autrichiens, à la partie la moins vulnérable de leurs lignes. Cette réplique mit le Roi hors des gonds; il maintint son ordre, et comme le Prince renouvelait ses remontrances, Frédéric furieux s'élança sur lui l'épée à la main en criant : « Allez-vous obéir, oui ou non ? » Force fut à Maurice de s'incliner.

La gauche prussienne, forte de neuf bataillons, s'avança vers les hauteurs derrière Bristwi et Chocenitz qu'elle avait devant elle, laissant un espace considérable entre ce front d'attaque et celui de Hulsen. Le Roi s'aperçut bientôt de son erreur et fit obliquer à gauche; mais cette manœuvre, gênée par le feu convergent de l'ennemi, ne put s'exécuter qu'imparfaitement.

Déjà le maréchal Daun, dans l'esprit duquel les préparatifs des Prussiens dissipèrent les derniers doutes sur leurs intentions, avait renforcé sa droite de la cavalerie du comte O'Donnel, et de l'infanterie des généraux Stahremberg et Sincère; il invita aussi sa gauche à faire une démonstration vers le village de Brezan, de manière à inquiéter la droite de l'armée du Roi. Sur ces entrefaites les Prussiens faisaient des progrès sensibles; Hulsen s'était enfin emparé du bois, y avait posté deux bataillons et s'était retourné contre une batterie autrichienne dont il s'était rendu maître, grâce au concours de quelques bataillons du prince Maurice. L'autre fraction des troupes de ce général n'avait pas eu le même succès. Malgré des assauts successifs, les fantassins du Prince n'avaient pu surmonter la résistance opiniâtre des Autrichiens, appuyés par une artillerie supérieure et excellemment servie. Cependant, si à ce moment Ziethen avec ses 80 escadrons, et Pennavaire avec ses cuirassiers, avaient soutenu leur infanterie, la victoire eût pu se prononcer pour le Roi. Il n'en fut rien; les deux commandants de cavalerie restèrent inertes et laissèrent échapper le moment décisif. En effet à l'extrême droite des Autrichiens, les progrès de Hulsen avaient jeté le désordre. L'indication de la ligne de retraite en cas d'échec, maladroitement transmise par l'état-major, fut interprétée par un général comme un ordre formel; ce malentendu provoqua un commencement de recul qui eût eu des conséquences désastreuses s'il n'avait été arrêté dès le début par quelques officiers énergiques et par Daun lui-même. Ce dernier, profitant de la venue de quatre bataillons de grenadiers, les lança contre le bois de chênes; ils en expulsèrent facilement le détachement qu'Hulsen y avait laissé et purent s'y maintenir jusqu'à la fin de la bataille. Nadasdy encouragé par ce succès ramena ses escadrons contre ceux de Ziethen; il fut repoussé, mais son adversaire, pris en flanc par le canon des défenseurs du bois, dut rétrograder à son tour jusqu'à son ancienne position de Kutlir.

Il était environ quatre heures de l'après-midi; l'infanterie prussienne, épuisée par cette longue lutte, ne gagnait pas de terrain; grâce à l'arrivée successive des renforts appelés de la gauche, les régiments de Daun conservaient leur ligne intacte; la cavalerie autrichienne faisait mine de charger. Pennavaire, resté jusqu'alors en réserve près du hameau de Bristwi, reçut ordre de se porter au devant d'elle; ce général, vieillard de soixante-treize ans, perdit son temps en manœuvres inutiles, vint donner avec sa première brigade sur les fantassins ennemis, et fut refoulé au delà de Krechor; la deuxième brigade, conduite par Seydlitz, fut d'abord plus heureuse; dans un élan vigoureux elle mit le désarroi dans les rangs des Impériaux. « Il y eut un moment critique, écrit (1) un officier supérieur de l'armée de Daun. Quelques régiments de cavalerie commençaient à se retirer ; le régiment de Platz venait d'être fort maltraité et quelques-uns se retirèrent du combat. Le régiment de Staller qui venait de mettre sabre à la main au lieu de se servir du fusil, s'en trouva mal, et commençait à plier, lorsque les dragons de Ligne et le régiment de dragons saxons du prince Charles de Saxe tombèrent dans cet endroit sur la cavalerie et infanterie prussienne qui voulut se sauver en formant une espèce de bataillon carré. Mais ces braves dragons, sans avoir égard à une figure qu'on regardait comme respectable, les taillèrent en pièces en un moment, et firent des prisonniers par centaines à la fois (2). »

Pour résister au retour offensif des Autrichiens, Frédéric n'avait plus de troupes fraîches ; toutes ses réserves avaient donné. Au centre, le général prussien Mannstein, se méprenant sur la portée d'un ordre, s'était mêlé mal à propos à la lutte ; il pénétra à la vérité dans le village de Chocenitz, mais il ne put le dépasser et ne se maintint dans la position conquise qu'au prix de pertes terribles ; il fallut pour le soutenir engager peu à peu une grande partie de la droite, tenue jusqu'alors en dehors de la ligne de feu. A défaut d'infanterie, le Roi, pour secourir le prince Maurice fort compromis, fit un nouvel appel à sa cavalerie. Ce fut en vain que Pennavaire essaya de reporter ses escadrons en avant, que le prince Maurice fit charger ceux qui lui restaient, que le Roi lui-même cher-

---

(1) Journal de la campagne des armées autrichiennes en 1757. Archives de la Guerre.

(2) C'est à ce moment de la journée que doit se placer l'épisode de la charge des dragons de Ligne. Au colonel de ce régiment, composé de jeunes soldats, qui demandait à charger, le maréchal aurait répondu : « Que voulez-vous faire avec vos blancs becs? » Le colonel répliqua : « Si mes blancs becs n'ont pas de moustache, ils ont des dents pour mordre. » La charge eut un plein succès.

cha à entraîner les hésitants; la panique s'en mêla, les cavaliers affolés se rejetèrent sur les fantassins et les mirent en désordre. Un officier saxon, le lieutenant-colonel Benkendorf, qui d'après les récits de l'époque (1) s'était déjà signalé en arrêtant l'ordre de retraite intempestif dont il a été fait mention, s'aperçut du flottement de la ligne royale, et lança son régiment pour faire trouée; les dragons de Savoie, de Wurtemberg, les chevau-légers saxons, les cuirassiers de Darmstadt imitèrent l'exemple. Abordés de front et de côté, les débris des bataillons de Hulsen et du prince Maurice abandonnèrent la partie et refluèrent sur la grande route. Frédéric tenta un dernier effort; à peine avait-il fait quelques pas que son aide de camp, le major Grant, lui fit remarquer qu'il n'était pas suivi. « Sa Majesté aurait-elle l'intention de prendre la batterie à nous deux? » Le roi s'arrêta, examina le champ de l'action avec sa lorgnette, fit volter son cheval, et se dirigeant vers la droite, pria le duc de Bevern d'ordonner la retraite.

La bataille était perdue. Écrasé par l'artillerie impériale à laquelle la pente du terrain ne permettait pas de répondre avec fruit, Mannstein venait d'être obligé d'évacuer Chocenitz. Un combat des plus sanglants se livrait à la droite, auprès du hameau de Brezan; sur l'invitation du commandant en chef autrichien, le général Stampach était descendu des hauteurs et s'était porté sur le flanc des Prussiens; cette attaque avait été appuyée par l'infanterie de Puebla et par les Croates de Beck. Brezan fut bientôt enlevé par l'assaillant qui y fit beaucoup de prisonniers; mais Bevern tint ferme avec le gros de ses huit bataillons, et empêcha le vainqueur de dépasser le village et d'intercepter ses camarades de la droite et du centre qui défilaient par la chaussée. Les

---

(1) Retzow, *Mémoires historiques sur la Guerre de Sept Ans*, vol. I, p. 174.

sacrifices que coûta cette résistance furent lourds; exposés en rase campagne à un feu terrible d'artillerie et de mousqueterie, les soldats de Bevern perdirent (1) en peu de temps une grande partie de leur effectif; le premier bataillon de la garde royale fut tout spécialement éprouvé. Grâce à la belle conduite de sa cavalerie et à la bravoure de ses fantassins, Bevern put se replier sans avoir été entamé; il arriva à Planian avec ce qui restait de sa division vers huit heures du soir. A gauche, Ziethen, qui n'avait que peu souffert, fut le dernier à quitter le champ de bataille.

Daun, satisfait de la retraite des Prussiens et craignant jusqu'à la dernière heure un revers de fortune, ne poursuivit pas; il se contenta de reprendre les positions qu'il avait occupées le matin, et laissa s'écouler devant lui le flot des fuyards sans les inquiéter autrement que par le feu de ses batteries.

S'il faut ajouter foi à certains contes qui circulèrent après l'action, le succès aurait étonné les vainqueurs; Daun lui-même aurait partagé le découragement de ses lieutenants, et n'eût dû son triomphe qu'à l'initiative, nous pourrions dire, à la désobéissance de ses subordonnés. Champeaux, écrivant le surlendemain (2), se fait l'écho de ces racontars : « Une chose qui causera toujours quelque surprise à ceux qui ont vu le dessous de la toile, est le gain de cette bataille. Il est une suite de moments qui était très éloignée de l'annoncer, et plus on y réfléchit, plus il semble qu'on ne devrait attribuer cette victoire qu'à la Providence, à la valeur de quelques corps, qu'à l'intelligence de quelques officiers qui se sont trouvés par

(1) La division sous les ordres directs du prince Maurice perdit à elle seule 118 officiers et 4,380 soldats, soit en moyenne 500 par bataillon; l'avant-garde de Hulsen quoiqu'elle eût été le plus longtemps engagée fut la fraction la moins éprouvée de l'armée; elle ne perdit que 300 par bataillon; les pertes des divisions Bevern et Mannstein furent de 375 et 365 officiers et soldats par bataillon.

(2) Champeaux au ministre, Kricknau, 20 juin 1757. Archives de la Guerre.

bonheur aux endroits délicats, et à la docilité de M. le maréchal à les laisser agir. J'ai vu un de ces moments où M. le maréchal ayant perdu la tête, invoquait le ciel avec la plus vive ardeur, a fait venir quatre officiers généraux, leur a représenté l'impossibilité de rétablir les choses, a donné conséquemment l'ordre de faire la retraite, et leur a indiqué Soudhol pour le rassemblement des troupes. Cet ordre a commencé à être exécuté. »

Le comte de Broglie se fit également l'interprète (1) des bruits qui couraient sur les péripéties de la lutte, et que l'officier français Morainville avait rapportés du champ de bataille. « Je pense, Monsieur, que vous éprouverez une espèce de frayeur lorsque, par le récit que vous entendrez, vous apprendrez que la fameuse victoire de Chocernitz a été deux fois pendant la journée dans les mains des Prussiens... Il ne s'agit plus que de chercher à profiter de l'espèce de miracle qui vient d'arriver. »

Ces dires de Champeaux et de Morainville ne sont évidemment que la reproduction exagérée du malentendu qui suivit la prise du bois de chênes par les bataillons de Hulsen; mais en admettant, de la part de Daun, un instant de découragement qu'expliquent les échecs du début et son peu de confiance dans ses lieutenants, il serait injuste de ne pas reconnaître le mérite du commandant autrichien. La marche de flanc dans la nuit du 17 par laquelle il se déroba à son adversaire, le choix d'excellentes positions défensives, l'emploi de sa puissante artillerie, la distribution de ses forces, et notamment de sa cavalerie, la rapidité avec laquelle il renforça le point faible, suffisent pour lui confirmer le brevet de grand général que lui décerna Frédéric (2), et lui donnent le droit de revendiquer le principal rôle dans la victoire.

---

(1) Broglie à Paulmy. Vienne, 24 juin 1757. Archives de la Guerre.
(2) Frédéric, *Histoire de la guerre de Sept Ans*, chapitre VI.

L'action du 18 juin, appelée d'abord bataille de Chocenitz, est connue dans l'histoire sous le nom de Kolin, quoique cette localité n'ait été le théâtre d'aucun des engagements de la journée. Les pertes des Prussiens furent écrasantes. L'infanterie, qui s'était battue avec un acharnement inouï, laissa sur le terrain les 2/3 de son effectif, soit environ 12,000 tués, blessés ou disparus ; la cavalerie, beaucoup moins éprouvée, ne compta que 1,450 manquants. Au nombre des blessés figurèrent les généraux Ziethen, Hulsen, Mannstein et Manteuffel. Les Autrichiens s'emparèrent de 45 pièces de canon, 22 étendards, et d'environ 5,000 prisonniers parmi lesquels les généraux Treskow et Pannewitz. La victoire leur coûta un peu plus de 8,000 hommes.

Un grand nombre des hommes atteints succombèrent des suites de leurs blessures, car, à en croire Champeaux, le service des ambulances aurait laissé fort à désirer. « Je crois devoir vous marquer à cette occasion la façon dont il en est ici envers les blessés, tant Autrichiens que Prussiens. Le cœur continue de m'en saigner. Après être restés trente-six heures sur le champ de bataille sans secours quelconques, ces infortunés ont été transportés à Kricknau, Lobstost, et autres endroits avoisinant le champ de bataille, où ils ont encore passé deux jours sans chirurgien, sans aliments, sans argent pour s'en procurer, et sans forces pour aller exciter la compassion des paysans, et pendant tout ce temps ils n'ont été visités par qui que ce soit ; 80 de ces malheureux se trouvaient dans les écuries de la maison où j'étais ; 28 sont morts la première nuit sans avoir pu obtenir ni secours temporel, ni spirituel. »

Le surlendemain de la bataille, les Autrichiens célébrèrent leur succès par un solennel Te Deum en présence de l'armée assemblée. A Vienne, l'impression produite par la bonne nouvelle fut indicible ; elle pénétra dans toutes les couches de la population; nobles, bourgeois, artisans, tous prirent leur part du triomphe sur l'ennemi redouté de la maison de Habsbourg. Un tableau du musée impérial reproduit l'arrivée à Schönbrunn du long cortège de postillons claquant leurs fouets et jouant du cor; au-devant d'eux accourent les seigneurs et les dames agitant leurs mouchoirs et applaudissant les hérauts de la victoire. Mais ce que l'art ne peut dépeindre, c'est le sentiment de délivrance et de soulagement que durent éprouver Marie-Thérèse et son ministre Kaunitz. A la douleur des premiers jours après le désastre de Prague, à l'angoisse des six semaines qui s'étaient écoulées depuis, succédèrent tout à coup l'enivrement du présent et la confiance dans l'avenir. Au milieu de sa gloire, l'Impératrice-Reine n'oublia pas les généraux et les soldats qui l'avaient si bien servie dans le malheur. En souvenir de la journée de Kolin, elle fonda l'ordre de Marie-Thérèse, destiné aux militaires qui se sont distingués par une action d'éclat sur le champ de bataille, et conféra au feld-maréchal Daun la dignité de grand maître. Le prestige qui s'est toujours attaché, et qui s'attache encore dans l'armée autrichienne, à la décoration instituée par Marie-Thérèse, prouve à la fois la perspicacité, la hauteur de vues de cette souveraine, et la sympathie dont sa personne était entourée de la part de ses sujets.

Pour la première fois le roi de Prusse avait été vaincu; aux yeux du général, de ses soldats, de l'Europe, l'effet moral de la défaite dépassa de beaucoup les pertes matérielles. Malgré l'habileté des dispositions prises pour l'attaque, il était impossible de ne pas rendre le commandant de l'armée prussienne responsable des fautes commises. L'assaut de positions fortes par la nature, défendues par un ennemi dont la supériorité numérique était incontestable, était un de ces actes de témérité que le succès peut excuser, mais contre lesquels, en cas d'échec, la critique reprend tous ses droits. Une fois la bataille engagée, pourquoi modifier sans motif, et sous le feu, le plan arrêté? Pourquoi cet emportement au sujet d'observations dont l'événement allait trop démontrer la justesse? Seule l'infaillibilité que suppose la victoire justifie et explique de tels errements; la défaite s'ensuit-elle, on les taxera d'entêtement ou de folie. En dépit du dévouement et du respect des Prussiens pour leur Roi, le mécontentement, les plaintes même se firent entendre jusque dans les rangs des officiers les plus haut placés. A la nouvelle de Kolin, le propre frère du Roi, le prince de Prusse (1), ne craignit pas de laisser éclater devant le maréchal Keith et son état-major les reproches indignés et l'inquiétude profonde que lui inspirait la conduite de Frédéric. Le prince Henri, dans un billet particulier (2) il est vrai, s'exprima en termes presque injurieux : « Enfin Phaéton est tombé et nous ne savons ce que nous deviendrons;... cependant Phaéton a eu soin de sa personne et s'est retiré avant que la perte de la bataille fût entièrement décidée ». Un autre frère, le prince Ferdinand, se fit avec plus de discrétion, dans une lettre (3) à sa sœur la princesse Amélie, l'interprète des sentiments de l'armée. « Jamais nous n'avons eu un jour aussi fatal que celui du 18. C'est les suites et le prix des partis pris à la hâte, sans déférence aux conseils des gens expérimentés. »

Frédéric lui-même sut reconnaître ses erreurs. « Depuis son arrivée ici, relate Mitchell (4), il a bien voulu me faire

---

(1) Retzow, *Mémoires historiques sur la Guerre de Sept Ans*, vol. I, p. 179 et note.
(2) Prince Henri de Prusse à sa sœur la princesse de Prusse. Allemagne. Mémoires et documents 109. Affaires étrangères.
(3) Ferdinand de Prusse à la princesse Amélie. Budin, le 25 juin 1757. Archives de la Guerre. Cette lettre fut trouvée cachetée dans les poches du général de Mannstein qui, blessé, avait été évacué sur la Saxe, et qui fut tué par un parti autrichien.
(4) Mitchell à Holdernesse, 29 juin 1757. Mitchell Papers.

le récit de la bataille du 18. Il dit que la position occupée par les Autrichiens était réellement trop forte... Il avait trop peu d'infanterie; ce n'étaient pas d'ailleurs les soldats de l'ennemi, mais son artillerie, plus de 250 canons bien placés, qui ont forcé ses troupes à se retirer. »

Du champ de l'action, le Roi gagna Nimbourg désigné comme point de ralliement; il y arriva le lendemain à midi. D'après l'historien Retzow qui servait à l'armée de Prague, et qui affirme tenir ce détail de témoins oculaires, il resta pendant quelques heures plongé dans l'abattement. « Les personnes (1) qui ont vu le Roi à Nimbourg, où on le trouva assis sur un tuyau de fontaine et enfoncé dans de profondes méditations, et celles qui ont eu occasion de lui parler immédiatement après son retour au camp de Prague, pourraient seules nous dépeindre la situation de son âme dans cet affreux moment. »

Quel que fût le désespoir et quelque douloureux que pussent être les regrets et les remords du vaincu, il puisa dans son génie et dans la trempe de son caractère les ressources et l'énergie nécessaires pour parer aux conséquences du désastre. De Nimbourg il courut au camp devant Prague; il y donna des ordres pour l'enlèvement du matériel des batteries et pour la levée de l'investissement. Tandis qu'une partie des troupes de blocus se retirait sous sa conduite à Brandeis sans être inquiétée, le maréchal Keith avec son corps effectua son mouvement sur Leitmeritz où il parvint le 24 juin. M. d'Hautmont, enfermé à Prague avec le prince Charles, fait de la fin du siège le récit suivant : « Le 19 au matin, nous apprîmes indirectement par un paysan que le roi de Prusse avait été battu; nous n'osions le croire et encore moins l'espérer; le feu des ennemis était toujours très vif et cessa tout à coup de

---

(1) Retzow, *Mémoires historiques sur la Guerre de Sept Ans*, vol. I, p. 179 et note.
(2) Hautmont au ministre, Vienne, 29 juin 1757. Archives de la guerre.

tirer vers midi. Nous vîmes arriver peu après beaucoup de chevaux et de chariots pour emmener l'artillerie, et nous sûmes peu de temps après, par les rapports des hauteurs et des tours, qu'elle prenait la route de Brandeis, ainsi que les équipages escortés d'infanterie et de cavalerie. Toutes les troupes prussiennes restaient tranquilles dans leur ancienne position. La nuit du 19, un billet apporté par un espion confirma le gain de la bataille du 18 et la retraite précipitée du roi de Prusse. »

Cette marche ne fut pas troublée par l'assiégé qui se borna à la faire surveiller par quelques hussards et Croates. « Le corps de M. le maréchal Keith, continue le narrateur, sur le Weissenberg et toute la rive gauche de la Moldau, restait tranquille dans son camp et sa position; leur pont de la haute Moldau avait été levé pendant la nuit et ils travaillaient à rompre celui de la basse, près de Podbaboc, pendant que nos généraux rassemblés prirent la résolution d'attaquer ce corps. Les dispositions s'étant exécutées avec la même lenteur que celle de toutes nos opérations pendant le siège, les troupes ne purent déboucher sur trois colonnes qu'après midi. M. de Keith jugeant alors de nos vraies intentions, et s'y étant sans doute attendu plus tôt, fit battre la générale dans son camp qu'ils détendirent avec tant de promptitude qu'en moins de quinze minutes toute sa gauche, comme une partie de sa droite, étaient en pleine marche pour se rassembler vers l'Étoile qui faisait son centre; ils abandonnèrent leurs redoutes et retranchements pour se retirer en bon ordre. »

Un combat d'arrière-garde fut livré, dans lequel Hautmont évalue les pertes des Prussiens à 5 ou 600 hommes, dont 7 à 8 officiers tués, et quelques prisonniers. « M. le feld-zeigmestre de Kheul qui commandait l'armée, ayant eu ordre de ne pas trop s'aventurer et de la faire rentrer à Prague avant la nuit, ne put suivre l'ennemi plus loin qu'environ une petite lieue de France. Depuis la retraite des Prussiens dans cette partie-là nous avons retrouvé près de 450 de nos blessés à la bataille du 6, tant dans Sainte-Marguerite et l'Étoile que dans les villages sur la route de leur retraite. On en a ramassé beaucoup plus des leurs, que l'on fait monter à 1,500 et que j'évalue à 8 ou 900. »

Les Autrichiens se contentèrent d'envoyer à la poursuite de Keith un détachement de troupes légères et de cavalerie, sous les ordres du colonel Laudon. Cet officier enleva quelques traînards et surprit un convoi de blessés, parmi lesquels le général Mannstein, qui, refusant de se rendre, fut tué par les pandours.

Ce fut seulement le 20 juin à neuf heures du soir que le prince Charles fit son rapport (1) à l'Empereur pour lui annoncer la levée du siège. « J'espère que Votre Majesté rendra assez de justice à mon respectueux attachement, pour s'imaginer la joie que j'ai de pouvoir lui écrire ces lignes pour lui apprendre notre heureuse délivrance. » Suit un récit très exagéré du combat livré au maréchal Keith; puis il ajoute : « Je regarde comme une grâce de la Providence le bonheur que j'ai, pour la première lettre que je lui écris depuis bien ces sept semaines, de lui mander notre délivrance, celle de la ville de Prague et le gain d'une affaire. »

Ce billet fut remis à l'Empereur le 22 juin à une heure de l'après-midi. La nouvelle qu'il contenait fut l'occasion d'un enthousiasme d'autant plus sincère de la part de Leurs Majestés impériales, qu'au soulagement apporté à la détresse des jours malheureux s'ajoutait le plaisir de pouvoir attribuer à un frère bien-aimé la gloire d'un succès qui réparait les désastres passés. Aussi, en dépit de son peu d'importance, l'affaire du 20 juin, sans doute par égard pour la réputation du prince, fort amoindrie par

(1) Prince Charles à l'Empereur, 20 juin 1757. Archives de la guerre Vienne.

sa défaite du 6 mai, provoqua des démonstrations presque égales à celles qui avaient célébré la victoire de Kolin.

Pendant que ses adversaires entonnaient leurs actions de grâces et se livraient au bonheur d'un triomphe inespéré, Frédéric mettait le répit à profit pour réorganiser ses forces et faire face à l'ennemi. Dès le 20 juin, c'est-à-dire deux jours après la bataille, il était de retour à Nimbourg où le prince Maurice avait ramené les débris de l'armée battue. Se maintenir le plus longtemps possible en Bohême, à cet effet répartir ses troupes en deux fractions, dont l'une, établie à Leitmeritz sur l'Elbe, couvrirait les défilés de la Saxe et serait à même d'agir contre les Français et les contingents de l'Empire qui se rapprochaient de la Saale, dont l'autre protégerait la Lusace et au besoin la Silésie, tel était son plan. Après un court séjour à Lissa, le Roi se rendit à Leitmeritz pour prendre la direction des troupes qui opéraient sur la rive gauche de l'Elbe; mécontent de Maurice auquel il reprochait sa retraite, selon lui trop précipitée, de Nimbourg, il confia le commandement du corps détaché à son frère, le prince de Prusse.

Frédéric fut-il bien inspiré en faisant ce choix? Cela est douteux. Toujours est-il que la situation du nouveau commandant devint bientôt des plus difficiles; livré à ses propres inspirations, ou plutôt à celles des mentors qu'on lui avait adjoints, les généraux Winterfeldt et Schmettau, il se montra fort indécis sur le parti à prendre; pour se tirer d'embarras, il eut recours au Roi auquel il envoyait estafette sur estafette qui la plupart du temps étaient enlevées par les coureurs ennemis. Inquiet de ses subsistances, préoccupé de conserver le contact avec Frédéric, il séjourna cependant jusqu'au 2 juillet à Jung Bunzlaw. De leur côté les Autrichiens s'étaient enfin mis en mouvement; le 24 juin, le maréchal Daun et le prince Charles avaient effectué leur jonction sous les murs de Prague, et avec le gros de leurs forces s'étaient portés sur les traces de la gauche prussienne.

Aussitôt les deux armées réunies, le prince Charles avait repris le commandement suprême. Toutefois il devait se concerter avec Daun sur les mouvements de la campagne. « Nous sommes extrêmement contents, lui écrit l'Empereur (1), des sages et belles dispositions que Daun a faites jusqu'à présent; aussi je ne peux pas assez vous les louer dans mon particulier, et aussi par rapport au secret sur les idées et aux ordres clairs à un chacun, ce qui fait que je vous prie d'avoir toute confiance en lui... Je crois aussi, comme il a pris plusieurs fois fort bien son terrain, que lorsqu'il s'agirait de quelque opération vous devriez toujours lui communiquer vos idées et écouter ses raisons, et débattre la chose avec lui, pour qu'il y en ait toujours deux qui soient d'accord en toute occasion. Voilà ce que je crois pour votre meilleur service, car sûrement ensemble vous ferez bien, et je crois que vous aurez gagné au troc. » Vers la même date, le 26 juin, le général visé par ce paragraphe du billet impérial, le feld-maréchal Browne, mourait à Prague de sa blessure, et, s'il faut en croire la chronique du temps, du chagrin éprouvé à la suite des défaites qu'il avait essuyées et de la disgrâce dans laquelle il était tombé à la cour de Vienne.

Dans la correspondance des officiers français attachés à l'armée de Bohême, nous trouvons la confirmation de la bonne opinion que l'Empereur manifestait sur le vainqueur de Kolin. « La marche, écrit M. de Boisgelin (2), s'est faite sur huit colonnes que M. le maréchal Daun a vues sortir du camp de Benatek et entrer dans celui-ci (Jung Bunzlaw); il est dans cet usage et par cette raison il

---

(1) L'Empereur au prince Charles, 23 juin 1757. Archives de la Guerre. Vienne.

(2) Boisgelin au ministre. Jung Bunzlaw, 6 juillet 1757. Archives de la Guerre.

est toujours le premier à cheval, et il ne rentre chez lui qu'après avoir examiné le front et les environs de son camp; ses promenades sont par cette raison très instructives. »

Ce ne furent ni les conseils, ni les conseillers qui firent défaut au commandant en chef des troupes autrichiennes; l'Empereur, dans ses longues épîtres à son frère, s'intéresse à tous les détails de l'armée; il se préoccupe surtout de la réorganisation des corps qui avaient été à Prague, et de la nécessité de reconstituer les régiments dont les fractions avaient été séparées à la suite des événements du 6 mai. Quant à son plan de campagne, il est des plus simples : « Je crois (1) que le roi de Prusse sera celui qui devra nous l'indiquer par la retraite qu'il fera, car je crois que c'est lui qu'il faudra toujours chercher, mais pour le présent c'est la sortie de Bohême qui est nécessaire et c'est là notre but principal; aussi pressez un peu vos dispositions pour pouvoir les exécuter. » Quelques jours après, le général Lucchesi, envoyé en mission auprès de la cour, rapporta de Vienne au prince Charles des notes précises sur les moyens de rétablir dans l'armée la subordination un peu compromise par les échecs du début, et pour se débarrasser des généraux incapables; les règlements de Daun étaient cités comme modèles du genre et devaient être étendus à toutes les troupes de Bohême. Enfin l'Empereur annonçait l'arrivée prochaine au camp de M. de Montazet : « On assure (2) qu'il est très fort général quartier-maître, cela étant l'étude qu'il a faite toute sa vie, étant aussi je crois brigadier. » Suit un éloge qualifié du nouveau venu : « Il a un peu les manières françaises au premier abord, mais je le crois un homme très actif et très remuant, et on le loue entièrement...

(1) L'Empereur au prince Charles, 26 juin 1757. Archives de la Guerre. Vienne.
(2) L'Empereur au prince Charles, 2 juillet 1757. Archives de la Guerre. Vienne.

vous ferez bien de vous en servir et de lui montrer de la confiance. »

A cette époque, les officiers d'état-major français se prévalaient de la réputation que leur avaient acquise les belles campagnes des maréchaux de Belleisle et de Saxe. Nous avons déjà vu le comte de Broglie s'improviser professeur de stratégie du cabinet autrichien, et faire accepter ce rôle par Kaunitz. L'infatigable diplomate n'avait pas oublié qu'il appartenait à l'armée; il ne demandait qu'à reprendre l'exercice de son métier, et au besoin, à reporter sur Montazet à défaut de lui-même les attributions de conseiller officiel. « Il faut, écrivait-il (1), fournir à l'imagination des généraux, et profiter de celle de M. le comte de Kaunitz qui n'a point du tout le goût du terroir, pour la tourner au militaire... Je vais, pendant le peu de temps qui me reste à séjourner à la cour de Vienne, essayer de remettre cette machine en mouvement. La confiance que M. le comte de Kaunitz a en moi m'en donnera plus de facilité qu'un autre ne pourrait en avoir, et M. de Montazet partira ensuite pour l'armée où ses talents et son activité ne pourront être que fort utiles, surtout si la prospérité n'a pas déjà diminué le désir qu'on avait ici d'être aidé et même dirigé, lorsque les échecs reçus avaient fait sentir le besoin qu'on en avait. »

Une conversation de Montazet avec le chancelier (2) ouvre un aperçu de la mission qui lui était destinée. « Il (le comte de Kaunitz) me répondit à cela : « Monsieur de Montazet, quoique nous ne soyons pas depuis longtemps ensemble, je vais cependant vous parler avec autant de confiance que si nous nous connaissions depuis très longtemps. La confiance qu'a mise l'Impératrice dans mon attachement et dans mon zèle, l'a engagée à me charger, non seulement de déterminer les opérations militaires,

---

(1) Broglie à Paulmy, 24 juin 1757. Archives de la Guerre.
(2) Montazet à Paulmy, 29 juin 1757. Archives de la Guerre.

mais même d'en faire les projets et les plans. Une telle besogne, je vous l'avoue, demanderait des talents beaucoup plus éminents que les miens; cependant je ne suis pas totalement neuf dans ce genre de choses. » Le chancelier continue en parlant des services que Montazet peut rendre à la cause : il lui communiquera les propositions pour le reste de la campagne, « nous verrions ensemble s'il n'y avait rien à y changer; ensuite l'Impératrice me prierait d'aller à l'armée, et qu'alors il me mettrait à même d'avoir l'œil sur l'exécution des dits projets; que nous serions lui et moi en correspondance, et qu'il aurait en moi la confiance que je méritais. En un mot, Monseigneur, je vois que M. de Kaunitz croit avoir besoin de moi, parce qu'il n'a réellement personne qui puisse l'aider dans ce genre de besogne, et je suis persuadé qu'il a été avec moi dans cette conversation de la meilleure foi. »

Il est probable que l'appel chaleureux fait par Kaunitz à son concours avait singulièrement fortifié la bonne opinion que Montazet paraît avoir eue de sa propre valeur, car il s'empresse de solliciter de l'avancement et prend texte de sa mission pour justifier sa demande. « J'ai quitté, écrit-il à Paulmy (1), mes parents, mes amis, ma patrie; j'ai renoncé au plaisir de servir avec des compatriotes dont j'ose me flatter d'avoir mérité l'estime et l'amitié, et cela pour venir servir seul et isolé, avec une nation dont je n'entends seulement pas la langue, et qui n'est pas moins susceptible de haine et de jalousie que les hommes le sont en général. »

Montazet arriva le 9 juillet au camp impérial où il fut très bien accueilli par le prince Charles. « Je l'ai mis au fait de nos manœuvres, écrit ce dernier (2), et de la si-

---

(1) Montazet à Paulmy, 29 juin 1757. Archives de la Guerre.
(2) Prince Charles à l'Empereur, 9 juillet 1757. Archives de la Guerre. Vienne.

tuation de l'ennemi. Il me paraît un bien joli homme, et par le peu qu'il m'a parlé il me paraît expert dans notre métier. » De son côté le Français fait part à Paulmy de ses premières impressions sur les troupes autrichiennes : « L'infanterie (1) est plus belle que je ne pensais, la cavalerie est en meilleur état qu'elle ne devait l'être après un début de campagne aussi vif et aussi pénible qu'il l'a été ; le ton de l'armée est d'ailleurs très bon. » Il ne se dissimule pas les difficultés de l'offensive : « Le pays est haché, plein de ravins et de défilés ; depuis la rivière de l'Iser où nous sommes jusqu'en Saxe et en Lusace, c'est un pays diabolique où une armée de 40,000 hommes en arrêterait une de 100,000. »

Au retour de Vienne du général Lucchesi, le prince Charles semble avoir fixé ses dispositions pour chasser les Prussiens de Bohême. Tandis que Nadasdy, avec un détachement de 16,000 hommes, observerait le corps du Roi posté à Leitmeritz qu'on supposait commandé par le maréchal Keith, le gros des forces impériales, sous les ordres directs du Prince et de Daun, chercherait à tourner l'adversaire qui lui était opposé, à menacer sa ligne de retraite sur la Lusace et à intercepter ses subsistances. « Je compte, rapporte le prince Charles (2), passer le 7 l'Iser... et prendre notre marche pour couper à l'ennemi toutes communications par la Bohême en Silésie ; et si même l'ennemi reste dans la position où il est, je pourrai bien lui couper le chemin par Kable (Gabel) en Lusace, ce que je crois il n'attendra pas ; mais il faut qu'il marche vite et bientôt, s'il ne veut pas être prisonnier. » Malgré ces promesses de rapidité, les difficultés d'approvisionnements, et sans doute la lenteur inhérente aux Autrichiens, ralentirent leurs opérations.

(1) Montazet à Paulmy, 11 juillet 1757. Archives de la Guerre.
(2) Prince Charles à l'Empereur. Benatek, le 4 juillet 1757. Archives de la Guerre. Vienne.

Ce fut seulement le 13 juillet que les généraux de Marie-Thérèse parvinrent à Niemes; le général Macquire et le duc d'Arenberg, avec une forte avant-garde, avaient été poussés sur Gabel avec ordre d'enlever ce poste. L'armée commandée par le prince de Prusse avait évacué la ville de Jung Bunzlaw, et pris position depuis le 5 juillet à Bömisch Leipa; elle ne put empêcher Gabel de tomber entre les mains des Autrichiens. L'immobilité du Prince parut inexplicable. « Ce n'est pas qu'il n'ait été averti, écrit Montazet (1), puisque le canon a tiré près de trente heures, et qu'étant à peu près à la même distance que nous, il a dû l'entendre tout à son aise; mais malgré cela il n'a rien tenté pour donner du secours à ses troupes. Cela prouve, ou que ses forces sont bien diminuées, ou qu'il commence à craindre ses ennemis, ou peut-être qu'il n'y entend pas grand'chose. Cette dernière aventure est en vérité pitoyable, car il s'est fait prendre à propos de rien quatre bataillons dont deux de grenadiers, un escadron de hussards, plus de 400 chariots de ses vivres portant du pain de ses magasins de Zittau à son armée, sept pièces de canon et plusieurs officiers de distinction, entre autres le général Portkam (Puttkamer) et le prince de Holstein. Cette aventure fait autant d'honneur à M. le prince Charles qu'elle en fait peu au roi de Prusse et à ses troupes qui se sont mal défendues. Le premier a pris son parti à merveille et a très bien calculé la faute de son ennemi. »

Si, dans l'espèce, l'éloge adressé au beau-frère de Marie-Thérèse semble mérité, il faut reconnaître que le prince de Prusse n'était qu'en partie responsable de l'échec qu'il venait d'essuyer. Ballotté entre les instructions impératives de Frédéric et les conseils souvent contradictoires de ses lieutenants, il ne sut pas adopter un parti décisif (2). Dans

(1) Montazet à Paulmy. Niemes, 15 juillet 1757. Archives de la Guerre.
(2) Voir pour le récit de ces opérations: *Histoire de l'état-major prus-*

la nuit du 12 au 13 juillet il avait reçu l'ordre du Roi (1) de détacher 6 à 7,000 hommes du côté de Tetschen sur l'Elbe, pour chasser une division autrichienne qui se serait montrée dans ces parages. Le Prince envoya aussitôt le général Winterfeldt dans la direction indiquée avec sept bataillons et dix escadrons de hussards; il en informa son frère dans une dépêche du 13 juillet (2). Il ajoutait qu'il était sans nouvelles des Impériaux et qu'il avait réexpédié son convoi vers Zittau avec une escorte de deux bataillons. Winterfeldt ne trouva aucune trace de l'ennemi et revint au camp après une course inutile. Pendant son absence les affaires avaient pris une tournure critique. « L'armée de Daun, mande le Prince à la date du 14 (3), combinée avec celle du prince Charles, a occupé ce matin le camp de Niemes, et l'après-dînée elle a marché sur Gabel. Toute communication m'est coupée, faisant un feu très vif de canons, et les cinq escadrons de Werner arrivent dans l'instant par des chemins détournés. Je crains pour Zittau et pour les chariots que le général Puttkamer conduit avec deux bataillons... Je sais qu'il a atteint Gabel et qu'on l'attaque. Il faudra absolument que je marche par Reischstadt et Gabel. Cela ne sera plus possible. Je consulterai ceux qui connaissent les chemins par Rumburg. Si celui-là manque, le manque de pain m'oblige d'aller à Leitmeritz. »

Sous le coup de l'émotion dont cette dépêche porte

---

sien. — *Correspondance politique*, vol. XV. — *Recueil de lettres du prince de Prusse et son récit de la campagne de Bohême*, Leipsick 1772. — Thema, *Historique d'un régiment prussien*. — Varnhagen, *Vie de Winterfeldt* Berlin, 1836, etc., etc.

(1) Frédéric au prince de Prusse. Leitmeritz, 10 juillet 1757. *Correspondance politique*, vol. XV, p. 233.

(2) Prince de Prusse à Frédéric, 13 juillet 1757. *Recueil de lettres*. Cette dépêche ne figure pas dans *la Correspondance politique*.

(3) Prince de Prusse à Frédéric, 14 juillet 1757. *Correspondance politique*, vol. XV, p. 250.

l'empreinte, le Prince eut recours à un conseil de guerre, auquel Winterfeldt, qui venait de rentrer, s'excusa, sous prétexte de fatigue, de ne pouvoir assister. Il y fut décidé qu'étant donnée l'impossibilité de se maintenir à Leipa, il fallait, pour ne pas se laisser couper la retraite, gagner Zittau par la route de Kamnitz et Rumburg. D'autre part, afin d'être fixé sur le sort du convoi et de son escorte, une forte reconnaissance fut dirigée sur Gabel; elle trouva le chemin barré par des forces supérieures et rapporta l'avis de la capitulation de Puttkamer. Cet officier parvenu à Gabel le 14 avait repoussé une première attaque du général autrichien Macquire, mais séparé du Prince et cerné par le corps du duc d'Arenberg, avait dû le 15 au soir mettre bas les armes.

La perte de Gabel, qui commandait la route directe de Zittau, rendait la situation du prince de Prusse fort précaire; jusqu'alors il avait tiré, non sans peine, ses approvisionnements de la Lusace; sa ligne de communication enlevée, il était obligé, soit de se rabattre sur le Roi à Leitmeritz, soit de se rendre à Zittau par de mauvais sentiers de montagne. C'était ce dernier parti qui avait prévalu, et en conséquence le 16 au soir le mouvement commença. Schmettau partit le premier avec une avant-garde de 4,000 hommes, et après trois jours de marches forcées arriva à Zittau le 19; le reste suivit par échelons successifs. La retraite fut désastreuse; des chemins détestables, des défilés étroits où plus de deux hommes ne pouvaient passer de front, peu de vivres, pas de couvert, des attaques incessantes des troupes légères de l'ennemi, tout contribua à ruiner une armée qui se composait en grande partie des vaincus de Kolin. Quand les Prussiens débouchèrent le 22 juillet en vue de Zittau, leur moral était très atteint; sans pain depuis trois jours, ils avaient abandonné leurs pontons, tous leurs chariots de provisions et une partie de leurs caissons; en plus des prisonniers ramassés par les Croates et les pandours, on avait laissé en arrière 2,000 hommes, la plupart Saxons, qui avaient passé aux Impériaux. « Leur désertion est affreuse, écrit le prince Charles (1), étant venus hier 323 hommes, et près de 300 aujourd'hui, lesquels disent qu'ils ne sont pas la huitième partie de ce qui est encore dans les bois et montagnes. Le général Hadik et Beck me mandent que ne pouvant pas mener le bagage qui les incommodait beaucoup dans leur marche, les troupes légères leur ayant emmené les chevaux, ils en ont brûlé eux-mêmes la plus grande partie; qu'ils sont sans pain depuis quelques jours, et sans viande. »

Si, à l'occasion de la prise de Gabel, l'état-major prussien fut en défaut, il faut avouer que le prince Charles et le maréchal Daun ne surent guère tirer parti de leur avantage. A Niemes ils étaient, par la grande route, à environ 35 ou 40 kilomètres de Zittau, tandis que les Prussiens, forcés au détour de Kamnitz et Rumburg, en eurent plus de 70 à faire par de mauvais chemins pour gagner cette localité; or, bien que Gabel eût capitulé le 15 juillet, et que dès le 18 Macquire (2) avec un détachement eût paru devant Zittau, l'avant-garde impériale, forte de 15,000 hommes, arriva trop tard pour empêcher le général Schmettau d'entrer dans la ville et de joindre ses 4,000 hommes à la faible garnison qui y était déjà. Quant au corps principal des Autrichiens, il avança avec une telle lenteur qu'il ne prit position en arrière de Zittau que le 21 juillet. Le prince Charles parle (3) des défilés de la route, de la chaleur excessive, et des obstacles que la topographie des lieux mettait à l'in-

(1) Prince Charles à l'Empereur, 21 juillet 1757. Archives de la Guerre. Vienne.
(2) Prince Charles à l'Empereur, 18 juillet 1757, Archives de la Guerre. Vienne.
(3) Prince Charles à l'Empereur, 17 et 20 juillet 1757. Archives de la Guerre. Vienne.

vestissement. « J'ai été moi-même (1) à Zittau ce matin, d'où je ne suis revenu qu'à deux heures. La ville est si grande et coupée par deux ou trois ruisseaux et la Neisse, que je crains que nous ne pourrons pas les enfermer, du moins jusqu'à demain que je compte y marcher; cependant j'ai donné les ordres au général Keit et à Lucchesi qui y sont déjà; les uns disent qu'il y a 4,000 hommes, les autres 6,000 et d'autres disent même dix; mais l'on ne sait rien de positif, personne ne pouvant ni y entrer ni en sortir. »

Un peu plus d'activité de la part des généraux de Marie-Thérèse eût probablement amené la ruine complète du prince de Prusse; ils ne surent pas profiter du succès de Gabel et de l'avance que leur donnait la possession de la grande route de la Lusace; ils se bornèrent à harceler avec leurs troupes légères la retraite de l'ennemi, et ne firent aucun effort sérieux pour le couper de Zittau et de ses magasins. Le 22 juillet vers six heures du soir, les Prussiens débouchèrent en vue de la ville; ils trouvèrent les Autrichiens en force sur les hauteurs d'Eckartsberg. Malgré la supériorité de l'armée impériale, le gros de la garnison et une partie des approvisionnements purent être évacués; d'après Montazet, la manœuvre du Prince aurait été très belle. « L'armée des Prussiens (2) fit un mouvement comme pour se porter en droiture et en bataille sur nous, et après avoir marché environ 4 ou 500 pas, la première ligne fit un quart de conversion et marcha par sa droite, en nous prêtant le flanc par conséquent. Elle traversa ainsi une plaine d'un gros quart de lieue sous nos yeux, et quand elle fut à la hauteur de Zittau que nous avions sur notre gauche à la distance de la portée du canon, elle fit un nouveau quart de

---

(1) Prince Charles à l'Empereur, 20 juillet 1757. Archives de la Guerre. Vienne.
(2) Montazet à Paulmy, 25 juillet 1757. Archives de la Guerre.

conversion et marcha droit à Zittau; et s'étant arrêtée à 500 pas de la ville, une partie de la garnison vint la joindre, et l'armée prussienne prit alors du pain dont elle avait manqué depuis six jours. Cette manœuvre fut faite en moins de deux heures. »

Le lendemain, 23 juillet, le prince Charles fit sommer la place, et sur le refus de l'assiégé, ouvrit le tir à boulets rouges. Le résultat fut terrible pour la population civile. « Je viens, écrit Champeaux (1), d'être témoin du spectacle le plus affreux du sort malheureux de Zittau. Cette ville infortunée, une des plus belles et des mieux bâties de toute la Saxe, n'existe plus, et plusieurs de ses habitants ont péri avec elle; ses restes sont encore actuellement en proie aux flammes. Il a été ordonné ce matin de tirer sur elle à boulets rouges, de jeter des artifices, des grenades royales et toutes sortes de matières combustibles. Ces ordres ont été si bien exécutés qu'en moins d'une heure et demie de temps le feu était en onze endroits, et on canonnait avec vivacité aux endroits enflammés afin d'empêcher qu'on pût l'éteindre, et cela a eu pleinement son effet. »

Après une résistance des plus vigoureuses, le colonel Diericke fut obligé de se rendre avec quelques centaines d'hommes auxquels l'embrasement des maisons avait intercepté la retraite. Les Autrichiens purent sauver de l'incendie une grande quantité de farine et de munitions de guerre. Quant au prince de Prusse, il ne crut pas prudent de braver plus longtemps un adversaire supérieur; dans la nuit du 24 au 25 juillet il décampa, et se retira sur Bautzen sans être inquiété, mais non sans quelque désordre.

Dans son rapport à l'Empereur (2), le prince Charles rejeta la responsabilité, au moins partielle, de la destruction de Zittau, sur les Prussiens qui avaient « mis le feu à plus

(1) Champeaux à Paulmy, 25 juillet 1757. Archives de la Guerre.
(2) Prince Charles à l'Empereur, 24 juillet 1757. Archives de la Guerre. Vienne.

de vingt maisons. » Ces derniers au contraire insinuèrent (1) que le bombardement avait eu lieu à l'instigation des princes saxons, fils du roi de Pologne, qui servaient dans l'armée impériale. D'autres prétendirent (2) que les Autrichiens n'avaient pas été fâchés d'anéantir une cité dont les manufactures fort prospères faisaient concurrence à leur industrie nationale. Quoi qu'il en fût de ces allégations aussi suspectes que contradictoires, la ruine par le canon autrichien d'une ville appartenant à la Saxe, c'est-à-dire, à un pays en faveur duquel les armées impériales étaient censées intervenir, donna lieu, en dépit des secours octroyés aux sinistrés par Marie-Thérèse, à des commentaires désobligeants. L'évènement eut un grand retentissement en Europe, et fut à juste titre exploité par le parti protestant de l'Empire.

De cet épisode de la campagne Montazet fait un résumé, où il distribue avec l'impartialité du critique militaire l'éloge et le blâme. Après avoir fait ressortir la faute d'être resté trop longtemps à Leipa, il s'écrie : « Quelle aventure pour lui (le prince de Prusse) si nous avions été postés en avant de Zittau quand il y est arrivé ! Peut-être aussi n'aurait-il pas tenté la même aventure si nous y avions été établis; il n'y a vraiment que cette idée qui puisse consoler d'avoir manqué une aussi belle occasion de détruire entièrement cette armée. J'ai grand regret aussi qu'on ne les ait pas attaqués dans la position où ils sont restés pendant trois jours... Je juge donc, par la prudence qu'on a montrée, que la cour de Vienne a donné des ordres précis à Son Altesse Royale de ne rien tenter, et qu'elle aime mieux détruire son ennemi en détail que de risquer une action dans de pareilles circonstances. » Montazet

---

(1) Relation prussienne. *Correspondance politique*, vol. XV, p. 320. Lettres d'Eichel, p. 276.

(2) Retzow, *Nouveaux mémoires sur la Guerre de Sept Ans*. vol. I, p. 193.

était dans l'erreur ; à Vienne on fut très mécontent des maigres résultats obtenus à Zittau ; on n'alla pas jusqu'à reprocher au prince Charles de n'avoir pas anéanti le corps du prince de Prusse, mais (1) on se demanda pourquoi une armée supérieure et victorieuse était demeurée inactive devant les 24,000 hommes de l'adversaire, et pourquoi, tout en brûlant la ville, elle avait laissé échapper la plus grande partie de la garnison.

Pendant que le prince de Prusse se retirait avec précipitation sur la Lusace, et par sa belle attitude à Zittau cherchait à réparer ses erreurs de Bohême, que devenait le Roi que nous avons laissé sur la rive gauche de l'Elbe à Leitmeritz, avec l'aile droite de ses troupes?

Soit découragement, soit indisposition, soit chagrins domestiques (2), Frédéric, pendant son séjour à Leitmeritz, ne fit pas preuve de son flair habituel. Il se trompa sur la répartition des armées autrichiennes, se fit illusion sur les forces qu'il avait en face de lui, et au lieu de courir au danger réel et de prendre la direction de son aile gauche menacée par le gros des Impériaux, il se borna à envoyer à son frère des instructions aussi vagues que contradictoires, assaisonnées de reproches et parfois d'injures. D'abord il s'agit de couvrir la Lusace et la Silésie tout en se maintenant le plus longtemps possible en Bohême ; puis il est question de faire des détachements, tantôt vers Schweidnitz en Silésie (3), tantôt vers l'Elbe (4). Le 15 juillet arrive une dépêche (5), annonçant l'attaque de

(1) Voir Lettres de l'Empereur et de l'Impératrice citées par Arneth. vol. V, p. 504.

(2) Le roi venait de perdre sa mère, la reine douairière, morte à Berlin le 28 juin.

(3) Frédéric au prince de Prusse, 13 et 14 juillet 1757. *Correspondance politique*, vol. XV, p. 242 et 250.

(4) Frédéric au prince de Prusse, 10 juillet 1757. *Correspondance politique*, vol. XV, p. 233.

(5) Prince de Prusse à Frédéric. Leipa, 14 juillet 1757. *Correspondance politique*, vol. XV, p. 250.

Gabel et la résolution de se retirer à Zittau ; le Roi s'emporte : « La tête (1) vous tourne à tous ensemble. Voulez-vous abandonner vos magasins, renoncer à couvrir la Lusace ? Il valait mieux donner 10 batailles que d'en venir là... Vous me ferez payer bien cher la confiance que j'ai eue en vous. » Le 18 juillet, mauvaises nouvelles : « Gabel est pris, mande le Prince (2)..., je marche demain sur Zittau pour tâcher d'y arriver si possible avant que l'ennemi le prenne. » Frédéric, oubliant son insistance antérieure sur la nécessité de rester en Bohême, et furieux que son frère n'ait pas assumé l'initiative qu'il eût prise à sa place, lui fait un crime de n'avoir pas songé plus tôt à défendre sa base : « Vous avez traîné (3) de marcher quatre jours encore avant d'aller soutenir Zittau, vous perdez toutes les affaires. » Le lendemain de ce billet la colère déborde et se traduit en véritables insultes : « Vous abandonnez lâchement Gabel (4) qui vous donnait la connexion avec Zittau, votre magasin. Vous ne serez jamais qu'un pitoyable général. Commandez à un sérail de filles d'honneur, à la bonne heure ; mais tant que je vivrai je ne vous confierai pas le commandement sur 10 hommes. »

Après les événements qui s'étaient passés sur la frontière de la Lusace, il devenait impossible de conserver le camp de Leitmeritz. C'est probablement au dépit causé par l'obligation d'évacuer complètement la Bohême qu'il faut attribuer la violence de langage que nous venons de relever. Force fut au Roi de suivre le mouvement de re-

---

(1) Frédéric au prince de Prusse, 15 juillet 1757. *Correspondance politique*, vol. XV, p. 252.

(2) Prince de Prusse à Frédéric, 16 juillet 1757. *Correspondance politique*, vol. XV, p. 256.

(3) Frédéric au prince de Prusse. *Correspondance politique*, 18 juillet 1757. *Correspondance politique*, vol. XV, p. 257.

(4) Frédéric au prince de Prusse, 19 juillet 1757. *Correspondance politique*, vol. XV, p. 257-258.

traite : A la tête d'une division composée de 16 bataillons et 20 escadrons, il se porta en personne au secours de son frère qu'il rejoignit à Bautzen. Le maréchal Keith avec le gros de l'armée et les équipages se retira en Saxe, tandis que le prince Maurice, avec une arrière-garde de 10 à 12,000 hommes, eut mission de surveiller la frontière du côté de Pirna. Les Autrichiens restés, depuis la prise de Zittau, immobiles dans leur position de l'Eckartsberg, ne firent aucune tentative pour inquiéter la marche du prince de Prusse sur Bautzen, et pour empêcher sa jonction avec les renforts que lui amenait le Roi.

L'entrevue des deux frères, qui eut lieu le 29 juillet, fut des plus pénibles. Quand le Prince alla à la rencontre du Roi avec le duc de Bevern, le prince de Wurtemberg et la plupart de ses généraux, Frédéric fit volte-face, ne dit mot à personne et rendit à peine le salut. Lorsque plus tard dans la journée son frère lui remit les rapports de l'armée, il les lui prit des mains sans une parole et lui tourna le dos. Entre temps, le général Goltz (1) avait été chargé pour l'état-major du Prince du message suivant : « Dites à mon frère et à tous ses généraux que pour bien faire je leur devrais faire trancher la tête à tous. » Schmettau, l'un des plus anciens officiers, fut envoyé en disgrâce à Dresde; seul Winterfeldt, qui n'avait pas assisté au conseil de guerre de Leipa, et qui avait entretenu pendant la campagne sa correspondance habituelle avec le Roi, conserva les bonnes grâces de son souverain.

A des lettres fort dignes (2) dans lesquelles le prince de Prusse, tout en justifiant ses actes, demandait l'autori-

---

(1) Seuls des généraux qui servaient à l'armée du Prince, Winterfeldt et Goltz furent bien accueillis du Roi. D'après le récit du comte de Schwerin ce fut le premier, et non pas Goltz, qui dut porter au Prince le message de Frédéric.

(2) Prince de Prusse à Frédéric, 25 juillet 1757. *Correspondance politique*, vol. XV p. 280. Prince de Prusse à Frédéric, 30 juillet 1757. Recueil de lettres.

sation de se retirer de l'armée, Frédéric répondit en termes caractéristiques (1) : « Vous avez mis par votre mauvaise conduite mes affaires dans une situation désespérée ; ce n'est point mes ennemis qui me perdent, mais les mauvaises mesures que vous avez prises... Je n'accuse point votre cœur, mais votre inhabileté et votre peu de jugement pour prendre le meilleur parti. Je vous parle vrai. Qui n'a qu'un moment à vivre n'a rien à dissimuler... Je vous souhaite plus de bonheur que je n'en ai eu, et qu'après toutes les flétrissantes aventures qui viennent de vous arriver, vous appreniez dans la suite à traiter de grandes affaires avec plus de solidité, de jugement et de résolution. Le malheur que je prévois a été causé en partie par votre faute... Soyez, malgré cela, persuadé que je vous ai toujours aimé et que j'expirerai avec ces sentiments. » Le Prince indigné se rendit à Dresde où il eut quelque peine à retenir l'expression du chagrin et de la colère que soulevait chez lui le mauvais traitement de son frère. Il céda cependant aux sages avis du conseiller Eichel, et s'enfouit dans la retraite ; aigri (2), malade, il ne survécut pas longtemps à sa disgrâce, et mourut en juin 1759.

Que les reproches de Frédéric fussent pour le moins très exagérés, il n'y a pas de doute. Certes le Prince, mal renseigné sur les mouvements et la composition des forces qui lui étaient opposées, se laissa devancer à Gabel et ne prit pas en temps utile les mesures nécessaires pour secourir ce poste et pour conserver la route directe de Zittau ; mais au Roi incomba toute la responsabilité de la malencontreuse expédition sur Tetschen. Pourquoi rester inactif à Leitmeritz au lieu de se porter à l'aide de son frère?

(1) Frédéric au Prince de Prusse, 30 juillet 1757. *Correspondance politique*, vol. XV, 281.
(2) Le Prince ne pardonna pas à Winterfeldt la part qu'il lui attribuait dans sa disgrâce, et se réjouit de la mort du général survenue deux mois après. Les frères du Prince royal épousèrent sa querelle et refusèrent d'inscrire le nom de Winterfeldt sur le monument commémoratif de Rheinsberg.

Pourquoi n'avoir pas profité de sa supériorité pour écraser le faible corps de Nadasdy?

Pendant ce mois de juillet 1757, Frédéric, malgré le ressort de son tempérament et la trempe de son caractère, subit l'influence de l'orage qu'il sentait grossir sur sa tête. Il oublia les dangers immédiats de Bohême pour s'occuper de la situation générale. Au nord de l'Allemagne, le maréchal d'Estrées, déjà maître de la Westphalie et de la Frise Orientale, préparait le passage du Weser; Soubise débouchait de l'Alsace pour se joindre aux troupes de l'Empire; les Suédois s'apprêtaient à ouvrir les hostilités. A l'est, les Russes avaient enfin franchi la frontière et commencé le siège de Memel. Pour repousser ces attaques convergentes, on ne pouvait mettre en ligne que l'armée de Cumberland dont les premières opérations présageaient peu de succès pour l'avenir, et les 20,000 Prussiens du maréchal Lehwaldt. Aux Suédois, on n'avait à opposer que des dépôts et quelques bataillons de milice; et pour arrêter Soubise et les Impériaux, il faudrait avoir recours à des divisions tirées de la grande armée, déjà insuffisante pour résister aux Autrichiens victorieux. Le seul allié, l'Angleterre, négligeait le continent pour l'Amérique, et en ce moment était absorbée dans les péripéties d'une crise ministérielle qui durait depuis plus de deux mois.

Devant une pareille perspective, il n'est pas surprenant de voir le roi de Prusse songer à terminer une guerre dont l'issue pouvait être la ruine de son royaume et la perte de sa couronne. C'est à sa sœur favorite, la margrave de Baireuth, qu'il a recours tout d'abord (1) : « Après le malheur qui nous est arrivé le 18, il ne me reste de ressource qu'à tâcher de faire la paix par le moyen de la France. Je vous supplie de dire à Folard (2)

(1) Frédéric à la Margrave, 25 juin 1757. *Correspondance politique*, vol. XV, p. 187.
(2) Ministre français auprès des petites cours d'Allemagne.

que vous étiez sûre que j'y suis porté, que l'on s'en remettrait volontiers à l'arbitrage de la France, que l'on espérait qu'elle conserverait au moins un reste d'amitié pour ses anciens alliés, et qu'on ne demandait qu'à savoir ce qu'elle voulait de moi,... que vous saviez que les Autrichiens m'avaient proposé des conditions auxquelles je n'ai jamais voulu souscrire, et que je ne voulais, ni n'attendais la paix que de la France. » La Margrave se mit en campagne ; elle adressa par l'entremise de Folard une lettre au maréchal de Belleisle, qui à tort ou à raison passait pour être encore partisan de l'ancien système, et elle chargea un gentilhomme français, M. de Mirabeau, attaché à sa personne, de faire des ouvertures à Mme de Pompadour et à l'abbé de Bernis. Frédéric, dûment averti, approuve (1) : « Puisque, ma chère sœur, vous voulez vous charger du grand ouvrage de la paix, je vous supplie de vouloir envoyer M. de Mirabeau en France. Je me chargerai volontiers de la dépense. Il pourra offrir jusqu'à 500,000 écus à la favorite pour sa part, et il pourra pousser ses offres beaucoup au delà, si en même temps on pouvait l'engager à nous procurer quelques avantages. Vous sentez tous les ménagements dont j'ai besoin dans cette affaire, et combien peu j'y dois paraître ; le moindre vent qu'on en aura en Angleterre pourrait tout perdre. » Comme nous le verrons plus loin, cette tentative de rapprochement n'eut aucun succès à Versailles.

Mais tout en cherchant à sonder les intentions de la France à son égard, Frédéric ne négligea rien pour obtenir un concours plus efficace de l'Angleterre, dont le représentant s'était, depuis le début de la guerre, approprié le rôle joué naguère par le marquis de Valory, au temps de l'alliance française. C'est ainsi que Mitchell avait suivi le quartier-général en Bohème et avait eu pendant la

---

(1) Frédéric à la Margrave, 7 juillet 1757. *Correspondance politique*, vol. XV, p. 218.

campagne de fréquents entretiens avec le Roi ; très attaché à sa personne, partisan enthousiaste de l'action commune des puissances protestantes, l'envoyé britannique était devenu le confident intime de Frédéric. Dans ses lettres, empreintes d'une franchise parfois brutale, il fait passer sous nos yeux des conceptions souvent mobiles mais toujours vigoureuses, des desseins aussi hardis que profonds où se révèlent le génie de l'homme d'État, le bon sens du praticien, le coup d'œil du capitaine, la grandeur d'âme du philosophe, la finesse du diplomate, et il faut bien ajouter, le mépris absolu pour les lois de la morale internationale et pour le respect de la vérité.

A la cour de Saint-James, les soupçons si longtemps entretenus sur la bonne foi du nouvel allié n'étaient pas encore éteints ; peut-être la conscience des intrigues engagées avec la cour de Vienne au sujet de la neutralité du Hanovre, suggérait-elle la pensée d'attribuer à Frédéric des agissements analogues avec la France. Toujours est-il que la correspondance de Holdernesse avec Mitchell est pleine de questions sur les pourparlers, soit par le canal du roi de Pologne, soit directement avec l'Impératrice-Reine ou le roi Louis XV, dont le bruit se répandait dans les cercles diplomatiques. En dernier lieu, la course rapide de Kaunitz en Bohême au moment de la bataille de Prague, avait fait l'objet d'une dépêche inquiète du ministre britannique. Mitchell refusa net d'interroger le Roi sur des avis qu'il savait apocryphes.

A partir de la fin du mois de juin, c'est-à-dire après la déroute de Kolin, les audiences du représentant de George II deviennent de plus en plus intéressantes. « Le Roi, écrit Mitchell de Leitmeritz (1), a été très abattu immédiatement après la bataille ; maintenant il s'est ressaisi et il s'applique aux affaires comme d'habitude... Il parle

---

(1) Mitchell à Holdernesse, 29 juin 1757. Mitchell Papers.

des événements récents avec beaucoup de sens et de sang-froid ;... il estime qu'une seconde défaite le conduirait fatalement à sa perte et n'en courra le risque qu'à bon escient ; mais il ne laissera pas échapper une occasion favorable. » Frédéric s'étend sur les difficultés de la situation, sur l'utilité de l'envoi d'une escadre anglaise dans la Baltique, sur l'attitude de la Grande-Bretagne vis-à-vis de la Russie, puis sur son impuissance à venir en aide à l'Électorat de Hanovre et au landgrave de Hesse. Il s'écrie : « Je voudrais bien que nous puissions faire la paix, et si le roi d'Angleterre la fait, j'espère bien qu'il ne m'oubliera pas. » Enfin il ajoute : « Je vais maintenant vous parler comme homme privé ; vous connaissez mon aversion pour les subsides ; vous savez que je les ai toujours refusés ;... mais attaqué comme je le suis de tous les côtés, si la Prusse est occupée par les Russes, et si les Français et les Autrichiens font de nouveaux progrès, mes revenus subiront un gros déchet. Je serais heureux de savoir sur quel secours je pourrai compter de la part du Roi et de votre nation. » Mitchell, comme suite à son récit, demande une réponse prompte et catégorique aux questions soulevées : « Cela est d'autant plus nécessaire que depuis neuf mois nous nous bornons à amuser le roi de Prusse avec de bonnes paroles ; dans la position actuelle de ses affaires il n'y a pas de temps à perdre. Si l'Angleterre ne veut pas essayer de le sauver, il aura à se tirer d'affaire comme il le pourra. » Il conclut prudemment : « En parlant ainsi, milord, je ne fais qu'exprimer mes propres suppositions, car jusqu'à présent je n'ai pas observé chez lui la moindre disposition à reprendre l'alliance avec la France. »

Pendant les derniers jours à Leitmeritz et la marche sur Bautzen, les entretiens se poursuivent. Frédéric met en avant l'idée d'une négociation entre la France et l'Angleterre, pour le rétablissement de la paix sur la base du « statu quo ante bellum, » et d'une garantie des possessions actuelles de la Prusse. D'après lui (1) les Français voulaient se réserver le rôle d'arbitres; dans ce but « ils se contenteraient de faire une guerre de démonstration et de parade, sans action vigoureuse d'aucun côté, et quand les autres puissances seraient épuisées ils se montreraient et feraient la loi aux autres. Il était certainement de notre intérêt et de celui de la cause commune d'empêcher, par des négociations entamées en temps opportun, les Français de devenir les maîtres de l'Europe. »

Ces réflexions, les récriminations de Frédéric sur le refus d'envoyer une escadre dans la Baltique, les appréciations sarcastiques sur les agissements de la puissance insulaire, les regrets de « s'être allié à l'Angleterre au temps de sa décadence, » l'indignation « d'avoir été traité comme jamais allié de l'Angleterre ne l'avait été », tous ces symptômes inquiétants émurent au plus haut degré le pauvre Mitchell, qui, de guerre lasse, demanda (2) à être relevé de ses fonctions. Le découragement du diplomate était d'autant plus explicable que pendant plus d'un mois il était resté sans nouvelles de sa cour. Sans doute on pouvait attribuer ce silence à la crise ministérielle qui sévissait à Londres depuis le milieu du printemps; mais il devenait de plus en plus embarrassant de répondre aux propos et aux interrogations du roi de Prusse, qui, peu versé dans les intrigues du monde parlementaire de Westminster, paraissait outré de l'abandon dans lequel on le laissait, et prêt à agir en dehors d'amis si insouciants.

Enfin Holdernesse donna signe de vie. Dans une longue dépêche du 18 juillet (3), il s'évertue à tracer un tableau rassurant de la situation militaire sur le continent. Le génie du roi de Prusse, son armée encore intacte, l'appui

(1) Mitchell à Holdernesse, 9 juillet 1757. Mitchell Papers.
(2) Mitchell à Holdernesse. Très secret. 11 juillet 1757. Mitchell Papers.
(3) Holdernesse à Mitchell, 17 juillet 1757. Mitchell Papers.

des forteresses de la Silésie, permettraient de résister à une offensive des Autrichiens; Lehwaldt saurait tenir tête aux Russes, et le duc de Cumberland arrêterait les Français sur le Weser. Néanmoins Sa Majesté George II ne repousserait pas l'idée d'une paix générale si elle pouvait se conclure sur « des bases équitables pour Elle-même, pour le roi de Prusse et pour leurs alliés. » Mais la réussite d'une négociation de ce genre était fort incertaine, pour ne pas dire improbable, aussi le gouvernement anglais était-il décidé à continuer la guerre, et disposé à écouter les propositions que lui ferait à cet effet le roi Frédéric. « Vous penserez comme moi, ajoutait Holdernesse, que c'est le résultat de la grande lutte entre l'Angleterre et la France qui déterminera les conditions de la paix à venir. Sa Majesté entend et espère obtenir une pacification solide; aussi dans ce but elle poussera les hostilités avec vigueur jusqu'à cet heureux événement. Se plaçant à ce point de vue, Sa Majesté, loin de refuser un concours efficace au roi de Prusse, est bien résolue à le lui accorder. » Après ce préambule pour ainsi dire obligé, le ministre aborde la question des subsides; il rend hommage au désintéressement et à la réserve de Frédéric : « L'Angleterre qui ne peut pas fournir des soldats pourrait apporter de l'or comme sa contribution à l'alliance... mais ce sacrifice ne saurait dépasser certaines bornes. Vous vous efforcerez en conséquence de traiter cette question délicate, en vous plaçant au double point de vue des égards dus aux scrupules du roi de Prusse, et de la volonté de Sa Majesté de ne pas imposer au consentement de son peuple un fardeau trop lourd. Vous amènerez peu à peu le roi de Prusse à discuter sur ces bases, et vous lui démontrerez que l'aide financier revêt à nos yeux la forme la plus pratique et la plus convenable du concours de l'Angleterre à ses alliés. » En conclusion, l'envoyé devait prier le Roi de s'expliquer sur la somme dont il aurait besoin et « sur l'usage qu'il en entendait faire. »

Mitchell reçut la dépêche d'Holdernesse à Pirna, dans la nuit du 26 au 27 juillet. Frédéric à cette date venait d'apprendre la retraite désastreuse de son frère et la prise de Zittau ; il était en marche sur Bautzen pour recueillir le corps d'armée du Prince royal. L'Anglais s'empressa (1) de communiquer les offres de sa cour ; Frédéric, après quelques moments de réflexion, lui dit : « Je suis profondément reconnaissant de la générosité du Roi et de votre nation, mais je ne veux pas être à charge à mes alliés. Je préfère que vous retardiez la réponse à cette lettre jusqu'à la fin des événements en Lusace. Si je réussis, je m'entretiendrai avec vous sur les différents points soulevés, et vous donnerai franchement mon avis. Si je suis battu, il n'y aura pas lieu à une réponse quelconque ; il sera hors de votre pouvoir de me sauver, et je ne voudrais pas abuser volontairement de la générosité de mes alliés, ni les entraîner à prendre des engagements onéreux et inutiles qui ne répondraient à aucun but d'importance. »

Ce fier langage, qui contrastait avec le marchandage britannique, produisit sur Mitchell l'effet que probablement en attendait son interlocuteur. « La noble dignité de la réplique, écrit-il, m'a plu sans me surprendre, car j'ai vu le roi de Prusse grand dans la prospérité, mais encore plus grand dans l'adversité. »

Au moment de cette conversation Frédéric était tout aux affaires militaires ; anxieux à juste titre des progrès des Français vers le Hanovre, du rassemblement du corps de Soubise et de l'armée des Cercles à Erfurt, du passage de la frontière par les Russes et de l'approche des Suédois en Poméranie, il voulait frapper un grand coup contre les Autrichiens, les refouler en Bohême, les réduire à l'impuissance avant de courir aux autres assaillants ; il

---

(1) Mitchell à Holdernesse, 28 juillet 1757. Mitchell Papers.

n'en trouva pas l'occasion. Après quinze jours de repos consacré à la reconstitution de ses magasins et à la réorganisation (1) des régiments trop éprouvés, il marcha à l'encontre du prince Charles toujours immobile sur les hauteurs de Zittau. Le 15 août le roi de Prusse vint camper à Bernstadt, à deux lieues de l'armée impériale. Celle-ci était à cheval sur la Neisse dont les deux rives étaient reliées par quinze ponts, l'aile droite solidement établie sur la colline de Wittgendorf, ses lignes couvertes par des batteries bien postées; la nature du terrain boisé et accidenté se prêtait à la défensive. Après une longue reconnaissance, et sur les prières de ses généraux dont le prince Henri fut le porte-parole (2), Frédéric dut renoncer à un assaut qui aurait offert trop de risques; en vain Winterfeldt chercha-t-il, en menaçant le corps de Nadasdy détaché sur la rive droite de la Neisse, à faire sortir les Autrichiens de leur position; en vain les Prussiens demeurèrent-ils en face de l'ennemi dans l'espoir que leur infériorité numérique le provoquerait à prendre l'offensive. Les Impériaux ne bougèrent pas, et force fut de regagner la Lusace. « Le roi de Prusse, écrit Montazet (3), nous a tenus ainsi le bec dans l'eau depuis le 16 après-midi jusqu'à aujourd'hui 20, qu'il est parti à la pointe du jour pour retourner dans son camp de Bernstadt... Personne n'a jugé son armée de plus de 50 à 55,000 hommes; il avait rassemblé cependant toutes ses forces, excepté un corps de 6 à 7 mille laissé entre Pirna et Dresde. » Riverson, ingénieur français attaché au quartier-général du prince Charles, décrit (4) bien l'opinion dominante des

---

(1) L'armée du Roi était réduite à 50,000 fantassins et 20,000 cavaliers, en quatre mois elle avait perdu environ 50,000 soldats. *Guerre de Sept Ans par un officier de l'état-major prussien*, vol. I, p. 290.

(2) *Guerre de Sept Ans par un officier de l'État-major prussien*, vol. I, p. 294.

(3) Montazet à Paulmy, 21 août 1757. Archives de la Guerre.

(4) Riverson à Paulmy, 18 août 1757. Archives de la Guerre.

généraux autrichiens : « Je doute que nous soyons attaqués ; nous n'attaquerons pas non plus, parce que je crois que dans les circonstances nous ne devons rien donner au hasard. » Le recul des Prussiens, quoiqu'il ne fût pas inquiété, leur coûta comme d'habitude un nombre considérable de déserteurs (1).

De son expédition à Zittau Frédéric n'avait tiré aucun fruit ; le cercle de ses adversaires se resserrait de plus en plus autour de lui. Les Autrichiens avaient pénétré en Silésie où le colonel Janus venait de remporter un succès près de Landshut. A la grande armée du Prince Charles qu'il n'avait pas réussi à entamer, le Roi, obligé de se porter en Thuringe à la rencontre de Soubise et de l'armée des Cercles, ne pouvait opposer que des forces insuffisantes. Du nord de l'Allemagne, les nouvelles étaient de plus en plus alarmantes ; le duc de Cumberland, vaincu à Hastenbeck, était en pleine retraite sur le fond du Hanovre. Un ensemble d'événements aussi fâcheux était de nature à détruire la confiance des plus chauds partisans de la Prusse. « La perte de la bataille de Kourguin (Kolin) et ses conséquences funestes, mandait à cette époque Mitchell (2), ont beaucoup découragé les troupes qui ne savaient pas ce que c'était de perdre une bataille et qui n'ont pas appris à le supporter... Depuis le 21 avril les fatigues de la campagne ont été excessives ; la désertion a augmenté parmi les soldats, et le mécontentement s'est produit chez l'officier... Si Sa Majesté prussienne est battue dans une autre action, tout sera perdu ; mais s'il a la bonne fortune de battre les Autrichiens, sa victoire ne sera pas décisive. » Suit un exposé de la situation militaire, puis l'Anglais continue : « Voilà, milord, une peinture exacte de la position très dangereuse et presque désespérée dans laquelle se trouve Sa Majesté prussienne ; elle peut probablement

---

(1) Boisgelin et Hautmont à Paulmy, 22 août 1757. Archives de la Guerre.
(2) Mitchell à Holdernesse, 11 août 1757. Mitchell Papers.

amener la ruine de la maison de Brandebourg, et avec elle la perte de la liberté du monde. Restera le choix de devenir l'esclave de la France ou de l'Autriche. Triste alternative en vérité! La Hollande est déjà sous le joug français; le Danemark a accepté la chaîne dorée, les Suédois sont depuis longtemps l'instrument et les mercenaires de la France. Puisse l'Angleterre se défendre toute seule, car après ce qui est arrivé, l'Angleterre ne peut attendre d'aucune puissance du continent des secours qu'elle n'aura pas achetés à deniers comptants. »

Quant à Frédéric lui-même, malgré la fermeté et le sang-froid qu'il montrait à son entourage, il ne se faisait aucune illusion sur les périls dont il était menacé. Avant de marcher contre l'armée du prince Charles, il avait signé les pleins pouvoirs du colonel de Balbi (1), chargé d'une mission extraordinaire auprès du comte de Neuwied. A en croire ce dernier, certains personnages influents de la cour de Versailles étaient favorables à une pacification générale, et auraient suggéré, en vue d'une entente, l'envoi en France d'un homme de confiance du roi de Prusse. Une ouverture de cette nature n'était pas à dédaigner; aussi Frédéric s'empressa-t-il d'y répondre en désignant et expédiant son représentant. Comme préliminaires de la paix future, il proposa les quatre points suivants : intégrité du royaume de Prusse, conclusion d'un armistice pour arriver à un accord avec ses alliés, participation des princes allemands à la négociation, renouvellement de l'alliance de la France et de la Prusse. D'après ces indications, il y a lieu de supposer que Frédéric, mécontent à juste titre de l'attitude égoïste de l'Angleterre, se serait facilement résigné à abandonner cette puissance. D'autre part, il est évident que mal renseigné sur ce qui se passait à Versailles, il ignorait les nouveaux liens que Louis XV

---

(1) *Correspondance politique*, vol. XV, p. 300.

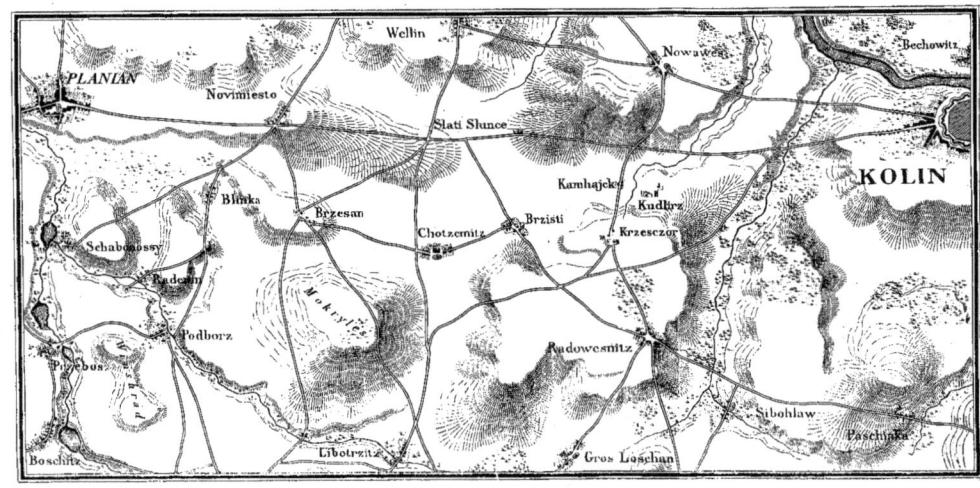

BATAILLE DE KOLIN

avait contractés avec Marie-Thérèse, et qu'il se trompait sur les sentiments intimes du monarque français à son égard. Au fond du cœur il ne croyait pas à une union réelle et durable des maisons de Bourbon et de Habsbourg; à ses yeux l'intérêt de la France ne pouvait se concilier avec la suprématie de l'Autriche en Allemagne, et devait s'opposer à l'écrasement de la Prusse, seule capable de maintenir dans l'Empire la balance des pouvoirs. D'ailleurs, quelle que fût l'issue des pourparlers, ils auraient peut-être pour effet de ralentir l'action militaire des Français. Gagner du temps dans la crise qu'il traversait, c'était beaucoup, et la mission de Balbi, n'eût-elle produit que ce résultat, aurait été fort avantageuse à la Prusse.

Mais tout en s'offrant à traiter, Frédéric demeurait résolu à faire tête à ses ennemis. Au retour de sa tentative infructueuse de livrer bataille aux Autrichiens, il vint à Dresde avec 12,000 hommes, laissant le gros de ses forces sous les ordres du duc de Bevern, pour surveiller le prince Charles et défendre la Silésie; puis, après quelques jours dans la capitale de la Saxe, il se porta au-devant des confédérés en Thuringe. Cette semaine de la fin d'août fut pour lui une des périodes les plus sombres de ce triste été. C'est avec raison que Frédéric pouvait écrire (1) à Finckenstein : « La crise est si terrible que cela ne saurait durer plus longtemps; le mois de septembre décidera de mon sort pour l'automne et pour l'hiver; quand nous l'aurons passé, il faudra voir ce qui nous reste à faire. Vous pouvez compter que nous nous battrons bien... Voilà ma façon de penser et celle de l'armée. »

---

(1) Frédéric à Finckenstein, 28 août 1757. *Correspondance politique*, vol XV, p. 312.

CHAPITRE VIII

CAMPAGNE DE WESTPHALIE. — BATAILLE D'HASTENBECK.

L'entrée en campagne des Français dans le nord de l'Allemagne ne date que des derniers jours d'avril 1757. Ce fut à cette époque en effet que le maréchal d'Estrées arriva à Wesel, et prit le commandement de son armée dont les premiers échelons avaient déjà pénétré en Westphalie; mais les préparatifs pour la mobilisation des troupes et leur marche sur le Rhin remontaient à l'hiver. D'Estrées lui-même revint d'Autriche au commencement de mars, avec la dignité de maréchal de France qui lui avait été conférée pendant son absence. A Vienne et à Paris, on avait beaucoup discuté les plans stratégiques; mais malgré l'échange de force mémoires, projets et contre-projets, on n'avait pas pu se mettre d'accord, et on avait décidé de subordonner la direction de la grande armée à la neutralité du Hanovre, au sujet de laquelle les négociations étaient encore pendantes. En attendant leur issue, le premier objectif, invariable quelle que fût la destination ultérieure, était le passage du Rhin et la conquête des territoires appartenant au roi de Prusse, situés sur ce fleuve; l'opération initiale devait être le siège des places fortes de Gueldre et de Wesel.

Le prince de Soubise, désigné dès le 1ᵉʳ janvier pour le commandement provisoire, reçut le 25 février (1) sa let-

---

(1) Instructions à Soubise, 5 février 1757. Archives de la Guerre.

tre de service et ses instructions. Il avait sous ses ordres 107 bataillons et 127 escadrons, dispersés dans la Flandre, la Lorraine et le pays Messin. Ces troupes, distribuées en cinq colonnes, devaient partir de Longwy, Sédan, Maubeuge, Valenciennes et Lille, et se diriger sur Neuss et Dusseldorf où les premières seraient rendues vers le 15 avril. Dans le document ministériel (1) nous relevons quelques détails intéressants sur la marche, la nourriture et le traitement des hommes. Les étapes, qui variaient de deux à cinq lieues, étaient réglées sur le pied d'un jour de repos sur cinq; chaque soldat touchait une ration de sept quarterons de pain et de trois quarterons de viande, et avait droit au logement, au feu et à la lumière gratis. Le pain était fabriqué 2/3 en froment et 1/3 en seigle, et non en seigle pur comme dans l'armée autrichienne; son coût était évalué à deux sols six deniers en monnaie de France, et celui de la viande, qui devait être de bonne qualité, à trois ou quatre sols la livre. A chaque régiment étaient attachées des voitures pour transporter les tentes et les havresacs.

Peu de jours après la remise des instructions de Soubise, le maréchal d'Estrées (2) reçut sa nomination officielle de général en chef (3); en cas de maladie ou d'absence il serait remplacé par le duc d'Orléans. Soubise affecté au commandement éventuel d'un corps auxiliaire sous l'autorité du général de l'Empire, resterait en attendant à la tête d'une division indépendante de la grande armée. Les mémoires qui accompagnaient la lettre de service du généralissime, prévoyaient, contrairement aux premiers

(1) Instructions aux commissaires français, 21 février 1757. Archives de la Guerre.

(2) Instructions à d'Estrées, 1er mars 1757. Archives de la Guerre.

(3) Le comte de Clermont écrivit à Mme de Pompadour pour se plaindre de cette nomination et du maréchal de Belleisle qui l'avait inspirée. La marquise lui répondit que le choix s'imposait. Papiers de Clermont, vol. XXXII. Archives de la Guerre.

projets, l'évacuation de Wesel par les Prussiens, dont l'avis avait été transmis d'Allemagne par les agents français (1), et la concentration sur les bords du Weser de l'armée du duc de Cumberland. Il était libre de marcher à l'ennemi pour le combattre, ou de prendre une position « qui, sans le commettre au hasard d'une action, lui procure l'avantage de couvrir le siège de Gueldre et les magasins qu'il aura faits dans la Westphalie. » Si la neutralité du Hanovre n'était pas consentie, hypothèse de beaucoup la plus vraisemblable, le maréchal aurait l'alternative d'occuper les États du landgrave de Hesse Cassel et d'y attendre le cours des événements, ou, si le passage du Weser n'offrait pas trop de dangers, de s'emparer de Minden et d'Hameln. On espérait que ce premier succès conduirait à la conquête de Hanovre, Brunswick, et même de Halberstadt où l'on s'installerait pour prendre des quartiers d'hiver et préparer le siège de Magdebourg. D'Estrées devait « maintenir la discipline, punir les maraudeurs avec toute la sévérité possible, empêcher que les officiers et soldats ne commettent aucune violence contre les habitants, et surtout qu'on ne porte aucun préjudice à ceux de la religion prétendue réformée, ni dans leurs personnes, ni dans leurs biens, ni dans leur culte, pour ne pas aliéner le corps évangélique que l'on s'efforce d'entraîner dans la guerre présente, sous prétexte d'une oppression supposée. »

Avant d'entamer le récit des opérations, essayons de nous rendre compte de la composition et de l'organisation de la grande armée qui allait franchir le Rhin. L'infanterie était répartie en régiments français, allemands et suisses ; les premiers, en nombre très supérieur, étaient tantôt comme les vieux régiments de Champagne, Picardie, Navarre, etc., à quatre bataillons, tantôt, pour les corps de création plus récente, à deux et quelquefois à un seule-

---

(1) Ryhiner au ministre, 27 février 1757. Archives de la Guerre.

ment. Le bataillon français (1) se divisait en 17 compagnies dont 1 de grenadiers et 16 de fusiliers; ces dernières au complet comptaient 1 capitaine, 1 lieutenant, 2 sergents, 3 caporaux, 3 anspessades, 1 tambour et 31 soldats; les grenadiers avaient un officier subalterne et 5 hommes de plus; pour la manœuvre 2 compagnies étaient réunies en une seule division. Le bataillon, non compris les officiers, devait avoir après les dernières augmentations un effectif de 685 hommes, et possédait, depuis le commencement de l'année, une pièce légère d'artillerie dite « à la suédoise. » Ce canon traîné par 3 chevaux avait une provision de 55 projectiles dans le coffre d'avant-train, et était servi par un détachement d'un sergent et de 16 hommes d'élite pris dans le corps. Pour le déploiement en ligne, la formation se faisait généralement sur trois rangs. Les officiers et sergents de grenadiers étaient armés d'un fusil du poids de 6 livres; les officiers de fusiliers portaient un esponton, sorte de lance longue de sept pieds, se terminant par une lame de huit pouces et pesant en tout trois livres; les sergents étaient munis d'une hallebarde. L'exercice à la prussienne, très compliqué et comportant un grand nombre de temps et mouvements, se faisait sous la surveillance du major du régiment et des aide-majors. Au premier bataillon figurait l'état-major composé du colonel, du lieutenant-colonel, d'un aide-major, du maréchal des logis, de l'aumônier, et du chirurgien; à la tête des autres était le commandant, ayant rang tantôt de capitaine sans compagnie, tantôt de lieutenant-colonel; il était assisté d'un aide-major. Les régiments étrangers avaient par bataillon à peu près le même effectif, mais leurs compagnies étaient doubles ou triples des françaises. Chaque capitaine était responsable de sa

---

(1) Ces renseignements sont puisés dans le recueil des règlements et ordonnances de 1756, 1757, etc. Bibliothèque de la Guerre.

compagnie, et encaissait des primes calculées d'après un nombre de présents s'écartant peu du complet, et supprimées quand ce nombre tombait au-dessous d'un minimum fixé. La solde journalière des officiers variait selon les corps et d'après les circonstances; le capitaine de fusiliers touchait cinq livres (1) par jour, le lieutenant 45 sols, le chirurgien 30 sols; quant aux soldats, le prêt, fixé à 15 sols pour le sergent, descendait par échelons successifs à cinq sols six deniers pour le simple fusilier. L'entretien du linge et de la chaussure était en principe à la charge de l'homme, mais en campagne il lui était alloué de temps en temps une paire de souliers à titre de gratification. L'habillement et l'équipement étaient payés par la masse alimentée au moyen de retenues sur la solde. Enfin, en temps de guerre, officiers et soldats avaient droit au pain, et, sauf le vendredi, à des rations de viande dont l'unité était fixée à 1/2 livre, mais dont la quantité différait selon le grade, le colonel en recevant 18 tandis que le simple troupier n'en avait qu'une seule.

La cavalerie appartenait presque exclusivement à la branche de l'arme qu'on appelle aujourd'hui la grosse cavalerie, et portait la cuirasse; les régiments étaient à 2 escadrons divisés en quatre compagnies, fortes chacune d'un capitaine, un lieutenant, un maréchal des logis, 2 brigadiers et 38 cavaliers, et avaient par conséquent un complet de 328 soldats. A l'état-major figuraient le colonel décoré du titre de mestre de camp, le lieutenant-colonel, le major, l'aide-major, l'aumônier et le chirurgien. Les dragons, considérés comme une sorte d'infanterie montée, et les hussards, d'ailleurs peu nombreux, avaient une constitution spéciale et un effectif presque double. L'artillerie, fusionnée depuis 1755 avec

---

(1) D'après les savants calculs de M. d'Avenel, la valeur de l'argent à l'époque qui nous occupe était à peu près double de la valeur actuelle.

le génie, était répartie en bataillons, et affectée uniquement au service des canons de calibre moyen qui formaient une réserve indépendante des pièces régimentaires.

Si, de l'organisation matérielle, nous passons à l'étude du personnel, il nous faudra constater qu'il laissait fort à désirer. Les incidents de la campagne nous révèleront un corps d'officiers peu homogène. A la tête des régiments, des jeunes gens servis par la naissance et la fortune plus que par le mérite, braves au feu mais sans expérience, frondeurs, et pour la plupart plus soucieux de leurs aises que du bien-être de leurs hommes; dans les compagnies, à côté d'une forte proportion de représentants de la noblesse de province, beaucoup d'officiers sortis du rang, vieillis sous le harnais, mais ignorants et rebelles aux méthodes nouvelles, d'ailleurs aussi besogneux les uns que les autres. La troupe, recrutée au moyen d'enrôlements volontaires, comptait bon nombre de mauvais sujets et de jeunes soldats incapables de soutenir les fatigues d'une longue campagne. La durée du service fixée à six ans, sauf rengagement en temps de paix ou maintien forcé en temps de guerre, eût permis de constituer des noyaux solides et de leur inculquer une instruction militaire suffisante; malheureusement la dispersion des garnisons, la faiblesse des effectifs, le peu de connaissances des supérieurs, entravaient les bons résultats qu'eût donnés le séjour prolongé sous les drapeaux. En résumé, les troupes dont le maréchal d'Estrées allait prendre le commandement, peu exercées, médiocrement encadrées, étaient mal préparées pour la guerre; et cependant, à côté de leurs défauts, les soldats français d'alors possédaient les qualités inhérentes à la race, l'art de se débrouiller, l'entrain, la bonne humeur, le courage. Dirigés par des chefs investis de leur confiance, ils auraient déployé la résistance, la solidité, l'héroïsme qui ont illustré en maintes circonstances leurs descendants directs. Par malheur, parmi les généraux de Louis XV il n'y en eut pas un qui fût capable de tirer parti des éléments qu'il avait entre les mains; pas un seul, parmi les nombreux commandants qui se succédèrent à la tête des armées, ne songea à faire appel aux sentiments d'honneur et de dévouement qui existaient alors comme ils existent aujourd'hui ; nul ne sut faire vibrer la note du devoir et du patriotisme, et obtenir l'effort presque surhumain qui mène à la victoire.

Maintenant que nous avons fait connaissance avec l'armée que d'Estrées allait conduire en Allemagne, nous pouvons revenir aux premiers incidents de la campagne. Il devenait chaque jour plus évident que le roi George et ses alliés ne laisseraient pas traverser leurs États sans opposition, et qu'il faudrait rayer du programme l'hypothèse de la neutralité. De Hambourg (1) et de Munster, où le colonel Ryhiner (2) était allé surveiller les travaux de fortification que faisait exécuter l'Électeur de Cologne, on apprenait la confirmation de l'abandon de Wesel et l'évacuation par la voie hollandaise de la grosse artillerie de cette place. D'autre part, l'arrivée d'Angleterre des Hanovriens et le retour annoncé du contingent hessois à la solde de cette puissance, n'étaient pas des symptômes pacifiques. On estimait que l'armée de Cumberland, quand elle serait au complet, renforcée des Prussiens de Wesel, des Brunswickois et de quelques détachements venus de Magdebourg, atteindrait un effectif de 50,000 hommes.

La marche sur le Rhin des colonnes françaises s'effectua dans d'excellentes conditions; les soldats pleins d'entrain observèrent la discipline la plus exacte (3), et malgré le

---

(1) Champeaux au ministre, 7 mars 1757. Archives de la Guerre.
(2) Ryhiner au ministre, 2, 13, 20 et 23 mars 1757. Archives de la Guerre.
(3) Soubise au ministre, 25, 26 mars et 13 avril 1757. — Broglie au ministre, 27 avril 1757. Archives de la Guerre.

mauvais temps supportèrent vaillamment les fatigues de la route. Parmi les corps destinés à faire campagne, figurait le régiment de Champagne à la tête duquel était le comte de Gisors; ce jeune colonel entretint avec son père, le maréchal de Belleisle, une correspondance (1) des plus suivies. Nous y verrons, pris sur le vif et dépeint dans un style à la fois naturel et plein de coloris, le soldat français du dix-huitième siècle, avec ses qualités et ses défauts. Dans ces billets où se révèlent la modestie, le sentiment du devoir et la haute loyauté de l'écrivain, nous trouverons la description de la vie des camps, le reflet des racontars du bivouac et la critique respectueuse du commandement. La position sociale du comte de Gisors, ses relations intimes avec l'État-major, mettaient à sa disposition des sources d'information, dont l'autorité rehausse la valeur; enfin l'honorabilité et la probité du narrateur assurent au récit un caractère d'impartialité bien rare à cette époque d'intrigues et de cabales.

« Nous n'avons pas laissé un homme en arrière des bataillons (2), écrit-il de Sierck...; la gaieté et la bonne volonté du soldat sont très grandes, mais ce sont des jeunes gens qu'il faut bien ménager pour que leurs forces se maintiennent jusqu'à la fin de la campagne. » Cependant la patience du militaire devait subir de rudes épreuves. « Vous savez (3) en combien de juridictions ces environs-ci sont répartis; la moitié d'un village dépend de l'une, l'autre moitié de l'autre. Une compagnie a son billet de logement pour un tel village où il y a deux ou trois maires

---

(1) M. Camille Rousset dans son charmant ouvrage *Le comte de Gisors*, a reproduit de nombreux extraits des lettres de son héros. Toute cette correspondance est contenue dans les archives de la Guerre; nous y avons puisé des détails précieux.

(2) Gisors à Belleisle. Sierck, 3 avril 1757. Archives de la Guerre. C. Rousset p. 161.

(3) Gisors à Belleisle. Saarbourg, 6 avril 1757. Archives de la Guerre.

différents; si elle s'adresse à l'un plutôt qu'à l'autre il la renverra sans autre explication. Nous en avons qui ont fait deux lieues à l'entour de la ville avant de trouver gîte; et dispersées comme elles le sont, ce sera une preuve bien grande de notre discipline s'il n'arrive aucun désordre. »

Avant même le début des hostilités, la question des approvisionnements donna lieu à des difficultés sérieuses. Pour l'établissement des magasins de fourrage qu'on voulait créer sur la rive gauche du Rhin, on rencontrait des obstacles qui provenaient autant des entraves apportées de Paris (1) au service de l'intendance que des exigences et du mauvais esprit des habitants. Le ministre français accrédité auprès de l'Électeur de Cologne, M. Monteils, se plaint des prix exagérés qu'on fait payer aux commissaires de l'armée et conseille des mesures énergiques. « M. Foulon, (commissaire ordonnateur à Dusseldorf) écrit-il (2), est vif comme du salpêtre, et nos commissaires de l'Électeur de Cologne sont indécrottables; cela fait que j'ai une peur de chien que le service se fera... de la plus mauvaise façon. » L'Électeur lui-même est bien disposé, mais il n'en est pas de même de certains de ses sujets. « Envoyez des hommes camper à Dorstein sur la Lippe, et qu'ils y soient la flamme à la main sur toutes les possessions situées dans les États du roi de Prusse, qui appartiennent aux mal intentionnés de la ville de Munster. Celle-ci étant pour vous tout seul, et dans le tuyau de l'oreille je la finis tout court. » Monteils prêchait une vigoureuse offensive; il voulait que l'armée tombât sur les Hanovriens avant leur concentration. « Le roi d'Angleterre (3)

---

(1) Lucé se plaint de la défense qui lui avait été faite d'acheter des fourrages. Lucé à Duverney, avril 1757. Archives de la Guerre.
(2) Monteils à Fumeron (1er commis à la Guerre), 25 mars 1757. Archives de la Guerre.
(3) Monteils à d'Estrées, 6 avril 1757. Archives de la Guerre.

est le véritable ennemi du Roi; si vous pouvez parvenir à vous établir chez lui, il faut vous appliquer son pays comme le roi de Prusse s'est appliqué la Saxe, et ne pas le ménager davantage; vous en retirerez des ressources immenses... notre seul établissement dans la basse Allemagne attache le mineur à celui que le roi de Prusse a pris en Saxe. »

Par malheur, il était impossible d'aller si vite en besogne. Dans les conseils tenus à Versailles (1) avec le maréchal d'Estrées, on ne croyait pas déboucher de Munster, au plus tôt, avant le 20 mai. Le comte de Maillebois qui, avec le titre de maréchal général des logis de l'armée, remplissait les fonctions modernes de chef d'État-major, était encore plus affirmatif (2) : « La tête des troupes arrive et ne sera pas avant le 12 avril à portée de passer le Rhin... on ne peut mettre ensemble que 22 bataillons le 14, et cette tête pourrait passer, devant être renforcée successivement... On sera bien heureux si l'on peut dépasser Munster avant le 1er juin; je le souhaite si c'est l'intention de M. le maréchal, mais je n'ose l'espérer. »

Cependant en attendant qu'on franchit le Rhin, l'armée s'assemblait rapidement sur la rive gauche de ce fleuve; le 8 avril le lieutenant général de Saint-Germain prit possession de Wesel. « Cette place est très belle, écrit-il (3), et en très bon état, à quelques angles saillants près que les Prussiens ont fait sauter aux ouvrages avancés du côté de la Lippe et du Rhin, mais les brèches peuvent être réparées à peu de frais. » Gueldre, où les Prussiens avaient laissé une garnison de 800 hommes et dont les approches

---

(1) Plan d'opérations concerté à Versailles, 3 avril 1757. Archives de la Guerre.
(2) Observations de Maillebois sur le plan d'opérations, 6 avril 1757. Archives de la Guerre.
(3) Saint-Germain au ministre. Wesel, 9 avril 1757. Archives de la Guerre.

étaient couverts par l'inondation, fut bloqué par une brigade de 7 bataillons; enfin un détachement mixte de 2 à 3,000 hommes fut dirigé sur Munster et se cantonna près de la ville le 13 avril. Deux jours après, Soubise annonce de Wesel qu'il va faire passer le Rhin à 15 bataillons pour renforcer cette avant-garde, et que Saint-Germain va se porter sur Lippstadt où s'étaient retirés les Prussiens, pour mettre fin aux réquisitions de vivres et de fourrages qu'ils levaient dans la région environnante. D'après les renseignements fournis par Ryhiner (1), « les Prussiens ruinent tout sur leur chemin, enfoncent portes et fenêtres et prennent tout ce qu'ils peuvent. » C'était surtout dans le comté de Rittberg (2), appartenant au comte de Kaunitz, que leurs exactions étaient les plus dures.

Le reste du mois d'avril s'écoula sans incident important; le gouverneur de Munster refusa tout d'abord d'admettre dans la ville les troupes françaises, et le prince de Beauvau ne put s'y installer que le 23. Presque à la même date l'ennemi évacua Lippstadt, où Saint-Germain vint le remplacer le 26.

Malgré ces mouvements partiels, la marche générale en avant était retardée par le défaut de fourrages. « C'est le seul objet, mande Soubise (3), sur lequel on peut être embarrassé; on ne manquera pas de pain, viande et avoine, mais le foin a manqué réellement; il faut avoir recours aux pays voisins et le transport est long. » Quoiqu'on fût en pays ami, des difficultés au sujet du logement des troupes s'étaient produites à Cologne; on les aplanit sans trop de peine. « La ville de Cologne se prête (4), écrit Soubise,

---

(1) Lettre allemande communiquée par Ryhiner, 14 avril 1757. Archives de la Guerre.
(2) Ryhiner au ministre, 8 avril 1757. Archives de la Guerre.
(3) Soubise à Paulmy, 27 avril 1757. Archives de la Guerre.
(4) Soubise à Paulmy, 27 avril 1757. Archives de la Guerre.

à toutes les recherches qu'on exige. Avec de la patience, on est venu à bout de persuader les magistrats et le clergé. Il est aisé de négocier quand on se trouve en compagnie aussi nombreuse et aussi respectable. En même temps on se loue de la discipline la plus exacte; je crois qu'elle se maintiendra. »

Quand d'Estrées arriva à Wesel le 27 avril, la disposition de l'armée était la suivante : Beauvau était à Munster et Hatteren sur la Lippe avec 8 bataillons. Saint-Germain avec 10 bataillons et 4 escadrons était campé sur le cours supérieur de cette rivière. Entre la Lippe et la Roer, étaient cantonnés 8 bataillons et 2 escadrons, sans compter les partisans de Fischer; le duché de Berg était occupé par une division de 8 bataillons et 10 escadrons. En résumé, à peu près le tiers de l'infanterie, 34 bataillons sur 110, et le huitième de la cavalerie, 16 escadrons sur 127, avaient franchi le Rhin; le reste de l'armée était échelonné sur la rive gauche du fleuve, depuis Clèves jusqu'à Cologne. Les dernières instructions qu'apportait avec lui le maréchal différaient peu des précédentes. L'hypothèse de la neutralité du Hanovre, la latitude laissée au sujet du passage du Weser, l'invitation de combiner l'énergie avec la prudence, les prescriptions sur le maintien du bon ordre, sur le traitement de l'habitant, sur le respect du culte protestant, s'y trouvent reproduites.

A la suite du généralissime apparut une véritable cohorte de grands seigneurs, de lieutenants-généraux, et de maréchaux de camp avec leurs équipages et une escorte d'officiers et de serviteurs de tout rang. En première ligne figuraient le duc d'Orléans, le prince de Condé et le comte de la Marche. La présence de ces princes du sang à l'armée était une gêne sérieuse pour le commandement; non seulement ils amenaient de nombreux carrosses et chariots de toutes sortes avec les centaines de chevaux nécessaires pour traîner ce convoi (1), mais à la garde de leurs précieuses personnes il fallait affecter des régiments entiers. Seul le duc d'Orléans eut un rôle de quelque importance pendant la campagne; désigné pour remplacer d'Estrées en cas de maladie, il se montra froissé (2) de la nomination de Richelieu et se retira peu après l'arrivée de ce dernier. Les 46 lieutenants-généraux et les 65 maréchaux de camp attachés à l'armée du Rhin, se recrutaient dans l'élite de la noblesse française. Parmi les premiers nous relevons le comte de Berchiny, le marquis de Villemeur, le duc de Randan, le marquis de Contades, le marquis d'Armentières, le duc de Brissac, le marquis de Souvré, le duc de Chevreuse, le duc d'Ayen, le marquis de Beauffremont, le sieur de Chevert, le comte de Noailles, le duc de Broglie, le chevalier de Muy, le comte de Lorges, le comte de Mailly, le comte de Guerchy, le marquis de Saint-Pern, le comte de Saint-Germain. Dans la liste des seconds nous remarquons le marquis de Crillon, le marquis de Poyanne, le marquis de Péreuse, le comte de Vogüé, le marquis de Custine, le marquis de Voyer, le prince de Beauvau, le marquis de Béthune. A la tête de l'artillerie était le sieur de Vallière, et le service de l'intendance était dirigé par M. de Lucé.

Selon l'habitude de l'époque, les généraux, dont le nombre était hors de proportion avec l'effectif des combattants, n'étaient pas pour la plupart attachés à une division ou à une brigade; ils étaient de service à tour de rôle et d'après un tableau de roulement. On imagine la confusion qui résultait de cette variation presque journalière dans le commandement; encore était-ce le moindre

---

(1) Le duc d'Orléans était parti de Paris avec 350 chevaux, le prince de Condé avec 225 et le comte de la Marche avec 100. *Mémoires de Luynes*, vol. XVI, p. 57.

(2) Duc d'Orléans à Paulmy, 5 août 1757. Archives de la Guerre.

inconvénient du système. Avec la meilleure volonté du monde on ne pouvait les employer tous ; le général en chef, libre de son choix, désignait pour la direction des corps détachés les officiers dans lesquels il avait le plus de confiance, ou que lui recommandait la faveur dont ils jouissaient à la cour. Leurs camarades, jaloux de cette préférence, sans autre occupation que la routine ordinaire des marches et des camps, encombraient inutilement l'état-major. La présence de ces oisifs au quartier-général, le ton de dénigrement qu'ils y introduisirent, leurs prétentions excessives, l'accaparement des moyens de transport, le faste de leur existence, étaient autant de causes de désordre et d'indiscipline entravant l'action du généralissime, minant son autorité, et portant atteinte à la mobilité de l'armée et à l'esprit militaire des officiers subalternes et des soldats.

Et cependant les abus que devait entraîner cet état de choses avaient été soigneusement prévus et réprimés, tout au moins sur le papier. Une ordonnance du 9 mars 1757 (1) avait proportionné le nombre de chevaux et de voitures à chaque grade, et fixé jusqu'à l'ordinaire de chaque repas. C'est ainsi que le lieutenant-général avait droit à 30 chevaux et à 3 voitures, le maréchal de camp à 20 chevaux et à 2 voitures, le brigadier, colonel ou mestre de camp, à 16 chevaux et à une voiture. Il était strictement défendu de toucher un nombre de rations de fourrage supérieur à celui des chevaux alloués. Quant à la nourriture, il était édicté que les officiers généraux « ne pourraient faire servir autre chose que des potages, du bouilli, du rôti composé de viande de boucherie et de volaille, sans autre gibier que celui de la localité ; les entrées seront de même de viande apprêtée simplement, sans coulis, essences, ni autres recherches. » Les entremets et desserts

---

(1) Recueil d'ordonnances 1757. Bibliothèque de la Guerre.

devaient être « sans autres sucreries que des confitures conservées et servies dans des pots, et sans qu'on puisse faire usage de cristaux, porcelaine, et aucuns vases de cette espèce. »

Il est presque superflu d'ajouter que cette réglementation minutieuse eut le sort réservé aux lois somptuaires; elle fut reproduite avec plus de détails, et avec un succès égal, par le maréchal de Belleisle pendant son ministère en 1758. Il ne suffisait pas de rédiger des ordonnances à Paris, il fallait les appliquer à l'armée. Ce n'était pas chose facile; nous verrons d'Estrées et son successeur Richelieu se plaindre à maintes reprises des entraves que leur créaient le nombre, le train de vie et la manière d'être de leurs généraux, tout en se déclarant impuissants à y porter remède, tant ils redoutaient d'entamer la lutte contre des grands seigneurs, leurs subordonnés sans doute, mais dont le crédit à la cour était souvent supérieur au leur.

En attendant que ces inconvénients se manifestassent devant l'ennemi, la nécessité de traîner avec soi les voitures de l'état-major aggravait les difficultés de transport. Le maréchal se demande avec inquiétude (1) « sur quoi on peut compter en avançant dans le pays où nos besoins augmenteront considérablement, et en proportion énorme du poids que nous avons à tirer? Nous avons encore sur la Meuse et le haut Rhin presque toute notre cavalerie, et tous nos chevaux de vivres et d'artillerie en arrière... Jusqu'au 10 (mai) nous ne ferons aucun mouvement. »

Cependant, sur l'avis que le duc de Cumberland venait d'occuper Bielefeldt avec 10,000 hommes, d'Estrées écrit le 5 mai au ministre qu'il anticipera de deux jours pour appuyer ses avant-gardes de Westphalie et de Lip-

---

(1) Estrées au ministre, 3 mai 1757. Archives de la Guerre.

pstadt. « Je vous prie (1), Monsieur, d'assurer Sa Majesté que je ne précipite rien, étant nécessaire de ne pas manger trop promptement ce qui est en avant de nous; mais je n'oublierai aucune des mesures nécessaires pour soutenir Munster, quand même il faudrait donner une bataille, mais j'en doute. « Il dénonce la mauvaise volonté de la régence de l'évêché qui ne veut pas se prêter à la constitution des magasins; au besoin il fera fourrager.

Ces embarras n'étaient pas les seuls; tantôt ce sont les Suisses du régiment de Lochmann qui refusent de passer le Rhin, sous prétexte que les capitulations réglant leur service sous les drapeaux de la France leur interdisaient d'entrer en Allemagne; tantôt c'est le corps auxiliaire des Palatins à la solde française (2) qui ne veut pas se mettre en marche. Du côté de la Westphalie, la principale préoccupation était celle de faire vivre les chevaux de la cavalerie et du train; mais pour Lippstadt, à ce souci s'ajoutait la crainte inspirée par la présence des Hanovriens et Prussiens à Bielefeldt et à Rittberg. Le détachement français, sous les ordres du général de Saint-Germain, beaucoup plus rapproché de l'ennemi que de Wesel, était tout à fait en l'air et ne pouvait compter que sur Soubise, qui tout en restant subordonné au maréchal, avait un commandement séparé dans ce district. D'Estrées, qui n'avait jamais été partisan de la pointe sur Lippstadt, est fort perplexe sur le parti à prendre. « Si je m'avance dans cette saison, écrit-il à Soubise (3), je détruirai l'armée du Roi et je mangerai sans ressources le pays…. vous connaissez l'impossibilité que je puisse faire usage de l'armée avant que la faulx puisse me fournir des subsistances. » D'autre part il sent bien l'inconvénient de laisser l'ennemi

---

(1) Estrées au ministre, 5 mai 1757. Archives de la Guerre.
(2) Convention passée avec l'Électeur Palatin le 26 mars 1757.
(3) Estrées à Soubise, 6 mai 1757. Archives de la Guerre.

maître de la contrée (1). « Les Hanovriens enlèvent des grains à Paderborn, et cependant je ne puis marcher faute de moyens et avant le temps de fauche... L'armée du Roi n'a qu'un débouché de 12 lieues de large pour s'avancer sur le Weser... vous entendez que cet espace sera bientôt mangé. Les cris de l'Électeur de Cologne vont se faire entendre lorsque les armées camperont, et l'indisposition des esprits n'apportera pas de grandes facilités à l'exécution des ordres. Rien n'est si difficile que de faire agir des amis que l'on mange et que l'on ne peut honnêtement exécuter militairement; quand on demande 100 voitures il en vient 10 et ainsi de suite. » A Belleisle qui le presse, d'Estrées explique ses ennuis (2). On lui avait promis à Munster 300,000 rations : il en a été livré 22,000. « Je vais prendre le parti de faire fourrager les maisons et châteaux de quelques-uns des principaux de la régence de Munster... Quand on a une marche de 45 lieues à faire, à approvisionner en avant de soi les vivres, à porter quelque grosse artillerie à tout événement, et la placer à partir pour servir utilement, il est impossible de voler. »

C'était parfaitement vrai, et il était fâcheux, comme le fit observer le maréchal, qu'on n'eût pas songé à établir les magasins pendant l'hiver. L'évacuation de Wesel avait dérangé tous les projets. Paris Duverney, l'ancien munitionnaire, qui malgré son modeste titre de conseiller d'État était le grand maître de l'intendance, et qui depuis le ministère du marquis de Paulmy avait acquis une influence prépondérante dans la direction des affaires militaires, avait basé ses calculs sur un siège de deux mois. Pendant ce laps de temps, l'armée de d'Estrées, occupée à couvrir l'investissement, ne se serait pas écartée du Rhin; elle n'aurait pénétré en Westphalie qu'à la saison

(1) Estrées au ministre, 8 et 10 mai 1757. Archives de la Guerre.
(2) Estrées à Belleisle, 12 mai 1757. Archives de la Guerre.

des foins. Au lieu de cela il fallait y aller en mai, c'est-à-dire à l'époque la plus mauvaise de l'année pour se procurer des fourrages. A cette difficulté initiale, si on ajoute le triste état des routes, aggravé par des pluies torrentielles, on aura une idée des questions de vivres et de transport qui jouèrent un si grand rôle au début de la campagne. Paris Duverney se rendait si bien compte des complications de la situation qu'il écrivait (1) à Lucé : « Il faut vous armer de patience et de courage et faire le possible... en un mot on fera comme on pourra, pour moi je n'y connais pas de remède. » Cet aveu ne l'empêchait pas, comme on le verra, d'intriguer contre le maréchal d'Estrées.

A Paris, on perdait de vue, ou l'on s'obstinait à ne pas voir les causes du retard; le cabinet, ému des succès du roi de Prusse en Bohême, harcelé par les sollicitations de la cour de Vienne dont Stahremberg se faisait l'infatigable interprète, aurait voulu l'armée sur le Weser alors que son avant-garde avait à peine dépassé le Rhin. Belleisle, qui en dépit de la faveur croissante de Duverney avait encore voix au chapitre, et qui avait beaucoup contribué à la nomination du général en chef, sentait fort bien la nécessité de brusquer le mouvement; aussi ne cesse-t-il de stimuler d'Estrées, soit directement, soit par l'entremise de son fils, M. de Gisors. « Je comprends mieux qu'un autre, écrit-il à ce dernier (2), toute l'étendue de l'embarras de M. le maréchal d'Estrées par rapport aux subsistances; il est dans le cas où il faut forcer nature, passer par-dessus toutes sortes de considérations particulières, et imaginer toutes sortes d'expédients qui sont rarement trouvés par tout autre que celui sur lequel roule la beso-

(1) Duverney à Lucé, 17 mai 1757. Papiers de Clermont, vol. XXXII. Archives de la Guerre.
(2) Belleisle à Gisors, 16 mai 1757. Archives de la Guerre. Lettre citée par M. Camille Rousset.

gne... C'est là le cas où il faut laisser en arrière pour un temps les équipages de tout le monde, faire marcher les officiers d'infanterie à pied. J'avais réduit dans le comté de Nice mon infanterie à vingt-six chevaux par bataillon, tout compris. » Le ministre de la Guerre, plus circonspect, transmettait à d'Estrées le désir de Sa Majesté de voir avancer son armée, tout en déclarant qu'on s'en rapportait à lui sur l'exécution. « Le Roi, ajoute Paulmy (1), s'intéresse très fort à votre santé... Sa Majesté a vu avec plaisir que vous vous trouviez soulagé au moyen de ce que la goutte vous a pris au pied, et elle espère que l'humeur s'y étant fixée vous en aurez la tête plus libre. » Il est difficile de savoir s'il se glissait quelque ironie dans la prose ministérielle; toujours est-il que le général en chef s'impatiente des reproches plus ou moins déguisés que chaque courrier lui apporte. « Si je laisse, écrit-il au ministre (2), l'ennemi s'établir à manger le pays, la campagne sera manquée; il y a longtemps que je le sais, mais de tous ceux qui sont ici il n'y en a pas un qui croie que j'aie pu marcher plus tôt, n'y ayant jamais eu de fourrage au Rhin. »

Cependant cette période d'attente ne pouvait pas se prolonger indéfiniment. Le duc de Cumberland avait profité de l'inaction des Français pour se porter à leur rencontre. Soubise qui formait l'avant-garde avec son corps désigné sous l'appellation impropre de réserve, mandait (3) que l'ennemi venait d'occuper Paderborn avec 12,000 hommes et 24 canons, et qu'il levait des réquisitions dans tout le pays. Cette nouvelle et les injonctions de la cour eurent pour effet d'activer les mouvements.

On commença par envoyer des renforts à Soubise. « Vous aurez, lui écrit d'Estrées (4), 33 bataillons entre Lipp-

(1) Paulmy à d'Estrées, 16 mai 1757. Archives de la Guerre.
(2) Estrées au ministre, 19 mai 1757. Archives de la Guerre.
(3) Soubise à d'Estrées, 20 mai 1757. Archives de la Guerre.
(4) Estrées à Soubise, 20 mai 1756. Archives de la Guerre.

stadt et Hamm; c'est le denier de la veuve et plus que je ne puis donner. » Le gros de l'armée s'ébranla du camp de Wesel le 21 mai et fit route sur Münster. L'entrée en campagne avait été précédée d'une lettre adressée à « l'officier général des troupes hanovriennes », demandant le transit. A cette sommation le général Sporcken avait répondu (1), « par ordre de Son Altesse royale qui commande l'armée d'observation de Sa Majesté, que le but en est de veiller à la défense et à la conservation de ses États et de ceux de ses alliés, ainsi que pour s'opposer et empêcher le passage d'aucunes troupes par ces mêmes États. » Malgré son incorrection, le français de Sporcken était clair. La question de neutralité du Hanovre était tranchée, et les hostilités allaient s'ouvrir entre Louis XV et le roi George II, en sa qualité d'Électeur.

En dépit du fier langage du général hanovrien, la confiance n'était pas grande à l'état-major du duc de Cumberland. Ce prince n'avait encore sous ses ordres que 44 bataillons et 44 escadrons, dont à peine la moitié avec lui au camp de Bielefeldt, le reste en chemin pour rallier l'avant-garde ou encore dans les garnisons du Hanovre. En fait de renforts, il ne devait compter que sur les Hessois revenus d'Angleterre, qui venaient de débarquer à Stade (2) et qui ne pourraient rejoindre de longtemps. En outre, il partageait évidemment les soupçons de son père sur la fidélité des confédérés, à commencer par celle du roi de Prusse. « Le duc de Wolfenbuttel, écrivait-il vers cette époque (3) à Mitchell, m'a fait le plaisir de me rendre visite ce matin; mais je ne dois pas vous cacher que ses déclarations et ses assurances au sujet de l'alliance de Sa

---

(1) Sporcken au maréchal d'Estrées. Bielefeldt, 15 mai 1757. Mitchell Papers. British Museum.
(2) Le débarquement était en train le 12 mai. Colonel Amherst à Holdernesse. Stade, le 12 mai 1757. Record Office.
(3) Cumberland à Mitchell. Bielefeldt, 6 mai 1757. Mitchell Papers.

Majesté et du roi de Prusse aient été aussi catégoriques que je puisse le désirer. Cependant le lieutenant-général Imhoff qui commande les troupes a informé le général Zastrow que, pour le cas où ne pourrions pas couvrir les États du duc, il avait ordre de se séparer de nous, et de se retirer à Brunswick avec les troupes du duc. J'estime qu'il faudrait informer le roi de Prusse de cet avis. »

Quelques jours après, c'est de ce monarque qu'il est question. « Nous savons tous (1) que le roi de Prusse n'aime pas les longues guerres, si bien qu'une paix subite pourrait être sur le chantier... Je suis sûr que vous n'aviez pas besoin de cette suggestion, mais dans nos circonstances critiques je n'ai pas pu m'empêcher de vous la confier. » En attendant la réalisation de ces sombres prévisions, Cumberland avait pris une excellente position à Bielefeldt; de cette ville, située entre l'Ems et le Weser, il observait l'offensive lente et méthodique du maréchal d'Estrées, protégeait ses fourrageurs, et cherchait ainsi à tirer le plus de vivres possible de la Westphalie et des autres possessions de l'Électeur de Cologne.

Ce fut à l'occasion d'une de ces incursions qu'eut lieu la première rencontre; elle fut à l'avantage des Français. Un détachement du corps franc de Fischer tomba à l'improviste sur un parti de Hanovriens qui était venu lever des réquisitions dans les environs de Marienfeld sur l'Ems; ces derniers perdirent une trentaine des leurs, tués ou faits prisonniers. Malgré ce petit échec, Cumberland, encouragé par les succès de Frédéric en Bohême et par les lenteurs de l'adversaire, multiplia ses expéditions et parvint à réunir des approvisionnements considérables. Le 20 mai il avait occupé la ville de Paderborn, et était ainsi devenu maître des ressources de l'évêché de ce nom dont l'Électeur de Cologne était titulaire. D'autre part une bri-

---

(1) Cumberland à Mitchell. Bielefeldt, 13 mai 1757. Mitchell Papers.

gade détachée du quartier-général reprit possession de Rittberg, capitale d'une principauté appartenant au comte de Kaunitz; les habitants durent payer pour leur seigneur et acquitter des impositions en nature et en argent.

De la marche des Français à travers la Westphalie, le comte de Gisors fait une description qui pourrait s'appliquer à des opérations du même genre de date plus récente. Son récit démontre que le problème de mouvoir des corps de troupes avec leur matériel était fort mal connu au dix-huitième siècle. Espérons que la science et l'expérience de nos états-majors actuels saura le résoudre dans les guerres futures.

« Hier, écrit le jeune colonel (1), en partant de Limbeck nous marchions sur 2 colonnes... Arrivé à deux heures du matin sur le bord d'une petite rivière qui est à 1/2 lieue en deçà de notre camp, M. de la Vauguyon, qui nous menait, nous ordonna de faire halte et de laisser passer tous les équipages de l'armée devant nous. Remarquez qu'il pleuvait à verse, nos soldats avaient chaud et il ne leur restait plus ni pain ni viande. Pendant deux heures j'attendis patiemment. Au bout de ce temps, n'ayant encore passé que les équipages de 8 bataillons, parce qu'il y avait beaucoup de gros équipages mêlés avec les menus et qu'à tout moment un chariot s'embourbait ou un cheval s'abattait, nous prîmes sur nous, le marquis de Villeroy (2) et moi, d'aller trouver M. de la Vauguyon dans un village sur le bord de cette rivière où il se chauffait, et de lui représenter que nos soldats, n'en pouvant plus de froid et de misère, couraient risque de demeurer là jusqu'à six heures du soir s'il voulait attendre que tous les équipages eussent défilé. M. de la Vauguyon fut frappé de nos raisons et donna ordre au régiment de Lionnois

---

(1) Gisors à Belleisle. Dulmen, 24 mai 1757. Archives de la Guerre. Lettre citée par Camille Rousset.
(2) Colonel du régiment de Lyonnois.

qui faisait la tête de se remettre en marche. Champagne suivit. Mon premier bataillon commençait à entrer dans le village, qu'il m'arriva ordre d'aller reprendre le terrain où j'avais fait halte; sur le champ je fis battre la retraite et j'y remarchai. Au bout de 5 ou 6 minutes, ordre de remarcher en avant. Je fis battre aux champs et nous remarchâmes face en tête; enfin deux bataillons du régiment ayant déjà dépassé le village, on arrêta les deux autres dans le village même, répandus par petits pelotons, et dans cette position nous sommes demeurés jusqu'à cinq heures à la pluie, jusqu'à ce que la dernière bourrique de l'armée ait défilé. »

Toute l'énergie du comte de Gisors ne put empêcher quelques désordres; trois grenadiers de Champagne qui étaient en maraude furent arrêtés par le grand prévôt. Sur les prières de leurs camarades, le maréchal se contenta (1) de les condamner « à être toute la campagne à la garde du camp, à marcher attachés à la tête du régiment, à être privés d'avoir l'honneur d'aller à la guerre. » Pour ces actes d'indiscipline on pouvait parfois invoquer des circonstances atténuantes. Quoiqu'à Munster on fût encore en pays ami, l'évêché dont cette ville était la capitale appartenant à l'Électeur de Cologne, les autorités, à en juger par les dépêches échangées, se montrèrent assez mal disposées à l'égard de leurs alliés. A Munster même (2), le commissaire des guerres, faute d'un local qu'on ne voulait pas lui fournir, avait été obligé d'occuper le collège des révérends Pères Jésuites pour y installer ses malades; à Remibergen, pour le même service, les Français avaient pris possession d'une maison appartenant à l'Électeur. Toutefois, malgré ces incidents presque inévitables en temps de guerre, la conduite et la tenue du soldat étaient

(1) Cornillon au ministre. Dulmen, 24 mai 1757. Archives de la Guerre.
(2) Montcil à Estrées, 25 mai 1757. Archives de la Guerre.

en général satisfaisantes (1). Par contre l'union n'existait guère au quartier-général; Maillebois, dans sa correspondance avec son beau-frère, le marquis de Paulmy, commence à critiquer son chef. « Je vois malheureusement (2) qu'on ne peut être sûr de rien avec les irrésolutions, les contradictions qui règnent ici; j'avais bien prévu tout ce qui arrive. »

Vers la fin de mai 37 bataillons étaient campés sous les murs de Munster; mais pour aller plus loin on avait besoin de vivres et de fourrage. « Il me faut, écrivait le maréchal (3), au moins 30 fours à Lippstadt, et cela ne peut pas se faire en un jour. » En outre le terrain n'était guère propice aux marches rapides. « Ce pays-ci, au dire de ceux qui connaissent l'Italie, est beaucoup plus serré et plus coupé. Il en a toutes les difficultés et aucune des ressources, on ne peut pas faire dix pas sans ouvrir des passages et combler des fossés. S'il pleut vingt-quatre heures, on ne peut faire un pas, et on m'assure que le terrain du pays de Paderborn est le même pour la plus grande partie. Les voitures qui portent les bateaux n'ont pas beau jeu dans de tels chemins. »

Puis il y avait le problème des officiers généraux : « J'ignore, quand le tout sera joint, même en plusieurs corps, où il sera possible de pouvoir placer la moitié et même le quart des officiers généraux et autres qui suivent l'armée. Je sais que ce détail n'est qu'un accessoire qui ne devrait pas totalement embarrasser, mais il a cependant beaucoup de part à la difficulté des mouvements. Je ferai celui que je projette presque sans équipages, malgré le besoin que tout le monde a d'emporter avec soi les choses qui ne se trouvent pas dans le pays. » D'Estrées rappelait en termi-

---

(1) Estrées à Paulmy, 27 mai 1757. Archives de la Guerre. Noailles à Paulmy, 27 mai 1757. Archives de la Guerre.
(2) Maillebois à Paulmy, 26 mai 1757. Archives de la Guerre.
(3) Estrées à Paulmy, 27 mai 1757. Archives de la Guerre.

nant qu'il ne s'était jamais engagé à dépasser Munster avant le 1ᵉʳ juin, et qu'il avait fixé cette date au Roi avant son départ.

Dans une lettre à Belleisle (1) le maréchal revient sur les mêmes sujets; il offre de fournir, pour le corps qu'on se proposait de former sur le Mein, vingt escadrons de cavalerie restés en arrière faute de fourrage, et autant d'officiers généraux que l'on voudra. « Il est impossible de les loger ni de les employer tous dans cette armée-ci qui ne ressemble pas mal à celle de Darius pour les équipages. » Quant aux Hanovriens toujours campés à Bielefeldt, il n'espère obtenir le contact avec eux que le 6 ou 7 juin; il insiste à nouveau sur les difficultés de vivres, de convois et de routes, et ajoute : « Toute personne à qui cette mécanique est inconnue et qui voyage avec son doigt sur la carte, croit qu'on ne fait rien et qu'il était possible de marcher à grands pas et de ne pas arrêter une minute; j'espère que vous en jugerez autrement, et si vous étiez ici peut-être trouveriez-vous qu'on a fait l'impossible. » Le 3 juin l'armée s'ébranla de Munster après un séjour qui n'avait pas été sans quelques inconvénients. « La fureur des jeux de hasard, rapporte le général en chef (2), avait pris ici, et on allait s'enfermer dans les tripots pour jouer. » Il a dû sévir; un capitaine du régiment de Picardie a été envoyé en prison à Strasbourg pour la durée de la campagne.

Rien d'intéressant ne se passa jusqu'au 14 juin; la correspondance de d'Estrées roule toujours sur le défaut de subsistances, sur le peu de ressources du pays traversé, sur le mauvais temps et sur l'impraticabilité d'aller plus vite. Quelques mots d'un billet à Belleisle résument la situation : « Je n'ai pas le talent de faire marcher une armée à la nage et de la faire vivre de l'air. » Néanmoins, en dépit de toutes les causes de retard, l'offensive se continuait

(1) Estrées à Belleisle, 28 mai 1757. Archives de la Guerre.
(2) Estrées à Belleisle, 3 juin 1757. Archives de la Guerre.

lentement mais régulièrement. Le système de progression était des plus méthodiques; aussitôt maître d'une position, on établissait, sous la protection du gros de l'armée, le nombre de fours nécessaires pour la cuisson du pain de munition; puis, après le délai exigé pour le fonctionnement des fours, on se portait à l'extrémité du rayon d'approvisionnement. Là, nouvelle installation, nouveau séjour, et nouvelles étapes en avant. Ces lenteurs provenaient en partie des masses imposantes qu'il fallait déplacer. D'après une situation du 4 juin, le maréchal avait en Westphalie, sous ses ordres immédiats, 86 bataillons d'infanterie (1) à un effectif moyen de 550 hommes, et 84 escadrons comptés à 140 cavaliers, soit, en y ajoutant l'artillerie et les troupes légères, un total de 61,000 combattants et de 190 canons; restaient en arrière 19 bataillons et 28 escadrons, au camp de Ruremonde ou dans les garnisons des bords du Rhin.

Ce fut au cours de la marche de Munster à l'Ems, au camp de Warendorff, qu'eut lieu l'incident si dramatiquement raconté par le comte de Gisors (2). La condamnation d'un maraudeur à la peine de mort, la fuite favorisée par les soldats spectateurs de l'exécution, les violences contre le prévôt et ses archers, tous ces faits donnent une triste idée de la discipline, justifient la conduite du maréchal, et expliquent la réprimande sévère (3) qu'il adressa au régiment de Champagne.

(1) Le rapport de Cornillon, major général de l'infanterie, donne pour la portion de cette arme campée à Warendorff, 1884 capitaines et officiers subalternes, 31,784 soldats et sous-officiers présents sous les armes, et 1,413 aux hôpitaux. Le régiment de Champagne fort de 4 bataillons comptait 62 capitaines, 67 lieutenants, 2,269 soldats présents, 276 en détachement dont 18 officiers, et 81 soldats à l'hôpital.

(2) Gisors à Belleisle, 9 juin 1757. Archives de la Guerre. Estrées à Paulmy, 6 juin 1757. Archives de la Guerre. Voir Camille Rousset. *Le comte de Gisors* p. 185 et suivantes.

(3) Le maréchal avait dit : « qu'il serait fâcheux pour lui d'être à la tête d'une armée de voleurs. »

Le 14 juin le quartier-général était à Rhéda, petite ville sur le cours supérieur de l'Ems, à distance presque égale de Bielefeldt et de Paderborn. On y reçut des nouvelles importantes de l'ennemi : le duc de Cumberland venait la veille d'évacuer le camp qu'il avait occupé presque depuis le début des hostilités. Tout d'abord ce prince avait paru décidé à attendre dans ses lignes de Bielefeldt l'attaque de son adversaire; il avait rappelé à lui de Paderborn la division du général Schmettau, puis le détachement de Rittberg; il avait réuni dès le 8 juin, sous son commandement direct, 46 bataillons et 38 escadrons. Mais l'approche du gros de la grande armée qui franchit l'Ems le 12 juin, l'arrivée de Soubise à Neukirchen, et surtout les mouvements des coureurs français qui inquiétaient ses communications avec Minden et le Weser, le décidèrent à abandonner une position qui devenait de jour en jour plus exposée. Attribuant à d'Estrées un esprit d'aventure que ce dernier ne possédait pas, il se vit sur le point d'être tourné, et crut devoir se dérober par une marche de nuit à une bataille imminente. Le 13 juin (1) à six heures du soir la retraite commença; elle fut pour le moins aussi mal conduite que les opérations françaises que nous venons de décrire. Nous y relevons les fautes coutumières : routes mal explorées, instructions contradictoires, encombrement par les équipages de l'unique chaussée à la disposition des troupes, désordre inhérent à une manœuvre de nuit, arrêts multipliés, si bien que quand l'avant-garde atteignit Herford les derniers bataillons étaient encore à Bielefeldt. Quelques coups de fusil tirés par les partisans de Fischer vinrent accroître la confusion; un régiment de cavalerie hanovrienne fut pris de panique et s'enfuit au galop

---

(1) Voir pour la description de la retraite. Hassell. *Die Katastrophe von Hastenbeck und Kloster Zeven*, p. 324 et suivantes.

renversant tout sur son passage. Le lever du jour permit de se reconnaître, de rétablir l'ordre et de former une arrière-garde qui pût tenir en respect l'ennemi, d'ailleurs peu entreprenant. Impressionné par la mauvaise conduite de ses soldats, Cumberland crut prudent de précipiter sa marche; le 14 juin au soir il partit de Herford laissant le général Block avec quelques bataillons pour couvrir sa retraite. Il ne s'arrêta qu'après avoir traversé le Weser; satisfait d'avoir mis ce cours d'eau entre lui et l'armée de d'Estrées, il donna à ses troupes démoralisées et exténuées de fatigue le repos dont elles avaient besoin. Les pertes matérielles des confédérés se bornèrent à quelques voitures et à quelques magasins de grains et de fourrages qu'il fallut brûler ou abandonner aux Français; en hommes et en chevaux, elles furent peu importantes.

Une poursuite énergique eût changé en désastre le mouvement rétrograde de Cumberland; heureusement pour lui elle fut des plus molles. M. de Beauvau, chargé de cette mission, s'attarda à Bielefeldt. Mal lui en prit, car les soldats de sa brigade profitèrent du séjour pour se livrer à un pillage (1) « que les officiers ne pouvaient plus réprimer. » La discipline à peu près restaurée, il se porta en avant, appuyé par les volontaires de Chabot et par quelques piquets d'infanterie. M. de Lorges survint avec un autre détachement, trouva la pointe trop hardie et ne voulut pas dépasser la ville. Cependant avec un peu moins de décousu dans le commandement et un peu plus d'activité dans la marche, il eût été possible d'entamer l'arrière-garde des Hanovriens. Laissons la parole (2) au comte de Gisors qui accompagnait comme volontaire la colonne de Beauvau : « Les ponts de cette rivière qui n'avaient pu être rompus par l'arrière-garde ennemie, la

(1) Gisors à Belleisle, 29 juin 1757. Archives de la Guerre.
(2) Gisors à Belleisle, 29 juin 1757. Archives de la Guerre.

quantité de déserteurs qui nous arrivaient, les rapports qu'ils nous faisaient, la malle de Berlin arrivant de Hervorden que nous arrêtâmes et d'où les ennemis n'avaient pas songé à retirer leurs lettres, nous donnent lieu de penser qu'ils étaient dans une grande confusion. Nous nous remîmes en marche à minuit dans la ferme espérance d'accrocher encore quelque chose de leur arrière-garde. Le lendemain nous reçûmes fort mal un nouveau déserteur qui nous dit en chemin qu'il n'y avait plus que 150 hommes dans Hervorden. Cependant au lieu de 150 hommes nous n'avons rien vu du tout, et avons fait tuer quinze volontaires qui tiraient mal à propos contre des murs. Nous avons sommé la place sans succès, et après avoir vu filer des troupes ennemies toute la journée de l'autre côté d'une rivière que nous ne pouvions passer, avons été obligés de nous replier le 15 au soir, selon toutes les règles de la prudence. » Lorges, qui avait péché par excès de précaution la veille, ne voulut pas suivre le prince de Beauvau dans son recul, resta sur place, et occupa le lendemain 16 juin la ville de Hervorden que l'ennemi avait évacuée pendant la nuit.

On fit rejaillir, peut-être à tort, sur d'Estrées la responsabilité de cette opération si mal combinée. Il lui appartenait tout au moins de désigner, parmi ses nombreux lieutenants-généraux, un officier chargé de la direction d'ensemble, au lieu de jeter à la poursuite de Cumberland des fractions isolées qui paraissent avoir agi sans entente, et avoir obéi au seul caprice de leurs chefs immédiats.

D'après sa propre correspondance (1), le maréchal, tout en s'attribuant le mérite des manœuvres qui avaient décidé l'adversaire à se replier, ne songea pas à l'inquiéter sérieusement : « Je serai en route sur Brak-

(1) Estrées à Belleisle. Rhéda, 14 juin 1757. Archives de la Guerre 3432 et 3447.

werde (1) pour presser cette retraite aussitôt que j'aurai du pain. » Il se justifie de n'avoir pas combattu les confédérés : « Quelque nécessaires que soient les actions d'éclat, je ne puis me les promettre que des temps où, sans rien précipiter, j'aurai pu me mettre en état d'agir. On a beau gloser, critiquer, me desservir, cela ne peut me donner aucune activité; de plus nul homme dans l'armée ne peut aller plus vite que j'ai fait... Je vous ai prévenu dès Wesel, et vous entendrez encore sûrement la même chose, car toutes les difficultés subsisteront jusqu'à ce que la corde casse, ce qui est bien à craindre. » Au ministre de la Guerre, il fait (2) l'exposé de la théorie applicable selon lui en pareille matière : « J'apprends aussi que l'on dit qu'il était possible d'entamer l'arrière-garde de l'ennemi avec des précautions prises d'avance; des gens qui parlent ainsi ignorent apparemment qu'il faut suivre une arrière-garde avec un corps léger de 4 à 5,000 hommes livré à lui-même, ce qui a été fait, ou bien marcher avec toute l'armée pour soutenir un corps capable d'attaquer sérieusement. Ils ignorent aussi qu'il faut préparer dans ce pays-ci une marche trois jours d'avance, au hasard de la faire encore fort difficilement. » Fidèle à ces principes, le généralissime ne vint s'établir à Bielefeldt que le 18 juin, soit cinq jours après le départ des Hanovriens.

C'est à propos de la retraite de Cumberland que Maillebois commença sa campagne sournoise contre d'Estrées. Très lié avec le duc de Richelieu sous les ordres duquel il avait servi dans l'île de Minorque, il aurait voulu voir son ancien chef à la tête de l'armée de Westphalie; il avait cependant accepté l'emploi de maréchal des logis général, dans l'espoir sans doute d'exercer l'influence prépondérante que devait lui valoir sa capacité militaire, et qui seule pouvait satisfaire son ambition effrénée et

---
(1) Nom du camp hanovrien établi près de Bielefeldt.
(2) Estrées à Paulmy. Bielefeldt, 27 juin 1757. Archives de la Guerre.

son parfait égoïsme. Contre son attente, il trouva en la personne de d'Estrées un supérieur bienveillant, mais résolu à imposer l'obéissance, exigeant parfois, peu entreprenant, trop minutieux, souvent hésitant, mais tenace dans les décisions prises et inflexible dans sa résistance aux suggestions jugées impraticables, de quelque côté qu'elles vinssent, de Versailles ou du quartier-général. La mauvaise humeur de Maillebois se traduisit d'abord par des critiques sarcastiques, puis par un dénigrement systématique, et enfin par des accusations véhémentes. Volontiers il eût échangé sa situation contre une fonction analogue dans l'état-major de Richelieu; le refus qu'il essuya ne fit qu'aigrir sa bile, et les rapports étaient devenus si tendus que, sans le départ de d'Estrées après Hastenbeck, il eût été obligé lui-même de quitter l'armée. Pour le général en chef, les attaques de son lieutenant étaient d'autant plus dangereuses que ce dernier, fort bien en cour, était en correspondance suivie et secrète avec son beau-frère, le marquis de Paulmy, et avec le tout-puissant Paris Duverney. Dans sa lettre du 14 juin (1) datée de Rheda, Maillebois se montre très dur dans ses appréciations : « Je vois clairement qu'il faut renoncer à faire ici une campagne convenable à la gloire du Roi et à la situation des affaires. Le général n'en a même pas conçu le plan. Tantôt il veut aller au Weser, tantôt dans la Hesse, jamais à l'ennemi. Il me traite bien; il me témoigne amitié et confiance depuis six semaines. Je n'ai pas encore pu lui faire comprendre le système de sa campagne qu'il forme et détruit au moins une fois par jour. Il croit M. de Cumberland plus fort que lui, et il est plus faible de 20,000 hommes. Il vient de le laisser partir sans profit pour sa gloire... Sa tête s'échauffe, il souffre, il croit manquer de subsistances, de fourrages, d'artillerie.

(1) Maillebois à Paulmy. Correspondance secrète, 14 juin 1757. Archives de la Guerre. Partie de cette lettre est citée par M. C. Rousset.

Quand je lui montre la possibilité d'assurer ces parties de son service, il dit que je vois tout couleur de rose; pour lui, il ne voit qu'en noir, mais le plus souvent il ne voit pas. Il s'assomme de détails, fait la besogne de tout le monde excepté la sienne. Voilà le tableau exact de notre situation. Jugez si l'on peut compter sur les succès rapides et brillants par lesquels cette armée aurait dû balancer les malheurs de la Bohême. Portez, mon cher frère, toute votre attention sur la nouvelle armée; celle-ci n'aura que des hasards; nous ne prendrons que des partis timides ou faux. » Ce dernier conseil était d'autant moins désintéressé que le donneur d'avis sollicitait une place à l'armée dont il voulait grandir le rôle. Quant à la timidité de la poursuite des Hanovriens, il est difficile d'admettre que le maréchal des logis général n'ait pas eu sa large part de responsabilité dans les fautes commises.

Si, entre Maillebois et le maréchal il y avait peu d'entente et encore moins de confiance, entre celui-ci et le commandant de la réserve, le prince de Soubise, la mésintelligence était devenue publique; « chacun a son parti, écrit un correspondant du comte de Clermont (1), ceux qui n'en prennent point sont bien à plaindre. » Le départ de Soubise pour Versailles où il fut appelé avant de prendre la direction du corps auxiliaire, empêcha le désaccord de dégénérer en brouille ouverte.

Dans le camp des confédérés, la conduite de Cumberland souleva des critiques fort vives. Le Prince héritier de Hesse Cassel, qui commandait, sous les ordres du duc, la brigade prussienne, fit sur la retraite (2) un rapport qui dut donner au roi Frédéric une triste opinion de l'organisation et de la discipline : « Les Hanovriens, les Hessois

---

(1) Fumel à Clermont. Rhéda, 11 juin 1757. Papiers de Clermont, Archives de la Guerre.

(2) Prince de Hesse Cassel au Roi. *Correspondance politique,* vol. XV, p. 191.

et les troupes de Brunswick ont marché si vite pour gagner Herford, que si l'armée française était venue pour soutenir le corps qui nous attaquait, toute notre arrière-garde eût été abîmée. Voilà ce que c'est que ces armées alliées. En général il paraît que les Hanovriens ne sont pas bons Prussiens; je n'ose confier tout à la plume. » A la réception de cet avis, Frédéric, qui à ce moment avait le plus pressant besoin de tout son personnel, prévint Cumberland (1) qu'il ne lui laisserait son contingent qu'autant que le passage du Weser serait disputé; des ordres en conséquence furent envoyés à ses généraux (2).

A Londres l'impression fut également mauvaise. « Je ne suis pas surpris de l'inquiétude du Roi, écrit Newcastle (3). Se retirer devant l'ennemi n'est pas un bon symptôme, surtout quand il s'agit d'un poste presque inexpugnable. Le pays de Hesse est maintenant tout à fait exposé. » Dans un billet daté de Hanovre, d'un français bizarre, Münchhausen tient un langage analogue (4); à ses félicitations à l'occasion du retour de Newcastle aux affaires, il ajoute : « Je n'entre point en matière au sujet des conjonctures présentes, voyant qu'elles n'offrent partout, sur tout, et aussi de ces environs, que les idées les plus tristes et lugubres. »

Quelques jours avant les incidents de Bielefeldt, la cour de France avait pris de graves décisions : Un mot de Belleisle (5) à son fils, parti de Paris le 11 juin, annonçait la création d'une seconde armée destinée à opérer une diversion en faveur des Autrichiens, et à surveiller les prin-

---

(1) Frédéric à Cumberland, 12 juillet 1757. *Correspondance politique*, vol. XV, p. 238.
(2) Frédéric au prince de Hesse Cassel, 27 juin et 3 juillet 1757. *Correspondance politique*, vol. XV, p. 238.
(3) Newcastle à Hardwicke, 26 juin 1757. Newcastle Papers.
(4) Münchhausen à Newcastle, 28 juin 1757. Newcastle Papers.
(5) Belleisle à Gisors, 11 juin 1757. Archives de la Guerre.

ces allemands dont l'attitude, depuis la bataille de Prague et l'incursion du colonel Meyer, était devenue fort suspecte. Il était probable que ces troupes, composées d'éléments tirés de France et de la cavalerie laissée en arrière par d'Estrées, seraient commandées par le maréchal de Richelieu. Le rappel du prince de Soubise vint donner plus de consistance à ces bruits issus d'une source autorisée. Bientôt après, une dépêche ministérielle (1) confirma la nomination de Richelieu comme général en chef d'un corps d'armée en Allemagne, dont l'action serait indépendante, et qui se dirigerait sur le Mein et la Lahn. Pour faciliter cette marche, d'Estrées, aussitôt le Weser franchi, aurait à fournir des renforts à Richelieu. Enfin le prince de Soubise était placé à la tête d'une division séparée qui se joindrait aux contingents de l'Empire. Sept lieutenants-généraux et dix-huit maréchaux de camp servant sous d'Estrées, étaient désignés pour faire partie des nouvelles formations.

Pendant que les courriers porteurs de ces nouvelles étaient en route, d'Estrées s'était installé dans l'ancien camp de Cumberland. Il médite un pas en avant, mais, toujours circonspect, il ne veut pas s'engager pour une date ferme. « Tout est en mouvement (2) pour se préparer à opérer. Je ne puis encore rien dire sur l'époque fixée; les fours de Paderborn ne seront sûrement pas prêts de 12 à 15 jours. M. de Bourgade (3) me mande dans la minute qu'il ne peut encore en fixer le temps. » Il annonce l'intention de jeter trois ponts sur le Weser et d'envoyer une division aux ordres du duc d'Orléans, assisté de M. de Contades, occuper la Hesse; de son aile gauche il vient de détacher quelques centaines d'hommes sur l'Ost Frise et le port d'Embden.

(1) Paulmy à Estrées, 14 juin 1757. Archives de la Guerre.
(2) Estrées à Paulmy. Bielefeldt, 20 juin 1757. Archives de la Guerre.
(3) Munitionnaire de l'armée.

Comme le prouvent les scènes de Bielefeldt, l'état moral de l'armée laissait à désirer; le général se plaint d'être insuffisamment soutenu par ses officiers. « Je ne puis vous exprimer, Monsieur (1), les désordres qu'il y a eu depuis quatre jours dans l'armée. Les détachements qui ont suivi les Hanovriens ont pillé, et beaucoup; toute l'armée a cru devoir en faire autant, les soldats ont maraudé, assassiné et tout dévasté. Il y en aura 4 de pendus aujourd'hui, les premiers qui seront pris; j'enverrai le capitaine en prison, et en cas de récidive du même régiment le commandant du corps : voilà le seul remède que je sache... J'ai lieu de croire qu'il y en a plusieurs (des officiers) qui ne se donnent pas tous les soins possibles pour maintenir le bon ordre; vous me direz que c'est ma faute si je n'en viens pas à bout puisque j'ai l'autorité en main. Je puis vous répondre, Monsieur, que je n'y ai rien négligé et que je redoublerai de soin et d'attention, mais malgré cela je ne suis pas sûr de réussir. L'officier se plaint qu'il manque de tout, que les vivres sont chers et qu'il n'en trouve pas; il voit qu'à mesure qu'il fait un pas en avant la disette augmente; cela lui donne de l'humeur. »

Ainsi qu'on peut se l'imaginer, la demande du contingent à fournir pour la nouvelle armée de Richelieu fut assez mal accueillie au quartier-général. De quelle force serait-il? questionne d'Estrées (1); devra-t-il passer par Cassel ou Cologne? Dans la première hypothèse, un mouvement qui nécessitera l'occupation de Cassel et de Marburg ne sera-t-il pas trop excentrique pour se combiner avec le passage du Weser? Le brave général, à propos des détails d'exécution, fait l'éloge de son chef d'état-major : « Je dois rendre à M. de Maillebois la justice la plus étendue; il n'y a sorte de peine et de souci qu'il ne se donne pour mettre en activité les différentes

---

(1) Estrées à Paulmy. Bielefeldt, 20 juin 1757. Archives de la Guerre.
(2) Estrées au ministre. Bielefeldt, 21 juin 1757. Archives de la Guerre.

parties si nécessaires à concilier; il joint à un travail infatigable des connaissances fort étendues et de grandes lumières. » En la conjoncture, Maillebois (1) était d'accord avec son chef dont il partageait les hésitations; il conseille au ministre de renoncer à la traversée du Weser, « opération que le maréchal regarde comme très difficile et même inutile, » et de se borner à la prise de possession de Cassel, à l'envoi à Richelieu de 20,000 hommes qui marcheraient en arrière des lignes, par le duché de Berg et par Limbourg sur la Lahn.

Pendant qu'on ergotait à Bielefeldt, on perdait patience à Paris. Par dépêche datée du 25 juin, soit deux jours avant l'arrivée à Versailles de la nouvelle de la victoire de Kolin, le ministre (2) revint à la charge : « Quelques raisons que vous puissiez avoir de retarder les opérations de votre armée pour les assurer davantage, je suis obligé de vous dire que le Roi pense qu'elles doivent toutes céder aux vues politiques qui exigent dans les circonstances présentes que vous pressiez vivement le duc de Cumberland, et que vous fassiez même promptement quelque coup d'éclat qui puisse être de quelque secours aux troupes autrichiennes, prêtes à être accablées par les forces du roi de Prusse. Sa Majesté m'a donc commandé très expressément de vous expliquer qu'elle désire fortement que vous tentiez le passage du Weser, et que si contre toute apparence vous y trouviez une impossibilité morale, vous fassiez du moins marcher une partie de votre armée pour vous bien établir dans la Hesse. » La difficulté des transports qu'invoquait le maréchal pour expliquer la lenteur de ses progrès appelait des éclaircissements, aussi à cette missive était annexé un mémoire sur le désordre dans les distributions et dans l'organisation des convois. On y po-

---

(1) Maillebois à Paulmy, 20 juin dix heures du soir. Archives de la Guerre.
(2) Paulmy à Estrées, 25 juin 1757. Archives de la Guerre.

sait un certain nombre de questions auxquelles on demandait des réponses précises.

Avant que les injonctions de la cour ne lui parvinssent, d'Estrées fidèle à un programme n'excluant pas l'offensive, mais qui la comprenait raisonnée et méthodique, annonça un mouvement pour le 1er juillet. En passant, il ne peut s'empêcher de donner un coup de patte aux reporters de l'époque : « J'apprends (1) que la nouvelle que les ennemis avaient repassé le Weser est arrivée trente-six heures après que tout le monde la sut par la poste; comme on écrit ici les événements avant qu'ils soient arrivés, et que la date de ces lettres est antérieure à l'événement, je n'en suis pas surpris. »

Le plan stratégique que se proposait le général en chef était le suivant : Conformément aux intentions déjà transmises à la cour, un corps de 20,000 hommes sous les ordres du duc d'Orléans envahirait la Hesse et, selon toute probabilité, serait maître de Cassel vers le 15 juillet. Du côté du Weser, Broglie et Chevert devaient faire des démonstrations à la faveur desquelles d'Armentières, avec une division, jetterait deux ponts sur le haut de la rivière. Quant à la franchir avec le gros de l'armée, il était prématuré d'y songer encore; les fours de Paderborn, base des approvisionnements, ne seraient en état que vers le 8 ou 10 juillet, et il était impossible d'approcher d'Hameln, dont on prévoyait le siège, « sans avoir fait un nouvel établissement intermédiaire, ce qui ne peut s'exécuter que plus de 15 jours après l'emplacement donné. »

A ce travail Maillebois avait sans doute collaboré; il le complète par quelques observations et y ajoute un commentaire fort désobligeant. Dans ces appréciations mordantes et spirituelles, le chef d'état-major ne fait grâce à son général d'aucune de ses faiblesses; malgré le ton

---

(1) Estrées à Paulmy. Bielefeldt, 27 juin 1757. Archives de la Guerre.

d'impartialité affecté, on sent percer le dépit de n'être pas le maître, le désir de seconder les intrigues nouées à Paris pour le remplacement de d'Estrées par Richelieu, et l'espoir de gagner au change. « M. le maréchal d'Estrées (1) n'a jamais eu ni voulu avoir de plan de campagne; il a toujours vu les difficultés qu'il avait à surmonter, et il a employé à s'en affliger et à se rebuter tout le temps qu'un autre aurait employé à les vaincre. C'est un malheur que personne ne peut corriger. Il tient au caractère et à la tournure de son esprit, et il ne faut rien lui demander qui force sa manière d'être. Il est malgré lui intendant, munitionnaire, major-général, général de l'artillerie, politique; et il l'est si exactement qu'il n'a pas le temps d'être général. Il ajoute à tout cela de ne pas connaître le pays, de ne le voir jamais par lui-même, de décider toutes ses dispositions sur une mauvaise carte, de croire toutes les mauvaises nouvelles, de douter des bonnes, de s'inquiéter également de tout, et de se déterminer sur l'impression momentanée que lui fait la dernière réflexion, bonne ou mauvaise, à laquelle il s'est livré. Personne n'a sa confiance, et moi-même qui ai le plus l'apparence de l'avoir gagnée, je n'ai pas le droit de lui faire des représentations, encore moins celui de lui donner des raisons; il ne m'écoute jamais, quand il a la liberté de réfléchir, et ne me croit que quand il n'a pas le temps de se décider par lui-même. L'armée connaît au moins la moitié du tableau que je viens de vous faire. L'officier a éprouvé du malaise, le soldat s'est livré à l'indiscipline, les colonels sont mutins et tracassiers, le général a pris des moyens violents ou faux pour remédier aux inconvénients. Voilà la situation morale de notre armée. Quant à l'objet militaire, il serait superflu de rappeler ce qui s'est passé. Je vous en ai assez dit pour que vous sachiez les causes; vous en avez

---

(1) Maillebois à Paulmy. Bielefeldt, 29 juin 1757. Archives de la Guerre. Partie de cette lettre a été citée par M. C. Rousset.

vu les effets. Tous nos mouvements ont été faits lentement et mal à propos; nous étions arrivés au moment d'avoir un plan. J'en ai fait un que je joins à ma lettre particulière. Il y a apparence qu'il ne sera jamais suivi, ou qu'il y en aura la moitié de retranché par jalousie. »

Maillebois ne veut pas qu'on laisse la moindre initiative au commandant de l'armée. « Si ce plan (le siège de Hameln et de Minden, la conquête de la Hesse et l'occupation partielle du Hanovre) cadre avec les vues de la cour, cette conclusion doit être la matière de la première dépêche qu'on écrira à M. le maréchal d'Estrées. Toutes celles qu'il a reçues lui tournent la tête, et mettent lui et les autres dans l'embarras. En fixant ainsi ses opérations dans des limites proportionnées à ses forces et à ses moyens, on lui évite le travail d'une imagination qui s'égare et la nécessité d'un conseil qu'il ne suit pas. »

Pendant que l'homme qui aurait dû être le bras droit et le confident intime de son général le dénonçait à la malveillance du ministre et de ses familiers, d'Estrées dans une lettre fort digne prévenait le Roi qu'il lui serait impossible de dépasser Hameln avant le 23 juillet. « Cette vérité bien démontrée » l'a déterminé à agir seulement contre la Hesse. « Si le désir de bien servir Votre Majesté, continue-t-il (1), et à son gré, pouvait me tenir lieu de talents, je n'aurais rien à désirer;... Je ne dois pas vous dissimuler, Sire, que quand celui qui est chargé de l'exécution d'une entreprise ne connaît pas la possibilité de l'exécuter, il y a tout lieu de craindre qu'elle n'échoue, au moins en partie; et je crois que de plus habiles que moi seraient embarrassés à s'emparer en même temps de la Hesse et à faire le siège de Hameln. »

Les prédictions de d'Estrées s'accomplirent jour par jour; il faut reconnaître d'ailleurs que ses mouvements ne

---

(1) Estrées au Roi. Bielefeldt, 30 juin 1757. Archives de la Guerre.

furent gênés en aucune façon par le duc de Cumberland qui resta immobile dans son camp d'Afferde près de Hameln. Le 8 juillet, des ponts furent établis sur le Weser près de Blankenau, et à Hoxter sur le cours supérieur du fleuve; le même jour, le gros de l'armée s'ébranla du camp de Bielefeldt où il séjournait depuis le 18 juin. Ce long intervalle n'avait pas été complètement perdu. Embden avait capitulé presque sans résistance le 3 juillet; Contades, qui avait remplacé le duc d'Orléans à la tête de la division envoyée en Hesse, annonçait l'occupation de Cassel pour le 15; Péreuse avait poussé jusqu'à Münden (1) et y avait fait 400 prisonniers. Le maréchal, qui venait de se loger dans l'abbaye de Corvey sur la rive gauche du Weser, relate (2) au ministre ces heureux événements; incidemment, comme pour démentir les insinuations de Maillebois, il s'excuse de ne pas en dire plus long parce que depuis six jours il a été à cheval tous les matins à trois heures. L'opération, quel qu'en fût l'inspirateur, avait été bien combinée. L'armée française, en manœuvrant sur le cours supérieur du Weser, trouvait des facilités pour le passage de la rivière, menaçait la gauche de Cumberland posté plus bas sur le fleuve, et couvrait ses communications avec la Hesse et le centre de l'Allemagne où devait pénétrer le corps de Richelieu.

Au point de vue de la santé et de la discipline des troupes, le temps passé au camp de Bielefeldt avait été mis à profit; à l'occasion d'une revue en réjouissance de la victoire de Kolin, d'Estrées avait pu constater la belle tenue de l'armée; les effectifs étaient nombreux; il ne manquait presque pas de cavaliers, et les bataillons d'infanterie comptaient en moyenne 575 présents. Malheureusement ces résultats ne se maintinrent pas; aussitôt qu'on se remit en mouvement pour gagner le Weser, le désordre

(1) Ville située en aval de Cassel sur la rive droite du Weser.
(2) Estrées à Paulmy. Corvey, 13 juillet 1757. Archives de la Guerre.

reprit de plus belle. « L'esprit de maraude et de pillage, écrit un correspondant du duc de Luynes (1), était dans l'armée en entrant en campagne. M. le maréchal a cru ne pouvoir se dispenser de faire pendre d'abord quelques-uns de ces maraudeurs ; il y en a eu environ une vingtaine. » A côté de beaucoup de défaillances, certains colonels et parmi eux en première ligne le comte de Gisors, se consacraient à leur service avec un zèle et un esprit de devoir dignes de tout éloge. « Notre marche de Linghausen ici, mande-t-il à son père (2), qui n'était que de trois petites lieues, a duré neuf heures, à cause du peu d'exactitude avec lequel on exécute l'ordre relatif aux équipages, et de la lenteur extrême dont marchent les Palatins (3) qui ne font perpétuellement que doubler et dédoubler. J'ai adopté l'usage de marcher toujours par quatre, moyennant lequel je n'arrête jamais, tous les chemins étant susceptibles de contenir ce nombre d'hommes de front... Quant à la discipline, quant à la propreté, l'inspection se fait les jours de route comme les autres ; on n'en souffre aucun qui n'ait la queue faite de frais, une boucle de chaque côté, l'habit bien recousu, et jamais en route il ne leur est permis de dégrafer leurs chapeaux. Presque tous les soirs je vais à l'ordre, où je tâche de leur inspirer par des discours particuliers les sentiments que les soldats de Champagne doivent avoir. Ainsi, moitié par amitié, moitié par sévérité, je tâche de mener à bien la phalange qui m'est confiée. » Du camp de Horn, à deux étapes de Detmold, Gisors répète ses critiques (4) : « Petite journée, chemin embarrassé par tous les équipages qui devancent

---

(1) *Mémoires de Luynes*, vol. XVI, p. 112.
(2) Gisors à Belleisle. Detmold, 10 juillet 1757. Archives de la Guerre. Lettre citée par Camille Rousset.
(3) Les Palatins, c'est-à-dire le contingent fourni par l'Électeur Palatin, avaient rejoint l'armée à Bielefeldt.
(4) Gisors à Belleisle. Horn, 16 juillet 1757. Archives de la Guerre.

les troupes, malgré les ordres tant de fois réitérés; le grand prévôt qui est chargé de les arrêter ne fait pas plus sa charge à cet égard qu'à aucun autre. »

Décidément les équipages et leurs propriétaires, les princes et les officiers généraux, étaient la plaie de l'armée. Ces grands personnages ne se contentaient pas de retarder la marche des troupes, mais ils se faisaient délivrer des fourrages sans donner de reçus. Une note venue de Paris (1) évalue à 50,000 le nombre des rations illégalement prélevées. « Plusieurs officiers généraux avaient prétendu que leurs chevaux fussent nourris, et qu'ils prendraient des voitures avant qu'elles entrassent dans les magasins, ce qu'ils ont exécuté. » Le ministre signale aussi la quantité immense de chariots que tout le monde garde à sa suite. « Un lieutenant général et un colonel en avaient chacun 40 avec eux depuis dix jours. Il n'y a pas de bataillon qui n'en ait une quinzaine. Cela n'empêche que l'on ne prenne beaucoup de fourrages. Les chevaux et équipages marchent sans charge et on crève ceux des misérables paysans. » Ajoutez « des traitements exigés en argent et en nature, des taxes par jour et même des violences sur les pauvres habitants, » le tableau sera complet.

Nous trouvons la confirmation des plaintes soulevées par les exactions de l'armée française dans la correspondance (2) du général ennemi. « La façon dont il (d'Estrées) a traité toute cette partie de l'Allemagne, depuis qu'il a passé le Rhin, ferait croire qu'il est venu plutôt pour détruire le pays que pour le conquérir. En effet, quoiqu'il ait traité avec la plus grande sévérité et rigueur la portion des États de Sa Majesté dont il est à présent le maître, les pays de Munster et de Paderborn, Dieu le sait, ont souffert tout autant, car dans ces deux évêchés il n'y a pour

(1) Mémoire de M. de Paulmy envoyé à M. le maréchal d'Estrées, et reçu le 29 juin 1757. Archives de la Guerre.
(2) Cumberland à Holdernesse. Afferde, 22 juillet 1757. Newcastle Papers.

ainsi dire pas un paysan qui ait conservé un cheval ou un chariot. »

S'il faut en croire les récits de l'historien Hassell (1), empruntés aux archives de Hanovre, l'indignation du général anglais était quelque peu pharisaïque, car les excès attribués aux Français, il aurait pu les reprocher à ses propres troupes qui n'avaient pas l'excuse d'être en pays étranger. Oublieux des égards dus à des compatriotes, les soldats de Cumberland se livraient à la maraude, pillaient les villages et dévastaient les récoltes. Il fallut sévir, et après des mesures restées inefficaces, déléguer pleins pouvoirs au prévôt pour pendre les délinquants; on fit même accompagner ce fonctionnaire d'un pasteur, afin que la nécessité de donner les consolations de la religion aux condamnés ne retardât pas leur exécution.

Au moment où le prince anglais, fort découragé, joignait ses instances à celles du roi de Prusse pour obtenir l'envoi (2) sur le continent d'une division de troupes britanniques, d'Estrées adoptait une résolution énergique. Le succès de l'expédition de Cassel où les Français étaient entrés sans opposition, l'insistance des dépêches venues de Paris, et s'il faut en croire un témoin fort intéressé, les supplications de Maillebois (3), déterminèrent le maréchal à prendre le parti devant lequel il avait si longtemps hésité. « L'armée du Roi, put-il écrire le 16 juillet à Paulmy (4), est enfin de l'autre côté du Weser; d'Armentières est à deux lieues en avant vers Hombourg avec sa réserve. M. de Cumberland se présentera à nous pour nous disputer l'entre-deux du Weser et de la Leine. Je compte l'attaquer aussitôt que nous en aurons

---

(1) Hassell, p. 331.
(2) Newcastle à Hardwicke, 25 juillet 1757. Newcastle à Ashburnham, 27 juillet 1757. Newcastle Papers.
(3) Mémoire du comte de Maillebois. Luynes, vol XVI. Appendice.
(4) Estrées à Paulmy, Holtzminden, 16 juillet 1757. Archives de la Guerre.

préparé les moyens. Je ne puis partir pour cela au plus tôt avant le 19. Le pays est montueux et difficile; il faut se préparer des marches et des vivres, mais rien n'arrêtera ensuite... La tête de notre convoi d'artillerie de siége, qui avait été destiné pour Cassel, arrive après-demain ici, et le reste arrivera successivement. A tout il faut le temps et la patience; je me la donnnerais encore pour quelques jours, si je ne craignais de donner le temps à M. de Cumberland de se trop bien accommoder dans sa position. »

Le passage du Weser si longtemps attendu par l'armée, fut l'occasion d'un de ces pots-pourris (1) à la mode au dix-huitième siècle :

> « Aussitôt dit, aussitôt fait,
> Voilà mon d'Armentières,
> Sans perdre piéton ni bidet,
> Par delà la rivière.
> Pour un pareil exploit,
> Langlois ferait claquer son fouet;
> Mais Cadet vous dira :
> N'faut pas être grand sorcier pour ça!
> La la la! »

Si, contrairement à ses habitudes de réserve, le maréchal d'Estrées semble escompter un succès presque certain, son chef d'état-major ne partage pas cette confiance. « L'armée, écrit-il à Paulmy (2), est sans volonté. On a une méfiance et une opinion de cet homme-ci qui me fait trembler. Croyez-moi, mon cher frère, il n'y a pas de temps à perdre pour changer la face des choses, quinze jours sont capables de tout gâter. Je croirais manquer à tout ce que je dois au Roi si je ne vous pressais pas de nous envoyer un autre chef; le plus tôt sera le plus salutaire. Autant j'aurais voulu approcher de l'ennemi à Bracovey (Brackewerde), autant je souhaite que cela n'arrive pas ici. J'y

---

(1) Archives de la Guerre. Allemagne, vol. XXXII, p. 135.
(2) Maillebois à Paulmy. Holtzminden, 17 juillet 1757. Archives de la Guerre.

ferai de mon mieux; je connais quelques bons bras, quelques bonnes vestes, mais la principale est bien égarée. »

Peut-être le dépit évident de l'écrivain tenait-il à la circonstance que lors de la reconnaissance qui avait précédé le passage du Weser, d'Estrées n'avait pas emmené (1) son chef d'état-major et s'était chargé seul de la besogne. Au moment où il traçait les lignes ci-dessus citées, Maillebois, de son propre aveu (2), était informé depuis le 7 juillet, par une lettre particulière du ministre, du remplacement du maréchal, et avait envoyé au duc de Richelieu un billet de félicitation qui parvint à destination le 14 (3); aussi est-il possible, et même probable, qu'il ait souhaité l'ajournement d'une action décisive jusqu'à l'arrivée du nouveau général. Que cette accusation, contre laquelle il se défendit énergiquement, fût fondée ou non, il faut avouer que pendant toute cette période de la campagne sa conduite fut fort équivoque.

D'Estrées employa les jours qui suivirent la traversée du Weser à manœuvrer contre Cumberland; à cet effet il avait laissé le duc de Broglie à la tête d'une division sur la rive gauche de la rivière, avec ordre d'en longer le cours en surveillant l'ennemi; de sa droite il avait détaché le duc de Randan sur Einebeck, avec mission de gagner la route de Hanovre et de se porter sur les communications des confédérés. Ces démonstrations et l'approche de l'armée, précédée par l'avant-garde du marquis d'Armentières, décidèrent le duc de Cumberland à lever son camp d'Afferde et à remonter la vallée du Weser à la rencontre des Français. Les deux armées se retrouvèrent ainsi en

---

(1) Gisors à Belleisle, 16 juillet 1757. Archives de la Guerre.
(2) Mémoire de Maillebois. L'auteur reconnait avoir reçu le 7 juillet une lettre confidentielle de Paulmy en date du 2 de ce mois, lui apprenant le remplacement de d'Estrées.
(3) Richelieu à Duverney, 24 juillet 1757. *Correspondance de M. de Richelieu.* Londres et Paris 1789.

contact; quelques fractions des alliés tinrent ferme et montrèrent des velléités de combat; mais en définitive il n'y eut que des escarmouches insignifiantes. Un incident curieux se produisit dans un château des bords du fleuve. Des officiers d'état-major français y étaient à table (1), quand leur repas fut interrompu par plusieurs coups de fusil dans les fenêtres de la salle où ils se trouvaient. C'étaient quelques chasseurs hanovriens qui tiraient de l'autre côté de l'eau; le feu fut arrêté par un officier général. Questionnés sur l'identité du personnage, les gens de l'endroit reconnurent leur maître, le comte de Schulenburg, major-général dans l'armée hanovrienne, qui avait d'excellentes raisons pour empêcher ses hommes de casser les vitres (2).

Enfin le 24 juillet, d'Estrées fit tâter la position des Hanovriens établis sur les collines boisées qui bordent la rive droite du Weser. Malgré une canonnade assez vive l'ennemi ne bougea pas; il devint évident que, modifiant la tactique suivie jusqu'alors, il avait l'intention de disputer le terrain. Cette attitude nouvelle, les risques d'un assaut contre un adversaire favorisé par la nature des lieux, firent renaître dans l'esprit du maréchal des doutes sur le succès de l'affaire qu'il allait engager; un conseil de guerre, réuni à la hâte, les partagea, et on était sur le point de renoncer à l'attaque directe pour essayer un mouvement tournant, quand on vit l'armée de Cumberland abattre ses tentes et se retirer dans la direction d'Afferde. Ce spectacle dissipa les hésitations de d'Estrées, qui prit ses dispositions pour se porter en avant et occuper les hauteurs que les Hanovriens venaient d'évacuer.

(1) Mustel au ministre, 24 juillet 1757. Archives de la Guerre.
(2) C'est à cette époque qu'eut lieu l'envoi des bouteilles d'eau de Luce à M. de Cumberland. Le maréchal, ayant appris que son adversaire n'était pas approvisionné de son remède favori, en fit venir 100 bouteilles de Hollande et les lui fit remettre par un trompette. Cumberland donna 100 louis d'or à l'heureux messager.

C'est à bon escient que le général anglais avait choisi le théâtre de la lutte aux environs de son ancien camp; il espérait y trouver pour la défense des avantages qui compenseraient l'infériorité numérique de ses forces. Pour nous rendre compte du champ de bataille et pour suivre les péripéties du combat, nous nous placerons avec le maréchal d'Estrées sur le Bückeberg (1), au bord du Weser, sous l'ombre d'un tilleul resté légendaire. Derrière nous, le fleuve; à notre gauche, dans l'éloignement, en aval par conséquent et assise sur le cours d'eau, la petite forteresse d'Hameln; entre les bastions de la ville et la butte où nous nous trouvons, s'étend une plaine dont une partie voisine du Weser en culture, l'autre en prairies marécageuses et coupée par des haies. Au delà de ce marais, que les gens du pays appellent le Tünder-Anger, se dressent les faibles escarpements du Sintelberg auxquels le ruisseau d'Haste, dessiné par une double ligne de saules, sert de fossé naturel; au fond du tableau, presque caché par les contreforts du Scheckenberg, le village d'Afferde, quartier-général de Cumberland. En face de nous les vergers d'Hastenbeck, à moitié enfouis dans le vallon formé par l'Haste; aux dernières maisons du village viennent mourir les pentes boisées qui dévalent des sommets de la montagne.

Le massif du Scheckenberg remplit toute la droite du paysage; vis-à-vis de notre observatoire, à une distance de six kilomètres environ à vol d'oiseau, dominant les villages d'Hastenbeck et de Voremberg, se détache, à l'extrémité sud du Scheckenberg, une haute futaie de chênes et de hêtres à laquelle la tradition a donné le nom d'Obensburg (2) en souvenir de quelque bâtisse oubliée du moyen âge. Des dernières chaumières de Voremberg, à l'extrémité du plateau qui nous sépare de la hauteur, des

---

(1) Voir la carte p. 444.
(2) Obensburg d'après la carte de l'État-major, Ohnsburg d'après Hassell.

ravins encaissés conduisent vers l'Obensburg par une montée rapide à travers la forêt. Des crêtes qui séparent ces ravins, et du dos d'âne central, émergent des éminences rocheuses comme autant de sommets distincts; l'une d'elles, le Scherenberg, commande les approches d'Hastenbeck et toute la plaine du Tünder. Tout à fait à notre droite enfin, le regard fouille le Katzenberg, colline boisée au-dessus de Völkerhausen, et le col qui relie le Katzenberg au versant est du Scheckenberg.

Toute la journée du 25 juillet se passa en canonnade inoffensive et en préparatifs pour le combat du lendemain. Du Bückeberg, d'Estrées put reconnaître à son aise l'ennemi et régler ses dispositions d'attaque. Cumberland avait rangé la droite de son armée, composée de 29 bataillons et 30 escadrons, sur le Sintelberg; 2 bataillons et 10 escadrons avaient été postés plus encore à droite avec mission de garder les communications du côté de Hameln. Le centre des confédérés, fort de 22 bataillons dont 4 en deuxième ligne, occupait les pentes derrière Hastenbeck et l'espace entre ce village et la lisière des taillis qui vêtent les assises du Scheckenberg. Quant à la montagne dont les déclivités boisées et rocheuses forment un bastion naturel, le Prince avait pensé que les difficultés de l'ascension suffiraient pour écarter l'assaillant; il n'avait affecté à sa gauche que 8 bataillons, dont 2 en réserve, et quelques compagnies de chasseurs. Rassuré sur sa droite couverte par le marais de Tünder-Anger et par le chapelet d'étangs qu'alimente le ruisseau d'Haste, sans préoccupations sur sa gauche ni sur ses derrières protégés par le grand massif du Scheckenberg, Cumberland avait porté toute son attention sur le seul point de sa ligne qui lui semblât vulnérable, sur l'étroit débouché entre Hastenbeck et la montagne. Trois batteries en défendaient les approches : la première à gauche, juchée sur le Scherenberg, devait prendre en flanc les colonnes d'attaque qui se heurteraient de front à une grande redoute armée de 12 canons et de 6 obusiers; celle-ci était établie plus bas sur le versant nord du Retzig Grund, vallon remontant en droite ligne de Hastenbeck à Obensburg. Enfin une troisième batterie, au centre, devait arrêter toute tentative de dépasser le village.

Formée des troupes de Hanovre, de Hesse et de Brunswick, et des contingents de Gotha et de Lippe, l'armée de Cumberland atteignait encore, malgré le départ de la brigade prussienne (1) rappelée par son souverain, un effectif de 40,000 hommes. En dépit d'une retraite qui avait duré deux mois, le moral était bon et le soldat prêt à se battre.

Aussitôt que le général français eut reconnu la position de son adversaire, il prit pour l'attaque des mesures sur lesquelles il paraît cette fois avoir été d'accord avec Maillebois. La droite des Hanovriens était inabordable; leur centre, bien posté derrière le village, appuyé sur la redoute de la lisière du bois, et défendu par la troisième batterie plus en arrière que Cumberland avait fait armer avec du canon transporté de Hameln, ne pourrait être entamé que lorsqu'on serait maître des hauteurs boisées qui masquaient leur gauche. C'était donc de ce côté, quelles que fussent les difficultés de l'entreprise, qu'il fallait porter les premiers efforts.

M. de Chevert, l'un des meilleurs généraux de l'armée française, fut chargé d'escalader la montagne et de tourner le front ennemi; il avait sous ses ordres trois brigades (2) d'infanterie et quelques troupes légères. Dans cette mission ardue, il serait assisté par le marquis d'Armentières, à la tête d'une division d'égale force; ce dernier devait suivre le bord du bois et flanquer l'atta-

---

(1) Les Prussiens avaient quitté l'armée de Cumberland le 11 juillet. Hassell, p. 348.

(2) Les corps de 4 bataillons portaient tantôt le nom de brigade, tantôt celui de régiment.

que principale contre le village d'Hastenbeck et la redoute centrale. Plus à gauche se tiendraient M. de Souvré avec les Palatins et la brigade autrichienne, M. d'Anlézy avec le régiment de Champagne et les bataillons suisses de Reding, au centre M. de Contades avec sa division, M. de Guerchy avec les grenadiers, enfin à l'extrême gauche des Français et formant réserve, le duc de Broglie qui la veille avait franchi le Weser.

L'artillerie, sous les ordres de MM. de Vallière et de Fontenay, était répartie sur le front de bataille et devait appuyer les mouvements des colonnes d'attaque; la cavalerie était en ligne derrière l'infanterie. D'Estrées avait dans les rangs environ 50 à 51,000 fantassins (1) et artilleurs, et 9,000 cavaliers; malgré les quelques relâchements de discipline que nous avons signalés, le troupier était plein d'entrain et très désireux de croiser le fer avec un adversaire qui jusqu'alors s'était toujours dérobé. Le matin du 26 juillet, toute l'armée française était réunie dans l'espace qui s'étend entre le Weser et le ruisseau d'Haste, à l'exception des divisions de Chevert et d'Armentières déjà en route contre la gauche de Cumberland.

« Dès cinq heures 1/2 du matin, écrit un officier d'artillerie (2), M. de Fourcroy, la canonnade commença; le brouillard ne nous permit pas, ou plutôt aux ennemis, de tirer plus tôt, car nous avions attendu le signal indiqué pour huit heures. » A cette heure, ou vers neuf heures d'après d'autres récits (3), on entendit la fusillade de la colonne de Chevert qui gagnait dans les bois à l'extrême droite des Français. Ce général, pendant la marche de

---

(1) La situation de l'infanterie française en date du 31 juillet 1757, donne 2,501 officiers et 39,949 soldats présents, auxquels il faut ajouter les 2,331 mis hors de combat le 26, et les Autrichiens et Palatins au nombre de 6,000 hommes. La cavalerie au 6 août comptait 9,327 cavaliers effectifs.
(2) Fourcroy à son père. Hastenbeck, 26 juillet 1757. Archives de la Guerre.
(3) Éclaircissements présentés au Roi par le maréchal d'Estrées.

nuit qu'il dut faire pour exécuter son mouvement tournant, fut rejoint par le régiment d'Eu fort de 2 bataillons, que le maréchal lui envoya sous la direction du lieutenant-général comte de Lorges (1).

Laissons la parole à Chevert (2) : « M. le comte de Lorges m'ayant joint, je fis mes dispositions et composai mon avant-garde de toutes les troupes légères (volontaires de Flandre et de Hainault), soutenues par douze compagnies de grenadiers commandées par M. le comte du Chatelet, et M. de Gascoing lieutenant-colonel de Picardie. Ils furent suivis par le premier bataillon de Picardie et successivement par tous les autres (3), laissant la brigade de Navarre à l'arrière-garde... Par le feu que nous éprouvâmes au début, j'eus lieu de croire ce qui m'a été confirmé par les prisonniers, c'est que nous avions en tête 2,000 grenadiers hessois et 8,000 hommes (4) d'infanterie des autres nations, postés fort avantageusement dans un bois extrêmement fourré, où cependant je fis passer nos seize pièces de canon d'infanterie qui me servirent très utilement, et qui a contribué à surmonter les obstacles que j'ai eus à vaincre. M. de Bussy, officier des volontaires, ayant été tué, je me suis trouvé sans guide pour arriver aux deux débouchés qui me menaient à la plaine, ce qui a fait un combat beaucoup plus long qu'il ne devait être par le courage des troupes que je ne saurais trop vanter. Enfin après avoir découvert la route que je devais tenir, je vins donner ordre à la brigade de Picardie, qui avait placé

(1) D'après les récits de l'affaire, il est évident que Lorges avait également sous ses ordres le régiment d'Enghien qui appartenait à la division du duc de Randan.

(2) Chevert au ministre. Hagen, 28 juillet 1757. Archives de la Guerre.

(3) La division de Chevert était composée en outre des troupes légères des brigades ou régiments de Picardie, Navarre et Marine qui comptaient chacun 4 bataillons.

(4) Le récit du duc de Cumberland parle de 8 bataillons postés dans les bois et sur la lisière; ils furent renforcés de 6 autres dans le courant de la journée.

un drapeau sur la roche la plus élevée et qui était vu par notre armée, de prendre la tête de la colonne, suivie par Navarre, la Marine et la brigade d'Eu, qui toutes étaient placées sur les crêtes des sommets de cette montagne, du côté de M. le maréchal d'Estrées. »

Ce récit si bref rend à peine un hommage suffisant à la valeur et à l'ardeur du soldat. Il fallut des efforts incroyables pour triompher des difficultés de la montée et pour traîner l'artillerie jusqu'en haut. Les hommes furent obligés à plusieurs reprises de porter leurs canons à bras pour franchir les rochers qui obstruaient les sentiers. Les traditions du pays ont conservé le souvenir de cet exploit en donnant à l'un des chemins du Scheckenberg le nom de « Kanonenweg. » Aussitôt les pièces en position, on les tourna (1) contre la gauche de la ligne ennemie; cette décharge inattendue mit le désordre dans les bataillons de Cumberland et facilita les progrès du centre français.

Pendant le combat dans le bois que se passait-il du côté d'Hastenbeck? Aussitôt qu'on entendit les premiers coups de fusil des soldats de Chevert, le feu des batteries françaises, très mollement soutenu jusqu'alors, reprit avec vigueur sur toute la ligne; il fut dirigé avec beaucoup d'effet (2) sur la redoute de la lisière du bois et sur les troupes hessoises postées derrière le village d'Hastenbeck. Bientôt l'artillerie française, dont la supériorité devenait de plus en plus évidente, se porta en avant et rapprocha son tir du centre ennemi. Cependant la colonne d'Armentières, qui aurait dû marcher par l'orée de la forêt et relier la manœuvre de Chevert avec l'assaut de la redoute, ne donnait aucun signe de vie. Pendant la première période de la lutte, elle avait contribué au succès de notre droite en forçant

(1) Bréhaut (colonel de Picardie) à Paulmy, 7 août 1757. Archives de la Guerre.
(2) Relation de la bataille par le duc de Cumberland.

l'ennemi à évacuer la batterie du Scherenberg : Le général hanovrien Schulenburg (1), chargé avec trois bataillons de la défense de cette position, malgré le renfort de deux autres bataillons qu'on lui envoya de la réserve (2), tourné par Chevert, attaqué de front par M. de Roqueval avec les grenadiers de la division d'Armentières et quelques troupes légères, avait été obligé de battre en retraite; il emmena presque toutes ses pièces; une seule démontée tomba au pouvoir des Français. A partir de ce moment, d'Armentières, égaré par son guide, s'était porté trop à droite et paraît avoir confondu ses efforts avec ceux de Chevert. Maillebois qui était alors auprès du maréchal s'aperçut du vide produit par cette erreur de direction (3). « Les brigades qui doivent longer le bois ne paraissant pas, jugerez-vous à propos, dit-il à son chef, de les remplacer par les brigades de Champagne et de Reding? » D'Estrées approuva l'idée. Le mouvement réussit : Le régiment de Champagne, traînant ses canons avec lui, franchit non sans peine les nombreux ravins qui dévalaient du Scheckenberg et qui coupaient les abords de la position ennemie, et pénétra dans la redoute dont les défenseurs avaient été démoralisés par l'explosion des caissons contenant leur provision de poudre. Chassés une première fois, grâce à un retour offensif des Brunswickois courageusement enlevés par leur prince héritier, les soldats du comte de Gisors restèrent définitivement maîtres de la batterie et des douze pièces de canon dont elle était armée.

Il était onze heures 1/2; la bataille semblait gagnée. A

---

(1) Cet épisode de la lutte est décrit par Hassell, p. 366. Nous avons cherché à concilier son récit puisé aux sources hanovriennes avec celui des généraux français.
(2) Maillebois à Paulmy, 19 août 1757. Archives de la Guerre.
(3) *Mémoire de Maillebois. Éclaircissements de d'Estrées.* Archives de la Guerre.

gauche la division de Contades et les grenadiers du Roi, conduits par Guerchy, s'emparaient des jardins d'Hastenbeck et débouchaient du village. Sur la droite, le feu de Chevert avait cessé; le drapeau de Picardie flottait au-dessus des rochers en signe de victoire; le maréchal pouvait discerner, dans la ligne ennemie, les premiers symptômes de la défaite. Il ne se trompait pas; Cumberland, ému des progrès des Français, voyant son centre ébranlé et sa gauche sur le point d'être coupée, avait donné les ordres pour la retraite.

Tout à coup, environ trois quarts d'heure après la prise de la redoute, un incident se produisit qui porta le plus grand trouble dans l'état-major français et dans une partie de l'armée. D'Estrées, qui s'était rendu à la redoute, entendit tout à coup, dans la direction de l'Obensburg, un feu violent de mousqueterie qui paraissait gagner sur sa droite; il crut d'abord à une méprise de ses troupes qui se seraient méconnues dans le bois et qui tiraient les unes sur les autres. Voici d'ailleurs le récit empreint d'une grande franchise fait par le général en chef (1) : « Je voulus faire cesser cette erreur en ordonnant aux tambours qui étaient au bord du bois de rappeler; mais ce fut en vain. C'était réellement le feu des ennemis, et j'avouerai que j'en eus de l'inquiétude. Elle fut augmentée par le bruit de huit pièces de canon dont l'ennemi s'était emparé et qui tiraient sur les carabiniers placés parallèlement au ravin d'Hastenbeck. J'étais trop près de cet objet pour ne pas le distinguer, et je suis sûr (2) que cet événement ne m'avait pas encore fait penser à ordonner aucun mouvement rétrograde. Depuis quelques minutes M. de Chevert m'avait averti que les ennemis se reti-

(1) Le récit du maréchal d'Estrées est confirmé par celui de Chabot, chef d'état-major de la cavalerie.
(2) Les éclaircissements de d'Estrées, que nous citons, étaient une réponse à un mémoire de Maillebois.

raient, et je voyais distinctement qu'il n'y avait plus que quelques troupes de cavalerie peu considérables sur le terrain où l'armée ennemie avait été en bataille. »

A cet instant survient M. de Puységur de la part de Maillebois qui, peu de temps avant la prise de la redoute, et par ordre du maréchal, était allé surveiller les mouvements de la gauche française. « M. de Maillebois m'envoie vous dire, dit cet officier, qu'il n'y a rien de si pressé que de lui envoyer deux brigades de cavalerie et deux d'infanterie, parce qu'il y a de la cavalerie et de l'infanterie ennemies qui tournent par l'extrémité du bois. » D'Estrées continue : « Je détachai les carabiniers et la brigade de Lyonnois. Au même moment M. le duc de Broglie me fit dire que M. le duc d'Orléans lui avait envoyé ordre de marcher, et qu'il me priait de lui mander ce qu'il avait à faire ; ma réponse fut qu'il devait obéir à ce prince qui apparemment avait vu des choses qui pressaient et qui m'étaient inconnues. Dans l'instant je vis presque toute la cavalerie de ma gauche se porter de toutes jambes à ma droite ; il me vint d'autres avis qui disaient que la brigade de la Marine avait perdu son canon, que les troupes autrichiennes avaient beaucoup souffert. Tous ces événements me furent rapportés en moins de cinq minutes et me donnèrent l'idée de changer ma position, ou pour me retirer si j'y étais obligé, ou pour me mettre en état de marcher aux ennemis s'ils venaient en force sur mon flanc droit. Au lieu d'envoyer M. de Puységur à M. le duc de Broglie, comme le suppose gratuitement M. de Maillebois, je lui dis : « M. de Puységur, a-t-on pensé à nos équipages ? Il faut les faire passer au delà des défilés de Halle. » A quoi il me répondit : « Dans ces circonstances il faut des ordres par écrit. » — « Vous n'avez qu'à les écrire, lui dis-je, et je les signerai. » « De ce moment je fus occupé de faire repasser le ravin d'Hastenbeck à l'artillerie et à toute l'infanterie, excepté Champagne et les grenadiers de

France; je fis dire à M. de Chevert de se retirer sur moi. Plus il m'avertissait qu'il n'y avait presque pas de troupes devant lui, plus elles avaient disparu à mes yeux à la faveur des bois et des montagnes, et plus j'étais persuadé par les mouvements qui se faisaient en arrière de moi que les ennemis se portaient sur notre flanc droit sur le chemin d'Hanovre. »

Le changement de position décidé par le maréchal ressemblait fort à une reculade; aussi fut-il très mal accueilli par les officiers de son état-major. « Au premier ordre que j'en donnai, plusieurs personnes, MM. de Guerchy, Cornillon (1), Chabot (2), et beaucoup d'autres me vinrent faire des représentations qui leur étaient dictées par leur zèle pour le service du Roi et par leur amitié pour moi; comme ils ignoraient tous les différents avis que j'avais reçus, ils avaient lieu d'être étonnés de ma résolution. Je commandai cependant comme quelqu'un qui voulait être obéi. L'infanterie passa (repassa) le ravin d'Hastenbeck; je le bordai d'artillerie... La tranquillité était rétablie sur notre flanc droit et en arrière. Les carabiniers qui s'étaient rapprochés de ma position me prouvaient qu'il n'y avait plus d'inquiétude à avoir de ce côté-là. Je fis ouvrir des passages et ils s'avancèrent avec une autre (brigade de cavalerie) aux ordres de M. de Fitz James, au delà du terrain où les Hanovriens étaient postés au commencement de la bataille. Je me portai au même point où je vis les ennemis qui se formaient sur les hauteurs d'Hameln, ayant devant eux la rivière; il ne restait plus en deçà que deux ou trois troupes de cavalerie qui cherchaient à la passer. J'aperçus en même temps, à 1/2 lieue sur ma droite, le corps des troupes de Brunswick qui avait pénétré dans le bois pendant l'action et qui se retirait. Il était quatre heures du soir; la chaleur excessive et

---

(1) Major-général de l'infanterie.
(2) Major-général de la cavalerie.

l'extrême fatigue des troupes ne permettaient plus de rien entreprendre d'utile; il ne fut question que de prendre une position sûre et commode. »

Que s'était-il passé dans le bois? Le rapport de Chevert va nous le dire. Nous avons laissé ce général maître des hauteurs d'Obensburg, à l'extrême droite de la ligne française, et se préparant à descendre sur Hastenbeck pour prendre en flanc le centre ennemi. Afin d'activer le défilé retardé par les difficultés du terrain et par l'étroitesse des sentiers, il se mit à la tête de sa colonne, laissant à la queue ses canons, sous l'escorte d'un détachement. Les régiments s'ébranlèrent dans l'ordre suivant : Picardie, Navarre au complet et plus des 2/3 de Marine. « Comme je les formais, rapporte-t-il (1), pour achever de chasser les ennemis qui fuyaient devant moi et qui se retiraient par ma droite (2), du côté de Hameln, j'entendis un feu vif sur une descente à ma gauche, qui m'étonna beaucoup sans m'effrayer puisque je n'avais point laissé d'ennemis derrière mes brigades. Je sus longtemps après que M. le comte de Lorges, qui n'avait point jugé à propos de laisser suivre à sa brigade l'ordre général et la disposition que j'avais faite, avait obligé cette brigade à marcher sur sa gauche. »

Lorges (3), comme nous le verrons plus loin, protesta contre l'accusation de Chevert, et donna une autre version de l'incident dont la cause initiale avait été l'irruption dans le bois d'un parti confédéré. Le duc de Cumberland rend compte de ce retour offensif dans les termes suivants (4) : « Le feu de la mousqueterie augmenta con-

(1) Chevert au ministre, 28 juillet 1757. Archives de la Guerre.
(2) Par suite du mouvement tournant accompli, Chevert à ce moment devait se trouver dans une position perpendiculaire et à un peu en arrière de la formation primitive des Hanovriens.
(3) Il n'est pas clair si Lorges, qui était lieutenant-général de la même ancienneté que Chevert, avait été mis sous les ordres de ce dernier.
(4) Relation du duc de Cumberland. Archives de la Guerre.

sidérablement à ma gauche, et l'ennemi réussit à nous gagner quelque terrain; je détachai les colonels de Breidenbach et de Dachhausen avec trois bataillons et six escadrons hanovriens pour tourner le bois... Le colonel de Breidenbach attaqua les brigades très avantageusement postées et protégées par une batterie de quatorze pièces de canon; il culbuta les ennemis, la bayonnette au bout du fusil, qui se retirèrent avec précipitation, abandonnant, outre nombre de morts, une quantité considérable d'artillerie et de munitions. Mais ce colonel, préférant au butin le salut des blessés, ne put emmener que six pièces de canon; il fit enclouer le reste. Le colonel Dachhausen repoussa quelques escadrons des ennemis jusque devant cette armée. Cette attaque se fit très tard, et dans un éloignement qui fit que je n'en ai pu être informé que quelque temps après ma retraite. »

Ces phrases du rapport de Cumberland nécessitent quelques explications. Le général anglais, aussitôt qu'il s'aperçut du danger couru par sa gauche, avait envoyé l'ordre à Breidenbach de se porter au secours des défenseurs d'Obensburg. Cet officier était posté avec trois bataillons et deux escadrons dans le défilé de Schecken qui sépare le versant nord du Scheckenberg des hauteurs voisines. Aussitôt rejoint par Dachhausen avec quatre escadrons, il marcha sur le village de Diederssen, n'y trouva personne, contourna la face orientale du massif, et laissant la cavalerie continuer son mouvement en plaine, gravit la montagne pour aller soutenir ses camarades dont il entendait la fusillade sur sa droite. L'ascension fut longue et difficile; quand les Hanovriens parvinrent au haut, le combat avait cessé; Chevert poursuivant sa manœuvre commençait à descendre la pente du côté d'Hastenbeck; il ne restait au sommet que les régiments (1) d'Eu et d'Enghien. Ces

---

(1) Ces régiments étaient à deux bataillons.

troupes se gardaient mal; surprises par l'attaque d'un adversaire dont on ne soupçonnait pas l'existence, elles furent promptement mises en désordre et culbutées jusqu'au bord du bois.

D'après un mémoire des officiers du régiment d'Eu (1) et une lettre du lieutenant-général comte de Mailly (2), l'échec de la brigade, contrairement aux assertions de Chevert, aurait été dû à l'imprudence de ce dernier qui, se lançant avec trop d'impétuosité sur les traces de l'ennemi, aurait ébranlé sa division sans avoir nettoyé au préalable le bois de ce qui pouvait s'y trouver encore. Il aurait même refusé d'écouter les avis (3) qu'on lui fit parvenir sur l'intervention des bataillons de Breidenbach. Que la responsabilité de l'accident incombât à Chevert, à Lorges ou au régiment d'Eu (4), toujours est-il qu'il y eut déroute et panique complète dans cette partie du champ de bataille. Quatre compagnies d'Eu, colonel en tête, prirent à droite avec le comte de Lorges et vinrent donner sur les escadrons de Dachhausen qu'elles arrêtèrent par leur feu, disent les uns, par lesquels elles furent sabrées,

---

(1) Défense du régiment d'Eu, 3 août 1757. Archives de la Guerre.

(2) Mailly au ministre, 19 août 1757. Archives de la Guerre.

(3) A cette accusation Chevert répondit qu'au moment de l'échauffourée il était à 3/4 d'heure de distance du régiment d'Eu. Chevert à Paulmy, 16 août 1757. Archives de la Guerre.

(4) Malgré le dire des officiers d'Eu, il y a tout lieu de croire que ce régiment poussa assez loin sa fuite; un plan de la bataille déposé aux Archives de la Guerre l'indique à la fin de la journée comme posté sur le Katzenberg, à une grande distance du champ de bataille. Par contre l'historien Hassell se trompe évidemment en faisant participer la division de Chevert à la panique causée par l'attaque de Breidenbach; les régiments sous les ordres directs de ce général, au moment de l'incident, descendaient vers Hastenbeck et vinrent camper le soir en première ligne en avant de ce village. Voici le récit de Bréhaut, colonel de Picardie : « Pour nous qui avions fait notre besogne sur la montagne, nous étions descendus par notre droite, le long de la lisière des bois, plus de 500 toises en avant qu'aucune autre troupe, et allions attaquer les ennemis par leur flanc dans leur retraite, lorsque nous eûmes ordre de faire halte. Vous êtes instruit des raisons de cet ordre; elles ne me regardent pas. »

disent les autres. Le reste des fantassins d'Eu et d'Enghien dégringolèrent la pente, abandonnant les canons dont ils avaient la garde et répandant le bruit que Chevert était tourné et coupé. Dans la confusion on se tira les uns sur les autres; les Suisses de Reding, habillés de rouge comme les Hanovriens, furent pris pour l'ennemi; ils s'enfuirent, et semèrent le désordre dans les autres bataillons français et autrichiens engagés dans le bois. Fort heureusement Breidenbach ne poursuivit pas son succès et se contenta de tourner le canon dont il s'était emparé contre le centre français, puis, inquiet sur les conséquences de sa pointe hardie, rejoignit Cumberland qu'il voyait en pleine retraite. Quant aux escadrons de Dachhausen, leur simple apparition au tournant de la forêt, à l'extrême droite de l'armée française (1), produisit sur l'esprit déjà ému de l'état-major de d'Estrées l'effet le plus désastreux.

Nous avons vu plus haut le maréchal recevoir le message apporté par Puységur, donner ses ordres pour la retraite, ou selon l'expression euphémique dont il se sert, pour le changement de front, et assister étonné au spectacle de manœuvres qu'il n'avait pas commandées. Écoutons maintenant la version de Maillebois (2), telle qu'elle ressort de la lettre écrite à Paulmy dès le lendemain de l'action. Le maréchal des logis général commence par dépeindre les hésitations de son chef, qui ne se serait décidé à livrer bataille qu'après avoir « reçu le 25 au matin une lettre du maréchal de Belleisle, lui mandant qu'il était perdu s'il ne cherchait pas les ennemis. » Il s'attribue le double mérite d'avoir fait agréer à d'Estrées le mouvement tournant de Chevert, et d'avoir proposé une diversion sur la route de Hanovre qui ne fut pas exécutée. Toute la

(1) On répandit même le bruit qu'une colonne hanovrienne sortie d'Hameln allait tourner l'armée en opérant sur la rive gauche du Weser.
(2) Maillebois à Paulmy. Correspondance secrète, 27 juillet 1757. Archives de la Guerre.

première partie du récit concorde avec ceux que nous avons cités ; les divergences s'accusent à partir de la panique du Scheckenberg. A ce moment critique, Maillebois était à la gauche de la ligne française. « J'envoyai dire au maréchal, relate-t-il, qu'il fallait doubler le pas des colonnes et que je voyais l'armée séparée. Il n'écouta pas l'aide-maréchal des logis que je lui envoyai, j'y courus moi-même. En arrivant sur le plateau de notre centre je trouvai un aide de camp de M. le duc d'Orléans qui venait à toutes jambes me chercher; je courus à lui, il me dit qu'une colonne des ennemis avait percé le bois, et qu'il y avait 6 de leurs escadrons dans la trouée de droite. J'envoyai dire au maréchal ce qui me retardait, et je fis une disposition des Palatins et de la cavalerie qui se trouva le plus à portée, pour tranquilliser plutôt ce qui entourait les princes qu'eux-mêmes. Nous allâmes rejoindre M. le maréchal que nous trouvâmes dans la plus grande perplexité parce qu'il avait vu revenir très en désordre du bois les brigades d'Eu, de Reding et les Impériaux. Malheureusement je l'avais averti de ce qui se passait à la droite; il m'attira à l'écart et me dit d'aller reprendre des troupes à la gauche pour regarnir les hauteurs. Je lui dis que rien ne me paraissait presser ; mais il était si persuadé que je ne pus rien gagner. J'allai retirer deux brigades de la gauche; je les dirigeai sur les points de retraite reconnus, et je vins le rejoindre. Les princes étaient partis. Je le trouvai à pied à la tête de Lyonnais, après avoir fait repasser l'artillerie et donné ordre de renvoyer les équipages à Olendorff sous l'escorte des hussards. Coupenne le harangua durement; Beauffremont lui faisait de très belles phrases; il s'échappait et ne paraissait n'écouter que Vogüé et Cornillon qui gagnèrent un peu sur son esprit. Il me prit encore à part, et me refit tous ses calculs qui ne furent pas difficiles à détruire. Le feu avait cessé, les ennemis tenaient les hauteurs, mais la poussière indiquait un mouvement qui ne pouvait être que rétrograde. Je lui proposai de garder la position où nous étions et de prendre des précautions sur nos derrières. Il approuvait, mais en même temps il arrêtait les grenadiers de France qui débouchaient d'Hastenbeck. J'insistai encore : il consentit à les faire soutenir par les carabiniers et la brigade de Royal Pologne; nous passâmes le ruisseau et les ravins sans aucun obstacle, et nous entrâmes dans le camp des ennemis que nous vîmes clairement en marche pour regagner les hauteurs derrière Hameln. »

D'Estrées, pour expliquer les ordres lancés à la suite de la débandade, avait parlé (1) dans son rapport officiel d'un avis donné « par un officier général de confiance, qu'un corps de cavalerie et d'infanterie paraissait à l'extrémité de la droite qui était dégarnie par le mouvement que toute l'infanterie avait fait sur le centre. » Le reproche implicite contenu dans cette phrase devint bientôt un blâme direct répété par tous les amis du maréchal, furieux de la nomination de Richelieu. Les relations bien connues de Maillebois avec le nouveau commandant, motivèrent un débat que la polémique soulevée par les incidents de la bataille envenima de plus en plus. On accusa le chef d'état-major d'avoir voulu, par des avis tout au moins grossièrement exagérés, empêcher d'Estrées d'achever une victoire qu'il tenait déjà entre les mains, et d'avoir, par haine de celui-ci et par amitié pour Richelieu, trahi à la fois son chef et son souverain. Pour réfuter ces bruits, Maillebois composa, plusieurs mois après les événements, un mémoire justificatif qu'il fit circuler dans le monde militaire. Ce document n'est qu'une longue et virulente critique des actes de d'Estrées. Dans le récit de la bataille, Maillebois glisse sur la mission de Puységur et atténue la tournure inquiétante du message apporté par cet officier;

(1) Détail de ce qui s'est passé à l'armée auxiliaire. Archives de la Guerre.

par contre il s'attribue un rôle décisif parmi les généraux qui combattirent l'idée de la retraite.

Aussitôt mis au courant de cette publication, d'Estrées adressa au Roi, sous le titre d'éclaircissements (1), une réponse où il exposait sa conduite avec beaucoup de franchise, avouant sincèrement ses fautes, se défendant avec modération contre les attaques non méritées, et dénonçant les agissements déloyaux de son subordonné. Le Roi autorisa l'impression du mémoire de d'Estrées, et fit traduire Maillebois (2) devant un conseil de guerre formé uniquement de maréchaux de France; il fut condamné, privé de ses grades et honneurs et dut subir plusieurs années de prison.

D'après nous, la culpabilité de Maillebois n'alla pas jusqu'à la trahison. Si au point de vue moral on peut juger sévèrement son attitude à l'égard de son général, au point de vue militaire il ne paraît avoir commis d'autre crime que celui d'avoir perdu la tête, à l'exemple de d'Estrées, et peut-être plus que lui. Soit jalousie de ses camarades qui s'étaient distingués dans l'action, soit mauvaise humeur de défaillances dont il était en partie responsable, le chef d'état-major se montra très sévère dans ses appréciations sur la valeur et la discipline des soldats. Tout en constatant le succès de Chevert, il conclut dans un billet (3) à Mme de Pompadour, daté du lendemain de la bataille : « On doit cet avantage à la faiblesse de nos ennemis, car nos troupes n'ont pas bien fait dès qu'elles ont essuyé un feu un peu vif. » Puis, faisant allusion aux désordres qui avaient suivi la victoire, il ajoute : « Nos troupes commettent toutes les horreurs possibles, pillent les églises et vont mieux à la maraude qu'aux coups de fusil. »

(1) Les lettres de d'Estrées au maréchal de Belleisle et au Roi, qui accompagnent ces éclaircissements, sont du commencement du mois de mai 1758.
(2) Le jugement des maréchaux est daté du 19 mai 1758.
(3) Maillebois à Mme de Pompadour, 27 juillet 1757. Archives de la Guerre. 3463.

En dépit des critiques de Maillebois, l'affaire d'Hastenbeck fut honorable pour l'armée française; dans l'attaque du Scheckenberg, l'assaut de la redoute et le débouché du village, les régiments engagés firent preuve d'entrain, de courage et de solidité; sans l'incident malheureux du régiment d'Eu, il n'y aurait eu que des éloges à distribuer. Quant au commandement, les dispositions du maréchal d'Estrées furent bonnes et réussirent dans leur ensemble, malgré l'échec partiel de sa droite et les erreurs de plusieurs de ses lieutenants, parmi lesquels le chef d'état-major compte au premier rang.

Les pertes des Français (1) ne furent pas considérables. Elles s'élevèrent pour l'infanterie à 16 officiers tués et 118 blessés, à 1,038 soldats tués et à 1,159 blessés, soit en tout à 2,331, chiffre dans lequel les disparus sont probablement compris. Les corps les plus éprouvés furent ceux d'Eu et d'Enghien surpris dans le bois, et ceux de la division de Chevert. Le comte de Laval Montmorency, aide-maréchal général des logis, fut le seul officier général tué; le marquis du Chatelet et M. de Belsunce figurèrent parmi les blessés; le corps royal d'artillerie qui fit merveille, et qui de l'aveu de tous avait beaucoup contribué au gain de la journée, accusa une quarantaine de canonniers hors de combat (2). En guise de trophées on ne put enregistrer que les 12 pièces de la grande batterie, et environ 800 prisonniers pour la plupart blessés. Le comte de Gisors qui s'était distingué à la tête de son régiment (3) lors de la prise de la redoute, fut chargé par

---

(1) État des pertes. Estrées à Paulmy, 31 juillet 1757. Archives de la Guerre.

(2) Fourcroy à son père, 26 juillet 1757.

(3) La distinction accordée à Gisors et l'éloge un peu bruyant du régiment de Champagne fait par les gazettes, donnèrent lieu à des plaintes très vives de la part des régiments de Chevert, et notamment de celui de Picardie, qui se considérèrent comme mal traités. Richelieu se fit l'interprète de ces réclamations dans une lettre particulière à Paulmy.

d'Estrées de porter au Roi la nouvelle du succès. Il partit le soir même et arriva à Compiègne le 31 juillet.

Selon l'usage de l'époque, on célébra la victoire dans le camp français par une chanson (1) qui eut quelque vogue :

> « Cumberland de son belvédère
> Nous voyant passer le Weser,
> Dit, qu'on m'apporte ma cuirasse,
> Mon gros sabre, mon cadogan;
> Et puis, d'un ton rempli d'audace :
> Courage, amis! F... le camp! »

D'après le rapport de Cumberland, les pertes de son armée auraient été moindres que celles des Français; elles se seraient montées à 36 officiers tués, 106 blessés et 4 pris, 321 soldats tués, 804 blessés et 209 prisonniers, soit en tout 1,480 manquant à l'appel. Mais si la bataille d'Hastenbeck ne coûta pas beaucoup de monde aux combattants et ne peut être comparée aux sanglantes affaires de Bohême, ses résultats furent des plus importants et donnèrent à une action, restée presque indécise sur le terrain, la portée d'un triomphe éclatant.

Cumberland ne chercha pas à se maintenir dans la vallée du haut Weser; laissant à leur sort les petites forteresses de Hameln et de Minden ainsi que la ville de Hanovre, il se retira rapidement en descendant le cours du fleuve. Les Français s'étaient attendus au siège de Hameln muni de fortifications régulières, quoique « la place (2) fût mauvaise et très dominée et ne pourrait tenir longtemps. » Ils furent agréablement surpris par l'offre de capitulation du gouverneur; celui-ci en récompense d'une soumission qui faisait gagner trente jours à l'envahis-

---

(1) Archives de la Guerre. Allemagne, vol. XXXII.
(2) Broglie à Paulmy, 28 juillet 1757. Cette lettre qui contient un court récit de la bataille, ne parle pas des ordres qui auraient été envoyés par le duc d'Orléans, par d'Estrées ou par Maillebois. Le sujet avait probablement paru trop scabreux.

BATAILLE D'HASTENBECK
26 Juillet 1757

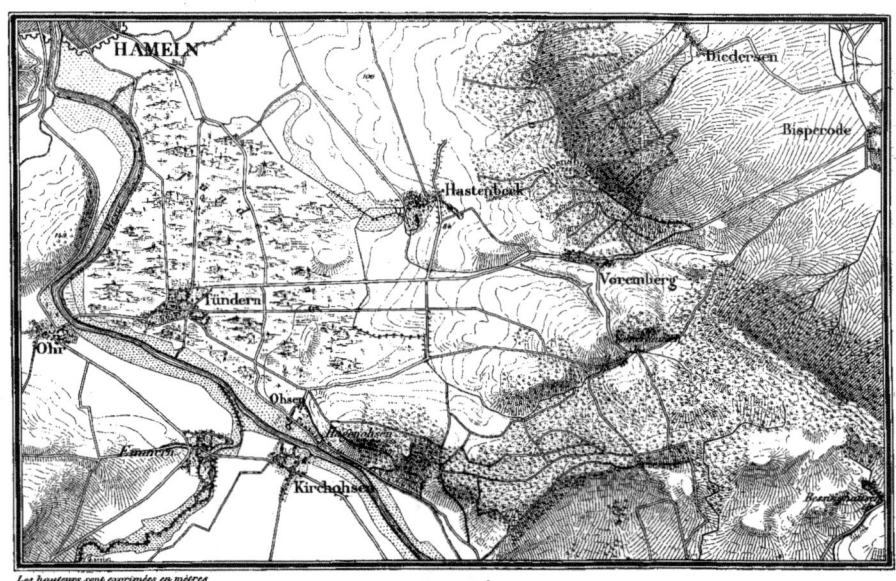

seur (1), obtint les honneurs de la guerre et la liberté de sa garnison, d'ailleurs peu nombreuse. D'Estrées, en prenant possession de Hameln et des 60 pièces de grosse artillerie qui constituaient l'armement de la forteresse, y trouva les quelques canons enlevés par Breidenbach et les blessés de l'armée hanovrienne. « La retraite précipitée de M. de Cumberland jusqu'à Minden, pouvait écrire le maréchal deux jours après la bataille (2), et l'abandon d'Hameln, sont une preuve bien certaine du succès des armes du Roi;... je ferai donner la paire de souliers par bataillon de gratification à l'infanterie; elle a tant fait de marches qu'elle a besoin de ce secours. » Puis il ajoute, comme pour répondre aux accusations injustes dont il allait être l'objet : « Depuis le 22 je n'ai pas dormi trois heures par nuit, et j'en ai été toujours 12 à 15 à cheval, sans avoir de quoi manger ni me coucher. »

Au lendemain de la prise de Hameln, d'Estrées reçut l'avis de la nomination de Richelieu au commandement suprême et de l'option qu'on lui laissait de servir sous les ordres du maréchal, qui était son ancien de grade, ou de rentrer en France. Il prétexta l'état de sa santé pour choisir la seconde alternative. « Je resterais volontiers, écrit-il au Roi (3), aux ordres de M. le maréchal de Richelieu ; les succès que j'ai préparés à vos armées victorieuses auraient agréablement flatté mon amour-propre; mais les maux que je ressens depuis près de deux ans dans les nerfs étant considérablement augmentés par les fatigues que j'ai essuyées depuis trois mois, je me vois forcé de profiter de la liberté que Votre Majesté veut bien me donner, et j'irai prendre les eaux d'Aix-la-Chapelle. »

La disgrâce qui vint frapper d'Estrées dans sa carrière

---

(1) Estrées à Paulmy, 31 juillet 1757. Archives de la Guerre.
(2) Estrées à Paulmy. Ohsenhagen, 28 juillet 1757. Archives de la Guerre.
(3) Estrées au Roi. Ohsenhagen, 30 juillet 1757. Archives de la Guerre. Toute la lettre est citée par Camille Rousset, p. 252.

triomphale, avait été préparée de longue main à Versailles. Pendant qu'aux prises avec les difficultés de vivres et de transport du commencement de la campagne, il se défendait de son mieux contre les exigences de son ministre et de son souverain, sa position était sourdement minée par les intrigues de l'entourage de Mme de Pompadour. L'âme de la cabale, Paris Duverney, mal disposé à l'égard du général en chef, avait pris en très mauvaise part les plaintes sur le service des subsistances dont celui-ci assaisonnait sa correspondance. Très bien en cour, consulté sur tous les plans stratégiques, secondé par son frère M. de Montmartel, le bailleur de fonds du gouvernement, Duverney, possédait une influence prépondérante au ministère de la guerre, et, par l'entremise de la favorite et de l'abbé de Bernis, dans les conseils du monarque.

Comme il a été dit, l'appel de l'Impératrice à la suite des désastres de Bohême, les récents engagements de Louis XV, la décision d'envoyer deux nouvelles armées au secours de l'Autriche, donnèrent lieu à maints conciliabules dans lesquels le grand munitionnaire eut voix au chapitre. A la date du 2 juin, c'est-à-dire quinze jours après connaissance de la bataille de Prague, Bernis lui écrivait en termes des plus intimes : « Mme de Pompadour (1) m'a chargé, mon cher ami, de vous mander de venir chez elle samedi quatre à six heures 1/2 du soir; vous y trouverez le Roi... J'ai fait le récit à l'un et à l'autre de la confidence d'hier soir; le Roi a beaucoup ri de ce que j'étais exclu du secret (2). Vous trouverez les choses bien préparées, tant sur le nombre des bataillons à tirer des côtes que sur le secret et sur le choix des personnes; Mme de Pompadour et moi avons bien fait pour le maréchal de Richelieu; aussi

---

(1) Bernis à Duverney, 2 juin 1757. *Correspondance de Bernis avec Duverney*. Paris 1790.
(2) Sans doute pour ménager les susceptibilités de Belleisle, Bernis était censé ignorer la nomination projetée de Richelieu.

tout va bien. J'ai rappelé au Roi les preuves de la confiance qu'il devait avoir en vous, et vous pouvez être assuré qu'elle est telle qu'elle doit être. »

Depuis son retour de Minorque, Richelieu, en froid avec la marquise, avait été tenu à l'écart des affaires ; il passait pour voir d'un mauvais œil l'alliance avec la cour de Vienne et pour être demeuré fidèle au système d'entente avec la Prusse. Cependant il était difficile de ne pas employer un maréchal de France, encore dans la force de l'âge, que mettaient en relief les services rendus pendant la dernière guerre, le prestige d'une victoire récente, la popularité dans le public, et les recommandations de personnages influents et nombreux. Grâce à l'intervention d'amis communs, le rapprochement se fit avec Mme de Pompadour, et la désignation au commandement de la seconde armée destinée à l'Allemagne démontra la solidité de la réconciliation. Dans un billet (1) dont le ton familier indique l'étroitesse des rapports, Mme de Pompadour met Duverney au courant : « Le Roi m'ordonne de vous mander, mon nigaud, que la politique entrant pour beaucoup dans votre projet, il faut que vous le confiiez à l'abbé de Bernis. Le maréchal de Belleisle a été un peu récalcitrant au Danube (2) ; caressez-le quand vous le verrez. A l'égard de M. de Richelieu, le Roi lui parle ce soir. Je vous avertis qu'il ne cache rien à Mme de L. (3) ; ainsi prenez vos précautions. Bonsoir, mon nigaud, je vous embrasse. »

Probablement décidée dans l'entrevue dont il est question, la nomination de Richelieu put être annoncée à Vienne par Stahremberg (4) le 16 juin, et devint officielle quelques jours plus tard. C'était un premier succès, mais

---

(1) Mme de Pompadour à Duverney, 12 juin 1757. *Correspondance de Bernis avec Duverney*.
(2) Projet de l'envoi d'un corps de troupes sur le Danube.
(3) Mme de Lauraguais.
(4) Stahremberg à Kaunitz. P. S. 16 juin 1757. Archives de Vienne.

la cabale n'entendait pas en rester là. Pour leur héros, la direction d'un corps de 25,000 hommes environ était une besogne trop mince, alors surtout que celle de l'armée de Westphalie, d'un effectif plus que triple, était confiée à un général moins ancien de grade et de capacité à leur estime très inférieure. Tout le clan s'agita de plus belle; Duverney, Bernis, Paulmy, la Pompadour, les amies du galant maréchal, fort nombreuses à la cour, mirent tout en œuvre pour la fusion des deux armées et pour l'élévation du vainqueur de Mahon au commandement suprême.

D'Estrées aurait voulu faire le jeu de son rival qu'il n'eût pas agi autrement; sa lenteur, son flegme, sa résistance aux exhortations de Versailles, donnèrent barre sur lui; le mécontentement naturel ainsi créé fut envenimé par des confidences extraites de la correspondance de Maillebois avec le ministre de la guerre, et de Bourgade, munitionnaire de l'armée, avec Duverney. Nous sommes déjà édifiés sur les sentiments de Maillebois à l'égard de son chef; ceux de Bourgade n'étaient guère plus favorables, à en juger par le contenu d'une lettre (1) particulière que Duverney reçut, ou se fit écrire, et qu'il s'empressa de communiquer à Bernis : « Vous me demandez, Monsieur, les causes du retard : elles sont simples; j'ose vous dire, pour vous seul je vous en conjure, qu'il faut un général et un intendant (2). Toute l'armée pense de même; je suis à portée de le voir mieux qu'un autre. Le premier n'a que des inquiétudes, aucun plan, ne fait prendre aucun parti, craint de hasarder où il n'y a point de danger, est aux ordres des ennemis au lieu de les mettre aux siens, se croit toujours trop faible. L'armée est dans un désordre affreux, personne n'a confiance, ni

(1) Bourgade à Duverney, 1 juillet 1757. *Correspondance du cardinal de Bernis.*
(2) M. de Lucé, intendant de l'armée de d'Estrées, ne fut remplacé qu'à la fin de la campagne.

INTRIGUES EN FAVEUR DE RICHELIEU.

n'est content, personne n'est écouté. Quant au second tout l'embarrasse; il ne pense qu'à avoir du foin et de l'avoine, quelque prix qu'il en coûte; point d'expédient, point de force; dupe de la confiance, n'est point secondé, a de la hauteur et voudrait paraître n'avoir besoin de personne. Je vous le répète, les seules causes sont le général et l'intendant; mais de grâce c'est un secret que je confie à vous seul. »

Deux jours après c'est le nouveau ministre des Affaires Étrangères qui parle (1) : « Je vous renvoie, mon cher ami, le billet et la copie de votre réponse. Je suis pénétré des vérités que l'un et l'autre contiennent. J'en ai fait un usage prudent quoique direct. Mme de Pompadour pense comme nous et je pense que le maître est bien ébranlé. J'ai offert à M. de Paulmy d'appuyer les démarches qu'il jugerait à propos de faire; vous conviendrez que c'est tout ce que je puis et ce sera bien assez; la guerre et la politique unies ensemble doivent être bien fortes en ces circonstances. Trouvez le moyen de faire quelque chose du corps de M. de Soubise combiné avec les Cercles. »

Pour l'excuse de Bernis, il faut reconnaître que si le désir de faire jouer un rôle au prince de Soubise, protégé de la favorite (2), entrait pour quelque chose dans ses calculs, il était surtout préoccupé de donner satisfaction à l'Impératrice-Reine qui insistait pour une coopération plus active. « La cour de Vienne, continue-t-il, nous demande notre plan d'opérations; nous ne pouvons pas le lui refuser parce que sur ce plan elle combinera les partis qu'elle peut ou doit prendre. Si nous lui laissons envisager que tout se réduira cette campagne à prendre des quartiers d'hiver dans le pays de Hanovre et à préparer les

---

(1) Bernis à Duverney, 9 juillet 1757. *Correspondance de Bernis avec Duverney.*
(2) Mme de Pompadour à Duverney, billet lui recommandant Soubise. *Correspondance de Bernis*, p. 78.

arrangements de la campagne prochaine, elle sera au désespoir, et peut-être nous supposera-t-elle des ménagements pour le roi de Prusse... M. le maréchal de Richelieu a laissé entendre à M. de Stahremberg qu'on ne pouvait rien faire cette année que de préparer le succès de la campagne prochaine; entre nous, quand cela serait ou pourrait être, il ne faudrait pas le dire à la cour de Vienne. »

Entre Richelieu et Bernis qui avaient suivi la cour à Compiègne, et Duverney resté à Paris, il y eut échange presque journalier de notes. Le maréchal, à peu près sûr de devenir généralissime, aurait voulu conserver sous ses ordres tout le corps qui lui avait été assigné en premier lieu. Bernis, Stahremberg et Mme de Pompadour préféraient au contraire en distraire une partie des renforts pour Soubise. Duverney soutint avec énergie l'opinion de Richelieu, et fournit mémoire sur mémoire à l'appui de sa thèse. Le Roi trancha la question (1) en faveur de Soubise. Quant au commandement de la grande armée, la décision de Louis XV doit remonter aux premiers jours de juillet, mais elle demeura le secret des conjurés pendant quelques jours. Stahremberg, quoiqu'il s'en défendit, semble avoir eu sa part dans les intrigues qui amenèrent la disgrâce de d'Estrées; il se fit tout au moins, auprès de sa cour, l'écho des plaintes formulées contre ce général. Il nous apprend (2) quelques détails curieux qu'il tenait de Bernis : Belleisle, dont on craignait l'opposition à cause de son animosité contre Richelieu et de son affection pour d'Estrées, ne devait être mis au courant qu'après le départ pour l'armée du nouveau général en chef; le Roi s'était chargé personnellement de lui annoncer sa résolution et de l'informer que c'était sur ses ordres exprès qu'elle lui avait été cachée. Malgré le désir de

(1) Bernis à Duverney, 15 juillet 1757. *Correspondance de Bernis avec Duverney.*
(2) Stahremberg à Kaunitz, 17 juillet 1757. Archives de Vienne.

Louis de ménager l'amour-propre de son vieux serviteur, à partir de ce moment et pendant quelques mois celui-ci n'eut plus la haute main dans la direction des opérations militaires, et fut remplacé dans sa fonction officieuse par Duverney dont l'influence devint prépondérante.

Vers cette époque se produisit un incident diplomatique qui n'était pas de nature à rehausser le crédit de Belleisle, et qui peut expliquer la diminution passagère de son autorité dans le conseil du Roi. Au ministère des Affaires Étrangères parvint une dépêche du chevalier de Folard, transmettant des ouvertures pacifiques que la margrave de Baireuth avait faites sous le coup du désastre de Kolin et à l'instigation de son frère. Au paquet était jointe, sous sceau volant, une lettre de cette princesse à Belleisle, contenant un appel à l'ancienne affection du maréchal pour le roi de Prusse. Bernis s'empressa (1) de consulter le roi Louis XV sur cette importante communication, et reçut l'ordre d'en faire part à Stahremberg. Sur l'avis de ce dernier, il fut décidé de ne pas remettre à Belleisle le pli qui lui était destiné, et de répondre à la margrave que le Roi de Prusse, s'il voulait négocier en vue de la paix, devait s'adresser aux puissances qu'il avait si injustement attaquées. Quant à Folard, il fut invité à ne plus se prêter à des pourparlers d'une nature aussi compromettante.

Ainsi que cela avait été convenu, Richelieu régla son départ de Paris de sorte qu'il précédât de quelques jours le courrier qui portait à d'Estrées la nomination de son successeur. Après une courte visite à Bourbonne-les-Bains où se trouvait Mme de Lauraguais, il se rendit à Strasbourg pour activer l'organisation des renforts affectés à son armée; de cette ville, il réclama les chevaux pour transporter

---

(1) Stahremberg à Kaunitz, 17 juillet 1757. Archives de Vienne.

les munitions et pour traîner les canons. Entre temps il avait reçu, avec sa lettre de service, des instructions détaillées (1) auxquelles son ami Duverney avait ajouté un mémoire sur la continuation de la campagne. Tout d'abord, était-il dit dans le document ministériel, le Roi, à la suite des désastres de Bohême, avait jugé nécessaire d'envoyer deux nouvelles armées en Allemagne, dont la première confiée à Richelieu devait agir « vers la Weteravie et être à portée de favoriser les opérations de l'armée de Westphalie. » La seconde, sous les ordres du prince de Soubise, destinée d'abord à rejoindre les Impériaux, suffirait depuis la victoire de Kolin pour la diversion prévue, à la condition d'être augmentée d'une partie des troupes primitivement attribuées à Richelieu. On restait donc libre de pousser le plus rapidement possible l'invasion du Hanovre. A cet effet, 20 bataillons et 36 escadrons, y compris ceux du camp de Ruremonde, seraient ajoutés à la grande armée sous le commandement supérieur du maréchal de Richelieu; cette addition et celle de 12 bataillons supplémentaires de milice sur le Bas-Rhin porteraient l'effectif total à 141 bataillons et 159 escadrons, sans compter les troupes légères et les 14 bataillons étrangers, dont 4 Autrichiens et 10 Palatins. On supposait qu'à son arrivée au quartier-général le nouveau commandant en chef trouverait en train le siège d'Hameln et peut-être celui de Minden. On ne prévoyait pas une longue résistance de ces petites places, et on croyait que le duc de Cumberland n'essaierait pas de les secourir, mais qu'il se retirerait derrière la Leine « pour tenter de défendre cette rivière et de couvrir Hanovre et Brunswick. »

« Ce sera, continuait le mémoire, à la prudence du maréchal de Richelieu à juger du parti qu'il sera le plus avantageux de prendre, ou de commencer par préférence à

(1) Instructions pour le maréchal de Richelieu, 17 juillet 1757. Archives de la Guerre.

nettoyer toutes les places du Weser avant de se porter directement sur l'ennemi, ou de se contenter de faire attaquer successivement les places d'Hameln, Minden, et Nienbourg par de simples détachements de son armée, pendant qu'il marcherait avec le reste de ses forces au-devant de M. de Cumberland pour le combattre. Il suffira de lui dire ici que le projet favori de la cour de Vienne, et qui a été adopté par Sa Majesté, étant de parvenir à former le siège de Magdebourg au commencement de la campagne prochaine, on ne saurait se flatter de l'exécuter qu'en rejetant l'ennemi dès cette année au delà de l'Elbe. »

A cette première raison pour l'offensive, s'ajoutait l'avantage de se rendre maître du pays entre le Weser et l'Elbe, afin d'en tirer les subsistances qu'il eût été ruineux de transporter de France. Les instructions se terminaient par des considérations sur le maintien de la discipline, sur l'entretien des routes, sur le désarmement des habitants, sur les ménagements à avoir pour eux, sur l'affectation des voitures de réquisition au service des vivres et de l'artillerie, et en aucun cas aux besoins des officiers généraux.

Dans son mémoire (1) Duverney insiste sur l'urgence d'occuper toute la région située sur la rive gauche de l'Elbe; il désigne la ville d'Halberstadt comme point stratégique de la plus haute importance, et conseille à Richelieu de détacher de ce côté les troupes légères de Fischer soutenues par une division; aussitôt en son pouvoir Halberstadt devra être mis en état de défense et muni d'une garnison adéquate. Sur les moyens d'assurer la nourriture de l'armée pendant l'automne et l'hiver, Duverney était en désaccord avec l'intendant Lucé; contrairement aux idées de ce dernier qui était partisan des réquisitions

(1) Duverney à Richelieu, 22 juillet 1757. *Correspondance de Richelieu avec Duverney*. Paris 1789.

en nature, il préconise le système des livraisons à prix fixe. A l'en croire, la véritable façon « est de faire payer comptant par le munitionnaire, à tous les paysans qui apporteront des blés froments dans les magasins de Halberstadt, 12 livres monnaie de France du sac de 202 livres poids de marc, et 9 livres du sac de seigle du même poids. A l'égard des foins, paille, avoine, orge ou épeautre, c'est à titre de contribution qu'ils doivent les fournir, et tel est l'usage de la guerre dont je ne crois pas que votre intention soit de vous écarter... Je vois par les lettres que je reçois qu'on a déjà demandé au pays de Hesse cent mille sacs de froment, et cinquante mille sacs de seigle, moitié en vieux grains et l'autre moitié en grains de la récolte prochaine. Outre que cette demande me paraît excessive, elle ne me semble pas fondée sur les principes de justice, de politique et de confiance qu'on ne doit pas perdre de vue vis-à-vis des peuples que l'on soumet. »

En ce qui concerne les recouvrements en argent, pas d'objection à ce qu'ils se fassent de concert avec les représentants de l'Impératrice-Reine. Enfin Duverney conclut en proposant que les commissaires impériaux rendissent une ordonnance rassurant les populations et leur promettant un traitement équitable; en échange de cette protection, il leur serait interdit « de quitter leurs habitations, d'en retirer leurs chevaux, bestiaux et denrées, à peine d'être punis comme transmigrants. »

Dans deux annexes à la pièce principale, l'auteur insiste sur la méthode à suivre pour la création des magasins : « La première précaution à prendre est de fermer toutes les issues des pays conquis, et d'en défendre la sortie des grains sous les peines les plus rigoureuses, même de mort, dans le cas où il serait prouvé que les grains exportés fussent destinés pour l'ennemi. La seconde est d'intéresser les peuples à se soumettre à cette défense, en fixant aux grains qu'ils apporteront dans les magasins un prix proportionné à leur valeur ordinaire. La troisième est de mettre ces mêmes peuples, autant que cela sera possible, à l'abri des exactions de l'ennemi. »

Tandis que son correspondant traçait sur le papier des plans stratégiques et rédigeait une sorte de manuel sur les moyens de faire vivre le soldat en campagne, Richelieu était déjà aux prises avec les difficultés de la pratique. Dès le début, il constate, dans un style qui n'a rien d'académique, le manque d'argent. « Le trésorier, écrit-il de Strasbourg (1), n'a aucun fonds pour les fourrages, l'état du Roi, ni les chevaux accordés pour porter les tentes des régiments, ni traîner les canons, ni même M. Gayot (2) aucun ordre, ni même de nouvelles qu'indirectement à propos du fourrage qu'on lui a dit de faire fournir à ces chevaux. Il a donc fallu les acheter à crédit, faire de mauvais marchés, et se plaindre avec raison ainsi que de plusieurs billets donnés sur le trésorier par M. des Pommes, que celui-ci n'a pu acquitter, qu'il a fallu escompter aux Juifs à 20 et 30 pour cent, qui ruinent l'officier sans faire profit à personne. Tout cela a un air de misère et jette une frayeur très raisonnable. »

Du Hanovre, Richelieu n'a pas de nouvelles; aussi est-il sur les épines (3) : « La position de l'armée, dont Maillebois me rend compte, m'inquiète furieusement; car les journées de Bielefeldt ne recommencent pas souvent et mon armée serait bien embarrassante s'il y avait un événement tel qu'il devrait être; mais les jours sont fixés. Le courrier qui doit porter au maréchal d'Estrées l'ordre de me reconnaître ne doit partir que le 24 ou le 25 si l'on m'a tenu parole; j'ai écrit en conséquence à Maillebois de

(1) Richelieu à Duverney, 24 juillet 1757. *Correspondance de Richelieu.* Londres. Paris 1789.
(2) Intendant de l'armée de Soubise.
(3) Richelieu à Duverney. Strasbourg, 25 juillet 1757. *Correspondance de Richelieu.*

se trouver à Cassel le 2, où j'aurais pu être dès le 31, si l'on avait mieux arrangé le tout. »

Enfin le 3 août le nouveau généralissime parvient au quartier-général d'Oldendorf; le lendemain il fait part (1) de ses impressions à son confident : « Si j'étais arrivé dix jours plus tôt, mon cher Duverney, j'aurais eu bien du mauvais sang de moins. Ce n'est pas votre faute ni la mienne, et c'est cependant la faute de tout le monde, et surtout de moi qui n'ai pas bien vu dans cette rencontre. Mais en vérité le pauvre maréchal d'Estrées m'a parlé avec tant de franchise et a eu de si bonnes façons avec moi que je ne puis en être fâché. »

La position de Richelieu était, il faut l'avouer, des plus fausses. Pendant les derniers jours des pouvoirs de d'Estrées, les succès s'étaient répétés d'heure en heure. Le 1er août ce sont les députés de Minden qui viennent apporter les clefs de la ville au camp français; le lendemain, c'est une lettre de M. de Schliestadt, ministre du duc de Brunswick, demandant un passe-port pour traiter du sort des États de son maître. Enfin le 3 août d'Estrées reçoit une dépêche annonçant une délégation de la ville et du conseil de régence du Hanovre. C'était donc à bon droit qu'en prévenant Louis XV de la remise du commandement à son successeur, le maréchal disgracié pouvait énumérer avec quelque complaisance les résultats de la campagne.

Dès le lendemain de l'arrivée de Richelieu, d'Estrées quitta l'armée pour les eaux d'Aix-la-Chapelle. « Il n'y eut de bonnes façons, écrit le premier (2), qu'il n'eût avec moi; j'ai fait et je ferai de mon mieux pour qu'il soit content de moi, comme il me l'a paru. »

Il est permis d'avoir des doutes sur la satisfaction du vainqueur d'Hastenbeck, mais il faut reconnaître que son attitude fut des plus correctes et qu'il s'abstint de toute

(1) Richelieu à Duverney, 4 août 1757. *Correspondance de Richelieu.*
(2) Richelieu à Paulmy, 4 août 1757. Archives de la Guerre.

DÉPART DE D'ESTRÉES.

attaque contre son remplaçant. En revanche les caricaturistes et les chansonniers de l'époque se chargèrent de le venger ; dans une estampe qui fit les délices du public, on représenta d'Estrées fouettant Cumberland avec une branche de lauriers dont Richelieu ramasse les feuilles. Quant à la chanson bien connue sur les deux maréchaux, si la rime est pauvre et les vers médiocres, l'esprit en est mordant et le fond peu flatteur pour le nouveau commandant en chef :

> (1) Nous sommes deux généraux
> Qui tous deux sont maréchaux :
> Voilà la ressemblance.
> L'un de Mars est favori
> Et l'autre de Louis :
> Voilà la différence.
> . . . .
> Que pour eux dans les combats
> La gloire a toujours d'appas !
> L'un contre les ennemis,
> L'autre contre les maris.
> D'être utiles à notre roi
> Tous deux se font la loi.
> A Cythère l'un le sert,
> Et l'autre sur le Weser.
> . . . .
> Dans l'histoire l'on verra
> Le nom de ces héros-là :
> Voilà la ressemblance.
> Mais de ce qu'on y dira
> L'un de l'autre rougira :
> Voilà la différence.

(1) Chansonnier historique du dix-huitième siècle, vol. VII.

CHAPITRE IX

CONQUÊTE DU HANOVRE. — CONVENTION DE CLOSTER SEVEN.

A Compiègne, l'émotion fut grande quand on sut le contenu des dépêches dont le comte de Gisors était porteur. L'opinion publique, très frappée de la coïncidence de la victoire d'Hastenbeck avec le remplacement du vainqueur, se montra aussi pleine de sympathie pour le général évincé qu'indignée des intrigues de cour auxquelles elle attribuait sa disgrâce ; aussi les amis de Richelieu le pressèrent-ils de justifier sa nomination par quelque succès éclatant. « Vous devez être à présent établi à la tête de votre armée, lui écrit Paulmy (1), et par conséquent au-dessus de tout ce qui vous chiffonnait ; vous aurez trouvé de la besogne faite, mais vous saurez la couvrir par d'encore meilleure. » Un second avis (2) vint bientôt renchérir sur le premier : « On espère et on désire beaucoup ici que vous poursuiviez vivement l'armée du duc de Cumberland et que vous acheviez de la détruire. Vous savez effectivement que c'est ce que vous pourrez faire de mieux pour couvrir les succès qui ont précédé votre arrivée, et que celui-là, bien plus solide que les précédents, prouverait bien que ceux-ci n'étaient qu'imparfaits. »

C'était prêcher un converti ; malheureusement pour

(1) Paulmy à Richelieu, 4 août 1757. Archives de la Guerre.
(2) Paulmy à Richelieu, 15 août 1757. Archives de la Guerre.

l'accomplissement du beau rêve, Richelieu rencontrait à son tour les difficultés matérielles qui avaient entravé les progrès de son prédécesseur. En outre, l'esprit frondeur qui naguère se répandait en critiques contre la lenteur de d'Estrées, se retournant avec véhémence contre son successeur, transformait en héros le bouc émissaire de la veille. L'officier, plus encore (1) que le soldat, plaisantait sur le compte du favori de la cour, et l'accusait, par jalousie des lauriers cueillis, d'en chercher de nouveaux pour satisfaire son amour-propre. Fatigué des longues étapes et des mauvais campements, on aspirait au repos des quartiers d'hiver et on obéissait en rechignant à des ordres qui semblaient inspirés par des motifs personnels. Maillebois, à la suite des incidents d'Hastenbeck, avait perdu beaucoup de son autorité; les meilleurs divisionnaires, Contades et Chevert, étaient mécontents; le duc d'Orléans, froissé de la nomination de Richelieu qu'il considérait comme un passe-droit, s'apprêtait à rentrer en France; le camp était divisé en factions ennemies. Le nouveau général en chef, brillant, actif, résolu à l'occasion, malgré le renom d'une carrière heureuse n'avait pas les qualités essentielles du commandement; il ne sut pas gagner la confiance de ses subordonnés. A défaut du prestige qui n'appartient qu'au génie, du respect qu'il ne pouvait inspirer, il s'efforça de s'attirer l'affection du militaire en fermant les yeux sur des procédés dont il était d'ailleurs le premier à donner l'exemple. L'indiscipline que d'Estrées victorieux aurait pu réprimer reprit de plus belle; le système des contributions en argent, pratiqué sur une vaste échelle, et à leur bénéfice, par Richelieu et ses principaux lieutenants, provoqua et encouragea la maraude et la rapine chez le soldat. Le mal grandit peu à peu, mina le moral de tous, et fut, avec les fautes de la direction, la principale cause de la ruine de l'armée.

(1) Voir les correspondances citées par Camille Rousset.

Peut-être faut-il attribuer au changement du généralissime l'inaction des Français après l'affaire du 26 juillet; toujours est-il qu'ils ne surent pas tirer parti de leur victoire; pendant plusieurs jours ils s'attardèrent dans le camp d'Oldendorf, à peu de distance d'Hastenbeck. Cumberland mit à profit ce répit pour accélérer sa retraite qu'il continua presque sans interruption jusqu'à Nienburg, petite place mal fortifiée sur le Weser. Il y séjourna pendant une semaine qu'il employa à essayer de rétablir l'ordre, fort ébranlé par sa marche rapide. Découragés par leur défaite, privés de distributions régulières, les soldats confédérés abandonnaient leurs rangs pour piller (1), n'obéissaient plus à leurs chefs et se livraient à toutes sortes d'excès. On quitta Nienburg dans la nuit, et après des étapes longues et fatigantes le commandant de l'armée hanovrienne installa son quartier-général le 8 août à Verden, chef-lieu du duché de ce nom, sur l'Aller, un peu en amont du confluent de cette rivière avec le Weser.

Dès le lendemain de la bataille le contact avait été perdu entre les deux belligérants; Hameln avait capitulé le 30, Minden avait été occupé par le duc de Broglie le 2 août; mais ce ne fut que le 13 de ce mois, c'est-à-dire sept jours après le départ de Cumberland, que l'aile gauche de l'armée française atteignit Nienburg. Pendant le temps ainsi perdu, Richelieu, immobile à Oldendorf, recueillait les fruits des succès de d'Estrées. Tout d'abord la reddition de Gueldre laissait disponible la division occupée depuis trois mois au blocus de cette forteresse; puis arrivait au quartier-général une succession de députations venant offrir la soumission des régions voisines. Le duc de Brunswick, beau-frère du roi Frédéric, avait quitté l'armée alliée à la suite d'Hastenbeck; aussitôt rentré dans

---

(1) Hassell, p. 387.

ses États, il dépêcha un envoyé à Richelieu pour négocier un traité de paix. Celui-ci exigea les conditions qui avaient été imposées par son prédécesseur à la régence de Hesse Cassel. Il fallut en passer par la loi du vainqueur; le 10 août on signa une convention en vertu de laquelle les places fortes de Brunswick et de Wolfenbuttel devaient être remises aux Français avec leur artillerie; le duché serait frappé d'une contribution de guerre; le duc recevait la permission de se retirer dans un de ses châteaux avec un bataillon de sa garde; mais rien n'avait été stipulé au sujet du contingent brunswickois qui avait suivi Cumberland dans sa retraite. Le duc d'Ayen, avec quelques bataillons et un peu de cavalerie, fut détaché pour prendre possession du duché.

A peine le plénipotentiaire de Brunswick était-il reparti avec l'ultimatum français, qu'il fut remplacé par les délégués de la régence du Hanovre venus pour s'entendre sur la reddition de la capitale de l'Électorat. Richelieu resta sourd au plaidoyer de M. de Platen-Hallermund qui avait été choisi sans doute à cause de sa parenté avec le ministre français, M. de Saint-Florentin (1). Le duc de Chevreuse, commandant de l'avant-garde, imposa l'occupation de la ville et la rétention comme prisonniers de guerre des quelques soldats restés en garnison. Le lendemain de la capitulation, le 11 août, Richelieu arrivé avec le gros de l'armée logea son quartier-général dans le château du comte de Platen; il y demeura jusqu'au 20 du mois.

De tels résultats étaient aussi brillants qu'inespérés; les places du Weser, sur la résistance desquelles on avait tablé, avaient ouvert leurs portes à la première sommation; sans coup férir on s'était rendu maître du duché de Brunswick, de la plus grande partie du Hanovre; l'ad-

---

(1) M. de Saint-Florentin avait épousé sa sœur.

versaire se retirait à marches forcées vers l'embouchure de l'Elbe et paraissait déserter la lutte. Mais ce mouvement inattendu qui livrait la capitale électorale sans défense ne cachait-il pas un piège? N'était-il pas inspiré par le désir d'aller au-devant des renforts que le roi George envoyait à son fils et qui débarqueraient sans doute à Stade? Cette pensée ne fut pas sans troubler le maréchal dans les délices de sa nouvelle Capoue. On savait de source certaine que la flotte anglaise réunie à Chatham avait embarqué 8 à 10,000 hommes de troupes nationales. Quelle était la destination de ce corps expéditionnaire? A ce sujet les avis étaient fort partagés; chacun des généraux qui commandait sur la côte de la Manche ou de la mer du nord se croyait menacé. Tantôt on s'imaginait que les villes d'Ostende et Nieuport étaient visées; ces ports, que venaient d'occuper, en vertu du traité secret avec l'Autriche, quelques bataillons français, n'étaient pas en état de résister à une attaque. Tantôt c'était à Embden qu'on prévoyait la descente des Anglais. Richelieu, quoique incrédule au sujet de ce bruit, expédia dans l'Ost Frise le régiment d'Eu, fort éprouvé comme on le sait, à la journée d'Hastenbeck.

Dans la pensée du général en chef, le véritable objectif des Anglais devait être le renforcement de l'armée de Cumberland : « Nous voilà à Hanovre (1), mon cher Duverney, et nos quartiers d'hiver seront bien assurés si nous pouvons nous garer, comme je l'espère, de l'armée de M. le duc de Cumberland. Mais si les Anglais embarqués à Chatham viennent à Stade, et que le roi de Prusse y joint quelques Prussiens, ce qui n'est pas impossible, cela deviendra sérieux, car tout ce que nous avons ici se perdrait aussi vite qu'il a été pris si nous éprouvons quelque malheur : je ferai bien en sorte qu'il n'arrive pas. On trou-

(1) Richelieu à Duverney, 12 août 1757. *Correspondance de Richelieu avec Duverney*. Londres 1789. vol. 1, p. 98.

vera peut-être mauvais que je n'aie pas couru après M. de Cumberland à Verden; mais il me faut des établissements ici. L'armée est outrée de fatigue et de dyssenterie des mauvaises eaux : il faut la rétablir, la laisser jouir d'un peu de repos, boire du vin, de la bière. » Au ministre de la guerre Paulmy, le maréchal écrivait (1) dans le même sens; il ne serait pratique de reprendre l'offensive qu'après un repos nécessité par la lassitude et l'état maladif des troupes. « M. le duc de Cumberland, ajoute-t-il, est à 18 lieues d'ici, et j'aurais peine à y marcher avant d'avoir fait des établissements et quelques dépôts en cette ville. C'est d'ailleurs un procédé difficile, qui exige des précautions, de passer une rivière (2) devant une armée qui y est postée. »

Décidément les raisonnements du nouveau général en chef ressemblaient fort à ceux de son prédécesseur. Duverney, avec beaucoup de ménagements, chercha (3) à réfuter les objections de son correspondant : L'infériorité de Cumberland, l'impossibilité dans laquelle se trouve Frédéric de secourir les Hanovriens, son éloignement du champ d'action, doivent rassurer sur un retour offensif de l'ennemi. Déjà à Paris on critique la lenteur des mouvements de l'armée; un repos de deux ou trois jours devra suffire pour remettre les soldats en état; quant aux vivres M. de Bourgade saura y pourvoir, l'essentiel est de s'attacher à la poursuite de Cumberland. Richelieu se rendait si bien compte de l'état de l'opinion qu'avant de recevoir les invitations de ses amis il s'était décidé à agir.

Il annonce à Paulmy son départ pour Verden : « Si vous aviez été témoin (4) de la conversation que je viens d'a-

(1) Richelieu à Paulmy, 12 août 1757. Archives de la Guerre.
(2) Allusion au passage de l'Aller qu'il fallait franchir pour attaquer Cumberland à Verden.
(3) Duverney à Richelieu, 21 août 1757. *Correspondance de Richelieu avec Duverney*.
(4) Richelieu à Paulmy, 18 août 1757. Archives de la Guerre.

voir avec Bourgade, Messieurs de Lucé et de Maillebois, vous seriez moins surpris de mon séjour que de la marche que je commence après-demain. » Il se plaint du peu de valeur de sa cavalerie légère : « Quelques régiments de cavalerie autrichienne donneraient de bons exemples à nos troupes légères qui en ont besoin, auxquelles ils apprendraient peut-être à faire la guerre comme eux, dont ils sont encore éloignés. »

Entre temps, avait eu lieu le détachement du duc d'Ayen sur Brunswick. Richelieu n'était pas sans inquiétude sur les suites de ce mouvement excentrique; aussi signale-t-il le danger de laisser l'armée hanovrienne sur le flanc d'une ligne qui allait s'étendre depuis Verden ou le bas Elbe jusqu'à Brunswick. Si Cumberland se retire à Stade, demande-t-il, faudra-t-il faire le siège de cette place, éloignée de plus de soixante lieues de Brunswick? Pendant qu'on serait absorbé par cette opération, le roi de Prusse ne pourrait-il pas faire une pointe sur l'Ocker, que les Impériaux et Soubise seraient impuissants à empêcher? Malgré les hésitations qu'indiquent ces questions, on se porta en avant; le 23 août Richelieu installa son quartier-général à Mariensee; le même jour Cumberland évacua la ville de Verden qui fut occupée le lendemain par le duc de Broglie; les Hanovriens continuèrent leur retraite dans la direction de Stade.

Pendant le séjour des Français sur les bords de l'Aller qu'ils venaient de franchir à Verden, se produisirent des incidents qui durent éclairer le maréchal sur le désarroi de son adversaire. A Mariensee il reçut du duc de Cumberland une lettre datée du 21 août, proposant une suspension d'armes. Découragé par les revers de la Bohême, par l'état de ses troupes, par le refus du ministère britannique de lui venir en aide, le prince anglais s'était décidé à se servir de l'autorisation donnée, comme nous le verrons plus loin, par le Roi, son père; il était prêt à entamer des pourparlers avec le commandant de l'armée française, « pour permettre, comme il l'écrivait (1), aux deux cours de convenir de ce que je ne puis appeler une paix, car je ne connais point de guerre déclarée entre la France et l'Électorat de Hanovre. » A cette ouverture inattendue, Richelieu avait répondu par un refus formel. Le même jour, M. d'Hardenberg, conseiller privé, venu de Hanovre, s'était présenté au quartier-général et avait sollicité un laisser-passer pour se rendre au camp de Cumberland. La permission ne fut pas accordée et d'Hardenberg fut obligé de rebrousser chemin. Dans le récit qu'il fit de sa conversation avec le maréchal, nous trouvons l'expression des vues de ce dernier, fort différentes de ce qu'elles devinrent quinze jours après.

« Dès mon arrivée à Mariensee, écrit Hardenberg à Cumberland (2), le maréchal de Richelieu me fit voir la lettre de Votre Altesse Royale avec la réponse qu'il y avait faite; et à l'arrivée du second trompette il me dit : « Le duc de Cumberland se moque de moi avec son armistice; croit-il vouloir ou pouvoir désunir le Roi mon maître d'avec ses alliés? » Dans l'entretien que j'ai eu avec lui, à différentes reprises je lui dis que je m'étonnais de le voir si peu disposé à un accommodement. Il me répondit que les choses avaient changé de face; qu'il connaissait les intentions de sa cour et qu'il était trop tard de songer à une neutralité. « J'ai répondu, poursuivit-il, la même chose au duc de Bronsvic (sic) qui la sollicite vivement, et je ne dois ni ne puis agir au moment présent que pour l'utilité et la gloire de mon armée; d'ailleurs je ne souhaite que la conciliation; mais peut-être nous faudra-t-il encore une campagne, et tenez toujours pour sûr que nous ne ferons pas une bête de paix comme celle d'Aix-la-Chapelle. »

Cependant, malgré cette attitude intransigeante, en po-

(1) Cumberland à Richelieu, Verden, 21 août 1757. Archives de la Guerre.
(2) Hardenberg à Cumberland, Hanovre, 26 août 1757. Newcastle Papers.

litique avisé, le général en chef ne crut pas devoir négliger ces indices. Bien que résolu à profiter du découragement évident de l'ennemi, et très désireux d'un succès qui fît oublier celui d'Hastenbeck, il se souciait peu, en acculant Cumberland à l'Elbe, de se mettre sur les bras une opération aussi longue et aussi scabreuse que le siège de Stade. Il lui faudrait transporter son artillerie à travers un pays de marais et dépourvu de routes, chercher au loin, à grand renfort d'attelages, la nourriture de ses troupes, exposer ses soldats aux fièvres qu'occasionnerait un séjour prolongé dans une contrée malsaine; à toutes ces difficultés s'ajouterait le grave inconvénient de s'écarter, par une opération excentrique, d'Halberstadt et de Magdebourg, objectifs visés par les instructions du Roi. Plus on s'enfonçait vers le nord, plus on s'éloignait des États du roi de Prusse, et plus on aurait à redouter une attaque de ce prince sur ses derrières. Sous l'impression de ces sentiments, Richelieu se demanda si l'intervention d'une puissance voisine, le Danemark, ne pourrait pas amener entre les belligérants un arrangement dont il ne lui appartenait pas de prendre l'initiative, et qu'il n'était pas autorisé à négocier directement. Déjà le roi de Danemark avait proposé à la cour de Versailles une convention relative aux duchés de Brême et de Verden; il serait facile d'étendre les pourparlers entamés à l'Électeur du Hanovre, au landgrave de Hesse réfugié à Hambourg, et au duc de Brunswick prisonnier dans sa résidence. Sûre de la neutralité des confédérés du nord de l'Allemagne, tranquille sur ses lignes de communication, l'armée de Westphalie pourrait tourner tous ses efforts contre le roi de Prusse, seconder les vues de l'Impératrice-Reine et de son fidèle ami Louis XV, assurer sa subsistance aux dépens de l'ennemi, et se préparer des quartiers d'hiver dans des régions plus fertiles et plus saines que les marécages de la zone septentrionale du Hanovre.

Dans une lettre au Président Ogier, ministre français à Copenhague, après avoir analysé la situation militaire et développé les considérations que nous venons de résumer, Richelieu continue (1) : « Ainsi si le Danemark avait envie effectivement, pour l'amour du bien général et celui du pays de Verden et Bremen, d'établir une neutralité réelle, il serait fort bon que vous puissiez profiter de cette disposition du Danemark pour l'engager à m'arrêter dans ma course, et vous faire fort de me porter à ne pas poursuivre M. le duc de Cumberland dans sa retraite sous Stade, où je ne lui vois que la mer, sur laquelle même il n'a aucune flotte, pour le venir recevoir; et par conséquent il est dans le risque de perdre son armée, la ville de Stade, et le reste des trésors qui peut y être encore. Mais comme de mon côté je ferai, je crois, aussi bon marché de ne point les suivre par les mêmes raisons, ce qui serait bien plus agréable à l'Impératrice et à la cause commune dont l'objet doit être de nous mettre à portée de faire le siège de Magdebourg la campagne prochaine, je crois, Monsieur, que vous rendriez un grand service si vous pouviez ménager cette neutralité. » Si une convention se conclut, Richelieu désirerait conserver les duchés de Brême et de Verden, mais il n'en fait pas une condition sine qua non. Il s'excuse de ne pas entrer dans plus de détails et ajoute qu'il a envoyé copie de sa lettre « à M. l'abbé de Bernis, duquel vous sentez bien que je n'ai pu avoir des ordres sur les propositions que je vous fais, puisqu'on ne pouvait prévoir des succès aussi rapides en si peu de temps. »

En attendant l'effet de sa missive, le général français poussa ses opérations en dépit des obstacles que lui créaient la nature du pays et la lenteur des transports. Le

---

(1) Richelieu à Ogier, 23 août 1757. Copie envoyée à Paris. Archives de la Guerre.

29 août il est à Verden où (1) « il examine l'étendue des marais qui enveloppent l'armée des ennemis, et la possibilité qu'il pourrait y avoir à les attaquer ou à les y tourner, et combiner tout cela avec ces malheureux moyens de subsistance... Il est fort désagréable d'être dans un pays dont il n'y a pas seulement des cartes, où personne n'a jamais fait la guerre, et où on n'envisage que des difficultés. » Pour comble de malheur, ses principaux collaborateurs sont sur les dents; Maillebois a la goutte, Vogüé est pris des fièvres, Puységur est fort incommodé; « l'État-major est en mauvais état dans un moment où j'aurais grand besoin de tous ses yeux et de toutes ses jambes. »

Durant cette période de la campagne, Richelieu déploya beaucoup d'énergie; il eut à lutter non seulement contre les embarras matériels, et ils étaient nombreux, mais aussi contre le mauvais esprit de beaucoup d'officiers qui n'aspiraient qu'au repos. « Si vous voulez, écrit un officier supérieur (2) à Belleisle, avoir une bonne armée en état d'agir puissamment le printemps prochain, et éviter des retraites de bons officiers pendant l'hiver, faites entrer promptement vos troupes en quartier d'hiver. Hier qui était le quatrième jour de marche, il tombait dans le chemin des soldats rendus de fatigue. M. de Richelieu, malgré cela, aurait voulu passer l'Aller aujourd'hui; M. de Maillebois s'y est opposé. »

M. de Gisors était de retour depuis peu de jours avec le grade de brigadier et la croix de Saint-Louis; quoique fort mal disposé à l'égard de son chef, il tient à peu près le même langage que lui (3) : « Je ne sais si la cour a une idée bien exacte de la nature de ce pays-ci, où on ne fait pas cent pas sans rencontrer un marais, et où par conséquent, quand il aura plu quinze jours de suite,

---

(1) Richelieu à Paulmy. Verden, 29 août 1757. Archives de la Guerre.
(2) Officier de l'armée à Belleisle, 25 août 1757. Archives de la Guerre.
(3) Gisors à Belleisle. Verden, 29 août 1757. Archives de la Guerre.

l'artillerie ne pourra pas tenir, non plus que le convoi de vivres. » Des environs de Weille où il se trouvait le 31 août, il fait la description suivante (1) : « Notre camp d'aujourd'hui est affreux; c'est une bruyère marécageuse dont les exhalaisons puent extraordinairement; le quartier-général est dans un petit hameau composé de douze maisons couvertes de chaume. » Au courant de la journée il y avait eu une escarmouche à Rottenburg ; on n'avait pu entamer l'ennemi qui avait rompu les ponts en se retirant sur Giheim. M. de Monteynard, commandant de l'avant-garde française, n'espérait pas être plus heureux le lendemain : « Giheim est entouré de marais, écrit-il, (2) on n'y peut arriver que par une chaussée à travers ce marais ; l'ennemi a coupé en plusieurs endroits cette chaussée. » D'ailleurs le corps principal des Hanovriens était parti, et l'on n'avait en face de soi qu'une faible arrière-garde qui ne tiendrait pas. « La cavalerie de mon détachement arrive seulement à présent; elle n'a pas débridé depuis la pointe du jour... Je fais actuellement donner aux cavaliers qui n'ont point de pain des tonneaux de farine pour rassasier comme ils le pourront la grosse faim. »

Richelieu, dont l'activité dépassait de beaucoup celle de ses subordonnés, se plaignit (3) non sans raison de la mollesse de la poursuite. « Il a grande envie que l'armée s'avance demain, écrivait Gisors (4) le soir de la petite affaire de Rottenburg ; mais il faut prévoir si la distribution de foin pourra être faite demain d'assez bonne heure, et je doute fort que Maillebois, qui est fort incommodé de la goutte à Verden, se porte à cette précipitation. »

(1) Gisors à Belleisle. Weille, 31 août 1757. Archives de la Guerre.
(2) Monteynard à Saint-Pern, Bultersheim, 31 août 1757. Archives de la Guerre.
(3) Richelieu à Paulmy, 1ᵉʳ septembre 1757. Archives de la Guerre.
(4) Gisors à Belleisle. 31 août 1757. Archives de la Guerre.

Sur ces entrefaites le maréchal apprit (1) l'occupation de Brême par M. d'Armentières et la prise d'Harbourg; cette dernière ville située sur un bras de l'Elbe, en face de Hambourg, s'était rendue à la sommation de M. de Grandmaison escorté de quelques troupes légères. Comptant sur l'effet moral que produiraient ces nouvelles, Richelieu laissa le gros de l'armée, retenu à Weille par le manque de vivres, et courut aux avant-postes où il assista, non sans quelque danger, à un combat assez vif à Bevern, entre le détachement de Poyanne et un corps de Hessois; il dut même reculer jusqu'à Closter Seven où il établit son quartier-général le 4 septembre, et où il appela à lui les divisions restées en arrière. Le lendemain le comte de Lynar, envoyé danois, arriva au camp français et entama des pourparlers qui mirent fin aux opérations militaires.

En résumé, Richelieu, malgré les vacillations du début et quelque décousu dans ses manœuvres, avait mené sa besogne avec entrain et succès. L'ennemi désuni, fatigué, acculé à l'embouchure de l'Elbe, sans autre appui que les faibles fortifications de la ville de Stade, démoralisé par une retraite non interrompue, était à la merci du vainqueur. Aussi les admirateurs du maréchal ne se possèdent plus de joie; l'un de ses plus chauds partisans, M. de Redmond, qui avait remplacé M. de Chabot comme maréchal des logis de la cavalerie, éclate en éloges dithyrambiques (2) : « Quel événement, Monseigneur! M. le maréchal doit cette fin de campagne à sa constance et à son activité; il a été contrarié par plus d'un côté depuis le passage de l'Aller... C'est étonnant toutes les platitudes qui se sont dites à l'armée de la pointe que M. le maréchal a faite jusqu'ici; elle a tout décidé, et produit

---

(1) Voir pour le détail de ces opérations : Général Pajol. *Guerres de Louis XV*, vol. IV.

(2) Redmond à Paulmy, 8 septembre 1757. Archives de la Guerre.

un événement aussi glorieux pour les armes du Roi que décisif pour la cause commune. » Le militaire avait accompli sa part de l'opération, voyons le diplomate à l'œuvre.

Le Président Ogier avait reçu dans la nuit du 27 au 28 août la dépêche de Richelieu dont nous avons donné l'analyse plus haut. La suggestion du maréchal coïncidait avec une avance que venait de faire à Copenhague le Roi Électeur du Hanovre, tant en son nom qu'en celui de ses alliés, en vue « d'une paix particulière, ou d'une exacte et entière neutralité de ses États d'Allemagne et des leurs. » Ogier avait porté cette démarche à la connaissance de Richelieu. « Cette demande, écrit-il le 28 août (1), donne une face toute nouvelle aux affaires de cette partie de l'Allemagne et m'a paru une circonstance bien favorable à l'objet de votre expédition du 23 de ce mois. » L'envoyé français s'était bien gardé de laisser deviner à Bernstorf les dispositions conciliantes dont il a eu la confidence : « Je lui ai annoncé que vous étiez en marche et à trois journées de l'ennemi, et dans le dessein de combattre s'il vous en donne la possibilité... J'ai fait entrevoir à M. de Bernstorf l'avantage qu'il y aurait de chercher avec moi et de concourir aux moyens qui peuvent épargner le sang qu'une nouvelle action va faire répandre... Il m'a marqué sa surprise extrême de ce que M. le duc de Cumberland, qui a été avant le 12 de ce mois-ci instruit des intentions du Roi son père, ne vous ait fait encore aucunes ouvertures ou propositions de paix, et très flatté du moyen que je lui ai fourni de tenter de faire cesser des hostilités qui vont devenir inutiles. » Il demandera au Roi son maître « de faire partir aujourd'hui un exprès adressé à la régence d'Hanovre réfugiée à Stade. Sa Majesté danoise, dans une lettre personnelle,

(1) Ogier à Richelieu. Copenhague, 28 août 1757. Archives de la Guerre.

engagera le duc de Cumberland à faire usage des pleins pouvoirs qui lui ont été confiés par son père, et à proposer au général français la paix, la neutralité, ou un accommodement préliminaire, Sa Majesté britannique étant également disposée à prendre celui de ces trois partis qui conviendra le mieux au Roi. »

La négociation de Closter Seven fut vivement menée. Le 5 septembre, on reçut au quartier-général français un billet du comte de Lynar, daté du camp ennemi de Bremerworde, et annonçant « une commission auprès de Votre Excellence. » Le diplomate danois avait commencé sa mission par une visite (1) au duc de Cumberland; il apportait une proposition d'armistice. Richelieu débuta en déclinant tout arrangement qui ne comporterait pas la retraite des Hanovriens au delà de l'Elbe, et la remise de Stade à une garnison danoise. Lynar retourna à Bremerworde avec cette réponse. Cumberland réunit aussitôt ses principaux généraux et les conseillers Steinberg et Schwichelt, leur exposa la situation désespérée des troupes, le risque d'être coupé de Stade, leur fit part des instructions du roi George et de son ordre impératif de sauver l'armée à tout prix. On reconnut la nécessité d'en finir, sauf à obtenir de Richelieu quelques adoucissements sur ses premières conditions. Lynar essuya du maréchal un nouveau refus, et dut revenir auprès de Cumberland qui se montra d'abord aussi intraitable que son adversaire. Enfin le 8 septembre le ministre danois, très impressionné par les préparatifs français, arracha au prince les pleins pouvoirs pour conclure vint, accompagné de Maillebois, retrouver le maréchal qui faisait sa sieste, et rédigea avec lui l'accord auquel l'histoire a donné le nom de convention ou capitulation de Closter Seven. D'après Richelieu, ce fut lui qui en dicta les con-

---

(1) Voir sur les détails de la négociation. Hassell, p. 423 et suivantes.

ditions. Aussitôt l'entente intervenue entre Lynar et lui, les articles du traité furent transmis à Cumberland, acceptés et signés; ce point acquis, il fut donné satisfaction à quelques demandes des Hanovriens, au moyen de dispositions séparées annexées à la pièce principale.

Le maréchal se déclara enchanté de son ouvrage. « Je crois, mande-t-il à Paulmy (1), que je ne pouvais rien faire de plus glorieux et de plus utile pour les armes du Roi. » Cependant il fallait aller au-devant des critiques que l'ambiguïté du texte lui attirerait, aussi explique-t-il qu'il n'a pas cru devoir insister pour le désarmement des alliés : « Les Hessois, les Brunswick et les Gotha étaient très décidés à soutenir le duc de Cumberland si je l'attaquais. Les voilà dispersés à jamais; je n'ai pas voulu prononcer définitivement leur désarmement et leur dispersion, parce qu'il peut être dangereux de pousser à bout par des termes trop durs dans des premiers moments, et que j'ai cru que les passe-ports que je donnais à cette armée étaient suffisants pour faire sentir qu'en les remettant pour le détail à la merci du Roi qui est le maître de leur pays, et étant congédiés par les Anglais, ils ne pouvaient être reçus au milieu de nos troupes et chez eux que dispersés et désarmés. C'est à vous présentement à le prononcer plus explicitement, vis-à-vis du Landgrave, du duc de Brunswick et du Gotha. Ce qui reste de troupes du Hanovre dans la banlieue de Stade est comme nul par la garantie du roi de Danemark, et la précaution que j'y ai apportée. »

Comme la suite le démontrera, la question de désarmement que le général français avait cru habile de laisser dans l'ombre, et qu'il avait imprudemment soumise à la décision de son gouvernement, fut la pierre d'achoppement qui fit crouler l'édifice. Mais à ce moment on ne songeait guère à ces détails.

(1) Richelieu à Paulmy, 10 septembre 1757. Archives de la Guerre.

Très satisfait d'une solution dont l'initiative lui appartenait tout entière, Richelieu expédia à Fontainebleau, où se trouvait alors la cour, le duc de Duras avec un exemplaire du traité, et mission de compléter les éclaircissements qu'on n'avait pas pu fournir par écrit. Ces explications étaient d'autant plus nécessaires que le maréchal venait d'assumer une lourde responsabilité; il n'avait reçu ni pouvoir ni autorisation pour négocier, encore moins pour conclure, et il s'était mis en contradiction avec l'esprit de ses instructions.

Une attente de quelques jours eût rendu impossible, sans désobéissance formelle, la signature de la convention de Closter Seven. Prévenus par dépêche de l'arrivée de Lynar au camp français, inquiets des commentaires qui accompagnaient cet avis, les ministres de la Guerre et des Affaires Étrangères allèrent consulter Louis XV. Sur l'ordre formel du monarque, Bernis tint (1) à Richelieu un langage significatif. On repoussait « une suspension d'armes qui serait aussi préjudiciable à nos intérêts qu'à notre gloire »; la paix ou la neutralité que sollicitait le Hanovre « ne pourrait convenir qu'accompagnée de conditions que le roi d'Angleterre n'accepterait certainement pas... Ce n'est qu'en faisant éprouver à l'Électeur tout le poids de notre juste ressentiment que nous forcerons le Roi à une paix honorable et utile pour nous. L'Électorat doit être, entre nos mains, un moyen de représailles et un gage de conciliation. L'intention du Roi est, Monsieur, que vous vous borniez à écouter toutes les propositions qui vous seront faites, et que vous ne les receviez que pour en rendre compte à Sa Majesté qui, après les avoir examinées dans son conseil, ainsi que les réflexions dont vous les accompagnerez, prendra les résolutions qu'Elle croira les plus convenables, et vous fera connaître

---

(1) Bernis à Richelieu, 12 septembre 1757. Papiers de Choiseul publiés par Filon.

ses volontés. Elle désire qu'en attendant vous ne suspendiez point le cours de vos opérations. »

La prose ministérielle était aussi sèche que précise; l'ordre était formel et ne permettait pas d'échappatoire; en lisant la dépêche, Richelieu, malgré toute son assurance, dut se demander s'il avait été bien inspiré en acceptant un arrangement dont le principe déplaisait si fort à la cour.

Si le général français avait agi de son chef, et contrairement aux vues de son gouvernement, en était-il de même pour le commandant des alliés? Pour répondre à cette question, pour démêler les fils d'une affaire restée fort obscure, pour déterminer la responsabilité du roi George, du duc de Cumberland, de ses ministres tant anglais que hanovriens, nous aurons recours à la volumineuse correspondance de Newcastle; nous y puiserons des détails instructifs à propos d'un événement sur lequel les historiens britanniques n'ont fait que glisser, et que M. Hassell dans son consciencieux ouvrage n'a envisagé qu'au point de vue hanovrien.

Essayons tout d'abord de nous rendre compte des rapports qui existaient entre les deux États dont George II était le chef titulaire, le royaume de Grande-Bretagne et d'Irlande et l'électorat de Hanovre. Au delà de la Manche, nous avons eu souvent l'occasion de le dire, l'opinion publique, disposée à soutenir la guerre sur mer et en Amérique, s'était toujours déclarée rebelle à tout sacrifice pour les luttes du continent; sans doute le sentiment populaire se montrait très favorable au roi de Prusse, et très heureux des succès de ce prince que l'on considérait comme le champion du protestantisme allemand; mais, de ces manifestations platoniques à un concours en hommes et en argent, il y avait encore loin. Quant au Hanovre, c'était terre étrangère pour l'Anglo-saxon; en fait de gouvernement, de constitution, il n'avait rien de commun avec la Grande-Bretagne; la souveraineté de l'Électorat et celle du royaume étaient réunies, il est vrai, sur la même tête; mais ce lien, strictement personnel, était plutôt cause de jalousie pour tout bon citoyen britannique qui en voulait au monarque de préférer sa patrie d'outre-mer à son pays d'adoption. Les affaires du Hanovre étaient dirigées par George lui-même, assisté du vieux ministre Münchhausen à Londres, et représenté par un conseil de régence à Hanovre. Seul le Münchhausen de Londres, qu'il ne faut pas confondre avec son frère le président, était en rapports suivis avec ses collègues du cabinet anglais. La formation de l'armée confédérée, la nomination du duc de Cumberland, la conduite des opérations, le sort éventuel du Hanovre, étaient autant de questions affranchies du contrôle du ministère et du Parlement britanniques; tout au plus cette assemblée, pour s'immiscer dans le débat, eût-elle pu invoquer le vote des crédits qui servaient à payer la dépense du corps hessois et contribuaient à celle des Hanovriens.

Au moment du départ de Cumberland pour le continent, c'est-à-dire au milieu du mois d'avril, l'Angleterre était en proie à une crise ministérielle à laquelle, d'après la rumeur publique, il n'avait pas été étranger. L'interrègne dura presque trois mois.

Newcastle, dans sa correspondance (1) avec ses familiers, nous trace un tableau peint sur le vif de la comédie politique dont il fut l'un des principaux acteurs. Le Roi, très hostile à Pitt dont le renvoi avait entraîné la dissolution du dernier cabinet, aurait désiré une entente entre Fox, son favori, et Newcastle auquel il était attaché plutôt par les liens d'une longue accoutumance que par ceux de l'affection ou de l'estime. Celui-ci, très vaniteux, très amou-

---

(1) Correspondance de Newcastle, Vol. 32871 et 32872, notamment les lettres échangées avec Hardwicke, Ashburnham, Chesterfield, l'archevêque Stone, etc.

reux du pouvoir, se serait laissé faire, se serait même résigné à entreprendre tout seul la constitution du ministère, s'il n'en eût été empêché par les conseils de ses amis. Ces derniers sentaient fort bien qu'il était impossible de mettre sur pied une administration viable, sans le concours d'un orateur capable de diriger les débats de la Chambre des Communes. Fox possédait le talent de l'emploi, mais manquait du prestige nécessaire; d'autre part, sa rivalité avec Pitt entraînerait pour toute combinaison dont il ferait partie l'opposition intransigeante de cet homme d'État et de ses fidèles. Le dilemme était embarrassant. Newcastle, après les hésitations dont il était coutumier, se déroba et associa définitivement son sort à celui du député populaire.

Indigné d'un refus qu'il qualifiait de trahison, le vieux Roi essaya de composer un ministère avec Fox et quelques politiques de valeur secondaire. La tentative échoua grâce à l'intervention de Mansfield et à la démission de Holdernesse qui, à l'instigation de Newcastle dont il était la créature, remit son portefeuille au moment critique. Il fallut bon gré, malgré, donner carte blanche à Newcastle et autoriser ce dernier à reprendre les pourparlers avec Pitt. Lady Yarmouth, l'ancienne maîtresse restée amie du Roi, lord Hardwicke, ex-collègue et intime du premier ministre, et lord Bute, confident de la princesse de Galles et de son fils le futur George III, se mêlèrent activement de la partie; après maintes entrevues où ces personnages jouèrent le rôle de conciliateurs désintéressés, le ministère Pitt-Newcastle fut enfin formé le 29 juin. Holdernesse rentra au département des Affaires Étrangères qu'il partagea avec Pitt, Legge revint aux Finances, Anson à la Marine. Fox ne fut pas membre du cabinet, mais en échange de la promesse d'une neutralité bienveillante obtint le poste aussi lucratif que modeste de payeur-général de l'armée.

Pour la nouvelle administration l'avenir ne s'annonçait pas sous de riants auspices : peu d'accord entre collègues, rapports très tendus entre le Roi et ses ministres, rancune tenace contre Pitt, vif mécontentement à l'égard de Newcastle et de Holdernesse; désordres à l'occasion de l'organisation de la milice, mauvaises nouvelles d'Amérique, défaites du roi de Prusse, retraite de Cumberland devant l'armée supérieure de d'Estrées, embarras à l'intérieur, orages menaçants sur l'horizon extérieur; la perspective était peu encourageante. Tout d'abord le cabinet exposa sa politique étrangère dans une lettre à Mitchell (1); on affirmait à Frédéric la détermination d'agir de concert, soit pour la négociation de la paix, soit pour la continuation vigoureuse de la guerre. Puis, pour subvenir aux besoins de l'armée du Hanovre et pour amadouer le Roi, Pitt s'engagea à lui faire ouvrir par le Parlement un crédit de 100,000 livres sterling.

Devait-on s'en tenir à un subside financier, ou fallait-il renforcer Cumberland d'un corps de troupes anglaises? La question fut chaudement débattue au sein du conseil. Ne serait-il pas à propos d'envoyer au Prince les 9,000 hommes de Chatham qui avaient inspiré de si vives inquiétudes à Richelieu? Le Roi, probablement à la prière de son fils, était de cet avis; Frédéric, dans ses conversations avec Mitchell, s'était exprimé dans le même sens. Par contre, Pitt, initiateur d'un projet de descente dans les environs de Rochefort, y était très opposé. A son ordinaire Newcastle plaide le pour et le contre (2). « Un renfort de cette nature permettrait certainement au duc de faire plus que nous n'effectuerons, j'en ai peur, par une tentative sur les côtes françaises. Cela donnerait du cœur à la cause protestante, aux princes de l'Empire et aux Hollandais...

---

(1) Holdernesse à Mitchell, 15 juillet 1757. Newcastle Papers. Newcastle à Mitchell, 18 juillet 1757. Newcastle Papers.
(2) Newcastle à Hardwicke, 25 juillet 1757. Newcastle Papers.

D'autre part, je crains les difficultés, les criailleries auxquelles donnera lieu de la part de M. Pitt, de M. Fox même, l'envoi de troupes à l'étranger. » « Nous avons eu hier soir, écrit-il à un autre correspondant (1), une petite divergence d'opinion sur le point de décider si nous enverrons, conformément à la demande du roi de Prusse, 9,000 hommes pour renforcer le duc. Lord Hardwicke et moi sommes prononcés fortement pour l'affirmative. Pitt s'y est opposé, mais avec beaucoup de convenance et de bonne humeur... Je suis porté à croire que nous expédierons les troupes. »

Newcastle se trompait dans son pronostic. Pendant qu'on discutait à Londres, les événements se précipitaient sur le théâtre de la guerre. « Le sort du Hanovre est tranché, mandait à la date du 3 août (2) le premier ministre à son confident Hardwicke; le duc a été battu le 26 du mois passé... le pays du Hanovre est à la merci des Français, et si j'ai bien compris le Roi, le Président Münchhausen doit aller conférer avec le maréchal d'Estrées... Le Roi garde son sang-froid; il a dit qu'il ferait pour le mieux; il avait soutenu l'affaire tant qu'il avait pu, il fallait en sortir au mieux de ses intérêts; il avait du reste pris son parti, ce qui veut dire qu'il est prêt à faire la paix pour son propre compte; il aurait le plus grand soin des intérêts du landgrave de Hesse, des ducs de Wolfenbuttel (3) et Gotha. J'ajoutai : « et du roi de Prusse. » Le Roi répliqua qu'il ne pouvait plus rien faire pour ce dernier; il mettrait Sa Majesté prussienne au courant des mesures qu'il serait obligé de prendre; si nous, ici, nous voulions continuer notre concours au roi de Prusse, il ne s'y opposerait en aucune façon. »

A l'issue de l'audience, Newcastle eut une conférence

(1) Newcastle à Ashburnham, 27 juillet 1757. Newcastle Papers.
(2) Newcastle à Hardwicke, 3 août 1757. Newcastle Papers.
(3) Autre titre du duc de Brunswick.

avec ses principaux collègues, Granville, Pitt et Holdernesse, et leur fit part des propos du monarque. Tous pensèrent qu'ils n'avaient pas à soumettre d'avis sur les affaires du Hanovre. Tout au plus serait-il possible de suggérer un moyen d'empêcher le Roi de donner suite à son projet. Mais quel moyen? Il était trop tard pour expédier des troupes, et en pleine crise militaire un subside financier ne serait guère de circonstance. Pitt, très effrayé de l'effet que la désertion de George II produirait sur le roi de Prusse, estima qu'il fallait faire au nom de l'Angleterre, à ce monarque, les offres les plus libérales ; il alla jusqu'à parler d'une somme de 1,200,000 livres sterling qu'on solliciterait du Parlement pour la campagne à venir, et qu'on affecterait aux dépenses des Hanovriens, des Hessois et du roi de Prusse. Mais, comme observait Newcastle avec sens, l'ajournement jusqu'à l'année prochaine enlèverait toute efficacité à ce grand effort forcément tardif, pas plus que l'argent au lieu de soldats ne remédierait au mal actuel. En définitive on se sépara sans conclure, et sans autre détermination que celle de prier Sa Majesté d'attendre les nouvelles du Hanovre avant de poursuivre son projet d'accommodement avec la France.

Après cette conférence négative, Newcastle, qui était l'indécision incarnée, éprouva des remords de conscience : Après tout l'envoi des 9,000 hommes rassemblés à Chatham ne serait-il pas le remède le plus pratique aux embarras de Cumberland et aux maux de l'Électorat. Pour résoudre la question il consulta ses familiers. En réponse lord Chesterfield lui remit une note (1) où se révèle le sentiment intime d'une fraction importante du public anglais à l'égard de Cumberland. Il n'hésite pas à attribuer la demande de renforts formulée par le Prince au désir d'affaiblir le cabinet en brouillant Newcastle avec Pitt, et à

(1) Chesterfield. Notes pour le Conseil, août 1757. Newcastle Papers.

l'espoir de jouer, grâce à l'effectif plus imposant de son armée, un rôle prépondérant à la mort du vieux Roi. Quant à Newcastle, il aurait grand tort, pour plaire à son souverain qui ne lui en saurait aucun gré, d'appuyer une mesure mal vue de l'opinion et dangereuse pour les libertés publiques. Le donneur d'avis termine par ces paroles : « Soyez-en convaincu, en refusant les troupes vous ne perdrez rien des grâces du Roi; par contre vous gagnerez en prestige et en popularité dans la nation. Vous avez la force, ne l'échangez pas contre la prétendue faveur du Roi; ce qu'il y avait de solide dans cette faveur est perdu et ne vous reviendra jamais. Puis rappelez-vous 75 (1). »

Nouvelle entrevue du Roi et de Newcastle le 5 août (2). « Sa Majesté m'a dit qu'Elle était forcée de traiter; Elle avait l'intention de se servir de trois intermédiaires, M. de Bernstorf à Copenhague, son envoyé hanovrien M. Steinberg à Vienne, le président Münchhausen auprès de M. d'Estrées. A l'observation qu'il fallait tout terminer si possible, le Roi répondit que c'était son intention de l'essayer et qu'il le ferait écrire à M. Bernstorf. Quand il aurait conclu la paix comme Électeur, le Danemark pourrait offrir sa médiation pour la pacification générale, c'est-à-dire pour un traité avec l'Angleterre; en effet Sa Majesté ne croit pas qu'Elle puisse être utile au roi de Prusse, dont Elle considère la situation comme désespérée... Le Roi m'a dit encore qu'il ne pourrait plus nous servir (nous les Anglais), qu'il avait fait de son mieux, mais que nécessité ne connaît pas de loi. C'est dans ce sens qu'il s'exprimerait au roi de Prusse. » Aux paroles de son souverain, Newcastle ajoute le commentaire suivant : « Quoique je sois toujours d'avis que l'intervention et les conseils des ministres anglais du Roi ne sont pas en circonstance, je ne peux pas m'empêcher de penser que cette paix particu-

(1) L'âge de George II.
(2) Newcastle à Hardwicke, 6 août 1757. Newcastle Papers.

lière, bouclée si brusquement et sans communication préalable au roi de Prusse, entraînera des conséquences désastreuses pour notre souverain et pour notre pays; car, en fait, on ne peut séparer l'un de l'autre. Le roi de Prusse sera persuadé qu'il a été abandonné; puis de deux choses l'une, ou bien il sera complètement ruiné, ce qui serait bien triste pour nous et la cause protestante, ou il deviendra l'ennemi éternel du Roi et de l'Angleterre, car il ne s'occupera pas de la distinction à faire. » Newcastle se demande s'il ne serait pas possible de trouver une solution préférable à celle de son maître. Il en a causé avec Pitt qui partage ses alarmes mais ne veut assumer aucune initiative; ce dernier tient toujours à son idée d'un sacrifice pécuniaire immédiat combiné avec des subsides éventuels.

A quelle somme fixerait-on la subvention? Interrogé sur le chiffre indispensable Münchhausen a mis en avant des prétentions excessives; cependant Pitt s'est décidé à en parler au Roi, et lady Yarmouth a promis de lui préparer un accueil bienveillant. Quant aux autres membres du comité, sauf lord Granville prêt à tout pour plaire au monarque, ils expriment les mêmes inquiétudes sur les conséquences d'une paix séparée tout en avouant leur impuissance à l'empêcher.

Autre question presque aussi grave : Si la négociation pour le Hanovre est inévitable, comment en faire part à la Prusse? Hardwicke qui n'était pas membre du cabinet, mais qui dans les circonstances critiques était toujours consulté, opina en termes énergiques pour un avertissement préalable au roi Frédéric. « Les agissements violents de ce prince au début (1), sa confiance exagérée dans la dernière campagne, ont été pour beaucoup dans nos malheurs. L'Angleterre ne peut l'aider, ni lui l'Angleterre; mais au nom de l'honneur et de la justice, le Roi devra

---

(1) Hardwicke à Newcastle, 7 août 1757. Newcastle Papers.

lui faire part de ses embarras, de la nécessité dans laquelle il se trouve, si nécessité il y a, et en général de ses projets. On m'objectera peut-être que ce sera alors une course entre le roi de Prusse et nous, à qui conclura le premier sa paix particulière. Je réponds que sans communication cela se passerait de même, car Sa Majesté prussienne ne sera pas sans savoir ce qui se prépare, et elle sera plus justifiée en traitant de son côté que si nous avions agi ouvertement avec elle. » Quant au projet de paix séparée ou de neutralité pour les États allemands du Roi, le ministre anglais ne peut s'y opposer « qu'à la condition d'offrir au Roi un secours en rapport avec les exigences de la situation ». Tout en se refusant à fixer la nature et l'importance du concours, Hardwicke y adhère en principe.

C'était tenir le langage du bon sens, mais le cabinet britannique était trop divisé et trop absorbé par ses préoccupations intérieures pour se rallier à ce sage avis; de plus en plus perplexe il ne sut prendre aucune résolution. Pitt, qui considérait la partie comme perdue en Allemagne, proposa (1) de se retourner vers l'Espagne. Non seulement on terminerait avec cette puissance les litiges commerciaux et maritimes depuis si longtemps pendants, mais on lui offrirait Gibraltar « si elle voulait nous aider à reprendre Port-Mahon, car sans Port-Mahon personne n'oserait signer la paix; en échange de Gibraltar nous pourrions recevoir Oran, ou un autre port des côtes barbaresques. » Le projet de Pitt fut agréé par le Roi, éventuellement soumis à l'Espagne, et repoussé par Sa Majesté catholique qui ne voulut pas se mêler au conflit.

En attendant, les nouvelles du Hanovre devenaient de plus en plus alarmantes; le 10 août arriva un billet du duc de Cumberland à son père que ce dernier communi-

---

(1) Newcastle à Hardwicke, 9 août 1757. Newcastle Papers.

qua à Neswcastle. Le commandant des forces confédérées y représentait en termes saisissants (1) la situation désespérée de son armée en pleine retraite sur Stade : « Le Roi, très ému du contenu de sa lettre, écrit Newcastle, dit qu'il enverrait au duc l'ordre d'arrêter la poursuite des Français, en offrant de traiter avec eux ; il avait averti, ou avait l'intention d'avertir le roi de Prusse, du parti qu'il était obligé d'adopter. Lady Yarmouth essaiera d'obtenir pour le duc l'autorisation de correspondre avec le roi de Prusse, et si possible d'empêcher des ennuis de ce côté. Peut-être, ajoute le méfiant Anglais, le duc ne sera pas aussi pressé quand il verra qu'il aura à jouer le rôle en personne. »

Pendant que ses ministres britanniques étaient encore à la recherche d'une solution, le vieux roi avait trouvé la sienne en se conformant au programme qu'il s'était tracé. Münchhausen dut écrire à Vienne et à Copenhague ; dans la dépêche adressée à Steinberg (2) il s'exprimait ainsi : « Sa Majesté penche maintenant à donner les mains à une paix particulière, si elle se peut conclure à des conditions raisonnables, de ne vouloir prétendre de Sa Majesté et de ses alliés, de prendre la moindre part à la guerre contre Sa Majesté prussienne et d'y concourir par des secours en troupes ou en argent; si bien que les États du Roi et ceux de ses alliés doivent être délivrés de leurs hôtes incommodes et du pesant fardeau dont ils sont accablés, et qu'à l'occasion des présents malheureux troubles, ils ne soient plus molestés par des marches, passages, logements, fournissements de vivres, chariots et autres prestations. » Suit l'appel habituel à la reconnaissance que l'Impératrice-Reine devait éprouver pour le roi George. Comme conclusion, Steinberg avait pour mission de

(1) Newcastle à Hardwicke, 10 août 1757. Newcastle Papers.
(2) Münchhausen à Steinberg. Traduction française, 9 août 1757. Newcastle Papers.

« sonder le terrain et d'approfondir les sentiments du ministère de la cour où vous êtes, surtout ceux du vice-chancelier, comte de Colloredo, sans pourtant faire dorénavant des propositions en forme. »

Ces ouvertures assez vagues furent complétées le 11 août par un gros paquet de lettres, de notes et d'apostilles pour le duc de Cumberland. La pièce principale (1), commençait par l'exposé de la situation : impossibilité de renforcer l'armée « car d'y envoyer des troupes d'ici c'est à quoi il ne faut pas songer », peu de probabilité d'un secours du roi de Prusse, crainte du retrait des Hessois et Brunswickois, avantage de traiter avant d'être réduit aux extrémités. Insuffisamment édifié sur la position et la force des combattants, le Roi demande l'avis de son fils sur les « objets importants » de la lettre, et sur « les circonstances qui y ont rapport. » Il enjoint aux ministres actuellement à Stade de se concerter à cet effet avec le Prince. « En attendant, continue le billet royal, vous verrez mes idées au sujet d'une telle paix éventuelle à faire, par la copie ci-jointe d'une lettre que selon mes ordres mon ministre d'État de Münchhausen a écrite au ministre d'État danois de Bernstorf, dont l'original a été mis sous couvert à mes ministres d'État à Stade, avec ordre de ne l'acheminer à Copenhague que quand vous le trouveriez à propos. Ce qui sera pourtant bon et nécessaire en tout cas, c'est que mon Gross Voigt de Steinberg, par une lettre à coucher sous votre approbation au ministre de Berlin, le mette au fait de la véritable situation de mes États d'Allemagne et de mes armées. » La missive de George se termine par un canevas de la communication à faire à Berlin, et par l'invitation d'informer les princes alliés que Sa Majesté « aurait soin de leurs pays

---

(1) Roi George au duc de Cumberland. Kensington, 11 août 1757. Traduction française. Newcastle Papers.

et intérêts respectifs, au possible, et autant que des siens propres. »

Dans une première apostille (1), George prévoit le cas où pour sauver ses États et son armée, il faudra agir avec tant de promptitude que le temps fera défaut pour lui en référer. « Dans cet embarras, je ne sais point d'autre parti à prendre que de remettre entre les mains de votre Direction d'appeler tous mes ministres ou quelques-uns d'eux, et de délibérer, non seulement avec eux sur les moyens et les mesures les plus propres, mais aussi d'en ordonner l'exécution. Votre Direction pourra même entrer en communication avec le baron de Bernstorf, si elle le juge nécessaire ou convenable. Rien que la grande confiance que j'ai dans la prudence de votre Direction et dans son zèle pour mon service et pour le salut de mes États d'Allemagne, pourrait me persuader à lui imposer un fardeau dont je ne connais pas moins l'importance et la pesanteur, car je me tiens persuadé qu'elle ne fera de cette autorisation que tel usage qui aboutisse au salut de mes États et de mon armée, et conséquemment à mon repos. »

La troisième apostille (2), toujours datée du 11 août, est plus explicite que les premiers documents. Le Roi ne voit d'autre ressource que de faire négocier avec le général français, pour lui et ses alliés, « une paix particulière, ou une neutralité, ou même un accommodement préliminaire, aussitôt et aussi bien que possible, afin que tous ces pays soient soulagés et les troupes conservées. » En conséquence Cumberland est invité à tenter auprès du maréchal d'Estrées ou de son successeur les ouvertures nécessaires; si elles sont accueillies, il devra « conclure de telle façon qu'il se pourra faire, après qu'il aura employé son mieux. »

(1) Roi George à Cumberland. Apostille 1. Kensington, 11 août 1757. Traduction française. Newcastle Papers.
(2) Roi à Cumberland. Apostille 3. 11 août 1757. Traduction. Newcastle Papers.

A cet effet des pleins pouvoirs rédigés par la chancellerie allemande de Londres sont joints à l'expédition. « Quoique les négociations pour le traité ou la convention ne doivent être différés pour cela, la signature et la consommation de ce dont on sera convenu ne devra pourtant se faire que jusqu'à ce que le plein pouvoir de la cour de France soit arrivé, et prêt à être échangé contre le mien. » Enfin le Prince est mis au courant des pourparlers que Steinberg est chargé d'entamer auprès de l'Impératrice, et de la prière adressée à Bernstorf « d'effectuer que sa cour emploie ses bons offices, tant à Vienne qu'à Versailles. »

Aux instructions royales étaient annexés les pouvoirs les plus étendus (1), ainsi qu'on peut en juger par le texte suivant : « Plein pouvoir, commission, et mandement spécial, pour, de notre part, en qualité d'Électeur, convenir avec le général en chef de l'armée de Sa Majesté très chrétienne, arrêter, conclure et signer, lui-même ou par telle ou telle personne qu'il y autorisera, tel traité, article ou convention que ledit notre très cher fils avisera bon être; promettant en qualité d'Électeur d'avoir agréable, tenir ferme et stable, à toujours accomplir et exécuter ponctuellement tout ce que le dit notre très cher fils aura stipulé, promis et signé en vertu du présent pouvoir, sans jamais y contrevenir, ni permettre qu'il y soit contrevenu, pour quelque cause ou pour quelque prétexte que ce puisse être; comme aussi d'en faire expédier nos lettres de ratification en bonne forme, pour être échangées dans le temps dont il sera convenu. En témoin de quoi nous avons fait mettre notre scel à ces présentes. Donné à notre palais de Kensington, le 11ᵉ d'août, l'an de grâce mille sept cent cinquante-sept, et de notre règne le trente et

---

(1) Plein pouvoir donné à Kensington, 11 août 1757. Newcastle Papers. Ce dernier document paraît avoir été rédigé en français; les autres pièces sont des traductions de l'original, évidemment allemand, faites à Londres au moment de l'expédition.

unième. » Peu de temps après l'envoi de ce volumineux courrier, le roi George ressentit des craintes sur l'interprétation trop large que son fils pourrait donner à des instructions qui trahissaient clairement le désir d'en finir à tout prix. Dans une note en date du 16 août (1), il envisagea l'hypothèse où les Français pousseraient leurs exigences jusqu'à demander le désarmement de ses soldats, ou à insister « sur d'autres conditions dures et nullement acceptables. » Dans ce cas, Cumberland devait se concerter avec les ministres et généraux hanovriens sur les moyens de délivrer et de conserver l'armée, et « pour qu'elle ne tombe d'aucune façon entre les mains des ennemis. »

Par la même occasion, Münchhausen (2) priait le Gross Voigt de Steinberg (3) de faire savoir à Cumberland qu'il pouvait signer un armistice; mais « que la conclusion de l'affaire principale devait être traînée de bonne manière jusqu'à ce que l'envoyé, M. de Steinberg, eût écrit quelle réception avait eu la proposition (à Vienne) pour une paix particulière. »

Enfin le roi d'Angleterre dépêcha à Frédéric une lettre personnelle (4) pour l'informer de ses intentions. Il constate avec douleur le mauvais état des affaires du roi de Prusse. « Depuis la dernière action, les miennes se trouvent dans une triste situation. Les ennemis sont maîtres de la plus grande partie de mes États et de ceux de mes amis. Je n'ai aucun secours à espérer de Votre Majesté et je me trouve hors d'état de lui en fournir. Je suis la victime de ma bonne foi et de ma fidélité à mes engagements.

---

(1) Roi George à Cumberland. Apostille, 16 août 1757. Traduction. Newcastle Papers.
(2) Münchhausen au Gross Voigt de Steinberg, 16 août 1757. Newcastle Papers.
(3) Père de l'envoyé à Vienne, membre du conseil de régence.
(4) Roi d'Angleterre au roi de Prusse, 16 août 1757. *Correspondance politique*. Vol. XV, p. 317.

Votre Majesté jugera elle-même que je n'ai d'autre ressource que de tâcher, s'il en est encore temps, de délivrer mes fidèles alliés et mes pauvres sujets de l'horrible esclavage et de l'oppression où ils se trouvent par l'injuste rage de la France, toujours ennemie de ma maison, et l'indigne ingratitude de la maison d'Autriche. En même temps je chercherai toutes les occasions à lui marquer ma sincère amitié et la véritable estime avec laquelle je suis, etc. »

Cumberland était encore au camp de Verden quand il reçut les instructions que nous venons d'analyser. Il laissa au Gross Voigt de Steinberg la tâche ingrate de correspondre avec Berlin (1), et mit lui-même Mitchell (2) au courant des projets du Roi son père; pour les justifier il invoque la ruine de l'Électorat qui sera complète si l'occupation française continue, le danger de prolonger les hostilités, et l'impossibilité de reprendre l'offensive contre les forces écrasantes de la France qui le tiennent bloqué dans un coin du territoire. « A la vérité, écrit-il, la lutte n'a jamais été égale quand on considère que Sa Majesté, en qualité d'Électeur, est restée seule à combattre l'armée de terre tout entière de la France. Grâce à la malheureuse issue de la campagne de Bohême, Sa Majesté prussienne s'est vue privée des moyens d'envoyer le corps de troupes sur lequel, je puis bien le dire, on avait compté lors de la formation des plans de campagne; aussi serait-ce un sacrifice, à la fois inutile pour le roi de Prusse et cruel pour les sujets du Roi et de ses alliés, que d'essayer de soutenir plus longtemps cette lutte inégale. » Cumberland prévoit que ces excuses ne lui éviteront pas des reproches violents de la part de Frédéric; aussi a-t-il soin de rappeler que George II n'était lié à la Prusse que par le traité de Westminster auquel le Hanovre était resté étran-

---

(1) Steinberg à Podewils, 20 août 1757. *Correspondance politique.* Vol. XV, p. 316.

(2) Cumberland à Mitchell. Verden, 20 août 1757. Mitchell Papers.

ger; cependant il n'avait pas hésité à supporter comme Électeur pendant quatre mois tous les efforts des Français. D'ailleurs pour atténuer l'effet des mauvaises nouvelles, Mitchell pourra déclarer que « bien qu'il n'ait encore reçu aucune instruction d'Angleterre, il se croit autorisé à assurer Sa Majesté prussienne que l'action purement électorale que Sa Majesté (George II) se voit obligée, à son grand regret, d'engager, n'affectera en aucune façon l'alliance de la Grande-Bretagne et de la Prusse. »

Laissons Mitchell expliquer la différence assez subtile entre les agissements de George II comme Roi et comme Électeur, et continuons le récit des embarras de Cumberland. Ce prince, à la veille d'abandonner son camp de Verden, informa (1) son père qu'il avait délibéré avec les ministres hanovriens Steinberg et Schwichelt « sur les moyens les plus convenables d'exécuter les instructions du Roi... Conjointement, ajoute-t-il, avec ses ministres, nous ferons tous nos efforts d'obtenir les conditions les plus avantageuses pour le pays et pour l'armée, et principalement ce qui est de moi, je ne signerai jamais rien qui pourra tendre à la ruine de son armée si bien méritée. »

Alors qu'en Hanovre les affaires s'acheminaient rapidement vers la crise finale, les ministres anglais étaient restés dans leur indécision habituelle sur le parti à prendre. Ils ignoraient, il est vrai, le texte des instructions données à Cumberland par le courrier du 11 août; ils n'avaient pas été mis au courant des ouvertures que l'envoyé hanovrien avait été chargé de faire à Vienne; mais les plus marquants d'entre eux avaient eu connaissance des intentions de leur souverain; ils savaient, d'après le langage de Lady Yarmouth et de leur collègue Münchhausen, qu'il était question d'un projet de paix séparée ou de

---

(1) Cumberland au Roi. Verden, 22 août 1757. Newcastle Papers.

neutralité; ils avaient même prédit les effets désastreux de cette nouvelle quand elle serait ébruitée. Et cependant, malgré ces avertissements et leurs propres craintes, ils ne firent rien pour détourner l'orage. La fin du mois d'août, le commencement de septembre s'écoulèrent sans autre incident que les démêlés presque journaliers entre Newcastle et Pitt, jaloux de la haute main que chacun essayait de prendre dans le gouvernement. Pendant cette période, Newcastle, dans les billets pour ainsi dire quotidiens échangés avec son ami Hardwicke, parle des troubles que soulevait l'application de la loi sur la milice, des difficultés créées par la saisie des bâtiments de commerce naviguant sous pavillon neutre, de l'échec de l'entreprise dirigée contre Louisbourg, de l'escadre destinée à l'attaque des ports français qui venait enfin de mettre à la voile; mais il ne fait aucune allusion aux affaires de l'Électorat. Ce silence cesse le 6 septembre; il fallut bien s'occuper de l'armée de Cumberland qui était aux abois. « Le duc, écrit Newcastle (1), est ou sera bientôt enfermé dans Stade. Richelieu a rejeté toute sorte de trêve ou de négociations. L'armée du duc, forte de 40,000 hommes, mourra de faim si on ne vient pas à son aide, ou plutôt si on ne lui envoie pas des vivres d'ici. Hier soir nous avons tous, et surtout M. Pitt, été d'avis de le faire sans retard. »

Suite des mauvaises nouvelles le lendemain; l'envoyé de Hesse-Cassel, M. Alt, prévient Holdernesse (2) qu'il doit faire part au roi George de l'intention du Landgrave de traiter directement avec la France. L'horizon politique s'assombrit chaque jour. Newcastle confie ses peines à Hardwicke (3) : « La mesure fatale est beaucoup plus avancée que nous ne le pensions; la communication de nos projets a déjà été faite officiellement au roi de Prusse,

---

(1) Newcastle à Mansfield, 6 septembre 1757. Newcastle Papers.
(2) Holdernesse à Newcastle, 7 septembre 1757. Newcastle Papers.
(3) Newcastle à Hardwicke, 10 septembre 1757. Newcastle Papers.

qui l'a reçue de la façon que nous avions prévue. » Newcastle répète des propos que le Roi a tenus à lui et aux deux secrétaires d'État, Pitt et Holdernesse ; il reproduit aussi le résumé d'une conversation avec Lady Yarmouth. D'après les renseignements de la favorite, les premières ouvertures de Steinberg ayant été repoussées, ce diplomate aurait reçu ordre de solliciter une audience de l'Impératrice et de faire des propositions qui lieront le Roi en sa qualité d'Électeur. En outre, Münchhausen aurait correspondu, par l'intermédiaire de Cheuses (1) et d'Affry, avec le ministre du Danemark à Paris ; le duc de Cumberland passait pour être le promoteur de la négociation. « Quant à la dame elle-même elle m'a assuré qu'elle avait fait les plus vives représentations au Roi ; elle lui avait déclaré que le parti était contraire à son honneur, et que ce serait une tache pour sa mémoire. » Mais cet appel n'a pas produit d'effet sur le souverain dont l'attitude est illogique ; car tout en persistant à traiter, il flétrit la conduite militaire de son fils, et prétend que les choses ne se seraient pas passées ainsi s'il avait été à l'armée. « Selon moi, conclut Newcastle, il commence à s'inquiéter de ce qu'il a fait ; mais il ne peut revenir en arrière, quoiqu'à mon estime il n'y a pas la moindre chance que ses conditions soient acceptées, même à la cour de Vienne. La pauvre Lady Yarmouth m'a dit : « Quand on vieillit on n'a plus la même fermeté et la même décision qu'autrefois. » La gravité de la crise extérieure donne à l'Anglais des craintes sur la stabilité du cabinet : « En résumé, si nous ne pouvons pas trouver un moyen d'arrêter net ce projet de paix distincte, Pitt, j'en suis convaincu, donnera sa démission, et je ne puis pas l'en blâmer. »

C'était de Frédéric qu'était venue la note d'alarme qui

_____
(1) Ministre danois à La Haye.

avait tiré le gouvernement britannique de sa quiétude. Ce monarque était à Dresde quand il reçut, dans les derniers jours d'août, à la fois la dépêche de Steinberg, datée de Hanovre, annonçant aux ministres de Berlin la résolution de rechercher un accord avec la France, et le billet du roi George lui faisant part de la même intention. A son oncle il répondit (1) en termes des plus dignes : « J'ai éprouvé des malheurs, je suis fort éloigné de les croire désespérés, mais je ne me persuaderai jamais que parce qu'un allié est malheureux ce soit une raison de l'abandonner. Je n'ai jamais été contraire à la paix, je l'ai toujours souhaitée, mais honorable et durable. Votre Majesté sait mieux que personne ce qui lui convient de faire ; j'attends dans le silence et sans émotion le dénouement de cet événement. »

Avec son propre représentant Michel (2) et l'Anglais Mitchell, Frédéric fut beaucoup moins réservé. Dans une audience accordée à ce dernier le 30 août (3), il se plaignit, en langage dont la modération soulignait l'amertume, de la désertion dont il était la victime. « Si le Hanovre accepte la neutralité, s'était-il écrié, c'est la fin de tout. » Déjà au reçu de la lettre de Cumberland citée plus haut, Mitchell, dont on connaît les sentiments pour la personne et pour la cause de Frédéric, avait donné libre cours (4) à son indignation : « L'Angleterre a été filoutée et ses ministres ont été dupés par les Hanovriens. Quelle triste figure allons-nous faire en Europe ? Pour soutenir une politique faible, irréfléchie et inefficace, on a manqué à la foi promise de la façon la plus manifeste, la plus effrontée. Vous savez ce qui est arrivé.

---

(1) Frédéric à George, 30 août 1757. *Correspondance politique.* Vol. XV, p. 317.
(2) Frédéric à Michel, 30 août 1757. *Correspondance politique.* Vol. XV, p. 318.
(3) Entrevue avec Mitchell. *Correspondance politique.* Vol. XV, p. 315.
(4) Mitchell à Newcastle, le 28 août 1757. Newcastle Papers.

Pourquoi n'a-t-on pas consulté le roi de Prusse? J'en répondrais sur ma tête, il aurait consenti à n'importe quelle proposition raisonnable pour la sûreté du Hanovre. Que dira du cabinet la postérité? Après avoir signé le traité de Westminster pour garantir le Hanovre, il laisse les ministres hanovriens déclarer publiquement qu'ils n'ont pas de traité avec le roi de Prusse; bien plus, il permet à ces gens de trahir un prince qui a tout risqué pour les sauver, et qui ne doit ses malheurs qu'à sa générosité et à sa loyauté!... Je souhaite sincèrement que ce malheureux projet atteigne le but désiré, mais j'ai bien peur qu'il ne serve qu'à ajouter la honte à la ruine du Hanovre. La réponse de la cour de Vienne sera un refus péremptoire ou dédaigneux; si la proposition est accueillie, on y attachera des conditions si dures que le Roi ne pourra jamais les accepter. Le ferait-il, que l'exécution dépendra de la France qui nous a donné tant de preuves de sa bonne foi et de son affection. Ne parlons plus de négocier! Après ceci personne ne se fiera à nous. Je ne sais pas comment je pourrai regarder le roi de Prusse en face. On n'achète pas l'honneur avec de l'argent, milord! En parlant comme je viens de le faire j'ai dévoilé le fond de mon âme à Votre Seigneurie, mais j'obéirai à la lettre à mes instructions tant que j'aurai l'infortuné honneur de servir le gouvernement. »

On peut imaginer l'effet produit sur les esprits vacillants du ministère anglais par cette véhémente missive, effet auquel venait s'ajouter celui de l'entrevue de Dresde, de la lettre personnelle de Frédéric, et des dépêches adressées à Michel dont on avait eu connaissance grâce aux indiscrétions de la poste. Le premier résultat fut une note remise à l'envoyé prussien; cette pièce (1), signée de Holdernesse, contenait les déclarations suivantes : « Le

(1) Note remise à Michel par Holdernesse, 16 septembre 1757. Newcastle Papers.

Roi... ordonne qu'on dise au ministre du roi de Prusse que ce n'a jamais été l'intention de Sa Majesté que les ouvertures faites sans la participation du ministère britannique eussent la moindre influence sur la conduite de Sa Majesté comme Roi. Dans une situation aussi critique, quel que soit le sort des armes, Sa Majesté est déterminée à un concert suivi avec le roi de Prusse, pour les moyens les plus efficaces de frustrer les desseins injustes et oppressifs de leurs ennemis communs; et le roi de Prusse peut être sûr que la couronne britannique continuera à remplir scrupuleusement ses engagements avec Sa Majesté prussienne, et à la soutenir avec fermeté et vigueur. »

A la même date du 16 septembre, Holdernesse, sur les ordres formels du Roi, envoie (1) à Cumberland copie des notes laissées par Michel et de la réponse qu'on vient de lui faire. Il engage le prince à diriger sa retraite sur Magdebourg pour satisfaire au vœu du roi de Prusse; enfin il insiste sur l'importance d'empêcher le maréchal de Richelieu de se porter au secours du prince de Soubise, contre lequel l'armée prussienne était en marche. Cette invitation qui était d'ailleurs, comme nous l'avons vu, en contradiction avec les ordres antérieurs de George II, avait le tort d'être postérieure aux événements accomplis. A l'heure où elle fut expédiée de Londres, la convention de Closter Seven était signée depuis plus d'une semaine.

Avant de rapporter l'effet produit en Europe par l'arrangement (2), il convient d'en analyser le contenu. Dans le préambule il était dit que le duc de Cumberland et le maréchal de Richelieu, « ce dernier en considération de l'intermission de Sa Majesté danoise, ont engagé respectivement leur parole d'honneur entre les mains de M. le

---

(1) Holdernesse à Cumberland, 16 septembre 1757. Newcastle Papers.
(2) Convention de Closter Seven. *Parallèle de la conduite du Roi*, Paris 1758.

comte de Lynar, de tenir les conditions stipulées ci-après; et lui, le comte de Lynar s'est engagé d'obtenir la garantie énoncée dans la présente convention, de sorte qu'elle lui soit envoyée avec ses pleins pouvoirs dont l'expédition en forme n'a pu être aussi prompte que son départ. »

L'article premier visait la cessation des hostilités dans un délai de vingt-quatre heures. Le second réglait le sort des troupes auxiliaires : Elles devaient être renvoyées dans leurs pays respectifs, où elles seraient placées et dispersées suivant conventions entre la cour de France et leurs souverains. Quant aux Hanovriens, d'après l'article 3, une division forte de 4 à 6,000 hommes serait cantonnée à Stade et dans un rayon d'une lieue ou une demi-lieue autour de la place; ce contingent serait neutralisé sous la garantie du Danemark; le reste des troupes électorales irait prendre des quartiers au delà de l'Elbe. Les Français occuperaient le duché de Brême et, à l'exception du district de Stade, celui de Verden jusqu'à une réconciliation définitive des deux gouvernements. L'article 4 avait trait aux limites provisoires des belligérants et à la fixation du bornage définitif.

A la pièce principale qui porte la date du 8 septembre, furent ajoutés, à titre d'éclaircissements et sur la requête du duc de Cumberland, trois articles séparés, datés du 10 septembre. Dans le premier on expliquait que les troupes des princes alliés ne devaient pas être regardées comme prisonnières de guerre; l'article 2 restreignait à 15 bataillons, 6 escadrons et au corps de chasseurs, l'effectif des Hanovriens destinés à être transportés dans le duché de Lauenbourg sur la rive droite de l'Elbe. Les 10 bataillons et 28 escadrons de la division de Stade ne pourraient être ni recrutés ni renforcés. La région affectée à leur campement, un peu plus étendue que dans le texte primitif, serait marquée par une ligne de poteaux. En vertu de l'article 3, les délais pour la dislocation de l'armée de

Cumberland étaient prolongés. Le général Sporcken et le marquis de Villemeur, premier lieutenant-général des troupes françaises, étaient chargés des détails d'exécution.

Enfin le 12 septembre M. de Lynar fit signer un arrangement supplémentaire par lequel, en échange de la levée du blocus de l'embouchure du Weser et de la restitution aux armateurs brêmois des cargaisons confisquées, Richelieu promit d'évacuer la ville et le territoire de Brême.

Dans l'acte de Closter Seven, quelle fut la part de chacun des participants? Lynar, en remplissant l'office d'intermédiaire, obéit aux désirs du Danemark très fier de jouer le rôle de médiateur entre les puissances rivales; personnellement il suivit les inspirations religieuses et philanthropiques de sa conscience. En provoquant l'accord, en en acceptant les termes, Richelieu assuma une grosse responsabilité; avant de terminer il avait reçu un avis (1) significatif. « Sa Majesté vous recommande, lui écrivait-on, de ne point ralentir vos opérations, de n'accepter la séparation d'aucune troupe qu'elle ne doive être désarmée ou licenciée. » En passant outre aux ordres du Roi, il s'exposa au désaveu ou au blâme qui eussent été infligés sans aucun doute à un général moins bien en cour. Quant à Cumberland, sa conduite s'explique par la défiance ressentie à l'égard de Frédéric qu'il soupçonnait de vouloir rétablir ses affaires en se réconciliant avec la France, par la crainte de se voir abandonner par les alliés qui servaient sous ses ordres, par le désir de ménager les États de son père, et enfin par le découragement manifesté dès le début de la campagne et arrivé à son apogée depuis l'échec d'Hastenbeck. Ces sentiments étaient ceux de George II; en traitant avec Richelieu, le fils ne fit que se conformer à la lettre, et même à l'esprit des instructions de son père; il considéra la situation comme désespérée,

---

(1) Ministre à Richelieu, 30 août 1757. Archives de la Guerre.

et estima s'en être tiré au mieux des intérêts qui lui avaient été confiés. Pour lui le réveil fut douloureux.

Malgré la bonne foi présumable chez les deux généraux et le diplomate danois, il faut avouer que le texte sur lequel ils étaient tombés d'accord contenait des lacunes dangereuses. Du côté français rien n'avait été stipulé sur la durée de l'armistice, et la rédaction de l'article relatif aux troupes alliées prêtait à l'équivoque. Quant au général anglais, il avait perdu de vue ou sacrifié le principal objectif de son père, le soulagement de l'Électorat du Hanovre.

A la première impression, le public européen jugea la convention de Closter Seven glorieuse pour la France et humiliante pour sa rivale. Bernstorf, comme il convient au ministre de la puissance médiatrice, se réjouit (1) de l'issue : « Elle est dure pour l'armée et plus encore pour le pays de Hanovre qu'elle laisse au pouvoir du vainqueur; mais vu l'extrémité où les choses étaient réduites, elle a été le bonheur de l'État, le salut de l'armée qui, sur le point d'être abandonnée de ses auxiliaires, n'avait plus que le choix de périr ou de se rendre. »

Le président Münchhausen, écrivant à Mitchell, n'hésite pas à qualifier de déplorables les conditions obtenues et cherche surtout à dégager sa responsabilité (2) : « Le dernier trait de ce triste tableau, c'est la convention signée le 10 de ce mois pour une suspension d'armes qui achève de nous livrer entre les mains des Français, et sur le contenu de laquelle je ferme les yeux et cesse de penser. Je n'en ai été instruit en aucune façon qu'après que tout a été conclu, et je suis charmé de n'y avoir pris aucune part. Pour ce qui est des affaires désespérées dans vos cantons, Monsieur, je me dispense d'en faire mention, et je ne me

---

(1) Bernstorf à Cheusses. Copenhague, 17 septembre 1757. Newcastle Papers.
(2) Münchhausen à Mitchell. Hanovre, 18 septembre 1757. Newcastle Papers.

rappelle que ce que je vous ai dit de bouche il y a longtemps : *nec Hercules contra plures.* »

Au Hanovre, sur le terrain de la lutte, le sentiment dominant fut celui de la délivrance; les ministres, à l'exception du président Münchhausen dont nous avons fait entendre les réserves, se félicitaient d'un arrangement qui avait mis fin aux hostilités dont ils étaient les premiers à souffrir. « Toutes ces lettres, mandait Münchhausen de Londres à Newcastle (1), ne contiennent qu'un applaudissement de la convention. »

En Hollande, chez les partisans de l'Angleterre, l'effet produit fut des plus fâcheux. « Je ne puis pas vous répéter, écrit Yorke (2), tout ce qu'on dit de notre conduite et le tort qui a été fait à notre cause. »

De l'autre côté de la Manche où la nouvelle parvint le 17 septembre, la consternation fut générale. Bien qu'avertis par le langage du Roi et par les confidences de la favorite, les ministres britanniques s'étaient fait illusion jusqu'au dernier moment; le refus de Richelieu de consentir à un armistice avait ravivé leurs espérances. L'affaire traînerait en longueur, Cumberland tiendrait tête à l'ennemi, et dans l'intervalle, le roi de Prusse, au besoin même le gouvernement anglais, trouverait quelque moyen de venir en aide à l'armée hanovrienne. La dépêche de Cumberland à Holdernesse qui annonçait à la fois les négociations et leur conclusion n'était pas de nature à faire la lumière, car elle n'entrait dans aucuns détails; on ne les sut que par les indiscrétions du roi George qui laissa échapper des bribes de la correspondance particulière de son fils.

Dans la première audience qui suivit la réception des avis du Hanovre, le monarque tint des propos dont la violence et l'injustice n'étaient rachetées par aucune trace de dignité royale ou d'affection paternelle. Oublieux des

(1) Münchhausen à Newcastle, 22 septembre 1757. Newcastle Papers.
(2) Yorke à Newcastle, 23 septembre 1757. Newcastle Papers.

instructions qu'il avait signées, il rejeta toute la faute sur son fils : « La convention (1) avait été conclue sans son approbation, et en opposition absolue à ses ordres... Son honneur et son intérêt avaient été sacrifiés. Grâce aux conditions consenties, il avait été livré à la France pieds et poings liés. Il ne savait pas comment il pourrait regarder le monde en face; son honneur était perdu, il était absolument défait. La tête avait dû tourner au duc, ou il avait perdu tout son courage. Quant à lui il ne pouvait pas dire ce qu'il fallait en penser, mais il n'en accepterait pas la responsabilité. D'ailleurs Münchhausen recevrait l'ordre de nous communiquer tout ce qui s'était passé. Si un autre que son fils eût accompli une pareille besogne, il aurait juré qu'il avait été acheté par la France. Pour tout dire, résume Newcastle, je n'ai jamais assisté pendant toute ma carrière à une scène aussi pénible, je n'ai jamais vu un homme aussi malheureux. »

Malgré son désespoir, George II n'avait pas oublié de faire allusion à l'aide qu'il attendait de ses fidèles sujets britanniques. « Il espérait bien que la nation ne l'abandonnerait pas et qu'elle le soutiendrait lui et le roi de Prusse. » Newcastle, en dépit du scepticisme qu'il laisse souvent percer à l'égard des sentiments de son maître, fut vraiment touché par le spectacle de sa douleur. « Je l'avoue, j'ai été si ému par ce que je voyais que je n'ai pas pu me contenir comme j'aurais dû le faire. J'ai certainement donné au Roi les plus fortes assurances que dans cette occurrence nous ferions pour lui tout ce que nous pourrions. Ces promesses ont été répétées et confirmées depuis par M. Pitt qui a mis autant d'énergie que moi dans son langage. »

A l'égard du duc de Cumberland, qui n'avait jamais été des amis de Newcastle, et encore moins de Pitt, les minis-

---

(1) Newcastle à Hardwicke, 19 septembre 1757. Newcastle Papers.

tres anglais ne demandaient pas mieux que d'attiser le feu et de faire porter au Prince toute la responsabilité de la convention scandaleuse, comme on se plaisait à appeler l'arrangement de Closter Seven; mais au fond ils savaient à quoi s'en tenir et n'ignoraient pas quel était le vrai coupable. Écoutons les appréciations de Newcastle (1) : « Le Roi prend parti avec véhémence contre le duc, et lui attribue toute la faute. Cette attitude nous permettra tout au moins de nous tirer d'affaire le mieux que nous pourrons pour l'avenir... Le duc mérite certainement les reproches les plus vifs, et cela depuis le début; mais j'espère bien que Votre Seigneurie ne s'imaginera pas que je le regarde comme seul à blâmer. Néanmoins je me suis félicité de voir le Roi désireux de tirer son épingle du jeu, et aussi sévère que n'importe qui dans son jugement sur ce qui s'est passé. » Il termine son épître par l'interrogation qui lui est coutumière : « Maintenant le point essentiel est de nous poser la question : Qu'est-ce que nous pouvons bien faire? »

Volontiers on se serait refusé à ratifier le traité. Newcastle aurait été le premier à inventer un prétexte plus ou moins plausible; mais il y avait eu commencement d'exécution, et selon toute probabilité, au moment où l'on délibérait à Londres les troupes hanovriennes et alliées étaient en pleine dislocation. Il fallut donc se contenter de charger le négociateur malheureux et d'essayer de réserver l'avenir. Holdernesse s'exprima à Cumberland (2) dans ce sens : « C'est avec peine et malgré moi que j'obéis aux ordres précis que je reçois du Roi; ils sont de prévenir Votre Altesse royale que Sa Majesté désapprouve la convention que Votre Altesse a signée; Elle vous témoigne sa surprise que Votre Altesse ait exécuté cet arrangement sans attendre la ratification de Sa Majesté. »

(1) Newcastle à Hardwicke. Très secret, 19 septembre 1757. Newcastle Papers.
(2) Holdernesse à Cumberland, 20 septembre 1757. Newcastle Papers.

Dans le brouillon conservé au British Museum, Holdernesse avait dit : « que Votre Altesse a signée à des conditions que, d'après les déclarations que Sa Majesté a bien voulu me faire, Votre Altesse royale n'était pas autorisée à accepter. » En marge est écrit de la main du Roi : « Il avait un plein pouvoir, il faut changer cette partie de la phrase. » Le passage substitué au texte primitif, où il est question de la surprise de Sa Majesté, est de l'écriture de Newcastle. Cet incident démontre la duplicité du monarque ; jusqu'au dernier moment il avait caché à ses ministres l'initiative qu'il avait prise, et ne s'était décidé à avouer la vérité que par crainte du démenti auquel il s'exposerait. Holdernesse terminait sa dépêche en annonçant que l'affaire sous toutes ses phases serait soumise à l'examen des conseillers les plus intimes de la couronne, « dont le Roi avait demandé l'avis sur les moyens de sortir des difficultés présentes. »

Une lettre personnelle de George (1) au duc de Cumberland est beaucoup plus circonstanciée et plus détaillée. Il ne peut pas incriminer une négociation dont il était l'inspirateur, mais il accuse son fils de ne s'être pas conformé à ses instructions. Pourquoi n'avoir pas tenu compte des conditions formulées dans une des apostilles du 11 août, « que du côté de l'Impératrice et de la France, on ne dût faire aucune demande à moi, ou à mes alliés, d'une prestation de secours contre le roi de Prusse ; et que 2° on mît entièrement en sûreté mes États, possessions et appartenances et ceux de mes alliés ; et que 3° mes États fussent évacués au plus tôt, et délivrés de toutes exactions, marches et passages? » Pourquoi, alors qu'il lui avait été enjoint par le canal de Münchhausen de faire traîner les pourparlers jusqu'à connaissance de la réponse de la cour de Vienne aux ouvertures de Steinberg, avoir montré

(1) Roi George à Cumberland, 21 septembre 1757 Traduction. Newcastle Papers.

tant de précipitation, et n'avoir pas soumis le projet à la ratification? Pourquoi, au lieu de stipuler des garanties pour la sauvegarde de l'Électorat, avoir donné à l'occupation ennemie la sanction d'une clause expresse? « Si son armée était restée, continue George, et qu'elle eût fait mine de vouloir attendre la dernière extrémité, les Français auraient vraisemblablement parlé d'un autre ton, et il eût été temps assez de conclure une convention si honteuse et pernicieuse lorsque la moitié de l'armée aurait été perdue. Comme je dois donc croire que vous avez eu des raisons à moi inconnues que vous avez eu des scrupules de m'ouvrir par écrit, je souhaite donc d'être informé par vous de bouche le plus tôt possible, pour ma tranquillité et pour votre propre justification. » Pour fournir ces explications, Cumberland reçut l'autorisation ou l'ordre de revenir à Londres.

Dans une apostille (1) le Roi aborde les critiques de détail, signale l'insuffisance du territoire alloué à la division de Stade, l'impossibilité pour la cavalerie de se nourrir dans des cantonnements aussi restreints, et enjoint à Cumberland d'obtenir par l'entremise du comte de Lynar la modification de cet état de choses.

Ce recours à l'auteur principal de l'accord démontre que le roi George, à cette époque, se considérait comme lié en sa qualité d'Électeur par la signature de son plénipotentiaire. La même déduction ressort d'un aveu contenu dans une communication (2) adressée au landgrave de Hesse : « L'exécution de la convention en a suivi si tôt la conclusion que nous nous sommes trouvé hors d'état de la désavouer et rompre. »

Pendant que George se débattait entre l'obligation de la

---

(1) Roi George à Cumberland. Apostille. 21 septembre 1757. Newcastle Papers.
(2) Rescrit à l'envoyé de Hardenberg, 23 septembre 1757. Newcastle Papers.

parole donnée que venait de consacrer le fait accompli et le désir de se dérober à un arrangement dont il prévoyait les suites ruineuses, le cabinet britannique se lavait les mains de l'affaire (1), et affirmait à qui voulait l'entendre son intention de maintenir l'alliance et de soutenir le roi de Prusse par un subside important. A cet effet, dès le 18 septembre, c'est-à-dire aussitôt après l'arrivée des avis du Hanovre, on avait préparé une protestation (2) déclarant « que la mesure avait été prise sans la participation des ministres anglais, et ne devait exercer aucune influence sur la conduite de l'Angleterre. » On séparait ainsi le sort du cabinet de celui du souverain dont la position, comme Électeur, était considérée comme désespérée, même par ses amis les plus fidèles; selon l'expression de Münchhausen, « il était sans pays, sans sujets, sans troupes et sans argent »; et pour comble de malheur la capitulation lui faisait perdre toute chance d'obtenir un secours du Parlement. En effet, il ne pouvait attendre de la Chambre des Communes, mécontente à bon droit d'une négociation engagée et menée à l'insu du ministère britannique, un sacrifice quelconque pour l'entretien de troupes qui désormais ne serviraient plus un intérêt anglais.

Dans la veine de découragement où se trouvait tout le monde à Londres, on songea un instant à faire des ouvertures directes à la cour de Versailles. Newcastle consulta là-dessus son ami Hardwicke, et obtint de ce dernier une réponse (3) qui dépeint l'état des esprits à ce moment de la crise : « J'aborde maintenant la grande question de la mission à Paris et de la manœuvre (sic) là-bas... Le point capital, et en même temps celui qui prête le plus au doute, est d'y envoyer un ministre; quant à l'idée de s'adresser à

---

(1) Newcastle à Yorke, 23 septembre 1757, à Dupplin, 28 septembre 1757. Newcastle Papers.
(2) Newcastle à Hardwicke, 18 septembre 1757. Newcastle Papers.
(3) Hardwicke à Newcastle, 24 septembre 1757. Newcastle Papers.

la grande dame (1) je n'y vois aucune objection, pourvu que ce soit un ministre qui y aille. Si une douceur, comme on le propose, peut être un moyen efficace d'obtenir non seulement un soulagement pour le Hanovre, mais aussi une paix générale, je serai d'avis de la porter à un haut chiffre, et de rendre l'offre tentatrice la plus élevée possible... Quant à faire dénoncer la convention par le Roi, je ne vois pas comment on pourrait s'y prendre, à moins que la France ne brise ou ne viole l'arrangement; étant donnée leur morgue cela ne me paraît pas improbable... Il y a encore tant de détails à régler que des divergences se produiront à coup sûr. Si la nouvelle publiée par les journaux d'aujourd'hui est vraie et que les Autrichiens aient battu le prince de Bevern en Lusace, cette défaite aura pour résultat de précipiter la destinée du roi de Prusse et d'augmenter l'insolence française. »

La prophétie de Hardwicke ne tarda pas à se réaliser. A la fin de septembre un important courrier arriva de Stade ; Cumberland avait reçu les lettres du 16 qui avaient apporté quelques restrictions aux instructions précédentes. « Le contenu (de ces lettres), écrit-il (2), me cause une peine extraordinaire, craignant que Votre Majesté n'approuve point les pas que j'ai faits depuis peu. Je me console uniquement par l'espérance que lorsque Votre Majesté voudra bien comparer dans leur suite les ordres gracieux qu'Elle m'a donnés avec ma conduite, Elle me fera la justice d'avouer qu'autant que j'ai pu entrer dans ses intentions, je n'ai hasardé dans la moindre chose de m'en départir. »

Puis abordant le détail, Cumberland nous apprend que le recul vers Stade, qui avait eu une influence si néfaste sur la campagne, avait été prévu dès le début.

(1) Madame de Pompadour.
(2) Cumberland au Roi. Traduction du temps. Stade, 24 septembre 1757. Newcastle Papers.

« Votre Majesté me permettra de lui rappeler très respectueusement comme quoi les instructions dont Elle a bien voulu me munir à mon départ d'Angleterre, et celles qu'Elle m'a fait parvenir depuis en confirmation des premières, et tout le plan d'opérations réglé et approuvé là-dessus, tendaient à la retraite éventuelle dans le pays de Brême et à couvrir la forteresse de Stade. » Jamais il n'avait été question, ni dans la correspondance entretenue avec le roi de Prusse, ni dans celle de Mitchell, d'une retraite sur Magdebourg. Cumberland exprime non sans dignité son vif désir de se disculper : « Soit que Sa Majesté, comme je n'en perds pas l'espérance, voudra condescendre d'agréer mes actions, ou même, ce que je regarderais comme mon plus grand malheur, à me déclarer son mécontentement là-dessus; l'un ou l'autre me sert de raison très forte pour souhaiter de pouvoir me jeter aux pieds de Votre Majesté et lui rendre compte de ma conduite. » Le Prince termine en disant qu'il laissera après son départ deux pleins pouvoirs : le premier au président Münchhausen et au ministre d'État Busch pour les négociations de la paix, si le maréchal de Richelieu est autorisé à les entamer, le second au général Sporcken pour les détails d'exécution de la convention militaire. Les uns et les autres auront pour instruction de gagner du temps, « afin que les ordres précis là-dessus de Votre Majesté puissent arriver avant qu'on ne vienne à la conclusion. »

Comme on l'a vu par les extraits cités, la seule raison qui empêcha le roi George de revenir sur la parole donnée et de dénoncer l'arrangement de Closter Seven, était la croyance que ses troupes avaient commencé leur marche et par conséquent se trouvaient éparpillées et à la merci de l'ennemi. Un incident à propos du traitement réservé aux Hessois après leur retour dans leur pays, vint arrêter la séparation de l'armée et fournir un prétexte pour la rupture, ou tout au moins pour un atermoiement. Que ferait-on de ces auxiliaires rentrés chez eux? Avec quelles ressources les entretiendrait-on? Assemblés en corps et munis de leurs armes, ils constitueraient un danger constant pour les Français; il faudrait donc les licencier; mais une mesure de ce genre n'était-elle pas contraire à l'esprit et à la lettre de la capitulation qui parlait de placement et de répartition après accord avec les souverains respectifs. Richelieu avait dès le principe sous-entendu ces précautions, sauf à les effectuer en temps opportun. « J'attends, écrit-il à Paulmy le 16 septembre (1), avec impatience votre ordre pour le désarmement et la dispersion de leurs troupes (de Brunswick et de Hesse); je le ferai toujours par prudence si je ne recevais pas à temps de vos nouvelles. »

Cependant, la dislocation de l'armée de Cumberland se poursuivait; les généraux Sporcken et Villemeur avaient signé une pièce (2) réglant les jours de départ et les étapes des régiments destinés à s'éloigner de Stade; Hanovriens et Hessois devaient quitter cette ville en cinq divisions distinctes, à des dates échelonnées depuis le 20 jusqu'au 28. Tout alla bien jusqu'au 24 septembre; ce jour-là les Hanovriens étaient déjà à Winsen et Harburg, les Hessois à Rothenburg et Seven. Villemeur se disposait à partir de Harburg pour rejoindre le quartier-général à Brunswick, quand arriva un billet de Sporcken; ce dernier prévenait que le duc de Cumberland avait suspendu la marche de ses colonnes à la suite d' « un malentendu avec Son Excellence le maréchal de Richelieu. »

Voici l'origine de cet incident : Le landgrave de Hesse, réfugié à Hambourg, avait envoyé le général Donop auprès de Richelieu à Brunswick pour sonder les intentions du vainqueur à l'égard de ses soldats. Le maréchal,

(1) Richelieu à Paulmy, 16 septembre 1757. Archives de la Guerre.
(2) Villemeur au ministre, 16 septembre 1757. Archives de la Guerre.

avec une franchise qui devait lui coûter cher, répondit qu'il n'avait rien voulu insérer à ce sujet dans le traité, mais que les Hessois aussitôt parvenus dans leur pays auraient à déposer les armes; il ne pouvait pas laisser sur ses derrières un corps organisé de 13,000 hommes. Donop s'empressa d'aviser son maître qui à son tour avertit Cumberland. Ce dernier fort ému, détermina Lynar à se rendre sur le champ à Brunswick, porteur d'une lettre pour le maréchal, où il se plaignait « d'une exigence contraire aux termes de la convention et à l'esprit de loyauté qui avait dicté sa signature. » Quelles que fussent les conséquences du refus, il n'admettait pas, et n'admettrait jamais, la prétention du général français; jusqu'à échange d'explications, il avait donné ordre d'interrompre la marche des troupes. Cumberland termine le rapport qu'il fit à son père sur l'occurrence (1) en annonçant la réception d'une dépêche de Lynar : Le ministre danois avait obtenu de Richelieu l'abandon d'une idée qu'il fallait attribuer plutôt « aux préoccupations de sa cour qu'à une intention quelconque de tirer parti d'une chicanerie déloyale. »

A vrai dire, la version qu'avait rapportée à Cumberland le diplomate danois de son entrevue avec le maréchal, diffère quelque peu de celle de Richelieu lui-même. « Il n'a fallu aucune négociation, écrit-il à Bernis (2), pour inspirer à M. le comte de Lynar le projet d'articles à ajouter à ce qui s'est fait, pour expliquer ce qui n'avait pas paru assez intelligible dans la capitulation du 10 septembre... mais comme les troupes hessoises marchent depuis le 20, il a bien fallu prendre sur moi le choix du parti de les faire rebrousser, celui de les faire continuer, ou de les laisser où elles étaient; ce dernier m'a paru le

---

(1) Cumberland à Holdernesse. Stade, 29 septembre 1757. Newcastle Papers.

(2) Richelieu à Bernis. Halberstadt, 29 septembre 1757. Archives de la Guerre.

plus raisonnable pour les quinze jours qu'il faudra pour la réponse de la cour de Versailles, et je m'y suis déterminé. »

La note d'interprétation (1) à laquelle il est fait allusion, fut en effet préparée par Lynar à Halberstadt le 28 septembre. Elle avait pour but d'aplanir les objections qu'on attendait de la cour de Versailles et de dissiper les inquiétudes de Cumberland. L'armistice devait être considéré comme stipulé pour la durée de la guerre, et comme s'appliquant aux Hanovriens de la rive droite de l'Elbe aussi bien qu'à la division de Stade; les Hessois seraient libres d'opter entre le traitement accordé aux Brunswickois par le traité qu'on venait de signer à Vienne, ou de se retirer dans les États du roi de Danemark. Enfin Sa Majesté danoise emploierait ses bons offices pour le soulagement du Hanovre et pour la fixation des contributions à fournir aux troupes françaises. Ce texte fut expédié à Versailles, à Copenhague, et au duc de Cumberland pour être soumis aux parties intéressées.

Par leur nouvelle rédaction et dans l'annexe explicative qui y était jointe, les auteurs des articles du 8 septembre étaient allés au devant des critiques qu'ils prévoyaient et qui en effet ne tardèrent pas à être formulées. Ce fut à la date du 20 septembre, c'est-à-dire dix jours après la conclusion, que Bernis accusa réception (2) de la convention et des articles séparés. En première ligne les félicitations : « Recevez d'abord mon compliment bien sincère, Monsieur le maréchal, sur cet événement, aussi glorieux pour les armes du Roi qu'agréable à toute notre nation. » Puis en guise de réserves, les modifications qu'on désirerait introduire, au moyen d'une déclaration que le président Ogier serait chargé de faire au roi de Danemark : « Cette déclaration, a soin d'écrire Bernis, ne change absolument

(1) *Parallèle de la conduite du roi*. Paris 1758.
(2) Bernis à Richelieu, 20 septembre 1757. Archives de la Guerre.

rien aux engagements que vous avez pris et fait contracter à M. le duc de Cumberland, et que le Roi a approuvés. Elle détermine seulement le sens dans lequel Sa Majesté veut et peut exécuter les articles 1 et 3 de la convention. » Les observations des conseillers militaires de Louis XV avaient porté surtout sur la liberté d'action laissée à la division hanovrienne envoyée sur la rive droite de l'Elbe. Pour calmer leurs inquiétudes, Bernis avait affirmé que Richelieu prendrait « les mesures nécessaires pour prévenir le danger dont ils sont affectés, et que dans le cas où ces troupes voudraient agir en faveur du roi de Prusse et contre les alliés du Roi, vous vous regarderiez alors comme libre des engagements que vous avez pris, et que l'Électorat de Hanovre, qui est entre vos mains un gage de la fidélité avec laquelle les Hanovriens exécuteront l'armistice convenu, porterait la peine de leur mauvaise foi. Telle est en effet la volonté du Roi, et vous devez, Monsieur, la notifier bien expressément à M. le comte de Lynar. Vous savez combien peu la cour de Londres respecte les traités les plus solennels, et qu'elle ne les observe que lorsqu'elle ne croit pas pouvoir les violer avec avantage et impunité; aussi on ne saurait porter trop loin la prévoyance vis-à-vis de cette cour injuste et artificieuse, et il est nécessaire de mettre les ministres danois eux-mêmes en garde contre les pièges qu'elle pourrait leur tendre. » A l'avenir, il était enjoint au maréchal, en termes aimables mais formels, d'en référer avant de signer une convention d'un caractère politique, et de s'en tenir aux arrangements purement militaires.

Une dépêche plus détaillée pour le président Ogier (1), dont copie fut expédiée à Richelieu, était conçue dans le même esprit de critique bienveillante. Tout en se félicitant de l'intelligence et de l'activité déployées à Closter Se-

---

(1) Bernis à Ogier, 20 septembre 1757. Archives de la Guerre

ven, on regrettait la hâte qui n'avait pas permis de prendre le mot d'ordre à Versailles. Certains articles de la convention se prêtaient à des « interprétations artificieuses et arbitraires » ; l'article 1 avait bien édicté la cessation des hostilités ; « mais comme on a omis de fixer le terme de cet armistice, nos ennemis pourraient en restreindre ou en étendre les bornes suivant qu'ils le jugeraient à propos. En effet, qui répond que lorsque la plus grande partie des forces du Roi ne sera plus dans la position où elles sont encore actuellement, M. le duc de Cumberland ne prétendra pas recommencer les hostilités? Et qui sait si alors l'Angleterre ne lui enverra pas un corps considérable des troupes nationales?... L'article 3 mérite encore plus d'attention; il y est stipulé que les troupes hanovriennes qui ne resteraient pas à Stade ou aux environs de cette place, passeront l'Elbe pour se rendre sur la rive droite de ce fleuve; et c'est à quoi se réduit uniquement l'engagement qui a été pris à cet égard. Il s'ensuit qu'on leur a laissé une liberté entière et indéfinie de se porter où l'on voudra et d'en faire l'usage qu'on jugera à propos. Il ne tiendrait donc qu'au roi d'Angleterre de leur ordonner de se joindre dès à présent à l'armée du roi de Prusse, soit en Saxe, soit en Poméranie, soit partout ailleurs. Il est aisé de juger que dans ce cas-là, bien loin d'avoir retiré quelque avantage de la convention qui vient d'être conclue, nous aurions donné fort imprudemment dans un piège dont les suites pourraient être dangereuses pour nous et funestes à nos alliés. »

Certes la cour de Versailles a toute confiance « dans la probité du roi de Danemark », et rend justice « à la pureté des intentions de ses ministres » ; aussi compte-t-elle sur leur concours pour faire disparaître toute équivoque. La ratification de la capitulation n'ayant pas été réservée, il devient nécessaire d'avoir recours à une « déclaration interprétative. » Bernis pour éviter tout malentendu a soin d'en dicter les termes : « Vous déclarerez à Sa Majesté danoise et à ses ministres que le Roi a donné une entière approbation à la convention qui a été conclue et à tous les articles qu'elle renferme, dans la persuasion où est Sa Majesté 1° que la suspension d'armes qui a été stipulée en termes généraux ne regarde pas moins les troupes hanovriennes qui ont passé l'Elbe que celles qui doivent rester à Stade, et que cet armistice doit durer autant que la guerre, à moins que de concert on lui assigne un terme dont on conviendra; 2° que les troupes hanovriennes qui sont au delà de l'Elbe ne pourront en aucun cas, ni sous aucun prétexte que ce soit, se joindre au roi de Prusse ou à ses alliés, ni servir contre le Roi et les alliés de Sa Majesté. »

Quand ces importantes dépêches furent ouvertes par Richelieu, le projet d'interprétation rédigé de concert avec Lynar était déjà parti pour Paris. Le maréchal, escomptant un accord qu'il croyait certain, rassuré du côté du Hanovre, concentra toute son attention sur les mouvements des Prussiens.

Pendant cette accalmie apparente l'horizon s'obscurcissait à Londres, où le roi George et son cabinet, par leurs agissements, allaient donner raison aux appréciations peu flatteuses de Bernis sur la politique britannique.

A la lettre de blâme de son père, Cumberland répondit par quelques mots (1) où il se bornait à annoncer son prompt retour. Dans un billet expédié à Holdernesse (2) par le même courrier, il se justifia des accusations lancées contre lui : « J'ai agi conformément aux ordres de Sa Majesté, pour le bien de l'armée et du pays dont Elle m'avait confié la garde. Je n'ignorais pas que la négociation avait

(1) Cumberland au Roi. Apostille traduite. Stade, 30 septembre 1757. Newcastle Papers.
(2) Cumberland à Holdernesse. Stade, 30 septembre 1757. Newcastle Papers.

été entamée sans la participation des ministres anglais de Sa Majesté. Aujourd'hui, puisque le baron de Münchhausen a reçu l'ordre de leur exposer toute la procédure de l'affaire, j'exprime le vœu sincère qu'ils soient à même par leurs conseils de permettre à Sa Majesté de sortir des embarras actuels, embarras qui, j'ose le dire quoique personnellement en cause, n'ont pas été augmentés par cette malheureuse convention. »

Pour en finir avec l'infortuné Prince, nous ne pouvons mieux faire que de reproduire le récit (1) que nous a laissé Newcastle de l'accueil qu'il reçut de son père. « Le duc est arrivé hier soir; il a eu avec le Roi une courte entrevue qui a duré quatres minutes. Sa Majesté m'a raconté tout ce qui s'était passé : Elle a dit à Son Altesse qu'il avait causé la ruine de ses États et de son armée ; il avait tout gâté et avait perdu sa propre renommée. Le duc s'est défendu en s'appuyant sur ses instructions; s'il ne pouvait obtenir justice du Roi, il serait obligé de sauvegarder sa réputation du mieux qu'il pourrait, laissant à entendre qu'il n'avait pas d'inquiétude à cet égard. Il a alors remis au Roi un rapport contenant l'apologie de sa conduite et reproduisant les ordres reçus... Sa Majesté m'a dit encore que le duc avait prié Lady Yarmouth d'être son intermédiaire auprès d'Elle pour obtenir l'autorisation de se démettre de tous ses emplois, et on m'assure que Son Altesse est bien décidée à ce parti... Aujourd'hui tous les ministres, par ordre du Roi, ont assisté au cercle tenu par le duc. Il a été très poli et a parlé à tous, excepté à lord Holdernesse. Lady Yarmouth m'a raconté sa conversation avec le duc. Son Altesse lui a dit qu'après ce que le Roi lui avait écrit, à lui et sur son compte, le souci de son honneur ne lui permettait pas de rester au service. »

D'après la relation de Walpole (2), George, qui faisait sa

(1) Newcastle à Hardwicke, 12 octobre 1757. Newcastle Papers.
(2) Walpole. *Memoirs of the reign of George II.* Vol. III, p. 61.

partie de cartes chez sa fille la princesse Amélie, aurait à peine adressé la parole au duc, et se serait même écrié en sa présence : « Voilà mon fils qui m'a ruiné, moi, et qui s'est déshonoré lui-même. » Walpole, d'ordinaire très sévère dans ses appréciations sur Cumberland, rend hommage à son attitude pleine de correction à l'égard de son père ; à l'en croire, ce Prince en refusant de produire pour sa défense des pièces qui eussent été accablantes, se serait sacrifié pour sauver l'honneur du Roi.

Dans les milieux diplomatiques, on discerna bien le véritable état des choses. « Je puis vous assurer, écrit l'ambassadeur d'Espagne d'Abreu (1), que la convention honteuse signée par le duc de Cumberland a été conclue d'après les ordres de Sa Majesté britannique, conçus en termes précis et explicites ; mais son Altesse Royale n'aurait pu se justifier sans dévoiler le secret, et sans compromettre son père aux yeux du roi de Prusse qui a été très froissé par le fait de la convention. Aussi a-t-on jugé à propos de donner à l'Europe un témoignage public du mécontentement de Sa Majesté britannique à l'égard de son fils. » Malgré les démarches qui furent faites auprès de lui, Cumberland persista dans sa résolution de quitter le service ; il rentra dans la vie privée, et racheta par la dignité des dernières années de sa vie la brutalité et la cruauté déployées en 1746, lors de la répression de l'insurrection écossaise, et qui lui avaient valu le surnom de « Cumberland le boucher. »

Avant même le retour du Prince, le roi George s'était décidé à ne pas ratifier la capitulation. Les prétextes étaient faciles à inventer ; tout d'abord on prétendit qu'elle ne devait pas s'appliquer aux Hessois à la solde de l'Angleterre, et pour lesquels Cumberland, agissant au nom de l'Électeur du Hanovre, n'avait pas pouvoir de traiter. Hol-

(1) Abreu à Grimaldi, 18 octobre 1757. Confidential miscellaneous. Record Office.

dernesse (1) notifia au landgrave les vues du cabinet sur ce point spécial : la difficulté qui venait de surgir à propos du désarmement de ces Hessois fournirait le motif de la rupture. Un rescrit rédigé dans ce sens fut expédié aux ministres hanovriens à Stade. « Nous eussions souhaité, est-il dit dans ce document (2), que le duc eût considéré et déclaré cette désagréable convention pour rompue et annulée, sans avoir fait faire des représentations ultérieures là-dessus par le comte de Lynar. » La dénonciation, quoique retardée, ne devant pas être abandonnée, on pourra y avoir recours si le maréchal de Richelieu persiste dans son dessein; « nous vous ordonnons que, dans ce cas-là, sous quelque prétexte ou autre, toutes nos troupes se mettent en mouvement,... et que les opérations principales consistent à tâcher de tomber promptement et à l'improviste sur les quartiers français pour s'en saisir. » Décidément, Bernis avait raison de se défier des procédés de la cour de Saint-James.

Cependant la première colère du royal écrivain passée, le ton devient, sinon plus loyal, tout au moins plus prudent. Il confirme son intention de ne pas exécuter le traité, mais il ajourne la reprise des hostilités au moment où « on en pourra espérer une issue heureuse, et qu'on ne s'expose pas à des maux plus grands encore. » Ce sera à ses conseillers hanovriens « de peser mûrement et de nous mander en conscience, non seulement si nous pouvons en honneur et sans blesser la bonne foi par ce moyen nous aider, et de quelle manière il faudra s'y prendre. » Une victoire du roi de Prusse donnerait l'occasion « de tomber à l'improviste par des marches forcées tellement sur les Français qui sont en quartier dans nos États, qu'on les surprenne séparément en les enlevant dans leurs quartiers, ou qu'on les chasse hors du pays. »

(1) Holdernesse au landgrave de Hesse, 28 septembre 1757. Newcastle Papers.
(2) Rescrit aux ministres d'État à Stade, 5 octobre 1757. Newcastle Papers.

Ces résolutions énergiques comblèrent de joie les ministres anglais; peu leur importait le côté moral de l'affaire, cela regardait la conscience de leur souverain dont ils n'avaient pas la garde; ils se contenteraient de pratiquer la politique des résultats. D'ailleurs les nouvelles du continent étaient meilleures; on venait d'apprendre la rentrée en Courlande de la grande armée russe après sa victoire stérile de Gross Jägersdorf, et la pointe offensive de Frédéric contre Soubise et l'armée des Cercles. De tous les membres du cabinet, Pitt (1) était le partisan le plus violent d'une action agressive; d'après lui il fallait attaquer de suite, et il était ridicule de contester au Roi le droit de rompre la convention. Quant à l'argent « il ne donnerait pas un sol tant que les troupes ne seraient pas en mouvement. »

Il y avait cependant des ombres au tableau : L'expédition contre Rochefort, à laquelle on avait affecté les 9,000 Anglais qui auraient été si utiles à Cumberland, avait complètement échoué; l'escadre et le corps de débarquement étaient rentrés bredouilles; la campagne d'Amérique n'avait abouti qu'à des résultats négatifs; enfin le duc de Brunswick avait conclu un traité qui mettait son armée et ses États à la merci de la France.

Ce fut dans ces conjonctures que se tint un comité des principaux conseillers de la couronne. Granville, Newcastle, Holdernesse, Anson, Mansfield et Pitt y représentaient le ministère; le général Ligonier, commandant en chef par intérim (2), et le baron de Münchhausen assistaient également à la réunion. La conclusion qui sortit de cette délibération (3) fut rédigée par Pitt; elle était en substance

---

(1) Newcastle à Hardwicke 3 octobre 1757. Newcastle Papers.

(2) Cumberland était commandant en chef de l'armée anglaise, mais il n'était pas encore de retour à Londres à la date de la réunion à laquelle il n'eût pas été convoqué.

(3) Proceedings at Sir Conyers Darcys Lodgings, 7 octobre 1757. Newcastle Papers.

la suivante : Les ministres du Roi ne se regardent pas comme autorisés à soumettre à Sa Majesté leur avis sur la défense de ses possessions électorales ; « mais dans le cas où Sa Majesté, en sa qualité d'Électeur et sur l'avis de ses ministres hanovriens, considérerait la convention comme rompue et annulée, et se déciderait à remettre ses troupes en mouvement, les ministres britanniques estiment que la solde et l'entretien des dites troupes devront être supportés par l'Angleterre, à partir de leur entrée en campagne contre l'armée française. » Des membres présents, lord Mansfield seul avait émis des doutes au sujet de la solution adoptée : « Je tremble à l'apparence de perfidie et j'ai peur du succès », écrivait-il (1) quelques jours après à Newcastle. Encouragé et stimulé par l'attitude de son cabinet, George expédia un nouveau rescrit (2) à Stade. D'après ce document, la rupture était justifiée par les procédés des corps irréguliers de l'armée française et par les vexations de toutes sortes auxquelles était exposé l'Électorat ; mieux vaudraient la guerre ouverte que le prolongement d'un pareil état de choses. A rentrer en campagne, on gagnerait de profiter de suite des subsides anglais, indispensables pour la subsistance de l'armée, mais dont le versement était subordonné à la reprise des hostilités. Cependant sur l'opportunité de cette reprise on s'en rapportait au conseil de régence. S'il se prononçait dans le sens indiqué, il aurait à envoyer un officier auprès du roi de Prusse à l'effet de combiner avec lui les opérations. Le Roi terminait en recommandant l'entente avec le landgrave de Hesse, et à défaut du duc de Brunswick dominé par les Français, avec le Prince héréditaire son fils. Le secret le plus absolu devait être observé sur les résolutions arrêtées.

(1) Mansfield à Newcastle, 12 octobre 1757. Newcastle Papers.
(2) Rescrit du Roi aux ministres à Stade le 10 octobre 1757. Newcastle Papers.

Une apostille (1) annexée au rescrit dicte la conduite à tenir à l'égard de Lynar et de Richelieu. On se refuserait à toute « négociation d'extension ou d'interprétation » de la convention; mais « comme nous étions accoutumés à ne jamais rétracter notre parole, nous étions encore prêts à entrer dans des négociations pour une paix ou un accommodement particulier, pourvu que du côté de la France on voulût préliminairement s'engager de se désister de toute demande et exactions ultérieures, principalement aussi de toute exécution militaire. » On était disposé à reprendre des pourparlers sur la base des conditions offertes par Steinberg à Vienne, soit : dislocation de l'armée d'observation, cantonnement des troupes confédérées, neutralité du Roi comme Électeur pendant la durée des troubles en Allemagne; en échange, évacuation par l'armée française des États de l'Électeur et de ses alliés, exemption pour ceux-ci de toutes charges militaires, et promesse de n'avoir à contribuer, ni en argent ni en hommes, à la guerre contre le roi de Prusse. Si Richelieu consentait à négocier sur ce terrain et produisait les pleins pouvoirs de sa cour, le président Münchhausen et le ministre Busch auraient faculté de se mettre en rapport avec lui, « cependant avec cette addition que les opérations militaires... n'en doivent pas être retardées, mais poussées avec toute la promptitude et vigueur possibles, et que le projet d'un tel accommodement à négocier doit nous être envoyé pour notre approbation et ratification. »

Un programme pareil était si peu en rapport avec la situation qu'il ne pouvait tromper personne sur les desseins réels du roi George; aussi se demande-t-on dans quel but il avait remis sur le tapis un simulacre de pourparlers dont le bruit parviendrait certainement aux oreilles de Frédéric, et qui ne serait pas de nature à resserrer les

(1) Apostille du Roi aux ministres à Stade, le 10 octobre 1757. Newcastle Papers.

liens d'une alliance fort ébranlée par les événements récents. Le courrier chargé des volumineuses instructions pour les autorités du Hanovre, emporta une dépêche d'Holdernesse (1) à Mitchell, contenant un exposé fidèle des incidents passés et des intentions pour l'avenir.

Au sein du conseil de régence, les velléités belliqueuses du souverain rencontrèrent peu d'écho. Avant l'arrivée du rescrit que nous venons d'analyser, les ministres hanovriens avaient répondu d'avance aux invitations de Londres. Ils font une sombre peinture de la situation. « Nous pouvons (2) d'autant moins conseiller de révoquer cette convention ou d'y contrevenir, que quand même on trouverait des raisons pour cela, et qui auraient de l'approbation auprès des personnes impartiales, tout dépendrait pourtant toujours de ce que si l'on pouvait lever des forces suffisantes pour soutenir une telle démarche. En attendant, les Français sont à peu près maîtres de tout l'Électorat, pouvant y exercer leur vengeance. La cour de Brunswick a conclu son accommodement avec les cours de Vienne et de Versailles; Gotha en fait autant; on ne peut se promettre autre chose de Cassel. Le roi de Prusse même tâchera de faire sa paix particulière selon toutes les apparences, négociant déjà en France, et Sa Majesté prussienne selon les circonstances ne pourra pas se relever. Il est connu à Votre Majesté si l'on peut compter sur un secours en troupes de la part de l'Angleterre. Comme ainsi la conséquence serait, si l'on rompait la convention, que la rage et la puissance de la France seraient tournées uniquement contre ces pays-ci, lesquels, sans aucune utilité pour les intérêts de l'Angleterre ou du roi de Prusse, seraient ruinés de fond en comble, et les conditions de paix en deviendraient d'autant plus dures. De sorte qu'en conscience et par devoir, nous

(1) Holdernesse à Mitchell, 10 octobre 1757. Newcastle Papers.
(2) Relation des ministres du Hanovre au Roi, 8 octobre 1757. Newcastle Papers.

sommes d'avis que, bien qu'il ne faille pas donner des assurances positives pour l'observation de la convention, il ne faudra pas non plus y contrevenir, et par conséquent ne pas agir contre les troupes françaises, ni élargir par des voies de fait les bornes mises aux troupes de Votre Majesté, mais plutôt continuer et poursuivre la voie des négociations par le comte de Lynar pour une modification de la convention. » Les conseillers hanovriens terminent en essayant de démontrer le peu de chance d'obtenir une paix particulière sur des bases acceptables, et se prononcent pour une pacification générale, comme « suite la plus souhaitable et la plus heureuse. »

Le statu quo se prolongea pendant le mois d'octobre et les premiers jours de novembre. A Londres le roi George, de plus en plus désireux de rompre, et sachant fort bien que les subsides de son parlement ne seraient accordés qu'au prix de cette rupture; le cabinet anglais, mécontent de son souverain et de lui-même, soupçonneux des agissements de Frédéric, et cependant prêt à lui voter une grosse subvention. Au Hanovre, les armées en face l'une de l'autre, la convention respectée, mais son exécution suspendue; les uns et les autres attendant des événements une solution que les prétentions des cours rivales rendaient de jour en jour plus difficile. Seuls peut-être, le maréchal de Richelieu qui sentait les fruits de sa victoire lui échapper, et le comte de Lynar, philanthrope égaré dans ce concours de mauvaise foi et de tromperie, travaillaient avec sincérité à l'achèvement de l'œuvre dont ils avaient été les initiateurs. Le médiateur lui-même, le roi de Danemark, plus soucieux de gagner le bon vouloir d'une puissance maritime comme l'Angleterre que d'épouser la cause de la France, se désintéressait du débat et offrait de retirer sa parole. « Le Roi est prêt, écrivait Bernstorf à Münchhausen (1),

(1) Bernstorf à Münchhausen. Copenhague, 15 octobre 1757. Newcastle Papers.

selon que souhaite Sa Majesté britannique, ou de garantir la convention, ou de ne pas la garantir, pourvu qu'il en sache seulement la résolution bientôt et dans les formes. »

Dans l'incertitude de l'avenir, les plus embarrassés de tous étaient sans aucun doute le duc de Brunswick et le landgrave de Hesse Cassel. Le premier, demeuré dans ses États, devenu pour ainsi dire le prisonnier du vainqueur, s'était résigné à traiter avec lui. Son envoyé, M. de Moll, avait signé à Vienne, le 20 septembre, un accord (1) dont les conditions principales étaient : Occupation par les Français des places de Brunswick et Wolfenbuttel pendant la durée de la guerre ; désarmement et licenciement, à l'exception de la garde personnelle du duc, des régiments brunswickois servant dans l'armée de Cumberland ; obligation pour le duc de fournir à l'Empereur son contingent en argent et en soldats ; maintien des arrangements faits avec l'intendance française ; exemption de contributions en argent mais fourniture du traitement d'hiver aux troupes d'occupation. Sous prétexte que le désarmement était contraire aux stipulations du projet interprétatif élaboré par Lynar, le duc de Brunswick cherchait à se dérober à cette exigence et négociait (2) à cet effet avec Richelieu et avec la cour de Versailles.

Quant au Landgrave, sa position était plus indépendante ; ses États étaient, il est vrai, entre les mains des Français qui y avaient prélevé des réquisitions importantes en denrées et en espèces, mais il s'était retiré de sa personne à Hambourg. Déjà avant la capitulation de Closter Seven, désespérant du succès de la cause, il avait offert de rappeler ses troupes de l'armée confédérée, et sondé le cabinet de Louis XV sur les compensations qu'il obtiendrait en échange du retrait ; l'armistice conclu, il n'avait fait au-

(1) *Parallèle de la conduite du Roi*, p. 147.
(2) Lynar à Cumberland, 9 octobre 1757. Newcastle Papers.

cune opposition au départ du contingent hessois. C'était la déclaration prématurée de Richelieu sur le désarmement qui avait arrêté leur marche ; comme le Landgrave le fit observer plus tard (1), « deux ou quatre jours que ce maréchal en eût encore gardé le silence eussent attiré ce sort honteux à ce corps auxiliaire. » Averti par le propos du général français que vint confirmer une dépêche de Bernis (2), il chercha à tirer le meilleur parti d'une situation presque sans issue en s'adressant successivement aux deux belligérants. A l'Angleterre qui aurait voulu que la division hessoise se joignît aux armées de Frédéric, le malheureux prince répondit (3) qu'une mesure semblable serait considérée comme une infraction à la capitulation et attirerait sur ses sujets la vengeance des Français. A titre de contre-proposition, et conformément aux termes du projet interprétatif rédigé par Lynar, il demanda à faire passer ses soldats dans le duché d'Holstein, où le roi de Danemark leur accorderait l'hospitalité pendant l'hiver. Mais le cabinet anglais n'entendait pas se prêter à cet arrangement, et refusa toute avance d'argent tant que les Hessois n'auraient pas repris la campagne. Entre temps, la cour de Versailles, par l'entremise de Richelieu, lui laissait le choix (4) ou « de soumettre ses troupes à mettre bas leurs armes, ou de les engager au service français. » En cas de refus, « ses États en seraient la victime. » L'expérience du passé suffisait, à défaut d'autre preuve, pour démontrer que ce langage n'était pas une vaine menace. Dès la fin de septembre, les intendants de Lucé et Foulon avaient présenté au conseil de régence de Hesse Cassel un mémoire exigeant, en outre des 338,600

---

(1) Mémoire du Landgrave présenté au cabinet anglais, 10 février 1758. Record Office.
(2) Bernis au Landgrave, 18 septembre 1757. Newcastle Papers.
(3) Landgrave à Holdernesse, 21 octobre 1757. Record Office.
(4) Landgrave à Holdernesse, 28 octobre 1757. Record Office.

rations déjà réclamées, une contribution en espèces de 850,000 écus pour le landgraviat, et de 70,000 écus pour le comté de Hanau, sous peine d'exécution militaire contre les personnes et biens des autorités locales. De plus, on avait imposé la livraison aux magasins français du froment et du seigle, à des prix qui ne s'élevaient guère qu'à la moitié de la cote normale. Le pauvre Landgrave, de plus en plus troublé, soit qu'il ne crût plus au succès de la cause qu'il avait épousée avec tant de zèle, soit qu'il fût dégoûté par les exigences britanniques qui ne tenaient aucun compte de ses embarras, soit qu'il désirât gagner du temps, chercha à se rapprocher de Louis XV. Il fit présenter le 18 octobre (1) à l'abbé de Bernis, par le canal de M. Packelbell, ministre du duc de Deux Ponts à Paris, un projet de traité dont les principales stipulations étaient la prise à la solde française du contingent hessois sous la seule réserve qu'il ne servirait pas contre l'Angleterre, l'accession à la ligue de l'Empire contre la Prusse, et en échange l'évacuation de la Hesse par les Français, la remise des contributions de guerre, et la garantie des engagements du prince héritier au sujet du maintien de la religion réformée.

Tout en continuant avec la cour de Versailles des pourparlers qui, insuffisants pour un résultat immédiat, pouvaient aboutir à un accord, le Landgrave adressait presque à la même date un appel éploré au cabinet de Saint-James. « J'espère donc, écrit-il à Holdernesse (2), que Votre Excellence voudra bien me tirer au plus tôt de cette incertitude, et me mettre par là en état de prendre à mon tour les mesures conformes à mon zèle et attachement pour le service du Roi et de sa couronne, mais compatibles avec les devoirs de ma conscience et avec ceux que je

---

(1) Voir le texte de ce projet. *Parallèle de la conduite du Roi.* Annexes, p. 175.

(2) Landgrave à Holdernesse, 28 octobre 1757. Record Office.

dois à ma maison et à mes sujets. » A cette dépêche retardée dans la transmission, Holdernesse ne répondit que le 29 novembre, c'est-à-dire à une date postérieure à la dénonciation de la convention de Closter Seven. En attendant les choses restèrent en l'état; les Hessois conservèrent leurs cantonnements provisoires; Lynar, Donop et Richelieu eurent de fréquents entretiens, où ce dernier se montra d'autant plus conciliant que l'affaire prenait tous les jours une tournure plus inquiétante.

A Londres la situation était tout aussi inextricable; la conduite du roi George, sur la responsabilité duquel on commençait à être édifié, autorisait toutes les suppositions. « La vérité est, écrivait Abreu (1), que le Roi au fond est satisfait de la convention, mais qu'il veut sauver les apparences vis-à-vis du public et surtout du roi de Prusse. » Il est incontestable que le monarque anglais, très inquiet d'un rapprochement entre son neveu et les Français, qu'annonçaient des rapports venus de divers côtés, aurait volontiers consenti à un accord pour ses possessions d'Allemagne; malheureusement, ni à Vienne, ni à Versailles, on ne voulait entendre parler d'un arrangement local. A la cour impériale, le nouvel ambassadeur de Louis XV, le comte de Stainville (2), déclarait « qu'on n'entrerait pas dans une paix particulière avant une pacification générale, et qu'on ne quitterait pas auparavant les pays électoraux. » De Copenhague, où Sa Majesté danoise avait offert ses bons offices auprès de Sa Majesté Très Chrétienne, on recevait des avis qui ne prévoyaient aucune chance de réussite. S'il était impossible d'obtenir la paix ou la neutralité pour le Hanovre, fallait-il dénoncer l'armistice et reprendre les hostilités? Il était peu vrai-

---

(1) Abreu à Grimaldi, 18 octobre 1757. Dépêche interceptée. Newcastle Papers.
(2) Relation de l'envoyé Steinberg. Vienne, 21 septembre 1757, Newcastle Papers.

semblable que le conseil de régence se prononçât dans ce sens. D'autre part, maintenir le statu quo, respecter la convention, c'était renoncer aux subsides anglais, indispensables pour la conservation de l'armée.

Pour sortir de cette impasse, George se décida à envoyer à Stade son serviteur éprouvé le baron Münchhausen, avec mission de se rendre compte de l'état des troupes, de stimuler le ministère électoral, d'étudier la solution. D'après le dire du Roi à Newcastle (1), il emportait l'ordre formel de dénoncer l'armistice, sauf dans le cas où le roi de Prusse aurait traité pour son propre compte ou aurait été battu par les Français. Le sceptique Hardwicke (2) ne croit pas au succès du messager royal qui se heurtera à la résistance des hommes d'État du Hanovre : « Le voyage d'hiver que va entreprendre notre ami Münchhausen le tuera peut-être, pauvre homme, mais ne changera pas l'opinion de ses collègues. Sa conversion me semble plus probable que la leur. »

Cependant l'influence du vieil ami de George II ne dut pas être étrangère aux résolutions que nous trouvons exposées dans une lettre du Président (3) à Cumberland, qui, malgré sa disgrâce, continuait à s'intéresser aux affaires du Hanovre. L'écrivain se prononcerait volontiers pour la reprise des hostilités, justifiée par les vexations des Français, mais il craint les représailles qu'exerceraient ces derniers. Avant tout il faudrait se concerter avec le roi de Prusse, « mais l'assurance qu'on en aura ne suffira pas, il faudra être assuré aussi qu'il est en état et en force pour exécuter ce qu'il voudrait; il faudra avec cela quelque événement heureux qui fasse jour et qui assure le résultat de l'entreprise... Pour tirer les choses au clair avec le roi

---

(1) Newcastle à Hardwicke, 23 octobre 1757. Newcastle Papers.
(2) Hardwicke à Newcastle, 24 octobre 1757. Newcastle Papers.
(3) Président Münchhausen à Cumberland. Stade, 6 novembre 1757. Newcastle Papers.

de Prusse, nous n'avons pas seulement écrit à M. Mitchell, mais envoyé aussi vers Sa Majesté prussienne M. le major général comte de Schulenburg. Les avis que nous avons donnés invariablement au Roi portent qu'il faut tâcher de laisser les choses en suspens, par rapport à la convention, et l'armée en état de service et jointe, afin de pouvoir recommencer les opérations dès qu'on se sera solidement concerté avec le roi de Prusse, et trouvera l'heure du berger. »

Au moment où Münchhausen traçait ces lignes, l'heureux événement qu'il espérait sans trop l'attendre venait de se produire. La victoire remportée à Rossbach par Frédéric sur le corps de Soubise et l'armée des Cercles, mit fin aux hésitations du conseil de régence du Hanovre. Le concours du roi de Prusse était acquis; il permettait de recommencer sans trop de dangers les hostilités; d'ailleurs les ordres du Roi Électeur avaient prévu cette éventualité; ils étaient formels et on ne songea pas à s'y dérober. Que la rupture d'une convention, dont le principe n'avait jamais été contesté et qui avait reçu un commencement d'exécution, donnât lieu à des accusations de mauvaise foi et à des récriminations violentes, c'était possible, même probable; on les supporterait le cœur léger, on y répondrait au besoin; l'essentiel était de réussir. La maxime « la force prime le droit » était au dix-huitième siècle d'application aussi courante que de nos jours.

CHAPITRE X

SOUBISE EN THURINGE. — RICHELIEU A HALBERSTADT. — LES AUTRICHIENS EN SILÉSIE. — CAMPAGNE DES RUSSES. — OUVERTURES PACIFIQUES DE FRÉDÉRIC.

Pour suivre les différentes phases de l'épisode de Closter Seven, il nous a fallu anticiper sur les événements militaires dont le centre de l'Allemagne fut le théâtre pendant l'été de 1757. Le roi de Prusse, on s'en souvient, s'était vainement efforcé de provoquer une bataille décisive avec le prince Charles; les Autrichiens n'avaient pas voulu sortir de la forte position qu'ils occupaient près de Zittau et s'étaient refusés à tout engagement. Frédéric, inquiet des progrès des alliés du côté de la Saale, s'était porté à leur rencontre, laissant à ses lieutenants Bevern et Winterfeldt le soin de tenir tête aux Impériaux. A ce moment, c'est-à-dire vers la fin d'août, Richelieu, maître de la Hesse, du Brunswick et de la plus grande partie du Hanovre, poursuivait Cumberland en retraite sur Stade et l'embouchure de l'Elbe; les Russes avaient envahi la Prusse royale et s'avançaient lentement contre les forces très inférieures du maréchal Lehwaldt; enfin les Suédois s'apprêtaient à franchir la frontière de la Poméranie.

Après de longues discussions, tant à Vienne qu'à Versailles, on avait enfin arrêté la composition du corps de 24,000 hommes qui devait coopérer directement avec les troupes de l'Empire. Dans le principe on avait compté sur

4,000 Bavarois et 6,000 Wurtembourgeois à la solde de la France; mais l'Électeur de Bavière, très impressionné par les succès des Prussiens en Bohême et par l'incursion du partisan Meyer en Franconie, ne se hâtait pas de remplir ses engagements; quant aux Wurtembourgeois, très mal disposés pour la cause impériale, ils s'étaient mutinés (1) et avaient presque tous déserté. A la suite de ces incidents la destination des uns et des autres fut changée, et on les envoya servir dans la grande armée autrichienne qu'ils rallièrent dans le courant de l'automne. Le contingent fourni par Sa Majesté Très Chrétienne se trouvait ainsi réduit à 14,000 hommes; on se décida à l'augmenter de 8,000 troupes françaises empruntées à Richelieu. Grâce à ce renfort, le corps auxiliaire atteignit un effectif (2) de 31 bataillons, dont 13 appartenant aux régiments suisses ou allemands de l'armée régulière, et 22 escadrons, soit avec l'artillerie (24 pièces de campagne) un peu plus de 21,000 combattants. Sous les ordres du prince de Soubise, désigné depuis longtemps pour ce commandement indépendant, servaient 5 lieutenants généraux, parmi lesquels le chevalier de Nicolai, le comte de Lorges que nous avons vu à Hastenbeck, le comte de Mailly et le comte de Saint-Germain, 9 maréchaux de camp, 7 brigadiers d'infanterie et 4 de cavalerie. Le comte de Revel remplissait l'emploi de major-général des logis de l'armée, et au nombre de ses collaborateurs était M. de Vault qui avait pris à Vienne une part active aux arrangements militaires du commencement de l'année.

Tout d'abord le corps de Soubise devait être dirigé sur la Bohême et à cet effet concentré à Wurtzbourg. Sur la demande de la cour de Vienne, et malgré une vive opposition de Duverney qui avait tout préparé pour le pre-

---

(1) Dumesnil au ministre. Nuremberg, 8 juillet 1757. Archives de la Guerre.
(2) Instructions à Saint-Germain, 17 juillet 1757. Archives de la Guerre.

mier itinéraire, l'objectif fut modifié, et on substitua (1) Erfurt à Wurtzbourg comme point de jonction avec les Impériaux. Ceux-ci qui s'organisaient sous les ordres du prince de Saxe Hildburghausen, constitueraient avec le concours des Français de Soubise une masse assez imposante pour engager une action indépendante et pour rendre intenable la position des Prussiens en Saxe. Le commandement en chef des forces combinées était attribué au lieutenant de l'Empereur; quant à son subordonné français, sa situation assez mal définie ne laissait pas d'être délicate. M. de Saint-Germain fut envoyé auprès du prince saxon pour régler ce détail, ainsi que tout ce qui regardait les rapports entre les deux fractions de l'armée.

Le 30 juillet Soubise était à Strasbourg surveillant le départ de ses régiments; le lendemain Nicolai avec l'avant-garde occupait Hanau sans résistance : « Les ministres du Landgrave (2) se prêtent de bonne grâce à donner aux troupes quelques gratifications en pain et en viande... On nous a préparé un grand dîner à l'Hôtel de Ville où je vais assister, étant quatre heures de l'après-midi et ayant grand appétit. » Les premières étapes furent franchies sans trop de peine; le général (3) se borne à critiquer la tenue de quelques bataillons « qui ne valent pas mieux que la milice, » et à constater « que nos hôpitaux ne sont pas encore à leur point de perfection. » Enfin le 25 août, Soubise avec les têtes de colonnes de son corps arriva à Erfurt; il devait y faire connaissance avec l'armée dite des Cercles, parce qu'elle était formée des contingents des différents Cercles de Empire.

(1) Le changement longuement débattu fut définitivement adopté vers le 20 juillet.
(2) Nicolai à Soubise. Hanau, 31 juillet 1757. Archives de la Guerre. Le comté de Hanau appartenait au landgrave de Hesse Cassel.
(3) Soubise à Paulmy, 13 et 18 août 1757. Archives de la Guerre.

Étrange mosaïque de régiments, de bataillons, de compagnies appartenant à une multitude de petites principautés rivales, ne relevant que de leurs seigneurs directs et n'obéissant qu'à la Diète, les troupes de l'Empire étaient plutôt une réunion de milices affectées à la défense de leurs territoires respectifs qu'une armée propre à faire campagne. Des cadres sans expérience ni valeur; des soldats jeunes, ignorant leur métier et indisciplinés; dans les rangs beaucoup de protestants prêts à manifester leurs sympathies pour le roi de Prusse; l'ensemble laissait fort à désirer. Le commissariat, les convois de munitions, l'équipage de ponts, tout ce qui constitue l'outillage administratif indispensable à l'existence et à l'entretien du combattant faisait défaut. Agir de concert avec de pareilles troupes n'était pas chose facile, aussi n'est-il pas surprenant de voir un projet de règlement, élaboré par Saint-Germain, débuter par un article ainsi conçu (1) : « Il serait à propos de faire le service toujours séparément pour éviter les difficultés et les inconvénients qui naîtraient nécessairement à chaque pas. »

De Vault fait un triste tableau (2) du contingent de Hesse Darmstadt, cependant un des meilleurs, commandé par le Prince héréditaire. « Ce prince est parti du camp près Nuremberg sans aucune autre instruction du général sinon de se rendre à Erfurt par le chemin de Hilmenau; on ne lui a prescrit aucune marche, ni aucune époque pour son arrivée à Erfurt; on lui a seulement dit de marcher lentement, ensuite on lui a envoyé ordre de presser sa marche, puis on l'a réprimandé de ce qu'il marchait trop vite. On ne lui a donné aucun moyen de subsistances que le ministère d'une cinquantaine de juifs dont chaque contingent particulier se sert pour sa fourniture, de façon que dans quelques régiments chaque demi-com-

(1) Soubise à Paulmy, 21 août 1757. Archives de la Guerre.
(2) De Vault à Paulmy. Arnstadt, 28 août 1757. Archives de la Guerre.

pagnie a un ou deux Juifs qui sont chargés de sa subsistance. Vous imaginerez aisément, Monseigneur, la confusion et le peu de sûreté d'un pareil service, d'autant plus que non seulement le prince de Hesse, mais même les colonels des corps n'ont rien à dire aux préposés pour les fournitures des différents contingents. Un autre article au moins aussi important, c'est que presque toute les troupes qui sont ici n'ont de munitions de guerre que quelques boulets pour leurs pièces de régiment, point de cartouches pour l'infanterie au delà de trente coups par homme, pas de chariots composés, très peu de poudre, point de pierre à fusil et point d'argent pour faire des achats. Le régiment de dragons qui est ici est dans le même cas; il n'a pas seulement de courroies aux selles pour attacher ses tentes, en sorte qu'il est obligé de les porter sur des chariots du pays... Je dois rendre justice à la beauté des hommes qui composent ces troupes; mais ils ne savent pas seulement porter leurs armes, et les dragons ne savent pas seulement ce que c'est que de se mouvoir en escadrons. Je ne finirais pas, Monseigneur, si je voulais vous peindre la vérité du peu de moyens que ces troupes ont de faire la guerre. » Le service d'état-major était aussi défectueux que le reste : « Quant à ce qui regarde M. le prince de Hesse, il ne sait pas le matin ce qu'il doit faire le soir; c'est moi qui l'ai déterminé de s'arrêter ici. »

A Erfurt commencèrent les conflits entre Soubise et le prince d'Hildburghausen. La première entrevue eut lieu le 29 août; le prince de Saxe fut très poli, et parut flatté de la démarche faite auprès de lui « à l'heure de l'ordre. » Cependant le Français n'était pas désireux de lier son sort à celui de soldats aussi peu militaires, ni d'entrer en campagne sous les ordres d'un général dont ni le caractère ni la capacité ne lui inspiraient confiance. Pas plus que lui le cabinet de Vienne, à en croire la correspondance de Stainville, n'était partisan de l'action commune des deux armées. « Au reste, écrit Soubise (1), ce qui m'a décidé de tenir ferme vis-à-vis de M. le duc de Saxe Hildburghausen, c'est la confidence que me fait M. de Stainville, et il demande le plus grand secret; il est convenu avec M. de Kaunitz que je chercherais à augmenter les difficultés sur les articles de la convention qui restent à régler, afin que ces difficultés n'étant pas levées quand l'armée se trouvera en état de marcher, l'Impératrice se trouve autorisée à laisser en arrière l'armée de l'Empire... Le prince Charles de son côté m'a fait écrire par le prince Camille (2) que je ne ferais rien de bon réuni avec l'armée de l'Empire... Tout le monde s'accorde sur la même façon de penser; on craint le duc de Saxe Hildburghausen; il est haï de tous les généraux de l'Empire. Je ferai mon possible pour ne donner lieu à aucun sujet de plainte contre les troupes et contre moi; mais je prévois que nous serons souvent d'un avis différent. »

Un pareil début ne promettait guère. Durant le séjour à Erfurt, on passa le temps à reposer les troupes, à ébaucher leur organisation, et à discuter avec les Allemands les questions de préséance. Cette période de quiétude ne devait pas être de longue durée; elle fut troublée par les nouvelles de Frédéric dont on apprit le départ pour la Thuringe. Le 10 septembre, à deux heures du matin, Soubise (3) reçut de l'Autrichien Laudon qui lui servait d'éclaireur, avis que le roi de Prusse était arrivé la veille à Kösen, près de Naumburg sur la Saale. « Il n'y avait pas de temps à perdre pour évacuer Erfurt, » lui mandait-on. Vu l'état de l'armée alliée, il eût été imprudent d'attendre l'approche de l'ennemi dans une position aussi éloignée de tout soutien. Richelieu, il est vrai, avait promis de marcher sur Halberstadt aussitôt qu'il serait débar-

(1) Soubise à Paulmy. Erfurt, 30 août 1757. Archives de la Guerre.
(2) Prince Camille de Saxe.
(3) Soubise à Paulmy. Erfurt, 10 septembre 1757. Archives de la Guerre.

rassé de Cumberland, mais il fait « entrevoir de grandes difficultés et ne donne aucune époque. » Aussi Soubise annonce-t-il l'intention de se retirer sur Eisenach qu'il gagnera en deux jours, et où « il trouvera son artillerie à la queue de nos divisions. »

La première étape de la retraite fut la ville de Gotha : « L'armée (1) est arrivée hier ici, Monsieur, après une marche très pénible. La pluie a été continuelle et les chemins affreux. Comme le roi de Prusse éprouve le même temps, j'ai séjourné aujourd'hui; peut-être y resterai-je encore demain si sa marche se ralentit. Les grandes plaines depuis Erfurt jusqu'ici m'inquiétaient avec dix escadrons. En approchant d'Eisenach le pays devient plus favorable pour l'infanterie. Je compte y tenir plus ou moins selon les positions militaires que l'on peut y prendre, les secours que je puis espérer de l'armée de l'Empire, et les moyens de subsistance que nous trouverons. M. le prince d'Hildburghausen a couché dans un château à deux lieues d'ici; il en est parti ce matin à quatre heures pour aller droit à Eisenach où il est sans troupes... Je ne puis en vérité vous rendre compte du parti qu'il prendra, et j'ignore les ordres qu'il a donnés à ses troupes. Je vais m'arranger comme ne comptant que sur mes seules forces. »

Peu à peu l'armée des Cercles se rassembla à Eisenach; Soubise y arriva le 15 septembre avec son corps. Entre temps les cabinets (2) de Versailles et de Vienne s'étaient mis d'accord pour ne garder des Impériaux que les bataillons les plus entraînés; ils avaient décidé de renvoyer la plupart des lieutenants-généraux de l'Empire, et de confier le service général des vivres à l'intendant français Gayot. Sur les mouvements ultérieurs des forces combi-

(1) Soubise à Paulmy, 11 septembre 1757. Gotha. Archives de la Guerre.
(2) Ministre à Soubise, 10 septembre 1757. Archives de la Guerre.

nées on était fort incertain ; Hildburghausen se demandait s'il fallait continuer la retraite ou se porter contre les Prussiens dont l'avant-garde occupait Gotha. « Il a été question, relate Soubise (1), de marcher en avant dans les plaines de Gotha avec toute la cavalerie des deux armées qui se trouvent réunies, mais la qualité des troupes fait faire des réflexions. Du moins quand on est bien posté il n'y a pas de manœuvres à faire ; dans une redoute bien fermée on ne peut fuir. »

Cependant Frédéric n'avait pas dépassé Erfurt ; le séjour prolongé du quartier-général royal dans cette ville donna du courage aux alliés qui résolurent de rester à Eisenach. Soubise avait eu des nouvelles (2) directes par l'entremise de la duchesse de Saxe-Gotha chez laquelle le Roi avait dîné. « Il a été de très bonne humeur, très aimable et même galant ; il a très bien parlé des Français ; de son côté elle a rendu justice à la bonne discipline qu'ils observent. » Malheureusement ce compliment n'était plus de saison ; le contact des Impériaux avait eu de fâcheux effets sur la tenue des soldats de Soubise. « La réunion de l'armée de l'Empire et le mauvais exemple ont occasionné hier une maraude assez considérable... ; ce soir j'ai la satisfaction d'être sûr qu'aucun soldat ne s'est écarté. Il n'en est pas de même des troupes impériales. Il est vrai qu'elles manquent de pain depuis deux jours et qu'elles ont beaucoup souffert dans les marches forcées qu'elles viennent de faire. »

Jusqu'à la fin du mois de septembre les choses demeurèrent en l'état : l'armée des Cercles et celle de Soubise retranchées dans les environs d'Eisenach, Frédéric à Erfurt, puis à Buttelstadt à moitié route d'Erfurt à Naumbourg. Une reconnaissance en force des alliés, poussée jusqu'au

---

(1) Soubise au ministre. Eisenach, 15 septembre 1757. Archives de la guerre.
(2) Soubise au ministre. Eisenach, 18 septembre 1757. Archives de la Guerre.

delà de Gotha, s'était terminée par un retour précipité à la vue d'une brigade de cavalerie prussienne; par suite d'ordres mal donnés, on laissa au pouvoir de l'ennemi quelques prisonniers et bon nombre de chevaux de main. La désertion s'était mise dans les régiments impériaux. « Il est parti cinquante grenadiers le jour du détachement, rapporte Soubise (1), et cette nuit 14 de la compagnie qui a monté la garde chez le prince de Hildburghausen. » Deux jours (2) plus tard les plaintes se renouvellent. « Les troupes de l'Empire nous embarrassent beaucoup; les officiers supérieurs répondent qu'elles feront leur devoir. Elles sont belles mais mal intentionnées, mal disciplinées et la désertion continue. Si l'on en renvoie une partie il y a à craindre que le reste ne s'ennuie et ne demande à se retirer. Il en est déjà question. Vous pouvez juger, Monsieur, de tous nos embarras. »

Personne, à l'exception peut-être des lieutenants-généraux de l'Empire qu'Hildburghausen persistait (3) à garder auprès de lui, ne croyait plus à la valeur des troupes des Cercles; mais si elles n'ajoutaient rien à la qualité, elles faisaient nombre; aussi se préoccupait-on dans le camp français du remplacement des bataillons qu'il s'agirait de reléguer à l'arrière. On songea tout naturellement à tirer de l'armée du Hanovre le complément nécessaire pour permettre la diversion sur l'Elbe que la cour de Vienne réclamait depuis longtemps. Mais les avis à Versailles étaient très partagés sur la nature de la coopération que Richelieu aurait à prêter à Soubise; la question avait été longuement débattue entre l'ambassadeur de Marie-

---

(1) Soubise au ministre. Eisenach, 22 septembre 1757. Archives de la Guerre.
(2) Soubise au ministre. Eisenach, 24 septembre 1757. Archives de la Guerre.
(3) Soubise au ministre. Eisenach, 27 septembre 1757. Archives de la Guerre.

Thérèse et les ministres de la Guerre et des Affaires Étrangères. Il va sans dire que dans ces conférences, Duverney était très écouté, beaucoup trop à en croire Stahremberg : « L'abbé de Bernis (1) donne trop de confiance à Duverney et n'approfondit pas assez les projets militaires et les vues secondes de ceux qui en font. En général cette besogne-là est bien mal gouvernée ici ; on fait des plans et des projets aujourd'hui pour les défaire demain ; chacun est d'un avis contraire, chacun a ses vues particulières, et l'abbé de Bernis est, en tout ce qui a rapport à la partie militaire, toujours de l'avis du dernier qui lui parle et par conséquent très souvent en contradiction avec lui-même. Duverney est homme d'esprit, et je lui crois des grandes connaissances militaires, mais dans le fond il n'est que munitionnaire et rapporte tout à son objet. Il résulte d'ailleurs un très grand inconvénient de la confiance excessive qu'on lui accorde, c'est qu'il autorise les brigandages de ses subalternes et s'en rapporte en tout aux idées et aux notions fausses qu'il en reçoit ; en quoi il fait plus de mal à l'État qu'avec tout son mérite et son intelligence il ne peut lui faire de bien. Ce sont là des cordes délicates et auxquelles on ose à peine toucher ici, car Duverney est l'oracle de tout le monde, et je crois que M. de Stainville pense à cet égard tout comme les autres. »

De même que son collègue des Affaires Étrangères, le ministre de la Guerre, Paulmy, ne voyait que par les yeux du Duverney. C'était donc ce dernier qui était le véritable inspirateur des solutions stratégiques ; mais il avait à compter avec le maréchal de Belleisle dont le crédit, un moment obscurci, commençait à reprendre, et avec le maréchal de Richelieu qui, malgré toute sa déférence pour son ami, n'entendait agir qu'à sa guise et était trop éloigné pour ne pas pouvoir le faire avec impunité. De cet ensem-

---

(1) Stahremberg à Kaunitz, 14 septembre 1757. Archives de Vienne.

ble d'avis, auxquels venait se mêler celui de Stahremberg, interprète des desseins de sa cour, résultaient parfois des contradictions absolues, le plus souvent un décousu fâcheux dans les instructions envoyées aux différents commandants d'armée. La plupart du temps, les fluctuations du conseil se reflétaient dans les dépêches des ministres qui, après avoir exposé les partis à prendre et indiqué les préférences du Roi, finissaient presque toujours par s'en rapporter à la décision des généraux.

Dans l'espèce, les autorités militaires de l'entourage de Louis XV étaient en désaccord. Duverney avait toujours été partisan de l'occupation d'Halberstadt et des districts prussiens situés sur la rive gauche de l'Elbe; il était convaincu que les Français y trouveraient les ressources en vivres et en fourrage indispensables pour la saison d'hiver, et pour le siège de Magdebourg qu'on espérait entreprendre en 1758. A cette besogne il suffirait, selon lui, d'affecter une vingtaine ou une trentaine de mille hommes que Richelieu en personne pourrait y conduire; au surplus, il était opposé à toute idée de renforcer l'armée de Soubise aux dépens de celle du maréchal; l'affection qu'il avait conservée pour celui-ci, malgré des divergences de détail, lui faisait repousser une combinaison préjudiciable à son ami. Belleisle au contraire qui détestait Richelieu, et qui faisait peu de cas de ses talents stratégiques, aurait voulu donner le rôle principal à Soubise, affranchi du voisinage et de la tutelle des Impériaux, et augmenté d'un fort contingent tiré de l'armée du Hanovre. Il fait part de ses vues à Castries (1), officier général du corps auxiliaire : « Vous n'ignorez pas que c'est à mon insu que cette jonction avec l'armée de l'Empire a été projetée et informée. Je me suis élevé contre, avec toute la force et la vivacité que vous me connaissez, dès que j'en ai été informé, et j'ai

---

(1) Belleisle à Castries, 26 septembre 1757. Archives de la Guerre.

prévu et prédit tout ce qui arrive. Je suis occupé à dissoudre cette communauté, et je demande pour cela que l'on grossisse votre corps de vingt bataillons et de vingt-cinq ou trente escadrons... Je veux espérer que cela sera, mais il y aura eu du temps précieux de perdu. »

Après quinze jours de débats inutiles, l'offensive de Frédéric et la retraite sur Eisenach tranchèrent la question. Dès le lendemain de (1) l'arrivée du courrier qui apportait ces avis alarmants, ordre fut envoyé (2) à Richelieu de dégager son collègue en faisant une diversion sur Halberstadt, et de combiner avec lui une action commune. Le commandant de l'armée du Hanovre, il faut lui rendre cette justice, n'avait pas attendu l'invitation de Paris pour répondre à l'appel de Soubise. Il lui manda (3) que, débarrassé de Cumberland par la convention de Closter Seven, il dirigeait son armée sur Brunswick, il espérait être de sa personne dans cette ville pour le 19 septembre, et y avoir réuni le gros de ses troupes le 23. « J'ai abandonné sans regret les arrangements qui restaient à faire pour les limites et les établissements, pour ne point mettre de retard dans la marche, parce que si le Roi de Prusse a réellement le projet d'aller sur vous je n'ai pas un moment à perdre. » A Stahremberg il est aussi affirmatif : « Rien (4) ne peut plus détourner toutes les forces du Roi de marcher contre le roi de Prusse, et je compte être incessamment à portée d'interrompre les projets qu'il aurait pu former. »

Le concert qu'enjoignait la cour donna lieu à une longue correspondance entre les deux généraux intéressés; mais avant d'analyser les lettres échangées, il nous faut repren-

---

(1) Stahremberg à Kaunitz, 14 septembre 1757. Archives de Vienne.
(2) Paulmy à Richelieu, 12 septembre 1757. Archives de la Guerre.
(3) Richelieu à Soubise. Brême, 12 septembre 1757. Archives de la guerre.
(4) Richelieu à Stahremberg, 10 septembre 1757. Lettre citée dans la dépêche de Stahremberg à Kaunitz du 16 septembre. Archives de Vienne.

dre contact avec l'armée du Hanovre que nous avons laissée au fond de l'Électorat, faisant face aux troupes de Cumberland. Aussitôt la capitulation signée, Richelieu, averti de la pointe de Frédéric sur la Saale, avait reporté la plus grande partie de ses troupes sur Brunswick et sur Wolfenbuttel. Ce mouvement accompli à allures accélérées ne fut pas sans inconvénient pour le soldat. Gisors signale le nombre de malades et d'éclopés. « Hier (1), ce qui n'était point encore arrivé, j'avais 94 hommes comme convalescents que je compte laisser ici. Il y en a beaucoup qui, si nous avions longtemps à marcher, demeureraient en chemin par le défaut de souliers; les trois paires que chaque soldat avait en entrant en campagne sont usées; nous n'avons eu aucun séjour assez long pour que nos ouvriers de régiment aient pu en faire, et nous serons à plaindre si M. le maréchal ne trouve pas le moyen d'en fournir à nos troupes 40,000 paires. »

Au cours des étapes les bruits les plus contradictoires circulaient parmi les officiers (2) : « Tantôt on nous donne des espérances, tantôt des craintes sur le sort de M. de Soubise; aujourd'hui on le prétend battu et l'armée des Cercles dispersée; comme cependant on ne dit pas le jour et ne précise aucune circonstance je n'y ajoute pas foi; un autre bruit qui se répand depuis hier, c'est que M. le duc d'Orléans (3) revient dans quatre jours pour prendre le commandement de l'armée, M. de Richelieu allant à Vienne. »

Pendant qu'on « politiquait » dans les rangs, le général en chef, précédant ses colonnes, était arrivé à Brunswick. Là il apprit qu'un corps prussien, sous les or-

---

(1) Gisors à Belleisle. Près de Hanovre, 17 septembre 1757. Archives de la Guerre.
(2) Gisors à Belleisle. Retmar, 21 septembre 1757. Archives de la Guerre.
(3) Le duc d'Orléans avait quitté l'armée peu de temps après l'arrivée de Richelieu.

dres du prince Ferdinand de Brunswick, sorti de Magdebourg, s'était avancé sur Halberstadt, avait replié les troupes légères françaises envoyées dans ce district pour y lever des contributions, et avait même capturé un détachement de cavalerie commandé par M. de Lusignan. D'après le partisan Fischer, le roi de Prusse aurait rassemblé 60,000 hommes et serait en route pour refouler les Suédois qui avaient envahi la Poméranie. Un peu ému de ces nouvelles qui cependant lui paraissaient exagérées, Richelieu rappela M. de Voyer d'Osterwick sur la route d'Halberstadt, et concentra ses forces autour de Wolfenbuttel. Le général français ne croit pas (1) que les Prussiens poussent plus loin leur pointe ; « mais c'est un grand tort qu'ils me font pour les subsistances et qui dérange toutes les mesures qui auraient été prises. » Si les détails rapportés par Fischer étaient grossièrement amplifiés, le fait en lui-même était exact; le prince Ferdinand, avec une division mixte d'infanterie et de cavalerie de 7 à 8,000 hommes, avait, conformément à l'ordre reçu (2), repris possession du pays d'Halberstadt, et s'apprêtait à en tirer le plus de grains et de fourrages possible.

Le 24 septembre le quartier-général français était à Wolfenbuttel ; le lendemain devait avoir lieu le départ pour Halberstadt. Richelieu dont, comme nous allons le voir, la première ardeur s'était un peu calmée, prévient (3) Soubise qui de son côté annonçait un retour offensif des armées combinées : « J'espère que votre marche cadrera avec le mouvement que je vais commencer demain en avant, et qui me mettra en mesure pour nous

(1) Richelieu à Paulmy. Brunswick, 21 septembre 1757. Archives de la Guerre.
(2) Frédéric au prince Ferdinand, 13 septembre 1757. *Correspondance politique*, Vol. XV, p. 341.
(3) Richelieu à Soubise. Wolfenbuttel, 24 septembre 1757. Archives de la Guerre.

porter le 29 avec un gros corps de cavalerie et de grenadiers sur Halberstadt. Il y a apparence que ce mouvement fera reculer le prince Ferdinand de Brunswick et me rendra une seconde fois maître du pays d'Halberstadt. La saison me paraît bien avancée pour pouvoir me flatter d'y tenir longtemps campagne. Cependant je tâcherai d'y rester assez longtemps pour en retirer les grains et fourrages dont nous manquons ici, et ce qui me décidera encore à m'y soutenir c'est l'utilité dont nous pourrons vous être... J'imagine que vos opérations ont pour objet désormais l'établissement de vos quartiers d'hiver, c'est sur quoi je pense qu'il faudra nous concerter. »

Avant de se mettre en route, le maréchal eut à sévir contre un officier général qui avait dépassé les bornes de l'insubordination tolérée dans l'armée. M. de Voyer, qui commandait l'avant-garde à Osterwick, n'avait pas voulu exécuter dans l'obscurité sa retraite sur Wolfenbuttel; il fit filer ses équipages et résolut de passer la nuit au bivouac avec ses troupes, tant infanterie que cavalerie; le lendemain matin il fut très surpris de ne plus voir cette dernière. Voici d'ailleurs en quels termes Richelieu rend compte (1) de cet incident caractéristique : « On chercha vainement ce qu'elle (la cavalerie) était devenue; on apprit qu'elle était partie et allée même jusqu'à Wolfenbuttel; on remarqua sur cela un peu de consternation dans le soldat qui n'aime pas à passer des plaines sans cavalerie. M. de Rochambeau qui était à la tête de l'infanterie, ainsi que M. de Voyer, prirent fort bien leur parti d'avoir l'air de ne pas s'en soucier; ils firent battre aux champs et inspirèrent par leur exemple de la gaieté et de la confiance. Mais vous croyez bien, Monsieur, que je trouvai cette manœuvre aussi mauvaise qu'elle l'était et d'une conséquence bien dangereuse à la face d'une

---

(1) Richelieu au ministre. Wolfenbuttel, 24 septembre 1757. Archives de la Guerre.

armée aussi mal disciplinée sur l'impunité, et j'ai voulu l'approfondir contradictoirement tout haut devant tous les officiers entre M. de Voyer et M. de Soyecourt qui commandait cette cavalerie. » L'enquête démontra la culpabilité de ce dernier qui fut mis aux arrêts de rigueur. Avec de tels modèles, il n'est pas surprenant que le désordre ait fait des progrès rapides dans les rangs inférieurs. Le général en chef en cite un autre specimen : « Je ne puis m'empêcher, pendant que je suis en train, de vous parler encore d'une gentillesse arrivée à une estafette que j'envoyais de Brunswick porter un ordre très pressé à M. de Voyer, lequel fut arrêté en chemin par un officier qui le jeta en bas de son cheval, et emmena le cheval, et laissa l'homme à pied sur le chemin, sans s'embarrasser de ce qu'il deviendrait, ni le paquet dont il était chargé. Je ne finirais pas si je vous disais toutes les choses de cette espèce qui arrivent tous les jours. »

La grande armée parvint à Halberstadt le 29 septembre. Tous, officiers et soldats, Richelieu le premier, considéraient cette ville comme leur dernière étape. « Je regarde Halberstadt, écrivait le maréchal (1) dans un billet personnel, comme la terre promise où la nécessité me force de recourir... Je vous prie de penser qu'il faudra entrer en quartier d'hiver tout au plus tôt pour conserver l'armée pour l'année prochaine ; huit jours de pluie et du froid de ce pays-ci fait périr un nombre infini de soldats. » L'entrée dans la ville se fit sans opposition du prince Ferdinand qui battit en retraite devant la supériorité des envahisseurs, non sans emmener le plus de vivres, de voitures et de recrues qu'il put. De la contrée traversée Richelieu fait la description suivante (2) : « C'est un pays de plaines comme la Beauce, d'une abondance

---

(1) Richelieu à Paulmy. Achem, 26 septembre 1757. Archives de la Guerre.
(2) Richelieu à Paulmy. Halberstadt, 29 septembre 1757. Archives de la Guerre.

singulière de grains dont les villages sont pleins, malgré tout ce que le roi de Prusse a emporté; mais on ne trouve plus ni chariots, ni chevaux, ni gens au-dessus de quinze ans, s'ils n'ont plus de soixante. »

A Halberstadt, on avait touché le point stratégique assigné depuis longtemps comme objectif à l'armée du Hanovre. Quelle suite devait-on donner au programme? Sur cette question les divergences étaient grandes entre le quartier-général sur les lieux, et le ministère à Paris. Le général en chef et ses principaux lieutenants estimaient que l'époque des hostilités était close; le mouvement rapide de Closter Seven à Halberstadt avait dégagé les Impériaux et Soubise; le roi de Prusse avait été obligé de renoncer à son offensive et de revenir sur la Saxe; le but militaire avait été atteint, non sans fatigue et quelque désordre il est vrai. Demander plus à des soldats épuisés par des marches qui duraient depuis cinq mois, ajourner le repos, aussi indispensable pour l'habillement et le recrutement des hommes que pour les finances des officiers de compagnie et pour la restauration de la discipline, serait ruiner l'armée et la réduire à l'impuissance pour la campagne prochaine. C'est dans ce sens que Richelieu s'exprime (1) à son ami Duverney : « Je vois l'armée perdue, sans pouvoir se rétablir pour le printemps prochain où nous en avons besoin, si elle n'entre pas en quartiers d'hiver de bonne heure. Je meurs de peur que l'on n'en sente pas assez la nécessité et que la cour de Vienne ne nous entraîne. »

A Versailles, autour de Soubise, à Vienne surtout, on soutenait une opinion contraire. Suspendre les opérations au début de la mauvaise saison serait perdre les avantages acquis, abandonner au roi de Prusse la jouissance de territoires où il puiserait des ressources en hommes et en

(1) Richelieu à Duverney. Halberstadt, 3 octobre 1757. *Correspondance de Richelieu.*

argent pour continuer la lutte. Un dernier effort, qu'il semblait possible d'obtenir des troupes victorieuses de Richelieu, terminerait la guerre, ou tout au moins porterait à l'ennemi un coup décisif en le forçant à évacuer la Saxe. Nous trouvons l'exposé de ces vues belliqueuses dans un mémoire remis à Stainville par les ministres de l'Impératrice. La pièce commençait par un calcul assez exact (1) des forces de l'adversaire. « Le roi de Prusse peut avoir encore 50 à 55,000 hommes en Silésie (40,000 hommes à peu près en campagne sous les ordres du prince de Bevern et le reste dans les garnisons). En Saxe il y aura tout au plus 28,000 hommes, en y comptant les garnisons de Dresde, Torgau et Wittenberg. L'on assure qu'il a détaché le prince Ferdinand de Brunswick avec un corps d'environ 8,000 hommes vers Halberstadt ou Magdebourg, et le prince Maurice de Dessau avec un autre corps d'autant vers Torgau, de façon que ces détachements supposés vrais, l'armée commandée par le Roi en personne ne passerait guère les 10 à 12,000 hommes. Dans cet état des choses, voici ce que l'on croit que devrait être la besogne de chacune des armées alliées : L'armée de l'Impératrice, en vertu de ses ordres, aura soin de combattre M. le prince de Bevern, si elle en peut trouver l'occasion. Elle fera indépendamment de cela le siège de Schweidnitz ; elle tâchera de s'emparer et de s'assurer du cours de l'Oder aussi loin qu'elle pourra ; et de plus l'Impératrice est prête à concourir à la délivrance de la Saxe et de l'Elbe, avec un corps de 14,000 hommes qu'elle a laissé à cet effet en Lusace (sous les ordres du général Marshall), dès que les opérations de M. le maréchal de Richelieu et de M. le prince de Soubise mettront le dit corps en état de pouvoir contribuer utilement à la réussite de cette expédition. »

(1) Mémoire remis à Stainville, 3 octobre 1757. Archives de la Guerre.

PLAN OFFENSIF PRÉPARÉ A VIENNE.

A l'effet de seconder Soubise et Marshall, trop faibles pour une action isolée, Richelieu devrait se porter de Halberstadt sur Torgau et faire mine de franchir l'Elbe. Cette diversion, qui aurait pour résultat soit la marche de Frédéric contre l'armée de Hanovre, soit la retraite de ce prince au delà de l'Elbe, permettrait à Soubise de se joindre à Marshall et de s'emparer de Dresde, « peut-être même de Torgau et de Wittemberg. » Cela fait, « les trois armées pourraient avec sécurité aller occuper leurs quartiers d'hiver, avec la satisfaction d'avoir terminé la campagne de la façon du monde la plus glorieuse et la plus convenable pour celle qui doit la suivre. » En attendant la réponse des généraux français qu'on allait consulter sur cet ensemble d'opérations, le général Hadik avec un détachement de 6,000 hommes empruntés au corps de Marshall, ferait une incursion dans le Brandebourg, et pousserait « s'il se peut jusqu'à Berlin. »

Un projet dans lequel la part prépondérante, et partant la plus scabreuse, était attribuée aux armées françaises, ne devait pas être goûté à Versailles, où l'on se plaignait de voir les lieutenants de l'Impératrice sacrifier le principal à l'accessoire en abandonnant la Saxe pour courir à la conquête de la Silésie. Un extrait d'une lettre de Paulmy à Stainville nous édifiera sur les sentiments du gouvernement de Louis XV. « Les objets (1) traités dans le mémoire que vous m'avez envoyé pour l'évacuation de la Saxe sont assurément très importants; mais je présume que les réponses que vous recevrez de M. le maréchal de Richelieu et de M. le prince de Soubise ne seront pas aussi satisfaisantes à cet égard que vous pourriez le désirer. La saison est bien avancée, l'armée de M. le maréchal de Richelieu bien fatiguée, et nous sommes prévenus qu'il trouve de l'impossibilité à aller plus loin qu'Halberstadt. Quant à celle de

---

(1) Paulmy a Stainville, 17 octobre 1757. Archives de Vienne.

M. le prince de Soubise, comme elle vient d'être renforcée, nous espérons qu'elle forcera le roi de Prusse à repasser la Saale; mais pour le déposter de ses principaux passages sur l'Elbe, je ne crois pas qu'on puisse s'en flatter cette année, quelque désirable que cela fût, si le corps de M. Marshall n'est pas renforcé à la droite de l'Elbe au delà de 30,000 hommes. »

Si on était à peu près d'accord à Versailles pour repousser les plans grandioses de l'Impératrice et de ses conseillers, on eût cependant souhaité le maintien de l'occupation du pays d'Halberstadt. Deux hommes surtout, Duverney à la cour, Bernier à l'armée, tentèrent tout au monde pour faire prévaloir leur programme. Ce dernier, âme damnée du grand munitionnaire, confident de sa pensée secrète, était attaché à Richelieu en guise d'aide de camp et remplissait en réalité auprès de lui l'office de représentant du potentat de Paris. Quelques lignes d'un billet de Bernier permettent de se faire une idée des ménagements de Richelieu pour le personnage influent auquel il devait son commandement. La correspondance entre Duverney et le maréchal, d'abord fort amicale, avait pris depuis quelque temps un ton aigre-doux à la suite d'un dissentiment sur le mode de se procurer les approvisionnements de l'armée. Duverney, très autoritaire en ces matières, très froissé de l'opposition qu'il rencontrait, avait prétexté l'état de sa santé pour se désintéresser de l'affaire. Cela ne faisait pas le compte de Richelieu que cette retraite aurait privé d'un appui précieux en haut lieu. Aussi dans un entretien avec Bernier (1) proteste-t-il de ses bonnes intentions et fait-il amende honorable : « J'ai cru que l'on pouvait enlever les grains sans les payer, que c'était autant de pris; mais je vous jure sur mon honneur que cela n'a jamais été qu'une simple opinion; sans avoir de

(1) Bernier à Duverney. Wolfenbuttel, 26 septembre 1757. Papiers de Clermont, vol. XXXIII. Archives de la Guerre.

volonté je me ferai gloire de soumettre la mienne... J'ai eu une opinion, je l'abandonne, je me livre tout entier à sa volonté, je n'en aurai jamais d'autre; tout ce qu'il peut désirer sera fait, mais qu'il ne m'abandonne pas; (en me serrant les mains) je vous prie de le lui mander; les larmes ont fini la conversation. »

Était-ce une comédie? En ce cas l'acteur produisit son effet. Bernier fit de son mieux pour réconcilier les deux amis : « J'ai été attendri, Monsieur, de l'état de douleur où j'ai vu notre général; s'il a des torts vis-à-vis de vous, je puis vous assurer que son repentir est bien sincère. »

Quelques jours après, Bernier eut à soutenir auprès de Richelieu le projet de conserver Halberstadt pendant l'hiver; il mit d'autant plus de chaleur à défendre sa thèse qu'appelé, grâce à une nomination qui fit scandale, au poste de lieutenant du Roi dans cette ville, il obéissait à la fois aux instructions de son patron et à son propre intérêt. Il eut sur le sujet de controverse une discussion avec le général en chef : « Le même jour de mon arrivée, écrit-il à Duverney (1), il m'appela et me dit : « A propos, vous m'avez dit qu'Halberstadt (2) est un bon poste? » — « J'ai l'honneur, Monsieur le maréchal, de vous le redire. » — « Tel qu'il est, quatre coups de canon ouvriront la muraille. » — « Ce n'est pas un poste que le canon puisse réduire; sa force sera dans les ouvrages extérieurs que l'on fera en remuant de la terre et avec des palissades défendues par une garnison nombreuse. » — « En y travaillant pendant six mois avec 50,000 hommes! » — « Si vous avez assez de confiance en moi et mes talents je ne demande qu'un mois avec 1,000 hommes. — « Et le bois où est-il? » — « Devant vous, Monsieur le ma-

---

(1) Bernier à Duverney. Halberstadt, 5 octobre 1757. Papiers de Clermont. Archives de la Guerre.

(2) Bernier avait accompagné Voyer dans la première expédition sur Halberstadt.

réchal, à 3/4 de lieues. » Mes réponses, ajoute Bernier, n'ont pas été agréables; le parti était pris et le courrier envoyé à la cour. »

Tandis qu'à l'armée l'opinion du chef et de tous les officiers généraux était hostile au maintien d'un poste qui leur paraissait peu défendable, trop éloigné du Hanovre et du Brunswick, et partant trop exposé aux attaques des Prussiens, à Paris on penchait toujours pour la solution contraire. Duverney, préoccupé de la question des subsistances qu'il mettait au premier plan, convaincu des ressources d'un pays dont Bernier (1) vantait la richesse, employait tout son crédit à faire prévaloir une idée dont il avait toujours été partisan. Ce vieillard de soixante-quatorze ans était infatigable; la résistance qu'il rencontrait ne servait qu'à accroître sa tenacité. « Tout le monde sans exception, avait-il écrit (2) à Bernier, a été opposé et l'est encore à mon projet qui seul permettra le siège de Magdebourg. » Billets intimes au marquis de Paulmy, mémoires lus dans le salon de Mme de Pompadour, épîtres à Richelieu, au lieutenant-général du Mesnil, tous les moyens lui furent bons. Mettre Halberstadt en état de défense, y laisser une garnison de 20 bataillons soutenue par 50 escadrons de cavalerie cantonnés dans les environs, rester maître de la province, en tirer le plus de vivres possible, tel serait l'objectif imposé à Richelieu. Quant à Soubise il ne devrait pas s'aventurer en Saxe, mais se contenter de prendre position derrière la Saale en se reliant à Bernburg à la droite de son collègue. En outre il eût été désirable de donner la main aux Suédois qui commençaient à entrer en Poméranie, mais si cela ne se pouvait pas, on les aiderait en faisant semblant de

---

(1) Bernier à Duverney. Osterwick, 12 septembre 1757. Papiers de Clermont, vol. XXXIII. Archives de la Guerre.

(2) Duverney à Bernier, 10 septembre 1757. Papiers de Clermont, vol. XXXIII. Archives de la Guerre.

franchir la Saale et en détournant de ce côté l'attention des Prussiens.

Des dépêches ministérielles (1) conçues dans le sens des plans de Düverney, se croisèrent avec la lettre de Richelieu (2) dont Bernier avait annoncé l'envoi. Le maréchal se déclarait contraire à la conservation d'Halberstadt et appuyait son avis d'un mémoire rédigé par Maillebois. Duverney ne se tint pas pour battu ; mis au courant par M. de Crémille du contenu des derniers plis d'Allemagne, il dicte (3) à Paulmy son ultimatum : « En cet état, Monseigneur, nous avons jugé qu'il n'y aurait plus qu'un seul et unique remède, qui est que le Roi ait la bonté d'écrire à M. le maréchal de Richelieu. » Si celui-ci insiste pour prendre ses quartiers d'hiver et abandonner Halberstadt, Soubise se séparera des troupes de l'Empire, marchera sur Bernburg et s'étendra jusqu'à Halberstadt qu'il occupera et fortifiera avec le concours de renforts détachés de la grande armée. Cependant Richelieu, s'il revient à de meilleurs sentiments, aura toujours la liberté de rester à Halberstadt. Deux jours après, nouveau billet de Duverney au maréchal préconisant encore son projet favori.

Malgré l'énergique plaidoirie du puissant conseiller d'État, on n'osa pas aller jusqu'à un ordre formel ; on se borna à recommander à Richelieu de se maintenir à Halberstadt tout en lui laissant sa liberté de décision, et on envoya à l'armée M. de Crémille avec mission de se rendre compte sur les lieux de la situation, et de provoquer une entente générale au sujet des quartiers d'hiver. A propos du renforcement du corps auxiliaire on fut plus catégorique. La question du reste avait été tranchée avant la réception des avis de Paris.

(1) Paulmy à Richelieu, 6 et 9 octobre 1757. Archives de la Guerre.
(2) Richelieu à Paulmy, 3 octobre 1757. Archives de la Guerre.
(3) Duverney à Paulmy, 10 octobre 1757. Papiers de Clermont. Archives de la Guerre.

Richelieu reçut assez mal les suggestions de Paulmy. Peu désireux de se mesurer avec Frédéric et de compromettre la gloire que lui assuraient ses premiers succès, il trouvait fort risqué le poste d'Halberstadt, et se souciait encore moins de diminuer son armée pour accroître les effectifs de son collègue. A l'appui de son opinion il engagea avec ce dernier une correspondance des plus suivies.

Soubise avait écrit d'Eisenach à la date des 26 et 27 septembre (1). « Les Prussiens paraissent vouloir battre en retraite; Hildburghausen annonce le départ par la route qui mène à Gotha et à Langensaltza… En prenant ce dernier chemin nous nous approchons davantage des secours que nous pouvons espérer de vous et dont vous ne parlez pas dans votre dernière lettre. » Puis après avoir insisté sur la nécessité de ces renforts sans lesquels il ne pourra rien entreprendre de sérieux contre le roi de Prusse, il se résume : « Si votre intention n'est pas de dépasser Halberstadt, je doute que le roi de Prusse se retire, à moins que nous ne nous mettions en état de l'attaquer avec des forces convenables. »

Le lendemain Soubise revient à la charge : « Si le roi de Prusse se retire, je crois que nous aurons l'audace d'aller jusqu'à Erfurt, mais avec de grandes précautions. Si le roi de Prusse revient sur nous, je suis presque sûr que les troupes de l'Empire ne voudront pas l'attendre; il est vrai qu'excepté deux ou trois régiments, les autres ignorent les manœuvres les plus communes et savent tout au plus monter la garde. Vous pouvez juger de l'embarras que l'on éprouve avec de pareilles troupes, aussi le général est-il très prudent. Cependant si vous nous envoyez du secours je ne balancerai pas à marcher, et 5 à 6,000 hommes choisis dans l'armée de l'Empire suffiront. »

Voyons maintenant la réponse de Richelieu (2). Il dé-

(1) Soubise à Richelieu, 26 et 27 septembre 1757. Archives de la Guerre.
(2) Richelieu à Soubise. Halberstadt, 29 septembre 1757. Archives de la Guerre.

bute en annonçant la concentration de son armée à Halberstadt, et en expliquant l'impossibilité de détacher pendant la marche les renforts qu'aurait désirés Soubise. « Je suis ici, continue-t-il, avec 100 escadrons et 88 bataillons, au milieu de plaines comme celles de Beauce, dans lesquelles il n'y a pas un poste ; par conséquent tout combat qui se donnera dans un tel pays est purement affaire de cavalerie et comme au hasard, mais doit avoir les plus grandes suites pour celui qui ne sera pas vainqueur. C'est dans un tel terrain que l'ordre, la discipline et la précision des manœuvres ont tout l'avantage, et comme vous connaissez nos troupes et celles des autres, vous pouvez juger ce que l'on peut craindre avant de se compromettre à une bataille... Le roi de Prusse, en la perdant, a Magdebourg derrière lui et l'Elbe ; je n'ai aucun poste, et seulement Brunswick et Wolfenbuttel dont la moins mauvaise de ces deux places ne pourrait arrêter plus de quatre ou cinq jours, dans l'état où elles sont encore. Reste à savoir si le roi de Prusse serait en état de venir se commettre aux partis extrêmes dont vous voyez l'avantage et le risque pour lui. » Richelieu évalue à 40,000 hommes les troupes que pourra réunir contre lui son adversaire, pèse les probabilités d'une offensive de sa part, et arrive à la conclusion qu'il ne faut courir la chance d'une affaire que sur les ordres positifs du Roi. « Je n'ai d'ailleurs rien reçu qui me prescrive précisément ce que je dois vous envoyer, quoique tout le monde me l'annonce de Paris. Le Roi seulement me mande du 11 de ce mois : « Je ne suis pas si tranquille sur le corps de M. de Soubise, car l'on dit que le roi de Prusse marche à lui. Je voudrais donc que vous lui envoyassiez 18 ou 20 bataillons de ceux que vous avez à portée de lui, et les moins fatigués, avec 24 escadrons ; cela le mettrait à l'abri des insultes de Sa Majesté prussienne, et ce corps pourrait vous être fort utile pour les préparatifs et l'exécution du siège de Magdebourg. » Les observations royales avaient été complétées par un mémoire de Paulmy qui déclarait « s'en rapporter aux moyens qu'il me serait possible de prendre ». Après ces citations le maréchal ajoute : « Vous voyez que les ordres que j'ai ne sont que très conditionnels, et par conséquent doivent changer comme les positions l'ont été. »

Richelieu termine par une proposition qui avait toute l'apparence sinon la réalité du désintéressement : « Il me paraît qu'il serait bien utile pour la cause commune, si le Roi juge que c'est votre armée qui doit être la plus décisive et la plus prépondérante, et que vous soyez en état de la porter en avant et de l'y faire subsister, que je vous envoyasse 50 ou même 60 bataillons, avec autant d'escadrons, avec lesquels vous serez en état, si vous avez les moyens, de serrer le roi de Prusse, et moi je me retirerais derrière l'Ocker. » Une dernière réflexion sur la nécessité de conserver 35,000 hommes, tant à Halberstadt que sur l'Ocker, nous permet de douter de la sincérité de l'offre si généreuse que venait de faire le commandant de l'armée du Hanovre.

Dans une seconde dépêche Richelieu (1) est encore plus explicite. En premier lieu il fait un tableau navrant de l'état physique et moral de l'armée : « L'excès de sa misère et de son indiscipline, et les effets que tout cela produit, font naître des discours et un ton qui fait trembler; je n'en dis pas la dixième partie à la cour parce que c'est inutile, et qu'après avoir tenté et examiné j'ai vu que c'était irrémédiable pour cette année. Mais vous jugez bien que cela fait faire de furieuses réflexions; et après s'être trouvé comme vous et moi le 11 mai 1745 (2) à la tête des meilleures troupes de France, nous devons savoir par là ce que c'est que le vertige des Français, et en même temps combien il est aisé de les faire passer d'une extré-

---

(1) Richelieu a Soubise. Halberstadt, 3 octobre 1757. Archives de la Guerre.
(2) Allusion à une panique lors de la bataille de Dettingen.

mité à l'autre. Tout cela m'a déterminé à penser que si vous ou moi nous nous commettons avec le roi de Prusse sans des forces très supérieures,... il y a, je crois beaucoup à risquer, beaucoup à perdre et rien à gagner. » L'avantage d'obliger les Prussiens à se retirer de l'autre côté de l'Elbe « n'est pas proportionné aux risques qu'il y a à courir vis-à-vis d'une armée aussi en haleine, aussi aguerrie, et qui a à sa tête un homme comme le roi de Prusse; ainsi, Monsieur, je persiste de plus en plus dans mes idées... Faites bien vos réflexions à tout cela, après quoi j'acquiescerai à tout ce que vous me proposerez; mais ne perdez pas de vue l'importance de conserver cette armée et d'en avoir une au printemps prochain. Songez à tous les soins que M. le maréchal de Saxe en avait à la fin des campagnes. »

Le raisonnement du maréchal était appuyé sur des arguments dont les événements prouvèrent la justesse; les paroles au sujet des dangers d'une rencontre en rase campagne étaient presque une prophétie, dont la bataille de Rossbach allait bientôt démontrer le bien fondé. L'opinion de Richelieu était d'ailleurs partagée par un grand nombre de ses surbordonnés. Redmond, maréchal général des logis de la cavalerie, écrit (1) au ministre pour lui affirmer qu'une nouvelle campagne causerait la ruine des régiments. Gisors, dans sa correspondance intime (2) avec son père, exprime la même crainte : « Aujourd'hui nous voyons de loin la neige sur les montagnes, et il grêle dans la plaine; toute la nuit le vent a été si fort que je n'ai pu dormir; plusieurs tentes ont été abattues. Vous jugerez aisément que tout cela redouble l'envie d'entrer en quartiers d'hiver, et en vérité ce sera un grand malheur,

(1) Redmond à Paulmy. Halberstadt, 29 septembre 1757. Archives de la Guerre.
(2) Gisors à Belleisle, 3 octobre 1757. Halberstadt. Archives de la Guerre. Lettre partiellement citée par Camille Rousset.

de l'avis de tout le monde, si cette armée-ci qui est encore en bon état est exposée à toutes les rigueurs de la saison qui commence. M. de Guerchy, M. le chevalier de Muy, M. le comte de Noailles, M. d'Armentières et M. Dumesnil sont tous uniformément sur cela..... Notre machine absolument détraquée a besoin d'être remontée; tout ce que vous ferez à présent ne vaudra rien. »

De son côté le baron de Kettler, attaché militaire autrichien, dans son rapport à l'Empereur (1), après examen des partis à prendre ne croit pas qu'il soit possible de dépasser Halberstadt. Dans le mémoire (2) que Richelieu avait joint à sa dépêche du 3 octobre, Maillebois avait résumé les arguments qui s'opposaient à l'envoi d'un détachement à Soubise; le chef d'État-major parle « de la douleur et du mécontentement de toutes les troupes qu'on y fera passer. » Il conclut qu' « il n'y a rien de bon à faire pour cette année au delà du point où elle (l'armée) s'est portée; ce qu'il y avait de mieux était de n'y pas parvenir. » La pièce se termine par une appréciation peu flattée de la valeur militaire de Halberstadt : « Grande ville de 11 à 1,500 maisons dans une plaine onduleuse dont les petites hauteurs se rapprochent de la place et dominent la ville. Elle est entourée d'un simple mur qui n'a nulle part plus de 5 pieds d'épaisseur, et qui n'en a souvent que 3 ou 4. Le travail qu'il faudrait y faire, même en ouvrages de campagne, serait immense. »

Comme on devait s'y attendre, Soubise ne voulut pas renoncer aux secours qui lui avaient été promis. Il fit observer, avec quelque apparence de raison, que tout recul de Richelieu aurait pour corollaire la reprise de l'offensive de Frédéric, et la retraite de l'armée combinée à travers un pays épuisé par le passage successif des deux belligé-

---

(1) Kettler à l'Empereur. Halberstadt, 30 septembre 1757. Archives de la Guerre. Vienne.
(2) Mémoire de Maillebois, 30 septembre 1757. Archives de la Guerre.

rants; le mouvement rétrograde pourrait dans ce cas se prolonger jusqu'à la Hesse. « Mais j'espère (1) que vous finirez plus glorieusement la campagne et que vous déterminerez le roi de Prusse à repasser l'Elbe; je crois que le concert proposé doit réussir. » Enfin il annonce son intention de se porter sur l'Unstrut pour donner la main au détachement qu'on lui enverrait.

Les instances de son collègue et les avis de plus en plus pressants de la cour ne laissèrent à Richelieu d'autre alternative que celle de s'incliner. Il s'exécuta de bonne grâce. « Comme je vois, mande-t-il à Soubise (2), par votre lettre du 3, que vous espérez de pouvoir avec quelques renforts remplir les objets avantageux de la cause à laquelle nous devons tous concourir, je ne perds pas un moment pour faire avancer M. le duc de Broglie avec 17 bataillons et 16 escadrons à Nordhausen, et M. d'Orlick à Mulhausen avec 3 bataillons et 2 escadrons, qui sont les seules troupes que je puisse actuellement retirer de la Hesse. » Quant à aller lui-même sur la Saale, il ne fallait pas y penser : « Vous sentez bien, Monsieur, qu'après ce détachement ôté de mon armée je serai fort alerte sur les mouvements du roi de Prusse. J'ai été voir le pays jusqu'à Brandebourg; ce sont des plaines immenses où il n'y a aucune position ni un seul arbre. En m'avançant je suis obligé de laisser 25,000 hommes à Halberstadt pour masquer Magdebourg où il y en a 25,000, et au moins 4 à 5,000 dans les places de l'Ocker; ce que je vous envoie fait environ 12,000. Jugez, Monsieur, si je dois m'avancer sur la Sala avec 12 ou 13,000 hommes qui seront encore diminués d'ici au temps où je pourrai marcher, les hôpitaux augmentant tous les jours. Je ferai donc tout ce qui dépend de moi pour concourir à vos projets, c'est-à-dire de tenir tant que je pourrai les positions d'Halberstadt,

(1) Soubise à Richelieu. Gotha, 3 octobre 1757. Archives de la Guerre.
(2) Richelieu à Soubise. Halberstadt, 5 octobre 1757. Archives de la Guerre.

Beherleben, Groningen et Guedlingbourg, d'où j'enverrai des partis continuellement sur la Sala. »

Dès le lendemain, 6 octobre, le maréchal annonce au ministre (1) la résolution qu'il vient de prendre, mais il a soin de dégager sa responsabilité : « Je persiste toujours à penser qu'il n'y a rien de bon à faire qui vaille les risques qu'il y aura à courir... mais qu'il faut néanmoins tenir la position où je suis, tant que je pourrai ramasser du grain et du fourrage, laquelle contient toujours le roi de Prusse et n'est pas extrêmement éloignée de M. de Soubise. » A cette dépêche étaient annexés un rapport de l'intendant de Lucé sur l'impossibilité de se maintenir pendant l'hiver à Halberstadt ou sur la Saale, et un mémoire de M. de Cornillon (2) sur l'état de l'infanterie.

Ce dernier document s'étend longuement sur la situation déplorable des officiers inférieurs. « MM. les officiers sont entrés en campagne accablés de dettes qu'ils ont été forcés de faire, pour fournir aux besoins du soldat dans la longue route qu'ils ont faite en France, et à former un modique équipage qu'ils ont été obligés d'acheter pendant leur marche, et par conséquent de le payer double de sa valeur; pour surcroît de malheur les denrées ont été horriblement chères. » Suivent quelques détails sur le prix élevé du pain, sur le manque de vin, de bière et de viande. Sans les fournitures de farine faites par l'intendance on n'aurait pas trouvé le moyen de vivre; les interminables étapes ont entraîné la mort des chevaux, la perte des équipages et l'abandon des bagages. « Tout le monde s'est flatté qu'en arrivant ici ce serait la fin des peines, et je ne vous cache pas que c'est avec la plus grande douleur qu'on voit prolonger la campagne. Personne ne peut disconvenir de la rigueur de la saison, aussi nous voyons dé-

---

(1) Richelieu à Paulmy. Halberstadt, 6 octobre 1757. Archives de la Guerre.
(2) Rapport de M. de Cornillon au maréchal, 3 octobre 1757. Archives de la Guerre.

puis dix ou douze jours un grand tiers des officiers qui sont malades, et auxquels il a fallu donner la permission de loger au quartier-général. Vous en avez beaucoup qui sont à l'hôpital et qui n'en sortent pas faute d'argent pour vivre... Si les circonstances ne vous permettent pas de prendre des quartiers, vous allez perdre la moitié de l'armée, tant en officiers qu'en soldats. » Pour comble d'infortune, l'eau du camp était mauvaise, le bois fort éloigné. « Voilà, Monseigneur, le tableau exact de l'infanterie, laquelle même, permettez-moi de ne pas vous le cacher, s'en prend à vous de la longueur de la campagne, attendu que M. le maréchal d'Estrées, le lendemain de la bataille d'Hastenbeck, avait dit à la tête de l'armée que nous prendrions nos quartiers au plus tard le 5 septembre. Toute cette misère occasionne beaucoup d'indiscipline, et si l'officier ne tolère pas la maraude, peu s'en faut; il ne faut pas se flatter qu'on puisse mettre l'ordre que vous désirez... que quand ils seront dans les quartiers d'hiver, on ne se sentira plus de la misère, et que les officiers vivront à leur aise. »

Presque à la même date, Gisors dans une lettre à son père (1) confirmait le rapport du major-général sur les embarras financiers et le découragement des officiers de troupes : « Ce qui est affreux, c'est qu'il y a 23 commandants de bataillons qui ont envoyé leur démission à la cour. » En résumé, à l'armée de Richelieu, tout le monde, depuis le général en chef jusqu'au simple soldat, avait assez de la campagne et souhaitait le repos des quartiers d'hiver.

Mais où seraient-ils ces quartiers après lesquels tous aspiraient? Conserverait-on Halberstadt, ou se retirerait-on sur l'Ocker? Cette question, vivement contestée comme nous l'avons vu, n'était pas encore définitivement tranchée. Pour l'heure, il fallait encore songer aux opérations

---

(1) Gisors à Belleisle. Ochserleben, 3 octobre 1757. Archives de la Guerre.

militaires dont la continuation était vivement réclamée par les cours de France et d'Autriche.

A cette époque de l'année 1757, les apparences étaient des plus propices. Sans doute à Versailles, on ne pouvait pas ignorer les tableaux lugubres que traçaient de l'état des troupes les correspondances venues du camp de Richelieu; mais on se consolait facilement de tristes détails, d'appréciations qu'on se plaisait à croire trop poussées au noir, en passant la revue de la situation générale, en pensant à la retraite des Prussiens de Bohême, à la conquête de l'Allemagne du nord, à la mise hors de combat de l'armée de Cumberland, à la victoire des Russes, aux succès récents des Autrichiens en Lusace, à l'entrée en scène des Suédois. Malgré son génie, Frédéric, déserté par ses alliés, délaissé par la fortune, écrasé par la supériorité de ses ennemis dont le cercle se rétrécissait autour de lui, serait bientôt aux abois; un effort de plus, et la victoire dont on avait déjà recueilli les prémices deviendrait complète.

Nous avons laissé les Autrichiens du prince Charles de Lorraine retranchés sur les hauteurs de Zittau, et bien déterminés à ne pas sortir de leur position pour livrer la bataille que Frédéric leur offrait. Rien de plus monotone que la correspondance journalière avec l'Empereur et l'Impératrice; la consigne donnée avait été de ne rien risquer; le Prince la rappelle à tout propos; il se défend de toute initiative, de toute responsabilité; avec cela bienveillant pour ses inférieurs, désireux de vivre en bonne intelligence avec le feld-maréchal Daun dont il critique en termes voilés l'excessive prudence, au demeurant brave homme mais général incapable. Vers la fin d'août le départ de Frédéric lui donne quelque ressort : « J'ai grande envie (1) de tenter quelque chose, mais tout ce que j'ai

---

(1) Prince Charles à l'Empereur, 29 août 1757. Archives de la Guerre. Vienne.

vu jusqu'à cette heure est un terrain coupé de ravins, de ruisseaux, de bois et de petites rivières, ce qui rend la chose fort difficile. Cependant je ferai tout ce que je pourrai; toutes mes nouvelles et rapports me confirment que le roi et le feld-maréchal Keith ont marché avec un corps d'environ 12 à 15,000 hommes par Bautzen et Königswerda où il était hier encore. Les uns disent qu'ils vont à Leipsick au-devant de l'armée de France et d'Empire, et d'autres disent qu'il va devers Pirna se joindre au prince Maurice; enfin je n'y comprends pas grand chose, mais ce seront les deux premières marches qu'il fera qui pourront faire voir clair à cette manœuvre. J'espère que dans quelques jours nous pourrons faire quelques petits mouvements; le cours de ventre et la foire règnent un peu, et beaucoup de monde, tant soldats qu'officiers, en sont attaqués, mais il en meurt fort peu... Avant que de rien entreprendre, je voudrais être assuré de la force et de la marche du Roi, et bien sûr de mon terrain. »

Une des causes, peut-être la principale, du manque d'initiative des chefs de l'armée autrichienne, était le dualisme du commandement. Le grand chancelier ne se faisait aucune illusion sur les dangers de la responsabilité divisée, et en parlait très librement à Stainville (1); le meilleur remède eût été le remplacement du prince Charles, mais il ne fallait pas y songer, l'Empereur ayant déclaré « qu'il regarderait comme un déshonneur personnel le rappel de son frère. » On pensa un instant à mettre le Prince à la tête de l'armée de l'Empire, à laisser Daun en Lusace avec le gros des troupes, à charger Hildburghausen d'opérer en Silésie. La tournure des événements et la difficulté de changer la direction au milieu de la campagne, firent sans doute abandonner ces projets.

L'officier français Montazet qui était entré avec ardeur

(1) Stainville à Bernis, 7 septembre 1757. Autriche. Archives des Affaires Étrangères.

dans son rôle de conseiller militaire, nous fait une peinture saisissante (1) des inconvénients de la situation :
« Le plan de la cour a été de donner au maréchal (Daun) la conduite de l'armée, et de décorer Son Altesse Royale du titre de général. Il est aisé de juger de l'effet que cet arrangement doit faire sur le cœur et sur la tête d'un prince qui a de la hauteur et bonne opinion de lui. J'en ai jugé par l'amertume que j'ai vue dans son âme dans plusieurs entretiens que j'ai eus tête à tête avec lui ; il est vrai que le maréchal a toujours l'air de dépendre de Son Altesse Royale, mais c'est pour le public et pour le decorum. Le prince Charles, découragé par ses insuccès, n'ose rien entreprendre sans l'assentiment de son subordonné, qui depuis sa victoire est considéré comme le sauveur de l'État. Ce dernier, très galant homme, mais naturellement lent et timide, craint de compromettre sa réputation en courant de nouvelles aventures; il a de plus trop grande opinion de l'adversaire. J'en ai jugé de même malheureusement dans plus d'une occasion, témoin l'affaire de Zittau ; non, je ne me consolerai de la vie d'avoir vu devant nous le prince de Prusse nous braver pendant quatre jours malgré son extrême infériorité ; il avait tout au plus 25 à 30,000 hommes... Il est arrivé de même dans cette dernière aventure ; le roi de Prusse est venu se camper sous le feu de notre canon ; il y est resté cinq jours à nous donner l'alarme avec 25 ou 30,000 hommes de moins que nous... Quand je me suis plaint à Son Altesse Royale, elle m'a répondu : « Que voulez-vous que je fasse ? Vous voyez bien que le maréchal ne veut rien faire, et moi je ne veux rien prendre sur moi. »

Après la critique du commandement Montazet fait celle de l'état-major ; les troupes sont bonnes, surtout l'infanterie, « mais presque point d'officiers généraux, nul état-

---

(1) Montazet à Paulmy. Devant Zittau, 27 août 1757. Archives de la Guerre.

major, aucune espèce d'ordre, en un mot la machine va par habitude et sans savoir comment;.. l'exécution d'un projet combiné serait presque impossible, par la difficulté de trouver des ouvriers qui le fassent exécuter. Aussi tout ce que j'ai le plus désiré depuis que j'ai bien examiné et approfondi les choses, a été de voir l'ennemi venir nous attaquer, persuadé qu'en prenant de bonnes positions et les faisant connaître aux troupes, elles y combattraient avec confiance et avantage, surtout n'étant pas obligées de faire des manœuvres difficiles devant l'ennemi. »

Cependant la longue inaction de l'armée avait ému les esprits à Vienne. A un conseil tenu le 17 août (1), en présence de l'Empereur et de l'Impératrice, il fut décidé, sur la propostion de Kaunitz, d'inviter le prince Charles à prendre l'offensive, et même à risquer une bataille après accord préalable avec Daun et si les circonstances étaient propices. Pour répondre aux désirs de la cour, Montazet qui, aussi fin diplomate que brillant militaire, avait conquis la confiance des deux généraux, fut chargé de rédiger un mémoire (2) sur les opérations à accomplir. Il calcule que les Prussiens ont en Saxe 70,000 hommes auxquels on peut opposer 94,000 Autrichiens en première ligne, appuyés par 18,000 Bavarois, Wurtembourgeois et Autrichiens en marche pour rejoindre, et les 6,000 de la division Jaunus en Silésie. Trois partis s'offrent au choix : livrer bataille sur les lieux à l'ennemi, faire une diversion en Silésie avec 40,000 hommes en maintenant la fraction principale de l'armée en Saxe, ou marcher sur la Silésie avec le gros, ne laissant qu'un corps détaché pour surveiller les mouvements du Roi. L'auteur ne se prononce pas, mais il laisse deviner ses préférences pour la troisième solution. Le rapport, qui s'inspirait évidemment des vues du Prince et du maréchal, fut expédié à Vienne.

(1) Arneth. Marie-Thérèse, vol. V, p. 222 et suivantes.
(2) Mémoire de Montazet, 25 août 1757. Archives de la Guerre.

Un projet dont l'objet principal était l'invasion de la Silésie devait rencontrer une grande opposition de la part de l'ambassadeur français (1). Tandis que l'Impératrice cédait à l'attraction qu'exerçait sur elle la province perdue, les autorités militaires de Versailles attachaient avec raison à la possession de la Saxe une importance capitale ; elles auraient voulu voir les Autrichiens joindre leurs efforts à ceux d'Hildburghausen et de Soubise pour reconquérir l'Électorat. A titre de transaction, et convaincu de l'inutilité de s'élever contre le siège de Schweidnitz que la cour de Vienne désirait depuis longtemps, Stainville avait en dernier lieu insisté pour que le prince Charles fît un détachement de 30,000 hommes sur Dresde, à l'effet d'empêcher Frédéric de marcher contre Soubise. Il ne put rien obtenir de Kaunitz qui couvrit son refus en prétextant l'absence de Leurs Majestés Impériales parties pour un pèlerinage à vingt lieues de Vienne.

Entre temps, malgré les maladies, les embarras de vivres et les brouillards intenses dont il est souvent question dans les bulletins princiers, l'armée autrichienne quitta Zittau où elle avait séjourné plus de six semaines; le 5 septembre elle était en face du duc de Bevern à Gorlitz, et le surlendemain elle livrait le combat heureux de Möys. Les Prussiens étaient à cheval sur la Neisse, Bevern avec le gros sur la rive gauche dans une forte position, Winterfeldt avec sa division sur la rive droite. Le prince Charles profita de sa supériorité numérique et du fractionnement de l'adversaire pour attaquer Winterfeldt dont les cantonnements, très en l'air, se prêtaient à une surprise. L'affaire fut bien menée. A la faveur de la brume et sous le couvert des bois, les Impériaux, conduits par Nadasdy et le duc d'Arenberg, tombèrent sur les avant-postes prussiens avant que leur marche eût été

---

(1) Stainville à Bernis, 12 septembre 1757. Archives des Affaires Étrangères. Stainville à Bernis, 14 septembre 1757. Filon, *Ambassade de Choiseul*.

éventée; le village de Möys et la colline du Jökelsberg furent enlevés par les régiments wallons. Winterfeldt était à Gorlitz au commencement de l'action; il accourut au feu et essaya en vain de regagner le terrain cédé; il fut blessé mortellement et ses soldats repoussés. Cinq canons, sept drapeaux et quelques centaines de prisonniers, parmi lesquels plusieurs officiers supérieurs, furent les trophées des vainqueurs qui achetèrent leurs succès au prix de 1,500 tués et blessés. Les Prussiens eurent environ 2,000 des leurs mis hors de combat ou manquants; mais le coup le plus sensible fut la mort de Winterfeldt. En lui, Frédéric perdit un ami personnel, un serviteur dévoué dans le jugement duquel il avait la plus grande confiance; en le plaçant à côté de Bevern, il avait voulu adjoindre à ce dernier un lieutenant dont l'expérience et la fermeté corrigeraient les hésitations de son chef. Il est fort douteux que la présence de ce mentor fût agréable à Bevern qui devait se rappeler les incidents de la retraite de Bohême, la disgrâce du prince de Prusse et le rôle équivoque joué par Winterfeldt dans cette occurrence.

Livré à ses propres inspirations, Bevern se décida à abandonner la Lusace, à sacrifier ses communications directes avec le Roi, et à se consacrer à la défense de la Silésie que les opérations de l'ennemi semblaient viser. Dans la nuit du 9 au 10 septembre, il évacua, non sans quelque désordre, son camp de Gorlitz, et après une marche non interrompue de seize heures, arriva à Schutzenhagen, où il rallia la division Winterfeldt passée aux ordres de Fouqué. Les jours suivants les Prussiens continuèrent leur route sans autre entrave que des escarmouches avec les Croates et les pandours du prince Charles, et vinrent camper le 12 septembre à Bunzlau où ils firent un séjour consacré au repos des hommes, à la préparation des vivres et à la reconstitution des cadres. La nouvelle que les Impériaux allaient occuper Goldberg, et la crainte de se voir devancer sur la Katzbach, déterminèrent Bevern à reprendre son mouvement; il gagna à marches forcées Liegnitz où il parvint le 18 septembre.

De son côté, en apprenant l'évacuation de Gorlitz, l'armée autrichienne s'était dirigée sur la Silésie par un itinéraire à peu près parallèle à celui des Prussiens. Le prince Charles avait laissé en Lusace un corps de 10,000 réguliers et quelques troupes légères sous les ordres des généraux Marshall et Hadik; avec le reste de ses forces il avait manœuvré de manière à protéger les débouchés de la Bohême d'où il tirait ses approvisionnements, et à éloigner l'ennemi de la forteresse de Schweidnitz dont il se proposait de faire le siège. A en juger par ses lettres quotidiennes à l'Empereur, il ne paraît avoir visé que cet objectif restreint, et n'avoir pas songé à profiter de sa supériorité pour écraser son adversaire. De Jauer, où était son quartier-général le 18 septembre, il écrit (1) : « Nous sommes arrivés à Jauer aujourd'hui par une pluie affreuse et une marche terrible, au point que notre arrière-garde n'est point encore arrivée, quoi qu'il soit déjà neuf heures. Comme voilà trois marches de suite, et toutes trois assez longues, demain nous ferons rastag (sic) et chanterons le Te Deum pour les Russes (2). Dieu merci, notre communication par Landshut en Bohême se trouve déjà couverte, et même j'espère, après avoir reconnu le pays, que dans peu je couvrirai Schweidnitz. »

Après quelques jours passés à « s'orienter » dans un pays qu'il ne connaissait pas, le prince Charles détache Nadasdy pour commencer l'investissement de Schweidnitz, et parle de prendre l'offensive avec le gros de l'armée. « Nous avancerons (3) demain devers Liegnitz, et si l'en-

(1) Prince Charles à l'Empereur, 18 septembre 1757. Archives de la Guerre. Vienne.
(2) A l'occasion de la victoire de Gross Jägersdorf.
(3) Prince Charles à l'Empereur. Jauer, 23 septembre 1757. Archives de la Guerre. Vienne.

nemi nous y attend, je compte marcher tout de suite le lendemain pour lui couper le chemin de Breslau, et voir si nous ne pouvons pas l'attaquer. Mais je doute qu'il nous attende et je crois qu'au premier mouvement il tâchera de gagner Breslau. Enfin nous ferons tout ce que nous pourrons pour le joindre, mais son corps étant bien plus petit que le nôtre il peut marcher de façon que nous ne pouvons pas le joindre. »

Il y a tout lieu de croire que les velléités batailleuses du Prince lui avaient été inspirées par Montazet, revenu tout récemment de Vienne avec les instructions de l'Impératrice. Cet officier s'était fort bien comporté au combat de Möys (1), et avait réussi à faire partager aux généraux autrichiens la bonne opinion qu'il avait de lui-même : « Dans cette affaire (2) j'ai eu le bonheur de faire dire du bien de moi dans toute l'armée... Arrivé au pied du retranchement qui heureusement ne valait pas grand chose, et voyant que les troupes, qui essuyaient un feu très vif de mousqueterie, borguignaient un peu à sauter dans le retranchement, je fis sauter mon cheval sur le parapet; j'entrai avec le premier grenadier dans l'ouvrage et nous décidâmes par là la victoire en notre faveur. » A la suite de cette action d'éclat, Montazet fut envoyé avec le rapport de l'affaire à Vienne; il y eut des entrevues avec Kaunitz et une audience de l'Impératrice, qui lui donna mission d'exprimer aux généraux son désir d'opérations plus énergiques. « Je partis donc, écrit-il (3), sans perdre un instant et courus nuit et jour pour rejoindre l'armée, persuadé que je la rencontrerais à la poursuite de l'ennemi; mais je la trouvai au contraire allant à toutes

---

(1) Hautmont au ministre. Schönau, 7 septembre 1757. Archives de la Guerre.

(2) Montazet au ministre. Vienne, 11 septembre 1757. Archives de la Guerre.

(3) Montazet au ministre. Comesse, 29 septembre 1757. Archives de la Guerre.

jambes en Silésie, n'ayant d'autre objet que de faire le siège de Schweidnitz. En conséquence elle cheminait en longeant les montagnes qui séparent cette province de la Bohême, abandonnant même le meilleur pays à l'ennemi. Je pris la liberté de faire des représentations à Son Altesse Royale en mettant pied à terre, sur la direction de sa marche. »

Au camp de Jauer où il avait rejoint le 18 septembre, Montazet, fort de l'autorité morale que lui donnait sa conversation récente avec la souveraine, suggéra l'idée d'aller à Liegnitz à la rencontre de Bevern pour le combattre s'il conservait cette position, et pour couper les communications entre l'armée prussienne et la ville de Breslau : « Son Altesse Royale se rendit à mes représentations avec d'autant plus de facilité que ce que je lui proposais avait été sa première idée. »

On se porta en effet sur Leignitz où Bevern avait rassemblé ses forces et où il se maintint jusqu'au soir du 26 septembre. D'après le commissaire français (1) qui avait préparé un plan d'attaque proclamé infaillible, il eût été facile de forcer les lignes des Prussiens; on perdit « deux jours entiers à lambiner, » puis on voulut faire précéder l'assaut d'une canonnade qui ne produisit pas grand effet. « Malheureusement la nuit leur a servi pour faire leur retraite, et ils nous ont abandonné Leignitz qui est une des grandes villes de la Silésie, et que nous n'aurions pas pu prendre sans ouvrir la tranchée, s'ils avaient bien voulu y laisser seulement deux bataillons pour la défendre. » Malgré ce succès Montazet est bien découragé : « Nous marchons demain vers Breslau, et nous aurions dû le faire aujourd'hui dans toutes les règles, mais cette armée manque des moyens principaux pour la faire mouvoir avec célérité. Presque personne

(1) Montazet à Paulmy. Camp devant Liegnitz, 27 septembre 1757. Archives de la Guerre.

pour reconnaître le pays, pour marquer des camps, pour préparer des marches. »

Les Impériaux se mirent en route sur la capitale de la Silésie, mais avec un flegme qui met Montazet (1) au désespoir : « J'ai fait tout ce que j'ai pu, dès cet instant, pour faire marcher l'armée à toutes jambes sur Breslau... Tout cela a été goûté et approuvé de nos deux chefs; mais malgré cela, nous allons si doucement que je suis persuadé que les ennemis arriveront à Breslau avant nous, et qu'ils nous disputeront le passage de l'Oder... Je dois rendre justice à Son Altesse Royale; elle m'écoute avec la plus grande bonté; elle veut souvent faire exécuter ses idées et les miennes; mais je ne sais, il y a dans cette armée une lenteur et un défaut de moyens pour agir avec prestesse, qui dénature les meilleurs projets. »

Nouvelle lettre de Lissa le 2 octobre (2) : « Nous arrivâmes ici hier; les ennemis arrivèrent en même temps que nous à Breslau, passèrent l'Oder et se campèrent en avant de cette ville... Les deux armées sont à peu près à une petite demi-lieue de France l'une de l'autre, et ne sont séparées que par le ruisseau de Lohe que nous gardons chacun de notre côté... Je pense qu'il serait nécessaire de les attaquer, car si nous ne battons pas cette armée avant que le siège de Schweidnitz ne commence, je suis persuadé que le roi de Prusse viendra ici dans le courant de ce mois, et qu'il nous donnera une bataille avant la fin de notre opération. »

Dans les dépêches (3) du prince Charles, nous trouvons la confirmation des assertions de son conseiller français : « A sept heures du soir me vient la nouvelle que l'ennemi est

(1) Montazet à Paulmy. Cameese, 29 septembre 1757. Archives de la Guerre.
(2) Montazet à Paulmy. Camp de Lissa, 2 octobre 1757. Archives de la Guerre.
(3) Prince Charles à l'Empereur, 29 septembre 1757. Archives de la Guerre. Vienne.

déjà passé Stieben et continue sa marche devers Breslau, si bien que voilà dix-sept heures qu'il marche sans s'arrêter, et hier dix heures, si bien que voilà vingt-sept heures qu'il marche ne s'étant arrêté que six heures à Dibau pour faire les ponts, et je ne sais pas encore où il s'arrêtera... Si nous pouvons, nous marcherons encore demain, quoique ce soit le troisième jour, mais s'il continue à marcher comme cela nous ne le joindrons pas. » A lire ces lignes où se révèlent à la fois la bonhomie passive et la médiocrité hésitante de l'écrivain, on se prend à partager l'impatience et le découragement du vif et infatigable Montazet.

Pendant que le général autrichien poursuivait, sans conviction et sans foi dans le succès, son mouvement vers Breslau, le prince de Bevern, grâce à une manœuvre dont on ne saurait trop louer la conception hardie et la prompte exécution, devança son adversaire dans la course vers l'objectif commun. Parti de Liegnitz dans la nuit du 26 au 27 septembre, il déroba sa fuite en descendant rapidement le cours de la Katzbach, franchit l'Oder, et gagna Breslau en remontant la rive droite de ce fleuve; puis, traversant la capitale de la Silésie, établit son armée entre les murs de la ville et les bords de la Lohe. Quand les Autrichiens débouchèrent à Lissa le 2 octobre, ils trouvèrent le corps de Bevern leur barrant la route. D'après une anecdote reproduite par le récit (1) de l'état-major prussien, le prince Charles en découvrant les lignes de l'ennemi aurait jeté sa longue-vue, et réprimant son dépit avec peine aurait même décidé l'attaque immédiate.

De cette impétuosité, si contraire au tempérament du commandant en chef, il n'existe aucune trace dans la correspondance du quartier-général autrichien. Si une idée pareille germa dans l'esprit du Prince, elle dut s'évanouir

---

(1) *Histoire de la Guerre de Sept Ans*, par l'État-major prussien, Vol. I, p. 404.

au contact du maréchal Daun et des officiers généraux de l'armée; car à en juger par quelques lignes d'un billet de Charles à son frère (1), Daun aurait été plus prudent ou plus timoré que son chef. « Je ne saurais que me louer du F. M.; quoique le F. M. pense très bien, il veut aller, si j'ose le dire, trop méthodiquement et sûrement, et ne veut rien exposer, ce qui nous a fait retarder quelques manœuvres dont nous aurions pu tirer, à ce qu'il me semblait, plus d'avantage que nous n'en avons tiré; mais cela par un bon principe et craignant de perdre es avantages qu'on avait eus jusqu'à cette heure. »

Quant aux principaux chefs de l'armée, ils n'étaient pour la plupart guère disposés à conseiller une tentative contre les positions de Bevern. « Tout le monde, écrit le prince de Lorraine (2), ou pour mieux dire la plus grande partie, n'étant pas d'avis d'attaquer, comme Votre Majesté pourra le voir par l'avis que je me suis fait donner par écrit des lieutenants-généraux, Feldzeigmeister et généraux de cavalerie; cependant je tâcherai de lui (Daun) persuader, car l'affaire est de trop grande conséquence pour oser la prendre sur moi seul. » On commençait à se ressentir des fatigues de la campagne et l'état sanitaire n'était pas satisfaisant : « Nous avons la cavalerie qui tombe beaucoup, et nos vingt régiments que nous avons ici ne font que 8,500 chevaux de service; outre cela nous avons plus de 22,000 hommes malades ou blessés; tous les jours nous en avons de nouveaux et des chevaux qui crèvent. »

Si le généralissime et ses lieutenants déclinèrent la responsabilité de combattre le corps de Bevern, ce ne fut pas faute d'exhortations et d'invitations de l'Empereur. En fort mauvais français, où l'orthographe est à la hauteur

(1) Prince Charles à l'Empereur. Lissa, 5 octobre 1757. Archives de la Guerre. Vienne.
(2) Prince Charles à l'Empereur, 8 octobre 1757. Archives de la Guerre. Vienne.

du style, François, dans le commerce épistolaire presque quotidien qu'il entretient avec l'armée, conseille, supplie son frère de profiter de sa supériorité pour écraser les forces inférieures qu'il a devant lui. Il fait appel à son honneur, au souci de sa gloire, dépeint l'impatience du public qui s'en prendra au général en chef de toute chance de succès qu'on aura laissée échapper; il invoque l'aide de Dieu pour la bonne cause, et tout en mettant son insistance sur le compte de l'affection fraternelle, répète à chaque page son refrain sur la nécessité de livrer bataille. « Toutes ces raisons (1) et une infinité d'autres me font vous prier de ne rien négliger pour attaquer cette armée prussienne, et de ne mettre tous vos idées et projets qu'à cela, et de le faire le plus tôt possible, car sans cela cette occasion vous manquera et on vous en donnera tout le blâme, ce qui me ferait une peine terrible. »

Dans un autre billet (2), l'Empereur compare la mobilité prussienne à la lenteur autrichienne : « Je ne comprends pas, puisqu'ils (les Prussiens) mènent avec eux pourtant une assez nombreuse artillerie, et tout le nécessaire des pontons, et pourtant aussi un bagage; et vous voyez le temps que tout cela prend lorsque nous voulons faire un mouvement et une petite marche, et pourtant leurs gens et chevaux ne sont pas d'une autre espèce que les nôtres. » C'était, il faut le reconnaître, mettre le doigt sur la plaie et signaler le secret de la plupart des victoires du roi de Prusse.

Pendant le séjour de Bevern à Liegnitz, la prose impériale devient des plus pressantes : « J'ai reçu (3) votre estafette du 21... Je ne puis y répondre autre chose sinon

---

(1) L'Empereur au prince Charles, 23 septembre 1757. Archives de la Guerre. Vienne.
(2) L'Empereur au prince Charles, 24 septembre 1757. Archives de la Guerre. Vienne.
(3) L'Empereur au prince Charles, 25 septembre 1757. Archives de la Guerre. Vienne.

que je tremble pour votre honneur... car pensez vous-même l'effet que doit faire dans le public si cette petite armée prussienne trouvait le moyen, après être si longtemps auprès de vous, si souvent de vous échapper sans que vous puissiez la battre; j'avoue que j'en tremble... Je ne saurais assez vous recommander la vivacité dans vos opérations, car quoique de reconnaître est bien nécessaire, je crois qu'une fois vu, il faut tout de suite faire ses dispositions et les mettre en exécution... Je suis fâché de me trouver obligé de vous écrire tout ceci, mais j'espère que vous le prenez d'un frère qui vous aime bien tendrement et qui n'a que votre gloire en vue;.. mais je le répète en finissant celle-ci : le siège de Schweidnitz n'est rien si l'armée ennemie n'est pas battue. » Chaque jour le correspondant impérial développe la même thèse : infliger une défaite aux Prussiens; s'ils ne veulent pas accepter la lutte, les devancer sous les murs de Breslau.

Tous les efforts de l'Empereur furent dépensés en pure perte; invites, piqûres d'amour-propre, supplications, vinrent échouer contre l'indécision du prince Charles, et, il faut ajouter, contre la timidité exagérée du maréchal Daun. Après échange de force rescrits et mémoires entre le camp de Lissa et la cour de Vienne, et à la suite de plusieurs conseils de guerre, on se mit d'accord pour activer le siège de Schweidnitz en renforçant aux dépens de l'armée principale le corps qui, sous les ordres de Nadasdy, était chargé du blocus, et pour ajourner jusqu'après la prise de la place toute opération contre Bevern et la ville de Breslau.

Le mois d'octobre et les premiers jours de novembre s'écoulèrent sans que les deux armées en présence cherchassent à combattre. Les Prussiens se contentèrent de couvrir leur position de redoutes et de batteries, et ne firent aucune tentative pour secourir Schweidnitz qui, d'après leurs calculs, devait prolonger sa résistance jusqu'à la venue de Frédéric. Le prince Charles de son côté justifia (1) son inaction par l'état de ses forces, réduites, après défalcation des détachements laissés en Saxe ou envoyés à Nadasdy, à 38,000 fantassins et 8,000 cavaliers, chiffres à peine supérieurs à ceux de l'ennemi.

Malgré les lenteurs du début, causées par la difficulté de transporter la grosse artillerie et le parc de munitions, le siège de Schweidnitz, une fois mis en train, fut rapidement mené sous la direction de l'ingénieur français Riverson. La tranchée fut ouverte (2) dans la nuit du 26 octobre; les batteries commencèrent le feu le 31; dans la nuit du 11 au 12 novembre, on prit d'assaut une partie des ouvrages avancés. Ce fait d'armes et la désertion qui s'était mise dans la garnison entraînèrent la capitulation. Le 14 les Autrichiens prirent possession de la forteresse; ils y trouvèrent 180 canons, de gros approvisionnements, et firent environ 6,000 prisonniers.

Le jour même de la reddition, le roi de Prusse avait annoncé à Bevern que, débarrassé de l'armée des Cercles et du corps de Soubise, il faisait route pour venir à son aide. Dans l'intervalle qui précéda sa rentrée en scène, il devait se passer des événements importants autour de Breslau; mais avant de les aborder, il nous faut raconter les incidents de la lutte sur les autres points de la carte.

Dès les premières hostilités, nous avons vu Frédéric négliger l'attaque des Russes. Certes il n'ignorait pas les mauvaises intentions de l'Impératrice Élisabeth; les promesses d'assistance par lesquelles elle avait répondu à l'appel de Marie-Thérèse, le refus dédaigneux opposé à la proposition de médiation, eussent suffi à l'édifier sur les sentiments de la souveraine; mais il comptait sur l'action

(1) Prince Charles à l'Empereur, 11 octobre 1757. Archives de la Guerre. Vienne.
(2) Prince Charles à l'Empereur, 27 octobre 1757. Archives de la Guerre. Vienne.

de ses amis à la cour de Pétersbourg et sur l'hésitation inhérente à tout mouvement de l'armée moscovite. En effet, en dépit des invitations répétées de la Tzarine, rien ne put être accompli pendant les mois d'hiver; et au moment où les Prussiens envahirent la Bohême, rien encore ne faisait prévoir une prompte entrée en campagne des Russes. Frédéric prit ses dispositions en conséquence; il affecta à l'entreprise principale contre l'Autriche le gros de ses forces, et ne laissa au feld-maréchal Lehwaldt, pour la défense de la Prusse orientale, qu'un corps de 26 bataillons et 50 escadrons, composé en partie de troupes de qualité inférieure, et fort d'environ 28,000 hommes et de 64 canons.

A en juger par sa correspondance avec son lieutenant, le Roi ne tenait pas en grande estime les soldats qu'il allait avoir à combattre; jusqu'alors les Russes ne s'étaient mesurés que contre les bandes indisciplinées des Turcs et contre les faibles effectifs des Suédois. Malgré les efforts des militaires étrangers que Pierre le Grand et ses successeurs avaient attirés chez eux, l'armée de la grande puissance du nord était très arriérée à beaucoup d'égards. L'officier du rang n'avait ni instruction, ni expérience; l'état-major, aussi ignorant qu'incapable, ne pouvait suppléer aux fautes du commandement; les services auxiliaires étaient à créer; le troupier, brave, sobre, obéissant et dévoué, n'était pas exercé à des manœuvres que ses chefs d'ailleurs n'auraient pas su lui enseigner.

L'ambassadeur français, le marquis de Lhopital, en route pour rejoindre son poste de Pétersbourg, fit au cours de son voyage une visite au quartier-général moscovite; l'un de ses attachés, M. de Fougières nous a laissé ses impressions (1). « Ce que j'ai vu de ces troupes est en très bon état; des hommes grands, robustes et vi-

---

(1) Fougières à Paulmy, 5 juin 1757. Archives de la Guerre.

goureux, tous avec des moustaches, et pour la plupart postiches d'un cuir bien ciré et bien noir; d'ailleurs bien vêtus, bien guêtrés en toile blanche pour la parade et en petites bottes pour la marche; mais très mal chaussés avec des talons à leurs souliers et à leurs bottes de près de 3 poulées de haut, qui les font marcher mal et les rendent presque tous cagneux. L'uniforme de toute l'infanterie est habit vert et veste rouge, et parements rouges... On a fait prendre les armes à deux régiments pour les faire voir à M. l'ambassadeur; leur position m'a paru raide et guindée et les jambes trop écartées sous les armes; ils font cependant bien le maniement des armes en général, mais on m'a dit qu'ils ne connaissaient aucune évolution, pas même le quart de conversion, et je ne leur ai vu faire aucune manœuvre qu'un bataillon carré qui se fit de deux régiments entiers, et où je n'aperçus que beaucoup de confusion. Si toute la cavalerie ressemble au régiment de cuirassiers qui est ici, elle est belle, bien montée et aussi bien tenue que l'infanterie... Les deux régiments de hussards que nous avons vus sont aussi fort beaux. Les Kalmouks et Cosaques sont d'une espèce un peu différente des autres hommes, des visages et des nez pour la plupart très plats, des peaux très olivâtres, des yeux très petits, coiffés et habillés à la polonaise, les uns de rouge, les autres de bleu, armés d'une lance de 12 pieds au moins de long en bois et un pied de fer, les uns avec des mousquetons, les autres sans mousquetons, avec un pistolet à la ceinture et des sabres suspendus à la polonaise. »

Voici en quels termes l'Hôpital s'exprime (1) sur le compte de ces irréguliers qui faisaient leur première apparition sur les champs de bataille européens : « Nous eûmes ensuite pour divertissement la caracole des hussards, des

(1) Lhopital au ministre. Schadow, 7 juin 1757. Archives des Affaires Étrangères. Russie 1757.

Cosaques et des Kalmouks, ce qui forme un spectacle assez singulier par leurs courses et leurs cris perçants. M. le maréchal Apraxine est persuadé que ce genre de troupes causera de l'épouvante et du désordre à la cavalerie prussienne; il m'a même dit qu'il comptait faire venir ici un nombre de chameaux, de dessus lesquels les Kalmouks tireront des flèches. En effet, on dit à l'armée, et comme en secret qu'il doit arriver 3 à 400 chameaux, et qu'ils sont déjà à Wilna. » Il ne paraît pas que l'état-major moscovite ait donné suite à cette idée ingénieuse, car il n'en est pas question dans le récit de la campagne.

D'Apraxine lui-même, l'ambassadeur fait un portrait peu flatteur : « Il est âgé de cinquante-cinq ans; sa figure est belle et noble; il est grand, mais grave et pesant, sa physionomie est ouverte... Il a passé par tous les grades militaires et a servi sous Pierre Ier, sous le général Munich... La prévention sur son ivrognerie est absolument fausse, étant aujourd'hui fort sobre par nécessité... Il passe pour efféminé; il a laissé à Riga une quantité de jeunes dames qui composaient sa cour et qui ne l'ont quitté que depuis deux jours... Je puis assurer qu'il n'a aucune des grandes qualités d'un général; il en convient lui-même assez franchement, et paraît avoir beaucoup de confiance dans le vieux Liewen qui malheureusement est bien cassé. » L'armée d'Apraxine, forte sur le papier de 124,000 hommes, pouvait (1) atteindre un effectif de 110,000, dont environ 15 à 16,000 Cosaques, Tartares et autres irréguliers; son artillerie se composait de 114 pièces, parmi lesquelles un certain nombre d'obusiers lançant des projectiles creux mais d'une portée faible. Le maréchal avait pour chef d'état-major le général Weymarn, et pour ses lieutenants

---

(1) Voir sur l'armée russe et les opérations russes pendant la Guerre de Sept Ans l'intéressant ouvrage de M. Rambaud, *Russes et Prussiens*.

les plus marquants les généraux Fermor, Lapoukhine, Liewen, Browne, Roumiantsof.

Les Russes commencèrent les hostilités par le siège de Memel, situé à l'extrémité nord de la lagune du Kurisches Haff, sur la frontière de la Courlande. Au bout d'un bombardement de six jours, auquel prit part l'escadre, la place qui n'avait pour garnison qu'un bataillon de milice se rendit le 5 juillet au général Fermor. Entre temps Apraxine, avec la principale partie de l'armée, franchit le Niemen (1) et se porta sur Insterburg. Vietinghoff, officier français attaché à l'état-major, critique l'organisation et se plaint de l'indiscipline. « On m'a assuré (2) que M. d'Apraxine a ordre d'attaquer les Prussiens, mais il me paraît par la lenteur des opérations que la résolution n'est pas encore bien prise sur cela. » Le service des vivres laisse fort à désirer; la maraude commence et produit ses effets habituels. « Je plains d'avance la pauvre Prusse; elle est ruinée pour jamais, puisque la Lithuanie où nous marchons en amis est presque ruinée par les Kalmoucks et les Cosaques. On peut dire que toutes les troupes de cette armée aiment assez à piller; de cette façon tout est d'une cherté terrible, puisque personne ne peut venir avec des provisions à l'armée sans courir le risque de vendre ses provisions pour rien et d'être encore maltraité... On dit que tout est permis à un soldat en plein jour; on voit au quartier-général forcer des serrures et voler impunément. Voilà les désordres desquels je suis souvent témoin, sans pouvoir y remédier. »

Dans le camp prussien il y eut manque d'entente (3) entre Lehwaldt, vétéran de soixante-dix-huit ans, et ses divisionnaires dont le principal, Dohna, n'obéissait guère à son

---

(1) Vietinghoff au ministre, 1ᵉʳ juillet 1757. Archives de la Guerre.
(2) Vietinghoff au ministre, 11 juillet 1757. Archives de la Guerre.
(3) *Geschichte des siebenjährigen Krieges*, par un officier de l'État-major prussien. Vol. 1 p. 332.

chef. On eut recours au Roi, et on reçut l'ordre de tomber sur l'ennemi, dès qu'il serait à portée. Quand la réponse royale arriva, il eût été possible de s'en prendre, soit au corps détaché de Fermor, soit à l'armée principale d'Apraxine; Lehwaldt laissa échapper l'occasion ne fit rien pour empêcher la jonction de ses deux adversaires, qui s'effectua le 18 août à Insterburg. Jusqu'alors il n'y avait eu que des escarmouches insignifiantes entre les hussards prussiens et les Cosaques, et entre ces derniers et les paysans. « Un des premiers a été tué, écrit Vietinghoff (1), et on a pris une vingtaine de paysans dont deux des plus coupables ont été pendus, et aux autres on a coupé le doigt et arraché les narines : voilà les moyens dont on se sert pour rappeler les habitants qui se sont tous sauvés dans les bois. »

Apraxine fit passer le Pregel à ses troupes dans la nuit du 27 au 28, et se posta près du village de Norkitten. Lehwaldt suivit de près et s'établit à Puschdorf à l'est de la ville de Wehlau; il n'était séparé des Russes que par la forêt de Gross-Jägersdorf. Stimulé par les lettres du souverain et par les conseils du major de Goltz, adjudant de Frédéric et détaché à l'armée de la Prusse orientale, le vieux maréchal se décida à attaquer. Il avait 24,000 combattants à opposer à des forces très supérieures (2). Les Prussiens quittèrent leur bivouac le 30 août à une heure du matin; à trois heures et demie ils étaient hors des bois et commençaient à se déployer derrière le village de Gross-Jägersdorf. Dans le camp de l'armée moscovite tout était tranquille; habitués à se reposer sur leur cavalerie irrégulière pour le service des avant-postes, les bataillons d'Apraxine se gardaient très mal. Lehwaldt, à qui un peu plus de promptitude aurait permis de les

(1) Vietinghoff au ministre, 19 août 1757. Archives de la Guerre.
(2) Le récit de l'état-major prussien évalue les Russes à 90,000 hommes, Rambaud à 55,000 seulement.

surprendre, gaspilla un temps précieux à former ses troupes et à faire des préparatifs de combat, fort gênés par un brouillard épais. Vers cinq heures la première ligne prussienne se porta, tambours battants, au delà de Gross-Jägersdorf; en même temps 20 escadrons, sous les ordres du prince de Holstein, dessinèrent un mouvement qui dans la pensée du général prussien devait tourner la gauche des Russes. Holstein eut facilement raison de la cavalerie ennemie, poussa jusqu'à l'infanterie, et fit quelques charges heureuses; mais il se trouva bientôt exposé au feu de mousqueterie et d'artillerie d'un corps posté à l'extrême gauche, au hameau de Nendrinen; pris en flanc et à dos, il dut, non sans pertes sérieuses, ramener ses escadrons à leur point de départ.

Averti par l'échec de sa cavalerie, Lehwaldt comprit que l'attaque de ses fantassins allait se heurter au centre des Russes au lieu de replier leur gauche; il essaya de rectifier la direction. Les efforts des commandants de bataillon pour se conformer en pleine action à cet ordre, produisirent dans les rangs quelque confusion que vinrent aggraver la brume qui durait encore et l'incendie des hameaux de Taupelken et de Uderballen, auxquels les Cosaques avaient mis le feu en se retirant. Le désordre fut accru par l'arrivée de la seconde ligne envoyée au secours de la première; les unités tactiques se mêlèrent, et l'assaut devint plutôt une suite de combats isolés qu'un choc d'ensemble. Néanmoins l'infanterie prussienne se comporta avec son courage ordinaire; elle s'empara de la batterie qui couvrait le centre ennemi et enfonça le front des Russes; un des généraux de corps d'armée, Lapoukhine, tomba mortellement blessé entre ses mains. Pour appuyer cet assaut Lehwaldt lança en avant les 30 escadrons de son aile gauche. Schorlemer qui les conduisait chassa les cavaliers russes jusqu'à Weingten sur les bords du Pregel; mais là il se brisa à une résistance opiniâtre et dut revenir en arrière. Il était neuf heures; à ce moment la réserve du général Roumiantsof, qui n'avait pas encore tiré un coup de fusil, vint prendre part au combat et se jeter sur les Prussiens, fatigués par leur marche de nuit et épuisés par une lutte qui avait déjà duré quatre heures. Ce retour offensif de l'armée d'Apraxine décida l'action en sa faveur. Lehwaldt dégagea comme il put ses troupes du champ de bataille, couvrit sa retraite avec les escadrons de Schorlemer, repassa le Pregel et s'établit près de Wehlau sans être poursuivi. Il laissa au pouvoir de l'ennemi 28 canons et quelques centaines de prisonniers; sa perte totale se monta à 4,500 hommes hors de combat, parmi lesquels le major de Goltz.

Du côté des Russes on compta, d'après l'historien (1) Masslowski, 1,449 tués et 4,494 blessés; des généraux 3 avaient été tués et 7 blessés. En résumé, l'affaire de Jägersdorf fut une bataille de soldats dans laquelle le commandement ne joua qu'un rôle très effacé; elle mit en lumière les qualités de solidité et de ténacité des fantassins moscovites. A moitié surpris par la brusque attaque des Prussiens, exposés aux assauts d'une cavalerie admirablement conduite, mal dirigés ou abandonnés à eux-mêmes, ils se cramponnèrent au terrain et se firent tuer sur place plutôt que de céder; la résistance passive mais opiniâtre des régiments de Lapoukhine, donna le temps aux renforts de Roumiantsof d'arracher la victoire un instant compromise. A partir de l'action de Gross-Jägersdorf, les cours européennes comprirent qu'elles devaient compter avec la puissance militaire des Tzars.

Apraxine, qui sur le champ de bataille n'avait montré ni sang-froid, ni coup d'œil, ne sut pas profiter du succès que lui avait valu la bravoure de ses soldats; il séjourna plus de deux jours à Gross-Jägersdorf, ne s'ébranla que le 2 septembre, atteignit Allenburg, puis à l'approche de

(1) Cité par Rambaud.

Lehwaldt, se retira à Insterburg. Après quelques jours d'arrêt auprès de cette ville, les Russes continuèrent leur mouvement rétrograde sur Tilsitt où ils parvinrent le 23 septembre ; de là ils gagnèrent Memel, et après avoir laissé une garnison dans cette place, repassèrent en Courlande dans la dernière quinzaine d'octobre.

Cette fin de campagne si inattendue provoqua les représentations les plus énergiques du commissaire autrichien, le général Saint-André, qui insista vainement pour une pointe sur Königsberg. Frédéric lui-même s'attendait à une opération de ce genre et avait interdit à son lieutenant de défendre la capitale de la province. « Vous jeter dans Königsberg (1) avec votre corps d'armée serait tout perdre... mieux vaudrait risquer une autre affaire que cela. » Tout d'abord il ne peut pas croire (2) au recul des Russes et soupçonne quelque ruse de leur part; puis, quand la nouvelle se confirme, il attribue leur retraite aux avis qu'ils auraient reçus de la mort d'Élisabeth, et enjoint à Lehwaldt, le cas échéant, de demander au général moscovite un passe-port pour l'envoi d'un officier à Pétersbourg.

Faut-il expliquer l'action d'Apraxine par le piteux état de son armée, ou par les instructions secrètes du chancelier Bestushew agissant de concert avec le Grand-Duc et la Grande-Duchesse? Que les Russes eussent beaucoup souffert du manque de vivres et de fourrages, que leurs services administratifs, fort imparfaits dès le début, aient été complètement désorganisés dans le cours de la campagne, cela est incontestable. « Tout prouve à cette armée, écrit Vietinghoff (3), combien peu ils sont militai-

---

(1) Frédéric à Lehwaldt, 6 septembre 1757. *Correspondance politique*, vol. XV, p. 332.

(2) Frédéric à Lehwaldt, 21 et 23 septembre 1757. *Correspondance politique*, vol. XV, p. 364 et 365.

(3) Vietinghoff à Paulmy, 24 septembre 1757. Archives de la Guerre.

res. C'est une confusion générale dans tout ce qu'ils font; il y en a bien peu qui font leur devoir. Il n'y a que les étrangers qui se piquent de bien servir... Partout où cette armée est passée la Prusse est ruinée; on ne voit que des villages réduits en cendres, ou bien ruinés et pillés de fond en comble. Voilà le fruit des conquêtes de l'armée russienne; et comme tout est ruiné et mangé dans la Prusse, vraisemblablement on prendra des quartiers d'hiver dans la Courlande et en Samogitie. »

Un officier autrichien fait un tableau (1) détaillé des horreurs de la retraite : « Je n'ai jamais vu de troupes si délabrées. A deux lieues de là, je rencontrai les équipages qui défilaient en deux colonnes sans qu'il parût que l'armée eût intention de les suivre. Une quantité de malades qui se traînaient et tombaient, en partie morts, à droite et à gauche, une multitude de maraudeurs dispersés, trois hommes au moins pour escorter bœuf ou vache, me fit croire que toute l'armée était confondue avec les équipages et les bestiaux. Je trouvai cependant l'armée campée à deux lieues de là... J'ai vu avec horreur les malades qui gémissaient sur l'herbe, sans tentes et sans couvertures; toutes les places étaient pleines de ces malheureux hommes abandonnés de tout secours. Quelle impression cela ne devait-il pas faire à leurs camarades! Le service journalier de l'armée ressemble à tout le reste. Le maréchal ne s'est jamais donné la peine d'aller reconnaître la position de l'ennemi, et les généraux l'imitèrent scrupuleusement; on n'a jamais eu que des nouvelles fausses de la situation et de la marche des ennemis. Avoir des détachements et des gardes en avant de l'armée sont des choses inconnues; on se fie sur les Cosaques et les Kalmouks qui d'ordinaire ne servent qu'à piller. »

(1) Relation d'un officier envoyé par Esterhazi. Archives de la Guerre. Citée par Rambaud.

Apraxine, à en croire ses dépêches (1), n'avait pas l'intention de dépasser Tilsitt et parlait même de reprendre l'offensive après un repos de quelques jours sur le Niemen; mais s'il faut s'en rapporter aux appréciations de Vietinghoff, une opération de cette nature eût été impossible. « On dirait une armée de bandits, écrit-il à Broglie (2); personne ne pense plus à faire son devoir. Tout le monde paraît dégoûté du métier; le soldat fait ce qu'il veut; tous les crimes sont impunis; on ne voit que pillage, ruine et destruction. »

Mais si le triste état des troupes fut la cause déterminante de sa rentrée en Courlande, il est difficile d'admettre qu'Apraxine ne fut pas influencé dans son premier mouvement rétrograde par les avis secrets qu'il reçut de Pétersbourg. Il n'ignorait pas la mauvaise santé de sa souveraine et était pleinement édifié sur les vues politiques de son héritier. Qu'il ait agi par incapacité ou par politique, il fut, non sans apparence de raison, en butte aux accusations des cours de Vienne et de Versailles, et aux attaques plus redoutables de l'entourage de la Tzarine.

A Pétersbourg, la nouvelle de la bataille de Gross-Jägersdorf avait été accueillie avec enthousiasme; aussi quand on apprit la retraite précipitée de l'armée victorieuse, il y eut un tolle universel contre le maréchal. Ce courant d'opinion, interrompu par une indisposition sérieuse d'Élisabeth vers la fin de septembre, se déchaîna de plus belle quand on fut rassuré sur l'état de l'Impératrice. Bestushew lui-même fut le premier à se retourner contre (3) le malheureux général. « Nous sommes, écrit Lhopital

---

(1) Rambaud, *Russes et Prussiens*, chapitre V.
(2) Vietinghoff à Broglie. Memel, 18 octobre 1757. Affaires Étrangères. Russie. 1756-1757.
(3) Lhopital à Broglie, 23 septembre 1757. Affaires Étrangères. Russie. 1756-1757. Supplément 9.

dans (1) une consternation inexprimable sur tout ce qui se passe. La conduite de M. Apraxine est un tissu d'inconséquences et d'ignorance, qui, après avoir produit la défection de plus de la moitié de l'armée, l'oblige aux manœuvres les plus indécentes pour les armes de l'Impératrice. La fermentation est ici très grande, et l'on est persuadé que l'Impératrice ôtera le commandement de son armée à M. le maréchal Apraxine. » Peu de jours après son retour, le 28 octobre, le général en chef fut en effet destitué, appelé à Pétersbourg et traduit devant une cour d'enquête.

La campagne des Russes était terminée; elle leur avait coûté près de 30,000 hommes; de leurs conquêtes éphémères ils n'avaient gardé que la ville de Mémel. Quant à Frédéric, il n'attendit pas l'évacuation complète de la Prusse orientale pour mettre à profit le départ inespéré de l'envahisseur; dès le 29 septembre, il donna ordre à Lehwaldt de réunir toutes ses forces, de compléter le plus possible les effectifs et de se mettre en route pour la Poméranie. « J'ai tout lieu (2) de croire que Russes se retireront de la Prusse... et qu'ils ne me causeront plus d'ennui. Mais que cela se passe comme cela se pourra là-bas, je suis absolument forcé de vous rappeler auprès de moi, vous et toutes les troupes que vous avez avec vous. » Lehwaldt reçut ces instructions le 7 octobre à Tilsitt; il s'y conforma aussitôt et commença le mouvement qui lui était prescrit, ne laissant pour la défense de la province que 2 bataillons de forteresse et un escadron de hussards. L'armée russe n'était pas en état de bénéficier de l'absence de Lehwaldt; elle demeura inactive dans ses cantonnements jusqu'à la fin de l'année.

(1) Lhopital à Broglie, 4 octobre 1757. Affaires Étrangères. Russie. 1756-1757. Supplément 9.
(2) Frédéric à Lehwaldt. Buttelstädt, 29 septembre 1757. *Correspondance politique*, vol. XV, p. 384.

Dans les derniers jours de septembre, au moment où Frédéric se voyait obligé de livrer à la merci de l'ennemi le duché qui donnait à la monarchie son titre et à lui-même sa couronne, ses affaires semblaient désespérées. Le dernier des confédérés venait d'entrer en lice. Les Suédois, forts d'un peu plus de 20,000 hommes, sous les ordres du baron d'Ungern-Sternberg, avaient franchi le 12 septembre la rivière Peene qui séparait la Poméranie suédoise des États du roi de Prusse. Ne rencontrant presque aucune opposition, ils s'étaient emparés sans difficulté du territoire jusqu'à l'Oder, et semblaient se disposer à bloquer la place de Stettin, où était enfermé le général Manteuffel avec les débris de deux régiments échappés au carnage de Kolin, et quelques bataillons de milice. Un chef entreprenant eût profité de l'éloignement de tout corps prussien pour tenter un coup de main sur Berlin qui n'était pas en état de défense, et ce fut probablement cette crainte qui dicta l'ordre de rappel expédié à Lehwaldt; mais le commandant suédois n'osa pas risquer une pointe aussi hardie sans l'appui de Richelieu qu'il avait fait demander par l'envoyé français de Stockholm, M. d'Havrincour. On proposait (1) au maréchal de détacher 10 à 12,000 hommes qui se joindraient aux Suédois en traversant le Mecklembourg, et participeraient à une opération contre la capitale de la Prusse. Richelieu, on l'a vu, se souciait peu de diminuer l'effectif de son armée, aussi se déroba-t-il en promettant d'en référer à Paris et en exprimant ses regrets qu'un concert préalable ne fût pas intervenu. En attendant la réponse à la requête d'Havrincour, Sternberg resta inerte et se contenta de la jouissance paisible des cantons si facilement conquis.

Qu'il y eût dans le fait conséquence ou simple coïncidence, il est à remarquer que le jour même où l'avis de la

---

(1) Havrincour à Richelieu. Stockholm, 13 septembre 1757. Archives de la Guerre.

défaite de Lehwaldt à Gross-Jägersdorf lui parvint, Frédéric se décida à faire des ouvertures de paix à la cour de France par le canal de Richelieu. L'idée de s'adresser à ce général lui avait été inspirée par Voltaire (1). Celui-ci, bien qu'il n'eût pas pardonné à son ancien protecteur les mauvais procédés à son égard et à l'égard de sa nièce, ne put résister au désir de jouer le rôle de médiateur entre les belligérants. La correspondance du Roi et du grand écrivain, interrompue depuis plusieurs années, avait été reprise dans le courant de l'été à la suite des malheurs de Bohême. Voltaire, qui avait appris par la margrave de Baireuth le découragement de son frère et sa résolution de ne pas survivre à la ruine de ses États, s'évertua à exposer les excellentes raisons philosophiques qui s'opposaient à l'exécution de ce dessein; puis, revenant sur un terrain plus pratique, il suggéra une réconciliation avec la France et désigna comme intermédiaire pour les pourparlers le commandant des troupes françaises en Hanovre. « J'imagine (2) que le maréchal de Richelieu serait flatté qu'on s'adressât à lui. Je crois qu'il pense qu'il est nécessaire de tenir une balance, et qu'il serait fort aise que le service du Roi son maître s'accordât avec l'intérêt de ses alliés et avec les vôtres. Si dans l'occasion vous vouliez le faire sonder, cela ne serait pas difficile. Personne ne serait plus propre que M. de Richelieu à remplir un tel ministère. »

A peu près en même temps, il envoya au duc un billet aussi confidentiel que dithyrambique (3) : « Mon héros, vous avez vu et vous avez fait des choses extraordinaires. En voici une qui ne l'est pas moins et qui ne vous surpren-

---

(1) Voir sur ces tentatives de rapprochement le récent livre du duc de Broglie. *Voltaire avant et pendant la guerre de Sept Ans.* Paris 1898.
(2) Voltaire à la margrave de Baireuth, août 1757. *Œuvres de Voltaire*, vol. LXVI.
(3) Voltaire à Richelieu, 21 août 1757. *Œuvres de Voltaire*, vol. LV.

dra pas. Je la confie à vos bontés pour moi, à vos intérêts, à votre prudence, à votre gloire. Le roi de Prusse s'est remis à m'écrire avec quelque confiance. Il me mande qu'il est résolu de se tuer s'il est sans ressources, et Madame la Margrave sa sœur m'écrit qu'elle finira sa vie si le Roi son frère finit la sienne... Il ne m'appartient pas de me mêler de politique, et j'y renonce comme aux chars des Assyriens ; mais je dois vous dire que dans ma dernière lettre à Madame la margrave de Baireuth, je n'ai pu m'empêcher de lui laisser entrevoir combien je souhaite que vous joigniez la qualité d'arbitre à celle de général. Je me suis imaginé que si l'on voulait tout remettre à la bonté et à la magnanimité du Roi, il vaudrait mieux qu'on s'adressât à vous qu'à tout autre ».

Frédéric goûta fort l'idée que lui soufflait son ancien favori ; il donna au conseiller d'Eickstedt la mission de se rendre dans le plus grand secret au quartier-général français, et de remettre de sa part au maréchal une lettre personnelle. Dans ce billet (1), à la rédaction duquel il avait donné tous ses soins, Frédéric s'était employé de son mieux à flatter son correspondant et à le préparer au rôle d'intermédiaire : « Le neveu du grand cardinal de Richelieu est fait pour signer des traités tout comme pour gagner des batailles... Celui qui a mérité des statues à Gênes, celui qui a conquis l'île de Minorque malgré des obstacles immenses, celui qui est sur le point de subjuguer la Basse-Saxe, ne peut rien faire de plus glorieux que de travailler à rendre la paix à l'Europe. »

A cette époque et durant l'absence d'Eickstedt, Frédéric reçut successivement les plus mauvaises nouvelles ; la convention de Closter Seven, la marche de Richelieu sur Halberstadt, l'entrée des Suédois en Poméranie, la mort de

---

(1) Frédéric à Richelieu. Rœtha, 6 septembre 1757. *Correspondance politique*, vol. XV, p. 336. Le texte contient deux versions dont la seconde fut substituée à la première.

Winterfeldt, étaient autant de coups de massue qui vinrent s'abattre sur l'infortuné monarque; ses ministres les plus dévoués, Finkenstein par exemple, prêchaient (1) « une réconciliation avec la France, à laquelle il faudra pourtant en venir tôt ou tard ». Pendant cette crise terrible qui dura les mois de septembre et octobre, le roi de Prusse fut en proie à un découragement dont nous trouvons l'empreinte dans ses lettres intimes à la margrave de Baireuth. Il cherche à défendre la résolution qu'il a prise de mettre fin à ses jours dans certaines éventualités (2) : « L'honneur, qui m'a poussé à exposer cent fois ma vie dans la guerre, m'a fait affronter la mort pour de moindres sujets que pour ceux-ci. La vie ne vaut certainement pas la peine qu'on s'y attache si fort, surtout quand on prévoit qu'elle ne sera désormais qu'un tissu de peines et qu'il faudra se nourrir de ses larmes :

> La douleur est un siècle et la mort un instant.

Si je ne suivais que mon inclination, je me serais dépêché d'abord, après la malheureuse bataille que j'ai perdue; mais j'ai senti que ce serait faiblesse et que c'était mon devoir de réparer le mal qui était arrivé... Je me suis fait un point d'honneur de redresser tous les dérangements, à quoi j'ai encore réussi en dernier lieu en Lusace; mais à peine suis-je accouru de ce côté-ci pour m'opposer à de nouveaux ennemis que Winterfeldt a été battu et tué auprès de Goerlitz, que les Français entrent dans le cœur de mes États, que les Suédois bloquent Stettin. Il ne me reste à présent plus rien de bon à faire; ce sont trop d'ennemis. » Le Roi énumère les événements malheureux qui

---

(1) Finkenstein à Frédéric, 13 septembre 1757. *Correspondance politique*, vol. XV, p. 346.
(2) Frédéric à la Margrave, 17 septembre 1757. *Correspondance politique*, vol. XV, p. 351.

se sont succédé depuis la défaite de Kolin et conclut : « Malgré tout cela, je me raidis encore contre l'adversité, de sorte que je crois ma conduite jusqu'à présent exempte de toute faiblesse. Je suis très résolu de lutter encore contre l'infortune ; mais en même temps suis-je aussi résolu de ne pas signer ma honte et l'opprobre de ma maison. »

Hâtons-nous d'ajouter que ces sombres réflexions n'affectèrent en rien l'activité et la lucidité que Frédéric apportait à l'expédition de ses affaires politiques et militaires.

Eickstedt se rencontra avec Richelieu à Brunswick le 20 septembre, et eut avec lui une entrevue dont il fit un rapport détaillé (1). Le général français prit connaissance du billet de Frédéric et promit d'en référer, puis il chercha à sonder son interlocuteur sur les dispositions de son maître. « Supposons que l'Impératrice-Reine ait promis les Pays-Bas ; si elle (sic) lui fait avoir la Silésie, que feriez-vous ? Quelle proposition à faire ? Le roi de Prusse emploie ordinairement des gens au fait. » Eickstedt répondit évasivement en parlant du premier traité de Versailles. « Oui, répliqua le maréchal, du commencement ; mais l'Impératrice-Reine voyant le sérieux nous dit : Cela ne suffit pas ; cédez-moi Parme et Plaisance et je vous donne les Pays-Bas ou à l'Infant, c'est la même chose, si vous agissez avec force pour me procurer la Silésie. » La conversation continua à batons rompus, le Prussien se tenant aux généralités, Richelieu ne dissimulant pas son désir d'être le négociateur de la paix, et laissant supposer que Louis XV regrettait la rupture avec son ancien allié. « Mais voilà deux grandes difficultés de contenter l'Impératrice-Reine et de dédommager la Saxe. Le Roi a vu le faux pas que son ministre lui a fait faire, quand il était

---

(1) Mémoire d'Eickstedt. *Correspondance politique*, vol. XV, p. 369.

piqué contre le roi de Prusse qui a trop travaillé à la paix (1) en place de s'entendre en fait de guerre avec le Roi. » A l'appui des dispositions conciliantes qu'il attribuait à sa cour, le maréchal citait un propos que Bernis lui aurait tenu avant son départ pour le Hanovre : « Je vous félicite de ce que vous ferez la paix. »

On connaît la réponse de Richelieu au billet de Frédéric; elle était coulée dans le même moule : « Sire, quelque supériorité que Votre Majesté ait en tous genres, il y aurait peut-être beaucoup à gagner, pour moi, de négocier plutôt que combattre vis-à-vis d'un héros tel que Votre Majesté; et je crois que je servirais le Roi mon maître d'une façon qu'il préférerait à des victoires même, si je pouvais contribuer au bien d'une paix générale; mais j'assure Votre Majesté que je n'ai ni instructions, ni notions sur les moyens d'y pouvoir parvenir. Je vais envoyer un courrier sur le champ pour rendre compte des ouvertures que Votre Majesté veut bien me faire, et j'aurai l'honneur de lui rendre la réponse, comme j'en suis convenu avec M. d'Eickstedt. »

L'offre faite à Richelieu n'était pas le seul essai (2) de rapprochement avec la cour de Versailles. Peu de temps après la bataille de Kolin, Frédéric avait reçu du comte de Neuwied le rapport d'une conversation de celui-ci avec le partisan français Fischer; cet officier prétendait avoir eu du maréchal de Belleisle l'assurance que le gouvernement de Louis XV se montrerait enclin à un accommodement, qu'il enverrait volontiers à Neuwied un ministre muni de l'autorisation nécessaire pour entamer les négociations, si le roi de Prusse voulait en faire autant de son

---

(1) Allusion à la médiation proposée par Frédéric, au commencement de 1756, pour aplanir le conflit entre la France et l'Angleterre.

(2) Frédéric à Finkenstein, 21 septembre 1757. *Correspondance politique*, vol. XV, p. 362. Cette lettre marquée « Soli et secretissime » contient le récit des ouvertures du comte de Neuwied.

côté. Pour répondre à cette invite le colonel Balbi fut, comme il a été dit dans un chapitre précédent, expédié de Dresde le 15 août, avec instructions et pouvoirs. Pendant plus d'un mois on fut sans avis du messager, et pour comble de malheur on apprit qu'un courrier du comte de Neuwied avait été arrêté par des hussards autrichiens et dépouillé de ses dépêches. Quel était leur contenu? On l'ignorait, mais elles devaient avoir trait aux pourparlers commencés à Paris par un émissaire du comte. Vers la fin de septembre on eut des nouvelles de Balbi; on sut alors que la lettre interceptée contenait le projet « de la cession de Neuchatel et Valangin à la Pompadour, pour détacher la France et procurer à la Prusse une paix avantageuse, » et le récit d'une entrevue que Barbut de Maussac, l'agent de Neuwied, aurait eue avec Belleisle. Depuis lors Barbut avait fait un second voyage en France où il se trouvait actuellement.

Laissons maintenant la parole à Stahremberg qui nous racontera la fin de l'aventure. L'ambassadeur reçoit de Vienne la dépêche interceptée, et désireux de répondre aux bons procédés de Bernis lors des billets de la margrave de Baireuth transmis par Folard, la porte au ministre des Affaires Étrangères. « Ce soir, écrit-il (1), comme j'entrais dans son cabinet, on lui annonça une personne que j'avais vue en traversant le vestibule; il (Bernis) alla à sa rencontre dans l'antichambre, écouta ses explications fort courtes, et le congédia après avoir reçu de ses mains deux lettres. Du contenu de celle qui lui était adressée, qu'il ouvrit devant moi et qu'il me lut, il ressortait que le porteur, arrivé depuis une heure, lui était recommandé par le comte de Neuwied comme son représentant accrédité et investi de sa confiance. Ce personnage est le même qui a été envoyé il y a deux mois au maréchal de Bel-

---

(1) Stahremberg à Kaunitz, 25 septembre 1757. Archives de Vienne.

leisle, et il est l'auteur du rapport annexé à la correspondance enlevée. L'abbé de Bernis m'ayant demandé ce qu'il fallait faire de l'émissaire, je trouvai bon de lui communiquer la dépêche interceptée, et de m'en rapporter à son jugement sur la suite à donner à l'affaire. »

Le lendemain Bernis fit causer le mystérieux diplomate qui n'était autre que Barbut de Maussac (1); celui-ci vida son sac sans méfiance; il relata la conversation de Fischer avec son maître, les bonnes intentions de ce dernier, ses ouvertures au roi de Prusse, la mission de Balbi, l'idée de mettre le colonel prussien en rapport avec un général français, et enfin le projet d'une paix basée sur un dédommagement au roi de Pologne et sur la restitution à l'Impératrice de la Silésie, en échange du Hanovre cédé à la Prusse. Dans l'entretien, il fut aussi question d'offres à faire à Mme de Pompadour, et d'une correspondance d'un secrétaire de Richelieu avec Neuwied ou avec le prussien (2) Freytag. Barbut conclut en demandant à être reçu par le Roi pour lui remettre la lettre de son prince, et promit, en attendant, de ne pas se montrer et de ne se présenter au ministère que sur un appel de Bernis. « Il tenait, disait-il, à éviter une rencontre pareille à celle de sa première audience dont il était encore tout effrayé. »

Bernis rendit compte à Stahremberg de ce qui s'était passé et lui montra le billet de Fischer que Barbut lui avait laissé, dans lequel l'officier ne dissimulait pas ses vœux pour une réconciliation avec la Prusse, et attribuait à la cour de Versailles la volonté de ne pas enrichir l'Autriche aux dépens de l'ancien allié. Le langage de Fischer, l'entrevue projetée avec l'envoyé du roi de Prusse, les re-

---

(1) Barbut de Maussac n'était pas inconnu au ministère des Affaires Étrangères. Il en avait été un correspondant assidu du temps de Rouillé qui l'avait chargé d'organiser un service d'informations sur les affaires d'Angleterre. Archives des Affaires Étrangères.

(2) Ministre prussien à Francfort.

lations de ce dernier avec le secrétaire de Richelieu, tout cela parut suspect; et après avoir pris l'avis de Louis XV, on se décida à arrêter Barbut de Maussac, à confisquer ses papiers et à le loger à la Bastille.

Fort heureusement pour lui, Balbi qui devait être du voyage de Paris (1), paraît avoir renoncé à un projet qui ne laissait pas d'être fort dangereux. Quant à Neuwied, « le plus intrigant (2) des comtes de l'Empire, » il avait eu soin, pour se mettre en règle avec la cour de Vienne, de protester auprès de Kaunitz (3) de son attachement à la cause impériale et de son désir de faire recouvrer la Silésie à l'Autriche. « Le roi d'Angleterre est vieux, il est infirme. Si les États germaniques de ce prince étaient cédés au roi de Prusse en échange pour la Silésie, soit immédiatement, soit éventuellement après la mort du roi d'Angleterre, ne serait-ce pas un moyen sûr et facile de jeter les fondements d'une pacification dans l'Empire? »

Quelques jours après l'incident Barbut, arriva à Paris le courrier apportant la lettre du roi de Prusse à Richelieu et la copie du billet de ce dernier. Bernis communiqua aussitôt à Stahremberg (4) ces documents, ainsi que des extraits de la dépêche du maréchal dans laquelle il se prononçait en faveur de la paix et manifestait la prétention d'en être le négociateur. La réponse du ministre aux avances du roi de Prusse, dont l'Autrichien eut également connaissance, était conforme à l'esprit d'union et d'entente loyale qui existait entre l'Impératrice-Reine et le Roi Très Chrétien. La France, déclarait-on, était intervenue dans le conflit au double titre de garante du traité de Westphalie

---

(1) Neuwied à Frédéric, 24 août 1757. *Correspondance politique*, vol. XV, p. 390. Frédéric à Balbi, 30 septembre 1757. *Correspondance politique*, vol, XV, p. 391.

(2) Bernis à Stainville, 3 octobre 1757. *Mémoires et lettres de Bernis*, vol. II, p. 122.

(3) Neuwied à Kaunitz, 9 septembre 1757. Archives de Vienne.

(4) Stahremberg à Kaunitz, 30 septembre 1757. Archives de Vienne.

et d'alliée des cours de Vienne et de Dresde; il lui était interdit de négocier sans la participation et l'assentiment de ses associés. On relevait les mauvais procédés du roi de Prusse, les intrigues auxquelles il avait eu recours pour se rapprocher de la France et pour détacher cette puissance de l'Impératrice; les tentatives faites auprès du duc de Nivernais, du maréchal de Belleisle, du chevalier Folard, loin d'être utiles au prince, n'avaient fait qu'accroître la défiance qu'il inspirait. A la suite de ce langage, conforme à l'esprit du traité secret de Versailles, Bernis, tout en se défendant de s'immiscer dans la question militaire, prévenait son correspondant qu'il servirait mieux la cause en poursuivant activement les opérations de la campagne qu'en se mêlant à des négociations dont le Roi et ses ministres tenaient à conserver le monopole.

A l'analyse de la dépêche de Bernis, Stahremberg joint son propre commentaire. « Il est inconcevable que le maréchal de Richelieu, qui ne manque ni d'intelligence ni de perspicacité, se soit laissé aller à des réflexions aussi étranges et aussi contraires aux véritables intérêts de sa cour. On ne peut expliquer son attitude que par l'ambition personnelle, le désir de conclure une paix glorieuse à la tête de son armée, le mécontentement causé par des observations que lui ont attirées certains de ses procédés, le déplaisir de ne pas rencontrer pour sa convention avec le duc de Cumberland toute l'approbation qu'il en attendait; peut-être aussi a-t-il été grisé par les expressions flatteuses dont s'est servi le roi de Prusse dans son billet. »

A cette époque on était encore dans la lune de miel de l'alliance. « D'après tout ce que j'ai eu l'honneur de vous relater, ajoute l'ambassadeur, Votre Excellence pourra apprécier l'intimité des rapports qui existent entre l'abbé de Bernis et moi, et la confiance sans bornes qu'il me témoigne... Je reconnais plus que jamais que nous n'aurions jamais pu réaliser nos grands projets si nous n'avions eu le bonheur d'avoir affaire à un ministre d'une pareille envergure. »

C'est en ce même mois de septembre que Bernis faisait, sur les rapports des monarchies alliées et de leurs conseillers, un exposé de principes destiné à passer sous les yeux de Kaunitz. « Ce ministre, écrit-il (1) à Stahremberg, a droit d'être difficile sur le choix des amis, et c'est une de mes raisons pour désirer vivement son amitié... Je me flatte d'avoir saisi de bonne heure la capacité et l'étendue des lumières de M. le comte de Kaunitz, mais ce n'est pas pour cela que j'ai désiré être de ses amis; mon cœur ne s'attache qu'aux qualités qui distinguent les belles âmes; il y a longtemps que je pense que les ministres des grands princes ne sauraient être trop honnêtes gens, et que la finesse et l'astuce ne peuvent aider et servir à la longue que les petites républiques. Il me semble donc que la Providence a placé M. le comte de Kaunitz et moi à la tête des affaires de deux puissantes monarchies, pour affermir leur union par un système de justice et de raison... Si quelque chose venait à m'inquiéter, je m'en ouvrirais à lui par votre canal, et même directement avec simplicité et franchise; comme je crois être inscrit aujourd'hui sur la petite liste de ses amis véritables, j'en aurai désormais le langage et les procédés, et nous laisserons le vernis de la dépêche aux chefs de nos bureaux. » Dans ce concert de compliments, d'éloges et d'épanchements, Mme de Pompadour ne fut pas oubliée; on revint au cadeau dont il avait été question après la signature du traité et que les incidents de la guerre avaient fait perdre de vue. Stahremberg, appelé à donner son avis, opina (2) pour « un écritoire portatif dont les dames ont coutume de se servir ordinairement en

(1) Bernis à Stahremberg, 9 septembre 1757. Archives de Vienne.
(2) Note de Stahremberg, 1 septembre 1757. Archives de Vienne.

France, afin d'écrire sans se déranger... quand elles attendent compagnie. » Dans le meuble serait incrusté un portrait de l'Impératrice « garni de diamants pour le prix et la valeur que Sa Majesté pourrait déterminer. »

Cependant le ton amical de la correspondance n'excluait pas tout dissentiment entre les deux gouvernements; les relations depuis longtemps cordiales avaient pris, il est vrai, depuis l'avènement de Bernis au ministère, une tournure de confiance et de loyauté réciproques qui leur avait fait défaut du temps de son prédécesseur Rouillé; mais sous ces apparences riantes se dissimulaient des restes de suspicion, que les adversaires de l'alliance, encore nombreux à Vienne et à Paris, s'efforçaient de faire revivre. Le nouvel ambassadeur de Louis XV, le comte de Choiseul Stainville, entré en possession de son poste (1) le 20 août, avait été bien accueilli par Marie-Thérèse et par son entourage; mais encore neuf sur le terrain de la cour impériale, il ne pouvait prétendre à l'intimité de rapports qui existait à Versailles entre Bernis et Stahremberg.

Il se produisait d'ailleurs entre les souverains alliés des divergences accusées, tant sur les opérations militaires que sur la conduite à tenir à l'égard de la Russie et des princes protestants de l'Allemagne. Tandis que la cour de Vienne ne cessait d'insister pour une action plus directe et plus énergique des armées françaises contre le roi de Prusse, le cabinet de Versailles voyait d'un mauvais œil la diversion des Autrichiens en Silésie. On n'était pas plus d'accord sur l'attitude à prendre à Pétersbourg et à Varsovie : Kaunitz, très au courant des influences auxquelles obéissait Élisabeth, n'avait aucun doute sur la sincérité de cette princesse, comptait sur son action et faisait bon marché

(1) La situation matérielle faite à Stainville était très belle : en plus de 150,000 livres d'appointements et 10,000 de pension annuelle, il avait touché 180,000 livres de gratification pour frais d'installation et 50,000 de gratification extraordinaire. Stahremberg à Kaunitz, 28 avril 1757. Archives de Vienne.

des plaintes des Polonais sur les procédés des troupes moscovites. A Versailles au contraire, les ministres prêtaient volontiers l'oreille aux rapports du comte de Broglie sur les dangers de la prépondérance russe en Pologne; ils invoquaient la retraite inexplicable d'Apraxine pour justifier la défiance que leur inspiraient les desseins mystérieux de la puissance du nord. Sur le terrain des affaires allemandes, le conflit éclatait plus apparent : Marie-Thérèse ne cachait pas son désir de ménager les princes protestants du Nord et aurait accepté la neutralité de l'Électeur du Hanovre; Louis XV voulait se venger du roi d'Angleterre en occupant ses possessions continentales, et n'éprouvait aucun scrupule à pressurer les sujets de ce monarque et ceux de ses alliés, afin d'en tirer les moyens de subsistance pour les armées en campagne. Enfin la question financière, tant celle du partage des contributions de guerre à lever en Allemagne que celle des versements (1) par le trésor français des subsides dus à l'Impératrice, donnait lieu à des discussions presque quotidiennes.

Mais parmi les nombreuses préoccupations de la cour d'Autriche, la principale puisait sa source dans les bruits persistants de pourparlers entre le roi de Prusse et le commandant de la grande armée. Les agissements de Richelieu devenaient de plus en plus suspects; non content de traiter avec les Hanovriens sans consulter son gouvernement, il avait reçu un émissaire de Frédéric et n'avait pas dissimulé son sentiment sur l'avantage d'une entente avec ce prince. Sans doute il avait transmis très correctement à Versailles la communication qui lui avait été faite; mais, s'il fallait en croire les bruits venus d'Halberstadt, sans attendre le retour du courrier de France il avait conclu avec l'ennemi un arrangement pour la neutralité de la province prussienne qu'il venait d'occuper. Que signifiait cet accord,

(1) Ces versements étaient fort en retard. Stahremberg s'en plaint dans plusieurs de ses lettres.

dont l'effet le plus clair serait de permettre à Frédéric de courir sus à l'armée des Cercles, ou d'aller au secours de Bevern en Silésie?

Quelque étrange qu'elle pût paraître, la nouvelle était vraie. Dès son arrivée à Halberstadt à la fin de septembre, Richelieu, désireux d'assurer la tranquillité de ses quartiers d'hiver, avait suggéré (1) au prince Ferdinand de Brunswick, qui commandait à Magdebourg, un armistice jusqu'au printemps de 1758. Une pareille ouverture cadrait trop avec les vues de Frédéric pour qu'il ne l'accueillît pas avec joie; aussi chargea-t-il sans retard le conseiller Dieterich de se rendre auprès du général français, et de préparer une convention qui s'étendrait aux provinces de Magdebourg, Halberstadt, Mansfeld et autres pays environnants. D'après les conditions arrêtées par le Roi (2), signées par Ferdinand et soumises à Louis XV (3) par Richelieu, la principauté d'Halberstadt et les districts voisins seraient évacués par les troupes françaises, à la seule exception du corps léger de Fischer. Par contre, la province, pour prix de sa libération, aurait, en outre de la subsistance du détachement laissé en garnison, à payer en argent le traitement d'hiver de 7 bataillons et 2 escadrons, à livrer 175,000 sacs de grains rendus à Brunswick à prix convenu, et à fournir gratuitement 700,000 rations de fourrage dans les magasins du Roi, à Brunswick et à Wolfenbuttel. En échange de ces approvisionnements, l'intendance française s'engageait à renvoyer les chevaux et chariots appartenant soit au pays d'Halberstadt, soit à la province de Magdebourg. Toute hostilité serait suspendue dans la région intéressée jus-

(1) Frédéric au prince Ferdinand, Buttelstad, 2 octobre 1757. *Correspondance politique*, vol. XV, p. 396.
(2) Frédéric au prince Ferdinand. Naumbourg, 13 octobre 1757. *Correspondance politique*, vol. XV, p. 418.
(3) Propositions du directeur d'Halberstadt. Richelieu au ministre, 10 octobre 1757. Archives de la Guerre.

qu'au 15 avril 1758. Pendant cette période, les Prussiens s'obligeraient à ne pas dépasser le cours du Bode qui deviendrait la ligne de démarcation des belligérants.

Il est facile de se rendre compte des raisons qui avaient amené les deux parties à cet arrangement : Richelieu y rencontrait l'avantage d'assurer le repos à son armée, et de pouvoir se retourner contre les Hanovriens et leurs alliés dont les retards à exécuter la capitulation de Closter Seven devenaient inquiétants. Quant à Frédéric, il se débarrassait d'un de ses principaux adversaires et retrouvait la libre disposition d'une partie de ses troupes.

A ces mobiles d'ordre général, vint s'ajouter la nécessité de pourvoir à la défense de la capitale de la Prusse. L'avis de la pointe des Autrichiens sur Berlin ne fut pas étranger à la hâte que montra Frédéric pour la conclusion de l'armistice. « Mon cher Ferdinand (1), il faut que dès que vous aurez signé la convention, vous vous mettiez en marche avec votre corps; il y a periculum in mora. Marshall marche droit à Berlin. » Malgré, ou peut-être à cause des souvenirs de Closter Seven, Richelieu n'osa pas prendre sur lui la responsabilité de terminer l'affaire, et envoya le projet à Versailles pour l'approbation de la cour. Bernier écrivit (2) aussitôt à Duverney pour le tenir au courant et pour solliciter son appui. Le grand munitionnaire fut très heureux de voir résolu de cette façon le problème des approvisionnements qui lui donnait tant de soucis; aussi promit-il (3) son concours : « Votre lettre du 11 est un grand soulagement;... dès qu'il n'est pas possible d'occuper Halberstadt militairement, il ne pourrait rien nous arriver de plus heureux que l'acceptation réciproque du

---

(1) Frédéric au prince Ferdinand. Leipsick, 15 octobre 1757. *Correspondance politique*, vol. XV, p. 423.

(2) Bernier à Duverney. Halberstadt, 11 octobre 1757. Papiers de Clermont, vol. XXXIII. Archives de la Guerre.

(3) Duverney à Bernier, 17 octobre 1757. Papiers de Clermont. Archives de la Guerre.

directeur et de la régence de cette ville ; je ne présume pas qu'on y trouve grand obstacle de ce côté, et s'il s'en présente je ferai de mon mieux pour les lever. » Duverney oubliait les nécessités de l'alliance ; quelques jours plus tard il fut obligé d'avouer (1) que « des raisons très supérieures ont empêché d'accepter la convention. » En effet le gouvernement de Louis XV qui venait de rejeter les ouvertures pacifiques du roi de Prusse, ne pouvait se contredire à quelques jours de distance, en autorisant son général à accueillir en détail des propositions qu'il avait repoussées en bloc.

La réponse de Bernis fut un refus catégorique, motivé par le manque de confiance dans la bonne foi du roi de Prusse et par la crainte de la mauvaise impression que produirait l'armistice chez les amis de la France. « Le bruit (2) de cette convention a devancé la connaissance que vous nous en avez donnée. Il a été répandu artificieusement par le roi de Prusse ; il l'a fait parvenir à nos alliés sous le titre d'un traité de neutralité ; les nouvelles publiques l'ont annoncée, et il y a toute apparence que le roi de Prusse qui tire avantage de tout, aura montré à nos alliés la lettre que vous a écrite le prince Ferdinand de Brunswick, sans leur faire part de votre réponse qui relève très solidement ce qu'elle a de captieux ; moyennant quoi, l'idée d'une négociation particulière entamée de la part de la France, par votre entremise, avec le roi de Prusse, a jeté la plus grande alarme parmi les Autrichiens et les Suédois. » Au grand regret de l'état-major et de l'intendant français, il fallut renoncer à l'arrangement. Frédéric de son côté, délivré de ses craintes sur sa capitale, n'insista pas pour une solution, et bientôt se déclara heureux de n'avoir pas été pris au mot et de n'avoir pas

(1) Duverney à Bernier, 9 novembre 1757. Papiers de Clermont. Archives de la Guerre.
(2) Bernis à Richelieu, 30 octobre 1757. Archives de Vienne.

aliéné sa liberté d'action dans la région d'Halberstadt.

A peine Richelieu avait-il expédié le courrier porteur du projet d'armistice, qu'il reçut la réponse de son gouvernement aux premières avances de Frédéric. Nous en avons donné le sens : la France, fidèle à ses engagements, se refusait à toute négociation isolée, n'entamerait des pourparlers que par la voie autorisée de ses ministres et de ceux de l'Impératrice, et non par celle d'un général d'armée. Le récit que fit Eickstedt (1) de son entrevue avec le maréchal dut porter dans l'esprit jusqu'alors rebelle de Frédéric la conviction qu'il n'y avait rien à espérer de son ancien allié. Mais en dépit de leurs résultats purement négatifs, ces allées et venues entre les deux camps, ces conversations mystérieuses que Frédéric avait eu soin de ne pas laisser ignorer à Vienne, avaient, comme Bernis l'avait prévu, contribué à réveiller les soupçons de la cour impériale (2).

Lors d'une réception au ministère, Kaunitz interrogea (3) Stainville sur l'arrangement d'Halberstadt; en lui parlant, il le regarda bien en face pour étudier sur son visage l'effet de sa question. L'ambassadeur français ne sourcilla pas, et déclara que la nouvelle devait être fausse puisqu'il n'avait rien reçu de sa cour à ce sujet; peu de jours après il put rassurer le chancelier en lui montrant copie (4) de la réponse de Bernis au maréchal.

Cet incident, dont la conclusion apportait une nouvelle preuve de la loyauté de la cour de Versailles, ne fit que confirmer la mauvaise opinion qu'on avait à Vienne du général en chef de l'armée du Hanovre. Richelieu d'ailleurs n'était pas le seul dont la conduite prêtât à la cri-

---

(1) Eickstedt à Frédéric, Halberstadt, 13 octobre 1757. *Correspondance politique*, vol. XV, p. 429.
(2) Kaunitz à Stahremberg, 22 octobre et 13 novembre 1757. Archives de Vienne.
(3) Stainville à Bernis, 3 novembre 1757. Archives des Affaires Étrangères.
(4) Bernis à Stainville, 1er novembre 1757. Archives des Affaires Étrangères.

tique; on n'était guère plus satisfait des agissements de l'ambassadeur de Sa Majesté Très Chrétienne auprès du roi de Pologne. Certes, on ne pouvait douter du zèle que le comte de Broglie serait prêt à déployer pour la cause; on l'avait vu à l'œuvre au moment des épreuves, et on avait apprécié la chaleur de son dévouement; mais l'ardent diplomate qu'on savait personnel, entreprenant et très entiché de ses propres conceptions, avait, à Varsovie, repris ses anciens errements et assumé une attitude qui ne répondait pas aux nécessités du système nouveau. On l'accusa (1) d'attiser, par ses rapports et par l'appui donné aux réclamations des Polonais, l'esprit de jalousie et de défiance dont s'était toujours inspirée la politique de la France à l'égard de la Russie. Sa cour, écrivait Kaunitz, « n'entendait pas formuler de plainte précise contre le comte de Broglie; mais il serait bon pour la chose commune que Votre Excellence trouvât l'occasion d'insister à nouveau pour que, en Russie comme en Pologne,... on s'attachât plus au point essentiel plutôt que de jeter un coup d'œil de regret sur des projets d'importance bien moindre. » Stainville, qui était en correspondance suivie avec son collègue de Varsovie, essaya charitablement de lui faire comprendre que la France, alliée de la Russie, ne pouvait, tout au moins pendant la durée de la guerre, contrecarrer cette puissance en Pologne. « Si vous approuvez (2), Monsieur, les réflexions que je vous présente, je crois que vous prendrez des mesures pour éviter que les ministres russes à Varsovie, ainsi que M. le comte de Brühl, ne portent des plaintes contre vous. Je prends la liberté de vous donner ce conseil en tremblant; j'aurais bien des raisons personnelles qui devraient m'en détourner, mais je croirais manquer à la probité et au service du Roi si je ne vous avertissais pas que la cour de

(1) Kaunitz à Stahremberg, 24 septembre 1757. Archives de Vienne.
(2) Stainville à Broglie, 6 octobre 1757. Archives des Affaires Étrangères.

Varsovie et celle de Russie font des plaintes amères de nos démarches en Pologne... Je sais en gros qu'il y a un mémoire contre vous et M. Durand, très vif sur ce qui regarde la Pologne. »

Quelques jours après, Stainville revient à la charge (1) : « Pour ce qui est de l'intérieur de la Pologne, je vous demande à genoux, pour vous, si vous n'avez pas d'ordre, de retenir votre vivacité sur ce chapitre. Je vous le répète, on se plaint de vous amèrement; vous avez raison dans le fond, mais dans ce moment-ci ménagez la forme. Je sens que je ne devrais pas vous donner de conseils que peut-être vous recevrez mal, mais je ne peux m'en empêcher, et s'ils vous déplaisent, comptez que c'est pour la dernière fois. »

Il est presque superflu d'ajouter que Broglie ne tint aucun compte de ces sages avertissements, et continua avec son exubérance ordinaire à revendiquer le rôle de protecteur des libertés polonaises contre le puissant voisin de la République. Bernis se montra à la longue fort ennuyé (2) des difficultés créées par son ambassadeur : « Le comte de Broglie a raison dans le fond, mais il met tant de hauteur, de vivacité et de raideur dans la forme, qu'il finira par faire croire à la Russie que nous voulons la discréditer en Pologne et à la Porte... »

Le gouvernement de Marie-Thérèse aurait d'autant plus souhaité une union complète dans l'action diplomatique à Varsovie, que la conduite du roi de Pologne et de son ministre Brühl paraissait sujette à caution. Fatigué de l'occupation prussienne qui se prolongeait, mécontent de l'Autriche qui avait signalé son intervention en Saxe par l'incendie de Zittau, le roi Auguste II aurait fait dire (3)

---

(1) Stainville à Broglie, 10 octobre 1757. Archives des Affaires Étrangères.
(2) Bernis à Stainville, 22 décembre 1757. Archives des Affaires Étrangères.
(3) Extrait d'une lettre de Rouillé, ancien secrétaire d'État, du 12 octobre 1757. Newcastle Papers (communiquée par Yorke).

à Louis XV qu'il donnerait volontiers les mains à un accommodement avec le roi de Prusse. L'ancien ministre Rouillé, dans un billet duquel nous trouvons cet avis, ajoutait : « On a fait de sérieuses réflexions sur cette proposition que les partisans de la cour de Vienne rejettent le plus qu'ils peuvent. Comme Sa Majesté est moins indisposée contre le roi de Prusse qu'elle n'était il y a quelque temps, il pourrait se faire quelque changement en Allemagne, quoique la marquise et son favori l'abbé de Bernis veulent la destruction de la maison de Brandebourg. Mais je doute que leur sentiment prévale, quelque influence qu'ils aient dans les affaires. »

Une lettre interceptée du premier commis des Affaires Étrangères (1), à peu près de la même date, nous fournit la confirmation des renseignements de Rouillé : « Il est enfin question du rétablissement de la paix en Allemagne; le roi de Pologne se lasse de voir ses États électoraux abandonnés à la merci de l'ennemi. Ce prince est disposé à entrer en négociation pour la paix, même à des conditions raisonnables. Le roi de Prusse paraît être dans les mêmes dispositions; les plus grandes difficultés viennent de la part de la cour de Vienne qui semble ne vouloir entendre à aucun accommodement que la Silésie et le comté de Glatz ne lui soient préalablement assurés. On ne croit pas que ces propositions soient du goût de la cour de Berlin; on ne doute point que le roi de Prusse ne consente à indemniser le roi de Pologne. M. le maréchal de Belleisle répond des dispositions de ce monarque à cet égard, mais il ne croit pas que Sa Majesté prussienne abandonne la Silésie et le comté de Glatz à la maison d'Autriche; il prétend même qu'il n'est pas de l'intérêt de la cour que ces pays rentrent sous la domination de cette maison. M. le comte de Bernis est d'un sentiment opposé;

(1) Extrait d'une lettre du premier commis des Affaires Étrangères du 19 octobre 1757. Newcastle Papers.

il a fait un long discours dans le conseil qui s'est tenu hier à ce sujet, pour prouver qu'il était de l'intérêt de Sa Majesté de détruire entièrement la maison de Brandebourg. Ce ministre dont vous connaissez l'appui (soit dit entre nous) est presque le seul de son sentiment avec sa protectrice. »

Enfin le duc de Chevreuse, officier général à l'armée de Richelieu, tient le même langage (1) : « La négociation qui est depuis quelque temps sur le tapis pour un accommodement entre Sa Majesté Très Chrétienne, le roi de Prusse et le roi de Pologne, paraît prendre un bon train. On parle d'une suspension d'armes entre notre cour et celle de Berlin... La cour de Vienne fait son possible pour parer au coup, mais je ne sais si elle en viendra à bout. »

Obéissant à un sentiment instinctif, tous les gouvernements d'Europe qui, pour un motif ou un autre, désiraient le rétablissement de la paix, s'adressèrent à la France dans le courant de l'automne de 1757. Ouvertures directes ou indirectes du roi de Prusse, suggestions de la Pologne, offres de médiation du Danemark (2), toutes se rencontrèrent à cette époque dans le cabinet de Bernis, toutes furent résolument repoussées. C'est avec raison que Kaunitz pouvait dire de lui (3) à Stahremberg : « Il faut remercier tout spécialement la Providence de ce que le gouvernail des affaires de la France se trouve confié aux mains d'un ministre qui, non seulement possède au plus haut degré toute la capacité nécessaire, mais qui sait distinguer l'essentiel de l'accessoire, pense en homme supérieur, ne se laisse pas influencer par les finasseries, la défiance, l'esprit de domination si habituels en pareille occurrence. »

---

(1) Extrait d'une lettre du duc de Chevreuse du 24 octobre 1757. Newcastle Papers.
(2) Bernis à Stainville, 8 novembre 1757. *Lettres de l'abbé de Bernis*. Vol. II, p. 135.
(3) Kaunitz à Stahremberg, 12 octobre 1757. Archives de Vienne.

L'envoyé de Marie-Thérèse était trop intéressé pour être impartial. A son portrait si flatté du ministre des Affaires Étrangères nous opposerions volontiers le crayon esquissé (1) par un de ses collaborateurs anonymes : L'abbé de Bernis était « le meilleur des hommes, incapable de faire de la peine, agréable dans la société, fait pour plaire ;... le président Hénault disait de lui qu'il avait une tête carrée, voulant dire profonde et sensée ; il l'avait ronde et grosse mais plus pleine de vent que de toute autre chose. »

Pour le ministre de l'Impératrice aucune réserve à faire. Kaunitz avait le droit d'être fier du chemin accompli ; la coalition nouée avec tant de peine produisait son plein effet ; Frédéric aux abois, sans alliés, privé de près de la moitié de son royaume, ne pourrait trouver des ressources pour la campagne de 1758 et finirait par succomber sous la masse de ses ennemis. Sans doute il y avait des écueils à l'horizon, mais grâce au concours dévoué du ministre français, on saurait les éviter et on recueillerait bientôt les fruits de la victoire.

Quant à Frédéric, jamais les qualités de cet esprit si fertile en ressources ne brillèrent d'un plus vif éclat ; jamais la trempe de ce caractère qui savait s'élever avec l'adversité, ne se révéla plus ferme que dans la terrible crise des mois de septembre et octobre. Jamais paroles ne furent plus vraies que celles qu'il s'appliquait à lui-même quelques jours avant la bataille de Rossbach :

> Pour moi menacé du naufrage (2),
> Je dois, en affrontant l'orage,
> Penser, vivre et mourir en Roi.

(1) *Lettres du Cardinal de Bernis* 1757-58. Préface par un homme qui l'a connu et qui avait travaillé sous lui au ministère des Affaires Étrangères.
(2) Vers du Roi cités dans une lettre de Voltaire à Frédéric, 13 novembre 1757. *Œuvres de Voltaire*, vol. LXV.

CHAPITRE XI

EXPÉDITION DE HADIK. — BATAILLE DE ROSSBACH. RUPTURE DE LA CONVENTION DE CLOSTER SEVEN.

Le mois d'octobre fut certainement pour Frédéric l'époque la plus critique de l'année 1757. Il fut marqué par l'expédition hardie d'un général autrichien qui osa insulter la capitale de la Prusse, et qui put y lever impunément une contribution de guerre. Le Roi était le 15 octobre à Weissenfels, de retour de son excursion inutile à la poursuite de l'armée des Cercles et du corps de Soubise; rassuré de ce côté, tranquillisé sur les intentions de Richelieu par l'accueil fait au projet d'armistice, il se disposait à aller en Silésie au secours du prince de Bevern quand il apprit qu'une division du corps de Marshall se dirigeait à marches forcées sur Berlin. Aussitôt il envoya (1) au prince Maurice de Dessau, qui était à Torgau sur l'Elbe, l'ordre de prendre les devants et d'empêcher à tout prix un coup de main sur la capitale; il le rejoindrait le plus rapidement possible avec les régiments sous son commandement immédiat.

Ce qui était une surprise pour Frédéric avait été longuement prémédité par l'état-major autrichien; le prince de Lorraine en avait eu l'initiative, la cour de Vienne en avait approuvé l'exécution. Le 11 octobre le général Hadik quitta Elsterwerde en Lusace, avec une division de 3,500

---

(1) Frédéric à Maurice de Dessau, Weissenfels, 15 octobre 1757. *Correspondance politique*, vol. XV, p. 422.

hommes et 4 canons, laissant dans cette ville un détachement pour couvrir ses communications avec Marshall. Il ne rencontra sur sa route aucune troupe prussienne, put réquisitionner à son aise dans le pays traversé, et arriva le 16 au soir devant Berlin à la porte Copernic, tandis que son lieutenant Ujhazy se présentait avec quelques cavaliers à la porte de Potsdam. L'Autrichien (1) avait habilement distribué ses forces, de manière à donner l'impression d'un nombre bien supérieur à son effectif réel; il fit sommer la ville et exigea une rançon de 300,000 thalers sous peine de bombardement. Dans la capitale l'émoi fut grand; le gouverneur, le général Rochow, qui ne disposait que de 5 faibles bataillons de dépôt, ne s'attendait pas à voir l'ennemi de si près; il n'avait pas attaché grande importance au bruit de l'apparition de quelques coureurs dans les environs, et s'était contenté de doubler les postes qui surveillaient les approches. Hadik ne perdit pas de temps en pourparlers; à peine son parlementaire fut-il revenu avec une réponse négative qu'il commença l'attaque. Quelques coups de canon suffirent pour enfoncer la porte de Silésie et couper les chaînes du pont-levis de la Sprée. Les Croates qui formaient avant-garde pénétrèrent dans les faubourgs; ils s'y heurtèrent à deux bataillons prussiens; mais ces derniers, fusillés par l'infanterie, chargés par la cavalerie allemande et par les hussards, furent culbutés et mirent bas les armes. L'autre fraction de la garnison ne prit pas part au combat; elle fut affectée à l'escorte de la Reine qui se retira avec précipitation à Spandau. Il ne restait plus de soldats prussiens dans les murs; Berlin était au pouvoir du vainqueur, et Hadik put dater de la capitale la dépêche triomphante qu'il expédia au prince Charles.

(1) Pour le récit de l'expédition de Hadik voir Arneth, vol. V, p. 239, et le rapport de l'officier français Morainville, 28 octobre 1757. Archives de Vienne.

Mais en dépit de son succès, le général autrichien ne pouvait se dissimuler les dangers auxquels il était exposé : Laisser pénétrer ses hommes dans l'intérieur de la ville, c'était courir le risque des désordres que pourrait entraîner cette occupation, c'était retarder le départ qu'il fallait effectuer au plus vite sous peine d'être coupé par le roi de Prusse, qui accourrait avec sa diligence habituelle pour punir l'envahisseur. On renoua la négociation avec les représentants de la municipalité; après avoir demandé 600,000 thalers, on se contenta d'une contribution de 2 00,000 et d'un cadeau de 25,000 thalers pour la troupe, en dédommagement du pillage qui lui avait été refusé. Le 17 octobre, Hadik commença sa retraite qu'il opéra sans encombre, non sans avoir levé en passant une taxe de 30,000 thalers sur la ville de Francfort sur l'Oder; le 23 il rentra à Bautzen avec son argent et les prisonniers. Il y reçut les félicitations de sa souveraine qui dota le général d'un domaine en Hongrie, et les soldats d'une gratification de 30,000 ducats.

Quelque promptes qu'eussent été les mesures prises par Frédéric, elles furent inefficaces. C'est à Eilenburg, entre Leipsick et Torgau, qu'il connut la prise de Berlin. « Je reçois aujourd'hui, écrit-il à son frère le prince Henri (1), la fâcheuse nouvelle que les Autrichiens sont entrés le 16 au soir entre neuf et dix heures à Berlin... Il faut que ces gens soient à nous morts ou vivants; et si Marshall est encore à Bautzen, je laisserai 6 bataillons à Torgau, ayant suffisamment d'infanterie avec moi pour prendre ces gens-là. Quel temps! Quelle année! Heureux, mon frère, sont les morts! » Le prince Maurice arriva à Berlin le 19 octobre, trop tard pour intercepter le retour des Impériaux.

Frédéric, rassuré sur les suites d'une expédition dont il

(1) Frédéric au prince Henri. Eilenburg, 18 octobre 1757. *Correspondance politique*, vol. XV, p. 436.

s'était d'abord exagéré la portée, prit ses mesures pour éviter la répétition d'un pareil affront. La famille royale, le trésor et les archives furent mis en sûreté à Magdebourg; la garnison de la capitale serait désormais libre de tout autre souci que celui de la défense militaire; quant aux troupes envoyées au secours de Berlin, il les rappela à lui. Il s'apprêtait (1) à concentrer son monde pour chasser de la Lusace le corps de Marshall et pour lever le siège de Schweidnitz, quand les avis du maréchal Keith, annonçant un retour offensif en Thuringe des armées combinées, modifièrent ses projets. Sans perte de temps, les ordres (2) furent lancés : Keith devait se retirer lentement sur Leipsick et tenir ferme dans cette ville où il n'avait rien à craindre; le prince Ferdinand marcherait sur Halle pour l'appuyer; le Roi en personne, aussitôt rejoint par le prince Maurice, viendrait rallier ses lieutenants. Puis, sur les nouvelles plus inquiétantes, Frédéric devance ses colonnes; le 25, d'Eilenburg il adresse (3) un mot d'encouragement à Keith : « Soyez tranquille; le Hildburghausen ne vous mangera pas, j'en réponds; » et le lendemain il installe son quartier-général à Leipsick.

Durant cette quinzaine si agitée, que s'était-il passé du côté de l'armée des Cercles et de ses auxiliaires? Nous avons laissé Soubise à Langensaltza, petite ville au nord de Gotha, que devait rendre célèbre un siècle plus tard la capitulation des Hanovriens au début de la guerre de 1866. Le général français s'y était porté à la rencontre de la division détachée de l'armée de Richelieu, que lui amenait le duc de Broglie; la jonction effectuée, il se déclara prêt à avancer jusqu'à la Saale, mais il rejeta l'idée du prince de

(1) Frédéric à Bevern. Grochwitz, 22 octobre 1757. *Correspondance politique*, vol. XV, p. 454.
(2) Frédéric à Keith. Grochwitz, 23 octobre 1757. *Correspondance politique*, vol. XV, p. 461.
(3) Frédéric à Keith. Eilenburg, 25 octobre 1757. *Correspondance politique*, vol. XV, p. 464.

Hildburghausen de pousser jusqu'à l'Elbe. « Cette marche (1) serait très fatigante et absolument inutile, à moins qu'on ne soit en état de prendre Dresde, ou du moins Torgau. » Le commandant de l'armée des Cercles manifestait au contraire des vues batailleuses; fier de sa supériorité numérique (les forces combinées comptaient depuis l'arrivée de Broglie 65 bataillons et 57 escadrons, soit environ 50,000 combattants), encouragé par le mouvement rétrograde de Frédéric, il rêvait déjà la conquête de la Saxe. Il parle de ses projets à Soubise (2) sur un ton de plaisanterie amicale qui cadre assez mal avec l'opinion que la tradition nous a faite du personnage : « Je sais que vous brûlez d'envie de pouvoir vous mesurer avec lui (le roi de Prusse). Allons-y donc sans balancer je vous en conjure, mais allons-y sans perdre de temps et avec lui les fruits de nos travaux. » Pour aplanir les difficultés toujours renaissantes des subsistances, il offre de confier la direction de ce service à l'intendant français : « Gayot fera des ordonnances, Gayot aura soin de mes troupes, et je jeûnerai moi-même si Gayot ne me donne pas à manger; mais marchons, cher Prince; encore un coup je vous en prie pour tout le monde. Vous ne sauriez croire en quelle peine je suis pour le corps de M. de Marshall. »

En l'espèce Hildburghausen voyait juste; il devinait le danger auquel était exposé le corps autrichien de la Lusace que la cour de Vienne venait de placer sous sa direction, et comprenait fort bien la nécessité de lui venir en aide par une diversion. En soutenant l'offensive, il était d'accord avec la cour de Vienne qui insistait auprès de l'ambassadeur Stainville (3), et à Paris par l'organe de Stahremberg, pour une vigoureuse action de l'armée auxiliaire que seconderait Marshall.

(1) Soubise à Paulmy. Langensaltza, 16 octobre 1757. Archives de la Guerre.
(2) Hildburghausen à Soubise, 17 octobre 1757. Archives de la Guerre.
(3) Stainville à Soubise, 5 octobre. Archives de la Guerre.

Dans les conseils français au contraire, le parti de la prudence semblait l'emporter; on critiquait (1) avec quelque raison les opérations excentriques des Impériaux en Silésie; on aurait souhaité le retour du prince Charles en Saxe, ou tout au moins le renforcement du corps détaché en Lusace; on n'avait confiance ni dans les troupes des Cercles, ni dans leur général, et on pensait beaucoup plus aux quartiers d'hiver qu'à la continuation de la campagne.

A l'appel de Hildburghausen, Soubise répondit en objectant l'impossibilité de quitter ses cantonnements avant le 23 octobre; il lui fallait (2) préparer ses vivres, attendre son artillerie, procurer des souliers et des gilets à ses soldats, et notamment à ceux de la grande armée qui en avaient fort besoin mais qui paraissaient « de moins mauvaise humeur qu'on me l'avait annoncé. » Puis, pour donner une satisfaction partielle à son chef, il dirigea le général Saint-Germain avec une division vers Naumburg. Sur ces entrefaites on sut que la reculade des Prussiens s'accentuait de plus en plus, et on se décida à les suivre; le 24 Soubise était de sa personne à Naumburg avec les grenadiers et deux brigades de cavalerie; le lendemain il écrivait de Weissenfels que toute l'armée aurait atteint le 29 ou le 30 les bords de la Saale. Il ne voit d'ailleurs aucun motif pour se presser. « Je suis persuadé, mande-t-il à Stainville (3), que les Prussiens faisant revenir de Torgau quelques bataillons, et M. de Keith paraissant vouloir marcher de Leipsick sur nos détachements, la marche rétrograde serait décidée sur le champ. Il est bien plus sûr d'attendre; dans six jours toutes les troupes nous au-

---

(1) Stainville à Kaunitz, 17 octobre 1757. Stainville à Paulmy, 21 octobre 1757. Stainville à Bernis, 21 octobre 1757. Archives de la Guerre.

(2) Soubise à Hildburghausen, 18 octobre 1757. Soubise à Paulmy, 18 octobre 1757. Archives de la Guerre.

(3) Soubise à Stainville. Weissenfels, 24 octobre 1757. Archives de Vienne.

ront joints, nous prendrons sur la Sala des points solides et assurés, et nous serons maîtres de la Saxe sans courir aucun risque. Si l'ennemi est décidé à se retirer, il est encore plus inutile de fatiguer l'armée par des marches forcées, aussi suis-je dans la plus grande fermeté sur ce chapitre. »

Le reste du billet est rempli de plaintes sur le général de l'Empire : « La campagne est trop avancée pour songer à aucun changement; mais je ne dois pas vous cacher qu'il ne serait pas praticable d'en recommencer une seconde avec un pareil arrangement. Je me suis prêté à l'humeur, au ton, aux variations continuelles de M. d'Hildburghausen; mais je suis le seul de l'armée... Il apprend ce matin que l'ennemi s'est retiré; il ne veut pas attendre un moment, il monte dans sa voiture, s'en va à Pegau à six lieues d'ici, et donne ordre que son armée y marche demain matin; il m'écrit un mot pour me demander M. de Mailly à Lutzen, M. de Lorges ici; il me demande en même temps de presser la marche de M. de Nicolai et de M. de Broglie sans m'annoncer aucun projet; et c'est tous les jours les mêmes scènes, il est vrai que j'y suis accoutumé; ce qui vous surprendra c'est qu'elles ne m'impatientent point. »

Comme le prévoyait Soubise, la belle ardeur de Hildburghausen s'évapora à la nouvelle du retour de Frédéric à Leipsick. « Aussitôt qu'il a appris (1) que le roi de Prusse y était entré, il a fait marcher son armée pour se retirer et se rapprocher de nous. Il a tenu depuis huit jours les propos les plus révoltants et les plus choquants pour la nation. Mais le mal réel est qu'il n'a jamais aucun projet, et par conséquent il donne des ordres différents à chaque instant. Le prince Georges de Hesse et les autres généraux en sont excédés. Je vous réponds de ma patience

---

(1) Soubise à Fumeron, 27 octobre 1757. Archives de la Guerre.

jusqu'à la fin de la campagne. Je lui répète continuellement que je suis à ses ordres. Je les exécute assez souvent, et trop, puisque j'ai eu la complaisance de m'avancer jusqu'ici avec la cavalerie et les grenadiers de l'armée. Mais en même temps, sur les objets intéressants je tiens ferme, et quand les arrangements sont une fois décidés je ne m'en écarte pas, quelque humeur qu'il en prenne... Le roi de Prusse doit céder; je ne lui compte pas 25,000 hommes; le prince Maurice en a 7 à 8,000 avec lui. J'ignore s'il osera passer l'Elbe et exposer Berlin à une seconde invasion. »

Pendant que Frédéric attendait à Leipsick l'arrivée des détachements qui revenaient de la poursuite de Hadik, Soubise, toujours à Weissenfels, y reçut les instructions de la cour (1). On lui recommandait de ne pas franchir la Saale et de renoncer à l'entrée en Saxe. « Si vous pouvez vous servir, pour faire passer l'Elbe au roi de Prusse, du corps de M. de Marshall, M. le prince de Hildburghausen concertera avec lui les manœuvres pour cet objet; mais vous éviterez, sous ce prétexte ou sous tout autre, de prendre aucun engagement pour hasarder l'armée du Roi plus loin qu'il ne paraît prudent. » Stahremberg avait été d'ailleurs prévenu qu'on ne pouvait accepter le plan offensif rédigé par la cour de Vienne. La dépêche ministérielle venait confirmer les renseignements du tout-puissant Duverney sur les intentions du cabinet de Louis XV. « Dans tout cela, avait écrit le munitionnaire (2), il me paraît qu'il faut laisser projeter et dire, et faire pour le mieux sans compromettre les armées du Roi. »

Enfin le voyage annoncé de M. de Crémille, à l'effet de s'entendre avec le maréchal de Richelieu et le prince de Soubise à propos des quartiers d'hiver, était une preuve manifeste des sentiments du ministère sur la nécessité de

(1) Paulmy à Soubise, 23 octobre 1757. Archives de la Guerre.
(2) Duverney à Soubise, 19 octobre 1757. Archives de la Guerre.

terminer la campagne sans nouvel incident. Sur les intentions de Richelieu, il n'y avait pas le moindre doute. M. de Bourcet, envoyé par Soubise auprès de son collègue, avait, il est vrai, rapporté l'offre d'un nouveau renfort de 10 bataillons et 20 escadrons; mais ce concours devait entraîner l'obligation (1) « de parer à tous les mouvements que le roi de Prusse pourra faire sur l'Elbe, la Saale, l'Unstrut, et même d'appuyer par la gauche de ses quartiers la position d'Halberstadt », qui ne serait occupée que par des troupes légères soutenues par un détachement à Osterwick. Le maréchal, affaibli par les 30 bataillons et 38 escadrons prêtés à Soubise, ne saurait plus maintenir le gros de ses forces à Halberstadt et se verrait obligé de se retirer sur l'Ocker pour y prendre des cantonnements.

En dépit des lettres de Versailles, et malgré sa propre conviction contraire à une incursion en Saxe, Soubise ne laissa pas d'être impressionné par la crainte des reproches auxquels il s'attendait de la part de Hildburghausen (2) : « Il ne manquera pas de répondre avec violence que les Français n'ont jamais voulu servir la cause commune, qu'ils se sont toujours opposés aux mouvements audacieux qui seuls peuvent réussir. » En effet tandis que le général impérial, redevenu entreprenant (3), rêvait un mouvement tournant au sud de Leipsick, qui jetterait l'armée combinée sur la route de Torgau, et partant sur les derrières des Prussiens, le commandant français, beaucoup plus prudent, voulait s'abriter derrière la Saale. Cet avis prévalut; une partie des Français et des Impériaux se replia sur Weissenfels; le duc de Broglie avec 12 bataillons s'établit à Mersebourg, et les troupes légères de Fischer

---

(1) Richelieu à Soubise. Halberstadt, 28 octobre 1757. Archives de la Guerre.
(2) Soubise à Paulmy, 28 octobre 1757. Archives de la Guerre.
(3) Soubise à Paulmy, 30 octobre 1757. Archives de la Guerre.

se portèrent à Halle. Ainsi posté sur les principaux points de passage de la Saale, on se faisait fort de tenir tête à l'armée du Roi dont on estimait l'effectif à 22,000 hommes.

Pendant que les généraux alliés se disputaient sur l'emploi de leurs forces, le roi de Prusse avait réuni les siennes. Le 28 octobre, grâce à l'arrivée successive du prince Maurice de Dessau et du prince Ferdinand de Brunswick venus à marches forcées, l'un de Berlin, l'autre des environs de Magdebourg, l'armée prussienne se trouva concentrée à Leipsick. Le 30 elle se mit en marche, et le 31 de bon matin Frédéric attaqua Weissenfels; il y surprit les Impériaux, les chassa avec pertes de la ville située sur la rive droite de la Saale, mais ne put s'emparer du pont qui fut défendu et brûlé sous ses yeux par les grenadiers de Crillon. Keith, qui avait été dirigé sur Merseburg, y trouva le pont coupé et les Français en nombre; il en fut de même à Halle. Franchir un cours d'eau important à trois endroits différents éloignés les uns des autres, en présence d'un ennemi supérieur, n'était pas chose aisée; Frédéric n'hésita pas à l'entreprendre; la tâche lui fut d'ailleurs facilitée par la retraite de l'adversaire. Soubise s'était décidé à abandonner la Saale et à replier toutes ses divisions à Mücheln, où il les plaça de manière à faire face au débouché de Merseburg; il y fut rejoint par une fraction de l'armée des Cercles.

Dans une dépêche du 2 novembre datée de son nouveau camp, il fait part au ministre (1) des hésitations de Hildburghausen, de ses démêlés avec lui, et de ses prévisions pour la fin de la campagne : « Si le roi de Prusse veut passer la rivière, ce qui lui est très libre, nous sommes en état de l'en faire repentir. Nous nous passerons de l'armée de Hildburghausen, qui, par réflexion, voulait venir ce matin à Mersebourg et qui s'était mis en marche sans m'en

---

(1) Soubise à Paulmy. Mücheln, 2 novembre 1757. Archives de la Guerre.

prévenir. J'en ai été averti, j'ai été au-devant de lui. Il était fâché de n'être pas hier avec nous. Il a passé la nuit dans la plus grande agitation, croyant à chaque instant que l'ennemi jetait des ponts pour venir l'attaquer... Enfin, Monsieur, tout est réparé; l'armée est réunie. J'avoue que ce n'est pas sans risques; sans la résistance des grenadiers au pont de Weissenfels il y aurait eu beaucoup de désordre... D'ailleurs en suivant les instructions que j'ai reçues par le dernier courrier, je dois compter que la campagne finira bientôt. Le roi de Prusse sera content de conserver la Saxe; avec 25,000 hommes il en est venu à bout. Je crois cependant qu'on diminue ses forces, et les derniers déserteurs les font monter à 10,000 hommes de plus. S'il passe la Sala, pour la gloire de la nation et la tranquillité assurée de l'armée pendant l'hiver, je pense qu'il ne faut pas balancer à marcher à lui et le combattre. Les troupes le désirent avec une ardeur qui est de bien bon augure. Cependant, Monsieur, je puis vous répondre que mon intention ne sera jamais de commettre les troupes du Roi sans une nécessité bien décidée; mais il serait honteux de reculer, après la réunion des 20 bataillons et 18 escadrons qui me sont arrivés en beaucoup meilleur état qu'on ne l'avait annoncé. »

La journée du 3 novembre fut employée par les généraux alliés à prendre connaissance du terrain et à choisir la position dans laquelle on attendrait le choc, s'il se produisait. De leur côté, les Prussiens traversèrent la Saale à Weissenfels, Merseburg et Halle, et atteignirent par une marche concentrique les hauteurs de Braunsdorf, à peu de distance du camp de Mücheln. Cette opération épineuse s'accomplit sans trop de difficulté; seule la division du prince Ferdinand, venue de Halle, point le plus éloigné, s'égara (1), fut obligée de tirer le canon pour signa-

---

(1) *Geschichte des siebenjährigen Krieges.* Vol. 1, p. 363.

ler sa présence, et ne rallia le quartier-général que dans la nuit du 3 au 4. L'armée combinée ne fit rien pour empêcher la jonction des forces du Roi; mais elle profita de la nuit pour changer sa ligne dont la gauche vint toucher le village de Mücheln, et la droite, composée des troupes des Cercles, fut appuyée à une hauteur boisée près de Branderode. Dès le 4 au matin Frédéric vint reconnaître la position des alliés; il la trouva trop forte pour tenter l'assaut et rentra dans son camp suivi à distance par les Franco-Impériaux.

« Il avait été décidé, raconte Soubise (1), qu'on laisserait avancer les Prussiens, et qu'à une certaine distance l'armée s'ébranlerait pour marcher à eux, d'autant plus que le terrain nous devenait avantageux en gagnant 3 ou 400 pas. D'ailleurs ce mouvement audacieux est plus conforme au génie de la nation et lui plaît davantage. Le roi de Prusse après avoir reconnu, commença par faire retirer sa droite, et quand nous eûmes gagné la hauteur, nous n'aperçûmes en deçà du ruisseau que quelques escadrons et l'avant-garde qui se retiraient à mesure que nous avancions. Il ne fut pas possible de les joindre; on les canonna assez vivement, ce qui hâta leur retraite... Je ne puis vous exprimer, Monsieur, la joie qui était peinte sur tous les visages. Il est malheureux que le roi de Prusse n'ait pas voulu soutenir la gageure. Je crois qu'il en sera de même à la première occasion, mais hier tout était bien préparé et arrangé... Nous sommes un peu fatigués, mais devant l'ennemi on est toujours en bonne santé et de bonne humeur... Je vais me rendre auprès du prince de Saxe Hildburghausen, et je crois que nous exécuterons notre marche sur le flanc gauche du roi de Prusse. »

Au moment où Soubise traçait ces lignes, c'est-à-dire de grand matin le 5 novembre, on ne s'attendait pas dans

---

(1) Soubise à Paulmy. Mücheln, 5 novembre 1757. Archives de la Guerre.

le camp français à une affaire pour ce jour-là. On avait commandé un fourrage ; aux soldats affectés à cette corvée, s'étaient joints, selon le laisser-aller de l'époque, un grand nombre de maraudeurs qui s'étaient répandus dans les villages voisins. Sur ces entrefaites survint un billet d'Hildburghausen : « Je crois, mandait-il (1), que nous n'avons pas un moment à perdre, mais qu'il faut prendre notre parti sur le champ d'aller à l'ennemi et l'attaquer. On voit bien par la manœuvre d'hier qu'il ne viendra pas à nous, et au lieu de cela nous avons tous les motifs de craindre qu'il pense de nous couper la communication avec Fribourg, par conséquent celle des subsistances... Ainsi je crois que nous devrions nous mettre d'abord en marche, gagner les hauteurs de Schevenrode, et l'attaquer de ce côté-là... Je prie Votre Altesse d'y réfléchir et de mettre sa réponse à côté de ceci. La première chose qu'il faut faire, c'est d'avertir vos régiments qu'on va marcher et qu'on ne laisse sortir personne du camp ; car ils vont à milliers vers les villages à portée de l'ennemi, et celui-ci avec un détachement de quelques hussards fera autant de prisonniers qu'il lui plaira. »

Quoique Soubise s'en défendît (2) plus tard, il est évident, d'après la correspondance, qu'il ne fit pas d'objection au plan d'Hildburghausen qui consistait à tourner par un mouvement de flanc la position des Prussiens, tout en couvrant sa propre ligne de ravitaillement. L'armée combinée s'ébranla par la droite et marcha, les Impériaux en tête, dans la direction des villages de Zeuchfeld et Gröst. Avant le départ qui eut lieu vers neuf heures, le général de Saint-Germain s'était établi sur la croupe de Schortau vis-à-vis du camp du Roi, avec 9 bataillons et 15 escadrons français.

(1) Hildburghausen à Soubise, 5 novembre 1757. Annexé à la dépêche de ce dernier du 10 novembre. Archives de la Guerre.
(2) Soubise à Paulmy, 10 novembre 1757. Archives de la Guerre.

Essayons de donner une idée du théâtre de la lutte (1) :
Le pays à première vue laisse l'impression d'une grande
plaine légèrement ondulée, en culture de céréales, coupée par des rangées d'arbres. Aucun accident bien marqué, pas de collines attirant l'œil du spectateur, ni de
point de repère; tout au plus, quelques renflements de
faible relief, des hauteurs insignifiantes, dont la crête
presque imperceptible se relie par des pentes régulières à
des dépressions qui méritent à peine la désignation de
fonds, et encore moins celle de vallées. Çà et là, dans les
plis les plus bas du terrain, des villages entourés de vergers, communiquant les uns aux autres par des chaussées
presque toujours en ligne droite et ombragées de cerisiers.
En fouillant le paysage, on distingue deux relèvements
auxquels la monotonie environnante prête une importance
relative. Le premier plus au nord, court de l'ouest à l'est;
l'inclinaison assez accusée à son extrémité occidentale,
quand on y monte de Leiha, est douce sur tous les autres
versants; son point culminant, le Janus Hügel ne dépasse
le niveau général que de quelques mètres. Autour de la
partie la plus élevée de ce plateau, arrosant sur son passage les villages de Rossbach, Leiha, Schortau et Bedra,
coule un ruisseau paresseux à bords marécageux qui sert
de déversoir aux eaux du district et qui les emporte vers la
Saale. A une distance d'à peine trois kilomètres, à peu
près parallèle à la première, se dessine une seconde hauteur dont le point saillant est marqué par l'auberge de
Luftschiff, audessus du village de Pettstädt, et dont la
crête est suivie par la route de Luftschiff à Tagewerben.

Entre ces deux croupes s'étend un vaste amphithéâtre
en champs de blé et de seigle, limité à l'occident par les
prés qui entourent les villages de Lunstädt et Rossbach, à
l'orient par la grande route de Weissenfels à Merseburg.
Dans cet espace, et notamment à l'est du chemin qui

(1) Voir la carte page 630.

mène du Janus Hügel à Reichartswerben, le terrain est presque uni et n'accuse que des différences d'altitude négligeables. En résumé toute cette partie de la contrée est un superbe champ de manœuvre, sans obstacles, sans accidents, admirablement adapté aux charges de cavalerie.

Au matin du 5 novembre, le camp de Frédéric était établi sur la première éminence que nous avons décrite, la gauche appuyée à Rossbach, la droite vers Bedra, le front et les flancs couverts par le ruisseau de Bedra et par des fonds marécageux beaucoup plus étendus alors qu'aujourd'hui ; le village de Schortau, à mi-côte, servait d'abri aux avant-postes.

Les Prussiens (1), le Roi tout le premier, en voyant les alliés quitter leur position, s'imaginèrent qu'ils commençaient leur retraite, et que la division de Saint-Germain était destinée à former l'arrière-garde. Cette impression fut si tenace que Frédéric n'ajouta pas foi aux premiers rapports sur la direction que prenait l'ennemi, et alla au château de Rossbach s'assurer par ses propres yeux de ce qui se passait.

Arrivés à Luftschiff les commandants alliés avaient arrêté leurs têtes de colonnes, et avaient tenu une sorte de conseil auquel assistèrent plusieurs officiers généraux. De ce point, on découvrait les lignes prussiennes ; tout y était en repos, les tentes étaient dressées ; rien n'annonçait des préparatifs de départ. D'après les relations françaises, les opinions furent en désaccord. Hildburghausen, plusieurs des siens, parmi lesquels les officiers saxons étaient les plus ardents, et bon nombre de Français, arguaient de l'immobilité de l'ennemi pour préconiser une attaque im-

---

(1) Pour le récit de la bataille voir les rapports et lettres des archives du ministère de la Guerre, l'ouvrage de l'État-major prussien, les historiens militaires de la Guerre de Sept. Ans, Mathias *Der Sieger von Rossbach*, Leipzig 1859, qui résume avec quelque partialité les récits prussiens ; aussi Thuna. *Die Würzburger Hilfstruppen*. Wurzburg 1893.

médiate. Soubise au contraire, appuyé par Broglie, de Vault et quelques autres, voulait remettre l'affaire au lendemain. Broglie en particulier proposa de s'établir sur les hauteurs qu'on venait d'atteindre, en portant la droite jusqu'à Reichartswerben. Les avis les plus prudents ne furent pas écoutés, et on décida de continuer le mouvement de manière à couper la retraite du Roi sur Merseburg et la Saale. Il eût été facile de dissimuler la marche en faisant défiler derrière la crête, et de gagner Reichartswerben en ne laissant voir qu'un rideau de cavalerie légère. Cette manœuvre, que Frédéric allait exécuter avec tant de succès, ne se présenta pas à l'esprit des alliés qui se chargèrent, en découvrant leurs troupes, d'éclairer le Roi sur leurs intentions offensives et sur le but de leur opération.

Aussitôt que Frédéric fut convaincu qu'on allait le combattre et qu'on cherchait à le tourner, il prit ses mesures avec sa promptitude ordinaire. « En un seul instant, écrit un témoin (1), officier du génie dans le corps de Soubise, et comme à un signal, le camp ennemi fut détendu et l'armée en bataille. » La cavalerie, forte de 38 escadrons dont la direction fut donnée à Seydlitz, général de trente-trois ans et le plus jeune de son grade présent à l'action, partit au grand trot pour devancer les alliés et les déborder ; profitant habilement du terrain, elle ne montra que quelques pelotons de hussards, et gagna le plateau au delà et à gauche du Janus Hügel, où elle put se former en ligne sans être aperçue. L'infanterie s'ébranla par la gauche, en colonnes de pelotons à distance de déploiement et suivit, en se dissimulant derrière la crête, la même direction que Seydlitz. Sur la butte culminante, Frédéric fit établir une batterie de 18 pièces de gros calibre. Un détachement d'un bataillon et de 7 escadrons fut laissé pour surveiller Saint-Germain.

(1) Lettre à Rainsault, directeur du génie à Lille. Archives de la Guerre.

En voyant ces manœuvres dont la rapidité entraînait en apparence quelque désordre, les commandants des alliés crurent à une retraite et n'eurent d'autre préoccupation que d'atteindre l'armée du Roi avant qu'elle ne pût s'échapper. On prit pour objectif le Janus Hügel, et sans changer les formations de route, sans instructions ou préparations pour le déploiement, sans décharger les soldats de leurs havresacs et de leurs marmites, on poussa en avant. L'infanterie était répartie en trois (1) longues colonnes à la tête desquelles étaient les régiments français de Piedmont et de Mailly. Sur les côtés et en avant de la colonne de droite, marchaient les deux régiments de cuirassiers autrichiens et la cavalerie des Cercles; 10 escadrons français constituaient une réserve aux Impériaux, 12 autres escadrons protégeaient la gauche. Aucune reconnaissance du terrain, pas d'avant-garde; on s'avança à l'aveuglette.

Les choses en étaient là, quand vers trois heures et demie, on aperçut tout à coup une grande masse de cavalerie qui menaçait le flanc droit de la première colonne. On croyait tourner l'ennemi et on était débordé soi-même. C'était Seydlitz qui, après avoir dépassé le Janus Hügel, avait fait exécuter à ses escadrons le mouvement « à droite en bataille », et découvrait ainsi aux yeux des confédérés la muraille vivante de ses cuirassiers. Sans leur laisser le temps de se reconnaître il se lança au galop. A ce spectacle inattendu le désarroi fut au complet. C'est en vain qu'on tenta de se mettre en ligne pour recevoir le choc. Les Impériaux des Cercles s'enfuirent sans essayer de résister; les Autrichiens au contraire se comportèrent vaillamment; ils firent même plier la droite des Prussiens, mais furent bientôt culbutés et entraînés dans la déroute.

Quant à la fortune de la cavalerie française, M. de Cas-

(1) La réserve forma d'abord une troisième colonne qui se confondit ensuite avec les deux autres.

tries la décrit ainsi (1) : « Les régiments (2) de Penthièvre, Saluces, Lameth, Lusignan et Descars, formaient la réserve et étaient en interligne dans le centre... M. le prince de Soubise jugeant que tous les efforts des Prussiens allaient se faire dans cette partie, ordonna aux dix escadrons de la réserve d'aller renforcer les deux ailes de cavalerie autrichienne qui y étaient. M. de Broglie, qui commandait, avait prévenu ces ordres et s'y était porté; nous n'eûmes que le temps de la mettre en bataille pour fermer l'intervalle et couper la plaine depuis la droite des Impériaux jusqu'au village de Reiterswerben (Reichartswerben). A peine étions-nous formés que toute la cavalerie prussienne arriva sur nous en muraille, et d'une vitesse incroyable; elle attaqua avec sa droite la cavalerie autrichienne qui était en colonne et qui n'eut pas le temps de mettre trois ou quatre escadrons en bataille, et sa gauche vint nous charger. Cette charge a été vigoureuse de part et d'autre; tous les escadrons ont été mêlés pendant un temps considérable; ils n'ont cédé qu'à la grande supériorité et n'ont été pliés qu'après avoir été enveloppés. Ceux de nos escadrons qui avaient repoussé les escadrons ennemis ont été ramenés par la seconde ligne, et comme huit escadrons de la gauche que M. le prince de Soubise avait envoyé chercher n'étaient pas encore arrivés, nous fûmes forcés d'aller nous rallier à quelque distance. Les huit escadrons étaient les régiments de Bourbon, Beauvilliers, Rougrave et Fitzjames; ils fournirent une charge vigoureuse, renversèrent ce qui était devant eux, mais ils furent obligés de se retirer lorsque la seconde ligne des ennemis s'ébranla. »

D'autres témoins de l'action sont moins affirmatifs sur la bonne conduite de la cavalerie de Soubise; cependant

---

(1) Castries à Paulmy. Nordhausen, 9 novembre 1757. Archives de la Guerre.
(2) Les régiments de grosse cavalerie française étaient à deux escadrons.

les pertes terribles que subirent les cuirassiers autrichiens et quelques régiments français sembleraient indiquer une mêlée sanglante. Dans la brigade de Lameth (1) notamment, sur six commandants d'escadron un seul revint du champ de bataille. Quoi qu'il en fût, et en dépit de la résistance rencontrée sur certains points, Seydlitz eut un succès complet; il poursuivit les vaincus jusqu'à Reichartswerben, ramassa de nombreux prisonniers à l'entrée étroite de ce village; puis il reforma ses régiments et les porta sur les derrières et les flancs de l'infanterie alliée. Celle-ci, malgré la défaite de la cavalerie, avait d'abord fait bonne contenance; quoique prises d'écharpe par la batterie prussienne du Janus Hügel, les colonnes françaises continuèrent à avancer. Mais bientôt à côté de la butte, les bataillons du Roi commencèrent à paraître. Couverte par les charges de Seydlitz et protégée par le feu de son artillerie, l'infanterie prussienne avait effectué sans encombre son mouvement tournant. Refusant la droite que la nature marécageuse du fond de Rossbach mettait hors d'atteinte, et poussant en avant la gauche, Frédéric menaçait le flanc droit de l'armée combinée; c'est cette attaque que les Français s'efforcèrent de repousser. Mais l'intervalle trop faible laissé entre les pelotons ne permit le déploiement ni sur la tête ni sur le côté des colonnes; les bataillons serrés les uns contre les autres, en essayant cette manœuvre, se confondirent et s'entassèrent bientôt en une masse profonde dans laquelle les boulets prussiens emportaient des files entières. « Leur ordre de bataille, écrit Frédéric (2), était composé de bataillons en colonnes, alternativement enlacés dans des bataillons étendus. » Pour accroître le désordre, le Roi jeta sur leur flanc une brigade de grenadiers dont les décharges se

---

(1) La brigade de cavalerie se composait au général de 3 régiments ou 6 escadrons.

(2) Frédéric. *Guerre de Sept Ans,* vol. I, p. 185.

DÉFAITE DE L'INFANTERIE FRANÇAISE. 625

croisèrent avec le feu de l'infanterie qui débouchait du Janus Hügel.

Cependant les généraux de Nicolai, de Lorges (1), de Crillon, de Rougé, de Revel et de Lugeac, avaient formé (2) « les premiers bataillons de Piedmont et celui de Mailly qui faisaient la droite des deux lignes, et les avaient joints aux bataillons de Poitou et de Provence qui étaient en colonne entre les deux lignes. Ils marchèrent sans tirer un coup jusqu'à 40 pas des Prussiens, malgré un feu très vif de mousqueterie et de canon; mais jamais il ne fut possible de les mener plus avant, ils tournèrent le dos, plièrent et furent suivis de toute l'infanterie. Tout se mêla et il fut impossible d'y remettre aucun ordre ni de l'arrêter, quoique M. le prince de Soubise et tous les officiers généraux et particuliers y fissent tout ce qui était possible. »

Ce récit est conforme à celui du duc de Broglie : « Après que le combat de cavalerie a été achevé, j'ai été rejoindre les régiments de Poitou, de Provence, de Rohan et de Beauvoisis qui étaient aussi de ma réserve et auxquels j'avais envoyé ordre de se porter à la droite... Comme j'y arrivais, tout plia accablé par le feu de canon et de mousqueterie, et les autres régiments de la ligne firent de même sans avoir autant souffert; rien ne put les arrêter, les soins et peines que nous nous sommes donnés pour cela ont été inutiles. »

D'après de Vault (3), en dépit de la déroute de la cavalerie, la bataille n'eût pas été perdue « si la terreur n'avait saisi les troupes, c'est-à-dire l'infanterie, aussitôt qu'elle a approché les ennemis. J'ai été témoin, dit cet officier distingué, de la bonne grâce avec laquelle la brigade de

---

(1) Le même qui commandait la brigade d'Eu à Hastenbeck.
(2) Relation officielle envoyée par Soubise. Archives de la Guerre.
(3) De Vault, aide-major maréchal des logis général. Rapport confidentiel à Paulmy. Mülhausen, 24 novembre 1757. Archives de la Guerre.

Piedmont et celle de Poitou ont marché aux ennemis; vous pouvez être assuré que la tête de ces deux brigades a fait son devoir; elles ont l'une et l'autre prodigieusement souffert, puisque tous les premiers rangs sont tombés sous le feu des ennemis... La seconde ligne dont Mailly avait la tête, et qui était devenue la troisième depuis que la réserve ayant Poitou à la tête était passée mal à propos entre ces deux lignes, la deuxième, dis-je, plia je ne sais pourquoi; tout suivit; la confusion, la terreur devint générale dans toute l'infanterie. » L'artillerie de la droite française, y compris une batterie que le général de Bourcet avait opposée sans grand effet à celle de la butte, tomba presque en totalité entre les mains du vainqueur. Le retour de la cavalerie de Seydlitz qui vint menacer le flanc et les derrières des alliés, ne fut pas sans influence sur la panique que nous venons de décrire.

A quatre heures 1/2 l'action était décidée : les bataillons prussiens, la droite au hameau de Lundstädt, la gauche vers le village de Reichartswerben, s'avançaient, canons en tête, sur le tourbillon dans lequel s'était fondue l'armée combinée, accablant de ses salves et de sa mitraille les efforts isolés des régiments français. Bientôt la plaine de Rossbach fut couverte d'une multitude de fuyards que sabraient les cavaliers de Seydlitz. Les hommes affolés jetaient fusils, chapeaux, effets de campement et ne songeaient qu'à échapper au carnage. Grâce à l'attitude énergique des régiments de cavalerie de la Reine et de Bourbon Cusset, et des dragons d'Apchon, la gauche française, qui avait moins souffert que la droite, commença sa retraite en assez bon ordre; mais elle fut bientôt entraînée dans la débâcle. Seule la division Saint-Germain, qui n'avait pris aucune part à l'affaire, resta intacte et vint servir d'arrière-garde.

« La déroute fut absolument générale, dit un correspondant déjà cité (1). La cavalerie qui avait paru vouloir se rallier suivit le mauvais exemple, et il ne fut plus possible de rien contenir; chacun s'enfuit où il put. M. de Soubise se retira sur Freyburg, et les troupes de l'Empire sur Naumburg où il y avait un pont gardé par 1,000 hommes des Cercles. Il était tard, la bataille n'ayant commencé qu'à trois heures ; nous ne fûmes point suivis, le roi de Prusse craignant une embuscade. Toutes nos troupes passèrent l'Unstrut, une grande partie en bateau, l'autre sur les ponts, mais dans un désordre inexprimable et où il y eut beaucoup de monde de noyé. La terreur était si grande que le lendemain on ne put encore rassembler personne... Pour prouver combien la terreur a été violente et générale, il suffit de dire que, dès la matinée d'hier, il y avait des fuyards à Eisenach qui est à 30 lieues du champ de bataille; et de plus le soir il y est arrivé à six heures un capitaine et un lieutenant d'infanterie avec un drapeau escorté de 4 soldats. Nous avons perdu tout notre canon. »

La plus grande partie des vaincus prit la route de Freyburg; « quelques désorientés (2) celle de Weissenfels à Merseburg. Ces derniers ont tous été faits prisonniers, les Impériaux ayant la droite de l'armée ont seuls fait cette sottise. » De Vault dans sa relation confirme ces détails : « La confusion a duré jusqu'à Freyburg, la nuit l'a augmentée; l'incertitude des chemins, un grand ravin qu'on ne connaissait pas, les bois fréquents y ont aussi contribué; la frayeur a rendu presque tout le monde sourd, la fatigue a fait rester beaucoup d'officiers et de soldats dans les villages; la maraude a arrêté quelques-uns; tout cela a été pris le lendemain matin... M. de Soubise lui-même a couru partout; il n'a trouvé partout que des lueurs de

---

(1) Lettre à Rainsault. Escheweghe, 9 novembre 1757. Archives de la Guerre.

(2) Lettre à Rainsault, 20 décembre 1757. Archives de la Guerre.

retour et de fermeté; chacun lui a échappé, et peu s'en est fallu qu'il n'ait été lui-même victime du peu de connaissance du terrain. »

Sans la nuit qui arrêta la poursuite, les résultats de la bataille eussent été encore plus désastreux. Dans l'état, ils se montèrent pour les alliés à 5 ou 600 tués, plus de 2,000 blessés et environ 5,000 prisonniers. D'après un rapport fourni par M. de Lugeac cinq jours après l'action, la perte en tués, blessés ou prisonniers fut, pour les officiers seuls du corps français, de 647, dont 8 généraux, 489 appartenants à l'infanterie, 134 à la cavalerie et 16 à l'état-major et au corps royal; plus de 6,000 soldats manquèrent à l'appel; beaucoup de ces derniers il est vrai rejoignirent après des absences plus ou moins prolongées. Au nombre des officiers généraux tués ou morts de leurs blessures, figurèrent le comte de Revel, maréchal général des logis de l'armée, le marquis de Custines, maréchal de camp, le comte de Durfort, aide-maréchal des logis de la cavalerie, M. Doyat, aide-major général et le duc de Beauvilliers brigadier; le comte de Mailly, lieutenant général, le chevalier d'Ailly, le chevalier de Rougé, maréchaux de camp, et M. de Guibert, aide-major général, tombèrent aux mains de l'ennemi. Parmi les Impériaux, le prince de Hildburghausen, qui avait essayé de racheter les fautes du commandement par son courage personnel, reçut une blessure à l'épaule.

Comme trophées de leur victoire, les Prussiens s'emparèrent de 67 pièces de canon, de 7 drapeaux et de 15 étendards; leur perte comparée à celle des vaincus fut insignifiante; elle atteignit 165 tués et 376 blessés (1) appartenant en grande partie à la cavalerie. Le prince Henri, frère du Roi, les généraux Seydlitz et Meinecke furent au nombre des blessés. Sur les 27 bataillons présents à l'action,

---

(1) *Geschichte des siebenjährigen Krieges*. Vol. I, p. 371.

8 furent sérieusement engagés, et encore pour deux seulement de ces derniers le nombre de cartouches brûlées dépassa la moyenne de 12 par soldat. C'est à bon droit que la critique militaire a attribué la victoire de Rossbach aux dispositions de Frédéric, aux qualités manœuvrières de ses troupes, à la charge de Seydlitz et au judicieux emploi de l'artillerie prussienne.

Dès les jours qui suivirent l'affaire, les dépêches de Soubise et les correspondances de l'armée cherchèrent à reporter sur Hildburghausen et sur les contingents de l'Empire la responsabilité de la défaite; l'amour-propre national aidant, cette légende a été reproduite par beaucoup d'historiens. Certes, à en croire les rapports cités plus haut, la conduite des troupes des Cercles fut pitoyable. Nous avons vu fuir leur cavalerie à l'aspect des escadrons de Seydlitz; leur infanterie ne se conduisit guère mieux; sur les 9 bataillons présents à Rossbach, seuls ceux de Würzburg et de Darmstadt firent bonne contenance; les autres, saisis d'affolement, jetèrent leurs fusils ou les déchargèrent en l'air, abandonnèrent leurs canons et décampèrent au plus vite. Ils laissèrent entre les mains du vainqueur de nombreux prisonniers, dont beaucoup furent en réalité des déserteurs heureux d'échanger le service de l'Empereur contre celui du roi de Prusse. Mais tout en reconnaissant la mauvaise attitude des soldats de l'Empire, il faut loyalement avouer que les Français eurent leur large part dans la honte de la déroute. Mettons hors de calcul les 10 ou 12,000 hommes de l'armée des Cercles qui prirent part à la bataille; Soubise avait sous ses ordres directs 50 bataillons et 42 escadrons, sur lesquels 40 des premiers et 26 des seconds furent engagés. Avec ses propres troupes, auxquelles il convient d'ajouter les 6 escadrons autrichiens, il était très supérieur aux Prussiens qui ne comptaient que 27 bataillons et 45 escadrons sur le champ de bataille; à l'armée du Roi, forte de 21,600 hommes, le général français pouvait opposer 36,000 de ses nationaux (1).

Heureusement pour Soubise, la poursuite du vainqueur fut molle ; la courte journée d'hiver, l'heure tardive à laquelle fut terminée l'action, ne donnèrent guère à Frédéric le temps d'achever sa victoire. Le lendemain, il ne dépassa pas Freyburg où il fit rétablir sur l'Unstrut le pont que les Français avaient brûlé. Il se contenta de faire harceler l'ennemi par sa cavalerie légère qui ramassa quelques centaines de prisonniers et force butin, « beaucoup (2) d'équipages et plusieurs tentes d'officiers doublées de soie. » L'armée des Cercles était évidemment hors de combat pour le reste de l'année ; libre de ce côté, comptant, pour fournir de la besogne à Richelieu, sur la rupture de la convention de Closter Seven qu'il savait imminente, Frédéric prit ses mesures pour voler au secours de la Silésie où ses affaires prenaient une tournure inquiétante.

Ce fut de Freyburg, dans la nuit du 5 au 6 novembre, que Soubise annonça sa défaite ; le soir du second jour il mandait (3) que l'armée continuait sa retraite « à marches un peu forcées, pour revenir de l'abattement excessif et de la douleur où elle est plongée. » Hildburghausen avait séparé son sort de celui de son collègue ; il n'était pas venu à un rendez-vous qu'il avait cependant fixé lui-même, et s'était borné à indiquer qu'il prenait avec ses Impériaux la direction d'Arnstadt. Le 8, Soubise écrit de Sachsenburg que sur le bruit du passage de l'Unstrut par un gros détachement prussien, et sur l'avis de l'évacuation d'Halberstadt par Richelieu, il gagnera Nordhausen. Dans ce campement où l'on arriva le 9, on com-

(1) Nous avons estimé les bataillons à un effectif de 600 hommes et les escadrons à 150 y compris les officiers.
(2) Relation d'un officier prussien, 11 novembre 1757. Archives de la Guerre.
(3) Soubise à Paulmy. Wicke, 6 novembre 1757. Archives de la Guerre.

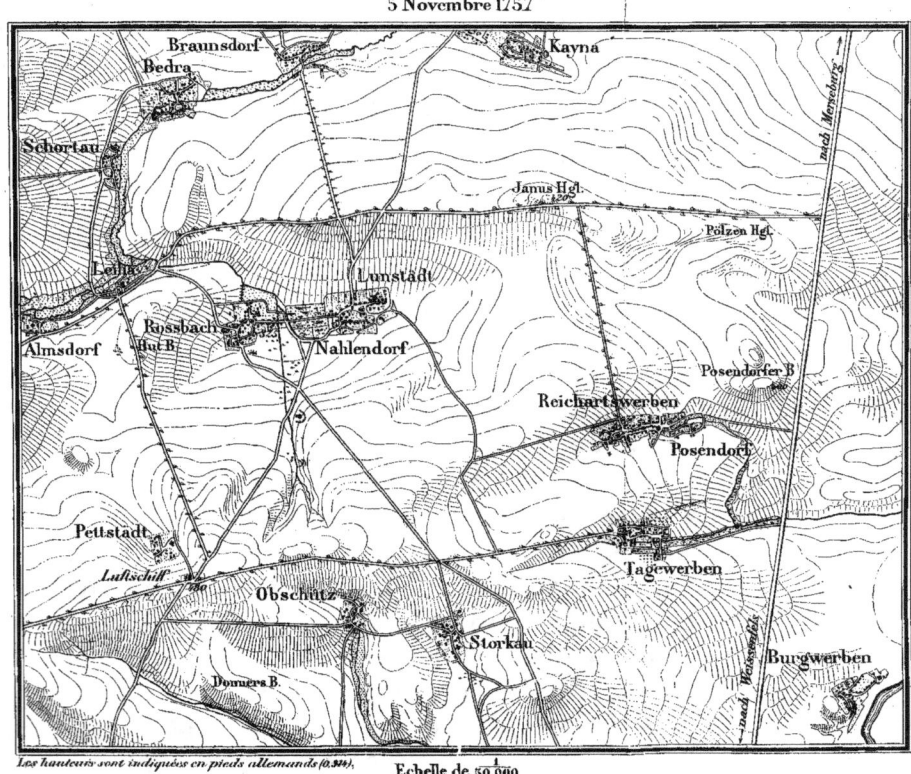

mença à reprendre haleine et à songer à la réorganisation.

A vrai dire, jusqu'alors le mouvement des Français avait été plutôt une fuite précipitée, sans ordre ni méthode, qu'une marche militaire. La discipline, depuis longtemps fort ébranlée, avait complètement sombré dans le désastre; malgré son optimisme habituel, le général en chef est obligé de l'avouer (1) : « Je ne puis vous cacher que le désordre a été très grand pendant la retraite. Les troupes couchaient dans les bois et s'écartaient pendant la nuit; il n'était pas possible d'y remédier. Les officiers y ont donné beaucoup d'attention, mais on mourait de faim et de fatigue. D'ailleurs vous n'avez pas ignoré que pendant toute la campagne l'armée a beaucoup maraudé. Ce qui est encore plus fâcheux, c'est que les paysans se sont armés et nous laisserons beaucoup de monde qu'ils assommeront. Ce sont des suites inévitables du malheur qui nous est arrivé, et qui serait devenu encore plus irréparable si le roi de Prusse nous avait suivis vivement. »

Dans leur correspondance, les officiers subalternes font, des jours qui suivirent la bataille de Rossbach, un tableau beaucoup plus chargé. « S'il y eût eu là un ordre de retraite, écrit l'un d'eux (2), on pourrait en donner le détail, mais on a fui pendant huit jours croyant toujours voir venir l'avant-garde prussienne. On trouvait sous la double broderie la source de cette terreur. Le soldat marchant en désordre se portait partout, et pillait non seulement le paysan mais les équipages de l'armée. » M. de Bourcet, commandant de l'artillerie, est aussi sévère dans son jugement : « J'ajouterai, Monseigneur (3), qu'il règne une si grande indiscipline et une volonté si déterminée au

---

(1) Soubise à Paulmy. Nordhausen, 10 novembre 1757. Archives de la Guerre.
(2) Lettre à Rainsault. Archives de la Guerre, vol. 3443.
(3) Bourcet à Paulmy. Nordhausen, 10 novembre 1757. Archives de la Guerre.

pillage parmi les troupes, qu'on ne peut s'en promettre aucune chose à l'avantage de la nation et au soutien de la gloire de nos armes; 20,000 hommes de troupes médiocres en battraient 30 de cette espèce. » A propos de perte d'effets d'hôpitaux que le ministère voulait faire rembourser par les corps, l'aumônier attaché à ce service put écrire (1) : « Une année de solde de l'armée de Soubise suffirait à peine pour payer tous les pillages et dommages que les fuyards ont faits dans le pays depuis sa déroute; ils ont volé et tué dans le plat pays, et même ont pillé des équipages d'officiers qui étaient escortés; les domestiques pillaient autant que les soldats. Au premier gîte où les effets de l'hôpital ont commencé à être pillés, il y avait plus de 400 soldats de tous les régiments de l'armée qui ne vivaient que de maraude. » Enfin le rapport confidentiel de M. de Vault, tout en plaidant les circonstances atténuantes, reproduit les mêmes faits (2) : « Le manque de la subsistance en pain, la fatigue, le froid, tout cela mit de l'humeur et par conséquent du désordre partout. M. le prince de Soubise et tous les officiers généraux ont cherché à l'empêcher, mais tout a été inutile. Les fuyards et les traîneurs se sont répandus partout, ont pillé partout, et n'ont rejoint qu'en augmentant la honte de leur faute par leur brigandage. Le séjour que nous avons fait à Nordhausen a commencé à remettre les têtes; il faut remettre les cœurs tant du côté du courage que de celui de la discipline. »

D'après le sous-chef d'État-major, les ferments de désorganisation s'étaient introduits dans l'armée après la jonction avec les troupes des Cercles, et grâce à l'indulgence du commandant en chef à l'égard des officiers et des sergents des compagnies, s'étaient manifestés depuis,

---

(1) Briancourt au ministre. Cassel, 28 novembre 1757. Archives de la Guerre.
(2) De Vault à Paulmy. Mulhausen, 24 novembre 1757. Archives de la Guerre.

en plusieurs circonstances : « La veille de la bataille (1), lorsque l'ennemi a paru devant nous à Mücheln, il y avait dans les villages hors du camp, dans les bois, et de tous côtés, plus de 4 à 5,000 hommes répandus et occupés à la maraude... La générale qu'on battit l'après-midi n'en a pas rappelé la moitié, et nous avons combattu dans cet état (2). » A en croire De Vault, l'esprit de l'officier ne valait pas mieux que celui du soldat : « Il y a une autre raison, Monseigneur, qui a bien certainement contribué à notre malheur, c'est le peu de discipline de la part du plus grand nombre des officiers. Cette indiscipline est soutenue par le dégoût que la plupart ont pour le service... chacun prétend que l'officier n'est point en état de vivre et que le Roi doit absolument penser à améliorer son état. » Cette mauvaise humeur de l'officier du rang, besogneux et sans avenir, nous avait été signalée à maintes reprises dans la correspondance de Gisors; elle était la plaie de l'armée dont elle ébranlait la subordination et tuait le sentiment du devoir. Soubise lui-même est obligé d'y faire allusion. « Je vois avec chagrin, écrit-il (3), que les officiers demandent beaucoup de congés et de passeports pour retourner en France. Il y en a beaucoup qui ne se cachent point de la résolution où ils sont de ne pas revenir, si leur état ne change pas. Il est certain qu'ils ont beaucoup souffert pendant la campagne, et leur situation misérable a causé de grands désordres auxquels il faut remédier. »

De l'insuffisance des subalternes, De Vault passe aux défaillances des supérieurs : « Vous ne sauriez en même temps être trop sévère pour que les officiers généraux restent aux divisions auxquelles ils sont attachés, et ne s'en

---

(1) Bourcet dans sa lettre du 10 novembre donne le même renseignement.
(2) D'après le billet d'Hildburghausen à Soubise écrit le matin de la bataille, il en aurait été de même dans la journée du 5 novembre.
(3) Soubise à Paulmy. Nordhausen, 13 novembre 1757. Archives de la Guerre.

écartent jamais pour aucune raison de commodité ou autre. J'ai vu bien souvent pendant cette campagne arriver des malheurs, c'est la profusion de vaisselle d'argent qu'on traîne avec soi; si le Roi ne défend pas absolument les assiettes, ce sera un grand mal, tant que le Roi ne s'expliquera pas lui-même de vive voix et positivement sur ces différents articles. »

En outre de ces causes générales et pour ainsi dire endémiques, il faut, pour expliquer l'effondrement de Rossbach tenir compte de la division du commandement, et de l'impéritie d'Hildburghausen qui en l'occurrence et fort mal à propos avait revendiqué les droits et l'autorité de général en chef. « Trop d'ardeur (1) de la part de M. le prince d'Hildburghausen, et trop de confiance de la nôtre » avaient fait engager l'affaire. Au lieu de prendre, après la levée du camp, entre Pettstädt et Reichartswerben, une position d'attente qui aurait offert le double avantage de menacer le flanc des Prussiens et de couvrir ses propres communications, on avait couru, sans préparation d'ensemble ni de détail, sans reconnaissance du terrain, sans avant-garde, à la poursuite d'un ennemi qu'on imaginait en retraite. « Notre disposition était très bonne à ce que je crois, écrivait Soubise cinq jours après la rencontre; le roi de Prusse ne nous a pas donné le temps de l'exécuter. » Il serait difficile de faire de la direction du combat une critique plus sanglante. Un plan de campagne ou de bataille, excellent en lui-même, échoue par suite de circonstances ou d'événements qu'il était impossible à son auteur de prévoir. Ici rien de pareil; les commandants de l'armée alliée ne pouvaient supposer que le roi de Prusse, dont ils connaissaient le tempérament, attendrait tranquillement dans son camp le mouvement tournant qu'il voyait se dessiner contre lui; et cependant ils l'abordèrent

(1) Bourcet à Paulmy. Wicke, 7 novembre 1757. Archives de la Guerre.

dans un ordre de marche qui rendait, sinon impossible, du moins fort difficile, le déploiement de leurs troupes. Ils ne surent pas tirer parti de leur cavalerie qui chargea successivement et par petits paquets; les quelques régiments, tant français qu'autrichiens, qui firent leur devoir, furent écrasés par la masse supérieure des escadrons de Seydlitz. L'artillerie qui accompagnait les colonnes d'infanterie, au lieu de protéger par ses feux l'attaque projetée, dut établir ses batteries dans un terrain en contrebas et ne fit aucun mal à l'ennemi avantageusement posté.

A toutes ces fautes tactiques, les généraux alliés ajoutèrent celle de n'avoir pas su profiter des avantages que leur assurait leur supériorité numérique. Une grande partie de leur aile gauche ne fut pas engagée et fut entraînée dans la déroute sans avoir tiré un coup de fusil; la division Saint-Germain se laissa amuser par une poignée de Prussiens, ne fit aucun effort (1) pour percer le faible rideau qui lui était opposé, et ne songea à intervenir qu'après la perte de la bataille.

Au surplus, la défaite de Rossbach, peu honorable pour l'armée vaincue, fut due surtout à l'incapacité et à l'imprévoyance de ses chefs. En sa qualité de généralissime, Hildburghausen eut sa large part de responsabilité. Pour Soubise le jugement de l'histoire est resté sévère : Quoique placé sous les ordres de son collègue, il avait en maintes occasions revendiqué son indépendance; commandant les Français qui composaient plus des trois quarts de l'effectif total, il aurait pu se dérober, une fois de plus, à l'exécution des ordres d'un homme dont il avait souvent discuté l'autorité. Si à Rossbach, pendant les quelques heures qui précédèrent l'affaire, il avait montré l'obstination passive dont il fit usage quand il refusa de suivre Hildburghausen dans

(1) Dans un rapport postérieur à la bataille, Saint-Germain affirma avoir parcouru le tiers de la distance qui le séparait du gros de l'armée, quand il entendit le premier coup de canon. Papiers de Clermont. Archives de la Guerre.

sa pointe sur Leipsick, il eût sauvé l'armée et la gloire de son maître. Intraitable quand il y aurait eu tout avantage à marcher, il devint faible et docile quand il n'y en avait aucun à livrer bataille. Une victoire à Rossbach en effet aurait été presque stérile, car la saison était trop avancée pour entreprendre la conquête de la Saxe, ou même le siège de Torgau. Eût-il éprouvé un échec, Frédéric attaqué sur le tard, couvert par la nuit et protégé par sa nombreuse cavalerie, aurait pu se retirer sans pertes bien sensibles derrière la Saale, dont certes les alliés n'auraient pas osé tenter le passage.

Dans les cercles militaires, on montra peu d'indulgence pour le général battu dont on attribuait le choix, non sans raison, à la faveur bien plus qu'au talent ou aux services rendus. « Jamais les troupes, écrit Gisors (1), n'ont eu la moindre confiance en lui, et ceux qui viennent de périr sous ses ordres sont regardés avec indignation comme des victimes immolées à sa faveur; si cette même faveur le soutient malgré cet échec dans un poste dont on le juge incapable, il ne peut rien espérer de ceux qu'il commandera et de tout le public militaire. » Le verdict du jeune brigadier a été dépassé en sévérité par celui d'une autorité bien autrement compétente : Voici en quels termes Napoléon (2) a donné son appréciation sur la défaite et sur le général : « Le résultat de la bataille de Rossbach n'est pas extraordinaire; 22 à 26,000 Prussiens, troupes d'élite et bien commandées, devaient battre 45 à 50,000 hommes de troupes de l'Empire et françaises de ce temps, si misérablement commandées; mais ce qui a été un sujet d'étonnement et de honte, c'est d'avoir été battus par 6 bataillons et 30 escadrons... A la bataille de Rossbach, le prince de Soubise ima-

(1) Gisors à Belleisle. Gross Schoulpen, le 10 novembre 1757. Archives de la Guerre.
(2) Précis de la guerre de Sept Ans écrit à Sainte-Hélène.

gina vouloir singer l'ordre oblique. Il fit une marche de flanc devant les positions du Roi. Les résultats en sont assez connus. Frédéric à Kolin ne perdit que son armée. Soubise à Rossbach perdit son armée et l'honneur. »

Cette condamnation, fondée au point de vue du tacticien, nous paraît excessive. Une défaite comme celle de Rossbach, quand elle engage la responsabilité du chef, peut détruire ses prétentions à la réputation militaire mais n'entache pas son honneur. Sans doute Soubise devait pour beaucoup son élévation à l'affection de Mme de Pompadour et à l'amitié du Roi; mais parmi les nombreuses médiocrités qui constituaient le cadre des lieutenants-généraux de l'armée française de cette époque, s'il est difficile de soutenir que le vaincu de Rossbach se détache supérieur, il serait injuste de lui décerner un brevet d'infériorité. Consciencieux, attentif à la besogne, soucieux du bien-être du soldat, serviable pour ses subordonnés, brave au feu, Soubise eut le malheur de se trouver, en compagnie d'un collègue plus incapable que lui-même, opposé au premier général de son temps; aussi faut-il lui en vouloir moins d'avoir été battu que d'avoir livré bataille. En risquant une action, en désobéissant à l'esprit et presque à la lettre des instructions de la cour, il avait mérité une disgrâce; tout au contraire, son malheur en le rendant intéressant ne fit que confirmer son crédit.

Pour le souverain, dont on se plairait à excuser la débonnaireté si elle ne s'était pas exercée sans souci et aux dépens des intérêts de son royaume, la journée de Rossbach prit bientôt le caractère d'un désastre. L'effondrement de son armée marqua aux yeux du monde la décadence de la France; avec lui s'évanouit le prestige glorieusement acquis pendant le règne de Louis XIV, plus péniblement maintenu pendant les premières années de son successeur; il mit en lumière l'indiscipline des soldats, l'impéritie des généraux. En revanche la victoire facile et éclatante des Prussiens accrut beaucoup la gloire du chef et la renommée de ses troupes. Frédéric y déploya toutes ses qualités : sang-froid du général qui laisse, sans s'émouvoir, se dessiner les projets de l'adversaire, décision prompte aussitôt qu'il les a percés, exécution aussi rapide qu'intelligente, utilisation des avantages du terrain, mise à profit des fautes de l'ennemi, concentration de tous les moyens sur leur point faible, emploi habile des trois armes, maximum de résultats obtenus au prix d'un minimum de sacrifices, telles sont les caractéristiques de cette action qui fut le point tournant de sa fortune pour l'année 1757, et peut-être pour toute la guerre. Frédéric, hâtons-nous de le dire, fut admirablement secondé; Seydlitz surtout, par la conduite de ses escadrons et le coup d'œil sur le terrain, se révéla général de cavalerie de premier ordre.

Pendant les trois jours passés à Nordhausen Soubise remit un peu d'ordre dans l'armée; de nombreux fuyards et traînards rentrèrent dans le rang; on se compta et on put constater que sauf dans les régiments de Piedmont, Mailly et Poitou pour l'infanterie, dans la brigade de Penthièvre pour la cavalerie, les pertes n'étaient pas aussi sensibles qu'on l'avait cru d'abord. Mais personne ne pensa à tirer parti de la disparition des Prussiens pour se reporter en avant; les soldats qui avaient perdu leurs tentes, leurs effets, leurs marmites, étaient trop démoralisés pour tenter un effort contre lequel les officiers auraient été les premiers à protester.

On était las de la campagne et on ne songeait qu'au repos des quartiers d'hiver; la discussion s'engagea avec Richelieu sur la région à choisir. Soubise aurait voulu se loger en Hesse avec le gros de ses troupes et occuper Eisenach (1), Gotha et Erfurt avec son avant-garde; Riche-

---

(1) De Vault à Paulmy. Duderstadt, 19 novembre 1757. Archives de la Guerre.

lieu, d'accord en la circonstance avec Crémille (1) arrivé à Halberstadt la veille de la bataille, ne se souciait pas de prendre contact avec l'armée vaincue et conseillait son renvoi dans le comté de Hanau et sur le Mein. D'ailleurs l'installation dans la Hesse du corps de Soubise aurait entraîné le départ des 19 bataillons et 28 escadrons qui y étaient déjà, et le resserrement des cantonnements de la grande armée. Le maréchal des logis général de celle-ci, Maillebois, vint à Duderstadt, localité située au delà des montagnes du Hartz, conférer avec Soubise et lui faire part des intentions de son chef. Dans les dépêches envoyées (2) à la suite de cette entrevue, Soubise se déclara prêt à rendre à Richelieu la division que ce dernier lui avait prêtée, à servir sous ses ordres à la condition de conserver son état-major indépendant, mais désireux de se loger en Hesse, où il se chargerait, avec les 30 bataillons et 20 escadrons qui lui resteraient, de garnir et au besoin de défendre la ligne du Weser supérieur et de son affluent la Werra. En attendant la décision du ministre, il obtempéra à l'invitation du maréchal, mit ses propres troupes en marche sur Fulde, et renvoya en Westphalie celles que lui avait amenées le duc de Broglie.

Ce fut à Duderstadt que le général malheureux reçut les premiers avis de la cour; la nouvelle de Rossbach était arrivée à Versailles le 11 novembre, tandis que la première lettre de Paulmy était datée du 15. Le ton du ministre, qui avait eu le temps de s'inspirer des sentiments du souverain, était aussi sympathique que rassurant (3) : « J'ose espérer que connaissant jusqu'à quel point je vous suis dévoué, vous ne douterez pas un moment que l'in-

(1) Crémille à Paulmy. Brunswick, 11 novembre 1757. Archives de la Guerre.
(2) Soubise à Paulmy. Duderstadt, 14 novembre 1757. Archives de la Guerre
(3) Paulmy à Soubise, 15 novembre 1757. Archives de la Guerre.

térêt que je prends à votre satisfaction n'entre pour beaucoup dans la douleur et l'abattement dont je suis affecté, et dans les souhaits que je fais pour que vous puissiez vous procurer quelques sujets de consolation. » Du moment que Paulmy semblait plus touché du chagrin personnel du général vaincu que du tort fait à l'armée et à la cause du Roi, Soubise pouvait espérer que Louis ne se vengerait pas de l'affront infligé à sa renommée, en disgrâciant l'auteur responsable du désastre.

Une seconde dépêche (1) apporta les instructions définitives. Les troupes de Soubise devaient être cantonnées dans la Hesse « ou dans les autres pays... que M. le maréchal de Richelieu et vous jugerez les meilleurs »; elles passeraient sous l'autorité du généralissime; mais avec quels ménagements la décision est-elle communiquée! « Cette position les met à la vérité aux ordres de M. le maréchal de Richelieu qui sera même obligé de changer une partie de ses quartiers déjà établis pour leur place; mais je vois, Monseigneur, que vous avez prévu vous-même que dans les circonstances présentes, vous trouvant affaibli d'une grande partie de votre armée par la perte qu'elle a soufferte, et séparé entièrement, et à ce qu'il faut espérer pour toujours, de l'armée de l'Empire, vous avez senti, dis-je, qu'il était difficile de ne pas réunir votre armée à celle de M. le maréchal de Richelieu, du moins pour cet hiver et jusqu'à ce que de nouvelles circonstances mettent le Roi à portée de vous confier un nouveau corps où, n'étant subordonné à personne, vous puissiez vous livrer sans contrainte à ce que vos lumières militaires et votre zèle vous inspirent... Au reste son intention est que vous continuiez de commander sous lui un corps de réserve, comme vous le faisiez, au commencement de la campagne, sous M. le maréchal d'Estrées;

---

(1) Paulmy à Soubise, 21 novembre 1757. Archives de la Guerre.

que ce corps soit composé des régiments de votre armée qui ont le moins souffert à l'action du 5, et des autres régiments qu'il jugera à propos d'y joindre... Quelque nécessaire que soit cet arrangement dans les circonstances présentes, ce n'est pas, Monseigneur, sans une vraie peine que je vous l'annonce. Du reste vous saurez sans doute par le Roi lui-même qu'il est bien éloigné de vous faire aucun reproche, ni de vous imputer aucun tort dans le malheur qui vous est arrivé. Je suis témoin au contraire de ce que Sa Majesté déclare aussi ouvertement au public qu'Elle le dit librement en particulier, que la journée du 5 ne vous a rien fait perdre de sa confiance, de son estime et de ses bontés. »

En annonçant la résolution royale à Richelieu, le ministre tient le même langage; il a soin de le prévenir (1) « que Sa Majesté, bien loin d'être mécontente de M. le prince de Soubise, lui conserve les mêmes bonnes grâces et est très éloignée de vouloir lui causer aucune mortification. » Décidément la faveur du Roi et l'amitié de la Pompadour l'emportaient sur toute considération militaire ou politique.

Moins partiale, l'opinion publique se vengea de la blessure faite à l'amour-propre national, en chansonnant le général malheureux. Les vers suivants, dans lesquels Soubise est censé raconter sa campagne, donnent un aperçu de l'esprit humoristique qui s'exerça à ses dépens (2) :

> Mardi, mercredi, jeudi,
> Sont trois jours de la semaine.
> Je m'assemblai le mardi,
> Mercredi je fus en plaine,
> Je fus battu le jeudi.
> Mardi, mercredi, jeudi,
> Sont trois jours de la semaine.

(1) Paulmy à Richelieu, 22 novembre 1757. Archives de la Guerre.
(2) Chanson sur la bataille de Rossbach, vol. XXXIV. Archives de la Guerre.

L'ordre relatif au cantonnement dans la Hesse ne put pas être exécuté ; quand il parvint à l'armée, les régiments étaient déjà en plein mouvement sur le Mein et la Lahn ; ils continuèrent leur marche, et dans les premiers jours de décembre Soubise s'installa à Hanau, d'où il était parti six mois auparavant. « Il est difficile, Monseigneur, écrivait avec quelque raison De Vault (1), devenu chef d'état-major du corps indépendant, de se consoler d'être obligé d'aller prendre des quartiers sur le Mein et près du Rhin, après avoir été aux portes de Leipsick. »

Pendant la campagne de Rossbach et la retraite précipitée qui avait suivi la défaite, que s'était-il passé à l'armée de Richelieu? Ce général, on s'en souvient, après avoir détaché une division sous le duc de Broglie pour renforcer le corps de Soubise, était resté inactif à Halberstadt. Désireux de satisfaire le besoin de repos qui se manifestait dans tous les rangs et dans tous les grades, anxieux des lenteurs et des difficultés de tout genre qui retardaient l'exécution de la convention de Closter Seven, il aurait voulu établir ses quartiers d'hiver dans le Brunswick et le Hanovre ; et pour assurer ses derrières et tirer parti des pays occupés, il avait signé avec le prince Ferdinand une convention de neutralité qui lui accordait les desiderata visés. Malheureusement pour les desseins du maréchal, il lui avait fallu soumettre cet arrangement à la ratification de la cour. En attendant la réponse de Versailles, et tout en gardant ses positions, il ne cessait de revenir sur l'impossibilité de demeurer à Halberstadt.

Mais, si à l'état-major et dans les régiments, on se montrait fort opposé à la prolongation du séjour, à Paris, au contraire, on trouvait intempestive une retraite qui laisserait Soubise à découvert et encouragerait les entreprises du roi de Prusse ; on n'osait pas prescrire la conser-

(1) De Vault à Paulmy. Duderstadt, 19 novembre 1757. Archives de la Guerre.

vation d'Halberstadt, mais on ne cachait pas ses préférences pour cette solution.

Enfin, dans la dernière décade d'octobre, on reçut au quartier-général des instructions positives (1) qui tranchèrent la question. Richelieu était autorisé, non sans réserves et malgré l'opinion contraire du Roi, à se retirer et à prendre ses quartiers d'hiver sur l'Ocker, ne laissant derrière lui que des troupes légères chargées de surveiller la rentrée des contributions. Cette décision était trop conforme aux idées du maréchal et aux vues dont s'était inspiré l'armistice conclu avec les Prussiens, pour ne pas être la bienvenue; mais il n'en fut pas de même de la mission du lieutenant-général de Crémille. Cet officier, considéré à juste titre comme le bras droit du ministre de la guerre, était envoyé auprès de Richelieu et Soubise sous couleur de se concerter avec eux pour les préparatifs du siège de Magdebourg, objectif avéré de la campagne prochaine. Richelieu ne cacha pas son dépit : « Crémille va arriver, écrit-il à Duverney, (2); je l'aime, je l'estime, tout s'arrangera sûrement tout au mieux, après quoi on me permettra de m'en aller m'expliquer et rétablir les choses sur un autre pied, ou m'en aller à Richelieu, parce que rien dans la nature ne me ferait rester ici sur le pied que j'y suis depuis plusieurs mois. » Bernier reflète (3) la mauvaise humeur de son chef : « Le voyage de M. de Crémille l'occupe et l'afflige beaucoup, ainsi que ses alentours. » Gisors lui-même, peu suspect de sympathie pour le maréchal (4), ne dissimule pas la fâcheuse impression produite par les ordres

---

(1) Paulmy à Richelieu, 13 et 16 octobre 1757. Archives de la Guerre.
(2) Richelieu à Duverney, 20 octobre 1757. *Correspondance de Richelieu.*
(3) Bernier à Duverney, 22 octobre 1757. Papiers de Clermont. Archives de la Guerre.
(4) Gisors à Belleisle. Ochserleben, 28 octobre 1757. Archives de la Guerre. Lettre citée par Camille Rousset.

contradictoires de la cour, et par la mission de Crémille. « Personne assurément n'aime moins que moi M. de Richelieu ; mais il faut être juste, le mal vient de plus haut ; et quand il perce de toutes parts que la cour n'a nulle confiance dans un général, que M. Duverney, de son cabinet de Paris, prétend mieux connaître la situation d'une place que les plus habiles officiers généraux qui sont sur les lieux,... que les courtisans qui composent la plus grande partie de l'armée y portent les intrigues de la cour, croyez-vous qu'il soit aisé à un général d'inspirer une certaine considération pour lui, de faire servir avec goût, et de mettre l'ensemble si nécessaire dans une armée?... Ainsi, blâmant peut-être M. le maréchal sur certains points, je le plains avec équité sur beaucoup d'autres. Je trouve fort simple qu'il soit mécontent de l'arrivée de M. de Crémille qui passe dans l'armée pour venir être le censeur de sa conduite. »

Richelieu n'était pas au bout de ses peines ; vers la fin d'octobre il apprit (1) que le Roi repoussait le projet d'armistice ; il se montra fort mécontent d'un rejet qui bouleversait tous ses arrangements. « L'on se repentira plus d'une fois, écrit-il (2) à Duverney, et vous plus que tout autre, d'avoir refusé le marché que le bailli d'Halberstadt avait offert, auquel le roi de Prusse avait consenti. » Au ministre, il manifeste sans détour sa contrariété (3) : « C'est un malheur quand les opérations militaires sont subordonnées à un certain point au politique, et ordinairement l'un et l'autre s'en trouvent plus mal. » Quant au mouvement de retraite, il l'effectuera sans retard, en dépit des invitations reçues en dernier lieu de se maintenir le plus longtemps possible à Halberstadt, il

---

(1) Paulmy à Richelieu, 21 octobre 1757. Archives de la Guerre.
(2) Richelieu à Duverney, 30 octobre 1757. *Correspondance de Richelieu.*
(3) Richelieu à Paulmy. Halberstadt, 2 novembre 1757. Archives de la Guerre.

n'est pas d'ailleurs sans inquiétude au sujet de Soubise : « J'espère qu'il se retirera sans échec derrière l'Unstrut; dans ce moment je me retirerai de même derrière l'Ocker, ce qui est une affaire de deux ou trois jours au plus, à ce qu'il me paraît. » Tant pis si Crémille ne rejoint pas avant l'évacuation : « Je suis très affligé que son départ ait été si fort retardé, car j'ai bien peur qu'il soit obligé de s'en retourner sans pouvoir voir par lui-même la beauté du poste admirable d'Halberstadt. »

Malgré les craintes sarcastiques du maréchal, Crémille arriva en temps utile; débarqué au quartier-général le 4 au matin, il visita la ville et ses environs et fit aussitôt son rapport, peu favorable (1) aux desseins de la cour : La mise en défense de la place, indispensable si on voulait s'y maintenir, demanderait, d'après le commandant de l'artillerie, M. de Vallière, trois mois de travaux, 6,000 brouettes et une infinité de tranchées. Il avait été à Quedlinbourg « plat comme la Beauce », mais n'aurait pas le temps de pousser jusqu'à la Bode « parce que M. le maréchal évacue demain Halberstadt et tous les autres postes en avant... supposé néanmoins que les nouveaux mouvements du roi de Prusse vis-à-vis de M. le prince de Soubise n'obligent de se porter à son secours. » Un post-scriptum daté d'Achem le 6 novembre à neuf heures du soir, annonce la défaite de Rossbach; les troupes ayant été dirigées sur Duderstadt, rien ne serait changé à cette marche qui protégerait la retraite des vaincus.

Bien vite rassuré sur le sort de son collègue que la rapidité de sa fuite avait mis à l'abri, Richelieu envoya Maillebois s'entendre avec lui à Duderstadt, et se rendit de sa personne avec le gros de ses forces à Brunswick, où l'appelaient les nouvelles fort graves du Hanovre.

Nous avons raconté plus haut l'accueil fait à Londres à

(1) Crémille à Paulmy. Halberstadt, 5 et 6 novembre 1757. Archives de la Guerre.

la convention de Closter Seven, le rappel et la disgrâce de Cumberland, les hésitations des ministres anglais et hanovriens, la mission de Münchhausen auprès du conseil de régence à Stade, enfin l'envoi du général Schulenburg au roi de Prusse. Pendant qu'on cherchait à mettre d'accord les conseils violents de George II avec les avis timorés de ses ministres électoraux, les deux alliés du Roi-Électeur avaient entamé des pourparlers qui avaient abouti pour le Brunswick à Vienne, mais qui étaient encore en suspens à Paris pour la Hesse. Richelieu, immobile à Halberstadt, n'avait pas encore été fixé par le cabinet français sur le traitement qui serait appliqué aux contingents hessois et brunswickois, une fois rapatriés. Il fut désagréablement surpris (1) par la visite d'un officier chargé de lui annoncer un mouvement rétrograde de la division hessoise. Ces troupes, arrêtées dans leur marche à la suite du malencontreux propos du maréchal sur le désarmement, étaient restées cantonnées sur place avec l'assentiment des autorités françaises, en attendant la solution du point en suspens. Le général Zastrow, qui avait pris le commandement après le départ de Cumberland, prévenait le maréchal que, pour faciliter le service des vivres, il venait de ramener les Hessois sur Stade. Sous un prétexte en apparence plausible, c'était en réalité une violation de la capitulation et des arrangements postérieurs. Richelieu répondit aussitôt par une protestation adressée à Zastrow et au Landgrave.

A peu près en même temps que l'émissaire hanovrien, arriva le hessois Donop, délégué par son souverain pour continuer avec le général en chef les négociations commencées à Paris. Dans une lettre à Donop dont celui-ci donna lecture à Richelieu, le Landgrave s'étendait sur « la misère à laquelle son pays est livré et sur l'existence qu'il

(1) Richelieu à Bernis. Halberstadt, 1er novembre 1757. Archives de la Guerre.

tire de la valeur de ses troupes. » Un passage était surtout à retenir : « J'ignore, écrivait le prince (1), si le roi de la Grande-Bretagne, comme Électeur de Hanovre, ratifiera la capitulation de Closter Seven ; mais le ministère britannique prétend que le duc de Cumberland, dans aucune qualité, ne pouvait disposer des troupes payées par la Grande-Bretagne… Je ne cacherai pas non plus qu'on me presse de faire passer mes troupes pour joindre celles du roi de Prusse, ce qui m'avait fait désirer qu'elles fussent dans les États du roi de Danemark pour éviter une situation aussi embarrassante. Tâchez de faire expliquer le maréchal de Richelieu sur l'usage qu'il voudrait faire de mes troupes. » Ce ne serait qu'après entente sur le point des contributions et sur celui de l'emploi de ses soldats que le Landgrave pourrait prendre parti. Aux questions de Donop le maréchal n'avait répondu qu'en termes évasifs. Les choses en étaient là, quand survint une dépêche de Versailles (2) donnant carte blanche au commandant de l'armée pour le traitement des Hessois. La cour préférerait le désarmement ; « mais les difficultés nouvelles que vous éprouvez à cet égard nous mettent dans le cas de remettre entièrement cet article à votre prudence, pour ne pas nous exposer à une rupture totale plus désagréable encore que ne sont importantes, quoiqu'elles le soient beaucoup, les raisons qui feraient désirer ce désarmement. »

Muni de son autorisation, le maréchal se rend auprès de Donop qui était au lit avec un accès de goutte ; à son chevet il trouve le comte de Lynar ; il les somme tous deux d'avoir à exécuter la convention, toute difficulté ayant disparu au sujet des troupes hessoises. « En vertu de mes

---

(1) Richelieu à Bernis. Halberstadt, 1 novembre 1757. Résumé de la lettre du Landgrave. Archives de la Guerre.
(2) Ministre à Richelieu, 24 octobre 1757. Archives de la Guerre.

pleins pouvoirs, raconte Richelieu (1), vu la circonstance présente, je lui donnai parole qu'elles ne le seraient pas (désarmées), parce que rien n'était si pressé dans le mois de novembre où nous étions que de savoir si nous aurions la paix ou la guerre... J'ai accompagné cela de tout ce qui pouvait effrayer des horreurs du droit de la guerre après l'infraction d'une capitulation. »

Ce langage énergique parut impressionner. « Il (M. de Lynar) a marqué en même temps beaucoup de joie de la situation de cette affaire qu'il regardait comme finie; et M. Donop, avec un air mêlé de désir et de crainte et de douleurs de goutte, m'a dit qu'il allait faire partir un courrier dont il demanderait le retour avec autant d'impatience que je pouvais le désirer; et le courrier est parti effectivement hier au soir, avec des lettres de M. de Lynar pour le commandant des troupes de Hanovre à Stade, qui étaient, à ce qu'il m'a assuré, une sommation pour l'exécution de la capitulation que je demande. »

Richelieu croit à une prompte solution et énumère les bons résultats qu'il en attend : « Je ne sais si je me trompe, Monsieur, mais si le retour du courrier du Landgrave, que j'ai sommé de la plus prompte réponse, arrive aussitôt que je l'espère, et que les troupes hessoises se mettent en marche pour venir en Hesse, et y être dispersées selon les arrangements ultérieurs qu'il sera fort aisé de prendre, et que les troupes hanovriennes marchent dans le duché de Lauenbourg, vous jouissez de fait de tous les avantages de la capitulation puisque les troupes hessoises seront au milieu des vôtres à votre discrétion, ce qui rend plus que probable l'acquisition de ces troupes à votre service, à des conditions raisonnables que la justice du Roi voudra bien leur accorder. Vous jouissez de celles de

---

(1) Richelieu à Bernis. Halberstadt, 1 novembre 1757. Archives de la Guerre.

CONCENTRATION DES CONFÉDÉRÉS.

Brunswick par un autre traité, et celles de Gotha dont jusqu'ici vous ne m'avez pas parlé feront certainement ce que vous voudrez. Les troupes de Hanovre, isolées, unies ou séparées, ne sont pas de grande considération, en tenant surtout tout leur pays à notre disposition comme nous le faisons. » En terminant, Richelieu rappelle qu'il n'a pas les pouvoirs pour négocier un traité définitif avec Cumberland ou son successeur, et qu'il attend les ordres du Roi à ce sujet.

Sans aucun doute, le désir de surveiller de plus près les agissements des alliés n'avait pas été étranger à l'évacuation d'Halberstadt. Au cours de la marche rétrograde, on avait eu des avis fort inquiétants. M. de Perreuse, qui commandait à Harburg, signalait les mouvements (1) de concentration des Hanovriens qui avaient continué malgré sa protestation adressée à Zastrow. Du quartier-général de Brunswick, Richelieu expédia à son tour, le 9 novembre (2), au général hanovrien et au landgrave de Hesse, des lettres leur enjoignant, maintenant que la question du désarmement des Hessois était résolue en leur faveur, d'exécuter la convention et de reprendre la dislocation suspendue. Il avait eu soin de souligner sa mise en demeure par des propos destinés à être répétés, sur les représailles qu'il se croirait en droit d'exercer contre les domaines de l'Électeur et du Landgrave et contre les propriétés (3) de leurs ministres. Enfin, pour appuyer ce langage menaçant, 30 bataillons et 30 escadrons furent diri-

(1) Zastrow à Perreuse, 2 novembre 1757. Perreuse à Zastrow, 4 novembre 1757. Perreuse au ministre, 4 novembre 1757. Archives de la Guerre.

(2) Richelieu à Zastrow. Brunswick, 9 novembre 1757. Archives de la Guerre. Voir le texte de la lettre Hassel, p. 526. Richelieu au Landgrave. Brunswick, 12 novembre 1757. Archives de la Guerre.

(3) Des affiches ordonnant la confiscation des biens meubles et immeubles des officiers hanovriens furent posées à la date du 22 décembre 1757. La menace ne fut pas suivie d'exécution. Papiers de Clermont. Archives de la Guerre.

gés sous les ordres du marquis de Villemeur du côté de Lüneburg.

Toutefois, en rendant compte de ces mesures, Richelieu ne peut dissimuler ses craintes (1) : Pas de réponse du Landgrave au message transmis par Donop; ce dernier « a la goutte la plus monstrueuse du monde; je le vois cependant tous les jours, et comme cela ne l'empêche pas de causer, il me l'aurait annoncé s'il en avait eu. » Il serait très important de détacher les troupes de Brunswick de l'armée confédérée, mais, écrit-il non sans ironie : « Je suis si accoutumé au peu d'intelligence que l'on me trouve en capitulation que je n'aurais jamais pris sur moi de changer l'article d'un traité... et par la défiance où vous m'avez mis de mes lumières, si M. de Crémille qui vous a quitté depuis peu, et par conséquent qui est plus à portée de savoir vos intentions et d'avoir votre confiance, ne m'y avait absolument décidé. » Il fut convenu avec le duc de Brunswick que le contingent ducal serait immédiatement rappelé, et qu'en attendant l'accord sur les conditions du passage de ces troupes au service de la France, Villemeur protégerait leur marche et assurerait leur subsistance.

On commençait à s'inquiéter aussi à Versailles; la dépêche de Richelieu se croisa avec une lettre de Bernis (2). Le ministre des Affaires Étrangères se justifiait du retard apporté à la ratification, en invoquant la nécessité d'explications qu'un peu plus de clarté dans la rédaction primitive eût rendues inutiles. « D'ailleurs, Monsieur, ce n'est pas à vous à qui il faut apprendre que dans les affaires politiques, et surtout dans les traités et conventions, les points et les virgules ne sont pas indifférents. » Aujourd'hui les difficultés sont levées; Richelieu a, pour terminer

---

(1) Richelieu à Bernis. Brunswick, 12 novembre 1757. Archives de la Guerre.
(2) Bernis à Richelieu, 12 novembre 1757. Archives de la Guerre.

l'incident, des pleins pouvoirs qu'on n'a pu préparer « avant d'avoir rétabli et éclairci l'état de la question. » Dans l'intervalle, il est vrai, a eu lieu le malheur de Rossbach dont la nouvelle vient d'arriver à Paris et sur les conséquences duquel il est impossible de se faire illusion : « L'échec que nous venons de recevoir rendra peut-être plus difficile et épineuse votre négociation avec le duc de Brunswick et le landgrave de Hesse; c'est pourquoi, en vous instruisant de ce qu'il conviendrait au Roi de stipuler dans les traités que vous devez signer avec eux, Sa Majesté vous laisse le maître d'adoucir certaines conditions que les circonstances ne vous mettraient plus dans le cas de pouvoir obtenir. » Bernis continue en insistant sur l'urgence de soutenir les Suédois et le duc de Mecklembourg, menacés par l'armée de Lehwaldt; il se demande même s'il ne serait pas possible d'envoyer à leur secours les Hessois et Brunswickois dès qu'ils seraient entrés au service de la France. Dans un post-scriptum, le ministre accuse réception de l'avis concernant les mouvements des alliés; il en est vivement affecté, et exprime la crainte que la convention ne soit violée par les Hessois aussi bien que par les Hanovriens.

A la dépêche était annexé un mémoire (1) évidemment rédigé avant connaissance de la défaite de Soubise; cette pièce débutait par une longue diatribe contre la mauvaise foi du roi d'Angleterre, parlait de la méfiance qu'inspiraient les agissements suspects du Danemarck, et démontrait l'avantage qu'il y aurait à détacher de la confédération le Brunswick et la Hesse, et à prendre les contingents de ces deux États à la solde française. D'infortune, ce projet, très habilement combiné, avait le tort de n'être plus de circonstance; praticable en août, en septembre ou en octobre, il ne l'était plus après la bataille de Rossbach.

(1) Instructions pour Richelieu, 13 novembre 1757. Archives de la Guerre.

Au moins croyait-on pouvoir compter sur la défection des Brunswickois; le duc, sommé (1) par la régence de Hanovre de s'expliquer catégoriquement sur ses intentions, avait différé sa réponse et expédié à ses troupes l'ordre positif de le rejoindre dans la capitale. Ces instructions reçurent un commencement d'exécution (2). La division ducale se mit en marche le 19 novembre à trois heures du matin; le général d'Imhoff qui la commandait, trouva à la digue de Mulsum le pont coupé par un détachement hanovrien; il fallut chasser les opposants et rétablir le passage; on y perdit trois heures. Entre temps, des régiments, tant hanovriens que hessois, s'étaient mis à la poursuite des Brunswickois, s'étaient emparés des bagages et avaient fait l'escorte prisonnière. On se mit à parlementer (3). Imhoff, très embarrassé du rôle qu'il avait à jouer, se laissa intimider par la vue de quelques cavaliers sur les flancs et en tête de sa colonne, suspendit son mouvement et alla porter ses réclamations au général Zastrow qui était accouru sur les lieux. Il fut aussitôt arrêté et conduit sous bonne garde à Stade; le général de Behr tomba dans le même piège et eut le même sort. Désorientés, sans direction, privés de leurs chefs, les Brunswickois durent reprendre, sous la surveillance de leurs alliés, le chemin du camp sous les murs de Stade. Cette affaire donna lieu à une longue polémique entre le duc de Brunswick, son frère et son fils (4); le duc, qui était sous la coupe des Français et qui avait pris avec eux des engagements, semble avoir été de bonne foi et avoir voulu sincèrement

---

(1) Richelieu à Bernis. Brunswick, 10 novembre 1757. Archives de la Guerre.
(2) Factum du duc de Brunswick, 21 novembre 1757. Archives de la Guerre.
(3) Voir pour les détails Hassell, p. 474 et suivantes.
(4) Voir la correspondance du duc de Brunswick. *Parallèle de la conduite du Roi.*

rappeler ses troupes de l'armée; ses frères et son fils, le prince héréditaire, étaient acquis à la cause prussienne; ce dernier se retira momentanément à Hambourg pour ne pas prendre parti contre son père. Quant à Imhoff, s'il faut en croire les bruits que l'envoyé anglais (1) de La Haye recueillit, probablement de la bouche du prince Louis de Brunswick, il aurait été de connivence avec les généraux hanovriens et les aurait prévenus des ordres qu'il avait reçus; son arrestation n'aurait été qu'une comédie habilement montée pour le disculper vis-à-vis de son souverain.

Richelieu était en route pour rejoindre son avant-garde, quand il apprit à la fois l'échec de la tentative des Brunswickois, la nomination du prince Ferdinand de Brunswick au commandement de l'armée confédérée, et l'occupation de Bremerworden par un détachement hessois devant lequel les quelques dragons français qui occupaient le bourg avaient dû battre en retraite. Zastrow (2) cherchait, il est vrai, à expliquer ce dernier incident par des nécessités de ravitaillement et protestait de son intention de maintenir la trêve; de son côté le conseil de régence invitait le comte de Lynar à venir conférer avec lui à Stade; mais il était impossible de se laisser tromper par de bonnes paroles que démentaient les événements journaliers. « Il est aisé de sentir, écrit le maréchal (3), que c'est une comédie qui approche du dénouement, et je la jouerai de même jusqu'à ce que je trouve une occasion de leur enlever quelques postes considérables; mais je n'ai nulle confiance, comme vous croyez bien, dans le succès du voyage de M. de Lynar... Je joins aussi copie de la lettre que j'ai reçue du landgrave de Hesse, et celle de ma réponse dans laquelle je dis à peu près tout ce qui reste à dire; mais il n'y a

---

(1) Yorke à Newcastle. La Haye, 13 janvier 1758. Newcastle Papers.
(2) Zastrow à Richelieu, 21 novembre 1757. Archives de la Guerre.
(3) Richelieu à Paulmy. Ultzen, 23 novembre 1757. Archives de la Guerre.

point d'argument qui puisse triompher d'un prince de soixante-quatorze ans, qui radote par conséquent. »

Il était difficile de se faire illusion sur les intentions du Landgrave. Dans sa réponse du 16 novembre (1), ce prince se basait sur la déclaration de Sa Majesté britannique au sujet du paiement des subsides, et sur l'impossibilité de se priver de sa dernière et unique ressource pour refuser de prendre « aucun parti que de l'aveu et de concert avec l'Angleterre. » A partir de ce moment, Guillaume de Hesse ne varia plus; il résista aux efforts que fit auprès de lui M. de Champeaux, le ministre français de Hambourg, pour renouer les pourparlers, et ne voulut pas écouter l'autrichien Kettler, attaché à l'état-major de Richelieu, que celui-ci avait chargé d'une tentative finale. « Le Landgrave m'ayant élevé et ayant été mon tuteur, écrit cet officier, (2) je fus envoyé à Hambourg comme particulier pour tâcher de lui parler et faire entendre raison; je le vis, je fis en sorte que les nouvelles de Schweidnitz lui parvinssent. Le caractère de son âge est particulier; de temps en temps il radote; souvent il a peur, et quelquefois l'idée du vieux romain lui passe par la tête; il est gouverné par Hardenberg. » Quelles que fussent les influences qui agirent sur l'esprit du prince, sa détermination de rompre fut définitivement notifiée par une lettre (3) où il rappelait qu'il n'avait pris aucune part directe à la convention de Closter Seven.

Le 27 novembre, le maréchal était à Lüneburg d'où il expédia un détachement de 500 hommes renforcer la garnison de Harburg. « Nous en sommes, mande-t-il (4), pour

---

(1) Landgrave de Hesse à Richelieu. Hambourg, 16 novembre 1757. **Parallèle de la conduite du Roi.**
(2) Kettler à Stahremberg, 5 décembre 1757. Archives de Vienne.
(3) Landgrave à Richelieu, 28 novembre 1757. Archives de la Guerre.
(4) Richelieu à Paulmy. Lüneburg, 27 novembre 1757. Archives de la Guerre.

ainsi dire toujours au compliment à qui tirera le premier. » L'attente ne fut pas longue; l'armistice fut dénoncé le 28 par une lettre du prince Ferdinand (1), qui informait les Français de sa nomination au commandement de l'armée et de la reprise des hostilités.

Depuis longtemps cette solution avait été prévue et préparée dans le camp ennemi. En Angleterre et en Hanovre, on était d'accord, avec des nuances qu'expliquent les circonstances locales, pour se dérober à l'exécution du contrat; mais on différait sur l'opportunité de la rupture. Dans un conseil tenu à Stade le 28 octobre, où s'étaient rencontrés les frères Münchhausen, l'un venu de Londres, l'autre de Hanovre grâce à un passe-port que Richelieu avait eu la légèreté de lui octroyer, on décida l'envoi auprès du roi de Prusse d'un officier chargé de sonder ses intentions et de lui demander sur quel appui on pouvait compter. Le comte de Schulenburg, à qui on confia cette mission, rejoignit Frédéric le surlendemain de la bataille de Rossbach. Il eut plusieurs audiences auxquelles assistèrent (2) Mitchell et Eichel, ministre attaché à la personne du Roi. Frédéric, de fort belle humeur, fit bon accueil au comte, le questionna sur l'état des troupes alliées et sur leurs cantonnements; aussitôt édifié sur ces points essentiels, il déclara « qu'il fallait lever le masque et agir drapeau déployé »; puis tout en faisant l'éloge du soldat, il émit des doutes sur la capacité des chefs. Schulenburg répondit « qu'il ne dépendait que de Sa Majesté de suppléer au défaut des généraux en nous accordant un de ses généraux, comme le prince Ferdinand, lequel à ce que je croyais serait fort agréable au Roi mon maître. Sa Majesté prussienne y consentit, et ayant fait appeler sur

---

(1) Prince Ferdinand de Brunswick à Richelieu, 28 novembre 1757. *Parallèle de la conduite du Roi.*

(2) Schulenburg au président Münchhausen. Leipsick, 11 novembre 1757. Newcastle Papers.

le champ le dit Prince, lui donna cette commission que le Prince accepta. » Le Roi promit de seconder les opérations de l'armée confédérée par une diversion dans le pays d'Halberstadt. « Il ne pouvait pas pour le présent faire davantage, ayant à se défendre contre trop d'ennemis, d'autant que nous, par nos retraites et nos conventions, avions causé beaucoup de dommage à ses meilleures provinces, parce que nous ne songions qu'à notre terre sainte sans nous soucier beaucoup de ses États ».

La nomination du prince Ferdinand ne se fit pas avec la brusquerie dont le récit du général hanovrien donne l'impression. Dès le 10 octobre (1), Holdernesse avait suggéré, de la part du roi d'Angleterre, le choix d'un des princes de la maison de Brunswick comme successeur de Cumberland ; mis au courant de ce projet, Frédéric (2) avait promis son assentiment ; aussi était-il tout préparé à la demande des autorités électorales. L'affaire conclue, Schulenburg et le prince Ferdinand élaborèrent un plan stratégique qui fut soumis au Roi ; puis le nouveau général en chef alla attendre à Magdebourg ses lettres de service, et le Hanovrien s'empressa de rapporter à Stade la bonne nouvelle.

Aussitôt fixé par la relation de Schulenburg, le conseil de régence résolut d'agir : « Le parti est décidé, écrit-il à Londres (3), lequel selon les ordres de Votre Majesté nous avons eu à prendre ; car l'une des conditions qui nous a été prescrite, à savoir que le roi de Prusse battrait l'armée française ou la pousserait avec avantage, ayant été remplie, Sa Majesté prussienne... s'est offerte à concerter les opérations de guerre. » Suivent les dispositions adoptées :

---

(1) Holdernesse à Mitchell, 10 octobre 1757. Mitchell papers.
(2) Mitchell à Holdernesse. Leipsick, 30 octobre 1757. *Correspondance politique*, vol. XV p. 467.
(3) Relation des ministres d'État du Roi. Traduction. Stade, le 18 novembre 1757. Newcastle papers.

LE PRINCE FERDINAND ARRIVE A STADE. 657

On s'est mis en rapport avec le landgrave de Hesse pour être « entièrement assuré » du concours de son contingent; le prince héréditaire de Brunswick s'emploie dans le même sens auprès du duc son père; les généraux Zastrow et Sporcken ont reçu l'ordre de concentrer et de mobiliser les troupes; enfin on avertit Mitchell que tout se prépare pour la reprise des hostilités et on réclame la prompte venue du général en chef. En effet, le 16 novembre, le conseil expédia un courrier au prince Ferdinand, le priant, vu la gravité des circonstances, d'assumer le commandement de l'armée sans attendre la notification officielle de Londres. Ferdinand se rendit à cet appel (1), partit de Magdebourg le 20 novembre avec une faible escorte, faillit être enlevé par le français Grandmaison qui à la tête de quelques pelotons de hussards réquisitionnait sur la rive droite de l'Elbe, arriva à Hambourg, y rencontra le Landgrave et le prince héritier de Brunswick, et parvint à Stade le 23 novembre à cinq heures du soir.

Quand deux jours plus tard, l'infatigable Lynar se présenta dans cette ville, porteur des offres les plus conciliantes de la part de Richelieu qu'il avait laissé « fort inquiet », il dut se borner à constater que la rupture était consommée. « Les ministres, écrit-il (2) à Bernstorf, vinrent d'abord me voir et ne firent aucune difficulté de m'avouer qu'on était résolu de recommencer la guerre;... ils ont les mains liées par des ordres supérieurs. » C'est en vain que le Danois se déclare prêt à transmettre à Richelieu des ouvertures pour une paix générale, lesquelles pourront être communiquées à Versailles, et s'efforce d'obtenir le maintien de l'armistice jusqu'au retour du courrier. Les ministres ont témoigné « de ne pouvoir non seulement pas entrer là-dessus, mais qu'ils n'oseraient pas même suspendre les opérations militaires pour des propositions

(1) Voir pour tous les détails Hassell, p. 478 et suivantes.
(2) Lynar à Bernstorf. Stade, le 27 novembre 1757. Newcastle papers.

que je fusse autorisé à leur faire de la part la France... Enfin, à ma grande douleur, ils m'ont fait connaître que le vin était tiré et qu'il fallait le boire. Ils conviennent qu'ils jouent très gros jeu, mais le roi d'Angleterre a cru devoir plutôt risquer la ruine totale de ses États que de ne pas céder à la véhémence d'une nation qui ne fait pas moins, dit-on, que de menacer sa couronne. »

Les hostilités commencèrent par la sommation de Harburg; le maréchal de camp de Perreuse, dont la petite garnison venait être renforcée, répondit par un refus énergique. Le général Hardenburg prit aussitôt ses mesures pour le blocus et le bombardement de la ville.

Richelieu sentait toute l'importance de conserver le contact avec les Suédois qui s'étaient avancés dans l'Ucker Mark, et avec le duc de Mecklembourg qui était sur le point de signer un traité avec la France; il eût désiré se maintenir à portée de Harburg, mais il n'avait avec lui que des forces insuffisantes : 35 bataillons et 25 escadrons à effectifs réduits, soit environ 17,000 hommes, à opposer aux 35,000 dont l'adversaire pouvait disposer pour l'offensive. D'autre part, il n'était pas sans inquiétude sur ses derrières, mal protégés contre une attaque des Prussiens de Magdebourg; aussi se résigna-t-il à évacuer Lüneburg et à concentrer son armée autour de Celle sur les bords de l'Aller. Les ordres furent donnés en conséquence; les troupes des lignes de communication durent se porter en avant, et Soubise fut invité à quitter le comté de Hanau où il venait d'arriver, et à remplacer en Hesse et sur la Wurra les corps rappelés en Hanovre.

Villemeur, que le maréchal avait laissé à Lüneburg, effectua sa retraite sans autre incident qu'un combat heureux, où Caraman à la tête de ses dragons et de quelques troupes légères de Fischer, infligea des pertes sérieuses à la cavalerie hanovrienne qui le serrait de trop près. Malgré la longueur de la campagne le troupier montrait beaucoup d'entrain. « Pas un soldat n'a murmuré, écrivait Gisors (1) avant la dénonciation de l'armistice; tous ont chanté le long de la route; les malingres que j'ai laissés à Celle pleuraient d'y demeurer, et malgré l'ordre que j'avais de ne mener que 400 hommes par bataillon, il m'a été impossible d'en amener moins de 480, parce que ceux qui se portaient bien se seraient crus déshonorés de rester et auraient sûrement déserté pour nous rejoindre. » On dut abandonner à Lüneburg (2) une grande partie des provisions qu'on ne put emporter faute de moyens de transport; mais on eut soin d'emmener quelques notables comme otages pour assurer la livraison des contributions non encore acquittées. Le 3 décembre, le maréchal était rentré à Celle où l'armée se réunissait. Quelques jours après, Crémille évaluait (3) les forces derrière l'Aller, depuis l'embouchure de l'Ocker jusqu'à Rethem, à 54 bataillons et 52 escadrons, soit à peu près 28,000 hommes, qui seraient bientôt augmentés de 2 à 3,000 en marche de Brunswick. La gauche des Français, forte de 11 bataillons et 8 escadrons, soit environ 5,000 combattants, bordait le Weser. « Avec des précautions aussi sagement prises, écrivait Crémille, il y a lieu de se tranquilliser sur les événements, et si le prince Ferdinand s'obstine à vouloir combattre, je crois qu'on lui rendra la médecine beaucoup plus amère qu'il ne le pense peut-être. »

Ce ne fut que le 13 décembre que l'armée hanovrienne parut devant Celle; pendant la première quinzaine du mois ses mouvements avaient été entravés par l'attitude des Brunswickois, qui ne voulaient pas désobéir aux ordres de leur duc en prenant parti contre la France. Ferdinand commença les opérations par un coup de vi-

(1) Gisors à Belleisle. Giphorn, 16 novembre 1757. Archives de la Guerre.
(2) Lucé à Paulmy, 1ᵉʳ décembre 1757. Archives de la Guerre.
(3) Crémille à Paulmy. Celle, 8 décembre 1757. Archives de la Guerre.

gueur, en chassant l'avant-garde de Richelieu d'un faubourg de la ville situé au delà de l'Aller. La retraite que le comte de Gisors eut à couvrir avec 14 compagnies de grenadiers ne fut pas effectuée avec le calme nécessaire; au premier moment on ne put trouver des matières inflammables pour brûler le pont. « Il a fallu, écrit notre brigadier (1), que j'envoyai chercher chez tous les épiciers de la ville du goudron, de l'huile, du beurre, du soufre, et fis arracher toutes les palissades du jardin... M. le Maréchal était aujourd'hui au désespoir du désordre de nos troupes; elles sont de leur côté mécontentes. »

A la suite de cette échauffourée, Richelieu (2) fut sur le point de céder la ligne de l'Aller et de se replier sur Hanovre; puis il se ravisa, convoqua un conseil de guerre (2) et résolut, conformément à l'avis de la majorité, de se maintenir à Celle, « parce qu'il serait honteux d'abandonner nos malades, nos magasins, et nos munitions de guerre. » Pendant la confusion qui résulta de cette incertitude, on mit le feu à des bélandres chargées de grains et d'avoine, et on détruisit ainsi des approvisionnements dont la pénurie se fit bientôt cruellement sentir. Cependant les renforts appelés de toutes parts arrivaient rapidement; le 17 décembre Richelieu (4) put annoncer au ministre qu'il avait réuni 74 bataillons et 60 escadrons, qu'il était en état de repousser toute attaque de l'ennemi, qu'il se proposait même de repasser la rivière et de reprendre l'offensive.

L'esprit de l'armée laissait malheureusement fort à désirer. Le major général de l'infanterie Cornillon (5), jusque-là très optimiste, est obligé d'en convenir : Il se

---

(1) Gisors à Belleisle. Sous Celle, 15 décembre 1757. Archives de la Guerre.
(2) Richelieu à Paulmy. Celle, 14 décembre 1757. Archives de la Guerre.
(3) Gisors à Belleisle. Celle, 17 décembre 1757. Archives de la Guerre. Lettre citée par C. Rousset.
(4) Richelieu à Paulmy. Celle, 17 décembre 1757. Archives de la Guerre.
(5) Cornillon à Paulmy. Celle, 17 décembre 1757. Archives de la Guerre.

plaint du manque de tentes, de l'insuffisance des hôpitaux pour les nombreux malades; l'argent fait défaut pour payer les entrepreneurs; la démoralisation a fait des progrès effrayants. « Il y a eu ici avant-hier dans les faubourgs de cette ville une maraude affreuse, et le soldat ne reconnaissait plus son officier;... toute cette maraude est occasionnée par le défaut de discipline, par la négligence de l'officier, lequel ne veut se mêler en rien de sa troupe, et dit journellement que c'est l'affaire de l'état-major. Cela est au point que des officiers qui sont détachés à la tête de 50 hommes pour la police, tournent la tête quand ils voient faire du dommage, et en laissent faire par leurs détachements; et tout cela par un vrai dégoût du métier et par le désir qu'ils ont de retourner en France... Nous avons mis des détachements dans les villages afin que le fourrage ne fût pas pillé; la plupart de ces détachements ont été forcés par la cavalerie, les dragons et l'infanterie, des officiers à la tête... ». La conclusion est navrante : « Il ne faut pas se flatter, Monseigneur, mais il est absolument nécessaire de changer presque la constitution militaire, sans quoi le Roi n'a plus d'armée. Il faut absolument attacher l'officier à son état par l'intérêt; il n'y a plus que ce principe qui fasse agir, et le remède presse. »

Des corps de troupes le découragement gagna les hauts grades, et donna lieu à une scène caractéristique dont Richelieu rendit compte à la cour. Au retour d'une reconnaissance « je trouvai (1) quelques officiers généraux chez moi, qui me dirent que la plupart d'entre eux n'approuvaient pas le passage (de l'Aller) que l'on disait que je méditais. Je demandai si c'était une députation et par quel hasard on me donnait de tels avis sans que je les demandasse, et sans même être mieux instruit de ce que je

---

(1) Richelieu à Paulmy. Celle, 19 décembre 1757. Archives de la Guerre.

méditais. L'on me répondit par des compliments, assurances d'attachement, intérêt à ma gloire, et lieux communs sur la politique et le militaire. Je répondis que je ferais toujours grand cas de leur avis, quoique j'en eusse été un peu effarouché au premier moment; mais que plus ils croyaient la situation délicate, et plus je devais être autorisé vis-à-vis du Roi à qui je devais rendre compte de tout; et que, comme ils ne devaient faire aucune difficulté d'écrire ce qu'ils disaient, que l'on me donnât l'avis signé, et qu'en attendant j'allais dîner parce que je mourais de faim et d'épuisement. »

Pendant que les mémoires se préparaient, la conversation s'engage entre le général en chef et Crémille. A ce dernier il expose les raisons qui lui font préférer les risques d'une affaire aux dangers d'une retraite : L'inaction serait un déshonneur vis-à-vis de l'Europe et des alliés de la France ; elle entraînerait plus de malheurs peut-être que la perte d'une bataille. Faute de subsistances l'armée ne pourrait se maintenir à Celle ; il faudrait reculer jusqu'à la Leine ; la défense de cette rivière serait aussi difficile que le passage de l'Aller ; on serait forcé de rétrograder au Weser, puis par manque d'approvisionnements peut-être jusqu'au Rhin. « Je vous assure, écrit Richelieu au ministre, que ce tableau effrayant n'est pas chargé; la partie des fourrages et des magasins est dans un état déplorable et qui doit faire trembler dans tous les cas, heureux ou malheureux. » Il termine sa dépêche en annonçant sa ferme intention d'essayer de franchir l'Aller : « J'en suis si persuadé, que je croirais trahir mon devoir que de ne pas suivre ce que mes lumières m'indiquent à cet égard, et la seule crainte que j'aie, c'est de faire faire à des gens une besogne aussi délicate à contre-cœur et qu'ils ne communiquent leurs craintes aux troupes. »

On doit le reconnaître, les avis que les généraux remirent au maréchal justifiaient amplement ses inquiétudes. Le marquis d'Armentières déclarait que les soldats n'avaient « pas de promptitude nécessaire pour se former » ; il craignait que « la légèreté de la nation » n'amenât du désordre. Le marquis de Laval était encore plus pessimiste (1) : « L'infanterie ne remplira pas ce que vous attendez d'elle ; j'ai vu cela le jour que les grenadiers se sont retirés du faubourg ; il ne faut pas vous tromper, ils n'étaient pas en ordre et tenaient de mauvais propos ;... les officiers parlent devant vous d'une façon, et en arrière d'une autre, car le ton est fort mauvais. » Gisors exprimait les sentiments de l'armée quand il écrivait (2) à son père : « Je rougis de le dire, mais les choses prennent un tel train que s'il y avait de quoi subsister, ce qui pourrait arriver de plus heureux à cette armée serait d'aller bien vite prendre des quartiers au-delà du Weser. »

Richelieu, nous devons le constater à son honneur, ne se laissa pas influencer par la démoralisation de son entourage ; la retraite qu'on lui conseille, il en est de plus en plus convaincu, ne s'arrêterait qu'au Rhin. Cependant du côté de la Saale les nouvelles sont inquiétantes ; le prince Henri de Prusse serait arrivé à Duderstadt, le maréchal Keith à Merseburg et à Halle ; il sera impossible à Turpin de se maintenir avec son corps léger à Halberstadt. Crémille ne dissimule pas le souci (3) que lui causent ces avis ; mais il est d'accord avec le maréchal pour croire qu'il faut conserver la ligne de l'Aller, tout en ne partageant pas l'opinion de ce dernier sur les avantages de se porter au delà de cette rivière. Richelieu persiste malgré tout ; dans une lettre du 23 décembre il annonce l'attaque pour le soir, mais il continue à être fort mécontent de ses lieutenants. Cette fois c'est de Beauffremont qu'il se plaint. Ce général, mis avec sa brigade sous les ordres du duc de

(1) Laval à Richelieu, Celle, 18 décembre 1757. Archives de la Guerre.
(2) Gisors à Belleisle, 20 décembre 1757. Archives de la Guerre.
(3) Crémille à Paulmy, 21 décembre 1757. Archives de la Guerre.

Broglie, ne seconde pas son chef dans le mouvement tournant dont il était chargé sur le bas Weser. Au lieu de concentrer ses hommes, Beauffremont les avait distribués en détachements isolés et maintenant il ne sait plus où ils sont; Broglie (1) n'a pas trouvé les Palatins qu'on avait mis à sa disposition.

A la réception de ce rapport, le maréchal (2) n'essaie pas de cacher son irritation : « Vous pouvez juger de ma colère ou pour mieux dire de mon accablement... J'avais écrit à M. de Beauffremont que je prenais sur moi tous les inconvénients que sa tête féconde en embarras lui présente à tout propos, et que je lui défendais, sous quelque prétexte que ce pût être, de disposer d'un seul homme sans mon ordre. Vous voyez cependant l'éparpillement qu'il en a fait sans savoir où il les a envoyés. »

Si l'on en juge par cet exemple de l'incapacité des chefs, il est permis d'exprimer des doutes sur le succès du grand projet de passage de l'Aller, dressé par le général et son chef d'état-major, Maillebois. Les dispositions arrêtées (3) comportaient des marches de nuit, de nombreuses attaques et fausses attaques, des mouvements concertés et subordonnés à certaines hypothèses, en un mot un ensemble de manœuvres compliquées qu'il eût été difficile de combiner en plein jour, et qui exécutées dans une nuit de décembre eussent certainement donné lieu à des mécomptes. Fort heureusement pour la renommée du maréchal, l'armée des alliés, qui souffrait tout autant que la sienne des intempéries de la saison et du manque de vivres, n'attendit pas le choc, et évacua ses positions avant d'être assaillie. Les Français franchirent la rivière sans opposition et occupèrent le camp ennemi où ils ramassèrent quelques traînards et des approvisionnements. En effet,

---

(1) Broglie à Richelieu. Rethem, 22 décembre 1757. Archives de la Guerre.
(2) Richelieu à Paulmy. Celle, 23 décembre 1757. Archives de la Guerre.
(3) Voir pour le détail de ces dispositions Luynes, vol. XVI, p. 318.

le prince Ferdinand avait à lutter contre les mêmes embarras que son adversaire; soit défaut d'organisation dans l'état-major, soit insuffisance de ses lieutenants, il n'avait pas profité de son avantage du 13 décembre; le passage de l'Aller prévu pour l'un des jours suivants avait été ajourné (1), et bientôt les renforts reçus par Richelieu rendirent fort scabreuse une entreprise qui dans le principe aurait offert des chances de succès. L'armée hanovrienne se retira sur Lüneburg où le quartier-général fut installé. Dans la pensée du Prince, la partie n'était que remise : « La rude saison, écrit-il au roi George (2), et particulièrement le très mauvais état de chaussures du soldat et le manque de fourrage, m'a contraint de suspendre les opérations et de mettre les troupes dans des quartiers de cantonnement. » Il ne renonce pas à son projet « de chasser les ennemis hors du pays aussitôt que possible », et espère reprendre vers le 15 février la campagne interrompue.

Malgré quelques velléités de suivre les Hanovriens dans leur retraite, Richelieu dut céder aux représentations de Maillebois (3) et de Crémille (4), et au sentiment de ses principaux généraux rebelles à toute continuation de l'offensive. Il se loue beaucoup (5) des bonnes dispositions du troupier qui contrastent avec la mauvaise volonté des officiers. « Si je dois juger des soldats par ce que j'y ai vu et ce que j'en sais, ils sont pleins d'ardeur et se battront bien; mais je ne dis pas de même de tous les officiers quelconques, dont assurément il faut craindre tout ce qu'il y a de pis. » Il en référera à la cour,

(1) York à Newcastle. La Haye, 3 janvier 1758. Newcastle Papers.
(2) Ferdinand de Brunswick au roi George. Ultzen, 5 janvier 1758. Newcastle Papers.
(3) Richelieu à Paulmy. Hanovre, 30 décembre 1757. Archives de la Guerre.
(4) Crémille à Paulmy. Hanovre, 31 décembre 1757. Archives de la Guerre.
(5) Richelieu à Paulmy, 2 janvier 1758. Archives de la Guerre.

car c'est à contre cœur qu'il renonce à une marche en avant. Le danger des Suédois qui battent en retraite devant l'armée de Lehwaldt, la situation critique du duc de Mecklembourg obligé d'abandonner ses États aux Prussiens et de se réfugier à Lubeck, appellent une diversion ; il serait désirable de rétablir avec ces alliés les communications que la capitulation de Harburg vient de couper. C'est au Roi de décider ; la teneur des ordres qu'il recevra déterminera s'il doit se porter sur l'Elbe ou prendre ses quartiers d'hiver.

Si le maréchal avait encore des doutes sur le parti à prendre, il n'y en avait plus dans son entourage qui se laissait aller à une débandade générale. Maillebois, prétextant l'état de sa santé, avait donné sa démission de maréchal des logis général, et avait obtenu l'autorisation de quitter l'armée. Crémille se disposait à en faire autant. Le comte de Laval avait invoqué des raisons d'affaires pour retourner à Paris. « Le comte de Noailles, écrit Richelieu (1), qui avait, à ce qu'il m'a dit, la permission du Roi de retourner quand il le jugerait à propos, est parti ce matin... Messieurs les colonels qui sont revenus ici par vos ordres demandent déjà à repartir ; je vous supplie de me marquer ce que je dois faire à cet égard ; je l'ai refusé à tous. »

C'est probablement sous l'impression de cette désertion que le général en chef renonce à son projet de prolonger la campagne. « Le parti le plus sage et le plus sûr, ajoute-t-il en post-scriptum, est de rester tranquille dans la position où je suis, dans laquelle je ne crois pas qu'il soit possible de me forcer, entre l'Ocker, l'Aller et la Leine, où il me paraît que je suis dans une forteresse inattaquable. » Il est présumable que les rigueurs de la saison furent aussi pour quelque chose dans cette détermination. Les

---

(1) Richelieu à Paulmy, 2 janvier 1758. Archives de la Guerre.

soldats souffraient beaucoup du froid; quelques factionnaires avaient été trouvés morts à leur poste; dans une seule nuit 40 dragons avaient eu les pieds gelés; « la terre était convertie en marbre. » Broglie annonçait que (1) le Weser était pris et dépeignait le triste état de sa division : « Il est bien à souhaiter que cela finisse, sans quoi il n'y aura plus d'armée. »

La fin des hostilités fut signalée par des événements de fortune diverse pour les armes françaises. Le premier fut la prise de Harburg par les Hanovriens; cette petite place capitula le 30 décembre après un bombardement de trente jours; le maréchal de camp Perreuse qui y commandait, se distingua par sa belle défense et obtint pour sa garnison les honneurs de la guerre et le droit de rentrer en France. Le second fut l'occupation de Brême par le duc de Broglie. Ce général, convaincu de la nécessité de se rendre maître d'une ville dont la possession assurait la défense du bas Weser, sollicita des ordres à cet effet. Ils lui furent expédiés le 13 janvier de Hanovre; Richelieu, dans un manifeste adressé aux habitants, invoquait la rupture par l'ennemi de la convention de Closter Seven pour se dégager (2) de la neutralité promise à la ville impériale.

A cette occasion Broglie déploya une énergie qui fait contraste avec la timidité de la plupart de ses collègues. Il somma, le 15 janvier, les magistrats de Brême, leur donna deux heures pour répondre et fit dans l'intervalle ses préparatifs d'assaut. Le délai expiré, on ouvrit les portes où vinrent se poster quelques grenadiers français. Le lendemain, avec une seule compagnie pour escorte, Broglie se

---

(1) Broglie à Richelieu, près Brême, 31 décembre 1757. Archives de la Guerre.

(2) Richelieu ne fit que prévenir le prince Ferdinand. Ce dernier annonce dans sa dépêche au roi d'Angleterre, en date du 3 janvier 1758, son intention d'occuper Brême dès la reprise des hostilités.

rendit à l'Hôtel de ville. « Je me portai, écrit-il (1), à la maison du commissaire. En y arrivant la populace commença à nous huer; je fis former les grenadiers et je m'avançai pour parler aux mutins qui étaient presque tous des bateliers ivres. Nous les haranguâmes, M. de Wurmser et moi, mais plus nous leur parlions et plus ils se mutinaient; ils se saisirent de grandes perches et de quelques haches et nous menacèrent beaucoup. J'envoyai chercher d'autres compagnies de grenadiers et nous payâmes d'audace... Enfin il nous arriva trois autres compagnies de grenadiers. Dès qu'ils nous virent en forces, ils s'éloignèrent et coururent à la porte par laquelle nous entrions. » Là il y eut une bagarre qui coûta la vie à trois hommes et à une femme; puis le calme se rétablit et les Français purent s'installer dans l'intérieur de la ville. Les troupes furent, d'après Broglie, « d'une sagesse exemplaire et d'une patience infinie, quoiqu'elles souffrissent beaucoup, étant sous les armes depuis le 15 au matin, et par le temps le plus froid que j'aie essuyé... Je vous fais mon compliment, M. le maréchal, sur cette conquête qui n'a pas été difficile; mais vu la proximité des ennemis et l'affection que la populace leur porte, si le projet de s'en emparer avait transpiré et qu'elle eût eu le temps de prendre un parti, cela aurait pu le devenir. »

Tandis que l'aile gauche prenait possession de Brême, de sa droite Richelieu avait dirigé une forte reconnaissance sous les ordres de M. de Voyer. Cet officier pénétra jusqu'à Halberstadt (2) chassant devant lui les détachements prussiens qu'il avait inutilement tenté de surprendre; il fit un court séjour dans la ville et essaya de faire rentrer les réquisitions dont la livraison avait été interrompue à la suite de la retraite de l'armée française, au commen-

(1) Broglie à Richelieu. Brême, le 17 janvier 1758. Archives de la Guerre.
(2) Halberstadt était retombé aux mains des Prussiens après le départ de Fischer.

cement de novembre. C'est à propos de l'incursion de Voyer que le maréchal écrivit au ministre (1) : « Il doit faire quelques échantillons de l'incendie et des désordres dont ils sont menacés s'ils ne paient pas les contributions; il doit en rapporter même autant que le temps et les circonstances pourraient le permettre, et amener de nouveaux otages. » Des exactions françaises dans son royaume, Frédéric se vengea à sa façon (2) en levant en Saxe un impôt extraordinaire.

La facilité avec laquelle l'expédition de Voyer avait pu s'effectuer, démontrait l'inanité du trouble manifesté, tant à l'état-major qu'à Versailles, au sujet des dangers d'une diversion du prince Henri de Prusse. Paulmy, plus ému que de raison des bruits qui circulaient sur l'envoi de renforts aux Hanovriens et sur la réapparition en Saxe du terrible roi de Prusse, avait donné ordre à Maillebois et à Crémille qui étaient en route pour Paris, de rejoindre le quartier-général où leur présence était indispensable, et avait averti Richelieu de cette mesure. Ce dernier répond dans une lettre où le tour ironique, familier à l'écrivain, souligne la mauvaise humeur et l'amour-propre froissé du général. « Plus j'examine, écrit-il (3), les craintes que vous avez eues et leur effet subit, et plus j'avoue qu'elles m'ont paru prises légèrement, et faire un effet dans ce pays-ci que je voudrais qui ne fût pas arrivé. Il serait à désirer qu'il pût y avoir ici quelqu'un en qui l'on pût prendre assez de confiance, pour perdre de vue l'idée de pouvoir diriger de Versailles un pays et des affaires à 300 lieues, dont les circonstances sont toujours différentes et souvent opposées à celles dans lesquelles on les voit, en faisant partir le courrier... Je

---

(1) Richelieu à Paulmy. Hanovre, 14 janvier 1758. Archives de la Guerre.
(2) Frédéric à Keith. Breslau, 23 janvier 1758. *Correspondance politique*, vol. XVI, p. 192.
(3) Richelieu à Paulmy. Hanovre, 18 janvier 1758. Archives de la Guerre.

sens tout le prix de la présence et des conseils de MM. de Crémille et Maillebois; et plus je sais leur valeur, et plus je les désirerais à Versailles, où ils seraient bien plus importants au service du Roi qu'ils ne peuvent l'être ici. »

Depuis la retraite des Hanovriens, Richelieu avait insisté à plusieurs reprises sur l'utilité, pour les affaires du Roi et pour les siennes, d'un voyage à la cour. Cette proposition, survenue à un moment où l'on jugeait la situation en Hanovre fort critique, avait dû être très mal interprétée; aussi le maréchal (1) cherche-t-il à se justifier : « Je prévois, Monsieur, que dans ces circonstances vous serez aussi surpris de la demande que je vous ai faite d'aller à Paris, que je l'ai été de voir arriver vos deux courriers. J'espère cependant que vous aurez remarqué que ma demande était soumise aux circonstances, et que si vous aviez en moi la confiance que je méritais au moins sur cet article, vous auriez été bien persuadé que je ne serais point parti qu'avec un degré de probabilité de confiance qui devait vous rassurer, et que d'ailleurs, dans quelque cas qui puisse arriver, ma présence à la cour, au moins pour quinze jours, est indispensable. Elle le serait pour moi si le Roi pense à choisir un autre général pour commander l'armée l'année prochaine; elle l'est bien davantage pour son service si je devais continuer le commandement. »

Au moment où Richelieu traçait ces lignes, son remplacement était devenu un fait accompli. Dans une dépêche du 16 janvier, Paulmy lui fait part de la décision. Le Roi veut bien accéder à la prière du maréchal de se rendre à Versailles, mais il voit (2) un grave danger à laisser l'armée sans chef, exposée à une entreprise de l'ennemi; aussi « a-t-il beaucoup hésité à vous accorder la permission que vous demandez avec instance de revenir à la

(1) Richelieu à Paulmy, 18 janvier 1758. Archives de la Guerre.
(2) Paulmy à Richelieu, 16 janvier 1758. Archives de la Guerre.

cour; mais enfin Sa Majesté a cédé à votre empressement à cet égard, d'autant plus qu'il est fondé, tant sur l'état de votre santé que sur l'utilité dont peut être ce voyage, pour vous donner lieu d'expliquer en détail les circonstances et la situation actuelle des choses à l'armée, et de nous fournir des lumières sur les opérations de la campagne prochaine. Sa Majesté vous permet donc de revenir ici et compte vous y voir bientôt; mais son intention est que vous ne fassiez usage de cette liberté qu'après l'arrivée de M. le comte de Clermont, prince du sang, à qui le Roi donne ordre de se rendre incessamment et diligemment à l'armée dont vous lui remettrez le commandement. »

Richelieu reçut les ordres du roi à Hanovre le 22 janvier. Peut-être ne fut-il pas fâché d'un rappel qui le tirait d'une position dont il ne pouvait, malgré son optimisme et son assurance, méconnaître les périls grandissants. Toujours est-il qu'il se garda de manifester le moindre dépit : « Je n'ai (1) qu'à vous marquer ma satisfaction de la bonté que le Roi a de me permettre de m'en aller; je croyais mon arrivée à la cour importante pour son armée, et c'était ce qui me donnait le plus de courage pour y insister; elle ne l'est aujourd'hui que pour moi, et ma satisfaction sera fort grande, si le Roi est content de mes services et m'honore toujours de ses bontés; elle serait complète si vous n'aviez point exigé que j'attendisse ici M. le comte de Clermont. » Le vœu du maréchal fut exaucé; il eut bientôt l'avis (2) du départ de Paris de son successeur et l'autorisation de rentrer sans transmission officielle du commandement.

Avec le retour de Richelieu finit la campagne si brillamment commencée, si tristement terminée. Quelle dif-

(1) Richelieu à Paulmy. Hanovre, 22 janvier 1758. Archives de la Guerre.
(2) Paulmy à Richelieu, 30 janvier 1758. Archives de la Guerre. Clermont quitta Paris le 1er février.

férence entre la situation telle qu'il l'avait recueillie aux premiers jours d'août des mains de d'Estrées, et celle qu'il léguait à Clermont! Alors l'armée confédérée, en pleine retraite après Hastenbeck, était en voie de désorganisation; les Hanovriens démoralisés ne songeaient qu'à se réfugier sous les murs de Stade; le duc de Brunswick et le landgrave de Hesse n'avaient d'autre désir que de séparer leur sort de celui du roi George. La capitulation de Closter Seven marque l'apogée des armes françaises. Quoi qu'en disent les écrivains militaires, nous serions disposés à critiquer les opérations qui suivirent plutôt que le traité même. La convention, telle qu'elle avait été signée, en dépit des oublis et des malentendus plus ou moins voulus des négociateurs, mettait les Hanovriens et leurs alliés hors de combat et donnait par conséquent aux Français toute liberté pour agir contre Frédéric.

Richelieu semble tout d'abord avoir compris le parti qu'il pouvait tirer de son succès. La concentration de l'armée à Brunswick et la marche rapide sur Halberstadt indiquent de sa part du coup d'œil et de la décision; mais ces mouvements n'avaient leur raison d'être qu'à la condition d'utiliser les gros effectifs qu'il avait amenés. Pour l'occupation du pays et pour la levée des contributions, il eût suffi d'une simple division. Du moment qu'on n'avait pas craint de dégarnir le Hanovre pour jeter toutes ses forces à l'encontre des Prussiens et au secours de Soubise, il ne fallait pas s'arrêter en si bon chemin. Pourquoi cette inaction qui se prolonge pendant plus d'un mois? Pourquoi l'acceptation d'un armistice local, avantageux surtout pour l'adversaire qui pourrait tourner ses armes contre Soubise, les Suédois, ou les Autrichiens de Marshall? Ici la conduite du maréchal a donné lieu à des accusations de corruption dont il a été d'ailleurs impossible de fournir la preuve. Céda-t-il au désir de rester possesseur incontesté de tout le pays conquis, avec les bénéfices généraux et particuliers qui découlaient de cette occupation? Se laissa-t-il impressionner pas la fatigue de ses troupes et par la nécessité de leur donner le repos qu'elles réclamaient d'une voix presque unanime? Espéra-t-il, en négociant une trêve avec le roi de Prusse, préparer les voies à des pourparlers plus sérieux? Songea-t-il à un retour à l'ancienne alliance dont il serait resté le partisan convaincu?

Sans chercher à ces questions une réponse pour laquelle les éléments nous font défaut, on peut affirmer que l'immobilité du mois d'octobre à Halberstadt fut pour beaucoup dans la défaite de Rossbach et dans les résultats fâcheux de fin de campagne. Quant à la convention de Closter Seven, s'il est juste d'en blâmer les termes ambigus et le manque de précision, Richelieu ne saurait être rendu responsable de la rupture. Les réserves apportées à la ratification, la lenteur des pourparlers avec Brunswick et Hesse, le retard des concessions consenties in extremis, sont imputables à la cour de Versailles et au ministre Bernis. A part quelque légèreté dans la discussion, quelques propos maladroits au sujet du désarmement, la véritable pierre d'achoppement, le maréchal n'eut rien à se reprocher dans une affaire dont la conduite lui fut enlevée dès la première heure. Au moment critique, à la veille de la dénonciation, Richelieu se montra de nouveau énergique et résolu; son mouvement sur Lüneburg, la force de caractère qu'il déploya à Celle en restant sourd aux conseils de son entourage et en maintenant ses positions devant l'ennemi, méritent des éloges et indiquent une capacité supérieure, ce qui n'est d'ailleurs pas un grand éloge, à celle de la plupart de ses collègues de l'époque.

Mais si nous sommes enclins à accorder les circonstances atténuantes à Richelieu jugé comme stratégiste et comme diplomate, nous ne saurions être trop sévères pour le général chargé de la direction et de la surveillance de l'armée. Pendant toute la campagne de 1757, l'indiscipline et la maraude du soldat, l'insubordination de l'officier, l'attitude déplorable à l'égard des chefs, l'esprit de critique et la rivalité dans l'état-major, furent autant d'influences malsaines qui diminuèrent la valeur et atteignirent profondément le moral de tout le personnel. Le mauvais exemple partait d'en haut; il était difficile d'empêcher le troupier d'imiter, à sa façon souvent brutale, les procédés de spoliation que pratiquaient, avec plus de méthode et moins de grossièreté il est vrai, les autorités militaires de tout rang, à commencer par le général en chef. Comment espérer de la retenue de la part du subordonné qui ne pouvait ignorer les prélèvements faits par ses supérieurs sur les réquisitions ou contributions des pays occupés? Dans la correspondance de Richelieu, nous relevons des plaintes sur les excès du soldat, sur la tenue et les propos des officiers, sur la désobéissance des généraux, sur l'embarras de leurs équipages; mais il se garde bien de parler des agissements de la plupart de ses lieutenants, de flétrir des pratiques qui enrichissaient le particulier aux dépens du trésor de l'armée et des finances du Roi.

Les sacrifices demandés par l'intendance française, tant en nature qu'en argent, aux États conquis, quelque lourds qu'ils eussent paru aux habitants, ne dépassèrent pas ceux que Frédéric imposa à l'Électorat de Saxe; mais grâce à la vigilance de ce prince et au contrôle qu'il avait su exercer sur tous les rouages publics, les subsides ainsi perçus étaient utilisés pour l'entretien des troupes et pour la conduite de la guerre. Aux armées de Louis XV, rien de pareil; le ministère à bout de ressources délégua à la vérité aux services militaires les impôts extraordinaires qu'il s'agissait de frapper sur les provinces occupées; l'Impératrice-Reine abandonna aux Français la part qui lui avait été d'abord réservée; mais il fut presque impossible d'obtenir des contribuables déjà saignés à blanc les recettes prévues; l'argent manquait. Faute de fonds, on ne pouvait effectuer les achats nécessaires pour le fourrage, l'habillement, les magasins. « Il a été fait dans tous ces pays-ci, écrit l'intendant Lucé (1), des exactions inouïes; tout le monde en tire de l'argent, et il est certain que toutes les administrations, épuisées par ces exactions, se trouveront hors d'état de fournir au paiement de ce que je leur ai demandé pour les dépenses des quartiers d'hiver. »

Aussi quand il fut question de faire rentrer ces impositions, les réclamations éclatèrent de tous côtés. Les États de Calemberg et Gottingue, réunis à Hanovre, prirent une délibération protestant contre l'énormité (2) de leur contingent, fixé à 1,500,000 rations de fourrage et à 550,000 écus en espèces. A l'appui de leur dire, ils invoquèrent, en plus des livraisons en nature déjà faites, les sommes payées « sur les ordres des généraux, commandants de place et commissaires de guerre... tant en frais de traitement que pour hôpitaux, magasins et emplacements. »

De son côté le duc de Broglie flétrit (3) en termes les plus vifs les procédés des commis. Pour montrer jusqu'à quel degré l'abus est porté, il signale des réquisitions adressées à des localités très distantes des garnisons à ravitailler. « Le duc de Lauraguais (qui avait signé les ordres) ignore sûrement les raisons qui les engageait (les commis) à tirer de trente lieues ce qu'ils peuvent avoir sous leurs mains; ces raisons ne sont autres que de se faire donner de l'argent, pour exempter les pauvres bailliages ainsi

---

(1) Lucé au ministre. Wolfenbuttel, 24 septembre 1757. Archives de la Guerre, vol. 3463.

(2) Plaintes des États de Calemberg et Gottingue, 20 octobre 1757. Archives de la Guerre.

(3) Broglie à Richelieu. Brême, 25 janvier 1758. Archives de la Guerre.

imposés de fournitures que l'éloignement leur rend aussi onéreuses. »

De la mise en coupe réglée des ressources du pays par les officiers supérieurs, la correspondance du ministère nous offre un échantillon typique. Un brigadier, le chevalier de Grollier, avait été désigné par Richelieu comme commandant de place de Lippstadt. Aussitôt parvenu à son poste, il réunit les magistrats, affirme ses droits à une indemnité calculée sur le pied de soixante rations de fourrage par jour; mais il se montrera bon prince, se contentera de moins et finit par présenter une note de 13,575 livres; si on ne s'exécute pas, il demandera la construction d'un magasin aux frais de la ville et suscitera force chicanes. Par malchance, notre homme commit l'imprudence de laisser sa facture entre les mains des autorités locales; celles-ci transmirent la pièce avec leur réclamation à M. de Kinkel, ministre de l'Empereur à Clèves. La lettre de ce fonctionnaire est à citer (1) : « La plupart des officiers qui désolent par leurs exactions le pays conquis et le rendent incapable à fournir ce que les deux hautes puissances alliées ont droit d'en prétendre, s'y prennent avec tant de précaution qu'on a de la peine à mettre leurs procédés assez à jour; mais il vient d'en arriver un dans la ville de Lippstadt... qui ne s'embarrasse pas de ces finesses, et qui déclare tout net comme les autres pensent. » Cette fois le ministre s'empresse de sévir; ordre fut donné (2) à Richelieu de faire un exemple de Grollier, de lui retirer son commandement, de lui faire rembourser l'argent reçu, et de le renvoyer en France pour rendre compte de sa conduite. Le maréchal, qui n'avait pas sans doute la conscience nette, fit (3) quelques efforts pour disculper son subor-

(1) Kinkel au ministre. Clèves, 9 novembre 1757. Archives de la Guerre.
(2) Ministre à Richelieu, 22 novembre 1757. Archives de la Guerre.
(3) Richelieu au ministre, 30 novembre 1757. Archives de la Guerre.

donné, tout en s'inclinant devant une injonction formelle.

En effet Grollier pouvait invoquer comme excuse qu'il n'avait fait qu'imiter les pratiques de ses supérieurs. Une enquête instituée par le comte de Clermont, lors de son arrivée à l'armée au commencement de février 1758, révéla un certain nombre de concussions scandaleuses à la charge de Richelieu et de quelques officiers généraux. Heureusement pour les coupables, la reprise des hostilités et la retraite des Français vinrent interrompre des recherches qui, malgré la faveur dont jouissaient les personnages incriminés, eussent pu entraîner pour eux des conséquences fâcheuses. Le mémoire de l'abbé Lemaire (1) établit les faits suivants : Dans le pays de Brunswick seul, le maréchal « avait reçu en son particulier 150,000 livres pour des patentes de sauvegardes (2) qu'il a obligé de prendre, dont il restait au delà de la moitié parce qu'on n'avait pu en faire usage, faute d'assez de lieux où l'on pût les employer. » Le duc de Brunswick avait dû se soumettre à ces exigences « pour éviter à ses sujets les traitements les plus durs si l'on se refusait aux demandes qui avaient été souvent faites avec impétuosité. » Sur un état fourni par la régence du duché, à côté du général en chef figuraient M. de Maillebois pour 40,000 livres, le duc d'Ayen pour 36,000, M. de Voyer pour 35,000 et l'état-major des places pour 60,000. Dans l'électorat du Hanovre, mêmes spoliations : Richelieu avant de partir avait extorqué, toujours à titre de sauvegardes, une somme de 17,000 ducats, sur laquelle il restait dû une traite de 12,000 écus payable à la fin de mars. A l'appui du dire des plaignants, étaient

---

(1) Mémoire de l'abbé Lemaire sur l'affaire des sauvegardes. Archives de la Guerre. Lemaire, ancien résident de France auprès de la Diète, était secrétaire de Clermont.

(2) Ces sauvegardes étaient des exemptions pour logements ou des rachats de réquisitions, et constituaient par conséquent un préjudice pour le trésor de l'armée.

produites la copie de l'obligation (1) et une quittance de 10,000 écus à la date du 2 janvier, signée de M. Le Lurez commissaire des guerres et secrétaire des commandements du maréchal. A Brunswick, le duc d'Ayen, en vertu d'une convention passée avec la régence, avait bien voulu « agréer un traitement mensuel de 8,000 livres, 157 rations de fourrage par jour, partie en nature partie en rachat, deux fois par semaine 30 livres de poisson de telle espèce qu'il sera ordonné, le bois nécessaire, deux grandes bêtes fauves par semaine et une quantité indéterminée de petites pièces de venaison, les légumes et le jardinage nécessaires. » Le marquis de Voyer et l'état-major s'étaient fait allouer un régime proportionnel. De pareils exemples étaient contagieux; aussi ne sommes-nous pas surpris de voir le marquis du Mesnil (2) attirer l'attention des régents du Hanovre sur le sort fait à son collègue par les autorités de Brunswick, et s'étonner qu'on n'agisse pas de même à son égard. Les conseillers hanovriens ne firent pas la sourde oreille et le prièrent d'accepter 2,000 rixdalers qu'il toucha le 23 janvier. Il est vrai qu'à l'arrivée du comte de Clermont il les restitua, en déclarant qu'il était « trop honnête pour prendre de l'argent à l'insu de son maître et du maréchal. »

Parmi les généraux français, il y eut des exceptions honorables; le duc de Randan, qui commanda longtemps à Hanovre, reçut lors de l'évacuation de la ville des témoignages unanimes (3) de l'honnêteté et du désintéresse-

---

(1) Cette pièce, datée du 1ᵉʳ février 1758 et signée de 8 notables hanovriens, parlait des 12,000 écus comme de « la somme à laquelle le maréchal avait bien voulu généreusement restreindre le restant sur les lettres de sauvegarde qu'il nous a données et que nous nous étions engagés à payer. » Papiers de Clermont. Vol. XXXIII. Archives de la Guerre.

(2) Pièces diverses. Papiers de Clermont. Vol. XXXIII. Archives de la Guerre.

(3) Le document est daté du 22 février 1758. Papiers de Clermont. Archives de la Guerre.

ment qu'il avait apportés dans ses rapports avec les magistrats de la capitale.

Malheureusement Richelieu trouva de nombreux imitateurs dans tous les rangs de ses subordonnés ; une grande partie des contributions provenant des provinces conquises, qui d'après les instructions du ministère auraient dû être affectées à l'entretien et aux besoins de l'armée, fut détournée au profit des officiers supérieurs. Sur plus de 16,000,000 de livres prévus (1) comme rendement des impôts de guerre, le trésor n'en avait encaissé au 3 février 1758 qu'un peu plus de 4 millions; les troupes n'avaient reçu que le tiers de leur traitement d'hiver, au lieu des deux tiers dus. A cette époque le pays d'Halberstadt, le duché de Lüneburg et une partie de celui de Brême étaient déjà retombés au pouvoir de l'ennemi; dans les régions dont on était encore maître les rentrées ne s'effectuaient pas, et c'était en vain qu'on avait recours aux mesures de rigueur et aux exécutions militaires. Comment faire face à la dépense de fournitures de viande, de souliers, d'effets d'habillement, et des mois du traitement d'hiver en souffrance, sans compter les 15 millions de rations de fourrage sur lesquelles 1/10 à peine avait été levé? Sans doute la maraude du soldat, le pillage, le gaspillage des subsistances, avaient été pour beaucoup dans l'épuisement des ressources ; mais l'indiscipline, cause de ces errements déplorables, n'avait-elle pas été encouragée par les procédés des chefs, dont les spoliations ne différaient de celles de leurs hommes que par la quotité du vol et par la méthode apportée à la dilapidation?

Les concussions qui s'exercèrent aux dépens de la troupe atteignirent même la solde. Les fonds nécessaires à ce service étaient expédiés par M. de Montmartel, véritable bailleur de fonds du gouvernement, à ses correspondants de

---

(1) Mémoire sur fourrages et contributions, 10 janvier et 12 février 1758. Vol. XXXV. Archives de la Guerre.

Cologne, et remis par ces derniers au trésorier de l'armée ou à ses commis. Mauvillain, car tel était le nom fort approprié du personnage, profita de la dépréciation de la monnaie divisionnaire allemande pour empocher des bénéfices scandaleux. Le procédé qu'il avait imaginé était fondé sur les variations du change (1) : M. de Lucé, intendant général, dont les notions économiques étaient évidemment élémentaires, avait fixé, au moment de l'entrée en campagne, à un taux immuable la valeur comparative des monnaies françaises et allemandes. Cette base n'avait pas tardé à subir les fluctuations inhérentes à l'éternelle question du bimétallisme; c'est ainsi que le louis d'or de 24 livres, coté officiellement 9 florins, était monté à 11, tandis que la pièce d'argent du demi-florin, cotée à 26 sols 8 deniers, était rapidement tombée au cours de 23 sols. L'agiot qui résulta de ces écarts inspira à Mauvillain une opération des plus simples sinon des plus honnêtes; il convertit les espèces en or qu'il recevait des correspondants de Montmartel en demi-florins d'argent, et adopta l'étalon déprécié pour ses versements aux corps. Bientôt, désireux d'augmenter ses gains, il s'entendit avec un prince voisin, le comte de Neuwied, pour faire refondre les écus d'argent de France qui constituaient une partie des sommes reçues, et pour les transformer en demi-florins. Ce fut cette dernière fraude qui fit éventer la mèche. La saisie à Cologne de 3 barils remplis d'écus de 6 livres, à l'adresse du comte de Neuwied, donna lieu à des réclamations de la part d'un agent d'affaires juif, Oppenheimer, que l'on s'étonna de voir recommandé par le premier secrétaire du maréchal de Richelieu. Une enquête s'ensuivit; elle mit hors de cause Montmartel et ses banquiers de Cologne; mais elle établit que Mauvillain et ses associés avaient prélevé, sur des remises totales de

---

(1) **Papiers de Clermont.** Vol. XXXIII. Paulmy à Gayot, 12 janvier 1758. Archives de la Guerre.

16,074,000 livres, un bénéfice illégal de 2,908,000. Le trésorier et son premier commis Santy furent arrêtés, et subirent une longue détention qui n'aboutit cependant pas à un procès.

Il n'est pas démontré que les demi-florins du comte de Neuwied fussent d'un titre inférieur à celui des pièces courantes dans le pays; l'eussent-ils été, il n'y aurait eu dans ce procédé rien d'insolite, car vers cette même époque le roi de Prusse donnait l'ordre de frapper (1) de la monnaie divisionnaire à titre réduit, sans avertissement quelconque au public. De part et d'autre les contribuables n'étaient guère mieux traités par les belligérants. Bernier à propos des grains fournis à l'administration prussienne dans le district d'Halberstadt, écrivait (2) : « Le paysan a reçu un billet à Magdebourg pour la quantité de grains qu'il y a portés; le prix, ni le temps du paiement ne sont pas fixés; l'opinion de la régence et des principaux habitants est que leur maître n'en paiera jamais la valeur. »

Mais si dans les deux camps les exactions aux dépens de l'habitant se ressemblent, si les agissements financiers mis en œuvre sont également nuisibles à l'intérêt du soldat dont ils diminuent le prêt, l'emploi des gains illicites diffère du tout au tout. Chez Frédéric, ces ressources sont religieusement consacrées à l'entretien des troupes, à la poursuite de la guerre; chez les Français, elles ne servent qu'à enrichir quelques officiers favorisés et certains financiers éhontés.

Le cabinet de Versailles, très à court de recettes budgétaires, avait compté sur les revenus tirés de l'Allemagne pour couvrir les dépenses militaires; les détournements

---

(1) Frédéric à Finkenstein, 11 novembre 1757. *Correspondance politique* Vol. XVI, p. 20.
(2) Bernier à Duverney. Halberstadt, 8 octobre 1757. Papiers de Clermont. Vol. XXXIII. Archives de la Guerre.

pratiqués sur une vaste échelle faussèrent ce calcul, et la pénurie qui en résulta dans la caisse de l'armée eut un contre-coup fâcheux sur l'état physique et moral des régiments : « Il n'y a pas un sol chez le trésorier, écrit Gisors (1), et Vignolles (2) est le seul qui eût trouvé de l'argent pour faire partir nos officiers recruteurs, grâce à M. de Bourgade et au petit Lassalle le commissaire des guerres. Jugez du train que tout cela occasionne, et des propos de toutes espèces qui se tiennent sur le défaut d'argent dans un pays où on lève des contributions. En vérité, mon cher père, je ne sais comment ma tête tient à tous les propos que j'entends. »

Le major général de l'infanterie, Cornillon, parle sur le même ton (3) : « Un article bien fâcheux, et qui va nous jeter dans le plus grand embarras du monde, c'est de n'avoir pas un sol chez le trésorier; tout le monde crie la misère; les majors n'ont pas un écu pour secourir l'officier qui est dans la plus grande nécessité, et qui n'a pas de quoi faire racommoder son habit. » Avec l'hiver cet état de choses ne fit qu'empirer : « Il est dû ici, écrit Broglie (4) au général en chef, 150,000 livres par M. Le Lurez, commissaire des guerres; son crédit est à bout, il n'en trouverait pas pour 1,000 francs. » Le soldat dont l'habillement n'avait pas été renouvelé, mal chaussé, privé de tentes, ne pouvait supporter les intempéries de la saison et allait encombrer les hôpitaux devenus tout à fait insuffisants. « Les maladies commencent à se faire sentir, mandait Richelieu (5), et l'abomination de la désolation qui régnait dans les hôpitaux nous en ont fait perdre

---

(1) Gisors à Belleisle. Ochsersleben, 26 octobre 1757. Archives de la Guerre.
(2) Major au régiment de Champagne.
(3) Cornillon à Paulmy. Lüneburg, 25 novembre 1757. Archives de la Guerre.
(4) Broglie à Richelieu. Brême, 25 janvier 1758. Archives de la Guerre.
(5) Richelieu au ministre. Hanovre, 14 janvier 1758. Archives de la Guerre.

beaucoup par la sottise et la friponnerie de ceux qui les gouvernent... Je n'ai pas pu m'empêcher d'en faire arrêter deux dont les délits étaient prouvés. » S'il en était ainsi des ambulances de la capitale de l'Électorat, placées sous les yeux du maréchal et de son entourage, on peut se figurer l'état pitoyable du service médical dans les postes écartés ou dans les cantonnements avancés. Broglie signale (1) « la quantité de soldats qui tombent malades, et la nécessité faute d'hôpitaux prochains, de les transporter à Verden ; la plus grande partie périt dans le trajet. »

Au moment du départ de Richelieu, la situation était lamentable ; sans doute les effectifs, quoique bien amoindris, étaient encore respectables (2) : Les 131 bataillons d'infanterie comptaient plus de 61,000 officiers et soldats présents aux corps ; les 123 escadrons avaient encore plus de 15,000 combattants dans le rang ; mais ces troupes étaient dispersées depuis l'Ocker jusqu'au Rhin, le quart des officiers étaient en congé, les malades en même proportion, les magasins à peu près vides, les recrues peu nombreuses à peine réunies à Metz et à Strasbourg, les effets de rechange pas encore expédiés de France ; les chevaux de remonte n'avaient pas rejoint leurs régiments. La caisse vide, le crédit perdu, les contributions en retard ne permettaient pas de suppléer par des

(1) Broglie à Paulmy, 12 janvier 1758. Archives de la Guerre.

(2)

	INFANTERIE		CAVALERIE (non compris les dragons)	
	OFFICIERS	SOUS-OFFICIERS et soldats :	SOUS-OFFICIERS et soldats :	CHEVAUX
Présents	3,081	58,279	Présents.. 14,480	13,671
En congé	1,136	1,571	Manquants 2,288	2,990
Prisonniers	100	2,389		
Hôpitaux		14,102		
Déserteurs		3,051		
Morts pendant la campagne		6,621		

État de l'armée 1er février 1758. Papiers de Clermont. Archives de la Guerre.

achats faits sur place aux besoins les plus urgents. Tous, depuis le général en chef jusqu'au dernier fusilier, épuisés, à moitié démoralisés, animés d'un esprit d'indiscipline presque incorrigible, n'aspiraient, les supérieurs qu'au retour en France, les inférieurs qu'au repos des quartiers d'hiver. On ne se doutait guère à l'armée, et encore moins à Versailles, que les Hanovriens renforcés, remis en état grâce aux subsides anglais et à l'énergie de leur nouveau commandant, allaient fondre sur les cantonnements français et reprendre la campagne en plein hiver.

Certes le rappel de Richelieu était justifié; mais on peut se demander si le moment pour cette mesure fut bien choisi, et s'il n'eût pas été préférable de laisser encore pendant quelques mois à la tête de soldats dont il connaissait le fort et le faible, sur un terrain qui lui était familier, un chef dont les talents étaient au moins à la hauteur de ceux de son successeur.

En quelques mots adressés (1) au ministre peu de temps après son arrivée, le nouveau général, le comte de Clermont, résume la situation : Il ne pourra opposer à l'attaque imminente du prince Ferdinand « que 30,000 hommes mal vêtus, mal équipés, fatigués et très mal disciplinés... Nous manquons absolument de fourrages et nul moyen pour en avoir; la livre de viande est aujourd'hui à 10 sols, elle ne pourra qu'augmenter n'ayant presque plus de bétail dans le pays... Nous sommes, on ne saurait plus, éloignés de nos habillements dont il n'y a qu'un très petit nombre d'arrivés à Mayence; cependant notre soldat est tout nu; nous sommes loin de toutes réparations, et il n'y a point ou que peu d'ouvriers dans le pays parce qu'il est abandonné et dévasté. Nous sommes aussi éloignés de nos recrues et de nos remontes, qui ce me semble se font très lentement, faute de donner de

(1) Clermont à Paulmy. Hanovre, 18 février 1758. Papiers de Clermont. Vol. XXXV. Archives de la Guerre.

l'argent aux officiers qui recrutent, car ils trouvent des hommes. » Quelques jours plus tard, billet intime au duc de Biron (1) : « Que vous dirai-je? Rien de bon... Cette pauvre armée, si tant est qu'on doive la plaindre, est dans un état misérable, toute nue, sans tentes; des compagnies où il n'y a pas 12 hommes, des hôpitaux d'une saleté et d'une puanteur affreuses, point d'infirmiers, peu de linge, peu de bouillon ; enfin nous sommes dans un délabrement inconcevable; point de discipline, ni dans l'officier, ni dans le soldat, presque point d'officiers au corps. »

Au moment où l'honnête mais incapable Clermont dépeignait le triste état du commandement dont il avait hérité, Richelieu chargé des dépouilles des pays ennemis, enrichi de l'argent dont le détournement avait contribué à ruiner son armée, était rentré à la cour, avait été accueilli avec faveur par son souverain, et pouvait à bon droit se féliciter d'avoir échappé à la responsabilité des désastres qu'il avait préparés par son incurie et ses dilapidations. Moins indulgente que le monarque, l'opinion porta sur le maréchal un jugement sévère que l'histoire a consacré; le sobriquet de « Père la Maraude » attaché à son nom, la désignation de « Pavillon du Hanovre » donnée à l'hôtel qu'il fit construire, perpétuent le souvenir de la rapacité de l'homme privé en laissant dans l'oubli les qualités du militaire.

(1) Clermont à Biron. Holtensen, 1ᵉʳ mars 1758. Papiers de Clermont.

CHAPITRE XII

CAMPAGNE DE SILÉSIE. — BATAILLES DE BRESLAU ET DE LEUTHEN. — TENDANCES PACIFIQUES DE BERNIS.

La victoire de Rossbach fut à coup sûr le point tournant de la fortune de Frédéric dans l'année 1757 ; elle mit fin à cette longue série de revers qui, commencée avec la bataille de Kolin, paraissait acheminer la Prusse à la ruine ; mais tout en le délivrant de la menace immédiate des Français, elle le laissait aux prises avec l'attaque bien autrement redoutable des armées de l'Impératrice-Reine. C'est à ce danger grandissant qu'il fallait parer sans tarder ; aussi dès les jours qui suivirent la défaite de Soubise, le Roi négligea-t-il la poursuite des vaincus pour voler au secours de la Silésie. Son plan fut promptement arrêté : « Je partirai le 13 de Leipsick, écrit-il au duc de Bevern (1) ;.. le 25 je serai dans les montagnes, et vers le 28 aux environs de Schweidnitz, pas avant, car il me faut le temps de tout combiner, et les troupes seraient abîmées de fatigue. » La forteresse devait, d'après ses calculs, résister jusqu'à la fin du mois et retenir sous ses murs une partie des Autrichiens ; Bevern profiterait de la division de l'ennemi pour battre l'armée du prince Charles qu'il avait devant lui et la pousser vers la Bohême ; quant à l'armée royale, arrivant de Lusace, elle tomberait sur les derrières des Impé-

---

(1) Frédéric à Bevern. Leipsick, 10 novembre 1757. *Correspondance politique*. Vol. XVI, p. 18.

riaux et achèverait leur déroute. La marche à travers la Saxe ne fut pas interrompue par le décès subit à Dresde de la reine de Pologne. Cet événement, que les ennemis de Frédéric attribuèrent à la douleur et à l'indignation ressenties à la suite des procédés dont elle avait été la victime, ne lui causa pas grande émotion. « On me mande de Dresde, écrit-il (1) à son frère, que la reine de Pologne était morte d'un catarrhe suffocatif. Cela ne me fait ni froid ni chaud. » Néanmoins il s'empressa d'adresser des compliments de condoléance (2) au prince électoral de Saxe.

C'est de Königsbrück que le roi de Prusse écrivit les lettres que nous venons de citer. C'est également dans cette localité, où il fit une halte de trois jours, qu'il apprit la chute de Schweidnitz. Il éclate aussitôt (3) en vifs reproches contre son lieutenant qui par son inaction et sa désobéissance était responsable de ce malheur. Il lui réitère (4) l'ordre de combattre les Autrichiens, et annonce qu'il se rendra à Liegnitz, puis directement à l'encontre de Bevern si ce dernier est vainqueur dans la bataille prévue, vers Glogau s'il a été battu ou s'il n'y a pas eu d'engagement. De Bautzen où il parvient le 21 novembre, mêmes instructions (5). Il sera à Jauer le 29. Aussitôt arrivé en Silésie, il cherchera à faire croire qu'il a l'intention de se diriger sur Schweidnitz pour reprendre la ville ou pour couper l'ennemi de ses magasins; en réalité il se portera

---

(1) Frédéric au prince Henri. Königsbrück, 19 novembre 1757. *Correspondance politique*. Vol. XVI, p. 39.

(2) Frédéric au prince électoral de Saxe. Königsbrück, 19 novembre 1757. *Correspondance politique*. Vol. XVI, p. 39.

(3) Frédéric à Bevern. Königsbrück, 18 novembre 1757. *Correspondance politique*. Vol. XVI, p. 37.

(4) Frédéric à Bevern. Königsbrück, 19 novembre 1757. *Correspondance politique*. Vol. XVI, p. 43.

(5) Frédéric à Bevern. Bautzen, 21 novembre 1757. *Correspondance politique*. Vol. XVI, p. 45.

sur le flanc des Autrichiens pendant que Bevern les attaquera en tête. Si celui-ci les laisse déloger sans leur tomber dessus, il paiera la faute commise « de sa tête et de sa vie. » Le secret de l'approche du Roi devra être religieusement gardé, vis-à-vis même des généraux, jusqu'au moment où il pourra prévenir de son voisinage par des signaux convenus; surtout pas de conseils de guerre ni de conversations avec ses lieutenants; au commandant en chef de faire respecter son autorité, de donner des ordres qui devront être obéis sous point de mort.

Bevern n'eut pas à assumer la terrible responsabilité que lui imposait son monarque; avant la réception des dépêches royales, le 22 novembre, avait eu lieu l'affaire tant souhaitée par Frédéric; elle avait été provoquée par les Autrichiens et s'était terminée par une victoire complète pour leurs armes. Leurs Majestés étaient en effet aussi désireuses d'une bataille que le roi de Prusse; l'inaction du prince Charles, explicable pendant le siège de Schweidnitz, deviendrait injustifiable après la capitulation qui rendait sa liberté au corps d'investissement et permettait la concentration contre Bevern de toutes les forces impériales. Dans la nuit du 17 au 18 novembre, le Prince (1) reçut du général Marshall, commandant en Lusace, l'avis de la marche de Frédéric; il convoqua aussitôt un conseil de guerre auquel fut appelé Montazet. On y décida de profiter du temps qui s'écoulerait avant l'arrivée de l'armée royale en Silésie, si telle était sa destination, pour essayer de battre Bevern sur lequel on allait avoir, grâce à la jonction des troupes de Schweidnitz, une grosse supériorité numérique. Si les Prussiens envahissaient la Bohême, Marshall ferait de son mieux pour ralentir leurs progrès en attendant qu'on vînt à son secours; mais le premier objectif était sans conteste l'anéantissement du corps de

(1) Prince Charles à l'Empereur, 18 novembre 1757. Archives de la Guerre. Vienne.

Bevern. Nadasdy, avec le corps d'investissement, rejoignit l'armée le 19 novembre, et les généraux autrichiens commencèrent aussitôt leurs préparatifs pour le passage de la rivière la Lohe, et pour l'assaut des positions prussiennes.

La tâche n'était pas aisée : Bevern avait utilisé son séjour devant Breslau pour relier ses lignes (1) par une chaîne de redoutes armées de nombreuses bouches à feu ; sa droite appuyée à l'Oder, flanquée par des bois marécageux, était couverte par des redans et des batteries qui balayaient les approches du petit hameau de Pilsnitz ; le centre se prolongeait jusqu'à Klein Mochbern et avait pour avant-postes les villages de Schmiedefeld et de Höfchen, fortifiés avec soin et constituant les ouvrages avancés du front d'attaque. La gauche prussienne, d'abord repliée en équerre vers les faubourgs de Breslau, fut dès le début de l'action reportée en avant, et vint occuper le petit renflement de Gabitz et les villages de Gräbschen et de Kleinburg. Un affluent de l'Oder, le ruisseau de la Lohe, servait de fossé naturel aux retranchements des Prussiens, quoiqu'il ne constituât pas en lui-même un obstacle bien formidable ; large à peine de dix mètres, de profondeur insignifiante, ce cours d'eau était guéable sur presque tout son parcours. Sur les deux rives et jusque sous les murs de Breslau le terrain paraît absolument plat ; grâce à l'extension des faubourgs de la ville, le champ de bataille est aujourd'hui rempli de constructions et la vue très limitée. En novembre 1757, la contrée beaucoup plus découverte, les arbres dépouillés de leur feuillage, laissaient apercevoir de légères différences de niveau qu'il est impossible de deviner dans l'état actuel (2) des lieux.

Forte plutôt par l'art que par la nature, la position de Bevern avait le désavantage d'être trop étendue pour l'effectif dont il disposait, 40 bataillons et 100 escadrons,

(1) Voir la carte à la page 694.
(2) La visite de l'auteur a eu lieu en juin 1898.

soit environ 35,000 hommes à opposer aux 80.000 combattants que l'adversaire pouvait mettre en ligne. Le général Brandeis, avec 12 bataillons et 10 escadrons, était chargé de la défense de Pilsnitz et de la droite ; Lestewitz, avec une division de même force, commandait au centre du côté de Schmiedefeld et Höfchen ; plus à la gauche le général Schulz n'avait que 4 bataillons et 10 escadrons pour fermer le débouché de Mochbern ; enfin le général Ziethen occupait les abords de Gabitz avec 12 bataillons et le reste de la cavalerie, soit 60 escadrons.

Contre les Prussiens ainsi postés, les généraux de l'Impératrice dirigèrent 4 attaques principales : La colonne de gauche, conduite par Keuhl, avait pour objectif la prise des redoutes de Pilsnitz ; au centre, d'Arberg enlèverait les batteries de Schmiedefeld, tandis que Sprecher marcherait sur Klein Mochbern. A la droite autrichienne, Nadasdy, avec son corps séparé fort de 39,000 hommes, devait tourner la gauche de l'ennemi et lui couper la retraite sur Breslau. Dès la veille de l'action, ce général avait traversé la Lohe et établi son avant-garde dans le village de Kriettern.

Le 22 novembre, l'armée autrichienne sortit de son camp avant le jour, et, favorisée par un brouillard épais, vint se former le long de la rive gauche de la Lohe. L'affaire commença par une canonnade qui dura trois heures et dans laquelle l'artillerie impériale, plus nombreuse et peut-être mieux servie, affirma sa supériorité. Sous la protection de ce feu, les pontonniers jetèrent des ponts sur la rivière en face des points à assaillir. Cette besogne lestement menée fut accomplie en trois quarts d'heure. Enfin, un peu après midi le signal d'avancer fut donné. A partir de ce moment, c'est-à-dire du passage de la Lohe, la bataille dégénéra en une succession de combats isolés, sans grande liaison les uns avec les autres.

D'après les dispositions arrêtées par le prince Charles

et le maréchal Daun, leur aile droite, sous les ordres de Nadasdy, avait un rôle important à jouer. Le général hongrois s'acquitta très mollement de sa tâche; aussitôt la Lohe franchie par le gros de son corps, il lança une avant-garde sur Kleinburg; ce village, défendu par un bataillon prussien, fut facilement enlevé. Mais les Autrichiens en furent chassés à leur tour par un retour offensif que dirigea le duc de Bevern en personne; dans leur retraite, ils furent chargés par une partie des escadrons de Ziethen, perdirent leurs canons, et vinrent se réfugier derrière les troupes de Nadasdy. Celui-ci se contenta de recueillir les fuyards, ne renouvela pas la lutte et resta inactif pendant le reste de la journée. Il est probable que le défaut de confiance dans ses soldats, composés pour un tiers des contingents bavarois et wurtembourgeois, et la crainte de les exposer à la cavalerie puissante qui lui était opposée, furent pour quelque chose dans cette attitude passive.

Au centre, l'attaque confiée au général Sprecher, et surveillée par le prince Charles et le maréchal Daun, eut un plein succès et décida du sort de la bataille. « Nous passâmes tous la rivière, écrit un témoin (1), sur un pont au-dessus de Gros Mochbern, au son de tous les instruments militaires et d'une bonne grosse batterie qui était occupée à répondre à la furieuse canonnade de l'ennemi qui nous emportait bien du monde à ce passage, car il y pleuvait des boulets... Klein Mochbern fut bientôt en feu, et on ne peut pas dire qu'il fît de ce côté-là une résistance bien forte; il était beau de nous voir former en ordre de bataille au sortir du pont sous le feu de la mousqueterie. »

Sur ce point, les Prussiens n'avaient pour garder leurs retranchements que les 4 bataillons de Schulz, tandis que grâce au coup d'œil du commandant autrichien, ou par

(1) Campagnes de 1757 et 1758 par un officier supérieur de l'armée autrichienne (le prince de Ligne). Manuscrit. Archives de la Guerre. Volume 3446.

le hasard qui est un si gros facteur des succès militaires, les Impériaux avaient affecté à cette partie de leur besogne des forces plus que triples. Ils purent déboucher des ponts et se déployer dans l'espace de terrain laissé entre la Lohe et la position ennemie. « Tout cela, raconte un officier français (1), se forma malgré le feu le plus vif avec une vitesse si singulière que l'ennemi, qui n'avait pas bien calculé je crois le danger et la force de cette attaque, ne put porter des troupes pour nous charger que dans l'instant où nous commencions à être formés. Son Altesse Royale s'étant aperçue du dessein qu'ils avaient de nous charger en flanc, fit avancer fort vite quatre pièces de canon chargées à cartouches, soutenues de quatre bataillons qui les prirent en flanc eux-mêmes et qui les obligèrent de s'arrêter. Les retranchements qui étaient alors devant nous et qui enveloppaient le village de Klein Mochbern, étaient redoutables... Nous restâmes ainsi plus d'une heure entière à essuyer et à rendre le feu le plus vif. »

Les Prussiens se comportèrent bravement (2); leur chef le général Schulz, fut mortellement blessé; le prince Ferdinand, frère du Roi, fut également atteint, à la tête de son régiment qu'il cherchait à entraîner. Leurs efforts furent vains; tout plia devant la supériorité des Autrichiens qui effectuèrent une trouée dans la ligne, pénétrèrent dans la redoute de Klein Mochbern, s'emparèrent du village de Gräbschen, et purent prendre à revers les ouvrages de Schmiedefeld et Höfchen dont les Prussiens étaient encore maîtres. Le général d'Arberg, qui avait eu ordre de les enlever, avait été retardé dans sa marche et n'apparut que fort tard sur le terrain de la lutte; heureusement pour lui l'occupation de Klein Mochbern facilita sa tâche; attaquée

(1) Relation de la bataille de Breslau. Archives de la Guerre.
(2) Voir pour les détails de la bataille le récit de l'état-major prussien, et Cogniazo. *Gestandnisse eines œstreichischen Veterans.*

de front et de flanc, menacée par derrière, la redoute de Schmiedefeld fut conquise, et à peu près à la même heure le général Wied avec une partie de la réserve emporta le village de Höfchen. Ce succès acheva la déroute du centre prussien qui fut refoulé sur Klein Gandau.

A l'extrême droite de Bevern, la résistance avait été plus heureuse; pendant tout l'après midi la division du général Keuhl ne put dépasser les bords de la Lohe; trois assauts livrés contre les redans de Pilsnitz échouèrent, et ce fut seulement à la nuit tombante que les Prussiens, découverts par le recul de leur centre, furent forcés de se mettre en retraite et d'évacuer leurs tranchées. Au cours de ce mouvement quelques bataillons furent chargés et enfoncés par la brigade de cavalerie de Ville. Sur la rive droite de l'Oder il n'y eut pas d'engagement sérieux. Le général Beck, qui y avait été envoyé avec 3,000 hommes, se borna à une escarmouche sans conséquence avec un détachement prussien. En résumé, sur les quatre attaques des Autrichiens, seules celles du centre avaient réussi, mais ce résultat fut décisif et entraîna le gain de la bataille.

Malgré la défaite partielle de son armée, le duc de Bevern n'avait pas perdu tout espoir; ses deux ailes avaient peu souffert; la cavalerie de Ziethen avait à peine donné; il courut rejoindre ce général et essaya de concerter avec lui une surprise de nuit contre les Autrichiens (1) encore en désordre à la suite de leur victoire. C'était trop demander à des troupes épuisées; peu à peu, soit ordres mal compris, soit confusion causée par l'obscurité, soit attraction qu'exerce sur des vaincus le voisinage d'une forteresse, elles avaient continué leur retraite jusqu'aux faubourgs de Breslau. Au lieu des bataillons qu'il avait laissés à Klein Gandau, Bevern vint se heurter aux piquets ennemis qui les avaient remplacés; il dut se résigner à abandonner le

(1) D'après Cogniazo le désordre dans l'armée victorieuse était grand et l'attaque de Bevern eût eu des chances de succès.

champ de l'action. Le lendemain 23 novembre, il fit traverser à son armée la ville de Breslau où il laissa une garnison de 5,000 hommes, et s'établit de l'autre côté de l'Oder. Le 24 au matin, dans une reconnaissance, il tomba entre les mains d'un avant-poste de hussards autrichiens. Le fait que, lors de cette aventure, le général prussien n'avait aucun officier avec lui et n'était suivi que d'un seul domestique, fit croire qu'il s'était volontairement fait prendre pour échapper au ressentiment de son souverain.

Dans la bataille du 22 novembre à laquelle l'histoire a donné le nom de Breslau, les Prussiens perdirent un peu plus de 6,000 tués ou blessés et environ 3,000 prisonniers; les vainqueurs recueillirent comme trophées 39 canons, trois mortiers et huit drapeaux; le coût en hommes mis hors de combat fut à peu près égal à celui des Prussiens.

La capture de Bevern porta au comble le désarroi de son armée. Le général Lestewitz, que le Roi avait désigné pour commander la place de Breslau, capitula le 24 novembre. Il obtint pour sa garnison la faculté de se retirer librement, mais elle n'en profita guère; les régiments composés de Saxons et de Silésiens désertèrent en masse; il ne resta que 200 soldats pour accompagner leurs officiers et escorter les drapeaux. « J'allai à Breslau avec le prince de Saxe, écrit le prince de Ligne (1); c'était le spectacle du monde le plus triste. Je cherchai longtemps la garnison, et ne me doutais pas que ce fût elle que je voyais sur la place, diminuant à tout moment par des résolutions subites que prenaient les soldats de venir gagner un ducat (2) chez nous; enfin il n'y avait presque plus que des officiers qui emportèrent tristement avec eux leurs drapeaux. J'ai vu

---

(1) Campagne de 1757 et 1758 par un officier supérieur autrichien. Archives de la Guerre. Vol. 3446.

(2) Les Autrichiens donnaient à tout déserteur une feuille de route et un ducat.

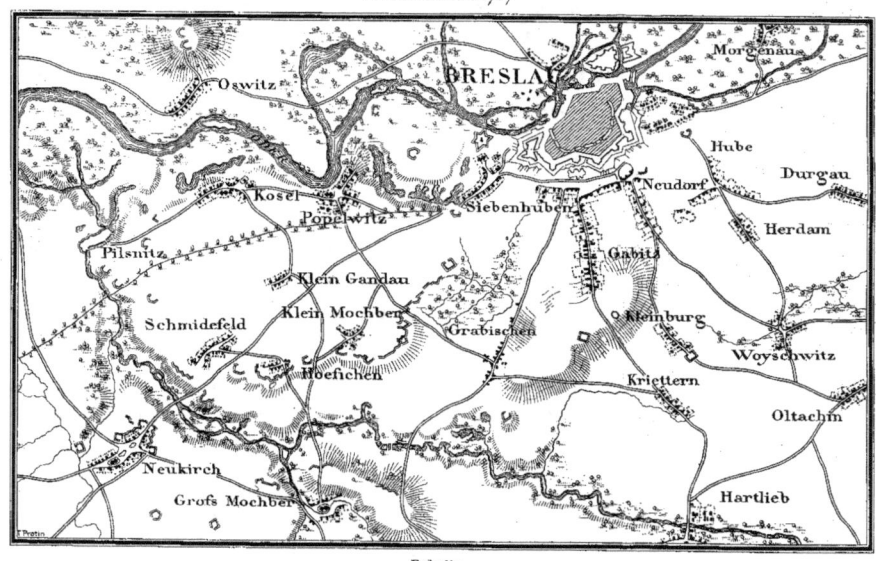

BATAILLE DE BRESLAU
22 Novembre 1757

le moment qu'ils auraient dû battre eux-mêmes la caisse, car il n'y avait plus de tambours. »

Breslau perdu, les Prussiens ne pouvaient se maintenir plus longtemps à portée de la ville; le général Kyau qui en vertu de son ancienneté de grade avait pris le commandement, se retira précipitamment dans la direction de Glogau; en route une partie de son effectif l'abandonna. « Le gain de cette bataille, écrit le prince Charles (1), a des suites bien heureuses, car la plupart des Silésiens désertent et nous en avons par mille; le général Beck qui poursuit l'armée me mande qu'il n'aurait pas assez de monde pour escorter les déserteurs, le nombre qui lui en vient tous les jours, tant de cavalerie que d'infanterie, étant incompréhensible, si bien qu'il croit que toute cette armée va se fondre; aussi va-t-elle un furieux train car je crois qu'elle arrivera aujourd'hui à Glogau. »

Durant les événements de Breslau, le roi de Prusse avait continué sa marche; débarrassé du corps de Marshall qu'une démonstration du maréchal Keith sur Leitmeritz à la tête de 6,000 hommes avait fait rentrer en Bohême, Frédéric forçait les étapes pour courir au secours de la Silésie. Ce fut le 24 novembre, à Naumburg sur la Queiss, qu'il apprit la défaite de son lieutenant. Il expédia l'ordre à Bevern, qu'il croyait encore à la tête de ses troupes, de laisser Lestewitz avec une forte garnison à Breslau, et de venir le rejoindre avec le reste de ses forces en passant par Glogau. Le 28 novembre, le Roi arriva à Parchwitz; il y reçut l'avis de la reddition de la capitale de la Silésie et de la capture de Bevern. Bien loin d'être abattu par ces désastres successifs, il résolut de maintenir l'offensive; son premier soin fut d'appeler à lui les débris du corps de Bevern dont il donna le commandement à Ziethen, en remplacement de Kyau jugé incapable. La réunion fut

(1) Prince Charles à l'Empereur, 27 novembre 1757. Archives de la Guerre. Vienne.

effectuée le 2 décembre à Parchwitz où l'armée fit un séjour, aussi indispensable pour la réorganisation des régiments battus devant Breslau que pour le repos de ceux qui revenaient de Rossbach. Partis le 13 novembre de Leipsick, les soldats de Frédéric avaient mis quinze jours à franchir les 300 kilomètres parcourus. Pour obtenir ce résultat, véritable tour de force dans la mauvaise saison et par les chemins de la Lusace et de la Silésie, le Roi avait dû cantonner ses hommes et les faire nourrir par l'habitant.

Tout d'abord, il fallut reconstituer l'artillerie de campagne, remonter le moral du soldat et de l'officier. Frédéric s'y appliqua sans perdre un instant; il emprunta à la forteresse de Glogau vingt pièces de gros calibre dont il confia le service à des cavaliers en place des canonniers qui faisaient défaut; des distributions extraordinaires de vivres et de vin rétablirent la bonne humeur dans les rangs. Aux officiers, il tint un langage énergique, il rappela les services passés, la gloire acquise en commun, il fit appel à l'honneur, au dévouement, à l'amour de la patrie; il leur révéla ses projets, il ne leur dissimula pas son dessein de reconquérir la Silésie ou de périr en le tentant. « Tout est perdu, leur dit-il (1), si je ne risque pas cette entreprise. Il faut vaincre l'ennemi, ou nous faire enterrer sous ses batteries. » Puis, de l'éloquence persuasive le Roi passa au ton du maître. « Si quelque régiment de cavalerie ne va point à la charge au moment où il en recevra l'ordre, je lui ferai mettre pied à terre immédiatement après la bataille, et je le dégraderai pour en faire un simple régiment de garnison. Tout bataillon d'infanterie que je verrai hésiter, quelle que soit la nature des obstacles qu'il puisse rencontrer, perdra ses dra-

---

(1) Ce discours est reproduit dans l'ouvrage de Retzow qui fut présent à la scène. Retzow. *Mémoires historiques sur la Guerre de Sept Ans*. Vol. I, p. 299 et suivantes.

peaux et ses sabres, et je ferai couper les galons de ses habits. Adieu, Messieurs, dans peu nous aurons battu l'ennemi ou nous ne nous reverrons jamais. »

Cette harangue, où les menaces étaient associées avec art aux sentiments les plus élevés, produisit son effet sur les rudes soldats qui l'entendirent. Des officiers, l'enthousiasme gagna tout le militaire ; ces mêmes hommes, qui quelques jours auparavant ne semblaient avoir d'autre pensée que celle de se dérober à leur terrible besogne, demandèrent à cor et à cris qu'on les menât au combat. Un fin observateur, le brigadier Montazet, avait été vivement frappé de la conduite des Prussiens si braves au feu et si enclins à déserter au moindre échec ; il fait part de ses impressions à Duverney (1). « Il faut l'avouer, Monsieur, c'est un homme bien singulier que ce Prince pour se faire servir aussi bien qu'il le fait, par des troupes qui le détestent, et c'est l'officier en général aussi bien que le soldat ; en un mot je viens de voir quelque chose d'unique. » Ici Montazet relate l'aventure du duc de Bevern qu'il explique par le désir de « finir son esclavage. Jugez d'après cet exemple ce que doivent penser et l'officier et le soldat. Peut-on douter par conséquent que les trois quarts de son armée ne s'en fussent avec le plus grand plaisir, s'ils osaient le hasarder ? Malgré cela ces gens-là se battent comme des diables et manœuvrent de même, ne cherchant cependant qu'à s'échapper ; aussi le font-ils dès qu'ils en trouvent l'occasion. » Suit le récit de la désertion de la garnison de Breslau. Montazet termine ainsi : « J'entre avec vous dans tous ces détails, parce qu'ils constatent l'espèce de puissance à qui nous avons affaire, et qu'ils prouvent bien combien les moyens qu'il a sont dangereux, puisqu'il tire aussi grand parti des hommes qui le détestent. »

(1) Montazet à Duverney. Camp de Breslau, 26 novembre 1757. Archives de la Guerre.

Quel que fût le secret de l'influence qu'exerça Frédéric sur ses soldats, quelque contradiction qu'il pût y avoir entre cette nature sèche, précise, sarcastique, et le sentiment de dévouement absolu, d'obéissance passive, de sacrifice héroïque dont il sut animer ses subordonnés, qu'il faille attribuer leur état d'âme au courant, en quelque sorte magnétique, que produit le prestige du génie rehaussé par l'énergie de la volonté, on ne saurait nier la grandeur du résultat. Jamais peut-être dans sa longue carrière, Frédéric ne demanda plus à son armée et n'obtint plus d'elle.

Malgré sa détermination de tenter le sort d'une dernière bataille, le Roi envisagea avec son sang-froid habituel l'éventualité d'un échec. Bien résolu à ne pas survivre à une défaite, il prépara son testament et le confia au fidèle Eichel avec ordre de le remettre, le cas échéant, entre les mains de son frère à Berlin. La pièce est typique : « Pour ce qui me regarde (1), je veux être enterré à Sans-Souci, sans faste, sans pompe et de nuit; je ne veux pas que mon corps soit ouvert, mais qu'on m'envoie là-bas sans façon et qu'on m'enlève la nuit... Quant aux affaires... si la bataille se gagne, il faut néanmoins que mon frère dépêche quelqu'un en France avec une notification, et qui négocie en même temps la paix avec des pleins pouvoirs. »

Autour de Frédéric, parmi ses serviteurs les plus attachés, ses amis les plus intimes, le découragement était poussé à l'extrême. « Plaise au bon Dieu, s'écriait Eichel (2), que le Roi ne succombe pas dans ses expéditions militaires et qu'il n'y ait plus de désordre. » Le jour même de Leuthen Mitchell écrivait à sa cour (3) : « Je n'ai aucun espoir dans

---

(1) Testament du Roi avant la bataille. *Correspondance Politique*, vol. XVI, p. 70.

(2) Eichel à Finkenstein, 19 novembre 1757. *Correspondance politique*, vol. XVI, p. 41.

(3) Mitchell à Holdernesse. Leipsick, 5 décembre 1757. Mitchell Papers.

le succès de la marche de Sa Majesté prussienne vers Glogau, pour se joindre aux troupes que commandait le prince de Bevern. En outre de leur grande supériorité numérique, les Autrichiens sont stimulés par leurs succès; et il ne faut pas l'oublier, le corps de Bevern se compose en majeure partie des troupes qui ont pris part à la malheureuse affaire de Kolin. Que peut-on attendre de soldats qui ont subi deux défaites dans la même campagne?... Si le roi de Prusse est battu, il est complètement ruiné. S'il est victorieux il pourra acquérir de la renommée, mais il ne profitera guère de sa victoire; l'ennemi est en effet maître de Schweidnitz et de Breslau où il peut se retirer s'il y est contraint. Et cependant, malgré ce que je viens de dire, Sa Majesté prussienne a quelque raison de risquer une autre bataille. Où peut-il nourrir son armée? Où peut-il prendre ses quartiers d'hiver? Dans des circonstances aussi désespérées, que peut-il faire? L'Autriche poursuit l'anéantissement du roi de Prusse; les Français dans la crise actuelle ne peuvent le sauver; le pourraient-ils, je doute que depuis l'affaire du 5 novembre ils soient aussi bien disposés à son égard qu'avant; mais quand même ils le voudraient je suis convaincu que le roi de Prusse n'accepterait pas leurs conditions. Il a trop de grandeur d'âme et trop de mépris de la vie pour consentir à survivre à sa propre gloire. »

L'envoyé anglais connaissait bien celui qui était devenu son héros; mais s'il jugeait sainement le caractère et les qualités du Roi, il ne pouvait prévoir de la part de ses adversaires les fautes qui transformèrent en traits de génie ce qui eût pu être considéré comme un acte de folie.

Tandis que le roi de Prusse, dans son camp de Parchwitz, préparait un dernier effort contre l'envahisseur victorieux, les Autrichiens, tout à la joie de leur conquête, demeuraient inactifs; cependant ils n'étaient pas sans souci sur le voisinage de leur dangereux ennemi. « Je ferai, écrit le prince Charles (1), tout ce que je pourrai pour prévenir le Roi s'il veut venir ici ; mais je m'imagine, quand il apprendra les nouvelles, que cela ralentira sa marche ou lui pourra faire changer quelque chose à ses dispositions ; enfin d'ici deux ou trois jours nous verrons ce qui arrivera. Ce qui est bien sûr c'est que cette armée que commandait le prince de Bevern est en mauvais état, et que la garnison de Breslau ne leur sera pas d'un grand secours. Quel bonheur pour moi d'avoir la consolation de pouvoir mander quelques bonnes nouvelles ! » Le 28 novembre le général autrichien visite « la fortification de Breslau qui est encore assez bonne; c'est un endroit où il faut de la cérémonie pour le prendre ; » il fait travailler au chemin couvert. Le 29 il apprend (2) que l'armée royale est aux environs de Liegnitz ; il envoie de ce côté des troupes légères soutenues de 1,300 cavaliers allemands, « pour être instruit à fond de ce qui se passe là, » et se tient « prêt à marcher si le Roi avance... Cela, joint à quelques arrangements pour Schweidnitz et Breslau qu'il y a encore à prendre, me donne un peu d'occupation ; j'avoue que cela me fait d'autant plus enrager que j'espérais que Breslau pris, nous serions un peu plus tranquilles. » Dans sa lettre du 2 décembre il annonce l'intention de se porter à l'encontre de Frédéric qui paraît « en vouloir à Liegnitz » ; il a fait partir le jour même une brigade de 1,200 chevaux pour soutenir les Croates et hussards postés à Neumarkt.

A Vienne, on s'inquiétait de la sûreté des communications de l'armée avec la Bohême et on suggérait assez mal à propos l'occupation de Brieg, ville fortifiée sur l'Oder, en amont de Breslau. Le prince Charles avec raison ne veut pas détacher des troupes pour cette opération ; il aura

---

(1) Prince Charles à l'Empereur, 26 novembre 1757. Archives de la Guerre. Vienne.

(2) Prince Charles à l'Empereur, 29 novembre 1757. Archives de la Guerre. Vienne.

besoin de toutes ses forces disponibles pour agir contre le Roi. « On a déjà vu (1), par mes précédentes, l'impossibilité que j'entrevois pour l'expédition de Brieg ; le Roi qui fait marcher à lui le corps de M. de Bevern et qui se trouve devers Liegnitz, nous oblige à marcher à lui, ce que, je crois, nous ferons demain, tant pour sauver cette ville que pour conserver le Catzbach qui doit nous former notre cordon, pour, s'il y a moyen, être tranquilles cet hiver ; au moyen de quoi nous sommes obligés d'y marcher avec tout ce que nous avons, à la réserve de 11 bataillons qui sont dans Breslau, et le régiment de Darmstadt qui est fort faible que nous laissons ici ; nous ne sommes guère plus de 50,000 hommes ici en état de service, y comprenant Bavarois, Wurtemberg, hussards et Croates, et je compte le corps du Roi réuni à celui de Bevern plus de 40,000. Ainsi Votre Majesté voit bien que nous ne pouvons point faire le détachement, qu'outre cela, tant que cette armée est à portée de nous, nous ne pouvons pas cantonner. » Le Prince se plaint du manque de voitures, de l'état des chemins, du mauvais temps. « Cependant, ajoute-t-il, l'on fera tout ce qui est possible ; au reste, quoique l'armée soit fort fatiguée d'une campagne aussi rude, tout paraît de la meilleure volonté du monde ; il n'y a que la saison que je crains. »

Le 4 décembre, les Autrichiens quittèrent leur camp sous Breslau pour aller au-devant des Prussiens. Cette détermination avait été prise à la suite d'un conseil de guerre où les avis avaient été partagés ; tandis que le maréchal Daun, le comte Serbelloni et quelques généraux auraient voulu attendre l'attaque des Prussiens derrière la Lohe, dans les lignes qu'avait occupées l'armée de Bevern, que d'autres proposaient de se poster derrière la

---

(1) Prince Charles à l'Empereur, 3 décembre 1757. Archives de la Guerre. Vienne.

rivière de Schweidnitz (1), les derniers, plus ardents, et en particulier le général Lucchesi, s'étaient prononcés pour l'offensive. A l'appui de leur thèse, ils invoquaient la démoralisation des Prussiens, le faible effectif de leur armée qu'ils qualifiaient dédaigneusement de « garde de Berlin »; selon eux, il fallait saisir cette occasion d'anéantir l'ennemi et de mettre fin à la guerre. De ce débat le chevalier d'Arneth n'a trouvé aucune trace (2). S'il faut juger d'après les extraits de la correspondance du prince Charles cités plus haut, il semble que tout l'état-major impérial, le généralissime en tête, ait été partisan d'un mouvement que justifiaient l'état et la force relative des deux armées. Il est probable d'ailleurs que le lieutenant de Marie-Thérèse, tout en se portant au secours de Liegnitz et de ses avant-gardes, ne croyait pas à une rencontre immédiate. Si telle fut son illusion, elle ne dura pas longtemps; à peine avait-il franchi la rivière de Schweidnitz qu'il connut la reprise de la marche du Roi. Ce même 4 décembre, Frédéric, parti de Parchwitz, s'était emparé de Neumarkt où les Autrichiens avaient fort imprudemment installé leur boulangerie, avait fait prisonniers une partie des Croates qui formaient la garnison, et chassé le reste dans la direction de Breslau. Après ce succès de bon augure, les Prussiens avaient campé entre Neumarkt et Kammendorf. Le prince Charles, en dépit de cet échec, se montre confiant (3) : « Nous sommes arrivés encore de jour, et à temps pour nous reconnaître un peu; les bagages sont restés derrière la Schweidnitz ; nous sommes à une lieue et demie l'un de l'autre, tout se couchant

(1) Cette rivière porte le nom de Weistritz dans les cartes modernes.
(2) Cogniazo qui servait dans l'armée du prince Charles est très affirmatif au sujet des avis du conseil de guerre. Vol. II, p. 419. Retzow l'est également. Vol. I, p. 304.
(3) Prince Charles à l'Empereur, 4 décembre 1757. Archives de la Guerre. Vienne.

sous les armes, et nous avons eu un temps affreux. Je n'ai rien mangé qu'un morceau à trois heures que j'écris celle-ci; demain nous verrons ce qui arrivera; j'espère que le bon Dieu finira son ouvrage; nos gens sont de bien bonne volonté. »

De grand matin, le 5 décembre (1), les Prussiens quittèrent leur bivouac de Neumarkt et avancèrent dans la direction de Breslau; ils prirent le contact avec l'ennemi près de Borne, où ils trouvèrent posté le général Nostitz avec les régiments de cavalerie saxonne qui avaient si vigoureusement chargé à Kolin, et quelques hussards autrichiens. Le Saxon, soit qu'il ne se rendît pas compte des forces qu'il avait devant lui, soit qu'il espérât être soutenu, au lieu de se retirer, accepta le combat; il fut court et sanglant. Ses chevau-légers, écrasés par la masse de la cavalerie prussienne, furent culbutés avec perte et refoulés jusque sur les lignes autrichiennes; le brave Nostitz resta sur place avec quatorze blessures dont il mourut quelques jours après. Les Impériaux assistèrent impassibles à cette rencontre, et ne cherchèrent pas à profiter du désordre de la poursuite que l'ardeur du vainqueur avait poussée trop loin.

Devançant son infanterie qui n'avait pas encore dépassé le village de Borne, Frédéric alla examiner la position ennemie. Un monument commémoratif marque l'endroit où la tradition veut qu'il se soit placé pour sa reconnaissance. La butte de faible élévation sur laquelle est construit l'édifice porte le nom de Schönberg; elle se trouve à environ 700 mètres du village de Gross Heidau et de la grande route de Lissa à Neumarkt. Pour le spectateur qui regarde du côté de Lissa, l'horizon est limité au nord

---

(1) Le récit de la bataille est tiré de Retzow, Lloyd, Cogniazo, le prince de Ligne, l'ouvrage de l'État-major prussien, les lettres des officiers français, et enfin du consciencieux et détaillé livre du professeur Kutzen, *Der Tag von Leuthen*, Breslau 1860. Voir la carte page 718.

et à l'est par des bois très étendus; immédiatement devant lui se déroule une plaine à peu près unie, sur laquelle se détachent de nombreux hameaux, reliés les uns aux autres par des routes bordées d'arbres. Dans chaque village, un bosquet entourant le château du seigneur de l'endroit; en dehors des habitations, perchés sur des relèvements de terrain, un ou plusieurs moulins à vent. A gauche, à 2 kilomètres en avant, on remarque le hameau de Frobelwitz sur la grande route, puis en face, vers la droite, le gros village de Leuthen avec ses deux clochers, ses moulins et ses vergers. A Leuthen succèdent des champs de céréales, puis des taillis derrière lesquels, après avoir consulté la carte, on croit deviner les maisons de Sagschütz (1) et de Schriegwitz. Si, continuant notre inspection, nous nous retournons vers le sud, nous apercevons à 2 kilomètres et demi, à peu près sur le même plan que notre observatoire, le village de Radaxdorf, et la petite éminence de Butterberg à mi-chemin entre Radaxdorf et Leuthen. Tout près du Butterberg et un peu au delà, existait à l'époque de la bataille un bosquet aujourd'hui défriché; l'emplacement porte sur les cartes la désignation « die Goy », expression de patois silésien appliquée à des bois taillis. Plus au sud, mais complètement masqué par les grands arbres de Radaxdorf, est le hameau de Lobetinz, éloigné du premier de 600 mètres seulement. A première vue, en dehors des buttes auxquelles les cartes donnent l'appellation trop ambitieuse de « berg », le pays paraît tout à fait plat; un examen plus attentif fait observer une dépression irrégulière qui sépare la croupe Heidau-Radaxdorf sur laquelle nous nous trouvons, du renflement Frobelwitz-Leuthen qui nous fait face. Dans ce basfond, des étangs, que révèlent des ceintures de roseaux, se déversent dans un ruisseau dévalant vers le nord dans

---

(1) A l'époque de la bataille, le bois de Kieferberg près de Sagschütz, aujourd'hui défriché, devait se voir de la butte où se tenait Frédéric.

la direction de l'Oder. Entre Leuthen et Sagschütz, une seconde dépression à peine sensible permet l'écoulement des eaux vers Gohlau et la Schweidnitz. En résumé le théâtre de la bataille ne présente aucun accident appréciable de terrain, et n'offre que des horizons comparativement restreints.

Cependant de son poste d'observation, Frédéric, grâce à son coup d'œil exercé et à sa pratique d'un district où il avait souvent manœuvré en temps de paix, put reconnaître l'armée autrichienne, dont une partie se détachait sur les champs dénudés, dont l'autre se devinait à travers le rideau boisé. Le prince Charles, dès les premières heures de la journée, avait rangé son corps de bataille sur deux lignes, derrière Frobelwitz et Leuthen; l'extrême droite se prolongeait jusqu'à Nippern, en arrière du bois du Zettel Busch et des marais que forme le ruisseau dont nous avons parlé. La cavalerie de l'aile droite était postée à Guckerwitz, un peu au nord de la chaussée; celle de l'aile gauche se tenait de l'autre côté de Leuthen. Trois batteries à Guckerwitz, près du moulin de Frobelwitz et entre ce hameau et Leuthen, couvraient le front que protégeaient en outre les deux villages occupés en guise d'avant-postes par quelques compagnies de fantassins. Une réserve sous les ordres du duc d'Arenberg reliait la droite au centre. Sur l'autre flanc, au delà de Leuthen, le corps de Nadasdy composé d'Autrichiens, de Hongrois et des auxiliaires bavarois et wurtembourgeois, continuait la ligne jusqu'à Sagschütz. De ce point, l'extrême gauche autrichienne repliée à angle droit, allait, en passant par Kolline, s'appuyer au bois de Gross Gohlau, aux abords de la rivière de Schweidnitz. Cette partie de la position avait devant elle, en guise de défense naturelle, un ruisseau à débit paresseux qui prend sa source du côté d'Illnisch, et qui se déverse dans la Schweidnitz après avoir alimenté les nombreux étangs de Schriegwitz et de Gohlau. Une batterie était établie à l'ouest de Sagschütz; en avant et au sud de ce hameau, sur une butte couronnée de sapins aujourd'hui disparus, qui porte le nom de Kieferberg, Nadasdy avait placé une avant-garde de trois bataillons wurtembourgeois avec du canon. Ce poste avancé était flanqué à gauche par le bois de Kaulbusch dont la défense était confiée à deux bataillons hongrois. Les fossés qui coupent les abords du Kieferberg, les prés mal drainés qui séparent ce monticule des jardins de Schriegwitz, et enfin quelques tranchées creusées par les soldats, devaient opposer des obstacles sérieux à un assaillant débouchant de ce village. Peu sensible entre Schriegwitz et le Kieferberg, plus accentuée à l'entrée de Sagschütz, la pente du terrain est négligeable de ce hameau à Leuthen. Entre ces deux localités, éloignées l'une de l'autre d'environ deux kilomètres à vol d'oiseau, se déroule une plaine en culture.

En somme la position autrichienne, bien choisie au point de vue des légers avantages qu'offrait la configuration du sol, avait l'inconvénient d'être trop étendue pour les formations de l'époque; de Nippern à l'extrême droite, jusqu'à Sagschütz, elle avait une longueur de neuf kilomètres. Comme on le verra, cette faute initiale fut singulièrement aggravée par les erreurs des généraux impériaux. En outre on avait à dos la rivière de Schweidnitz dont le passage en cas d'échec serait une source de retards et de désordres. Enfin le prince Charles avait laissé à Breslau une partie de ses pièces de campagne, et ne disposait plus de l'artillerie formidable dont le feu avait eu une si large part au gain de la bataille de Kolin.

A peu près égaux en cavalerie, les Impériaux avaient en infanterie une grande supériorité numérique. Tandis que les Prussiens ne pouvaient mettre en ligne que 48 bataillons et demi et 128 escadrons, soit environ 24,000 fantassins et 12,000 cavaliers, le prince Charles avait sous ses ordres des forces qu'il estimait lui-même à 50,000 combattants, que portent à 55 ou 60,000 les officiers français attachés à l'état-major, et qu'évaluent à 80,000 (1) les historiens prussiens. Mais la répartition de cet effectif imposant laissait fort à désirer ; au lieu de confier à des troupes nationales et éprouvées la garde du poste important de Sagschütz, on y avait placé les contingents les moins solides de l'armée, les Wurtembourgeois et les Bavarois.

Ces auxiliaires avaient été pris à la solde de la France à la suite de traités passés avec le duc de Wurtemberg (2) et l'Électeur de Bavière (3). Le recrutement et la mise en route des Wurtembourgeois avaient donné lieu à des incidents déplorables ; luthériens pour la plupart et très mal disposés pour la maison d'Autriche sous les ordres de laquelle ils devaient servir, les soldats commencèrent par se mutiner (4) et par déserter en masse. Au cours des longues étapes qu'ils firent pour rallier l'armée en Silésie, il fallut sévir à plusieurs reprises ; à la fin de septembre on n'avait pas encore osé leur distribuer leurs cartouches. Ce ne fut que vers le milieu d'octobre (5) que les deux divisions, fortes de 12,000 hommes, rejoignirent le corps de Nadasdy devant Schweidnitz. Les Bavarois, plus disciplinés, prirent une part active au siège où ils perdirent de 6 à 700 hommes ; les Wurtembourgeois paraissent avoir été engagés à la bataille de Breslau où ils ne lais-

(1) La situation impériale du 4 décembre porte 84 bataillons et 144 escadrons sans compter les troupes légères ; mais il faut déduire de ces chiffres les 11 bataillons et le régiment laissés à Breslau, la division du général Beck restée sur la rive droite de l'Oder, la garnison de Liegnitz et quelques autres détachements.
(2) Traité du 30 mars 1757 avec le Wurtemberg.
(3) Traités des 29 mars et 31 juillet 1757 avec la Bavière.
(4) Potier, commissaire des guerres au ministre, 9, 14 et 21 juin 1757. Archives de la Guerre.
(5) Sainte-Marthe et Potier commissaires. Correspondance avec le ministre. Archives de la Guerre.

sèrent que 150 des leurs. Malgré le peu de confiance qu'on devait avoir dans ces nouveaux venus, malgré l'invitation du prince Charles de placer les nationaux en première ligne et les auxiliaires en réserve, Nadasdy mit aux avant-postes de Sagschütz et de Kieferberg les Wurtembourgeois, dont il ne devait ignorer ni le mauvais esprit, ni tout au moins l'inexpérience; comme troupes de soutien il leur affecta les Bavarois qui n'étaient pas beaucoup plus sûrs. Cette faute eut des suites désastreuses.

Aussitôt que dans le camp impérial on apprit l'approche des Prussiens, on suspendit les préparatifs qu'on avait faits pour aller à leur rencontre, et on décida d'attendre l'assaut dans les positions que nous venons de décrire. Montazet essaya de démontrer le danger de lignes aussi étendues, et supplia les généraux autrichiens d'augmenter leurs forces du côté de Leuthen; il ne fut pas écouté. Le combat de cavalerie de Borne, la vive poursuite des escadrons prussiens, la vue de l'état-major au milieu duquel il était facile de distinguer la personne de Frédéric, firent croire à une attaque de la droite autrichienne. Lucchesi, qui commandait de ce côté, s'imagina qu'il allait avoir sur le dos toute l'armée royale; il demanda avec instance des renforts. Après quelque hésitation (1) le prince Charles céda à ces appels réitérés, et envoya à l'aide de son lieutenant des bataillons d'infanterie tirés de la réserve, et une partie de la cavalerie de l'aile gauche.

Pendant ce mouvement, qui trahissait les inquiétudes des Impériaux, Frédéric avait arrêté ses mesures pour la bataille; le bois de Sagschütz était la clef de la position; sa possession assurerait la victoire. Porter de ce côté son premier effort, écraser la gauche de l'adversaire avant qu'elle pût être secourue, ce résultat acquis, prendre en

---

(1) Montazet, à propos des craintes exprimées par Lucchesi, aurait dit que seule une armée de bécassines aurait pu le tourner dans la position qu'il occupait à la droite. Kutzen, p. 72

écharpe le corps principal, replier et culbuter le reste de l'armée impériale : tel fut le plan qu'il conçut.

Pour le succès de cette manœuvre, il fallait dissimuler la marche de flanc nécessaire pour gagner le point de contact. Les têtes de colonnes d'infanterie, parvenues à la hauteur de Borne, reçurent l'ordre de faire une conversion à droite en conservant leurs distances ; chaque colonne était en pelotons, à intervalles de déploiement, de manière à pouvoir reformer la ligne au premier signal. Cette évolution, parallèle pour la première partie du parcours à l'armée autrichienne, s'exécuta sous les yeux de l'état-major impérial. Le prince Charles, qui avec le maréchal Daun s'était installé au moulin de Frobelwitz, fut complètement trompé sur les intentions du Roi ; les deux généraux crurent à une retraite, et trop heureux d'en être quittes à si bon compte, se gardèrent bien de bouger. Une fois parvenus à la hauteur de Radaxdorf, les Prussiens étaient masqués par ce village, par celui de Lobetinz qui lui fait suite, et par le bois de la « Goy » qui à cette époque s'avançait dans la direction de Leuthen ; ils purent prendre à leur aise leurs dernières dispositions. Entre temps le Roi, escorté de sa cavalerie légère, se tenait entre son armée et celle du prince Charles dont il ne perdait pas un mouvement. Les troupes royales changèrent de direction, puis par un à gauche se déployèrent en deux lignes parallèles dans l'ordre suivant : sur le flanc droit Ziethen avec 43 escadrons appuyés par 6 bataillons, la droite de l'infanterie, sous le prince Maurice de Dessau, précédée d'une avant-garde de 3 bataillons commandés par le général Wedel ; la gauche de l'infanterie, aux ordres du général de Retzow, flanquée par les 40 escadrons de Driesen. Les deux masses de cavalerie avaient chacune un soutien de 10 escadrons de hussards, et, à défaut de réserve de fantassins, le prince Eugène de Wurtemberg suivait le corps de bataille avec 25 escadrons. L'artillerie, forte de 63 canons de différents calibres et de 8 obusiers, était répartie sur le front et dans les intervalles. Ziethen était au delà de Schriegwitz; l'infanterie s'alignait depuis ce village jusque derrière Lobetinz; Driesen se tenait en arrière de Radaxdorf. Enfin un détachement de 3 bataillons et de quelques chasseurs, resté aux environs de Heidau, devait faire des démonstrations à l'effet d'entretenir les craintes que les Autrichiens paraissaient avoir de ce côté.

Aussitôt après le déploiement, c'est-à-dire un peu après midi, le prince Maurice vint prendre les instructions du Roi pour l'assaut de Sagschütz. Le fameux ordre oblique et la manœuvre en échelons si chers à Frédéric furent adoptés. Chacun des vingt bataillons de la première ligne fit une demi-conversion à droite, et, ce mouvement exécuté, marcha devant lui dans la nouvelle direction. De cette façon les échelons prussiens gagnaient rapidement à droite, de manière à enfiler et tourner l'ennemi, tout en conservant la facilité de reformer leur ligne si cela devenait nécessaire. L'avant-garde de Wedel destinée à la première rencontre prit les mêmes dispositions tactiques.

Nadasdy directement menacé ne put se méprendre sur les intentions de l'adversaire; il envoya officier sur officier aux généraux en chef pour les prévenir du choc qu'il allait avoir à soutenir; son appel ne fut pas entendu et il resta livré à ses propres ressources.

Il était à peine une heure de l'après-midi, quand Wedel, appuyé par une batterie de dix pièces et suivi à 300 pas de distance par le prince Maurice, engagea le combat; en dépit d'un feu assez vif, il surmonta les obstacles qui protégeaient les abords du Kieferberg, et s'élança à l'assaut de la butte occupée par les Wurtembourgeois. Ceux-ci n'attendirent pas le contact, reculèrent en désordre, abandonnèrent leurs canons, et coururent se réfugier dans les tranchées et derrière la batterie de Sagschütz. Wedel, renforcé par le prince Maurice, profitant de l'interruption du feu des artilleurs autrichiens qui craignaient de tirer sur leurs propres gens, poursuivit les fuyards jusque dans la batterie dont il s'empara. Il y eut après cet incident un moment d'arrêt qui donna le temps aux Impériaux de se reformer en arrière du village. Là, Wurtembourgeois, Bavarois que le recul des premiers avait entraînés, Hongrois du Kaulbusch qui avaient dû évacuer ce bois, et Autrichiens du corps de Nadasdy et de la gauche de l'armée accourus au secours de leurs avant-postes, essayèrent de tenir tête. Ce fut en vain; les soldats du Roi eurent raison de ces troupes déjà fort ébranlées; elles s'enfuirent à qui le plus vite, d'un côté vers les bois de Gohlau, de l'autre vers Leuthen, où leurs camarades les prenant pour des Prussiens les reçurent à coups de fusil.

Pendant que ces événements se passaient à Sagschütz, il y avait eu un engagement des plus chauds entre les cavaleries rivales. Nadasdy, à la tête de la sienne, s'était jeté sur les premiers escadrons de Ziethen empêtrés dans les fonds marécageux entre Schriegwitz et Gohlau; il eut d'abord l'avantage, refoula l'adversaire et lui fit une centaine de prisonniers; mais il vint se heurter aux six bataillons que Frédéric, instruit par l'expérience de Kolin, avait donnés à Ziethen comme troupes de soutien. Le feu de ces fantassins et de leurs canons fit rebrousser les cavaliers de Nadasdy qui durent regagner leur première position aux abords de Gohlau. Ziethen les y suivit; mettant à profit les progrès de son infanterie qui entre temps avait chassé les Hongrois du bois de Kaulbusch, il dégagea peu à peu ses escadrons des mauvais terrains, et aussitôt une partie de sa ligne formée la lança sur les Autrichiens en retraite. Ce mouvement offensif se traduisit par une série d'engagements partiels. Après des alternatives de succès, le combat se termina par la défaite des Impériaux qui perdirent beaucoup de monde et se réfugièrent dans les bois de Rathen.

Voici en quels termes le prince de Ligne (1), qui servait dans un des régiments wallons de l'armée du prince Charles, décrit l'échauffourée : « Avec des forces supérieures de beaucoup, nous avions trouvé le secret de prêter le flanc ; cet endroit le plus important était occupé par les Wurtemberg et les Bavarois qui formaient un angle avec les Prussiens qui s'avançaient pour les culbuter. Le premier coup de canon fut le signal pour le départ de ces messieurs, et s'il y en eut de ces premiers qui s'avancèrent, ce ne fut que pour rendre leurs armes. Le reste du corps de Nadasdy qui prêtait le flanc aussi de la meilleure grâce du monde, se trouvant encore plus dégarni par là, fut extrêmement maltraité et finit par être tout à fait en déroute. Il était onze heures et demie quand la danse commença ; ce que je viens de raconter fut l'affaire d'une heure tout au plus. »

En effet il n'était qu'une heure et demie de l'après-midi, et déjà le corps de Nadasdy tout entier et une partie de la gauche des Autrichiens étaient hors de combat. La plaine entre Sagschütz et Leuthen était couverte de fuyards que sabraient les hussards prussiens ; derrière eux s'avançait l'infanterie royale en double ligne. A droite l'avant-garde de Wedel, renforcée par les bataillons de soutien de Ziethen, puis le centre sous le prince Maurice, à gauche la division de Retzow qui n'avait pas encore tiré un coup de fusil. Le mouvement dirigé sur le village de Leuthen était appuyé par la grosse artillerie du Roi qui, hissée non sans peine à travers les fossés et les obstacles du terrain sur la colline de Sagschütz, prenait les Autrichiens en écharpe.

Pour s'opposer à cette attaque, quelles étaient les mesures du prince Charles de Lorraine et du maréchal Daun ? Ces généraux, édifiés sur les projets de Fréderic par le

---

(1) Campagnes de 1757 et 1758, par un officier supérieur autrichien. Archives de la Guerre.

canon de l'assaillant, avaient donné l'ordre de secourir la gauche et de ramener au plus vite de ce côté les troupes si malencontreusement envoyées à Lucchesi. Les progrès des Prussiens, la supériorité de leur artillerie, et surtout l'effondrement rapide de Nadasdy, ne laissèrent pas aux Impériaux le temps nécessaire pour reformer leur ligne et organiser la résistance. Tout d'abord, leurs efforts isolés n'eurent pas grand résultat; les renforts arrivant par petits paquets, sans ensemble, vinrent se mêler inutilement à la masse des vaincus et partagèrent bientôt leur désordre. Le village de Leuthen, insuffisamment garni et qu'on avait négligé de mettre en état de défense, coûta cependant aux soldats de Frédéric un effort sérieux. Des partis autrichiens retranchés dans le cimetière catholique situé au centre du village, en face du chemin de Sagschütz, luttèrent longtemps. Les murs du cimetière et la partie inférieure de l'église portent encore les traces des boulets prussiens, dont quelques-uns sont restés incrustés dans la maçonnerie. Enfin, non sans des pertes sensibles, les bataillons du prince Maurice, parmi lesquels celui de la garde prussienne enlevé par Möllendorf, alors jeune capitaine, se rendirent maîtres de Leuthen; mais quand ils voulurent en déboucher, ils se heurtèrent à une ligne de feu qui les arrêta sur place.

Au nord du village, et près d'une petite butte où se trouvent encore les deux moulins à vent qui desservent les besoins locaux, les Autrichiens avaient pu mettre en batterie la plus grande partie de leur artillerie. Sous la protection du canon, ils cherchèrent à déployer l'infanterie accourue de la droite, à la ranger au nord de Leuthen parallèlement à celle de Frédéric, et à prendre ainsi une position perpendiculaire à celle qu'ils avaient occupée eux-mêmes le matin. De leur côté les Prussiens, pour remplacer les unités qui s'étaient battues à l'intérieur de Leuthen, et qui à la suite de ce combat avaient perdu leurs formations régulières, avaient fait passer au premier rang presque tous les bataillons de seconde ligne. L'aile gauche, sous les ordres de Retzow, qui n'avait pas été engagée, vint seconder l'effort du prince Maurice ; mais à peine les six bataillons qui composaient cette division parurent-ils dans la plaine entre Radaxdorf et Leuthen, qu'ils tombèrent sous le feu des batteries autrichiennes postées au delà de ce village. Une panique s'ensuivit ; pendant quelque temps, les hommes demeurèrent sourds à tous les appels de leurs officiers et refusèrent d'avancer ; enfin le lieutenant de Retzow, qui servait d'adjudant à son père, parvint à entraîner le seul bataillon disponible de la réserve. Cet exemple fut suivi ; les soldats se ressaisirent et vinrent se porter à la gauche de Leuthen. Sur ce point du champ de bataille, la reprise de l'attaque fut puissamment aidée par une forte batterie que le Roi plaça sur le Butterberg. Le tir de ces pièces, parmi lesquelles se distinguèrent les gros canons empruntés à la place de Glogau, infligea des pertes terribles aux Autrichiens empilés en masses profondes près des moulins à vent et aux abords des maisons. Néanmoins ceux-ci tenaient toujours ; il était quatre heures ; la courte journée du mois de décembre touchait à sa fin, et la lutte autour de Leuthen était encore indécise. Le combat restait stationnaire ; les bataillons royaux ne pouvaient dépasser les vergers du village, tandis que les Autrichiens échouaient dans leurs efforts pour le reprendre.

Ce furent une fausse manœuvre des Impériaux et une charge de la cavalerie prussienne qui décidèrent la victoire. Durant le combat de Leuthen, le général autrichien Lucchesi avait pris place avec la cavalerie de l'aile droite en avant de Frobelwitz ; voyant devant lui l'infanterie de Retzow qui se maintenait péniblement et dont la position très en l'air paraissait fort exposée, il crut l'occasion belle et se porta sur elle à toutes jambes. Malheureusement pour lui, les accidents de terrain et le bois de Radaxdorf lui avaient dérobé la vue de la cavalerie de Driesen qui n'avait pas encore donné, et dont la mission s'était bornée à couvrir le flanc de l'infanterie. Driesen, avec beaucoup d'à propos, aussitôt qu'il s'aperçut de la manœuvre de Lucchesi, divisa ses 50 escadrons, lui en jeta 10 sur le flanc, le fit tourner par les dragons de Baireuth et les hussards de Puttkammer, et l'aborda de front avec le reste de sa troupe. Cette contre-attaque eut une pleine réussite ; les cavaliers autrichiens furent sabrés et culbutés, Lucchesi fut tué, et ses cuirassiers s'enfuirent portant le désordre et le désarroi dans ce qui était encore intact de l'armée autrichienne. C'est ainsi que les bataillons de l'extrême droite qui arrivaient au feu se retirèrent sans avoir brûlé une cartouche.

Malgré cet échec décisif, la résistance continua autour de Leuthen ; les régiments autrichiens de Wallis et de Durlach, mêlés aux débris de quelques autres corps, tinrent bon en dépit de la fuite de leurs camarades ; mais pris à dos par les escadrons victorieux de Driesen, ils durent reculer à leur tour en abandonnant de nombreux prisonniers au vainqueur. De toute l'armée impériale, seules quelques fractions du corps de Nadasdy avaient conservé ou repris leurs formations. Ce général fit bonne contenance, repoussa une attaque de la cavalerie prussienne et put sauver une fraction de l'aile gauche. Quant au reste des soldats du prince Charles il fut impossible de les remettre en ordre, et, l'obscurité aidant, la retraite devint un véritable sauve-qui-peut que le prince de Ligne (1) va nous décrire.

« Je voulus, aidé du brave reste de nos Wallons de tous les régiments, et de quelques soldats hongrois que j'avais ralliés, faire encore une tentative. J'avais pris un drapeau pour les animer, mon épée dans la main droite,

---

(1) Campagnes de 1757 et 1758, par un officier supérieur autrichien. Archives de la Guerre.

mon bonnet que j'avais perdu pendant l'action je ne sais comment, tous mes cheveux épars je devais faire une bonne figure. Nous étions toujours exposés à la canonnade, et je crois que j'aurais encore ramené ces braves gens aux coups de fusil que l'ennemi continuait à tirer comme s'il y avait eu encore quelqu'un pour les essuyer; mais tout le monde était parti et il fallut éviter d'être faits prisonniers. Je passai avec notre major et ces 200 et 25 hommes, restes infortunés du plus beau sang du monde, la rivière sur le pont de Grossmarschwitz... Mon major et moi avec notre petit monde nous nous retirâmes à la première maison que nous trouvâmes après la Lohe à la lueur du canon ennemi, car il fallait cela pour éclairer cette nuit, la plus obscure qui fût jamais... De notre pauvre bataillon, nous avons perdu un major, un lieutenant-colonel, et pour abréger le compte, tout le monde presque, car nous n'étions que 4 officiers qui n'avons pas été touchés. Le duc d'Arenberg, passant par cette maison où j'étais sur les cinq heures du matin, me persuada d'aller avec lui; je quittai mon petit débris que j'avais fait coucher dans une bonne écurie pour se bien reposer, et je l'accompagnai jusqu'à Gräbschen où étaient le Prince et le maréchal, aussi tristes qu'on peut se l'imaginer et qu'exigeait une si épouvantable journée. Quelle différence depuis douze jours! L'idée m'en fait encore frémir d'horreur. De là nous allâmes à Klettendorf pour voir s'il n'y avait pas moyen de trouver l'armée; on eût dit qu'elle ne subsistait plus; il est vrai que s'il y en avait, il n'y en avait guère; il était près de onze heures qu'on n'en voyait presque rien. Jamais de mes jours je ne me retrouverai dans une situation aussi triste. »

M. de Montazet (1) dans son rapport tient à peu près le même langage : « La grande obscurité mit un tel désordre dans la marche des troupes que nos chefs ne trouvèrent

(1) Montazet à Paulmy. Camp de Schweidnitz, 10 décembre 1757. Archives de la Guerre.

plus personne sous leur main, et qu'on ne put même faire rompre pendant la nuit plusieurs ponts du pays qui étaient sur la Schweidnitz. Une partie des troupes, surtout celles qui s'étaient retirées en désordre, passèrent la rivière de Lohe et rentrèrent dans le camp d'où elles étaient parties la veille, ce qui fit prendre la résolution dans le conseil de guerre qu'on tint à dix heures du soir de faire retirer le reste de l'armée derrière la Lohe. »

Le commissaire français, qui n'avait pas été appelé à ce conseil, aurait été d'avis de défendre le cours de la Schweidnitz. Ce parti, excellent avant la bataille, n'était plus possible à cause de la confusion et de la démoralisation des troupes. On se décida à renforcer la garnison de Breslau de 10,000 hommes, et à diriger la retraite sur la place de Schweidnitz où était le dépôt des subsistances.

Le soir même de la bataille, les Prussiens avaient poussé jusqu'à la rivière et au village de Lissa, dont ils trouvèrent les maisons encombrées de blessés et de traînards; d'après le récit de Retzow (1) qui avait pris part à l'action, Frédéric pénétra presque seul dans le château de Lissa; il le trouva plein d'officiers autrichiens « qui s'étaient retirés dans tous les appartements et jusque sur les escaliers pour y goûter un peu de repos. Accompagné de quelques-uns de ses aides-de-camp, Frédéric traversa leurs rangs et leur souhaita une bonne nuit. » La consternation fut générale; on se hâta de vider les lieux et d'abandonner le logis au vainqueur. Les Prussiens ne se contentèrent pas d'occuper Lissa; ils s'emparèrent du pont sur la Schweidnitz, y plantèrent du canon, et continuèrent à tirer dans la nuit. Cette poursuite active et ces décharges nocturnes contribuèrent beaucoup à la résolution prise par les généraux autrichiens de reculer jusqu'à la Lohe. Sur la rive gauche de la Schweidnitz il resta beaucoup de monde qui tomba entre les mains des poursuivants.

(1) Retzow. *Guerre de Sept Ans*, vol. I, p. 315.

A Leuthen et dans leur fuite les Impériaux perdirent environ 7,000 tués et blessés, et plus de 20,000 prisonniers, 116 canons, 51 drapeaux et presque tous leurs équipages. L'état-major fut terriblement éprouvé : les généraux Lucchesi, Otterwolf et Stolberg furent tués; Nostitz mourut de ses blessures; Haller, Macquire, Lascy, Lobkowitz et Preisach furent mis hors de combat. Quant aux vainqueurs ils accusèrent une perte totale de 5,978 officiers et soldats, parmi lesquels deux généraux, Rohr et Krockow.

Il n'est pas surprenant que la bataille de Leuthen ait été l'objet des appréciations les plus flatteuses des écrivains militaires, naturellement portés à mesurer leurs éloges aux succès obtenus; ils ont célébré à grand orchestre les mérites de l'ordre oblique et attribué à l'habileté tacticienne du souverain le gain de la bataille. Il y a là peut-être exagération de langage, et nous serions tentés de nous en tenir à l'opinion exprimée par le maréchal de Moltke (1) à la suite d'une inspection du théâtre de la lutte. « Certes les dispositions du Roi sont d'un maître ; mais pour obtenir les grands résultats de l'affaire, il a fallu l'indécision de Lucchesi, la bravoure de l'infanterie prussienne devant Leuthen, et surtout la brillante charge de Driesen à la tête de la cavalerie de l'aile gauche. » La véritable preuve de la supériorité du génie de Frédéric, nous la trouvons beaucoup plus dans l'esprit dont il sut animer ses soldats découragés et battus, dans l'intuition qui lui fit deviner les erreurs de son adversaire, et dans le parti qu'il sut en tirer, que dans les manœuvres savantes qu'un ennemi plus entreprenant n'eût pas laissées s'accomplir sans interruption. Quant aux généraux autrichiens ils accumulent faute sur faute, se placent avec une rivière à dos, s'étendent outre mesure, engagent mal à propos leur avant-garde, dégarnissent leur centre pour

---

(1) Taysen. *Critique de la Guerre de Sept Ans*. Berlin. 1882 p. 50.

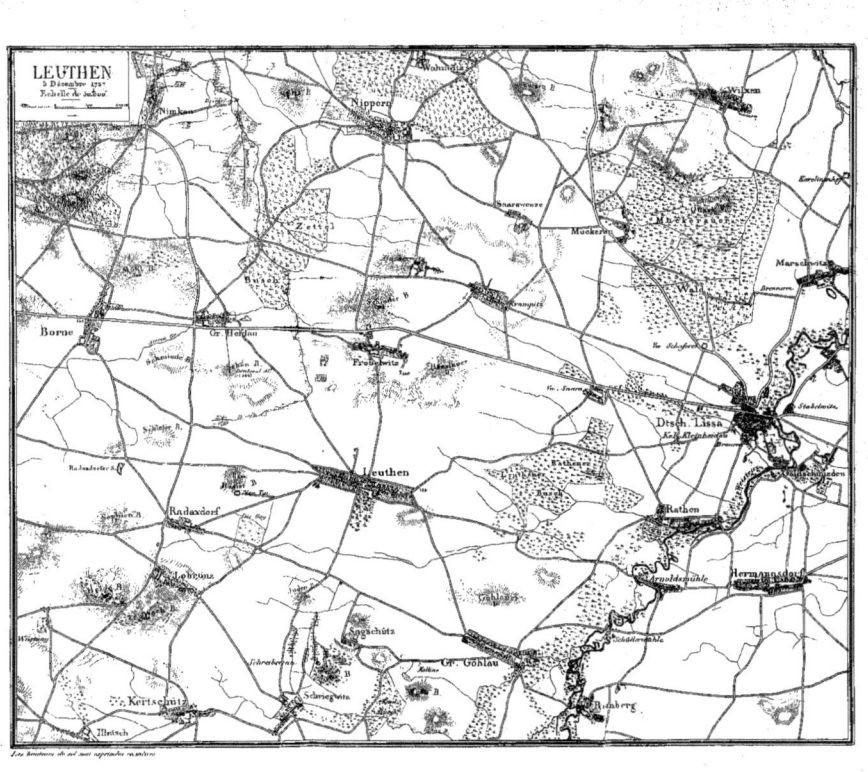

renforcer leur droite contre une attaque improbable, assistent impassibles aux préparatifs de l'ennemi, ne savent pas profiter de l'avantage du nombre, se font battre en détail et ne tentent rien pour couvrir leur retraite.

Dans le camp prussien la journée du 6 décembre fut consacrée à un repos bien mérité; mais dès le lendemain le gros de l'armée royale commença l'investissement de Breslau, tandis que Ziethen avec la moitié de la cavalerie, neuf bataillons et les troupes légères, fut chargé de suivre et de harceler la retraite des Autrichiens. Il ramassa des bagages, des voitures, l'approvisionnement de pain et des traînards; mais il ne chercha pas à entamer le prince Charles qui put gagner Schweidnitz le 9 décembre, sans avoir été trop inquiété.

Aussi les premières dépêches du frère de l'Empereur sont-elles empreintes d'un certain optimisme; il reconnaît l'immensité des pertes, surtout en officiers, mais il loue les dispositions du soldat et parle de continuer la campagne. Cependant peu à peu il est forcé de se rendre à l'évidence et de confesser le triste état des troupes : « Nos régiments, écrit-il le 11 décembre (1), sont fort faibles et terriblement fatigués; mais je puis assurer qu'ils ont encore de la bonne volonté; mais je crains que la saison, qui commence depuis deux jours à être fort mauvaise, n'achève par les maladies à ruiner cette armée. Des généraux, nous en avons dix-sept tués ou blessés, et il y en a encore plusieurs qui sont malades et qui je crois n'iront pas loin; ainsi je ne vois aucune espérance de pouvoir faire encore quelque chose cette campagne avec cette armée-ci... Je n'ose faire celle-ci plus longue étant une lettre très disgracieuse, mais j'ose me flatter que Votre Majesté sera persuadée que le F. M. et moi avons fait notre possible, et qu'Elle ne nous attribuera pas ce malheur. Liegnitz,

(1) Prince Charles à l'Empereur, 11 décembre 1757. Archives de la Guerre. Vienne.

Schweidnitz et Breslau sont bien munis, et sans un siège j'espère qu'ils ne les prendront pas; et pour entreprendre un siège à l'heure qu'il est, je crois la saison trop avancée; ainsi je me flatte que ces trois endroits pourront se soutenir cet hiver. »

Par malheur le temps se met à la pluie et à la neige; le soldat souffre beaucoup; il faudra regagner la Bohême. « Notre cavalerie (1) est si abattue qu'à peine les chevaux peuvent-ils se porter, ce qui est cause que l'ennemi nous attaque à tous moments du monde; outre cela nous avons très peu d'officiers à nos régiments, comme je l'ai mandé à Votre Majesté, si bien que nous sommes obligés de nous retirer en Bohême. »

Moins tenu à la réserve, le Français Morainville fait une peinture lamentable de la retraite (2) : « On peut dire que c'est une vraie déroute par la façon dont tous les corps ont été éparpillés et les soldats dispersés... pendant plusieurs jours. Cette confusion et cette frayeur ont continué jusqu'à ce que nous ayons gagné Schweidnitz; elle a fait perdre une quantité prodigieuse de bagages et particulièrement 600 caissons chargés de pain, ce qui a mis l'armée dans la plus fâcheuse situation, et l'en a fait manquer pendant deux ou trois jours. » « Le 8, écrit le prince de Ligne (3), notre seconde marche fut à Nausee; nous jeûnions que c'était une bénédiction. Le 9 nous fûmes à Jordan Muhl, où par bonheur le duc d'Arenberg et moi nous trouvâmes un morceau à manger dans un château à Honnersdorff; nous n'avions point de lit avec nous, mais nous souffrions bien moins de notre misère que de celle de tant de braves gens qui viennent de se faire tron-

---

(1) Prince Charles à l'Empereur, 12 décembre 1757. Archives de la Guerre. Vienne.

(2) Morainville à Paulmy. Lebau le 17 décembre 1757. Archives de la Guerre.

(3) Campagnes de 1757 et 1758, par un officier supérieur autrichien. Archives de la Guerre 3446.

quer les membres, qui n'avaient ni pain, ni souliers, ni habits même quelquefois, et qui devaient faire tout exténués, la mine allongée, leurs cinq à six lieues tous les jours. »

Le 20 décembre les Autrichiens étaient à Landshut; le lendemain il y eut une affaire d'arrière-garde. « Je n'ai jamais rien vu d'aussi misérable, raconte notre officier, que la confusion des ordres et les lettres que l'on s'écrivait, où en vérité il n'y avait pas le sens commun. » Enfin on franchit la frontière ; les débris de l'armée purent se réorganiser à l'abri de la chaîne montagneuse, limite des deux États, que les Prussiens n'essayèrent pas de dépasser. Des 80,000 hommes qui avaient envahi la Silésie, c'est à peine si 30,000 rentrèrent en Bohême (1); la capitulation de la garnison de Breslau avait porté à 50,000 les pertes totales de Marie-Thérèse dans les trois semaines écoulées depuis le commencement de décembre. Ce fut le jour de Noël que le prince Charles, très occupé à distribuer ses troupes dans leurs quartiers d'hiver, apprit la chute de Breslau; cette nouvelle, que lui apportèrent un sergent et deux soldats échappés de la place, lui fut confirmée le lendemain par un messager du gouverneur. « J'avoue que ce coup auquel je ne m'attendais pas, écrit le Prince (2), m'assomme à un point que je ne sais où j'en suis, car de s'être rendu prisonnier sans avoir soutenu un assaut... et enfin la dernière extrémité ne pouvant pas être pire que ce qui leur est arrivé, et ayant comme ils m'avouent des vivres abondamment, il me semble qu'ils pouvaient tenir bien plus longtemps, et j'avoue que je la croyais (la place) imprenable dans cette saison-ci... Enfin toutes réflexions sont inutiles l'affaire étant faite; mais cette affaire jointe

---

(1) Stainville à Bernis, 20 décembre 1757. Archives des Affaires Étrangères.
(2) Prince Charles à l'Empereur, 26 décembre 1727. Archives de la Guerre. Vienne.

à notre situation me raccourciront mes jours par le chagrin que cela me donne. »

A Vienne les avis avaient été partagés sur le maintien d'un gros détachement à Breslau; l'Empereur trouvait (1) la garnison trop forte, ne pensait pas qu'on pût la secourir, et se montrait fort inquiet du sacrifice éventuel d'un corps aussi nombreux. Mais à en juger par les conversations de Kaunitz rapportées par Stainville (2), le chancelier et probablement sa souveraine ne se plaçaient pas à un point de vue aussi pessimiste; ils attachaient une telle importance à conserver un pied en Silésie qu'ils auraient vu de très mauvais œil l'abandon de la capitale de la province. Kaunitz repoussait bien loin l'évacuation des places-fortes que lui conseillait l'ambassadeur, et se flattait « de soutenir la guerre en Silésie jusqu'au mois de juin. » On s'imaginait que le roi de Prusse ne pourrait entreprendre le siège de Breslau qu'au printemps; d'ici là l'armée impériale recrutée et rétablie serait en mesure de rentrer en Silésie, et appuyée sur la forteresse de Schweidnitz, d'interrompre l'opération. Ces calculs plausibles, que justifiaient les errements militaires de l'époque, furent déjoués par la promptitude et l'audace de Frédéric.

Le 7 décembre, surlendemain de la bataille de Leuthen, les Prussiens commencèrent l'investissement de Breslau; le 13 leurs batteries ouvrirent le feu. Trois jours après, l'explosion d'un magasin à poudre entraîna la chute d'une courtine et ouvrit une brèche pour l'assaillant. Le commandant autrichien, le général Sprecher, réunit aussitôt un conseil de guerre dont tous les membres, à l'exception du général Beck, opinèrent pour entamer des pourparlers. Ils aboutirent à une capulation si-

---

(1) L'Empereur au prince Charles, 10 décembre 1757. Lettre citée par Arneth.
(2) Stainville à Bernis, 12 décembre 1757. Archives des Affaires Étrangères.

gnée le 19 décembre; la garnison obtint les honneurs de la guerre, mais resta prisonnière; elle était forte de 13 généraux et 17,000 hommes dont 11,000 en état de porter les armes, les autres malades ou blessés. Les vainqueurs s'emparèrent de 81 canons, d'approvisionnements considérables et de la caisse militaire contenant 144,000 gulden. Liegnitz subit bientôt le sort de Breslau; mais le colonel Bulow, après une défense qui dura jusqu'au 28 décembre, fut autorisé à sortir librement avec son personnel. De toutes leurs conquêtes les Autrichiens ne gardèrent que la forteresse de Schweidnitz, défendue par une garnison de 7,000 hommes sous les ordres du général Thurheim.

Quel changement de fortune dans ce mois de décembre! A la veille de Leuthen les Impériaux étaient maîtres de la plus grande partie de la Silésie. Sans doute ils avaient laissé échapper l'occasion de détruire le corps de Bevern si compromis après l'affaire de Breslau; sans doute ils n'avaient rien fait pour empêcher la jonction des troupes battues avec celles du Roi; mais malgré ces lourdes fautes, appuyés sur les places de Breslau, Liegnitz et Schweidnitz, confiants dans leur supériorité numérique, encouragés par les succès récents, ils paraissaient en mesure de résister à Frédéric dont l'armée, composée pour moitié de soldats deux fois défaits en six mois, ne pourrait tenir longtemps la campagne. La décision de marcher à l'ennemi, excellente le 25 novembre, était dangereuse le 4 décembre. Lents, méthodiques, mauvais manœuvriers, les Autrichiens s'entendaient admirablement à défendre une position, à repousser avec une bravoure tenace des assauts répétés; mais il était imprudent de leur demander sous le feu de l'ennemi, et dans la confusion de la bataille, des mouvements que les chefs étaient aussi incapables de diriger que les soldats d'exécuter. Si le prince Charles, au lieu de se porter à la rencontre de son entreprenant adversaire, après lui avoir donné le temps de reposer et de réunir ses forces, se fût contenté de l'attendre dans les retranchements encore intacts derrière la Lohe où Bevern s'était maintenu si longtemps, il est probable que le roi de Prusse ne l'eût pas entamé; tout au plus aurait-il pu menacer, couper même ses communications avec la Bohême; mais les Autrichiens maîtres des deux rives de l'Oder n'auraient pas été embarrassés pour vivre; force aurait été à Frédéric de prendre ses quartiers d'hiver sans avoir reconquis la Silésie.

Que le prince Charles, par sa marche inconsidérée sur Neumarkt, par la mauvaise distribution de ses forces, et surtout par son immobilité pendant la matinée de Leuthen, ait sacrifié ses avantages, qu'il ait commis une erreur capitale en laissant une division de son armée à Breslau, cela est indéniable; et cependant les fautes de ses lieutenants dépassèrent les siennes : Lucchesi en sollicitant des renforts dont il ne sut pas se servir, Nadasdy en confiant à des recrues indisciplinées la clef de sa position, Sprecher en livrant presque sans résistance la place dont il avait charge, eurent leur large part dans les désastres qui terminèrent la campagne. Quant au principal agent de la catastrophe, le général qui ramenait à peine la moitié de l'armée naguère victorieuse, il ne semble pas se rendre compte de la responsabilité morale encourue. « Quoique la situation soit fort mauvaise et fort critique, écrit-il à l'Impératrice (1), elle n'est, Dieu merci, pas au point que Votre Majesté se la figure; et si nous sommes ruinés, Votre Majesté peut être sûre que l'armée du roi de Prusse n'est pas en bon état non plus, et que je ne crois pas à tenter quelque chose cet hiver de considérable; mais il faut être sur ses gardes, car avec

(1) Prince Charles à l'Impératrice, 31 décembre 1757. Archives de Vienne.

ce Roi rien n'est presque impossible, ne se souciant pas de tout risquer pourvu qu'il exécute ce qu'il a en vue. Mais Votre Majesté a eu le malheur d'avoir bien des revers pendant son règne, et le Seigneur l'a toujours aidée; ainsi il n'abandonne pas Votre Majesté, et ce sont des revers qu'il envoie de temps en temps, pour après cela mieux faire sentir ses grâces; mais avec la religion que Votre Majesté a, et les prières de tout le monde, Votre Majesté verra encore que le Dieu des armées bénira ses armes... J'avouerai que le chagrin m'a accablé comme un autre; mais je n'y vois pas si noir et j'espère beaucoup... »

Ce fut donc avec confiance que ce Prince annonça (1) son retour à la cour : « Quant à moi je compte partir après-demain pour me rendre à ses ordres et me mettre à ses pieds; ainsi j'espère le 6 avoir ce bonheur, à moins qu'il n'arrive quelque chose, à quoi je ne m'attends pas, car tout est tranquille dans ces environs à ce que mes rapports disent. »

Les appréciations du maréchal Daun étaient beaucoup plus sombres que celles de son collègue. Dans un long rapport (2) daté du 26 décembre, il fait un exposé de la situation actuelle et des perspectives de l'avenir. Sous l'intitulé : « Réflexions les plus tristes mais les plus importantes à faire pour tâcher de trouver le remède au plus grand mal », il groupe en 18 chefs et discute successivement les raisons qui rendent les affaires presque désespérées. Ce qui reste de l'armée « se monte tout au plus à un pied de 30,000 hommes; les régiments sont réduits à des effectifs de 4 à 500 hommes sans cadres et dont beaucoup de malades »; les vides ne pourront être comblés que

---

(1) Prince Charles à l'Empereur, 3 janvier 1758. Archives de la Guerre. Vienne.
(2) Daun à l'Empereur, 26 décembre 1757. Archives de la Guerre. Vienne. Ce rapport est écrit en français; nous en avons respecté les expressions, tout en corrigeant l'orthographe presque aussi fantaisiste que celle de l'Empereur.

par des recrues qui ne seront que des « paysans travestis. » Pendant l'hiver, les troupes tenues en alerte par les incursions des Prussiens ne pourront se refaire ni se réorganiser. L'ennemi sera en mesure de commencer la campagne de bonne heure, longtemps avant que les alliés ne soient prêts à porter secours. Cette jérémiade finit par quelques mots où Daun s'excuse de sa franchise : « Voilà, sire, un contenu bien éloigné à pouvoir se rendre agréable ; mais selon moi il ne convient pas de flatter ses souverains, et dans les temps les plus critiques il faut leur parler le plus naïvement, par là ne rien cacher de la vraie situation... C'est vrai qu'il y a des gens qui voient toujours plus noir que les autres, duquel nombre je pourrai me trouver, du moins je le souhaite dans cette occasion-ci. Trop heureux si les effets prouveront le contraire. »

Ce rapport, que confirmaient les récits et la correspondance de l'armée, dut faire impression sur l'esprit de l'Impératrice-Reine et de son époux ; malgré leur tendre affection pour leur frère ils comprirent l'impossibilité de se mettre en travers de l'opinion militaire. Tous, depuis le soldat jusqu'au général, reportaient sur la tête du commandant en chef la responsabilité des désastres qui avaient marqué la fin d'année. Pour lutter contre le roi de Prusse, pour ranimer la confiance de l'armée, le salut de la patrie exigeait un autre généralissime. Dans une audience obtenue à son arrivée du quartier-général, Montazet avait fait à Marie-Thérèse un exposé sincère de la situation : « J'aurais été le plus indigne des hommes, écrit-il à Paulmy (1), si j'avais eu la moindre réserve et employé le plus petit déguisement dans tous les comptes que je lui rendis ; et quelque pénibles qu'ils fussent pour son cœur, j'étais si affecté moi-même de tout ce que j'avais l'honneur

---

(1) Montazet à Paulmy. Vienne, le 6 janvier 1758. Archives de la Guerre

de lui dire, qu'après trois heures de conversation où assurément je ne l'avais pas flattée, elle finit par me dire que le premier moment agréable qu'elle avait eu depuis ses derniers malheurs était celui qu'elle venait de passer avec moi »... L'Impératrice parlant avec la même franchise lui ouvrit « son cœur sur le peu de confiance qu'elle avait dans son haut militaire, m'assurant que les généraux que je n'avais pas vus servir ne valaient pas mieux que ceux que je connaissais tout aussi bien qu'elle, que si elle en savait un bon en quelque lieu que ce fût, elle ferait tous ses efforts pour l'avoir, et qu'elle n'écouterait sur cela aucune considération particulière. »

Peu de jours après, le prince Charles reçut de son frère un billet intime (1), l'engageant vivement à remettre sa démission. Il dut s'exécuter et ne reparut plus à la tête des armées autrichiennes. Il fut remplacé par le maréchal Daun dont la nomination fut annoncée aussitôt à Paris (2); cependant pour ménager l'amour-propre du Prince, on le consulta sur les opérations de la campagne prochaine, et on lui donna la présidence de la conférence tenue à ce sujet le 29 janvier avec les représentants de la France. Mais si l'affection impériale resta fidèle au général malheureux, elle ne put empêcher le sentiment populaire de se manifester (3) par des pièces de vers satiriques et par des caricatures qui, en dépit de la police, furent affichées sur les murs des édifices publics de la capitale. On fit force plaisanteries sur le penchant bien connu du Prince pour les plaisirs de la table; un de ces dessins représentait un conseil de guerre composé de Daun, de Nadasdy, et de l'ex-général en chef; tandis que le premier disait : « Il faut agir avec intelligence et courage », que le second s'écriait : « au prix de notre sang et avec notre épée », le dernier

(1) L'Empereur au prince Charles, 14 janvier 1758. Billet cité par Arneth.
(2) Kaunitz à Stahremberg, 14 janvier 1758. Archives de Vienne.
(3) Kutzen, p. 141. Cogniazo. Vol. II p. 441.

indiquait du geste une bouteille en murmurant : « Ce vin est excellent. »

Quelle impression le désastre de Leuthen allait-il produire à Paris? Malgré les témoignages d'amitié échangés avec le ministre des Affaires Étrangères de Louis XV, Kaunitz s'était parfaitement rendu compte du découragement qui avait suivi la bataille de Rossbach et la rupture de la convention de Closter Seven; il savait en outre le gouvernement français aux prises avec des embarras intérieurs qui devaient peser sur son action extérieure. Les conflits avec le Parlement et avec les autorités ecclésiastiques paraissaient, au moins momentanément, apaisés; mais les retards dans le paiement des subsides (1) dont l'arriéré se montait à plus de 4 millions de florins, les difficultés soulevées au sujet de l'entretien du contingent saxon, et la demande du versement intégral dans les caisses françaises des contributions de guerre perçues en Allemagne, dénotaient une situation financière peu satisfaisante. D'autre part la cour de Versailles avait toujours protesté contre l'opération de Silésie. N'était-il pas à craindre qu'invoquant un échec qu'elle avait en quelque sorte prédit, préoccupée de l'état de ses armées et de la gêne de son trésor, elle ne cherchât à se soustraire à des charges qui devenaient de plus en plus onéreuses, ne prît prétexte pour marchander son concours, ou pis encore, ne prêtât l'oreille aux ouvertures que le roi de Prusse, malgré sa victoire, aurait la sagesse de renouveler?

Mais la crise que traversait l'Autriche était trop aiguë, la défaite subie trop éclatante pour qu'il fût de bonne politique d'atténuer des faits dont la renommée ne tarderait pas à s'emparer. Aussi Kaunitz s'expliqua-t-il avec la plus grande franchise dans une lettre adressée à Stahremberg (2), mais destinée à passer sous les yeux du Roi

(1) Kaunitz à Stahremberg, 7 décembre 1757. Archives de Vienne.
(2) Kaunitz à Stahremberg, 9 décembre 1757. Archives de Vienne.

Très Chrétien et de ses ministres : « Nous ne devions pas nous attendre, Monsieur le comte, à devoir faire suivre de si près M. le prince de Lobkowitz (1), porteur d'une très bonne, par une aussi mauvaise nouvelle; et nous sentons très bien que ce malheur doit vraisemblablement, non seulement entraîner la perte de Breslau et de Liegnitz, mais qu'il peut même avoir encore d'autres suites, et que surtout, vu le moment et les circonstances, il est des plus fâcheux. Nous n'en sommes pas cependant pour cela abattus, ni même découragés. » Kaunitz prêche une action vigoureuse « contre le roi de Prusse, qui doit être, comme il l'est, le principal et s'il se peut notre unique objet. » Un des moyens d'atteindre ce but serait de se débarrasser des Hanovriens, soit par la force, soit en accordant la neutralité de l'Électorat. « Mais ce dont Leurs Majestés Impériales vous chargent avant tout, c'est de déclarer à Sa Majesté Très Chrétienne et à son ministère que le malheur qui vient d'arriver n'altère et n'altèrera en rien leur constance; que l'on n'écoutera certainement aucune proposition quelconque qui pourrait venir de la part du roi de Prusse, directement ou indirectement, et que l'on emploiera ici sans délai tous les remèdes nécessaires et possibles. Leurs Majestés Impériales comptent absolument que Sa Majesté Très Chrétienne pensera comme Elles et agira de même en tous points. »

On sut bientôt (2) les premières impressions de Versailles; elles étaient conformes à ce qu'on était en droit d'attendre de bons et loyaux alliés. Le Roi, Mme de Pompadour, Bernis, avaient tous ajouté au témoignage de leur sympathie l'assurance de leur ferme intention de continuer la lutte et de secourir l'Impératrice. Comme symptôme caractéristique, l'ambassadeur signalait un revire-

(1) Lobkowitz avait été envoyé à Paris pour annoncer la victoire de Breslau et la prise de cette ville.
(2) Stahremberg à Kaunitz, 18 décembre 1757. Archives de Vienne.

ment au sujet de la neutralité du Hanovre, toujours conseillée de Vienne et repoussée à Versailles; Bernis, allant au devant du désir de Kaunitz, semblait vouloir se rallier à cette idée. A sa propre prose Stahremberg avait joint quelques mots de la main de Mme de Pompadour à son adresse (1) : « Je suis très affligée, Monsieur le comte, de la nouvelle que vous me mandez, et j'en crains beaucoup les suites; mais je n'en suis pas abattue; le Roi pense de même et vous pouvez en assurer Leurs Majestés Impériales et M. de Kaunitz. Les malheurs du cœur sont les seuls qui me terrassent, celui-ci n'est pas du nombre et je hais le vainqueur mille fois plus que je n'ai jamais fait; si c'était encore le temps je serais bien assez folle pour me dévouer à condition qu'il pérît. Les Romains me feraient envie comme vous voyez. Bonsoir, Monsieur le comte, prenons de bonnes mesures, pulvérisons l'Attila du nord, et vous me verrez aussi contente que je suis de méchante humeur; je ne vous en aime pas moins bien sincèrement. »

D'infortune, le bon effet de ces épîtres fut détruit par une conversation que Stainville, au reçu de son courrier, eut avec le chancelier. Dans un billet intime (2) à l'envoyé français, Bernis avait dévoilé sa pensée secrète : La nouvelle du désastre de Leuthen était arrivée à un moment où l'on était fort inquiet sur le sort de l'armée du Hanovre, à la veille de livrer bataille au prince Ferdinand de Brunswick; un échec, d'autant plus probable qu'on n'avait que peu de confiance dans Richelieu, entraînerait la retraite sur le Weser, peut-être jusqu'au Rhin. « On ne fait pas la guerre sans généraux, ni avec des troupes mal disciplinées, écrivait Bernis; mettez bien cela dans un coin de votre tête. Nous ne nous séparerons jamais de nos alliés,

---

(1) Mme de Pompadour à Stahremberg, 17 décembre 1757. Archives de Vienne.
(2) Bernis à Stainville, 18 décembre 1757. Masson. *Mémoires du cardinal de Bernis*. Vol. II p. 154.

PROJET DE LETTRE DE L'IMPÉRATRICE A LOUIS XV.

c'est un fait sûr, mais prenons garde de nous perdre les uns par les autres. »

Stainville, s'il ne communiqua pas à Kaunitz le texte de cette lettre, dut lui faire part du découragement qu'elle révélait dans l'esprit d'un des principaux artisans de l'alliance. Sous le coup de ces avis de Paris, de la reprise de Breslau par les Prussiens, de la rentrée en Bohême des débris de sa principale armée, il semble que Marie-Thérèse elle-même ait perdu un peu de son courage. Elle fit préparer pour Louis XV un billet (1) personnel. « Monsieur, mon frère et cousin, je regarde Votre Majesté, non seulement comme mon fidèle allié, mais comme un ami sincère et généreux. Je me sens soulagée moyennant cela par l'idée que je me fais de la part que prendra Votre Majesté à ma juste douleur, et je crois devoir lui ouvrir mon cœur dans la fâcheuse situation où je me trouve... » Suit un exposé très fidèle des événements, des pertes subies par l'armée, des mesures pour la rétablir. L'Impératrice-Reine rappelle la demande d'assistance adressée à la Tzarine et ajoute : « Il serait essentiel de savoir si Votre Majesté peut m'envoyer en Bohême un corps de 25,000 hommes de ses meilleures troupes, qui puisse y être rendu dans le courant du mois de mars, et si, cela supposé, Elle croit que nous soyons en état de risquer encore une campagne. Quant à moi j'y suis déterminée, mais je ne le suis pas moins à déférer aux conseils et avis de Votre Majesté si Elle était d'une opinion contraire, quoiqu'il me serait naturellement très douloureux de devoir souscrire au sacrifice de nos avantages, de notre sûreté et de notre gloire. Je ne suis point découragée ; mais j'ai cru, avec la franchise qui est de mon caractère et que je dois d'ailleurs à l'amitié de Votre Majesté, devoir lui témoigner par cette explication cordiale que, quoique ma fermeté soit à l'épreuve de

(1) Projet de la lettre de l'Impératrice à Louis XV, 29 décembre 1757. Archives de Vienne.

tout événement, elle est guidée par la raison, et que moyennant cela Votre Majesté peut compter sur moi et ne doit point douter en même temps que je ne me prête, s'il le fallait, à ce qui serait, ou qu'Elle croirait, nécessaire. »

Cette lettre si importante, qui était en fait un acquiescement à la fin des hostilités, ne devait être remise que dans le cas d'un échec du maréchal de Richelieu. « Si les nouvelles attendues de là-bas étaient bonnes, écrivait Kaunitz (1), on pensait qu'il serait préférable de ne faire aucun usage de la pièce, et de ne pas avouer, à propos de nos circonstances et de nos malheurs, une hésitation qui serait de nature à induire en erreur la cour de France, ou à lui causer des inquiétudes peu opportunes. »

La précaution était bonne. Bernis se démoralisait de plus en plus, et se serait certainement servi du consentement de Marie-Thérèse pour plaider auprès de son souverain la cause de la paix dont jusqu'alors il n'avait parlé qu'à Stainville. Sa lettre particulière à ce dernier (2), en date du 6 janvier 1758, est empreinte du pessimisme le plus outré : Les forces autrichiennes sont aux trois quarts détruites, la Tzarine malade et faible cédera à l'influence du Grand chancelier acheté par l'or anglais que lui apporte le nouvel ambassadeur Keith; il n'y a rien à attendre de la marine française; la Hollande va se déclarer sous la pression de la Grande-Bretagne. « Que restera-t-il donc sur la scène? L'Impératrice sans armée, et les Français, entre le roi de Prusse et les Hanovriens, sans subsistances, sans général et mal disciplinés... Mon avis serait donc de faire la paix et de commencer par une trêve sur terre et sur mer. Quand je saurai ce que le Roi pense de cette idée, que je n'ai pas trouvée dans ma façon de penser mais que

---

(1) Kaunitz à Stahremberg. Post-scriptum, 29 décembre 1757. Archives de Vienne.
(2) Bernis à Stainville, 6 janvier 1758. Masson. *Mémoires du cardinal de Bernis*. Vol. II, p. 161.

le bon sens, la raison et la nécessité me présentent, je vous la détaillerai... En attendant, tâchez de faire sentir à M. de Kaunitz deux choses également vraies : c'est que le Roi n'abandonnera jamais l'Impératrice, mais qu'il ne faut pas que le Roi se perde avec elle. Nos fautes respectives ont fait d'un grand projet qui les premiers jours de septembre était infaillible, un casse-col et une ruine assurée. C'est un beau rêve qu'il serait dangereux de continuer, mais qu'il sera peut-être possible de reprendre un jour avec de meilleurs acteurs et des plans militaires mieux combinés... Si elle (la cour de Vienne) aime mieux suivre ce que sa fierté lui inspire que ce que la raison devrait lui dicter, elle courra encore plus de risques que nous. Il est certain que le Roi lui sera fidèle ; mais il est fort douteux que le Roi puisse maintenir son armée en Allemagne. D'ailleurs, nous sommes vivement menacés sur nos côtes et en Amérique. Charité bien ordonnée commence par soi-même. »

Stainville devait être d'autant plus ému du ton de cette missive qu'il avait été fort impressionné lui-même par ce qu'il voyait et apprenait à Vienne. Dans les audiences qu'elle avait accordées à Montazet et à lui-même, Marie-Thérèse n'avait pas dissimulé le chagrin que lui causait l'état de ses affaires et le peu de confiance qu'elle avait dans ses généraux; elle avait même demandé à Montazet (1) si le Roi Très Chrétien permettrait au maréchal d'Estrées d'accepter le commandement de l'armée autrichienne. L'ambassadeur français voulut jouer cartes sur table, et mit un peu imprudemment le billet de son chef sous les yeux (2) de Kaunitz. Ce dernier, qui commençait à connaître la mobilité d'esprit de Bernis, conserva

(1) Kaunitz à Stahremberg, 4 janvier 1758. Archives de Vienne.
(2) Kaunitz dans une longue dépêche à Stahremberg en date du 28 février, fait l'historique de ce qui s'est passé et cite textuellement quelques expressions dont Bernis s'était servi dans son billet du 6 janvier.

tout son sang-froid; il s'attacha à démontrer les faibles chances de succès que présenteraient des négociations pour la paix générale, si elles n'étaient précédées par un arrangement pacifique entre la France et l'Angleterre, ou tout au moins par une convention de neutralité pour le Hanovre. Au fond il se méfiait de pourparlers qui auraient fait naître des divergences et fourni des prétextes à des accords particuliers. « L'important, écrit-il à Stahremberg (1), est de ne pas donner trop de temps pour la réflexion à la légèreté et à la politique de la France, mais de profiter avec habileté de sa première ardeur; autrement nous verrons se refroidir la confiance et la bonne foi dont on nous assure, et le souci de ses propres intérêts reprendra le dessus. »

Dans des circonstances aussi épineuses, une fausse démarche de Stahremberg, en ouvrant la voie à l'accommodement désiré par Bernis, eût compromis la guerre de revanche à laquelle Kaunitz et Marie-Thérèse, malgré les revers récents, étaient encore voués. En diplomate consommé qu'il était, l'Autrichien n'hésita pas à supprimer le billet impérial. « Je n'ai point remis, mande-t-il (2), la lettre écrite de main propre de Sa Majesté au Roi Très Chrétien, parce que le seul cas dans lequel j'avais eu ordre de la remettre n'a point existé, et que d'ailleurs je n'avais aperçu ni dans le Roi, ni en Madame de Pompadour, ni dans la plus grande partie du ministère, aucune sorte de découragement. Je puis assurer Votre Excellence que l'abbé de Bernis vise et pense réellement en tout au grand et au solide, et qu'il croit, à ce qu'il me semble avec raison, qu'il faut tout entreprendre et tout risquer plutôt que faire une paix avec le roi de Prusse, déshonorante pour les deux cours, qui laisserait le Prince en forces. »

(1) Kaunitz à Stahremberg, 14 janvier 1758. Archives de Vienne.
(2) Stahremberg à Kaunitz, 16 janvier 1758. Archives de Vienne.

Pour une fois, la perspicacité du rusé Autrichien était en défaut; retenu chez lui par une indisposition, il n'avait pas eu avec Bernis ses entretiens habituels et n'avait pas appris la dernière décision du conseil. Aussi, tranquillisé par le langage de son ambassadeur, Kaunitz fut-il profondément troublé par la communication que vint lui faire Stainville. Le courrier de France avait apporté à ce dernier un volumineux paquet : trois lettres officielles (1) appuyées d'un billet particulier. Dans La première de ces dépêches il était question d'ouvertures à faire, par l'intermédiaire de M. d'Affry, à la Haye pour la neutralité du Hanovre, et si possible pour la paix avec l'Angleterre. La seconde énumérait avec complaisance les raisons qui devaient décider l'Impératrice à proposer une pacification générale dont on désirait lui laisser l'initiative. La troisième et plus importante pièce contenait un plan d'opérations militaires en quatre articles, adopté par le Roi et soumis à l'approbation de la cour de Vienne : On commençait par supposer la convention de neutralité pour le Hanovre conclue, les Hessois et Brunswickois passés à la solde française moyennant un prélèvement sur les subsides consentis à l'Autriche. Les deux premiers articles avaient trait à l'envoi d'un corps auxiliaire de 30,000 hommes pris dans les régiments allemands au service français, qui viendraient se joindre aux Bavarois et Wurtembourgeois de l'armée de Silésie, et au renforcement des troupes de l'Empire par 6,000 Palatins et 10,000 Saxons. Quant aux troupes françaises, leur emploi était réglé par le troisième et le quatrième articles : Une partie de l'armée du Hanovre rentrerait en France pour protéger les côtes contre les incursions anglaises, le reste formerait un corps d'observation sur le Weser et sur le Rhin. Bernis ne devait pas

---

(1) Bernis à Stainville, 14 janvier 1758. Affaires Étrangères. Bernis à Stainville, 14 janvier 1758. Masson. *Mémoires du cardinal de Bernis.* Vol. II, p. 163.

se méprendre sur l'effet que produiraient ces propositions, aussi avait-il cru habile dans sa lettre confidentielle de rappeler que le conseiller de Marie-Thérèse avait été le premier à préconiser la neutralité du nord de l'Allemagne : « Vous aurez l'art de lui faire voir ses pensées dans les nôtres, et de ne lui montrer la totalité du tableau qu'autant que vous serez bien sûr qu'il n'en conservera aucun ombrage. » Même réserve pour « le développement entier du plan que j'ai proposé au Roi, et que Sa Majesté a adopté à condition toutefois que la cour de Vienne y donnât son consentement... Vous communiquerez ce plan au comte de Kaunitz avec les mêmes précautions que je vous ai ci-dessus recommandées par ordre de Sa Majesté. »

Notre ambassadeur à Vienne, le futur duc de Choiseul, qui déjà à cette époque signait Choiseul de Stainville, nous a laissé le récit détaillé (1) de ses conversations avec le chancelier et de son audience de l'Impératrice. Aussitôt son courrier dépouillé, il courut chez Kaunitz qu'il attendit vainement jusqu'à onze heures du soir, et qu'il ne vit que le lendemain 25 janvier. Aux compliments du ministre sur l'attitude cordiale du cabinet français, il dut répondre en lui montrant le plan de campagne reçu de Paris. L'idée de rattacher la retraite des Français à la neutralité du Hanovre souleva l'indignation de Kaunitz : « S'il avait été partisan d'une convention, dit-il avec beaucoup de raison, c'était pour donner à 100,000 Français la liberté de se porter contre la Prusse, et non pour leur permettre de repasser le Rhin. » Une vive discussion s'engagea sur la diminution des subsides, que la France affirmait ne pouvoir maintenir au chiffre primitif. Puis, quand démasquant de plus en plus ses batteries, Stainville parla de l'avantage qu'il y aurait à « remettre les deux cours et

---

(1) Stainville à Bernis, 28 janvier 1758. Affaires Étrangères.

leurs projets sur le point où ils étaient par le premier traité de Versailles, et d'abandonner, par impuissance et par les malheurs qui étaient survenus, le traité secret. » Kaunitz ne se contint plus : « Il me dit avec colère que sa cour n'était pas accoutumée de faire un traité et de l'abandonner, que c'était la ruine de l'alliance. »

Nouvelle conversation le 26 : Au Français qui parle de l'impossibilité de remplir les engagements contractés par sa cour, Kaunitz réplique que les difficultés dont on argue, les embarras financiers qu'on invoque, auraient dû être prévus avant de signer. Un point surtout des demandes françaises avait mis le chancelier hors des gonds. Son interlocuteur l'avait entretenu d'un remaniement territorial qui serait accordé à la France en compensation des sacrifices de cette puissance, et d'un établissement pour l'Infant en remplacement des Pays-Bas dont il ne pouvait plus être question. Kaunitz de s'écrier : « Le goût pour la paix que marque la France... et en même temps le désir apparent que vous, Monsieur l'ambassadeur, m'avez fait entrevoir pour l'établissement de l'Infant, me font craindre que le Roi n'ait le projet de nous faire faire la paix avec le roi de Prusse, et de tirer sur les États de l'Impératrice les dédommagements des frais de la guerre. Si une pareille idée entrait dans les desseins du conseil du Roi, je dois déclarer que l'Impératrice n'y acquiescera pas sans y être forcée. Il serait cruel qu'une alliance aussi difficile finît par ôter à l'Impératrice de ses États, tandis que son adversaire le roi de Prusse n'aurait encore aucun avantage sur son territoire. » Puis le chancelier exhala en termes amers la déception que lui causait l'écroulement du grand œuvre si laborieusement édifié : « Vous verrez qu'aucun ministre ne s'est trouvé dans la position où je me trouve, et ne doit plus craindre d'avoir entraîné sa maîtresse dans un précipice, quoique le motif qui m'y a engagé ne tendît qu'au bien des deux couronnes et de la tranquillité de l'Europe. »

C'est avec raison que Choiseul concluait en disant : « Quelle que chose que j'aie faite, je n'ai pas pu dissuader M. de Kaunitz de la crainte où il est depuis trois jours du peu de solidité de l'alliance. »

Des incidents fâcheux avaient éveillé à nouveau les soupçons que le chancelier autrichien avait déjà conçus sur la bonne foi du cabinet de Louis XV. On avait eu vent à Vienne de pourparlers récents entre la Prusse et la cour de Versailles. Frédéric par l'entremise de son frère, le prince Henri, et par le canal d'un général français, venait de renouveler ses ouvertures pacifiques. Le comte de Mailly, fait prisonnier à Rossbach, avait sollicité la permission de se rendre en France sur parole pour affaires personnelles ; le prince Henri se prêta à ce désir et chargea (1) le voyageur de sonder son gouvernement sur les moyens de rétablir la paix. D'autre part le cardinal de Tencin, archevêque de Lyon, à l'instigation de la margrave de Baireuth, avait fait à l'abbé de Bernis des communications du même genre. La coïncidence de ces intrigues mystérieuses avec les déclarations inattendues du ministre des Affaires Étrangères, qu'on ne pouvait supposer fortuite, était de nature à jeter le trouble dans des esprits déjà prévenus, et à inspirer la méfiance aux conseillers de Marie-Thérèse.

Nous avons la bonne fortune de posséder, en outre du récit que fit Choiseul de sa conversation avec Kaunitz, le résumé du même entretien rédigé par ce dernier (2). D'après cette relation, il semblerait que l'ambassadeur n'ait pas apporté dans ses propos la mesure et la prudence qu'on lui avait recommandées de Paris. Ce serait surtout sur la nécessité de modifier les stipulations du traité secret du 1ᵉʳ mai 1757, que Choiseul se serait étendu avec

---

(1) Prince Henri à Frédéric, 18 novembre 1757. Frédéric au prince Henri, 19 novembre 1757. *Correspondance politique.* Vol XVI, p. 40.
(2) Kaunitz à Stahremberg, 28 février 1758. Archives de Vienne.

une précision tout au moins prématurée. Il aurait commencé son exposé en supposant que l'Impératrice s'était résignée à renoncer au dépouillement du roi de Prusse, et par conséquent à l'échange des Pays-Bas contre la Silésie; cela étant, il était naturel que la France voulût mettre fin aux « frais immenses qui énervent le royaume. » Si la cour de Vienne persistait dans la lutte, elle devait reconnaître « que l'énorme subside épuise l'État en faisant sortir un argent immense du royaume; et comme vraisemblablement cet argent et la dépense excessive de l'armée d'Allemagne est en pure perte, il est indispensable, pour qu'il puisse être continué, d'assurer au Roi quelque avantage réel et ostensible qui ne fasse pas lapider par le peuple le ministère du Roi, et que ce pourrait être le Luxembourg, Beaumont et Chimay; que c'était à moi à réfléchir sur la demande d'un nouveau traité; que lui l'ambassadeur le croit indispensable et, qu'il ose dire, plus utile à l'Impératrice qu'au Roi, vu la tournure qu'ont prise les choses; qu'en cas donc que l'on veuille songer à la paix cette année, ce qu'il y avait de plus pressé serait de cimenter une alliance inviolable entre les deux cours, laquelle alliance serait fixée au terme de dix ans, la guerre continuant ou la paix arrivant. » Puis, dans la suite de l'entretien, Choiseul aurait effleuré successivement les objets les plus variés, tels que la compensation à donner à l'Infant en remplacement des Pays-Bas, les confidences du prince Henri de Prusse au comte de Mailly, l'avantage de mettre fin à la guerre, l'utilité d'une déclaration à faire à la Diète pour préparer les voies à une cessation d'hostilités; le tout assaisonné de protestations de sympathie et de dévouement à la cause commune. « Si l'Impératrice veut continuer la guerre, ce qu'on ne désapprouverait pas, si Elle croyait pouvoir la faire avec apparence de succès, Elle pouvait être assurée que le Roi ne l'abandonnerait jamais; mais qu'il serait bon de se souvenir que, si la guerre ne pouvait pas avoir le but auquel elle a été destinée, elle se ferait à pure perte, quand même on serait en état de la soutenir sans grands risques. En un mot, conclut Kaunitz dans son récit, tout ce qu'il me dit dans cet entretien tendait à prouver qu'il convenait de tâcher de faire la paix à présent, et de ne point courir les risques de la campagne. »

Nous voilà édifiés sur l'accueil que fit Kaunitz aux propositions de Bernis, voyons maintenant celui qu'elles reçurent de la souveraine. A la suite de ses conversations avec le chancelier, Choiseul eut une audience de Marie-Thérèse. Il la trouva très affectée par le rapport de son ninistre. Elle « m'a dit que son chagrin était très vif de voir que ma cour lui paraissait rebutée de la guerre ; elle n'avait pas fermé l'œil de la nuit.... Si elle était seule, elle ne balancerait pas à continuer,... mais elle était déterminée de ne rien faire qui pût préjudicier ou être contraire au sentiment de ses alliés; qu'ainsi, si le Roi regardait comme impossible la continuation de la guerre, qu'il faudrait bien qu'elle prît son parti en s'attendant à être attaquée de nouveau dans deux ans... Ce n'était pas l'appât de la Silésie qui la faisait pencher à la continuation de la guerre, car elle regardait la possession des Pays-Bas comme beaucoup plus profitable et beaucoup plus honorable que la Silésie ; que c'était uniquement pour la tranquillité de l'Europe et la sienne propre qu'elle avait cherché à diminuer les forces du monstre qui l'opprimait (elle s'est servie de ce propre terme); qu'elle était si persuadée de la justice de sa cause que, si elle était toute seule, elle défendrait jusqu'au dernier village de ses Etats, mais qu'elle saurait sacrifier la douceur et le bien-être de sa vie pour ses alliés, et qu'elle s'en remettrait à Dieu de la venger du roi de Prusse puisque les hommes ne pouvaient rien contre ce Prince. » Faisant allusion au plan d'opérations venu de Paris, elle avait qualifié le projet de retirer l'armée française du Hanovre comme équivalant à l'abandon de l'alliance. En terminant elle avait manifesté « l'espérance que le Roi hasarderait encore la campagne prochaine ; elle m'a dit qu'elle-même avait dans le cœur l'espoir qu'elle serait heureuse. »

Ce langage, où la fermeté pleine de dignité de la souveraine empruntait la chaleur persuasive d'une plaidoirie féminine, fit impression sur l'esprit de Choiseul. Il n'hésite pas à se prononcer : « Je crois, en bon serviteur du Roi et en honnête homme, devoir avertir que la moindre précipitation sur la paix deviendrait dangereuse, et que cette cour pourrait prendre les partis les plus violents si elle voyait que nous cherchons à la forcer à la paix... L'Empereur et l'Impératrice, ainsi que M. de Kaunitz qui a la première direction des affaires, sont des âmes d'un courage et d'une force peu commune, surtout l'Impératrice. » L'ambassadeur rend compte de la conférence tenue chez le prince Charles le 29 janvier, à laquelle il avait assisté avec Montazet, passe en revue la situation militaire, et conclut : « Mon sentiment est que cette paix serait nuisible, et qu'absolument elle ne doit pas être faite. »

Quand la volumineuse dépêche de Choiseul arriva à Versailles, elle trouva les dispositions modifiées. Stahremberg, rétabli, s'était employé à réconforter les esprits défaillants, à stimuler le zèle des amis, à agir sur l'entourage du Roi. Bernis, très ému de l'accueil qu'avaient reçu à Vienne ses conseils pacifiques, cherche à se justifier. Le 6 février, c'est-à-dire deux jours avant la séance du cabinet où il donna connaissance du courrier à ses collègues, il écrit à Stahremberg : « Si j'étais capable (1) de prendre de l'humeur, j'en aurais pris sur le peu de justice qu'on nous rend à Vienne. J'ai cru que M. de Stainville devait parler à cœur ouvert sur notre position réciproque,

---

(1) Bernis à Stahremberg, 6 février 1758. Archives de Vienne.

mais ces ouvertures n'ont produit que des soupçons et des idées qui ne s'accordent guère, ni avec le caractère du Roi, ni avec l'opinion que je croyais avoir établie du mien. J'espère qu'on verra plus clair et qu'on cessera de craindre nos intentions. Les propositions dont M. de Mailly était chargé jettent de l'ombrage; cependant nous n'en avons pas fait mystère, et nous les avons accueillies (1) comme elles le méritaient; il en de même de celles de la margrave de Baireuth (2). Tous ces pièges tendus à notre bonne foi sont trop grossiers. En un mot, Monsieur le comte, nous sommes d'honnêtes gens, incapables de manœuvrer en-dessous. Nous n'aimons pas plus le roi de Prusse que vous. »

Au conseil du 8 février, et à la suite de la lecture des avis de Vienne, on adopta des résolutions énergiques. Bernis fit part de ce résultat à Choiseul dans une dépêche (3) du 9 février; il débute par des explications qui ressemblent fort à des excuses : « Sa Majesté est aussi peinée que surprise des inquiétudes que l'Impératrice-Reine et M. de Kaunitz vous ont marquées. » Jamais on n'avait songé à traiter séparément; pour prouver l'exactitude de cette assertion, le ministre fournit des renseignements détaillés sur les incidents du comte de Mailly et du cardinal de Tencin. « L'intention du Roi, continue-t-il, n'a été ni d'engager l'Impératrice à faire la paix si Elle le croyait contraire à ses intérêts ou à sa gloire, ni même de lui en donner le conseil. » Le ministre reproduit, au nom de son souverain, les justifications contenues dans son billet à Stahremberg, affirme « que la résolution de Sa Majesté a

---

(1) Louis XV avait répondu à Mailly qu'il ne pouvait traiter sans ses alliés. *Correspondance politique*, vol. XVI, p. 266.

(2) Voir au sujet de cette tentative de négociation à laquelle prirent part Voltaire, les deux frères Tronchin et le cardinal de Tencin, Duc de Broglie. *Voltaire*, p. 212 et suivantes. Bernis repoussa ces ouvertures par une lettre au cardinal en date du 29 janvier 1758. Archives des Affaires Étrangères.

(3) Bernis à Stainville, 9 février 1757. Archives des Affaires Étrangères.

toujours été de suivre invariablement le parti que l'Impératrice avait décidé », et termine ainsi : « En conséquence du sentiment de l'Impératrice, le Roi est résolu de faire la guerre, non seulement cette campagne avec toutes ses forces, mais encore de la continuer tant que la sûreté de ses alliés et les intérêts de l'alliance l'exigeraient. »

La missive officielle conclut par un résumé plein de promesses et de décisions viriles : « Le résultat de cette longue dépêche est, Monsieur, que le Roi ne traitera jamais avec le roi de Prusse que lorsqu'il y sera invité par l'Impératrice même ; qu'il fera pour l'accomplissement du traité secret les mêmes efforts que s'il était assuré de son exécution ; que l'objet des Pays-Bas ne lui paraît rien en comparaison de borner la puissance du roi de Prusse et de maintenir son alliance avec l'Impératrice ; qu'il ne retirera son armée de l'Allemagne que par la force majeure ou parce qu'il serait d'accord avec Leurs Majestés impériales ; qu'il n'est point question aujourd'hui de cette retraite sur le Rhin, et qu'on espère que les cas qui pourraient y forcer n'arriveront pas ; qu'il fera marcher le plus tôt possible 24,000 hommes en Bohême ; qu'il paiera le plus exactement que faire se pourra le subside annuel, et que les arrérages seront également assurés à l'Impératrice, quelque chose qui arrive ; qu'il espère en retour de tant d'amitié que Leurs Majestés Impériales rendront toujours justice à sa bonne foi, et seront toujours persuadées qu'il ne se départira jamais que par une force supérieure des engagements qu'il a avec Elles, et que même dans ce cas il compte que l'alliance n'en serait pas moins ferme et constante, quoique plusieurs des objets qu'on y avait eus principalement en vue n'eussent pas été remplis par des obstacles insurmontables. »

Il serait oiseux de relever la contradiction absolue entre les instructions prudentes et réservées dont Choiseul avait été l'interprète embarrassé dans les entrevues de Vienne, et les engagements si larges, si désintéressés qu'on prenait aujourd'hui. Si la seconde manière fait honneur à la galanterie et au cœur de l'aimable souverain qui présidait aux destinées de la France, elle justifie une fois de plus aux yeux de la postérité la réputation de légèreté et d'imprévoyance qui s'attache à sa mémoire. Louis XV ne manquait à l'occasion ni d'intelligence, ni de jugement; dans un éclair de bon sens il s'était rendu compte des dangers qui menaçaient son royaume, il avait écouté les sages conseils de son entourage; mais il avait suffi d'un appel à son amour-propre de Roi, d'un plaidoyer éloquent de sa gracieuse alliée pour qu'il se lançât de nouveau avec elle dans des aventures dont on n'osait plus espérer le succès, et au bout desquelles on commençait à entrevoir la perte des colonies et la ruine du pays. Bernis, tout en s'inclinant devant la volonté du Roi, n'avait pas modifié sa pensée intime. Dans un billet particulier (1) qui porte la même date que sa lettre officielle, il écrivait à Choiseul : « La peinture que je vous ai faite de notre état n'est point changée; au contraire il n'y a point ici de gouvernement, de nerf, ni de prévoyance. Je soutiens la machine politique par artifice; mais comme je ne suis que le résultat des autres départements, mes peines et mes soins sont inutiles. J'ai du courage comme un lion, mais non comme Don Quichotte, et je ne sais pas me battre contre les moulins à vent. »

Avec sa versatilité habituelle, Bernis n'eut pas l'énergie de défendre son opinion contre le revirement de son monarque; courtisan avant tout, il se résigna à servir une politique qui n'était plus la sienne et dont il apercevait clairement le péril. Mieux édifié sur la situation, plus au courant que son maître, il ressort plus responsable et partant plus coupable.

(1) Bernis à Stainville, 9 février 1758. Masson. *Mémoires du cardinal de Bernis.*

En février 1758, les velléités pacifiques avaient fait place aux préparatifs guerriers : l'Impératrice continuait avec ardeur ses efforts pour remettre ses forces sur pied et pour reprendre la lutte contre son formidable adversaire. Du côté français on était fort en retard. Se fiant à la tranquillité habituelle des mois d'hiver, illusionné peut-être par l'espoir de renouer les négociations du Hanovre, indécis sur les opérations de la campagne prochaine, le ministère de Louis XV n'avait rien fait pour le recrutement ni pour la restauration de la grande armée. Sans doute, au moment des résolutions belliqueuses du 8 février on avait renoncé à la chimère de faire aboutir le projet de neutralité et de détacher les troupes brunswickoises et hessoises ; on s'attendait à la réouverture des hostilités au printemps, mais on était loin de croire à une agression immédiate et on se flattait de regagner pendant la mauvaise saison le temps perdu. Jusqu'à la fin de février, à Versailles on n'eut pas de craintes pour l'armée dont le comte de Clermont venait de prendre le commandement, et on imagina même qu'il trouverait (1) « les moyens de frapper un grand coup avant le départ des 24,000 hommes destinés à la Bohême. » Une pareille confiance explique l'insouciance avec laquelle Bernis envisage l'échec de la négociation du Hanovre : « A moins qu'elle ne fût jointe à la paix avec l'Angleterre, nous le regardons plutôt comme un inconvénient que comme un avantage. » Pour des esprits dominés par de pareilles illusions le réveil devait être aussi soudain que pénible ; mais n'anticipons pas sur les événements de la campagne de 1758.

Afin de compléter le récit des opérations militaires dont l'Allemagne fut le théâtre pendant l'année 1757, il nous reste à parler de la campagne des Suédois. Leur général Ungern-Sternberg, on se le rappelle, avait, vers le milieu

---

(1) Bernis à Stainville, 9 février 1758. Affaires Étrangères.

de septembre envahi la Poméranie prussienne avec un corps de plus de 23,000 hommes, et cherché, par l'entremise de l'ambassadeur de Louis XV à Stockholm, à concerter avec Richelieu un coup de main sur Berlin. Un accord qu'il fallait négocier par la voie de Versailles et Stockholm ne pouvait aboutir en temps utile; aussi le général suédois, après s'être emparé sans difficulté du fort de Peenemünde, de Schwinemünde et de Pasewalk, et après avoir levé quelques contributions dans l'Uckermark, perdit-il tout le mois d'octobre dans l'inaction; vers la fin de ce mois il avait son quartier-général à Ferdinandshof où il fut rejoint par le commissaire français Montalembert. D'après le rapport de cet officier (1), Sternberg, d'un caractère timoré, ne tenterait aucune opération sans l'assentiment de son gouvernement; à cet effet il avait envoyé son chef d'état-major, le comte Rosen, prendre des instructions à Stockholm. D'ailleurs, l'insuffisance des équipages, le nombre des malades, l'état des chevaux ne permettaient pas de prolonger la campagne. On avait même décidé de se retirer derrière la Peene et de fortifier Anklam; ainsi appuyé on espérait tenir tête à Lehwaldt dont on avait appris le retour de la Prusse orientale. « Si le roi de Prusse, concluait Montalembert, peut rassembler cet hiver 25,000 hommes pour marcher contre eux, ils courront de grands risques. » Cependant il reconnaissait (2) que l'armée suédoise contenait d'excellents éléments; « les hommes étaient beaux, l'artillerie très bien servie. » A la fin de novembre, les Suédois étaient établis derrière la Peene où ils comptaient (3) être soutenus par Richelieu, avec lequel la communication venait d'être

(1) Montalembert à Paulmy. Ferdinandshof, le 14 novembre 1757. Archives de la Guerre.

(2) Montalembert à Paulmy. Gripswald, 26 novembre 1757. Archives de la Guerre.

(3) Montalembert à Paulmy. Gripswald, 13 décembre 1757. Archives de la Guerre.

ouverte par un traité d'alliance avec le duc de Mecklembourg. Le ministre français Champeaux avait obtenu (1) le libre passage et la remise de la petite forteresse de Domitz; malheureusement ce succès diplomatique, qui devait coûter cher au malheureux duc, arrivait trop tard. Richelieu, après sa pointe hardie sur Lüneburg et l'Elbe, avait été contraint de reculer jusqu'à Celle. Abandonnés à eux-mêmes, les Suédois n'attendirent pas l'attaque de Lehwaldt et se replièrent jusque sous les murs de Stralsund (2), laissant dans les villes de Demmin et d'Anklam des garnisons qui capitulèrent après une courte résistance; une partie de leur infanterie s'enferma dans Stralsund, le reste avec la cavalerie passa dans l'île de Rügen où ils demeurèrent bloqués pendant tout l'hiver et une partie du printemps. Les Prussiens, maîtres de presque toute la Poméranie suédoise et du Mecklembourg, mirent à profit leur victoire en levant des contributions en hommes, chevaux, fourrage et argent; le Mecklembourg seul eut à supporter un impôt extraordinaire (3) de 800,000 écus d'Allemagne, soit, d'après la valeur de l'époque, environ deux millions et demi de livres, et à fournir 4,000 recrues pour l'armée de Frédéric (4).

Pour épuiser la série des événements militaires qui eurent pour scène dans le cours de 1757 le continent de l'Europe ou celui de l'Amérique, nous devons mentionner l'expédition que les Anglais tentèrent contre le port de Rochefort. On se souvient des inquiétudes que manifestait Richelieu quelques jours avant la convention de Closter Seven, sur la destination d'une division anglaise qu'on

---

(1) Champeaux au ministre. Schwerin, 3 décembre 1757. Archives de la Guerre. Le traité porte la date du 1ᵉʳ décembre.
(2) Montalembert à Paulmy. Stralsund, 5 janvier 1758. Archives de la Guerre.
(3) Champeaux au ministre, 22 janvier 1758. Archives de la Guerre.
(4) Frédéric à Lehwaldt. Breslau, 7 janvier 1758. *Correspondance politique*, vol. XVI p. 159.

savait à bord d'une escadre prête à partir de Chatham, aussitôt les vents devenus favorables. Il eût paru naturel d'envoyer ces troupes au secours du duc de Cumberland qui avait grand besoin de renforts. Il n'en fut rien. Le cabinet britannique, sur la vive insistance de Pitt, dirigea le corps embarqué sur Rochefort, avec mission de saisir cette ville et de détruire les arsenaux, les vaisseaux et le matériel qui s'y trouvaient.

L'expédition, composée d'une dizaine de mille hommes de troupes de ligne, commandés par le général sir John Mordaunt et escortés d'une flotte imposante sous les ordres de l'amiral sir Edward Hawke, mit à la voile le 8 septembre et arriva en rade de Rochefort le 23 de ce mois. Les Anglais attaquèrent aussitôt l'île d'Aix dont les fortifications inachevées ne purent résister au feu des vaisseaux; après deux heures de canonnade, la garnison formée de miliciens et d'invalides battit la chamade, et livra possession de l'île. Le succès de Mordaunt se borna à ce mince exploit; après de longs conciliabules, et une tentative de débarquement à laquelle les vents contraires firent renoncer, les commandants des forces de terre et de mer se décidèrent à abandonner l'entreprise et à retourner à Portsmouth où ils arrivèrent le 3 octobre. L'apparition de la flotte britannique aux abords de l'île d'Oleron avait occasionné une chaude alerte à la cour de France; on fit partir pour Rochefort des bataillons de ligne et de forts détachements de la maison du Roi; pour gagner du temps, ces troupes devaient descendre la Loire en bateau jusqu'à Saumur où elles trouveraient des chariots pour les transporter à destination. Ces mesures furent superflues. M. de Langeron, qui n'avait guère plus de 3,000 hommes réguliers, en distribuant habilement son monde, sut dissimuler son infériorité et en imposer à l'ennemi.

A leur rentrée en Angleterre les chefs de l'expédition

furent fort mal reçus par le Roi, et vivement critiqués par l'opinion publique : « Il y a de quoi perdre patience, écrit Hardwicke (1); les officiers de terre me paraissent avoir suivi l'exemple donné par lord Loudoun (2). Dans un conseil de guerre ils décident d'agir et d'essayer le débarquement, puis sans un nouveau conseil tout est changé par une simple lettre. En résumé on semble s'être conduit d'après les principes de Byng, qu'il ne faut rien tenter s'il y a le moindre danger ou risque... » Pour répondre aux attaques dirigées contre lui, Mordaunt demanda une commission d'enquête à laquelle succéda un conseil de guerre. Seul le général en chef parut devant ce dernier tribunal; après des débats (3) qui démontrèrent le décousu de l'opération et les faibles chances de réussite qu'elle présentait dès le début, il fut honorablement acquitté.

La sanglante lutte de 1757 est terminée et nous pouvons en reproduire à grands traits les résultats essentiels. L'alliance n'avait pas tenu ses promesses : La petite armée de Lehwaldt avait suffi pour tenir tête aux Russes et aux Suédois. Les premiers, grâce à l'incapacité, pour ne pas dire la trahison, d'Apraxine, malgré la victoire de Gross-Jägersdorf, avaient dû repasser la frontière après avoir perdu le tiers de leur effectif; comme prix de leurs coûteux efforts ils n'avaient conservé que la ville de Mémel. Les seconds, aussi mal commandés que leurs alliés, n'avaient pas su profiter des deux mois de loisir que leur laissait l'absence de toute force opposante; dès l'apparition de Lehwaldt ils s'étaient enfuis, abandonnant à l'ennemi garnisons, matériel, et avec leurs faciles conquêtes une bonne partie de leur propre territoire. Le rôle des Français n'avait guère été plus brillant; certes les premiers mois de la campagne

---

(1) Hardwicke à Newcastle, 9 octobre 1757. Newcastle Papers.
(2) Allusion à la conduite de Loudoun quand il renonça à l'attaque de Louisbourg en août 1757.
(3) Walpole. *Memoirs of the reign of King George II*. Vol. III, p. 77.

avaient été signalés par les succès de d'Estrées et de Richelieu, par la capitulation des Hanovriens et de leurs auxiliaires; mais la longue inaction d'Halberstadt, les hésitations de la cour au sujet de la convention de Closter Seven, avaient compromis ces avantages. Au commencement de 1758, les confédérés recrutés, réorganisés, conduits par un nouveau chef, menaçaient les quartiers français éparpillés depuis le Rhin jusqu'à Hanovre. Serait-il possible de se maintenir sur l'Ocker et la Leine? D'après les rapports de l'armée, cela paraissait bien douteux et, faute de magasins et de places d'appui, une défaite au delà du Weser devrait entraîner une retraite jusqu'au Rhin. Quant à Soubise et l'armée des Cercles, un engagement de deux heures avait suffi pour les mettre en déroute et pour les rejeter les uns en Hesse, les autres en Franconie.

A vrai dire, d'hostilités sérieuses il n'y en avait eu qu'entre les Autrichiens et les Prussiens; huit mois de campagne sans trêve ni repos, quatre batailles rangées, un nombre énorme de morts et blessés prouvaient l'opiniâtreté de la lutte, l'acharnement des combattants. Mais si la gloire était égale, si les victoires de Kolin et de Breslau répondaient aux malheurs de Prague et de Leuthen, le dernier mot était resté à Frédéric. Après avoir entrevu dès les premiers jours le triomphe final, après avoir goûté l'amertume d'échecs successifs qui à tout autre eussent paru décisifs, il s'était redressé par un dernier effort héroïque, avait chassé l'ennemi de son territoire, et lui avait infligé des coups dont il semblait impossible que celui-ci pût se relever en temps utile. De tout le terrain gagné, de la Silésie un moment reconquise, seule la forteresse de Schweidnitz était encore aux mains de l'Impératrice; mais de l'armée nécessaire pour la secourir il ne survivait que les débris réfugiés en Bohême. La bataille de Rossbach avait bien changé la face des choses; mais même après ce succès la situation de la Prusse demeurait des plus critiques; la défaite de Bevern aggrava encore les affaires du Roi. Sans la victoire de Leuthen, l'avantage était acquis aux Autrichiens maîtres de la plus grande partie de la Silésie et des places les plus importantes de la province. Le soir du 5 décembre la balance était rétablie au profit de Frédéric. Pour obtenir ce résultat, il déploya la fermeté inébranlable, le sang-froid à toute épreuve, l'appréciation saine des événements et de leurs causes, la connaissance des hommes et la décision prompte et sûre qui furent les caractéristiques de son génie. Ces qualités lui ont valu l'admiration des contemporains; elles justifient le culte voué par ses compatriotes à celui qu'ils considèrent à juste titre comme le créateur, le sauveur de la grandeur de leur patrie.

Si les actions militaires de la Prusse étaient en hausse, il en était de même de ses affaires politiques; les événements de l'automne de 1757 avaient singulièrement resserré les liens de l'alliance jusqu'alors fragile qui unissait Frédéric à la Grande-Bretagne et aux princes protestants du nord de l'Allemagne. Cette union, fort compromise au lendemain de Closter Seven, avait été remise sur pied par les succès de Rossbach et de Leuthen. En février 1758 elle était devenue plus intime que jamais, et allait se traduire par un traité de subsides en faveur de la Prusse et par l'abandon de toute idée de négociation particulière pour le Hanovre. De leur côté, le duc de Brunswick et le landgrave de Hesse, rassurés sur l'exécution des conventions financières passées avec l'Angleterre, avaient définitivement rattaché leur sort à celui de leurs puissants associés.

Entre la France et l'Autriche au contraire, la lune de miel qui avait suivi la conclusion du traité secret et les victoires de l'été, avait fait place à une période d'épreuves et de méfiance. Sans doute, grâce aux explications fournies, grâce surtout à l'attitude et à la volonté des deux souverains, l'accord un instant ébranlé avait été rétabli; mais cette réconciliation, dont la sincérité ne pouvait faire oublier les débats qui l'avaient précédée, contenait, comme tout arrangement de ce genre, les germes de nouveaux dissentiments; il était à craindre que les blessures causées par les griefs récents et les reproches échangés, ne se rouvrissent sous l'influence des événements. Néanmoins, quels que fussent les soucis des deux cours pour l'avenir et les réserves mentales des ministres responsables, on s'était engagé de part et d'autre pour une autre campagne. Marie-Thérèse et Louis XV étaient bien résolus à tenter la fortune des armes et à s'interdire, au moins pour l'année 1758, toute idée de pacification. La politique avait fait son œuvre; la parole allait être de nouveau rendue au militaire.

TABLE DES MATIÈRES

                                        Pages.

Préface 1
Chapitre I. — Invasion de la Saxe. — Capitulation des Saxons. — Rupture entre la France et de la Prusse 1
Chapitre II. — Négociations à Paris et à Vienne 58
Chapitre III. — Négociations avec l'Autriche et la Russie. — Conflit avec le parlement. — Conclusion du traité offensif de Versailles 107
Chapitre IV. — Négociations entre l'Angleterre et la Prusse. — Neutralité du Hanovre. — Attitude des puissances européennes 157
Chapitre V. — Événements d'Amérique en 1756-1757. — Prise d'Oswego et de William Henri par Montcalm 217
Chapitre VI. — Campagne de Bohème. — Bataille de Prague 278
Chapitre VII. — Bataille de Kolin. — Évacuation de la Bohème par les Prussiens 331
Chapitre VIII. — Campagne de Westphalie. — Bataille d'Hastenbeck 380
Chapitre IX. — Conquête du Hanovre. — Convention de Closter Seven 458
Chapitre X. — Soubise en Thuringe. — Richelieu à Halberstadt. — Les Autrichiens en Silésie. — Campagne des Russes. — Ouvertures pacifiques de Frédéric 527
Chapitre XI. — Expédition de Hadik. — Bataille de Rossbach. — Rupture de la Convention de Closter Seven 606
Chapitre XII. — Campagne de Silésie. — Batailles de Breslau et de Leuthen. — Tendances pacifiques de Bernis 686

TABLE DES CARTES

	Pages
Bataille de Prague	330
Bataille de Kolin	379
Bataille d'Hastenbeck	444
Bataille de Rossbach	630
Bataille de Breslau	694
Bataille de Leuthen	718

TYPOGRAPHIE FIRMIN-DIDOT ET Cie. — MESNIL (EURE).

www.ingramcontent.com/pod-product-compliance
Lightning Source LLC
Chambersburg PA
CBHW070717020526
44115CB00031B/1232